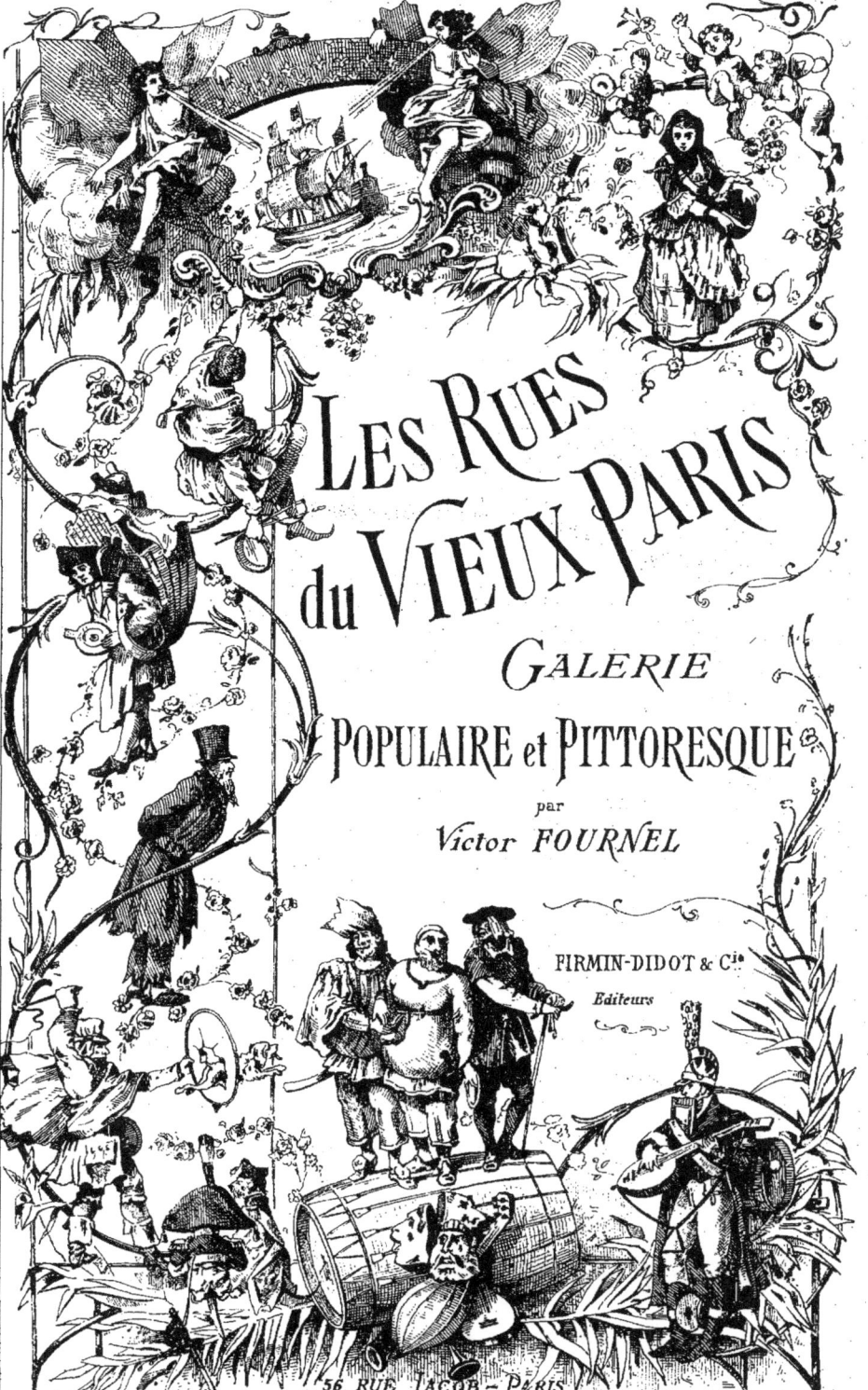

LES RUES

DU

VIEUX PARIS

PARIS

TYPOGRAPHIE DE FIRMIN-DIDOT ET Cⁱᵉ

56, RUE JACOB, 56

Seigni Joan faisant sonner une pièce de monnaie aux oreilles du rôtisseur du Petit-Châtelet.
D'après le tableau de M. P. C. Comte, 1863. Collection de M. Maurice Cottier, à Paris.

LES RUES
DU
VIEUX PARIS

GALERIE
POPULAIRE ET PITTORESQUE

PAR

VICTOR FOURNEL

Ouvrage illustré de 165 gravures sur bois

PARIS
LIBRAIRIE DE FIRMIN-DIDOT ET Cie
IMPRIMEURS DE L'INSTITUT, RUE JACOB, 56

1879

Tous droits réservés.

PRÉFACE

Le titre de ce volume, complété par son soustitre, indique nettement le but que je me suis proposé : c'est d'écrire, non une histoire de Paris, ni de ses monuments, mais une petite chronique vivante et familière de la rue, de ses fêtes, divertissements et spectacles, de ses métiers nomades et de ses industries curieuses, de ses figures et types populaires, des usages pittoresques et des traditions qui s'y sont succédé à travers le cours des siècles. J'ai fait depuis longtemps une étude toute particulière de la grande ville à ce point de vue, et j'ai recueilli partout, dans les estampes, comme dans les livres et les journaux, les matériaux épars de ce tableau de Paris à toutes ses époques, qu'on ne peut malheureusement avoir l'ambition de tracer en une fois dans son ensemble et dans son immense étendue.

Le sujet est si vaste, en effet, qu'on n'en aperçoit pour ainsi dire pas les bords. Je suis bien loin de l'avoir épuisé. Quelle que soit la grosseur du volume, j'ai dû forcément me restreindre et choisir. Ce genre de livre pourrait toujours s'accroître par juxtaposition : aux chapitres que j'ai traités, rien de plus facile que d'en adjoindre deux ou trois fois autant, dont beaucoup offriraient un intérêt égal. Mon excuse est dans les bornes matérielles de l'ouvrage.

J'ai à peine besoin d'ajouter que les hommes et les choses dont je parle sont envisagés seulement au point de vue spécial déterminé par le titre. Sans m'interdire absolument de suivre certaines solennités et certains usages ailleurs que dans la rue, pour compléter au besoin le tableau, c'est de là que partent et c'est là que reviennent toujours, comme à leur centre naturel, ces études sur le Paris de nos pères. Le lecteur est prié de ne jamais perdre cette considération de vue, afin de ne point demander à ce livre autre chose que ce qu'il a voulu donner et ce que son cadre comporte.

LES RUES DU VIEUX PARIS

CHAPITRE PREMIER.

LES SOLENNITÉS NATIONALES.

I

Entrées des rois, des princes, des ambassadeurs. — Naissances et mariages. — Distribution de comestibles et banquets en plein air.

Les entrées des rois, des reines, des princes, des légats et ambassadeurs dans la bonne ville de Paris étaient jadis l'occasion de cérémonies magnifiques sur lesquelles les vieux chroniqueurs nous ont laissé des renseignements détaillés. Ces entrées solennelles se faisaient après leur sacre, et dans quelques autres circonstances importantes, par exemple après leur mariage ou une campagne victorieuse, généralement par la porte Saint-Denis, que l'usage avait consacrée. Une autre coutume, d'une signification touchante, voulait qu'ils s'arrêtassent dans l'hôpital Saint-Lazare, où ils séjournaient encore au passage, quand leur dépouille mortelle prenait la route du caveau de Saint-Denis. L'évêque et son clergé, l'université, le parlement, la chambre des comptes et la cour des aides, les confréries et corps de métiers, le prévôt des marchands, les échevins et le corps de ville, tous revêtus d'habits somptueux, venaient au-devant d'eux jusque dans le faubourg, et l'ordre comme les moindres détails de ce cortège de bienvenue étaient scrupuleusement réglés par l'étiquette.

Le corps de ville, qui jouait surtout un grand rôle dans cette conjoncture, se composait comme il suit : le colonel des archers de la ville, les guidons et le lieutenant, les trois cents archers de la ville avec la casaque bleue à galons d'argent, sur laquelle étaient brodées les armes de Paris ; — le maître d'hôtel, l'imprimeur, le capitaine de l'artillerie, le maître de maçonnerie et charpenterie, tous quatre en habits noirs ; — les huissiers en robes de drap mi-parties, avec la nef d'argent doré sur l'épaule ; le greffier vêtu d'une robe mi-partie à manches pendantes de velours rouge et tanné ; le prévôt des marchands, en robe de palais mi-partie de velours rouge et tanné par-dessus, une soutane de satin rouge cramoisi avec boutons, ceinture et cordon d'or, collerette en point d'Angleterre, toque de velours avec diamant d'une valeur de cinq cent quarante mille livres tournois; les échevins, le procureur du roi, en robe de velours rouge, le receveur de la ville, le conseiller de ville, les quarteniers, les gardes des six corps de métier et les gardes de la marchandise de vin, tous, ou presque tous, en robes de velours de diverses couleurs, plusieurs avec des toques ou des chapeaux à cordons d'or ou d'argent, enfin les cinquanteniers, dizeniers et les autres notables bourgeois en habits noirs. Un peloton d'archers fermait la marche du cortège (1).

Le prince ne déployait pas moins de richesse et d'apparat que ses sujets dans son costume. Louis XI, l'homme

---

(1) LEMAIRE, *Paris ancien et nouveau*, t. II, p. 112 et suivantes. Cette description se rapporte au dix-septième siècle. On peut la prendre comme type.

le moins fastueux du monde, fit son entrée en tunique violette, recouverte d'une belle robe de satin blanc sans man-

Fig. 1. — Entrée de Louis XI à Paris; d'après une miniature des *Chroniques* de Monstrelet, manuscrit de la bibliothèque nationale de Paris.

ches (fig. 1) ; son cheval, et tous ceux des princes du sang, disparaissaient sous des housses de damas, de velours et de fin drap d'or, doublées d'hermine et de martre zibeline, brodées d'ornements et de figures d'orfévrerie en argent ou en vermeil, ayant « coûté moult grant finance, » dit Jean de Troyes, qui s'étend sur les détails de cette entrée avec une admiration naïve.

Après avoir reçu les hommages de ses sujets et les clefs de la ville, que lui offraient les échevins sur un plat d'argent, avec les présents d'usage, dragées, confitures, flambeaux, etc., le roi à cheval — ou la reine en litière — se mettait en marche vers Notre-Dame, au son des cloches, au chant du *Te Deum*, entonné par les voix retentissantes du clergé. Il était entouré des membres de sa famille et des grands seigneurs de sa cour, précédé et suivi du cortège officiel. Les députés des six corps de marchands se relayaient les uns les autres pour tenir sur sa tête le ciel d'azur du dais, semé de lis d'or. Il s'avançait par les rues jonchées de fleurs, entre les maisons tapissées du haut en bas de drap cameloté, et parfois d'étoffes de soie, au milieu du populaire qui s'entassait sur les toits, aux portes, aux fenêtres, et débordait jusque sous les pas des chevaux, criant à tue-tête : « Noël ! Noël ! » et jetant des fleurs sans crainte des coups de *boulaie* que lui distribuaient les sergents.

Des échafauds étaient disposés de distance en distance, chargés de chanteurs et offrant aux yeux des allégories, des mystères en pantomime, des batailles, des représentations et des peintures symboliques. Souvent les processions de chaque paroisse s'avançaient successivement au-devant du prince, avec leurs reliques, chantant le *Te Deum* ou le *Benedictus qui venit* (1). Partout les armes et la devise

---

(1) *Journal d'un bourgeois de Paris sous Charles VI* (collection Michaud, p. II, p. 665).

du roi s'entrelaçaient à celles de la ville. Tous les règnes de la nature et tous les arts étaient mis à contribution pour ajouter à la splendeur de la solennité. — Les jon-

Fig. 2. — Joûtes en l'honneur de l'entrée de la reine Isabeau à Paris, d'après une miniature des *Chroniques* de Froissart, ms. de la bibl. nat. de Paris.

gleurs et saltimbanques accomplissaient des prouesses, comme ce Génois qui, à l'entrée d'Isabeau de Bavière, se laissa glisser du haut d'une tour de Notre-Dame, jusqu'à une maison de pont au Change, pour déposer une couronne sur la tête de la reine. Les machinistes aussi faisaient merveilles, et, à l'aide d'ingénieux mécanismes, mettaient leurs décorations en mouvement, prêtaient la vie aux cerfs, aux aigles, aux lions de bois ou de carton qui jouaient leurs rôles sur les échafauds, ou aidaient à descendre du ciel et à remonter en paradis les anges qui venaient saluer, haranguer et couronner le roi au passage.

Les lieux où l'on dressait ces échafauds et ces décorations restaient à peu près toujours les mêmes : c'étaient surtout la première et la seconde porte Saint-Denis, le Ponceau, le Moustier de la Trinité, la porte aux Peintres, Saint-Jacques de l'Hôpital, la fontaine des Innocents, le Châtelet, le Palais de justice, dont l'horloge sonnait en carillonnant à toute volée (1). Du reste, tous les monuments, églises, hôtels, ponts, fontaines, ornés avec profusion, devenaient des théâtres devant lesquels le cortège s'arrêtait un moment pour jouir du spectacle.

L'air était parfumé par des jets d'eau de senteur; les fontaines répandaient du vin et de l'hypocras. Le vin coula tout le jour et toute la nuit lors de l'entrée d'Isabeau de Bavière; et à celle de Charles VII (1437), on éleva au Ponceau une fontaine, « et sur icelle un pot couvert d'une fleur de lys, laquelle du haut de ses trois feuillets, jettoit hypocras, vin et eau en abondance (fig. 3) (2). » Souvent aussi les divers tuyaux versaient l'un du vin rouge et l'autre du vin blanc; quelquefois, comme à l'entrée de Louis XI, on y joignait du lait (3).

En passant sur le pont au Change, le cortège était soudainement enveloppé d'une nuée d'oiseaux lâchés par les marchands. Enfin, après avoir prêté entre les mains de l'é-

---

(1) Plus tard, le carillon de la Samaritaine, sur le Pont-Neuf, eut pour tâche principale de sonner dans chaque cérémonie publique, surtout au passage du roi.
(2) JEAN CHENU, *Recueil des offices de France*.
(3) JEAN DE TROYES, *Chronique de Louis XI*.

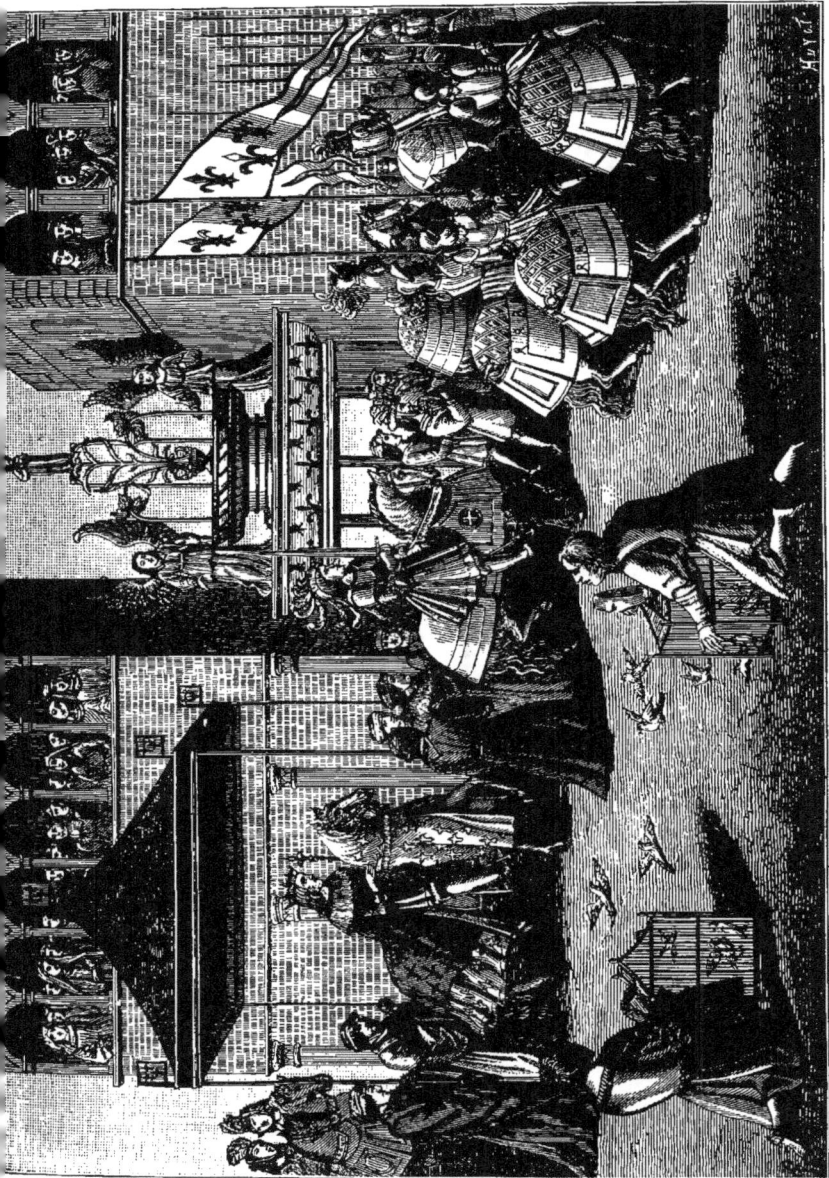

Fig. 3. — Entrée de Charles VII à Paris (1437), d'après une miniature des *Chroniques d'Enguerrand de Monstrelet*, ms. de la bibl. nat. de Paris.

vêque le serment de respecter ses privilèges et ceux du chapitre, le roi entrait à Notre-Dame au son des cloches, des orgues et des trompes; il se rendait ensuite avec la même pompe au palais, et y mangeait en public sur la table de marbre dressée à l'un des bouts de la grande salle. D'autres tables étaient préparées pour les courtisans, la ville, l'université et les cours souveraines. On donnait à boire et à manger à tout venant. Il se produisait fréquemment des confusions assez grotesques dans le tumulte causé par l'affluence du peuple, comme à l'entrée de Henri VI, où le parlement, la ville et l'université durent se résigner à manger pêle-mêle avec les « savetiers, moustardiers, lieurs ou vendeurs de vin de buffet, aides à maçons, » qui avaient envahi leurs tables, et à qui on ne put jamais faire lâcher prise (1). On dansait ordinairement à la suite du festin, et les clercs de la basoche se chargeaient parfois de ce divertissement, comme à l'entrée de François Iᵉʳ en 1515.

Le lendemain, le roi se rendait à la sainte Chapelle pour y adorer les reliques. Les bourgeois venaient lui offrir de riches présents, et cette nouvelle démarche continuait souvent encore les réjouissances et les spectacles de la veille. Les Parisiens, à ce que le *Cérémonial françois* nous apprend, chargèrent un ours et une licorne d'offrir leurs cadeaux à la reine Isabeau de Bavière, que cette bizarre mascarade dut quelque peu effrayer.

Puis venait le tour des joûtes, tournois et carrousels qui ne rentrent que fort indirectement dans le cadre de ces modestes recherches.

En dehors des cérémonies générales, qui se reproduisaient uniformément, quelques entrées présentèrent des

---

(1) *Journal d'un bourgeois de Paris sous Charles VII* (collection Michaud, t. III p. 267).

particularités plus ou moins remarquables. Lors de son retour solennel, après la victoire qu'il avait remportée sur les Flamands, le 18 août 1304, Philippe le Bel pénétra, dit-on, à cheval dans l'église Notre-Dame, jusque près de la chapelle de la Vierge, où l'on éleva, depuis, sa statue équestre, en souvenir du fait (1). A l'entrée de Charles VII, il y avait devant les Filles-Dieu des hommes qui, la tasse d'argent à la main, donnaient à boire à quiconque en voulait; et à celle de Charles VIII, il y en eut qui donnèrent en outre à manger. Mais jamais la ville ne poussa si loin la prévenance pour le cortège royal qu'à l'entrée de la reine Anne de Bretagne en 1504. Depuis la porte Saint-Denis jusqu'à Notre-Dame, elle avait disposé, en douze ou quinze endroits différents, de petites troupes pour présenter du pain et du vin tant à la reine qu'à ses dames et à ses gens, « et même pour faire davantage s'il leur prenoit quelque faiblesse, » ajoute pudiquement Sauval... Sainte-Foix n'a pas cette délicatesse, et il indique crûment le vase intime qu'elles devaient offrir au besoin (2). Enfin, à l'arrivée de François Ier, au retour de sa captivité de Madrid, la ville avait pris soin de distribuer à la porte Saint-Denis (fig. 4), au Sépulcre, aux Saints-Innocents, à Sainte-Catherine, à Saint-Barthélemy, à l'Hôtel-Dieu, au parvis Notre-Dame, etc., des troupes composées chacune d'environ cent petits garçons chargés d'entretenir l'enthousiasme populaire, en criant, de leurs voix perçantes et sans reprendre haleine : Vive le roi ! dès qu'il viendrait à apparaître, jusqu'à ce qu'il fût hors de vue (3).

Le 1er septembre 1467, Charlotte de Savoie, seconde

---

(1) Suivant d'autres, c'est Philippe VI qui serait entré armé à Notre-Dame, après la bataille de Crécy. (LEMAIRE, *Paris ancien et nouveau*, t. I, p. 63.)
(2) *Essais historiques*, t. 1, p. 129.
(3) Outre tous les chroniqueurs du temps, voir pour ces détails le *Cérémonial françois*; SAUVAL, t. II, p. 642 (*Entrées des rois*); MONTEIL, t. 1, ép. 11.

femme de Louis XI, revenant à Paris, y entra d'une manière inusitée, par la Seine, ce qui donna lieu à quelques

Fig. 4. — Marche de François Ier en entrant à Paris par le faubourg Saint-Denis, d'après une ancienne gravure sur bois.

modifications du cérémonial habituel. Avant qu'elle ne s'embarquât, les conseillers et bourgeois de la ville allèrent au devant d'elle dans des bateaux richement couverts de tapisseries et de draps de soie. Ils avaient avec eux les petits enfants de chœur de la sainte Chapelle, qui disaient de « beaulx virelais, chançons et aultres bergerettes moult « mélodieusement, et un grand nombre de clairons, trom- « pettes, chantres, hauts et bas instruments de diverse « sorte qui jouèrent leurs plus beaux airs, au moment où « la reine entra, avec ses dames et demoiselles, dans le ba- « teau qui lui estoit destiné. » Ce fut là que les bourgeois lui présentèrent un cerf fait de confiture, qui avait les armes de la reine pendues à son col. Le bateau était rempli en outre de beaux drageoirs, qui renfermaient des *espiceries de chambre,* — de fruits nouveaux, de violettes odorantes semées partout. La reine vint débarquer au terrain de Notre-Dame, où elle trouva pour la recevoir tous les présidents et conseillers de la cour de parlement, l'évêque de Paris et autres notables. « Et à l'entrée du dit terrain, y « avoit fait de moult beaulx personnaiges illec richement « mis et ordonnez de par la ville de Paris. » Durant sa réception, et tandis qu'elle faisait sa prière à Notre-Dame, on offrait sur son bateau du vin à qui en voulait. Elle se rembarqua ensuite, et descendit devant l'église des Célestins, pour monter avec son cortège sur les palefrois et haquenées qui la conduisirent à l'hôtel du roi aux Tournelles (1).

Une des plus pompeuses entrées dont fassent mention les annales de Paris, c'est celle de Louis XIV et de Marie-Thérèse, à la suite de la paix des Pyrénées, scellée par leur mariage (26 août 1660). On avait élevé aux portes de la ville, à l'endroit qui a gardé depuis le nom de barrière du Trône, un dais très riche, dont l'estrade avait environ dix pieds de haut, où l'on montait de trois côtés par dix-huit marches, et qui communiquait par une galerie au premier étage d'une maison voisine. Sur les huit heures

---

(1) *Chronique* de Jean de Troyes (collection Michaud, t. IV, p. 279).

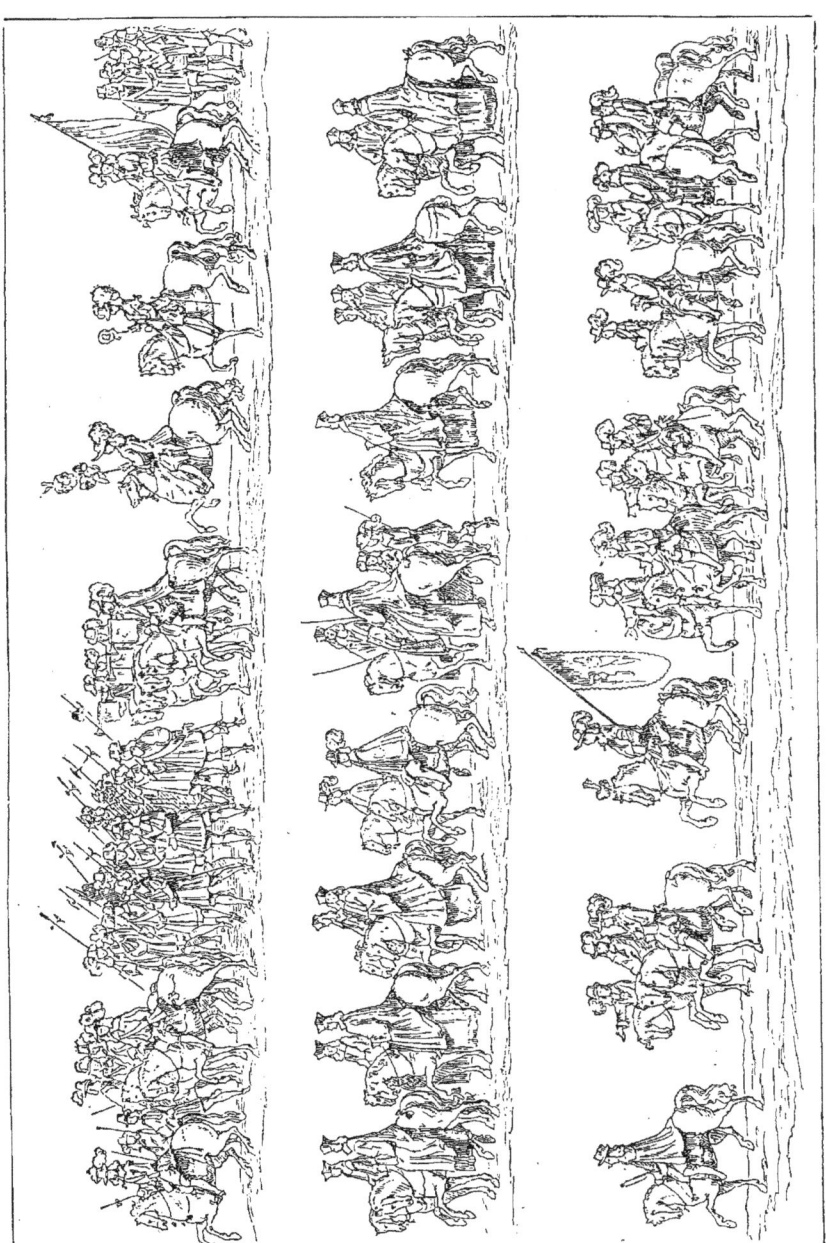

Fig. 5. — Fragment du cortège qui accompagnait Louis XIV lors de son entrée à Paris le 26 avril 1660.

du matin, le roi et la reine qui, depuis leur retour, avaient demeuré au château de Vincennes, prirent place sur ce trône. Louis XIV s'assit sur le fauteuil du milieu, resplendissant comme le soleil qu'il avait choisi pour emblème ; Marie-Thérèse, tellement chargée d'or, de perles et de pierreries qu'on pouvait à peine distinguer l'étoffe de sa robe, s'assit à sa gauche; tous deux étaient entourés de princes et princesses du sang et des officiers de la couronne. Ce fut là qu'ils reçurent les hommages et les clefs d'argent ciselées de Paris. Puis le roi dîna dans la maison qui communiquait avec le trône, pendant que les divers ordres de la ville et les équipages commençaient le défilé (fig. 5).

La marche s'ouvrait par le train du cardinal Mazarin, qui déploya dans cette occasion une magnificence inouïe : il était composé de soixante-douze mulets, caparaçonnés d'une façon éblouissante, avec des mors argentés, des aigrettes, plaques, grelots et sonnettes d'argent massif, couverts de housses de soie richement travaillées et brodées à ses chiffres (1), et de onze carrosses, tous à six chevaux, sauf le dernier, en forme de litière suspendue, qui en avait huit, et qu'entouraient les gentilshommes, les estafiers et les gardes de Son Éminence. Puis venaient le train de Monsieur, les vingt-quatre mulets de la reine, les soixante du roi, avec leurs harnais, plaques, couvertures d'argent massif et de tissus d'or ou de soie ; la petite écurie, la chancellerie, les deux compagnies de mousquetaires, les pages de la chambre et les gentilshommes servants, le grand prévôt de l'hôtel avec tous ses officiers, les gouverneurs et lieutenants du roi dans les provinces, les cent Suisses de la garde, le grand maître et le maître des cérémonies, avec leurs bâtons couverts de velours noir et garnis de pommes et viroles d'ivoire; quatre trompettes de la chambre, dix-neuf

---

(1) PARENT, *la Muse en belle humeur*. — LORET, *Muse historique*, 28 août 1660.

hérauts en appareil imposant, guidés par le roi d'armes avec son sceptre, que surmontait une fleur de lis d'or massif; les officiers de la couronne, tels que le grand maître de l'artillerie, les maréchaux de France et le grand écuyer portant l'épée royale, dans son fourreau de velours pers fleurdelisé, couchée le long de l'encolure de son cheval et appuyée sur son bras gauche. Au centre du cortège, s'avançait le roi, monté sur un cheval bai-brun, précédé de son porte-manteau et d'autres officiers, environné des archers de la garde écossaise, suivi du grand chambellan, du capitaine des gardes et du premier gentilhomme de la chambre.

Venaient ensuite : Monsieur, seul, monté sur un barbe blanc, — et, après diverses évolutions du cortège, derrière sa haquenée blanche, conduite par deux de ses écuyers, et accostée de deux pages qui soutenaient les pentes de la housse, — la reine, seule dans sa calèche découverte, décorée avec magnificence, sous un dais semblable à celui du roi : ses officiers l'entouraient, et l'ambassadeur d'Espagne marchait un peu derrière.

Le duc de Guise avec ses Mores, et les autres princes de la maison de Guise; cinq carrosses du corps, où se trouvaient les princesses et les dames d'honneur, deux cents gardes du corps à cheval, sur quatre de front, suivaient la jeune reine. Les gens d'armes fermaient cette marche triomphale dont j'ai abrégé les détails, et dont je n'ai même pas essayé de décrire la splendeur.

Le premier arc de triomphe, dressé sur la place du marché Saint-Antoine, était d'une grandeur et d'une élévation prodigieuses; on l'avait orné de bas-reliefs, de figures symboliques, de festons, de guirlandes, de devises et d'inscriptions. Chaque arc de triomphe avait ses musiciens, et les hautbois, les musettes, les violons ne cessaient d'y faire entendre les plus belles mélodies de Lulli, dont la renommée commençait, mêlées aux airs plus anciens, mais encore populaires, de Boësset, de Guedron et de Ducaurroy. Au carrefour Saint-Gervais, près la porte Baudet, s'élevait une montagne artificielle de quarante pieds de haut, représentant le Parnasse, où les sciences et les arts venaient rendre hommage à Louis. La cime en était couverte de lauriers; les fontaines de Castalie et d'Hippocrène baignaient ses flancs; on l'avait percée d'outre en outre en guise de grotte, dont l'entrée était formée de deux palmiers, autour desquels se jouaient une multitude de petits Amours. Sur la croupe de la montagne se tenaient assises les neuf Muses, reconnaissables à leurs attributs, et vêtues à la légère d'or et d'argent, accompagnées d'Apollon qui portait un manteau d'écarlate, et dont la lyre resplendissait d'or. Un grand nombre d'autres figures, drapées dans leurs toges et coiffées de lauriers, représentaient les plus illustres poètes réunis pour chanter les louanges du couple royal, dont la Vertu montrait le double profil accouplé dans un médaillon d'or, qu'entourait une guirlande de fleurs et que surmontait une couronne.

A l'entrée du marché du cimetière Saint-Jean, quatre-vingts musiciens, rangés sur un amphithéâtre, saluèrent le passage du roi par une harmonie joyeuse, et l'on chanta des vers assez plats composés par Boisrobert pour la circonstance :

Venez, ô Reine triomphante,
Et recevoir des vœux et nous donner des lois.
Venez régner sur le cœur des François,
Et perdez sans regret le beau titre d'Infante,
Entre les bras du plus beau des rois.

La décoration du pont Notre-Dame était chargée de trophées d'Amours et de cœurs; des figures de marbre y représentaient l'Honneur, la Fécondité, l'Hymen, etc. Au milieu de la place du Marché-Neuf un arc de triomphe s'élevait sur six piédestaux, décorés d'autant de figures allégoriques (fig. 6); Louis XIV y était représenté, au centre, sous la forme d'un jeune Hercule, et la reine sous celle d'une déesse. Mais rien n'approchait de l'arc et de l'obélisque de plus de

Fig. 6. — Décoration du Marché-Neuf pour l'entrée de Louis XIV, en 1660.

cent pieds de haut qui décoraient la place Dauphine : l'arc était feint de marbre blanc, aux moulures et aux ornements enrichis d'or; les quatre éléments s'y voyaient sous les figures d'autant de termes; les piédestaux, les frontons, et toutes les parties du monument disparaissaient sous les bas-reliefs, dont il faudrait un chapitre entier pour indiquer sommairement la disposition et le sujet ; l'obélisque enfin était surmonté par une Gloire assise sur un globe céleste, avec des ailes au dos, une couronne d'or sur la tête, tenant d'une main un cercle d'azur semé d'étoiles d'or qui enfermait les chiffres du roi et de la reine ; de l'autre, une corne d'abondance et une trompette (1).

Est-ce un homme, est-ce un dieu qu'on prétendait honorer de la sorte ? Certes, dans la pompe plus que royale de cette entrée, que nous avons décrite avec un certain détail, parce qu'elle offre le type le plus complet d'une cérémonie aujourd'hui disparue, on voit poindre çà et là un commencement d'idolâtrie. Il y a toujours eu, au sens rigoureux du mot, quelque chose d'un culte, dans les hommages rendus à Louis XIV, celui de tous les monarques de la terre, sans en excepter le grand lama du Thibet, dont le trône a le plus empiété sur l'autel.

Les causes ou les prétextes de ces entrées solennelles variaient beaucoup. On saisissait toutes les occasions de déployer une pompe qui charmait les Parisiens. Quelques années auparavant, le 7 septembre 1651, la déclaration de la majorité de Louis XIV avait fourni l'une de ces occasions. Le voyageur anglais Evelyn raconte qu'il alla chez le fameux philosophe Hobbes, qui se trouvait à Paris, pour voir de ses fenêtres la marche triomphale du jeune roi se rendant au parlement. Nous ne voulons pas répéter entièrement après lui l'interminable description de ce riche cortège ; nous en détacherons seulement quelques détails d'un caractère particulier.

---

(1) *Entrée de Louis XIV*, 1660. LEMAIRE, *Paris ancien et nouveau*, t. III, passim. — LA FONTAINE, *Relation à Fouquet*. Il existe, sur cette entrée, une multitude innombrable de relations dont M. L. de Laborde a énuméré trente-deux des moins connues, dans les notes de son *Palais Mazarin*.

A la suite de cinquante hommes en magnifique livrée, précédés d'un aide des cérémonies, et de cent chevau-légers de la reine, commandés par un lieutenant tout couvert de broderies et de rubans, marchaient deux cents cheveau-légers du roi, avec quatre trompettes en velours bleu brodé d'or, et à leur tête le comte d'Olonne, dont le baudrier était couvert de perles. Les Suisses avaient pour chefs deux cavaliers en satin écarlate, dont chacun était escorté de douze pages avec des hallebardes et portait à son bonnet une aigrette de héron avec un nœud de diamant. Au milieu des grands, des lieutenants-généraux, des gouverneurs, s'avançait le chevalier Paul, dont la croix de Malte valait dix mille écus à elle seule. Devant ces seigneurs marchaient des trompettes et des hérauts d'armes en dalmatiques de velours bleu semé de fleurs de lis, coiffés de toques de velours et le caducée à la main. Derrière les maréchaux de France, le comte d'Harcourt, grand écuyer, portait, suspendue à une écharpe, l'épée du roi dans un fourreau bleu fleurdelisé. Puis, quantité de laquais, de pages, de gardes-du-corps, et enfin, sur un cheval barbe isabelle dont la housse était semée de croix du Saint-Esprit et de fleurs de lis, le roi, « comme un jeune Apollon, » si richement vêtu que l'étoffe de son habit disparaissait sous la broderie, et presque toujours le chapeau à la main pour saluer les dames aux fenêtres. A sa suite venaient encore beaucoup de grands personnages, des écuyers, les exempts des gardes, les pages, la livrée, les gendarmes du roi, etc., etc., enfermant entre leurs files les ducs et princes du sang; puis le carrosse de la reine-mère et de Monsieur, enfin une quantité innombrable d'équipages pleins de dames et de gentilshommes (1).

---

(1) *Voyage de Lister à Paris*, publié par la Société des Bibliophiles en 1875, supplément, p. 274.

Parfois, les entrées publiques avaient lieu plus ou moins longtemps après l'entrée réelle (1). Il en fut ainsi pour Marie-Antoinette, arrivée en France et mariée au dauphin en 1770, mais dont l'entrée solennelle ne se fit que le 8 juin 1773, au milieu d'un enthousiasme touchant au délire. Dans une lettre à Marie-Thérèse, la future souveraine parle en termes émus de « l'empressement et de la tendresse de ce « pauvre peuple qui, malgré les impôts dont il est accablé, « dit-elle, était transporté de joie de nous voir. »

C'est dans la *Gazette de France* que l'on trouve tout le détail de cette entrée dont l'éclat et la beauté furent dus surtout à l'affluence et à l'enthousiasme du peuple : plus de cinquante mille personnes massées dans le seul jardin des Tuileries, montées jusque sur les arbres, poussaient des clameurs de joie au passage de la belle et gracieuse dauphine, que depuis..... Mais on en était encore à l'amour bruyant et passionné, amour qui, selon l'usage, fit éclore une quantité de pièces de vers, toutes plus ou moins médiocres. « De mémoire d'homme, écrit Mercy dans une de « ses lettres à Marie-Thérèse, on ne se ressouvient point « ici d'une entrée qui ait fait autant de sensation et qui y « ait eu un succès aussi général (2). » — La joie, dit un autre contemporain, rayonnait sur le visage de la princesse, ainsi que sur celui de M. le dauphin, qui demandait souvent s'il n'arrivait point d'accident, et si les gardes empressés à contenir la multitude ne faisaient de mal à personne. L'un et l'autre s'écriaient avec reconnaissance : Ah ! le bon peuple ! « Ils remontèrent au château; et comme, malgré leurs différentes courses, beaucoup de gens ne semblaient pas avoir

---

(1) On peut voir, dans le *Journal* de l'avocat Barbier, la description des honneurs rendus aux filles de Louis XV, quand elles venaient à Paris pour la première fois, spécialement à Madame Victoire, lorsqu'elle s'y rendit le 28 septembre 1749, en compagnie de ses trois sœurs aînées, qui s'effacèrent cette fois devant elle.

(2) *Correspondance secrète entre Marie-Thérèse et Mercy-Argenteau*, t. I, p. 467.

encore satisfait leur curiosité, M. le dauphin et madame la dauphine se montrèrent sur une galerie qui domine la terrasse du château, bientôt inondée de flots de spectateurs; il s'établit alors, entre le peuple et ce couple auguste, une espèce de dialogue tendre et entrecoupé, marqué par le sourire, les regards de la bienveillance, l'affection paternelle d'une part, et les acclamations tumultueuses et sans suite de l'autre (1). »

La plupart des entrées solennelles des princes, ou des rois étrangers (2), des légats, évêques, ambassadeurs, étaient la répétition des principales cérémonies qui accompagnaient la réception des rois et des reines de France. Nous allons prendre comme exemplaire celle d'un évêque de Paris au treizième siècle. Depuis huit jours, les bourgeois ont encourtiné la ville de draperies éclatantes; la cathédrale a été tendue de draps d'argent et de tapis sarrasinois, jonchée d'herbes odoriférantes. L'évêque est descendu dans l'abbaye de Sainte-Geneviève, où se sont rassemblés les évêques de Beauvais et de Chartres et le métropolitain de Sens, ainsi que les cent notaires de l'évêché, dont le doyen coupe la chevelure du nouveau dignitaire, en ne lui laissant qu'une couronne. Le prélat revêt les habits épiscopaux : robe de soie fourrée de vair, surplis, étole, vêtement long traînant à terre et dont l'ouverture est du haut en bas garnie d'or phrygien, mitre de drap d'or, enfin le magnifique *pluvial* offert par les orfèvres. On ouvre alors les portes de l'abbaye à quatre des plus grands seigneurs de France, les barons de Montmorency, de Chevreuse, de Luzarche et de Montgeron. Puis le cortège se met en mar-

---

(1) *Journal histor. du rétablissement de la magistrature en France*, 1776.
(2) Voir, pour l'entrée du roi de Portugal en 1476, la *Chronique de Jean de Troyes* (collection Michaud, t. IV, p. 326), et pour celle de Charles-Quint, en 1540, les *Archives curieuses de l'histoire de France*, 1re série, t. III. La ville offrit à ce dernier monarque une statue d'Hercule en or, de sept pieds de haut.

che. D'abord viennent les varlets de l'évêque de Paris, montés sur vingt chevaux et sonnant de la trompette, tandis que, plus loin, les clercs chantent le *Te Deum*, accompagnés par les violes, les harpes et les psaltérions. La garde épiscopale les suit, portant la cuirasse, recouverte de la cotte d'arme blasonnée. Puis la grande confrérie de Notre-Dame, composée de trente-six prêtres et de trente-six bourgeois, puis les confrères flagellants en tunique rouge à capuchon, et les pénitents bleus, et les pénitents blancs, et enfin la toute nouvelle confrérie de Saint-Michel. Les six corps de Paris s'avancent ensuite derrière leurs six maîtres, le plus ancien tenant la bannière.

Le *Te Deum* se rapproche, la scène change; c'est messire l'évêque. Des arbalétriers du roi le précèdent et les quatre barons, magnifiques sous leur chaperon à frange d'or, chaussés de houseaux en cuir de Cordoue, avec le surcot de sandal à manches de martre zibeline, portent sur leurs épaules une chaise ou trône en chêne sculpté, entremêlé de cèdre et de bois odoriférant. Le prélat, assis, bénit le peuple de sa main nue, tandis que l'autre, gantée de daim, ornée de rubis, tient la crosse d'or. Derrière lui, à cheval, sont les évêques ses frères, et le cardinal légat vêtu de la chlamyde noire et de la mosette violette, insignes de sa dignité; autour, les prieurs en aubes de samit soyeux, les moines en étole, les prêtres en *garnache* de velours, les diacres vêtus de la dalmatique, l'ample robe blanche bordée de pourpre. Le cortège s'arrête un instant à l'enceinte nouvelle, où le corps des bourgeois présente à l'évêque les clefs de la ville. Sur le parvis Notre-Dame, les barons déposent le trône. La porte de l'église est fermée. Les cinquante deux chanoines de la cathédrale se tiennent sous le portail, ayant derrière eux l'homme d'armes du chapitre armé de toutes pièces. Le prélat s'avance seul et, mettant ses mains dans celles du doyen, jure de maintenir les droits du chapitre. Les clercs sonnent des clochettes, les portes s'ouvrent et l'évêque entre, précédé de la croix, dans la basilique richement décorée, où, du haut de son siège, entouré de ses dignitaires laïques et ecclésiastiques, il reçoit l'hommage de ses vassaux, féaux, tenanciers et redevables. Jusqu'à la nuit tombante, la foule, massée aux abords de la cathédrale, voit arriver de tous les points et défiler sur le parvis, des abbés, des seigneurs, des barons et chevaliers précédés de leur bannière et suivis de leurs gens d'armes, qui viennent prêter serment à leur suzerain et en recevoir l'investiture (1).

Quelquefois même les entrées de personnages d'un ordre bien moins élevé rappelaient également, sur une échelle un peu moindre, l'appareil des entrées princières. Un curieux passage de Loret le prouve :

> J'oubliay de dire en mes carmes
> Que le grand général des Carmes,
> Italien de nation
> Et savant en perfection,
> Venant de lointaine contrée,
> Avoit fait une belle entrée
> (De cent carrosses escorté)
> Dans Paris la grande cité,
> Où réceptions magnifiques,
> Excellens concerts de musiques,
> Mainte harangue et compliment,
> Ne lui manquèrent nullement.

Lord Hay de Sanelay, plus tard comte de Carlisle, envoyé par le roi Jacques à Paris, en 1616, pour féliciter Louis XIII de son mariage, se rendit au Louvre en un triomphant cortège, où il étala sa magnificence, devenue en quelque sorte proverbiale. Son cheval, dit le *Mercure*

---

(1) G. D'AVENEL, *Les Évêques et Archevêques de Paris*, t. I, ch. x. L'auteur a appliqué cette description type à l'entrée de Guillaume d'Auvergne (1228), en y ajoutant quelques détails de fantaisie.

de l'époque, était ferré de fers d'argent légèrement attachés, et en passant devant des dames de haut rang, il le fit caracoler et piaffer si bien, que les fers volèrent de côté et d'autre. Aussitôt, l'argentier de sa maison s'approcha en brillante livrée et tira d'un coffre recouvert en velours d'autres fers en argent, qui disparurent de même à la station suivante.

Plus tard (24 mai 1625), le glorieux Buckingham, envoyé à Paris pour chercher la nouvelle reine d'Angleterre, fit une entrée dont la splendeur dépassa tout ce qu'on avait vu en pareil cas. Vingt gentilshommes et douze pages lui avaient été spécialement attachés; il était accompagné en outre de huit grands seigneurs et vingt-quatre chevaliers, suivis chacun de six ou sept pages et autant de valets. Sa suite se montait à près de sept cents personnes (1).

Quant aux fêtes qui célébraient les naissances de dauphins, un tel air de famille les réunit aux précédentes, qu'on n'en pourrait essayer la description sans s'exposer à de continuelles redites. Les décharges d'artillerie, la sonnerie des cloches, les illuminations, les fusées volantes, les feux d'artifice, les orchestres en plein air, les danses en place de Grève, les fontaines de vin, les saucisses et cervelas jetés à la tête des portefaix, les carrosses, d'où partait une pluie de menues pièces d'argent, en faisaient le fond essentiel et invariable. Tout au plus y a-t-il lieu de noter deux ou trois points curieux dans l'histoire particulière de ces réjouissances publiques.

Lors de la naissance du prince qui devait être Louis XIV, toutes les cloches de Paris, mêmes celles de l'Hôtel de ville et du Palais, qui ne sonnaient, pour ainsi dire, ja-

---

(1) GUIZOT, *Un projet de mariage royal*, p. 330.

Fig. 7. — Fêtes données sur la place de Grève à l'occasion de la naissance du dauphin (les 21 et 23 janvier 1782).

mais en branle, remplirent les airs de leurs joyeux carillons pendant trois jours et trois nuits, selon l'antique usage pour les naissances de dauphins. Des feux de joie s'allumèrent devant toutes les portes. On jeta des poignées d'argent au peuple par les fenêtres de l'ambassade d'Angleterre (1). Le lieutenant civil Laffemas éleva devant son hôtel un théâtre décoré de figures symboliques et emblématiques. Un simple particulier, le sieur de la Ralière, alla plus loin : dans le transport de son enthousiasme, il fit dresser au milieu de la rue des tables publiques chargées de comestibles abondants; couler, durant quatorze heures, des vins de prix par une fontaine à quatre canaux, et promener toute la nuit, à travers Paris, deux carrosses pleins de musiciens, suivis d'un chariot qui distribuait aux passants à boire et à manger.

Mais on n'en finirait pas de vouloir indiquer, si sommairement que ce fût, toutes les manifestations auxquelles donna lieu, dans cette conjoncture, l'allégresse des Parisiens (2).

La *Gazette* a consacré plusieurs *extraordinaires* à la description des réjouissances sans fin qui accueillirent la naissance du duc de Bourgogne, fils du dauphin, en 1682. Comme tout cela se ressemble, nous ne citerons qu'un trait particulier de l'allégresse des Suisses de la garde. On les vit danser, au nombre de plus de deux cents, devant les portes du palais, et, après avoir épuisé tout le bois à brûler dans leurs feux de joie, jeter successivement au

---

(1) Ces distributions d'argent, qui accompagnaient souvent les feux de joie et les fontaines de vin, dans les solennités de ce genre, donnèrent lieu, en 1658, à un incident singulier. L'argent que l'ambassadeur d'Espagne dans les Pays-Bas avait fait jeter au peuple se trouva faux ; ce fait incroyable est attesté par une lettre de de Thou à Mazarin (7 février 1658) et le *Journal d'un voyage à Paris en 1657-8*, p. 407. On juge de l'effet produit sur le peuple par une semblable supercherie.

(2) *Gazette* de septembre 1638. — *Chanson de Saint-Amant sur la naissance de Louis XIV*. — Cl. Ruggieri, *Précis historique sur les fêtes*, etc., in-8, p. 212 et suivantes.

brasier des poutres destinées à faire des planchers, les bâtons de la chaise du duc d'Aumont, et jusqu'à leurs paillasses (1).

La naissance du dauphin, fils de Louis XV, en 1729, fut célébrée avec d'autant plus d'éclat qu'il n'y en avait pas eu depuis soixante-huit ans. On avait eu le temps d'oublier les cérémonies usitées en pareil cas, et il fallut en faire entreprendre la recherche. Une ordonnance du prévôt des marchands et des échevins prescrivit des feux de joie et des illuminations aux maisons pendant trois jours, et le Parlement rendit un arrêt confirmé par une ordonnance du lieutenant de police, pour les étendre jusqu'au quatrième jour. Les maisons des échevins étaient illuminées avec lampions et lustres; chaque soir elles avaient deux tonneaux de vin à leurs portes. Le duc de Gesvres, gouverneur de Paris, venait tous les jours à la ville en grande pompe, avec quatre carrosses de suite, sa maison et ses gardes, jetant beaucoup d'argent au peuple. Samuel Bernard fit tirer un magnifique feu d'artifice sur la place des Victoires. Le gros Thomas, fameux charlatan du Pont-Neuf, arracha les dents gratis pendant plusieurs jours et voulait donner un festin en plein air, que la police dut interdire (fig. 8). Le dimanche 11 septembre, il y eut une procession générale de tous les chapitres, qui se rendirent d'abord à Notre-Dame, puis dans la cour du palais au bas de la sainte Chapelle; elle fut suivie d'une procession de chaque paroisse et communauté, « en sorte qu'on n'entend que chanter dans les rues. » Le mercredi 7, le roi était venu à Paris, avec un immense cortège, assister à un *Te Deum*, au bruit des décharges de l'artillerie et de la mousqueterie, et il avait parcouru la ville pour jouir du spectacle magique des illuminations qui, par-

---

(1) *Gazette* d'août 1682. — *Lettre* de Mme de Sévigné, édition Regnier et de Montmerqué, t. VII, p. 190.

ticulièrement dans la rue Saint-Honoré, faisaient une perspective incomparable (1).

Huit ans après, la naissance de madame Victoire fut signalée par un quiproquo semi-comique. Pendant qu'on était assemblé dans l'appartement de la reine, un huissier reçut l'ordre d'envoyer un garçon de la chambre chercher du vin d'Espagne. Il ouvrit la porte, en criant : « Un gar-

Fig. 8. — Le gros Thomas, sur le terre-plein du Pont-Neuf; d'après Rigaud.

çon ! un garçon ! » On se méprit à la signification de ce mot qui, répété de bouche en bouche, fit croire que Marie Leczinska venait de donner le jour à un prince. Aussitôt la nouvelle se répand du château à la ville ; les acclamations s'élèvent de toutes parts ; on allume des feux dans la Place d'armes, devant les hôtels, dans un grand nombre de rues ;

---

(1) *Journal* de Barbier, t. II, 76-80. Les pièces qui parurent alors forment un recueil de deux volumes in-4°.

on tire des boîtes et des fusées. Mais tout à coup on apprend que ce prétendu prince n'est qu'une princesse, les feux s'éteignent et les cris de joie se taisent en même temps (1).

Quand, après une longue stérilité, Marie-Antoinette eut donné naissance à celle qui devait être la duchesse d'Angoulême, elle voulut célébrer cet heureux événement par un acte délicat de générosité. Cent couples pauvres, choisis par les curés de Paris, reçurent une dot de cinq cents francs chacun, sans parler du trousseau, ni de l'engagement pris par la reine de faire payer tous les mois de nourrice des premiers enfants nés de ces mariages. L'archevêque les bénit solennellement dans l'église de Notre-Dame, ainsi que deux vieillards, accompagnés de leurs enfants, petits-enfants et arrière-petits-enfants, qui célébraient leur cinquantaine. Tous étaient vêtus d'une manière uniforme, les filles d'une robe de toile d'orange jaune, les garçons d'un habit de drap puce. Ils se rangèrent ensuite en ordre pour recevoir Leurs Majestés, lorsqu'elles vinrent, en compagnie des princes et des princesses du sang, faire une visite à l'église métropolitaine, le 8 février 1779, après les relevailles de Marie Antoinette. Le coup d'œil qui se déroulait sous les voûtes de la vieille basilique était des plus touchants. Le directeur général des finances en consacra le souvenir par une médaille d'argent qu'il fit donner à chaque couple. D'abondantes distributions d'aumônes et la délivrance de plusieurs prisonniers pour dettes mirent le sceau à une fête si bien commencée (2).

Mercier nous a conservé (3) la description pittoresque de

---

(1) *Mémoires* du duc de Luynes. Suivant le commissaire de police de Narbonne, cité par M. Rathery, c'est Louis XV lui-même qui se serait amusé à répandre ce faux bruit.

(2) *Correspondance secrète de Marie-Thérèse et de Mercy-Argenteau*, t. III, p. 287, 294.

(3) *Tableau de Paris* (Amsterdam, 1682, in-12), t. III, ch. C. Voir aussi le *Journal* de Barbier, in-12, t. I, p. 148, 149.

la part que prenaient, de son temps, les poissardes et les portefaix à ces réjouissances nationales. Les dames de la Halle, qui ont toujours eu un goût prononcé pour l'éloquence, allaient féliciter le roi, qu'elles haranguaient à genoux, en grands falbalas, armées d'énormes bouquets. Elles dînaient ensuite au grand commun, et, revenues à Paris, se promenaient en triomphe par les rues. Quant aux crocheteurs, ramoneurs, porteurs de chaises et porteurs d'eau, tenant en main les instruments de leur industrie, ils se mettaient en route pour Versailles, avec des violons à leur tête, et s'arrêtaient dans la cour de marbre, pour y complimenter le roi, qui se montrait à son balcon. Dans les représentations gratuites données à la suite de ces événements, les charbonniers occupaient la loge du roi et les poissardes celle de la reine. Au premier accouchement de Marie-Antoinette, la loge du roi s'étant trouvée occupée quand les charbonniers arrivèrent pour voir représenter *Zaïre*, ils le trouvèrent très mauvais. On reconnut la légitimité de leurs réclamations et on les fit asseoir sur le théâtre, toujours du côté du roi. Avant et après le spectacle, les figurants se joignirent à leurs danses et à celles des dames de la halle, et les comédiens vinrent leur verser eux-mêmes à boire. A la Comédie italienne, les danses populaires sur la scène, après le spectacle, furent plus animées encore, ainsi que les distributions de comestibles et de boissons faites par les acteurs. Clairval, qui avait représenté Henri IV, fut baisé par toutes les poissardes, qui voulurent absolument danser avec lui (1).

Ces messieurs venaient aussi, au besoin, présenter en corps à Sa Majesté des remontrances et d'humbles suppliques. Les cochers de fiacres, menacés d'une réforme, sur la fin du règne de Louis XV, s'avisèrent d'aller, avec leurs équi-

(1) *Anecdototes du règne de Louis XVI*, t. I, p. 305-9.

pages, porter une requête à la cour, qui se trouvait alors à Choisy. Quand on aperçut les dix-huit cents fiacres, qui couvraient la plaine et accouraient au galop de leurs chevaux, on crut à une émeute populaire, et Louis XV ne fut pas moins ému, en apprenant de quoi il s'agissait, qu'il ne l'avait été, quelque temps auparavant, de la démarche des députés du parlement. On renvoya les fiacres, et l'orateur fut mis à Bicêtre.

Parfois ces députations populaires imaginaient une mise en scène et des facéties plus ou moins ingénieuses : par exemple, un ramoneur se cachait dans une cheminée à la prussienne, que trois ou quatre de ses camarades portaient sur un brancard ; puis tout à coup, passant la tête hors du tuyau, adressait un discours à Sa Majesté du haut de cette nouvelle tribune aux harangues. D'autres fois, on voyait les porteurs de chaises promener une figure colossale, à robe parsemée de fleurs de lis, qui tenait dans ses bras un poupon qu'elle couvrait de caresses.

Les naissances dans les maisons des princes du sang ne passaient pas non plus sans de nombreuses démonstrations publiques. En juillet 1664, un fils étant né à Monsieur, toute la domesticité du Palais-Royal se piqua d'honneur et fit défoncer six muids de vin pour la *canaille* qui se pressait sur les lieux. Le concierge du Palais et un domestique de la garde-robe se mirent en frais de violons, trompettes, lanternes, feux, canons et boîtes, qui réjouirent tout le quartier, jusque fort avant dans la nuit, et un autre organisa lui-même, de sa propre bourse, une fontaine de vin publique et un feu d'artifice sur la rivière (1).

L'Empire tint à honneur de surpasser encore la royauté en pareille circonstance, et l'on peut lire dans les *Mémoires* du valet de chambre Constant, le détail des fêtes innombra-

(1) LORET, *Muse historique*, 20 juillet 1664.

bles qui eurent lieu à Paris et à Saint-Cloud en 1811, pour la naissance et le baptême du roi de Rome.

Il nous faut dire aussi quelques mots des mariages.
Choisissons d'abord, parmi les fêtes des noces princières, celles qui eurent lieu, le 24 avril 1558, au mariage de Marie-Stuart avec le dauphin François, telles que nous les trouvons décrites dans les *Archives curieuses de l'histoire de France*. On avait dressé, au parvis Notre-Dame, « un théâtre ou échafaud, avec une galerie, lequel théâtre et galerie était de douze pieds de hauteur, fait par dessus en façon d'arche, revêtu de pampres de tous côtés, à l'antique, et de telle magnificence et forme qu'il n'y a eu ouvrier qui n'en ait eu quelques bons deniers pour sa part.

« ... Au devant de la grande porte étoit dressé un ciel royal, semé de fleurs de lis, avec tapisseries de même aux deux côtés de la dite porte... De dix à onze heures du matin, vinrent premièrement les Suisses, vêtus de leurs livrées, portant leurs hallebardes, avec leurs tabourins et fifres sonnant. » Arrive ensuite M. de Guise, qui, s'apercevant que les seigneurs et gentilshommes amassés sur le théâtre empêchaient le peuple de voir, « en peu de paroles, faisant signe de la main, » leur dit de se retirer. « Et marchant le premier, le suivoient grand nombre de joueurs d'instrumens musicaux, comme trompettes, clairons, hautbois, flageols, violes, violons, cistres, guiternes et autres infinis, sonnant et jouant si mélodieusement que c'étoit chose fort délectable, et étoient les dits joueurs habillés de livrée rouge et jaune. Après vinrent les cent gentilhommes du roi, en bon ordre et équipage; après, les princes tant richement vêtus et ornés que c'étoit chose merveilleuse. Et après, suivoient les abbés, les évêques, trois spécialement portant mitres et crosses très-riches; puis après, les archevêques en grand nombre, puis messieurs les révérendissimes cardinaux de

Bourbon, de Lorraine, de Guise, de Sens, de Meudon et Lenoncourt, lesquels suivoit le révérendissime cardinal Trivulse, légat en France, devant lequel on portoit la croix et masse d'or. Finalement vinrent les dits roi-dauphin et la reine-dauphine, conduits, le dit roi-dauphin par le roi de Navarre, accompagné de monsieur d'Orléans et monsieur d'Angoulême, et la dite reine-dauphine par le très-chrétien roi de France, accompagné de monseigneur le duc de Lorraine; laquelle étoit vêtue d'un habillement blanc comme lis, fait si somptueusement et richement qu'il seroit impossible de l'écrire; duquel deux jeunes demoiselles portoient la queue longue à merveille. A son col pendoit une bague de valeur inestimable, avec carcans, pierreries, et autres richesses de grand prix, et sur son chef portoit une couronne d'or garnie de perles, diamans, rubis, saphirs, émeraudes et autres pierreries... et au milieu de la dite couronne pendoit une escarboucle estimée valoir cinq cent mille écus en plus...

« Eux arrivés devant la grand'porte de la dite église, le roy tira de son doigt un anneau, lequel il bailla à monsieur le cardinal de Bourbon, lequel les épousa, en la présence du révérend père en Dieu monseigneur l'évêque de Paris, lequel fit une scientifique et élégante oraison aux assistans. Cependant monsieur de Guise, accompagné de deux hérauts d'armes vêtus de leurs cottes, vint à l'entour des appuis dudit théâtre faire de rechef retirer les nobles et gentilshommes, afin que le peuple, qui étoit en très-grand et infini nombre en la rue Neuve-Notre-Dame et aux fenêtres de tous côtés, en la dite grande place du parvis, vissent plus aisément le dit triomphe. Lors les dits hérauts crièrent par trois fois à haute voix : « Largesse ! » et jetèrent au peuple grand nombre d'or et d'argent de toutes espèces, comme henris, ducats, écus, sols, pistolets, demi-écus, testons et douzins. Lors eussiez vu tel tumulte et cri entre le peuple qu'on n'eût ouy tonner... Les uns y demeurèrent évanouis, les autres perdirent leurs manteaux, les autres leurs bonnets et autres habits, tellement que le peuple, contraint d'une telle presse, cria aux dits hérauts qu'ils n'en jetassent plus, à cause du dit tumulte. Cependant les dits seigneurs entrèrent en l'église en tel ordre que dessus, toujours marchant dessus les dits échafauds jusques en chœur, auquel lieu étoit tendu le ciel royal.....

« Là le dit évêque dit et célébra la messe... et durant l'offertoire fut jeté parmi l'église, de côté et d'autre, très-grande somme de deniers d'or et d'argent, en signe de libéralité et largesse. Et la messe parachevée, sont retournés par-dessus le dit théâtre ou échafaud. Et étant sortis de l'église, le roy Henry (comme prince et roy débonnaire), ayant connu que la plupart du peuple qui étoit en bas n'avoit vu le dit triomphe, fit marcher toute la dite compagnie par le bord du théâtre, se montrant au peuple joyeux et humain, s'en retourna à l'évêché, en la grande salle duquel (laquelle étoit très richement parée) ont été servis à la réalle avec grands triomphes et magnificences. »

Après le dîner, suivi du bal, le roi et toute l'assemblée se rendirent au palais, « les princes et gentilshommes et autres, montés sur grands chevaux, parés de drap d'or et toile d'argent, les princesses dans les litières et coches découverts par-dessus, parées de même, la reine dans sa litière et la reine-dauphine sa fille avec elle; messeigneurs les cardinaux de Lorraine et de Bourbon étoient à côté; le roy-dauphin suivit la dite litière, accompagné du duc de Lorraine et autres princes et princesses, les dames et demoiselles montées sur des haquenées bragardes, acoutrées de velours cramoisi, avec parures d'or et richesses si grandes que l'on ne sauroit estimer. Le peuple étoit en si grand nombre parmi les rues qu'à peine pouvoient marcher les dits seigneurs, ores qu'ils fussent à cheval bien montés. Eus arrivés au palais, lequel étoit si magnifiquement ouvré et paré qu'on eût pu dire le Champ-Élysée n'être plus beau ne plus délectable, le roi et toute sa cour s'assirent à la table de marbre. Auquel lieu furent pareillement servis à la réalle, comme s'ensuivit : premièrement les joueurs d'instrumens musicaux, comme trompettes, clairons, hautbois, flageols et autres en grand nombre; après les gentilshommes portant leurs masses d'armes; puis les maîtres d'hôtel de la reine-dauphine, du roy-dauphin, de la reine et du roy, après le grand maistre d'hôtel du roy..... Auquel souper assistèrent messieurs les présidens, conseillers généraux et autres officiers de la cour de parlement, vêtus de leurs robes rouges en grand'magnificence...

« Le souper fait et grâces rendues, on eût vu les dames et demoiselles, eux réjouissant, sauter de joie. Et le bal dressé, ont été faites masques, momeries, ballades et autres jeux et passetemps, en si grand triomphe qu'il est quasi impossible de l'écrire. Et entre autres de douze chevaux artificiels, tout parés de drap d'or et toile d'argent, conduits et menés artificiellement, cheminant et allant de telle sorte qu'on eût dit iceus être vivants; sur lesquels étoient montés monsieur d'Orléans, monsieur d'Angoulême, les enfans petits de monsieur de Guise et d'Aumale, accompagnés d'autres petits et jeunes princes, menant dans des coches un grand nombre de pélerins, tous vêtus de toile d'argent et drap d'or, avec pierreries et joyaux en grande abondance, chantant mélodieusement, avec instrumens en toute perfection de musique, hymnes et cantiques à la louange des mariés et du mariage. Et après que le dit triomphe fut parachevé, sortirent six navires couverts de drap d'or et velours cramoisi, et les voiles de toile d'argent, si ingénieusement faites et conduites de si grand'destérité, que l'on eût dit iceus flotter en l'eau et être menés par les vagues et ondes de mer. » Mais ce *jeu*, ainsi que les autres *délectations, feintises, mélodies et récréations diverses* que décrit ou indique le chroniqueur, n'appartient plus à la partie publique de la fête, la seule qui nous intéresse.

Sautons maintenant près de deux siècles d'un seul coup, pour ne pas risquer de fatiguer le lecteur par des répétitions trop multipliées.

L'avocat Barbier nous a donné à plusieurs reprises un tableau des réjouissances dont il avait été témoin dans les rues de Paris, aux mariages des princes fils de Louis XV. Celui du dauphin, en février 1745, ne se fit guère remarquer que par les danses populaires qui s'organisèrent dans de vastes salles dressées à cet effet, particulièrement dans celle de la place Dauphine, qui représentait un arc de triomphe percé de quatorze portiques, et par les distributions de comestibles à la foule, qui se gorgea de vin et de viande aux dépens de la ville.

Le jeudi gras 1747, jour du second mariage du dauphin, outre les particularités ordinaires, il y eut un ensemble de spectacles dont Barbier a décrit la pièce capitale en ces termes : « Le corps de ville a donné pour fête au peuple de Paris cinq chars peints et dorés, qui, depuis dix heures du matin jusqu'au soir, ont fait le tour de différents quartiers de Paris. Le premier représentait le dieu Mars avec des guerriers; le second était rempli de musiciens; le troisième représentait un vaisseau ; le quatrième, Bacchus sur un tonneau et le cinquième, la déesse Cérès. Ils étaient tous attelés de huit chevaux assez bien ornés, avec des gens à pied qui les conduisaient. Tous les habillements, dans chaque char, étaient de différentes couleurs et en galons d'or ou d'argent. Le tout faisait un coup d'œil assez réjouissant et assez magnifique, quoique tout en clinquant; mais les figures dans les chars étaient très mal exécutées. Dans certaines places ceux qui y étaient jetaient au peuple des mor-

ceaux de cervelas, du pain, des biscuits et des oranges (1). »
Pendant la dernière maladie de ce prince, que ses vertus
avaient fait aimer des Parisiens, on vit une grande foule
venir chaque jour allumer des cierges devant la statue de
Henri IV sur le Pont-Neuf, comme pour supplier l'aïeul,
canonisé par l'affection du peuple, de sauver ce petit-fils
qui promettait de marcher sur ses traces.

Les fêtes du mariage de Louis XVI (1770) sont demeurées célèbres par l'épouvantable catastrophe qui coûta la
vie à plus de trois cents personnes, — douze cents,
si l'on en croit Mercier et quelques autres, — à la suite
d'un feu d'artifice tiré sur la place Louis XV. Aussi, lors
de la naissance du dauphin, quand le roi et la reine se
présentèrent au balcon de l'Hôtel de ville pour se montrer
au peuple, il s'y trouva fort peu de peuple pour les saluer (2).

Comme les naissances et les mariages, tous les événements heureux dans la vie des princes devenaient des prétextes à divertissements, qui revêtaient presque toujours,
avec des variantes inspirées par les circonstances, certaines
formes consacrées. Les distributions publiques d'argent, de
vin et de comestibles à la foule, soit sur la place de Grève,
soit dans les Champs-Élysées, qui succédèrent à cette place
comme centre des fêtes nationales, furent longtemps l'accompagnement obligé et la partie la plus populaire de
toute solennité de ce genre. Il n'y eut jamais pour le peuple
de bonne fête sans bombance : c'est là le fond de ses réjouissances, le pivot de son allégresse, la grande source de son
enthousiasme. L'usage était donc d'accord avec ses plus
chères traditions. On juge aisément des désordres qui en
étaient la suite inséparable. Mercier en a tracé un tableau

---

(1) *Journal* de Barbier, in-12, t. IV, 18-20 ; 219.
(2) Mercier, *Tableau de Paris*, t. V, ch. xxxvi. — Bachaumont, *Mémoires secrets*, 31 mai 1770, etc.

hideux, et que nous croyons vrai, en faisant la part de la misanthropie satirique de ce J.-J. Rousseau au petit pied :

Fig. 9. — Distribution gratuite de pain, de viande et de vin au peuple; d'après une gravure sur bois du seizième siècle.

« Il nous faut décrire les banquets où la munificence des échevins appelle le peuple. Ces buffets sont merveilleux dans des descriptions; de près cela fait pitié. Imaginez des échafauds d'où l'on jette des langues fourrées, des cervelas et des petits pains; le laquais lui-même fuit le saucisson envoyé par des mains qui s'amusent à le lancer avec force à la tête de la multitude. Les petits pains deviennent, pour ainsi dire, des cailloux entre les mains des insolents distributeurs. Imaginez ensuite deux tuyaux étroits, qui versent un vin assez insipide. Les forts de la halle et les fiacres s'unissent ensemble, mettent un broc au haut d'une longue perche et l'élèvent en l'air; mais la difficulté est de l'assujettir, au milieu d'une foule emportée et rivale, qui déplace incessamment le vase où coule la liqueur. Les coups de poings tombent comme la grêle; il y a plus de vin répandu sur le pavé que dans le broc; celui qui n'a pas les larges épaules d'un portefaix et qui n'est point entré dans *la ligue*, pourrait mourir de soif devant ces fontaines de vin, après s'être enflammé le gosier par la charcuterie... L'abjection et la misère, voilà les convives de ces fameux banquets... Ensuite des symphonistes tout déguenillés, perchés sur des tréteaux et environnés de sales lampions, font crier des violons aigres sous un dur archet; la canaille fait un rond immense sans ordre ni mesure, saute, crie, hurle, bat le pavé sous une danse lourde : c'est une bacchanale beaucoup plus grossière que joyeuse. Si l'on jette de l'argent, c'est pis encore : malheur au groupe tranquille où l'écu est tombé! Des furieux, des enragés, le visage sanglant et couvert de boue, fondent avec emportement, vous précipitent sur le pavé, vous rompent bras et jambes pour ramasser la pièce de monnaie (1). »

Ce mode de largesses subsista presque jusqu'à nos jours, et parmi mes lecteurs quelques-uns peuvent se souvenir d'en avoir été témoins. Lors du sacre de Charles X (2), outre

---

(1) *Tableau de Paris*, t. III, ch. 86. Amsterd., 1782.
(2) Le sacre se faisait à Reims, mais était célébré à Paris par un *Te Deum*

tout l'appareil invariable des fêtes nationales, — les théâtres

Fig. 10. — Grand festin en plein air, au moyen âge; d'après une gravure du seizième siècle.

solennel, où se rendaient processionnellement les ambassadeurs, les corps officiels, etc., et par le défilé ordinaire des coups de canon, des boîtes d'artifices, des sonneries de cloches, des illuminations.

en plein air, les boutiques et baraques foraines, les acrobates, les mâts de cocagne enduits de suif, les orchestres publics et le reste, — on observa à Paris, sur le chapitre des distributions de vivres et de vin, la tradition des anciennes entrées royales et de toutes les grandes solennités du même genre. Du haut d'une douzaine de tribunes, des agents de police, flanqués de quelques gendarmes et d'un commissaire revêtu de ses insignes, lançaient à tour de bras dans la foule des pains et des cervelas, que des tourbillons de compétiteurs se disputaient, à la force des pieds et des poings, au milieu de la poussière. C'était absolument le tableau tracé par Mercier. A côté des tribunes coulaient incessamment de petits ruisseaux de vin, et c'était un spectacle horrible à voir que celui des chiffonniers, décrotteurs, portefaix, balayeurs, charbonniers et porteurs d'eau, se poussant, se culbutant, grimpant les uns sur les autres, escaladant les buffets au risque des coups de crosse, renversant et cassant les cruches rivales pour arriver à poser eux-mêmes à l'orifice du conduit un broc ou un seau (presque toujours renversé à son tour avant d'être plein), voire une éponge emmanchée au bout d'un bâton, et quand enfin, après dix assauts successifs, épuisés de fatigue, meurtris, inondés, ils avaient rempli le broc, aller boire et cuver leur vin à l'écart (1). Dans une telle bagarre, les gendarmes avaient grand'peine à empêcher les ivrognes et les faibles d'être écrasés.

Il faut reconnaître qu'il y avait, dans ce genre de distributions, emprunté aux mœurs d'un autre âge, quelque chose de répugnant, qui dégradait jusqu'à la charité : on finit par s'en apercevoir, et ce fut M. de Chabrol, préfet de la Seine, qui eut l'honneur de les supprimer

---

(1) A. CAILLOT, *Mémoires pour servir à l'histoire des mœurs et usages des Français*, in-8°, t. I, p. 274. — MAX. DU CAMP, *Paris*, IV, 92.

LES SOLENNITÉS NATIONALES.   43

définitivement, à la saint Charles de l'année 1828 (1).
Les distributions de comestibles de l'ancien régime aboutirent souvent à de véritables repas dans les rues, avec les

Fig. 11. — Festin d'apparat avec service du paon sur la table, d'après une gravure sur bois du seizième siècle.

tables dressées et servies, comme dans les grands banquets

(1) C'est à tort que M. Maxime du Camp dit que ces avilissantes distributions n'ont disparu « qu'avec les Bourbons de la branche aînée, » et que ce fut la Révolution de juillet qui emporta pour toujours cette coutume.

nationaux de la première Révolution et de la République de 1848. Ces bourgeois expansifs qu'on voit, dans toutes les descriptions des fêtes du moyen âge et du dix-septième siècle, sortir en hâte, se ranger devant leurs maisons, y danser, n'avaient qu'un pas à faire pour s'installer à table en plein air, et ils s'y trouvèrent tout naturellement conduits (fig. 10 et 11). Chaque famille mettait son couvert à sa porte : les illuminations et les feux allumés sur les places et dans tous les carrefours éclairaient la scène ; les cris, les rires, les acclamations, les *santés* se mêlaient d'une table à l'autre (1). « Le riche, écrit à ce propos un poëte du treizième siècle, Nicolas de Bray, n'écarte pas le pauvre de son repas; tous mangent et boivent, mêlés les uns aux autres. »

> Nec prohibet cænalia dives egeno,
> Sed passim comedunt diffuso nectare venis.

Et l'auteur du *Journal de Charles VI* raconte qu'à l'entrée de ce prince « soupoient les gens emmy les rues par très-joyeuse chère (2). »

Ce banquet d'une ville entière, accompagné de feux de joie, de danses, de sons de trompes et de concerts donnés par les jongleurs et les bourgeois qui, toute la nuit, *bassinaient* parmi les rues, se prolongeait jusqu'à ce que la cloche du couvre-feu sonnât; alors, chacun se retirait dans sa maison et toutes les lumières s'éteignaient.

Lors de la naissance de Louis XIV, après la longue stérilité d'Anne d'Autriche, les habitants de Paris descendirent faire leurs repas sur les places publiques, et y tinrent table ouverte.

> Quantité de bons compagnons
> Mangeant tourtes de champignons,

---

(1) Félibien et Lobineau, *Histoire de Paris*, l. XIV, ch. LII.
(2) Voir aussi la *Chronique de Louis XI*, par Jean de Troyes (collection Michaud, t. IV, p. 280, 293, 294).

> En criant tout haut : Taupe, masse,
> Vuidoient maint verre et mainte tasse,
> Et l'on voyoit devant leurs huis...
> Plusieurs troupes de jeunes filles
> Quittant l'ouvrage et les éguilles,
> Chanter d'agréables chansons
> En dansant avec des garçons, etc.

écrit Loret le 27 juin 1654, à propos des réjouissances pour le sacre de Louis XIV; et pareille description se trouve fréquemment répétée dans les historiens. A la paix de 1660,

> Dans les quartiers les plus notables
> On vit plus de quatre cent tables,
> Couvertes pour les bons garçons
> De pains, de fruits et de boissons,

et tous les grands personnages organisèrent des fontaines de vin devant leurs hôtels (1).

A la naissance du duc de Bourgogne, qui fut accueillie avec des transports inouïs d'enthousiasme populaire, pendant trois jours les rues furent pleines de tables, où chaque passant était forcé de boire, et où tel artisan, mourant de faim en temps ordinaire, mangea pour plus de cent écus.

En 1704, lors de la naissance du duc de Bretagne, premier fils du duc de Bourgogne, les bourgeois de la rue Saint-Jacques avaient bâti une espèce de géant qui, chargé de bouteilles de vin et de liqueurs, les distribuait aux passants, au moyen d'un ressort ingénieux qui lui faisait allonger et ployer le bras. A la guérison du jeune Louis XV, en 1721, dont nous avons déjà parlé, l'enthousiasme s'exprima pendant plus de deux mois par des danses et des repas dans les rues, où Paris semblait ne plus former qu'une seule famille. « Les bourgeois faisaient servir leur souper à leurs portes et invitaient les passants à y prendre part », dit Duclos dans ses *Mémoires secrets de Louis XIV et Louis XV*.

---

(1) LORET, l. XI, p. 30 et 31. On peut voir dans l'*Inventaire des autographes* de M. B. Fillon (n° 687), une lettre de l'imprimeur Séb. Cramoisy sur ces banquets en pleine rue à la naissance de Louis XIV.

On vit sous la Révolution se renouveler les banquets en plein air de toute une population. Les historiens de cette époque nous ont laissé de curieuses descriptions de ces repas civiques, qui avaient lieu au palais Égalité, au boulevard des Italiens, sur le quai des Orfèvres, sur la place Vendôme, etc., et où les républicains s'empiffraient de veau et se gorgeaient de litharge, les pieds dans les ruisseaux, en hurlant la *Carmagnole*. Il n'eût pas été moins dangereux de s'abstenir de ces repas civiques, ou de s'y montrer froid, que de manifester peu d'enthousiasme aux fêtes nationales où l'on dansait par ordre.

II

Cours plénières. — La Saint-Louis. — Inaugurations de monuments publics. — Proclamations de paix.

Parmi les fêtes les plus magnifiques de l'ancienne monarchie, il faut compter les *cours plénières*, où les rois réunissaient autour d'eux toute la noblesse du royaume. Ils tenaient ces assemblées deux fois par an, à Pâques et à Noël, ou à la Toussaint, indépendamment des autres circonstances solennelles, telles que les entrées, les couronnements, les naissances et les mariages des princes, qui les ramenaient également. Elles duraient en général une semaine, pendant laquelle le roi paraissait revêtu de tous les insignes de la majesté, et mangeait en public, la couronne sur la tête, entouré des pairs laïques et ecclésiastiques, servi par le connétable et les autres grands officiers, à cheval « sur hauts destriers tout couverts et parés de drap d'or (1). » Chaque service était apporté au son des instruments, harpes, flûtes

(1) Froissart, au *Dîner du sacre de Charles VI*.

Fig. 12. — Grand festin d'apparat, avec les *entremets*, à la cour de France (quatorzième siècle); restitution archéologique, d'après les miniatures et les relations du temps.

et hautbois, et le repas était réjoui par le spectacle des entremets (1) (fig. 12).

On sait la vogue qu'obtinrent au moyen âge ces pantomimes historiques à grand spectacle jouées pendant les festins, et dont plusieurs, telles que la représentation de la conquête de Jérusalem par Godefroy de Bouillon, donnée par Charles V en 1378, dans un banquet en l'honneur de l'empereur Charles IV (fig. 13); le siège de Troie, joué en 1389 aux fêtes des noces de Charles VI et d'Isabeau de Bavière, — pour ne point sortir de Paris, — ont laissé des souvenirs si durables. On peut voir le détail de ces brillants et pompeux spectacles dans Froissart, Monstrelet, Olivier de la Marche, Mathieu de Coucy, et aussi dans l'*Histoire de la vie privée des Français*, par Legrand d'Aussy.

Nous n'avons pas à nous occuper de la partie de ces fêtes exclusivement réservée à la cour, et qui se renfermait dans l'intérieur du palais ; mais le bourgeois de Paris n'en était pas entièrement exclu, et par certains côtés les cours plénières pouvaient passer pour des fêtes publiques et populaires. Les ménestrels, jongleurs, danseurs de corde, montreurs de bêtes, pantomimes, charlatans et baladins de toute sorte, accouraient par milliers pour réjouir l'auguste assemblée, et les rues avaient leur part de cette bonne aubaine. Tous les divertissements de la cour, les joûtes et tournois, le défilé des cortèges, la splendeur de l'appareil royal, l'harmonie des instruments, la vue des festins et des entremets, le peuple en jouissait amplement; les maîtres d'hôtel lui servaient à boire et à manger, et au milieu du repas, vingt hérauts d'armes s'avançaient, tenant en main une coupe pleine de pièces d'or et d'argent qu'ils jetaient dans la foule en criant : « Largesse du roi! (2) »

---

(1) CHRISTINE DE PISAN, 3ᵉ partie, chap. 41.
(2) DUCANGE, *Des cours et des fêtes solennelles des rois de France.* — ST-FOIX,

Monstrelet nous apprend (1) que le roi Henri V d'Angleterre, pour avoir manqué à ces usages de libéralités lors de la cour plénière qu'il tint au Louvre, après son entrée triomphale dans Paris, excita le mécontentement et les murmures du peuple, qui avait coutume, au temps de son seigneur le roi de France, « de boire et de manger en sa cour qui estoit à tous ouverte; et là, ceux qui se vouloient seoir estoient servis très largement, par les serviteurs du roy, des vins et viandes d'iceluy. » — Quant aux *largesses* de pièces d'or et d'argent, c'était un usage universel, dans les grandes cérémonies royales, aux entrées, aux mariages, aux traités de paix; on en jetait même au peuple dans les églises, pendant les messes qui accompagnaient ces cérémonies, et presque toujours au moment de l'offertoire (2).

Les cours plénières, dont il est question dès le onzième siècle dans les chartes, se renouvelèrent jusque vers la fin du quinzième siècle, et l'une des dernières qu'on trouve dans l'histoire est celle que tint Louis XI après son sacre. D'ailleurs, ce n'étaient pas seulement les rois qui tenaient des cours plénières, c'étaient aussi les seigneurs et les grands vassaux. Quelquefois un duc ou un baron, pour célébrer son mariage ou tout autre grand événement joyeux, convoquait autour de lui la haute noblesse de sa province, et il arrivait même que le roi s'y rendait pour lui faire honneur. Ces cours plénières de second ordre n'étaient pas toujours les moins riches ni les moins curieuses (3).

Indépendamment de ces solennités irrégulières, la monarchie avait sa grande fête nationale périodique : la Saint-

---

Essais historiques sur Paris, t. II, p. 202 et suiv. — Cheruel, *Dictionnaire des institut.* art. Cours plénières.

(1) *Chronique*, l. I, ch. 62.
(2) *Archives curieuses de l'Histoire de France*, 1re série, t. III, p. 255, 300.
(3) Voir, dans *la Dame de Bourbon*, poème provençal du treizième siècle, traduct. de Mary-Lafon, une longue description de cour plénière qui doit être un tableau fait d'après la réalité, et qu'on peut prendre pour type.

LES SOLENNITÉS NATIONALES.   51

Louis. Elle fut célébrée pour la première fois en l'an 1613, comme on peut le voir dans les *Mémoires* de l'abbé Marolles : la longueur exceptionnelle des règnes de Louis XIV et de

Fig. 13. — Intermède pendant le repas ; d'après une miniature d'un ms. du quatorzième siècle.

Louis XV et la succession ininterrompue de quatre Louis pendant près de deux siècles allaient en faire pour ainsi dire la fête de la monarchie même. Dès la veille, l'orchestre de l'Opéra donnait un concert au jardin des Tuileries. Tous les jardins royaux, le château de Versailles et les appartements étaient ce jour-là ouverts au petit peuple, qui accourait en foule pour les visiter. On tirait des salves de coups de canons aux Invalides. Le carillon de la Samaritaine jouait son répertoire d'un bout à l'autre, et il n'y avait pas une cloche de Paris qui ne se mît en branle lorsque le roi quittait son palais dans la pompe de l'appareil monarchique pour aller dîner à l'Hôtel de ville. Le bourdon de Notre-Dame était d'ailleurs de toutes les fêtes. Les jeux, les théâtres en plein vent, les spectacles *gratis*, les danses aux Champs-Élysées, les petites pièces de monnaies jetées à la foule, les distributions de vin et de comestible, enfin, le soir, un feu d'artifice tiré sur la place de Grève, complétaient la partie publique de cette fête, que l'Académie célébrait de son côté en faisant des lectures solennelles et en décernant alternativement des prix d'éloquence et de poésie (1).

Une foule d'usages se rattachaient à cette date. Ainsi, le samedi qui suivait la Saint-Louis, le jeune élève de l'École des beaux-arts qui venait de remporter le prix de Rome était promené sur les épaules de ses camarades autour de la place du Louvre remplie d'artistes, d'élèves et de curieux. Cet usage devint parfois le signal de scènes plus ou moins tumultueuses, comme en 1767, quand les élèves, afin de protester contre l'attribution du prix à Moitte, au détriment de Milon, voulurent faire faire à celui-ci le tour de la place sur le dos de son condisciple à quatre pattes, huèrent les académiciens, coupables d'un choix qu'ils regardaient comme le résultat d'une intrigue, et les condamnèrent à défiler entre la double rangée de leurs dos tournés (2).

C'est à la Saint-Louis de 1717 que le maréchal de Villeroy,

---

(1) *Fastes* de Lemierre, chant XI. — Caillot, *Mémoires pour servir à l'histoire des mœurs et usages des Français*, t. I, p. 261, 262, 271. — Mercier, *Tableau de Paris*, t. VI, ch. 42.
(2) Diderot, *Salons*.

gouverneur de Louis XV, donna au jeune prince cette leçon singulière que rapporte Saint-Simon. La présence du roi aux Tuileries avait attiré plus de monde encore qu'à l'ordinaire, dans l'espérance de le voir paraître sur les terrasses qui étaient de plain-pied avec les appartements. Les curieux étaient entassés de toutes parts, non seulement dans le jardin, mais dans les cours, sur la place, aux fenêtres, jusque sur les toits où il ne restait pas une place vide. Dès que le petit roi se montrait d'un côté ou de l'autre, c'étaient des acclamations cent fois redoublées. « Le maréchal de Villeroy faisoit remarquer au roi cette multitude prodigieuse et sentencieusement lui disoit : « Voyez, mon maître, voyez tout ce peuple, cette affluence, ce nombre de peuple immense; tout cela est à vous, vous en êtes le maître. » Et sans cesse lui répétoit cette leçon pour la lui bien inculquer. Il avoit peur apparemment qu'il n'ignorât son pouvoir. L'admirable dauphin son père en avoit reçu de bien différentes. »

L'affluence fut telle, en 1719, au jardin des Tuileries, la veille de la Saint-Louis, pour entendre la symphonie et voir le feu d'artifice dressé sur le premier bassin, qu'il y eut onze femmes étouffées, sans compter une multitude de jambes et de bras rompus, de personnes renversées, suffoquées, foulées aux pieds. Cette horrible confusion, causée par la sottise du portier, qui n'avait laissé qu'une partie de la porte ouverte, fut encore aggravée par les filous qui en profitèrent largement (1).

Aux abords de la révolution, la Saint-Louis fut agitée plusieurs fois par des troubles précurseurs de ceux qui allaient transformer la France. En 1774, à la première fête du roi Louis XVI, la bazoche, devançant d'un jour la date officielle, célébra bruyamment la chute du chancelier Maupeou en

---

(1) Buvat, *Journal de la Régence*, t. I, 424.

brûlant sur la place Dauphine un mannequin grotesque où on l'avait figuré tant bien que mal, et en associant à cette exécution des vivat en l'honneur du nouveau monarque.

A la Saint-Louis de 1787, la basoche et le peuple firent de leurs hommages à la statue de Henri IV une manifestation à peine déguisée contre son descendant, protestant ainsi contre le lit de justice qu'il avait tenu récemment à Versailles pour l'enregistrement forcé des édits sur la *subvention territoriale* et sur *le timbre*. La foule forçait tous les passants de s'arrêter, de descendre de voiture et de venir saluer l'image du Béarnais; elle n'en exempta pas le duc d'Orléans, dont elle avait tout à coup reconnu l'équipage, puis elle incendia le corps de garde du terre-plein. C'était ordinairement ainsi que finissaient ces petites émeutes, qui avaient pour théâtre habituel le Pont-Neuf et la place Dauphine. Là encore fut tumultueusement fêtée la Saint-Louis de 1788, où la chute de Brienne, célébrée avec un véritable délire, devint plusieurs jours de suite le point de départ des scènes les plus révolutionnaires, pendant lesquelles le guet dut faire usage des armes et tirer sur le peuple (1).

La Révolution suspendit naturellement la Saint-Louis, qui, déjà en 1790, était célébrée au théâtre par la représentation de la *Prise de la Bastille*, et qui, en 1792, devait l'être au Temple.

En 1815, la Saint-Louis emprunta aux circonstances une solennité et une animation particulières. Des bandes de jeunes gens et de musiciens parcouraient, en jouant *Vive Henri IV!* et *Nous avons notre père de Gand*, les rues décorées de

---

(1) On trouve les détails les plus abondants et les plus animés sur cette sanglante Saint-Louis de 1788 dans le 1er chapitre des *Souvenirs de la Terreur*, par G. Duval (1841).

drapeaux blancs et d'inscriptions enthousiastes. Les dames de la Halle avaient organisé des danses sur la place des Innocents. On vit des cortèges de jeunes filles vêtues de blanc promener le buste de Louis XVIII en lui jetant des fleurs, que quatre d'entre elles portaient dans de vastes corbeilles (1). Enfin, partout le peuple témoignait ces transports d'ivresse qu'il avait jadis au service de tous les gouvernements, avant que l'expérience des dernières révolutions n'eût achevé de lui désapprendre l'enthousiasme.

Des circonstances particulières donnaient aussi quelquefois naissance à des démonstrations qui affectaient en même temps et à un égal degré le caractère de fêtes nationales et de fêtes populaires. Il en était ainsi, par exemple, de l'inauguration de la plupart des monuments publics. Lors de la reconstruction, par Jean Joconde, du pont Notre-Dame, qui s'était écroulé en 1449, l'enthousiasme de la foule se manifesta par des démonstrations bruyantes : « Fut crié « Noël et grande joie démenée avec trompettes et clairons « qui sonnèrent par long espace de temps, » dit une inscription rapportée par M. Th. Lavallée dans son *Histoire* de Paris. On célébra par une grande fête, que Du Breuil a racontée, la pose de la première pierre de l'Hôtel de ville, le 15 juillet 1533 : « Sonnoient les fifres, tambourins, trom- « pettes et clairons, artillerie, cinquante hacquebutes à croc « de la ville avec les hacquebutiers d'icelle ville, qui sont « en grand nombre; et aussi sonnoient à carillon les cloches « de Saint-Jean en Grève, de Saint-Esprit et de Saint-Jac- « ques de la Boucherie. Aussi, au milieu de la Grève il y « avoit vin défoncé, tables dressées, pain et vin pour donner « à boire à tous venants. » Ces exemples sont fréquents au moyen âge et au seizième siècle; il est inutile de les multi-

---

(1) ROUGEMONT, *le Rôdeur*, t. II, p. 242-5.

plier. Mais on nous permettra de dire quelques mots sur les inaugurations des diverses statues de Louis XIV.

Le mardi 23 juin 1654, le gouverneur de Paris, le prévôt des marchands, les échevins et près de deux cents bourgeois présidèrent, dans la cour de l'Hôtel de ville, à l'érection d'une statue où le roi était représenté foulant aux pieds la rébellion. La cérémonie s'accomplit au bruit ordinaire des tambours, trompettes, coups de mousquets et acclamations (1).

Ce monument fut plus tard abattu et remplacé par un autre. Voici ce que rapporte à ce propos le maître des cérémonies Sainctot, dans un manuscrit conservé à la bibliothèque de la Sorbonne (2). « Le roy estant venu disner à
« l'hostel de ville le 30 janvier 1687, il me fit l'honneur
« de me demander ce que c'estoit qu'une statue qu'on luy
« avoit dit estre au fond de la cour de l'Hôtel de ville, et
« luy ayant dit qu'elle avoit esté posée après la fin des
« guerres de 1652, et que c'estoit la représentation de sa
« personne qui tenoit sous ses pieds un homme qui avoit
« un chat dépeint sur son casque, qui est une marque de
« la rébellion, il me dit qu'il falloit l'oster, ou prendre des
« mesures avec gens intelligens pour oster toutes les mar-
« ques des temps fascheux, qu'il vouloit estre entièrement
« abolis, et que ces temps fussent mis en oubli; et que,
« pour cet effet, j'en confererois avec M. le controsleur
« général, pour prendre, de son avis, les expédiens néces-
« saires pour exécuter ce qu'il m'ordonnoit. En ayant con-
« féré avec M. le controsleur général, et parlé plusieurs
« fois à M. de Louvois, il fut trouvé à propos d'oster la dite
« statue et d'y en mettre une autre de bronze, représen-
« tant la personne du roy (fig. 14). »

(1) LORET, lettre du 27 juin 1654.
(2) M. S. L. l. 25.

Fig. 14. — Le corps municipal de Paris recevant le modèle de la statue pédestre de Louis XIV commandée au sculpteur Coysevox, d'après une gravure contemporaine.

Le nouveau monument, œuvre de Coysevox, fut inauguré en 1689 avec un éclat digne de l'époque et digne du monarque. L'Hôtel de ville était paré d'une guirlande de fleurs, et le péristyle décoré d'une tapisserie magnifique. Des girandoles de cristal étincelaient dans ses arcades. Les quarteniers et les conseillers avaient revêtu leurs robes de cérémonie; les milices bourgeoises et les archers de la ville étaient sous les armes; les canons tonnaient, les trompettes sonnaient leurs fanfares, les feux de joie et les feux d'artifice éclataient sur les places publiques, et particulièrement sur celle de la Grève, envahie par les flots du peuple (1).

Trois ans auparavant, le 28 mars 1686, avait eu lieu l'inauguration encore plus solennelle de la statue de la place des Victoires, que le maréchal de la Feuillade avait fait élever par le sculpteur Desjardins. La Feuillade fit trois fois le tour du monument à cheval à la tête du régiment des gardes, avec toutes les prosternations, dit Choisy (2) que les païens faisaient devant les statues de leurs empereurs. Le règne suivant tint à honneur de ne pas déchoir de ces traditions, et l'on vit, en 1763, le duc de Chevreuse, gouverneur de Paris, à la tête du corps de ville, se transporter sur un cheval couvert d'or et de diamants, à la place où l'on allait découvrir une statue de Louis XV, et en route jeter à pleines poignées de l'argent au peuple (fig. 15).

Le règne de Louis XIV à lui seul pourrait alimenter ce chapitre et l'agrandir jusqu'aux proportions d'un volume. Il n'est pas une date tant soit peu importante dans la vie de ce souverain qui ne devienne l'occasion d'une fête. Chacun de ses actes, chacune de ses démarches, se déroulent dans un cadre de décorations et de magnificences. Soit

---

(1) Rapports de M. Avenel sur les manuscrits de la Sorbonne (2e rapport) dans le *Bulletin des comités historiques*, de 1851.
(2) *Mémoires*, Utrecht, 1727, p. 241.

qu'il fasse sa première entrée à Paris après la mort de son père, ou qu'il y rentre après son mariage avec Marie-Thérèse; soit qu'on déclare sa majorité, ou simplement qu'il se rende au parlement pour lui notifier ses volontés royales, Louis XIV n'apparaît à ses sujets qu'environné des rayons de cette splendeur dont il est la source et le centre. Qu'on lise les chroniqueurs du temps, Loret, Dangeau, Renaudot, Saint-Simon; qu'on lise surtout, si l'on en a le temps et la patience, les relations du grand maître des cérémonies Sainctot, qui remplissent sept volumes manuscrits in-folio, et l'on aura une idée de ces solennités quotidiennes que nous ne pouvons même aborder.

Quelquefois, à ce cortège obligé de splendeurs s'ajoutaient de curieuses démonstrations populaires, d'un intérêt plus naïf et plus vrai. Je n'en citerai qu'une : lorsque, sur la demande des harangères du Marché-Neuf et des petits bourgeois, il alla entendre la messe à Saint-Germain-le-Vieil, en juin 1651, les habitants du quartier firent dresser au centre d'une sorte de monument composé de pièces d'artifice une image, en toile et en cire, de saint Germain, avec mître, crosse et camail; et lorsqu'il approcha de la porte, cette image leva la main et le bénit, — ce qui, dit-on, excita le courroux de l'archevêque, prétendant que lui seul avait le droit de donner des bénédictions dans son diocèse (1).

On sait avec quels transports de joie fut accueillie la nouvelle de la guérison de Louis XV, qui était tombé malade à Metz, en 1744, et par quelles démonstrations enthousiastes le peuple de Paris célébra le retour à la santé du monarque *bien aimé*. Pareille chose s'était déjà produite autrefois, en une circonstance moins connue. Quelque temps avant sa majorité, en 1721, il avait été attaqué d'une maladie grave

(1) Loret, lettre du 11 juin 1651.

Fig. 15. — Le gouverneur de Paris et le corps municipal à l'inauguration de la statue de Louis XV (1763), d'après une gravure contemporaine.

qui faillit l'emporter, et dont le médecin Helvétius le sauva contre toute attente, par une saignée hardie. Louis XV, seul échappé à la destruction de la nombreuse famille de son bisaïeul Louis XIV, unique rejeton survivant d'un tronc jadis si couvert de rameaux, semblait à la multitude un véritable *enfant du miracle,* et elle attachait un intérêt mêlé d'une superstitieuse tendresse à la conservation de sa vie. Aussi, quand il fut guéri, la ville entière prit-elle, durant une quinzaine de jours, une physionomie de fête. Les églises se remplirent; les danses, les chants, les cavalcades s'organisèrent de toutes parts; des bandes parcouraient les rues avec des palmes, et un tambour ou un violon; le Palais-Royal fut envahi par une foule tumultueuse qui ne cessa tout le jour, et même toute la nuit, de célébrer l'heureuse nouvelle, le verre en main, par des bonds et des sauts frénétiques. Les poissonnières, sous leurs plus beaux atours, et rangées en ordre de bataille, portèrent au Louvre un esturgeon phénoménal de huit pieds de long, orné de rubans et de fleurs. Les charbonniers s'y rendirent en corps avec des cocardes à leurs chapeaux. Les gardes françaises et suisses s'assemblèrent dans la plaine des Sablons, et y chantèrent un *Te Deum* au son du tambour. Le petit peuple se fit un roi, qu'il promena par les rues, et tous les grands seigneurs concoururent pour leur part à la réjouissance populaire par des distributions de viande et de vin, des fusées volantes et des feux d'artifice (1).

Buvat raconte, dans son *Journal de la Régence*, quelques traits curieux de ces réjouissances populaires :

« Le 5 (août), les corps des métiers s'attroupèrent avec des tambours et des timbales, ayant tous la bouteille et le verre en main, avec des cocardes de ruban bleu et blanc à leurs chapeaux, et en cet état allèrent par bandes jusqu'à

(1) *Journal* de Mathieu Marais, t. II, 183. — *Journal* de Barbier, I, 146-153.

la grille du Carrousel, buvant à la santé du roi et criant Vive le roi! de toute leur force.

« Les harengères de la halle ne manquèrent pas de se distinguer en cette occasion. Elles se mirent dans des carrosses avec des violons et avec une provision de bouteilles de vin. Étant descendues de carrosse, elles entrèrent dans le jardin des Tuileries, et vis-à-vis de l'appartement du roi, elles formèrent plusieurs danses en rond au son des violons, et de temps en temps se mettoient à boire à la santé du roi et à crier : « Vive le roi, malgré la régence au diable! » Le roi, qui parut au balcon, leur envoya quatre louis d'or, ce qui leur fit redoubler leurs cris de joie...

« Les charbonniers de la Grève, vêtus comme on les voit à leur travail, avec du linge aussi noir que le charbon qu'ils portent, avec des cocardes de ruban bleu et blanc à leurs chapeaux et ayant tous la bouteille et le verre en main, passèrent de même en revue. Les porteurs des quartiers voisins du Louvre et les charretiers des ports de la ville solennisèrent de la même façon la guérison du roi...

« Le 7, il entra une troupe d'ouvriers dans la cour du Palais-Royal, criant, Vive le roi! parmi lesquels on en observa un qui étoit vêtu grotesquement, ayant un nez postiche d'une grande longueur, au-dessous duquel nez on voyoit un écriteau qui contenoit ces mots : *J'ai un pied de nez*, dont on faisoit une malicieuse application à M. le régent...

« Le 9, les bateliers, en camisole blanche, en bas et souliers blancs, avec des cocardes de ruban bleu et blanc sur leurs chapeaux gris, marchant deux à deux avec un tambour, allèrent au Louvre crier Vive le roi! et ensuite au Palais-Royal, où l'on observa que M. le régent s'étoit retiré par deux fois du balcon pendant leurs cris de joie.

« Le 11, une troupe de vingt-cinq garçons, tailleurs d'habits et perruquiers, tous Languedociens, en chemises de fine toile de Hollande, avec un large ruban bleu et rouge passé en écharpe de côté et d'autre, en culottes de futaine bleue et blanche, avec des bas blancs et des souliers blancs à talons rouges, des gants blancs à leurs mains et des plumets blancs et bleus sur leurs chapeaux, et de pareils rubans aux bras pour nouer les manches de leurs chemises, avec une douzaine de grelots à chaque jambe, tous vêtus l'un comme l'autre, à l'exception de deux d'entre eux qui avoient des rubans blancs brodés d'or en écharpe sur leurs chapeaux, et un autre qui leur servoit de commandant, qui sembloit être monté sur un cheval artificiel, richement harnaché, dont la housse étoit brodée d'or, avec un caparaçon qui pendoit presque à terre. En cet état, ils allèrent au palais des Tuileries à quatre heures après-midi, dansèrent devant le roi la danse du cheval, auquel un de la troupe présentoit de l'avoine dans un tambour de basque, en dansant comme les autres au son d'un basson et de trois hautbois. Leur appareil revenoit à cinquante et soixante livres chacun. Le roi fut si charmé de les voir danser et de cette nouvelle galanterie, qu'il leur fit donner dix louis d'or. »

Peu de temps après, vers la fin de la même année 1721, on apprit la paix conclue par le tzar avec la Suède. Paris n'avait nulle raison particulière de se réjouir de cet événement; mais l'ambassadeur du tzar, Dolorowski, y pourvut, et, du 21 au 23 décembre, il donna de grandes fêtes, parmi lesquelles celle du troisième et dernier jour, spécialement consacrée au peuple, mérite une mention, à cause de la manière originale dont il y rajeunit un des lieux-communs de ces réjouissances publiques. A deux heures de l'après-midi, devant sa porte, rue de l'Université, il fit dresser sur une estrade un bœuf rôti en entier. Ce bœuf, dont les cornes étaient dorées, se tenait debout sur ses quatre pieds. A tous les points cardinaux de l'énorme bête étaient alignés des veaux, moutons, porcs, volailles, le tout également rôti et planté sur ses jambes. Les valets de l'ambassadeur, montés sur l'estrade, déchiquetaient ces animaux, dont ils jetaient des tranches au peuple, avec des pains, et un autre, grimpé sur le dos du bœuf, le découpait en lanières qui prenaient immédiatement le même chemin.

Comme les déclarations de guerre, celles des traités de paix avaient lieu autrefois, et jusqu'en plein dix-huitième siècle, avec des formes très solennelles. Les officiers municipaux et royaux, accompagnés de hérauts d'armes, d'archers et de pages resplendissants de couleurs et de blasons divers, se transportaient en *triomphant arroy* dans tous les quartiers, et les crieurs de la ville, en hoquetons *orfévrisés* et blasonnés aux armoiries de Paris, faisaient la proclamation au son des trompettes, des fifres, hautbois et tambours (fig. 16).

Au moyen âge, lorsque les hérauts avaient publié la paix, les jongleurs et les ménestrels des rues s'emparaient de cette proclamation pour la parodier, et la répétaient après eux, en estropiant les mots d'une façon burlesque, et avec des grimaces et des lazzis sans fin. Il nous a été conservé quelques échantillons de ces parodies irrévérencieuses, véritables pamphlets bouffons qui témoignent de l'existence de la liberté de la *presse* au moyen âge.

Lors de la paix de Vervins, en 1598, les officiers du Châtelet, ayant à leur tête les lieutenants civil, particulier et criminel, en robes rouges, et la ville, avec le prévôt des marchands et les échevins en robes mi-parties, tous à cheval, furent associés, par arrêt du parlement, pour cette cérémonie. Ils se rendirent dans tous les carrefours, suivis d'un nombreux cortège : douze trompettes sonnaient les fanfares, et le héraut d'armes faisait la proclamation, aux applaudissements enthousiastes du peuple. La grosse cloche du palais sonna tout le jour et jusqu'à minuit. A dix heures, le parlement et la ville s'étaient rendus processionnellement à Notre-Dame pour le *Te Deum*. — Le *Mercure* de janvier 1679 décrit la proclamation de la paix qui venait d'avoir lieu dans Paris, à peu près avec le même cérémonial et le même cortège. Les hérauts étaient au nombre de sept, revêtus de cottes d'armes, avec toques garnies de

Fig. 16. — Proclamation d'un traité de paix ; d'après une miniature d'un ms. du quinzième siècle.

plumes, le caducée à la main ; les chevaux caparaçonnés de tabis violet frangé d'or. Le roi d'armes venait ensuite, marchant seul. A l'endroit où la proclamation devait se faire, après trois chamades, le roi d'armes ôtait sa toque en criant trois fois : « De par le roi ; » puis il remettait l'ordre de Sa Majesté à un héraut qui le lisait, après quoi le roi d'armes criait encore trois fois : « Vive le roi! » et les trompettes sonnaient des fanfares.

La publication de la paix d'Aix-la-Chapelle, le 12 février 1749, fut présidée par le prévôt des marchands et le lieutenant de police, qui montaient de magnifiques chevaux recouverts de housses de velours cramoisi très longues et brodées en or, et suivis chacun de six laquais en grande livrée. La troupe du guet à cheval faisait un des plus beaux ornements du cortège, composé d'environ huit cents personnes, et dont le défilé durait vingt-cinq minutes (1).

On peut voir également dans le *Journal* de l'avocat Barbier les cérémonies de la publication de la paix de 1763, qui venait de mettre fin à la guerre de sept ans. Elle coïncidait avec l'inauguration de la statue équestre élevée au roi sur la place Louis XV (fig. 17); aussi la célébra-t-on avec une pompe particulière, d'autant plus qu'on tenait à faire illusion sur le caractère de la paix peu glorieuse qu'on avait signée. Mais le peuple n'y porta qu'un entrain médiocre, et l'orage vint contrarier les feux d'artifice et troubler la fête. L'épisode qui réussit le mieux fut l'illumination des jardins de Mme de Pompadour (l'Élysée actuel): « Le grand cours, dit Barbier, s'est trouvé rempli jusqu'à sa maison dans les deux allées, de sept files de carrosses à trois et quatre rangées; de manière que pendant près de trois heures il n'étoit pas possible d'avancer, reculer ni tourner pour s'en aller. J'ai attendu ainsi jusqu'à deux heures et demie. Jusqu'à M. le duc de Chartres qui étoit dans l'embarras comme les autres. A la fin, la file a marché, et il faut avouer que cette illumination étoit au plus étendu, au plus magnifique et au plus galant; tout le monde est convenu qu'elle surpassoit de beaucoup celle de la place, et à près de trois heures,

---

(1) CHÉRUEL, *Dictionnaire des Institut.*, art. *Paix*.

Fig. 17. — La place Louis XV (1763); d'après Moreau.

tous les carrosses de ceux qui avoient été souper depuis le feu y abondoient à la file; ce qui a duré presque toute la nuit, ou plutôt le jour ».

On vit reparaître plus d'une fois encore des cortèges semblables à ceux que nous avons décrits plus haut. Ainsi une proclamation solennelle fut faite dans les places et carrefours de Versailles, le 1er mai 1789, par le roi d'armes de France, précédé de quatre hérauts, pour avertir les députés qu'ils seraient présentés le lendemain au roi, et la veille de l'ouverture des états généraux, on vit partir de l'église Notre-Dame une procession pompeuse où les trois ordres marchaient devant le saint Sacrement, suivi du roi, des princes et de toute la famille royale, mais que nous ne pourrions décrire en détail sans sortir de notre cadre, borné à la ville de Paris.

Le 16 juillet suivant, l'ordre de démolition de la Bastille fut solennellement proclamé dans la cour de l'Hôtel de ville et dans tous les carrefours de Paris. Les lois, décrets, arrêts, lettres patentes étaient toujours portés ainsi à la connaissance du peuple par un juré-crieur public, revêtu de son costume, avec un trompette ou un tambour pour convoquer les citoyens. Il donnait lecture de la pièce à haute voix, puis l'affichait en présence des assistants. Dans les circonstances importantes, un véritable et brillant cortège accompagnait le porteur. Citons encore, pendant la même période, les cérémonies de la proclamation de la constitution et de la loi martiale, les plantations d'arbres de liberté et les prestations de serments. Qui ne sait de quel furieux amour de jurer la Révolution fut possédée d'un bout à l'autre de sa carrière? Le serment était l'appendice obligé de toute cérémonie publique, le couronnement de tous les banquets, la péroraison de tous les discours. Un patriote eût cru perdre sa journée, s'il n'avait juré pour la millième fois d'anéantir les tyrans, de vaincre ou de mourir, de se plonger un poignard dans le sein plutôt que d'être esclave. Lorsque le roi surtout fut venu dans l'assemblée pour y jurer fidélité à la constitution, la France entière répéta avec enthou-

Fig. 18. — Proclamation de la constitution (4 septembre 1791), au marché des Innocents.

siasme le même serment. Ce fut pendant un mois la grande cérémonie à la mode, la cérémonie sacro-sainte. On jurait dans les districts, on jurait dans les sections, on jurait sur la place publique, on jurait à l'église, on jurait au théâtre, on jurait à la tribune; les soldats juraient, les gardes nationaux juraient, les représentants, les magistrats, les fonctionnaires, les ouvriers et les paysans, les révolutionnaires et les aristocrates eux-mêmes juraient. Ceux qui avaient juré venaient voir jurer les autres, et ils juraient de nouveau avec eux. Cela se faisait en général avec accompagnement de canons, de tambours, de drapeaux, de cortèges, d'autels symboliques et tout l'appareil théâtral que la Révolution déployait dans ses fêtes.

III

Des divertissements les plus en usage dans les fêtes nationales, et particulièrement des feux d'artifice.

L'usage d'illuminer les maisons en signe de réjouissance doit remonter pour le moins au déluge. Les Grecs et les Romains le pratiquaient aux *Lampadophories* et aux *Jeux séculaires*. Rien de plus naturel, d'ailleurs, que cette démonstration, et on conçoit qu'elle se retrouve chez nous dès les premiers siècles où nous pouvons étudier dans des documents suffisants les mœurs publiques et privées de notre nation. Il en est question dans le roman de *Perceforest*, qui appartient au treizième siècle. Olivier de la Marche et Alain Chartier nous en montrent l'existence, le premier en 1453, le second en 1458. C'est généralement les torches, et surtout les torches de bois, comme les anciens, qu'employaient nos ancêtres du moyen âge : on le voit en plusieurs passages, spécialement dans celui où Monstrelet raconte l'entrée du duc de Bourgogne à Gand.

Ces torches étaient confectionnées par les apothicaires (1). On n'imagina que postérieurement les lampions, et bien postérieurement encore les lanternes et verres de couleurs, complétés et perfectionnés par l'emploi des transparents et des constructions architecturales. Aux seizième et dix-septième siècles, ces lanternes de couleur étaient suspendues aux fenêtres, où les nobles faisaient quelquefois peindre leurs armes sur fond diaphane. Les grands seigneurs illuminaient généralement avec d'énormes flambeaux de cire blanche, plantés en dehors de leur hôtel dans des candélabres de cuivre (2). Aujourd'hui, l'art de l'illumination, grâce aux combinaisons du gaz, des petits pots coloriés, des lanternes vénitiennes, des lustres et cordons de feu adaptés à tout un système de décorations spéciales, est devenu un appendice naturel de la pyrotechnie, et peut rivaliser d'éclat avec les feux d'artifice.

Une des illuminations les plus riches qu'ait produites l'ancien système, avant d'avoir été perfectionné par les progrès modernes, c'est celle qu'organisèrent les jésuites, avec mille flambeaux sur leurs murs et deux mille dans leur cour, à la naissance de Louis XIV (3); et l'une des plus originales, celle que les bourgeois du pont Notre-Dame firent pendant trois jours en 1682, lors de la naissance du duc de Bourgogne. Le pont était décoré, d'un bout à l'autre, par une multitude de lustres et de girandoles de cristal, dont la lumière se réfléchissait dans une double rangée de glaces habilement disposées. Ce fut à l'illumination

---

(1) *Extraits des registres de l'Hôtel de ville* pour l'entrée de Henri II (*Archives curieuses* de l'Hist. de France, 1re série, t. III, p. 447).

(2) Bannière, *Essai sur les mœurs et les usages du dix-septième siècle*, en tête des *Mémoires de Brienne*.

(3) *Cérémonial françois*, II, 214. Il y avait des lanternes de couleurs aux fenêtres de l'Hôtel de ville et de presque tous les bourgeois, et devant les terrines de graisse à lumignons allumés, on avait disposé dans beaucoup de rues de grandes feuilles de papier huilé, avec des figures appropriées à la circonstance. (*Mémoires de Brienne*, I, 243; *id.* du marquis de Sourches, I. 227-8.)

du Louvre pour célébrer le même événement, trois mois après (25 août), qu'on s'avisa pour la première fois en France, de dessiner tout un grand ordre d'architecture avec du feu, et cette nouveauté causa une admiration générale (fig. 19). En 1741, à l'occasion des fêtes pour le mariage de Madame, l'usage des illuminations se généralisa chez les particuliers, par suite de l'arrêté de police qui interdisait de faire à l'avenir, devant les portes, les feux de joie qui avaient été jusqu'alors la manifestation favorite de l'enthousiasme populaire. Enfin, les illuminations spontanées, par le moyen de mèches d'artifice ou étoupilles, allumant en une minute ce qui eût demandé jadis un temps considérable et l'emploi d'un grand nombre d'hommes, remonte aux fêtes du mariage de Louis XVI (1).

Les mâts de cocagne sont d'origine fort ancienne aussi. Un des plus anciens exemples connus est celui que les historiens de Paris rapportent au 10 septembre de l'an 1424. Ce jour-là, on éleva dans la rue aux Ouës une perche de six toises, surmontée d'un panier qui renfermait une oie et six blancs. Les paroissiens de Saint-Leu et de Saint-Gilles, seuls admis au concours, s'escrimèrent jusqu'au soir à grimper le long du mât, — qu'on avait eu soin de graisser, — sans pouvoir arriver jusqu'au haut. Seul, un jeune varlet faillit atteindre le but, et on le récompensa en lui donnant l'oie, mais sans la perche, ni le panier, ni l'argent (2).

On voit poindre, avant la fin du seizième siècle, les courses, joutes et divertissements sur l'eau, donnés comme spectacles publics. Je trouve dans le *Journal* de l'Estoile, à la date d'octobre 1581, des détails curieux, relatifs à une fête aquatique à propos des noces du duc de Joyeuse. « Le mardi, 10 octobre, le cardinal de Bourbon... fit faire à grands

---

(1) Cl. Ruggieri, *Précis historique sur les fêtes*, in-8°, passim.
(2) *Journal d'un bourgeois de Paris sous Charles VII.*

frais sur la rivière de Seine un grand et superbe appareil d'un grand bac accommodé en char triomphant, auquel le

Fig. 12. — Illumination des galeries du Louvre pour la naissance de Monseigneur le duc de Bourgogne (25 août 1682).

Roy, princes et princesses et les mariez devoient passer du Louvre au Pré aux Clercs en pompes fort solennelles, car ce bac devoit estre tiré par autres batteaux déguisez en chevaux marins, tritons, baleines, sereines (sirènes), saulmons, dauphins, tortues et autres monstres marins, jusques au nombre de vingt-quatre, en aucuns desquels estoient portez à couvert au ventre desdits monstres les trompettes, clairons, hautbois, cornets, violons et autres musiciens d'excellence, etc. Mais le mistère ne fut pas bien joué, et ne put on faire marcher les animaux ainsi qu'on avoit projeté; de façon que le Roy, ayant aux Tuilleries, depuis quatre heures jusques à sept heures du soir, attendu le mouvement et acheminement de ces animaux aquatiques, sans en voir aucun effect, depitté et marry, dit qu'il voyoit bien que c'estoient des bestes qui commandoient à d'autres bestes. »

Dans sa lettre du samedi 20 août 1651, Loret donne quelques détails sur un magnifique spectacle de ce genre, qui avait eu lieu le dimanche précédent, je ne sais à quelle occasion. J'en extrais les passages suivants :

>Dimanche, à cinq heures du soir,
>En me promenant j'allay voir
>Des jeux de plaizante manière
>Qui se faizoient sur la rivière
>A cent pas au deçà du Cours,
>Où de bourgeois un grand concours
>S'assembla pour voir ce spectacle
>Qui presque approchoit du miracle...
>Premièrement une baleine
>Sembla sortir hors de la Seine,
>Son grand dos d'écailles couvert,
>D'or, d'argent, d'azur, et de verd ;
>La gueule, quelquefois béante,
>Vomissoit sur l'onde flottante
>Pluzieurs jouvenceaux qui nageoient,
>Dans le fond de l'eau se plongeoient,
>Puis retournoient dans son grand ventre,
>Comme si c'eûst esté leur centre,
>Dont maint badaut était ravy.
>Cet animal étoit suivy
>De Monseigneur le dieu Neptune
>Dont la barbe n'étoit pas brune,
>Mais de couleur de bleu turquin,
>Aussi bien que son cazaquin.
>Plusieurs Sireines et Tritons
>Chantoient de mélodieux tons,

> Et faizoient, comme giroüetes,
> A toute heure des piroüetes.
> D'autres monstres, gros et menus,
> Escortoient aussi Neptunus,
> Qui n'estoient point simples figures,
> Mais d'éfectives créatures,
> Qui s'en allèrent à vau-l'eau
> Jusque vis-à-vis de Chaliau (1),
> Chacun d'eux, toujours à la nage,
> Jouant fort bien leur personnage.

On voit donc ce qu'il faut croire de l'assertion de Dulaure (2), quand il prétend que le premier spectacle sur l'eau fut donné à Paris le 4 septembre 1768. C'est là une de ces erreurs comme il y en a par centaines dans Dulaure, qui les impose parfois à ses lecteurs par le ton tranchant de ses affirmations. Ce spectacle du 4 septembre 1768, qui eut lieu dans une enceinte établie sur la Seine, du côté de la Râpée, offrit, en dehors des luttes à coups de lance et de gaule exécutées par les mariniers, plus d'un trait de ressemblance avec celui du mois d'août 1651, et il y en avait certainement eu d'autres dans l'intervalle. Une déesse, sortie du sein des ondes, venait couronner les vainqueurs. A l'une des extrémités de la scène, Neptune s'élançait d'un rocher caverneux, monté sur un char que traînaient des chevaux marins, et à l'autre extrémité, Vulcain travaillait dans son antre avec les cyclopes.

Les entrepreneurs de ce spectacle le changèrent plusieurs fois de local et de nom : il émigra de la Râpée à la Gare, puis au Colysée, et prit successivement les noms de *Jeux pléiens*, d'*Exercices des élèves de la navigation*, etc. Il finit par se réduire à des joutes, mêlées de musique militaire et de scènes bouffonnes, qui avaient lieu les dimanches et fêtes entre les mariniers du Gros-Caillou. C'était l'amusement favori des bateliers, qui le donnaient parfois en plein Paris,

---

(1) Chaillot.
(2) *Histoire de Paris*, V. 310.

sous les fenêtres du Louvre, pour distraire le roi (1). Les jeux nautiques et les courses de bateaux ont souvent, comme on sait, fait partie des divertissements ordonnés par l'administration dans les fêtes nationales (2).

Nous devrions aussi nous arrêter peut-être aux carrousels et courses de bague, fréquents surtout sous les règnes de Louis XIII et de Louis XIV. Le grand carrousel qui eut lieu les 5, 6 et 7 avril 1612 sur la place Royale (fig. 20), en l'honneur du mariage de Louis XIII avec l'infante d'Espagne et du roi d'Espagne avec Madame, est demeuré célèbre entre tous. On avait élevé sur la place un temple de la Félicité, décoré d'inscriptions appropriées à la circonstance. L'ordonnance allégorique et mythologique de ce tournoi, la magnificence des chevaliers qui y prirent part, leurs équipages, armes, emblèmes, blasons et devises, les prouesses des défendants et assaillants, inspirèrent un grand nombre de relations pompeuses (3).

On sait que la place du Carrousel a pris son nom de la grande fête qu'y donna Louis XIV dans les premiers jours de juin 1662. Elle surpassa en éclat tout ce qu'on avait vu jusqu'alors. Le jeune roi y figurait lui-même en costume romain. Les chevaliers étaient divisés en cinq quadrilles formant autant de différentes nations : les Persans commandés par Monsieur; les Américains par le duc de Guise; les Turcs par le grand Condé et les Indiens par le duc d'Enghien son fils. Entre les figures et les assauts du carrousel eurent lieu, suivant l'usage, les exercices de la bague, où l'on vit se distinguer des dames assises dans des chars que dirigeait un cavalier debout derrière elles, et où le comte de Sault,

---

(1) BUVAT, *Journal de la Régence*, I, 416.
(2) DULAURE, *Hist. de Paris*, V, 310. — MERCIER, *Tableau de Paris*, t. V, ch. 61.
(3) Il suffira de citer le *Roman des chevaliers de la gloire*, par Rosset, qui reparut en 1616 sous le titre d'*Histoire du palais de la Félicité, contenant les aventures des chevaliers*, etc.; le *Camp de la Place Royale*, par Laugier; la *Complainte du faquin du Parc royal*, « qui a soutenu tous les cavaliers du carrousel, » etc.

fils du duc de Lesdiguières, emporta brillamment le prix du

Fig. 20. — Dernière cavalcade faite en la place Royale le 29 avril 1612.

faquin et de la quintaine. Un des exercices les plus compliqués du carrousel de 1662 était celui-ci : chaque cavalier courait le long de la barrière la lance en main, pour emporter une tête de Turc posée sur un buste, au-dessus de la barrière même, à une hauteur de six pieds ; puis, faisant demi-volte et quittant sa lance, il saisissait un dard qu'il lançait sur un autre buste, faisait encore demi-volte et revenait lancer un nouveau dard contre une tête de Méduse, et enfin, après un dernier écart, se précipitait l'épée en main pour emporter une tête placée à un pied de terre (1).

Mais les carrousels, dont la mode se perdit à la fin du règne de Louis XIV, étaient des divertissements propres à la cour, et quoique le public en pût être spectateur dans une certaine mesure, ils ne doivent figurer qu'à titre d'exception dans cette chronique des divertissements populaires.

L'origine des représentations gratuites, qui jouèrent un si grand rôle dans les fêtes nationales du second empire, remonte à l'année 1660, à l'occasion de la paix avec l'Espagne, mais l'usage s'en répandit surtout à partir du dix-huitième siècle. On y joignit ensuite des parades, spectacles en plein vent, pantomimes militaires. Puis, quand l'aérostat eut été inventé, il ne tarda pas à devenir un accompagnement obligé, pour ainsi dire, de toutes ces solennités publiques. Dire la quantité d'aérostats qu'on a gonflés à Paris, la quantité de ballons perdus, zébrés de rouge et de bleu, ornés de banderolles et de drapeaux flottants, qu'on a lancés vers les nues, la quantité de voyages aériens entrepris pour le plus grand ébaudissement de la foule, surtout dans nos fêtes nationales, depuis la fête de la fédération en 1790, où le ballon entra pour la première fois comme élément dans les réjouissances publiques, serait se condamner à une interminable énumération. Il n'y en a qu'une peut-être qui, dans le

---

(1) Voir les *Mémoires* de Mme de Motteville et une multitude de relations, parmi lesquelles il y en a une de Ch. Perrault, mise en vers latins par Fléchier, qui célébra en outre le *Circus regius* dans un *carmen heroïcum*.

même espace de temps, serait plus longue encore : c'est celle des feux d'artifice.

Fig. 21. — Ascension d'une montgolfière ; d'après une gravure du dix-huitième siècle.

J'avoue que je ne m'aventure pas sans un certain frisson d'angoisse dans l'histoire des feux d'artifice de la bonne ville de Paris. Que de poudre, bon Dieu, que de poudre !

Que de fusées volantes, de boîtes, de soleils, de chandelles romaines ! Quelle monotonie dans une variété apparente ! Quelle écrasante et lourde uniformité sous l'éclat banal de ce divertissement favori, qui fait partie essentielle de toute fête publique et qu'on donne au Parisien comme on lui donnait jadis les fontaines d'hypocras à l'entrée des rois, comme on donnait les gladiateurs du cirque à la plèbe romaine. J'abrégerai du moins le plus qu'il me sera possible, et je me bornerai à un court historique, illustré de quelques exemples choisis parmi les plus saillants.

C'est aux Italiens qu'on doit, et c'est à eux que revenait naturellement l'invention des feux d'artifice. Ils les introduisirent en France à peu près en même temps qu'ils nous apportaient les concetti de leur littérature. On ne les voit guère figurer dans nos fêtes avant le règne de Henri IV, sinon sous forme de lances à feu, fusées volantes et autres petites pièces mêlées aux bûchers de la Saint-Jean. Les fusées étaient en usage dans les divertissements dès 1467 (1). Il est question, dans le *Journal* de Henri III, aux noces du duc de Joyeuse, en 1581, de « feux artificiels qui brillè-
« rent avec incroyable espouvantement et contentement de toutes personnes ; » mais l'Estoile ne donne aucun autre détail.

Dès l'origine, les feux d'artifice s'associèrent intimement à toutes les fêtes nationales, avec les feux de joie qui les avaient précédés de beaucoup, et qu'ils devaient absorber par degrés. Les traités de paix, les mariages royaux, les naissances de dauphins, les célébrations de victoires, les grandes solennités civiles et religieuses, etc., amenèrent inévitablement leurs feux d'artifice, tirés tantôt sur la place

---

(1) Suivant les *Antiquités françoises* manuscrites de Lacurne de Sainte-Palaye, qui renvoie aux *Mémoires* de Ph. de Comines. Celui-ci parle des fusées de maître Jean Boutefeu, « qui courent parmi les gens quand elles sont tombées et rendent un peu « de flamme. » (Édition Michaud, IV, 12.)

de Grève, tantôt sur la rivière ou sur le terre-plein du Pont-

Fig. 22. — Feu d'artifice, tiré devant l'Hôtel de ville, à l'occasion de la naissance du duc de Bourgogne, le 8 août 1682.

Neuf, quelquefois enfin dans l'île Notre-Dame (l'île Saint-Louis actuelle), surtout tant qu'elle resta presque déserte.

Plus tard, on en tira au Champ de Mars, à la barrière de l'Étoile, sur le pont de la Concorde.

Le roi et la ville avaient leurs artificiers, ou, comme on les nommait également d'abord, leurs arquebusiers en titre. Mais ce n'étaient pas seulement le roi et la ville qui procuraient au Parisien ce spectacle dont il est si friand : c'étaient aussi de simples particuliers, des sujets zélés, de grands seigneurs, de riches financiers, les comédiens français, les officiers de la maison du roi; c'étaient quelquefois même de simples religieux, comme firent les jésuites dans la cour de leur collège de Clermont en 1638, pour célébrer la naissance du dauphin, et les carmes déchaussés sur le haut de leur église, au grand risque des passants, lors de la canonisation de sainte Thérèse en 1622. Les mêmes encore, et les cordeliers, les feuillants, renouvelèrent de semblables réjouissances à la naissance de Louis XIV. Au mois de mai 1659, les Augustins, dont le couvent célèbre était situé près du Pont-Neuf, sur le quai qui a gardé leur nom, firent un grand feu de réjouissance au bout du pont pour fêter la canonisation de saint Thomas de Villeneuve, un ancien religieux de leur ordre devenu archevêque de Valence. Lors de la naissance du duc de Bourgogne, l'archevêque de Paris fit tirer trois soirs de suite des feux d'artifice devant son palais, avec accompagnement de trompettes, tambours et hautbois. Mais nous n'en finirions pas si nous nous arrêtions à tous ces petits épisodes de notre histoire, qui en a de plus intéressants à nous offrir.

Un des premiers feux d'artifice qui mérite une mention est celui que firent tirer en place de Grève le prévôt des marchands et les échevins de la ville de Paris, le 23 juin 1598, à la suite de fêtes brillantes, pour célébrer la paix de Vervins; ce feu avait pour ceinture, selon une relation du temps, une chaîne d'olives mystiques et au-dessous plusieurs lances, piques, épieux, hallebardes, épées, tambours, trompettes et autres instruments de guerre, autour d'un homme armé, qui fut consumé par le feu sortant de ces olives pacifiques : « Ce fut le roi, ce grand Hercule, ce Mars françois, qui alluma le feu lui-même pour brûler ces cruels instrumens dont la rébellion l'avait contraint de se servir. Voilà les superbes obsèques qu'on a faites à cette meurtrière Bellone, mais obsèques sans plaintes, sinon de ceux qui s'y trouvèrent trop foulés (1).

On peut citer ensuite celui que donna Sully en 1606, dans la plaine de Fontainebleau (2). A la Saint-Louis de 1613, on en tira trois magnifiques, l'un le 25 août, sur l'eau, au-dessous du Pont-Neuf, à l'Arsenal, dont la pièce principale était un Neptune avec son trident, composé de fusées et de feux qui embrasèrent la Seine, de l'invention du sieur Bagot; l'autre, le 29, de l'invention du sieur Jumeau, à la Porte neuve et sur la tour de Nesle : une fusée courante, partie du balcon du Louvre, communiqua la flamme à une étoupille qui retenait la détente d'une machine ; à l'aide de cette machine, une figure de Jupiter s'éleva sur le haut de la tour de Nesle, où, avec les deux foudres et les trois lances qu'elle tenait en main, elle embrasa les pièces d'artifice. Dans le troisième, combiné par le sieur Morel, un guerrier, monté sur un char magnifique, sortit de l'Arsenal et fut attaqué par huit hommes armés de masses de fer, puis de rondaches qui se composaient de grenades et de fusées ; les trophées du char, en s'enflammant, charmèrent tous les yeux pendant une demi-heure. Ensuite quatre petits forts jetèrent une pluie de pièces d'artifice sur un château qu'on avait élevé dans l'île Louviers, et dont l'architecture était toute en fusées, saucissons, lances à feu; après un assaut prolongé, le château s'embrasa et ses diverses parties se

---

(1) *Archives curieuses de l'Histoire de France*, t. XIII.
(2) *Mémoires de Bassompierre*, 1. 197.

86 LES RUES DU VIEUX PARIS.

consumèrent successivement avec un grand bruit d'escopè-

Fig. 23. — Feu d'artifice tiré sur l'eau, avec simulacre d'un combat naval; d'après une gravure du dix-huitième siècle.

terie et des jets d'étincelles de toutes les formes et de toutes les couleurs (1).

L'abbé de Marolles (2), en décrivant sommairement le feu d'artifice qu'on tira à la Saint-Louis de l'an 1618, dans l'île Louviers, a soin de noter que « par le moyen de la « poudre et de certaine composition de bitume et de vi- « triol, les fusées répandirent en l'air des estoiles et des « serpenteaux de feu, dont tout le monde fut surpris « comme d'une nouveauté qui n'avoit point encore paru. » Voilà donc, s'il faut s'en rapporter au soin minutieux avec lequel le bon abbé a composé ses *Mémoires*, le point de départ d'un progrès qui est devenu depuis la base élémentaire et essentielle de toute fête de ce genre. A dater de ce moment, la pyrotechnie ne s'arrêta plus dans son développement. La même année encore, le 29 septembre suivant, à l'anniversaire de la naissance de Louis XIII, avait lieu un splendide *feu royal* qui a été décrit dans une plaquette enthousiaste (3). Ce feu était tout un poëme épique divisé en quatre chants : « En la première action, il s'est veu cent « fusées produire et nous montrer diverses sortes de feu et « de figures, portées en l'air par des inventions admirables « et qui n'ont jamais été veues. En la seconde action il s'est « veu six geans, représentant six nations en circonférence, « combattre les uns contre les autres au milieu de la ri- « vière de Seine, qui avoient une perpétuelle action et un « mouvement continuel, sans que l'on peust recognoistre « qui les faisoit mouvoir; au milieu de laquelle circonfé- « rence il y avoit un rocher eslevé d'une toise et demie de

---

(1) *Discours sur les triomphes de la fête de Saint-Louis*, 1613. Sur la manière dont se construisait alors un feu d'artifice, et les principales pièces dont il se composait, voir le *Traité des feux artificiels* de François de Malthe (1628), 2ᵉ partie des *Feux artificiels de joye*.

(2) *Mémoire*, édition de 1656, in-4°, page 36.

(3) *Le Feu royal*, faict par le sieur Jumeau, 1618, reproduit dans les *Variétés historiques et litt.* d'Ed. Fournier, t. vi.

« hauteur, sur lequel estoit un aigle d'une excessive gran-
« deur, et Jupiter posé dessus tenant son foudre à la main,
« qu'il lança sur les geans qui vouloient saper son trône. »
Suit l'explication catégorique et amphigourique de tous
ces symboles : de la circonférence, du mouvement continuel, du rocher qui est la ville de Paris, de l'aigle qui est
le Parlement et de Jupiter qui est Louis le Juste.

« En la troisième action, il s'est veu sur un batteau, sur
« lequel estoient des niches remplies de personnages et
« bordé de fleurs de lis coronnées d'une excessive gran-
« deur avec deux L d'or assises en des croissans soute-
« nus par des sceptres, le tout semé de lances à feu qui
« rendent une clarté admirable, au milieu duquel estoit
« une pyramide fort bien eslabourée et esmaillée de toutes
« sortes de couleurs, aux angles de laquelle estoient quatre
« vazes dans lesquels estoient pozés des bouquets de fleurs
« d'Italie représentez au naturel, et à la pointe de laquelle
« estoit un soleil de huit pieds de diamètre, dont les rayons
« esblouissoient les yeux des assistans... Le roy et la cour
« ayant veu ce soleil faire son cours en un quart d'heure,
« incontinent l'on entendit mille tonnerres retentir par le
« bruit des canons. » Suit derechef l'explication détaillée
de tout cet appareil, explication qui nous prouve que le
sieur Jumeau, ordonnateur de ce feu d'artifice, avait
des dispositions véritablement extraordinaires pour l'allégorie.

« En la quatrième action il s'est veu cent partemens
« de fusées enrichir le ciel d'un million d'estoilles, diverses
« sortes d'autres feux que l'on a veu serpenter dedans l'air
« et dedans l'eau. L'on a veu des commettes, non descendre
« du ciel, mais sortir de terre pour aller dans les cieux y
« porter les vœux et les prières de tous les sujets de Sa
« Majesté, pour perpétuer les jours à la durée d'un siècle
« de ce grand roy, borner son royaume des confins de

« l'univers, et le rendre le plus heureux monarque qui
« aye jamais veu le soleil. »

Le lyrisme de l'écrivain, qui en vient plus d'une fois à lui faire oublier les règles vulgaires de la grammaire, montre bien qu'on était peu accoutumé encore à de semblables merveilles. Dix ans plus tard, pour célébrer la prise de la Rochelle, on avait élevé sur la Seine un roc où était attachée Andromède. Un monstre marin vomissait des torrents de flammes; mais Persée, monté sur son cheval ailé, ouvrait d'un coup de lance les flancs du monstre, d'où l'on vit sortir un grand nombre de pièces d'artifices qui enflammèrent celles dont se composaient le roc, Andromède et Persée (1).

Je ne parlerai pas des feux d'artifice souvent associés aux feux de joie de la place de Grève, qui ont été décrits par Loret et ses continuateurs, et où se distingua Carême, dans la seconde moitié du siècle (2). Dans les grandes circonstances, le chancelier, les ministres, les collèges et couvents, les princes, les ambassadeurs, tous les grands personnages et souvent même leurs *officiers* se piquaient d'honneur, et tous les édifices, cours et places se couronnaient de feux d'artifice (3). L'un des plus beaux du siècle, c'est celui que fit dresser devant son hôtel, sur un grand théâtre, l'ambassadeur de Venise, pour célébrer la victoire de ses compatriotes sur les Turcs en 1656. On y voyait les galères, le lion ailé de saint Marc, etc. Ce feu égala pour le moins celui qui fut tiré sur la place de Grève, par les soins du corps de ville, en réjouissance de la paix de 1660, et qui était décoré de chiffres, de lauriers, d'oliviers, de myr-

---

(1) Voir aussi, dans la *Gazette* de 1644, p. 657, la description du feu splendide fait par Madame dans la cour de l'hôtel du Luxembourg, après la prise de Gravelines : et pour le feu tiré devant LL. MM. à la Saint-Louis de la même année, la planche des *Lys foudroyants*, dans la collection Fontette.

(2) *Journal* de Mayolas, lett. du 30 juin 1669. — Du Pradel. *Le livre commode des adresses*, 1694, in-12.

(3) Loret, l. xi, p. 30-1.

tes, de statues et d'innombrables attributs allégoriques (1).
On peut voir dans les *Divertissements de Sceaux*, à quel
point de perfection ce spectacle était porté à là cour de la
duchesse du Maine, qui aimait les feux d'artifice à la folie.

Le *Journal* de Barbier est rempli de détails abondants
sur les feux d'artifices qui signalèrent en si grand nombre
les fêtes de la Régence et du règne de Louis XV. Le 9 mars
1722, à propos de l'entrée de l'infante d'Espagne à Paris,
il y eut, dans le jardin des Tuileries, un grand feu d'artifice pour lequel on avait fait des préparatifs immenses :
sur le bassin du milieu du parterre s'élevait un Parnasse
dominé par Pégase; quatre allées étaient encombrées de
grandes caisses plantées dans le sol, et derrière le bassin
s'alignaient huit cents fusées qui devaient éclater à la fois.
Mais l'effet manqua en partie par la peur de l'artificier, à la
grande indignation de Barbier, qui le traite de benêt. Quelques jours après, le désappointement des Parisiens fut bien
compensé par le feu superbe que le duc d'Ossone fit tirer
sur l'eau vis-à-vis le balcon de la reine, le 24, veille de
l'Annonciation. Ce feu était de cent pieds de hauteur et de
trente de largeur sur toutes ses faces, couvert de toiles
peintes, représentant d'un côté l'Hymen, de l'autre, la Paix,
avec des colonnes aux quatre coins. On avait illuminé le
devant du feu, de façon à rendre toutes les peintures transparentes. Une vaste enceinte de bateaux vides entourait
l'édifice, et tous étaient garnis de pots à feu et d'ifs chargés
de lampions. Cette riche illumination se doublait en se reflétant dans la Seine. Au milieu de l'enceinte se promenaient vingt petits bateaux peints en rouge, quelques-uns couverts d'un taffetas cramoisi, avec des fleurs de lis dorées, tous
ayant au mât un étendard aux armes d'Espagne. Chacun
d'eux était monté par quatre matelots en camisoles blanches,

---

(1) *Gazette* du 26 sept. 1656 et du 24 février 1660.

avec des bonnets rouges et des écharpes jaunes, livrée du duc d'Ossone. Quatre de ces bateaux renfermaient la musique; les autres étaient pleins de pièces d'artifice. A sept heures, on donna le signal du balcon du roi. Aussitôt il partit de tous les coins de l'enceinte une multitude de magnifiques fusées volantes; puis les petits bateaux s'approchèrent comme pour faire le siège du grand feu, et vomirent à l'assaut des milliers de gerbes, saucissons, flammes de Bengale, serpenteaux, pétards, qui se répétaient dans l'eau, et parfois se promenaient longuement à la surface de la Seine en y traçant une traînée lumineuse et multicolore. Enfin on fit jouer le grand feu, qui dépassa de beaucoup en merveille tout ce qu'on avait vu jusqu'alors (1).

Il devait être pourtant dépassé lui-même par celui qui se tira le 24 janvier 1730, en l'honneur de la naissance du dauphin, d'après les ordres du roi d'Espagne, et par les soins de ses ambassadeurs, entre le Pont-Neuf et le Pont-Royal. L'hôtel de Bouillon, sur le quai des Théatins, vis-à-vis du Louvre, était comme le centre de la fête. A six heures du soir, il parut illuminé d'une façon magique : la façade présentait sept portiques de lumière; les cintres des portiques étaient décorés alternativement par des dauphins en relief enlacés, et par les chiffres du roi, le tout rehaussé d'or; leurs vides étaient occupés par des emblêmes peints en camaïeu, dans des médaillons ornés de guirlandes, et avec une profusion d'inscriptions latines. Sur les portiques régnait un entablement de lampions, surmonté par une galerie découverte, dont la balustrade était formée de girandoles disposées en lignes gracieuses et bizarres. Partout, aux trumeaux, aux croisées, sur les combles et sur le faîte de l'édifice, au pourtour de la cour,

---

(1) *Journal* de Barbier, in-12, t. I, p. 201, 203. *Description de la fête donnée dans Paris, sur la rivière, le* 24 *mars* 1722.

etc., s'allongeaient des cordons lumineux, s'entremêlaient des lustres, des lampions, des pots à feu, et au-dessus de la porte d'entrée intérieure, on avait élevé une tour de flamme, au chiffre et aux armes de Philippe V.

Vis-à-vis l'hôtel, sur la Seine, s'étendait de l'une à l'autre rive un vaste jardin construit sur deux grands bateaux, d'où s'élevaient deux montagnes de quatre-vingt-deux pieds d'élévation, représentant les Pyrénées. La nature y était artistement imitée : on y voyait des crevasses avec des quartiers de rocs en saillie, des arbustes, des cascades, des nappes d'eau, des cavernes, et au pourtour, à fleur de Seine, des sirènes, des néréides, des tritons et des monstres marins. Il faut renoncer à décrire, même sommairement, toutes les autres décorations de cette fête incomparable, les vastes parterres de lumières, chargés d'ifs et d'orangers, avec leurs fruits resplendissants ; les rochers que surmontaient des figures symboliques de dimension gigantesque, les plates-bandes décorées et illuminées dans le même goût que les parterres, les grands bateaux dorés et ornés de sculptures, sur chacun desquels s'élevait une espèce de temple octogone, soutenu par huit palmiers avec des guirlandes, des festons de fleurs et des lustres de cristal, et remplis de musiciens qui ne cessaient de jouer ; les quatre tours couvertes de lampions à plaques de ferblanc, pour augmenter l'éclat des feux, et élevées sur quatre terrasses de lumières, etc., etc. Tout cela n'était que l'introduction du spectacle proprement dit.

Au signal donné, partirent du haut des tours les fusées d'honneur, et des multitudes de gerbes, de soleils fixes et tournants, de pièces de toutes sortes. Ensuite on vit sur la rivière le spectacle d'un combat entre douze monstres marins, tous différents, jetant par la gueule des serpenteaux, grenades, ballons d'eau, qui, après avoir plongé dans la rivière, en ressortaient aussitôt, en prenant diverses formes de monstres et de bêtes. Le troisième acte s'ouvrit par des pièces d'artifice partant du bas des deux monts, puis des crevasses, des saillies et des cavernes, de manière à représenter des montagnes de feu et des volcans en éruption avec un bruit d'enfer. Le spectacle revint ensuite à la surface de la Seine, qu'on vit se couvrir de flammes volantes, qui semblaient sortir de l'eau. Des dauphins, des cygnes, et mille autres figures, plongeaient et reparaissaient, pour replonger encore sans s'éteindre; des jets d'eau, c'est-à-dire de feu, sortaient du sein du fleuve; des gerbes éclatantes flottaient doucement sur les plateaux. La conception de ce spectacle se complétait par un lever de soleil entre les deux montagnes, et par un arc-en-ciel de quarante pieds d'ouverture, avec la déesse Iris au-dessus, réunissant les deux sommets. Tout cela avait été conduit et dessiné par Servandoni, mais d'après le plan et les idées fournis par les ambassadeurs d'Espagne (1). On voit que Saint-Simon, dans ses *Mémoires* (2), n'avait pas tort de s'extasier sur le génie particulier des Espagnols pour les illuminations et les feux d'artifice, et d'ajouter que « nos plus beaux ne sont rien en « comparaison. » En août 1739, à l'occasion du mariage de Madame Première avec Philippe, infant d'Espagne, l'ambassadeur d'Espagne encore, la ville et le roi firent tirer des feux d'artifice qui rivalisèrent d'éclat et de magnificence. Les décorations des trois feux furent exécutées par Servandoni, qu'on retrouve dans toutes les fêtes d'alors, et l'on fit venir un ingénieur de Saxe pour conduire l'artifice. Le feu de la ville occupait tout le terre-plein du Pont-Neuf; les deux bords de la rivière jusqu'au Pont-Royal étaient garnis d'échafauds débordant de monde, et le roi s'était

---

(1) *Mercure* de février 1730. *Description de la fête et du feu d'artifice qui doit être tiré à Paris.....* le 24 janvier 1730, in 4°, Paris (par Lenglet-Dufresnoy).

(2) Édit. Hachette, in 12, ch. vii, p. 309.

placé avec sa cour dans un bateau brillamment illuminé, plein de musiciens, et sur lequel on avait élevé un salon à colonnades. Des deux côtés du fleuve se promenaient de petits navires, au nombre de soixante-dix, munis chacun de quatre cents lanternes, et plusieurs en forme de monstres marins aux écailles dorées, qui fondaient les uns sur les autres, en se vomissant des artifices à la face (fig. 24). Malheureusement, le morceau final, le *bouquet*, qui devait être extraordinaire, manqua par la jalousie des artificiers parisiens qu'avait employés l'ingénieur saxon. On les punit sévèrement; mais deux ans après, ayant obtenu un privilège pour faire tirer un feu d'artifice à la Saint-Louis, pendant douze ans, entre le Pont-Royal et le Pont-Neuf, sur la rivière, ils débutèrent par un chef-d'œuvre tel que depuis longtemps on n'en avait pas vu de pareil, et qu'il leur valut le pardon du peuple de Paris (1).

Les artificiers les plus célèbres du dix-huitième siècle furent les Italiens Torré et Ruggieri. Ils ouvrirent à Paris des spectacles *pyriques*, le premier en 1767 au Vaux-Hall, sur le boulevard Saint-Martin, à l'endroit où l'on a percé la rue de Lancry; le second, ou plutôt les seconds, car ils étaient deux frères, dans un jardin près des Porcherons, en 1766. Les jardins publics avec feux d'artifice et illuminations de genres nouveaux (2) se multiplièrent d'une façon incroyable vers les dernières années du dix-huitième siècle : on tirait des feux d'artifice au Colysée, où Datement, La Varinière et Malo luttaient avec Ruggieri, prodiguant les *Bosquets d'Apollon*, *les Temples de Mars*, *les Palais de Diane*, etc., au jardin des Grands-Marronniers, au cirque Royal, au Vaux-Hall d'été, etc. Accordons une mention particulière au

---

(1) *Journal de Barbier*, t. III, p. 184-9; 307.
(2) La première expérience en grand de l'illumination par le gaz eut lieu au jardin Biron, dans le faubourg Saint-Germain, avec beaucoup d'éclat et de succès sous le Directoire.

Fig. 26. — Feu d'artifice sur le Pont-Neuf, à Paris, en 1739.

spectacle physico-aérostatique, dans la salle des élèves de l'Opéra, boulevard du Temple. Il était composé de feux et illuminations en tous genres. Un lustre aérostatique et électrique y était allumé et éteint suivant les différentes modulations de la musique; au bruit du tonnerre, précédé d'éclairs, se succédaient avec vivacité divers coups de feu, terminés par l'éruption du mont Etna, d'où s'échappaient une multitude de pièces produites par l'air inflammable, allumées par l'étincelle électrique, et ne laissant ni vapeurs, ni fumée, ni odeurs (1). La Révolution allait mettre à la disposition des entrepreneurs de ces plaisirs publics une grande quantité d'hôtels et de vastes jardins : on sait que les feux d'artifice et les spectacles pyrotechniques attirèrent longtemps la foule à Tivoli, au Jardin Biron à l'Élysée, à Idalie, à Frascati, au pavillon de Hanovre, aux jardins d'Ogny, d'Orsay, de Beaujon, etc., etc. (2).

Torré et les frères Ruggieri donnèrent de telles preuves de capacité et accomplirent de telles prouesses dans leurs théâtres, qu'on ne tarda pas à avoir recours à eux pour les feux d'artifice publics. Ce fut Torré, par exemple, qu'on chargea du feu tiré à Versailles lors du mariage du Dauphin avec Marie-Antoinette en 1770, tandis que le plus connu des frères Ruggieri était chargé en même temps de celui qui devait se tirer à Paris sur la place Louis XV. Le feu de Torré représentait une explosion de l'Etna, et du milieu des torrents de flammes, on voyait s'élever des palmes triomphales qui s'arrondissaient en gerbes verdoyantes. Celui de Ruggieri représentait le temple de l'Hymen précédé d'une magnifique colonnade et entouré d'une espèce de parapet, avec des dauphins, des fleuves, et beaucoup d'autres figures symboliques. Mais ce feu d'artifice est resté plus

---

(1) THIERRY, *le Voyageur à Paris* 1790, t. II, p. 219.
(2) CL. RUGGIERI, *Précis sur les fêtes, les spectacles et les réjouissances publiques*, in-8°, p. 77 et suivantes.

fameux par les malheurs épouvantables qui en furent la suite que par la splendeur du spectacle.

Il arrivait si souvent que ces fêtes occasionnaient de graves accidents, par l'excessive affluence du peuple, qu'on en vint à prendre, pour les prévenir, des précautions qui n'eussent pas été déplacées à la veille d'une bataille. Toutes les cheminées à l'entour de la Grève devaient être ramonées; tous les bateliers, nageurs, plongeurs, étaient distribués avec leurs bateaux de manière à pouvoir repêcher immédiatement les curieux tombés à l'eau; une vaste salle était préparée avec tous les ustensiles, les médecins, chirurgiens, infirmiers, et les prêtres de la paroisse Saint-Jean de Beauvais avaient ordre de se tenir prêts (1). Ces préparatifs de fêtes étaient à faire frémir.

Toutes les allégories pyrotechniques que nous venons de décrire, si ingénieuses qu'elles fussent, sont effacées par celles qu'imaginèrent, sous la Révolution, les organisateurs de la fête de l'Être suprême. Lorsque la Convention nationale, siégeant en concile, eut décrété l'existence de Dieu, elle se rendit solennellement au jardin des Tuileries, et le grand pontife du nouveau culte, Robespierre, dirigea lui-même l'exécution d'un feu d'artifice où l'on sent la poétique et brillante imagination de l'ex-avocat d'Arras. Il communiqua la flamme, avec une lance à feu qui symbolisait le flambeau de la Raison, à des figures colossales représentant l'Athéisme, l'Ambition, l'Égoïsme, la Fausse simplicité, et quand elles eurent été consumées, du milieu de leurs ruines apparut, rayonnante, la statue de la Sagesse assise sur son trône.

Après ce feu d'artifice religieux, philosophique, philanthropique et révolutionnaire, il faut tirer l'échelle. Tout ce que l'histoire des fêtes nationales pourrait nous offrir encore de

---

(1) *Mémoires secrets*, t. XX, p. 33.

Fig. 25. — Feu d'artifice donné au roi et à la reine de France par la ville de Paris, à l'occasion de la naissance de monseigneur le Dauphin, le 21 janvier 1782; d'après Moreau.

curieux épisodes pâlirait en regard de celui-là. Le flambeau de la Raison, tenu par la main de Robespierre, fait rentrer dans l'ombre les fusées vulgaires des feux d'artifice de la tyrannie. Contentons-nous de rappeler en terminant, et pour finir avec le siècle, le feu d'artifice que le conseil des Anciens fit tirer en 1798 sur les pavillons du château des Tuileries, idée neuve qui eut beaucoup de succès.

CHAPITRE II.

LES FÊTES RELIGIEUSES.

I

Noël et la fête des Rois.

Noël, la vieille fête populaire, n'est pas encore près de disparaître. Avouons toutefois qu'elle est bien déchue de son éclat passé, et que Paris est peut-être la ville du monde où elle a le moins d'intérêt pittoresque. On n'y retrouve qu'un petit nombre de ces usages charmants, souvent si poétiques, qui, dans les campagnes et surtout en certaines provinces, s'attachaient au retour de la plus grande date du christianisme.

Avant de commencer à Pâques, l'année jadis commençait à Noël; sous Charlemagne, on datait de la Nativité du Christ. Noël, Noël! c'était le grand cri d'enthousiasme et de joie populaires : on le poussait à la naissance, au baptême, au mariage des princes, à l'entrée des rois. Le mot qui désignait la venue en ce monde de l'enfant-Dieu était devenu naturellement, en ce temps de foi où la vie civile ne se séparait pas de la vie religieuse, synonyme de liesse et de réjouissance.

« En ma jeunesse, dit Étienne Pasquier, dans le quatrième livre de ses *Recherches de la France*, c'étoit une coutume que l'on avoit tournée en cérémonie de chanter tous les soirs presque, en chaque famille, des Noüels, qui étoient chansons spirituelles faites en l'honneur de Notre Seigneur, lesquelles on chante encore en plusieurs églises, pendant que l'on célèbre la grand'messe le jour de Nouël, lorsque le prêtre reçoit les offrandes. » Étienne Pasquier étant Parisien, on voit que l'usage de ces cantiques naïfs, aujourd'hui relégués au fond des provinces et dont le parfum populaire nous charme toujours, était répandu même dans Paris pendant la première moitié du seizième siècle, mais qu'il avait déjà à peu près disparu à l'époque où il écrivait ses *Recherches*.

Il semble également résulter de ce passage que lesdits Noëls continuaient de se faire entendre dans les églises parisiennes (car rien n'indique qu'il s'agisse ici de la province), vers la fin du siècle, le quatrième livre des *Recherches* n'ayant paru qu'en 1596. Ils se chantaient particulièrement, sans doute, à la messe de minuit, qui s'y célébrait alors avec bien autrement de pompe qu'aujourd'hui. A cette époque où l'éclairage des rues de Paris n'existait pas encore, c'était un spectacle intéressant de voir les bons bourgeois et les matrones s'acheminer, le falot ou la torche en main, au son des grosses cloches lancées à toute volée, vers l'église de leur quartier.

Pas une de ces églises qui n'eût sa crèche et où l'on ne donnât aux fidèles quelqu'une de ces représentations liturgiques d'où sortirent les Mystères. Noël, au moyen âge, ouvrait par la fête de l'Ane, — qui ne prit pas toutefois à Paris les mêmes développements que dans certaines villes de province, à Beauvais par exemple, — la période connue sous le nom général de fête des Fous. L'âne, ce cheval de l'Orient, qui avait été mêlé à la vie du Christ, qui l'avait réchauffé de son haleine dans la crèche, comme plus tard il l'avait porté en triomphe à Jérusalem, était associé à la fête. On choisissait le plus beau et le mieux fait qui se pût trouver, et on le conduisait processionnellement à l'église après l'avoir couvert de riches ornements. Un *hihan* trois fois répété terminait *l'Introït,* le *Kyrie* et le *Gloria,* et la prose *Orientis partibus* s'entremêlait de refrains burlesques en langue vulgaire où l'allégresse du peuple s'épandait sans mesure.

Au treizième siècle, dit Lacurne de Sainte-Palaye, il était d'usage de s'envoyer entre amis, à Noël, des *nieules* et des poulets rôtis. Les *nieules* étaient des pâtisseries légères, très à la mode alors, qu'on jetait au peuple dans certaines cérémonies religieuses, en particulier le jour de la Pentecôte. Nieules et poulets étaient mangés au coin du feu, où flambait la bûche légendaire que le chef de famille avait pris soin de bénir en versant du vin dessus et en disant : *Au nom du père.*

Au dix-huitième siècle, les messes de minuit étaient encore extrêmement fréquentées; mais nous n'aurions pas besoin du témoignage de Mercier pour nous douter que la dévotion n'était plus le seul motif qui attirât la foule dans les églises, luttant entre elles d'illuminations, de pompe et de chants. Comme cette foule dégénérait souvent en cohue bruyante, on imposa silence aux organistes, dans la pensée que c'étaient les exercices brillants auxquels ils se livraient avec prédilection pendant la messe de minuit qui causaient ce scandale. Mais, dans un siècle incrédule et frivole, cette grande cérémonie religieuse n'en continua pas moins de donner lieu plus d'une fois à de fâcheux scandales.

A côté des curieux profanes, le peuple de Paris témoignait d'une grande dévotion pour la messe de minuit. Cette fête lui était tellement chère qu'elle persista jusqu'en pleine Révolution. On ne se doute pas assez de toutes les résistances que le sentiment religieux opposa, même à Paris, même quelquefois dans la tourbe révolutionnaire, aux entreprises de la Commune et de la Convention pour déchristianiser la France. La vieille foi avait jeté de si profondes racines au cœur du peuple que, même après Voltaire et l'*Encyclopédie,* ni la folie contagieuse de la Révolution, ni la Terreur ne purent entièrement l'extirper.

Voici, par exemple, ce qui se passa à la Noël de 1792.

« Le commandant général Santerre s'est présenté à la maison commune, dit le *Courrier* de Gorsas du 26 décembre, pour l'assurer qu'il avait pris les plus sages précautions pour maintenir l'ordre public dans la nuit de Noël. Chaumette a observé que ce n'était pas au moment où l'on peignait encore le ci-devant roi, monstre couronné, comme l'oint du Seigneur, qu'on devait permettre aux prêtres de présider leurs assemblées nocturnes... Jésus était le chef des sans-culottes de la Judée, mais je suis sûr qu'à ce titre il aurait impitoyablement proscrit la messe de minuit, ce reste des orgies des Égyptiens. » Cependant, même au milieu de la Commune révolutionnaire du 10 août, « cette proposition n'a pas été également goûtée. » — Cubières, ce fade et doucereux imitateur de Dorat, devenu secrétaire de la Commune, demande « que tandis que l'*orgie sacrée* aurait lieu d'un côté de l'église, les sections fussent en permanence de l'autre. » Le conseil général se borne à décider que les églises seront fermées depuis le 24 à cinq heures du soir jusqu'au 25 à six heures du matin. Mais, ajoute Gorsas, « cet arrêté a produit une grande fermentation dans plusieurs sections, où les prêtres se sont laissé faire violence et ont célébré l'office. Celle du *Contrat social* a particulièrement manifesté son indignation, et, après plusieurs heures des débats les plus vifs, la messe de minuit a été chantée. On nous assure même qu'un officier municipal a été jeté dehors. »

Dans le *Patriote français,* Brissot constate également que l'arrêté de la Commune a excité des troubles, et que plusieurs paroisses ont formé des attroupements qui sont allés chercher les prêtres pour les forcer de faire l'office. Après quoi il affirme, lui Brissot, que la religion n'était pour rien dans ce tumulte, excité par des jeunes gens, des femmes de conduite légère, des motionnaires de la tribune et de la terrasse des Feuillants. Il qualifie l'émeute de *maratico-religieuse* et ajoute, sur le concert habituel des prêtres et des agitateurs, quelques apophthegmes solennellement niais, où l'on reconnaît la morgue pédante de ce doctrinaire de la Révolution.

Prudhomme est beaucoup plus explicite encore dans les *Révolutions de Paris*. Il nous apprend que la section de l'Arsenal envoya une députation à la Commune pour réclamer contre son arrêté. — « Les hommes du 10 août veulent aller à la messe, » s'écrie l'orateur de la députation. — On se contenta de répondre à cette *capucinade* en haussant les épaules; la Commune ignorait alors qu'il se formait à la porte des églises des attroupements, soudoyés par « des gens à breloques et chargés d'or, des Royou soupirant après une Saint-Barthélemy de patriotes », suivant la *judicieuse* expression de Chaumette. En effet, à ce moment même, sur la paroisse Saint-Germain l'Auxerrois, on mettait en branle la cloche qui avait jadis servi de signal au massacre des protestants. « On soulevait les femmes et quelques sans-culottes du faubourg Saint-Marceau. On menaçait le parc d'artillerie de la place des fédérés. A Saint-Jacques-la-Boucherie, et de l'Hôpital, à Saint-Eustache, à Saint-Méry, à Saint-Gervais, les officiers municipaux étaient maltraités, et la messe se disait en leur présence, comme pour les narguer et insulter à la loi. »

La section du Louvre vint demander, par voie de pétition, le retrait de l'arrêté de la Commune. A Saint-Germain l'Auxerrois, on faillit pendre un citoyen qu'on prenait pour Manuel, et il ne put, même par une prompte fuite, échapper entièrement aux coups. A Saint-Séverin,

« on arrêta deux quidams, postés sur le portail pour ameuter le peuple, et surtout les femmes, et les exciter à briser les portes. A Saint-Laurent, à Saint-Victor, à Saint-Médard, à Saint-Marcel, au couvent des Anglaises, on *messa* effrontément en dépit des magistrats. » Prudhomme constate que, dans tous ces endroits, on avait fait aux prêtres « une douce violence ». Bref, il ne nomme que trois sections qui surent résister au mouvement superstitieux : celle des Droits de l'Homme, qui vint promettre à la Commune de faire respecter son arrêté; celle des Gravilliers, qui fit fermer toutes *les boutiques à prêtres*, pour employer le style d'Anaxagoras Chaumette; enfin, celle du Panthéon français, où il ne se passa rien, car « les mânes de Voltaire y respirent encore ».

Les esprits étaient tellement surexcités qu'*une espèce de courtier de change* courut les rues en agitant une sonnette pour inviter les fidèles à se rendre à la messe et que, dans plusieurs quartiers, on distribua du vin et on promit un réveillon à ceux qui y auraient assisté, du moins s'il faut en croire l'assertion passablement suspecte de Prudhomme, qui voudrait bien persuader à ses lecteurs que toute cette agitation a été causée par le désir de manger du jambon à une heure du matin, mais qui en est si peu persuadé lui-même qu'il requiert les peines les plus sévères contre cet acte de fanatisme dangereux et coupable.

« Il est *essentiel*, dit-il en terminant, que, devant le parvis des églises, on expose à la vue du peuple tous ceux qui ont indignement abusé de sa crédulité, avec un écriteau portant ces mots : Prêtres séditieux, perturbateurs du repos public, condamnés à neuf années de fers. — Il serait *à propos* de distribuer les appointements des condamnés aux citoyens pauvres qui prouveront que, conformément à la loi, ils n'ont point été à la messe de minuit. »

Ainsi, le 25 décembre 1792, après le 10 août, après les

massacres de septembre, vingt jours après que la Convention eut décidé qu'elle jugerait le roi, quinze jours après qu'il avait comparu pour la première fois devant elle, vingt-cinq jours avant que sa tête tombât sur l'échafaud, le peuple s'insurgeait d'un bout à l'autre de Paris pour avoir sa messe de minuit. En 93, le culte de la Raison régnait, appuyé sur la guillotine en permanence; ce fut le seul interrègne de la messe de minuit; et encore, en cherchant bien, on trouverait, j'en suis sûr, qu'elle a été célébrée quelque part, dans une chapelle du faubourg Saint-Marceau ou du faubourg Saint-Antoine, par un prêtre résigné à mourir, devant une réunion de fidèles mêlés de vainqueurs de la Bastille et même d'un certain nombre de tricoteuses.

Que nous reste-t-il aujourd'hui du vieux Noël populaire et des coutumes qu'il ramenait chaque année? Il en reste d'abord et surtout le réveillon, dégénérescence et déviation des réjouissances de nos pères. Les fidèles du réveillon se recrutent principalement parmi ceux qui ne connaissent guère que de réputation la messe de minuit. C'est le renversement de l'axiome latin : *sublatâ causâ, tollitur effectus;* on réveillonne d'autant plus qu'on en a moins besoin. Ce qui se consomme d'huîtres et de boudins, de saucissons et de poulardes, suivant les lieux, depuis la Bastille jusqu'à la Madeleine et de la barrière d'Enfer à la barrière du Trône, dans la nuit du 24 au 25 décembre, dépasse toute vraisemblance.

Des statisticiens, qui avaient du temps à perdre, ont calculé que les divers établissements culinaires, demeurés ouverts la nuit du 24 au 25 décembre 1875, ont brûlé pour 93,331 francs et 20 centimes de gaz supplémentaire; ils nous apprennent aussi que, dans cinq restaurants à la mode, on a avalé jusqu'à l'aube 629 douzaines d'huîtres et 1,950 écrevisses : j'aurais cru à un chiffre plus élevé, et on eût bien pu aller jusqu'à 2,000 ! Il s'est vendu aux

Halles, dans la matinée, 39,200 douzaines de ces succulents mollusques et 50,000 de ces non moins succulents crustacés, — sans compter 37,000 oies. A la bonne heure ! voilà un chiffre qui fait rêver ! L'oie aux marrons est, on le sait, le plat favori des familles bourgeoises à Noël. Le modeste volatile dédaigné chez Brébant fait la joie des gourmets domestiques.

L'antique bûche a été remplacée par la bûche magique de Ruggieri, qui colore le feu de mille nuances fantastiques. L'arbre de Noël, venu d'Allemagne, fait lentement son chemin dans les familles. Quelquefois il prend des dimensions gigantesques, comme celui que la Société d'Alsace-Lorraine offre chaque année à ses petits protégés, qui s'en partagent les milliers de jouets. Mais une institution qui ne se perd pas et ne se perdra jamais, tant qu'il y aura des petits êtres blonds et roses, c'est celle du soulier mignon pendu au foyer, et où l'enfant Jésus ou le bonhomme Noël vient, en descendant par la cheminée, déposer quelque friandise, un joujou, un beau livre, et parfois, dans les cas graves, une poignée de verges.

Le réveillon de Noël a été de tout temps, avec le mardi gras et la fête des Rois, — aux siècles passés avec la Saint-Martin, où le peuple de Paris faisait une prodigieuse consommation d'oies et de coqs d'Inde, et que Mercier appelle la fête des ivrognes, — une des grandes dates culinaires de l'année.

La fête des Rois se célébrait jadis avec infiniment plus d'appareil et de cérémonies joyeuses qu'aujourd'hui. Après les offices on représentait des mystères. Nous lisons dans les *Mémoires de maître Jean de la Haye* (ch. XX), que Hugues Capet avait une prédilection particulière pour la solennité des Rois, qu'il portait ce jour-là une étoile d'or à son chapeau, et en donnait de pareilles à ceux qui l'avaient le plus favorisé dans son élévation au trône. Ce fut le point de départ de l'ordre de Notre-Dame-de-l'Étoile, fondé par son fils Robert. Le continuateur de Guillaume de Nangis nous apprend que les rois de France offraient à l'autel, le jour de l'Épiphanie, de l'or, de l'encens et de la myrrhe, et il décrit l'une de ces cérémonies, qui se fit avec beaucoup de magnificence sous Charles V, en 1378.

Un ancien ordinaire de l'église de Sainte-Madeleine de Besançon, décrit ainsi la manière dont on célébrait l'Épiphanie.

Quelques jours avant la fête, les chanoines élisaient un d'entre eux auquel on donnait le nom de roi, parce qu'il devait tenir la place du Roi des rois. On lui dressait dans le chœur une espèce de trône ; une palme était son sceptre, et il officiait le jour de l'Épiphanie dès les premières vêpres. A la messe, trois chanoines, revêtus de dalmatiques de trois couleurs différentes (blanche, rouge, noire), ayant couronne en tête, palme en main, suivis chacun d'un page portant leurs présents, sortaient de la sacristie et descendaient, en chantant l'évangile, dans l'église inférieure, qu'ils parcouraient, précédés d'une sorte de lustre figurant l'étoile. A cet endroit de l'évangile où il est dit que les mages entrèrent dans l'étable et y adorèrent notre Sauveur, ils remontaient au chœur, et venant à l'autel, ils se prosternaient devant le célébrant et lui offraient leurs présents, puis s'en retournaient du côté opposé à celui par lequel ils étaient venus. Le chanoine-roi, la veille et le jour de l'Épiphanie, l'office achevé, donnait à tous les confrères qui composaient sa cour une magnifique collation.

Les séculiers ne voulurent pas sur ce point céder en dévotion aux ecclésiastiques : ils résolurent de faire un roi dans chaque famille et choisirent le moment du repas, avec le sort pour arbitre. Un gâteau, partagé entre tous les convives, contenait une fève, afin que celui dans la part duquel elle se trouverait fût reconnu roi. Toute la famille se soumettait à ses ordres. Afin de lui marquer quelque distincion pendant le temps du repas, on criait : Le roi boit, vive le roi! chaque fois qu'il buvait, et pour punir ceux qui manquaient à un devoir si important, on convint de les barbouiller de noir. Souvenir de l'opinion répandue parmi le peuple que l'un des trois rois mages était noir (1).

Il est question du gâteau des Rois dès 1311, dans une charte de Robert, évêque d'Amiens, mais nous manquons de renseignements anecdotiques sur la façon dont se célébrait cette partie de la fête dans une époque aussi reculée. Un peu plus tard, Jean d'Orrouville rapporte ainsi la manière dont Louis III, duc de Bourbon, choisissait son roi. « Vint le jour des Rois, où le duc de Bourbon fit grande fête et lie chère, et fit son roi d'un enfant en l'âge de huit ans, le plus pauvre que l'on trouva en toute la ville, et le faisoit vêtir en habit royal, en lui laissant tous ses officiers pour le gouverner, et faisoit bonne chère à celui roi, pour révérence de Dieu, et le lendemain dînoit celui roi à la table d'honneur. Après venoit son maître d'hôtel, qui faisoit la quête pour le pauvre roi, auquel le duc Louis de Bourbon donnoit communément quarante livres pour le tenir à l'école, et tous les chevaliers de la cour chacun un franc, et les écuyers chacun demi-franc ; si montoit la somme aucune fois près de cent francs, que l'on bailloit au père ou à la mère pour les enfans qui étoient rois à leur tour, à enseigner à l'école sans autre œuvre, dont maint d'iceux vivoient à grand honneur ; et cette belle coutume tint le vaillant duc de Bourbon tant qu'il vécut. »

Les écoliers de l'université de Paris passaient les jours des fêtes de la Saint-Martin, de Sainte-Catherine, de Saint-Nicolas, les fêtes des nations, des collèges et celles des Rois,

---

(1) J. B. Bullet, *Festin du Roi-boit*.

en divertissements avec des farceurs et des comédiens qui dansaient et qui chantaient des airs tout à fait profanes. Chaque fois que l'Épiphanie revenait, les Picards qui faisaient leurs études au collège du cardinal Lemoine choisissaient un des leurs pour représenter ce prélat. L'élu assistait aux premières vêpres en habit de pourpre, avec un aumônier chargé de porter son chapeau rouge, puis il régalait ses camarades de dragées et les réunissait dans un souper joyeux. La faculté des arts fit un statut en 1484 pour réprimer ces abus ; elle excepta néanmoins dans son décret la veille et la fête des Rois, jours auxquels elle permit aux écoliers de se réjouir honnêtement, après avoir assisté au service divin (1). Cette fête était tellement entrée dans les mœurs qu'on n'eût pu y toucher sans soulever des tempêtes.

C'est aussi la veille de l'Épiphanie que les corporations tiraient au sort de la fève un roi qui conservait son pouvoir toute l'année. Les clercs de la chambre des comptes organisaient un cortège à travers les rues, et allaient donner des aubades et distribuer des gâteaux à tous les membres de la chambre. Ce jour-là, le voyer prélevait une redevance d'un fromage sur les fromagers du marché aux Poirées, d'un gâteau à la fève sur chacun des pâtissiers des halles et une foule d'autres impôts en nature sur les petits artisans des rues et des places publiques (2).

G. Bouchet a écrit sa quatrième *serée* sur la fête des Rois. Il résulte de sa description que les masques, qui couraient alors les rues depuis le 1er janvier et même depuis Noël, comme nous le disons dans notre chapitre du carnaval, se présentaient dans les maisons où l'on avait tiré les Rois, pour y donner le *momon*. Ils portaient des défis au roi, et, comme les sujets de celui-ci se croyaient obligés de soutenir

---

(1) Bullet, p. 249 et 250.
(2) D. Carpentier, supplément à du Cange, III, col. 619. — De l'Hervillers, *la Fête des rois*, dans l'*Ami de la religion* des 6-8 janvier 1860.

leur maître, parfois les convives perdaient tout leur argent dans une partie de dés avec ces mystérieux visiteurs. Les masques du *momon* jetaient souvent des dragées en entrant aux valets et aux chambrières, et ils jouaient des boîtes sèches de confitures, du cotignac et des sucreries de tout genre.

Les joueurs d'instruments couraient également la ville et se présentaient dans les maisons pour y faire danser. Il semble d'ailleurs, d'après quelques détails, que l'entrée fût à peu près libre en ces *bacchanales* du Roi-boit, car Bouchet parle, vers la fin du chapitre, d'un homme « assez d'apparence », qui s'était trouvé plusieurs fois dans ces assemblées, sans que personne le connût. On s'avisa de lui faire présenter le bouquet par une *fort honnête damoiselle,* au nom de toute la compagnie, pour l'inviter à rendre aux convives la politesse qu'il en avait reçue, mais il se trouva que c'était un adroit escroc. On voit aussi dans la même *serée* que les Rois se tiraient, comme aujourd'hui, la veille de l'Épiphanie, au moyen d'une fève, que beaucoup de gens s'efforçaient de cacher quand elle était dans leur part de gâteau, à cause des grands frais qu'entraînait la royauté. De là le dicton moqueur : « Vous diriez qu'il a trouvé la fève au gâteau. » On commençait par tirer la part de Dieu. Celui qui était désigné par le sort devait payer sa royauté quelques jours après. On criait : Vive le roi! et : Le roi boit! à tue-tête, comme on le fait encore; et ceux qui oubliaient de crier étaient à l'amende.

A ce propos, le roi de la *serée,* qui devait payer de sa personne en toutes les façons, dit quelques bons contes, suivant l'usage de nos pères. Le plus joli est celui d'un brave homme dont la femme braille comme une pie dès qu'il la touche du bout du doigt. A force de rêver au moyen de la battre tout son soûl sans danger, il s'avise que la meilleure époque est le jour des Rois, car elle aura beau crier, les voisins ne l'entendront pas, au milieu du tapage qu'ils font, ou, s'ils l'entendent, ils se figureront qu'on crie : *le roi boit!* Là-dessus, un bon compagnon réplique qu'il comprend enfin la signification de ce qu'il a lu dans un almanach, à la vigile des rois : « Bon battre sa femme. »

Ailleurs, un roi de la fève raconte l'historiette suivante : « Vous savez tous que l'année passée nous fîmes les Rois en notre maison; vous savez qui fut roi, mais possible vous ne savez pas celui de mes gens qui le fut en leur table, ayant leur gâteau à part, et si pourtant leur royauté dura plus que la nôtre : car, après avoir crié et bu du meilleur, aussi bien que nous, en leur petite royauté, nous pensions qu'ils se fussent couchés et retirés comme nous; mais, ayant les poumons échauffés de crier et de boire, mes gens descendent en la cave, et après le bussard que j'avois percé ce jour-là. Le bon fut que leur roi commençant le premier à boire, comme il lui appartenoit, sans penser en mal, ils vont crier à pleine tête : « Le roi boit, le roi boit. » Me réveillant en sursaut, et ma femme aussi, commençâmes à crier à notre force : « Le roi boit, » aussi bon qu'eux, de peur de l'amende, pensant être encore à table. Ma femme revenant à soi, se lève, et Dieu sait si elle ne cria pas plus fort que tous eux ensemble, trouvant tous nos gens à table, les pots et les verres tout pleins du vin nouvellement percé. »

Pasquier nous apprend que, pendant le repas des Rois, on mettait « un petit enfant sous la table, lequel le maître interroge sous le nom de *Phébé*, comme si ce fut un qui, en l'innocence de son âge, représentât une forme d'oracle d'Apollon. » A cet interrogatoire l'enfant répond d'un mot latin : *Domine,* puis, sur la demande du maître, il désigne la personne à laquelle doit être donné le morceau de gâteau (1).

(1) *Recherches,* l. IV, ch. IX.

On voit par une lettre de la princesse Palatine (1) que les choses se pratiquaient encore de même à la fin du règne de Louis XIV : le premier morceau était pour le bon Dieu, et le deuxième pour la sainte Vierge. Si le bon Dieu avait la fève, c'est le maître de la maison qui était roi, et si c'était la sainte Vierge, elle cédait ses droits à la dame du plus haut rang qui se trouvait là. Le roi nommait des ministres et des chambellans; il régnait sur la table comme dans un empire absolu.

Jean Deslyons, docteur de Sorbonne, doyen et théologal de l'église cathédrale de Senlis, fulmina en 1664 ses *Discours ecclésiastiques contre le paganisme du Roy-boit* (2) où, au milieu de doctes dissertations qui, si je ne me trompe, se sentent un peu du jansénisme de l'auteur, il nous a laissé des détails extrêmement curieux sur les usages de cette fête. Pour Deslyons, le banquet des Rois et l'usage des étrennes sont, aussi bien que la fête des Fous, d'abominables restes du paganisme, et une continuation des saturnales cachée sous un voile chrétien.

Au moyen âge, du moins au treizième siècle, la veille de l'Épiphanie, comme celle de la Saint-Jean, était accompagnée de feux, auxquels le peuple attachait la même idée superstitieuse : « Il faut également rapporter à l'idolâtrie, écrit Guillaume d'Auvergne, évêque de Paris, dans son livre des *Lois*, les feux qu'on a coutume de faire la veille de l'Épiphanie, et par le moyen desquels les insensés croient se garantir de la peste (3). » L'habitude de ce feu, si toutefois Guillaume d'Auvergne veut parler d'un feu public, ne survécut pas au moyen âge; mais l'Épiphanie n'en persista pas

---

(1) *Lettres nouv. et inédites*, édit. Hetzel, p. 272.
(2) Réédités en 1670 sous le titre de *Traitez singuliers et nouveaux contre le paganisme du Roy-boit*, in-12. C'est cette édition que j'ai sous les yeux.
(3) Eodem modo et foci qui fieri consuerunt in vigiliis Epiphaniæ... per quos credunt insipientes se extinguere et exterminare pestium incendium. — Deslyons, en citant ce passage, rapproche de la même coutume celle de la bûche de Noël.

moins à être célébrée dans le peuple avec un entrain extraordinaire, même après que la fête des Fous, qui l'avait déshonorée si longtemps par ses bouffonneries sacrilèges, eût disparu. Les marchands de *chapels* de fleurs remplissaient les rues, colportant et criant ces gracieux couvre-chefs dont les convives du festin se coiffaient et coiffaient les bouteilles ce jour là (1). Le bruit retentissant des rires, des acclamations, des verres heurtés les uns contre les autres, perçait les portes et les fenêtres; l'huis des pâtissiers resplendissait et faisait flamboyer au loin les figures bizarres de leurs *lanternes vives;* les valets couraient par les rues, portant les gâteaux envoyés par le maître à ses amis; les pauvres allaient de maison en maison chercher la part qu'on leur réservait, c'est-à-dire le premier morceau, le morceau du bon Dieu, choisi par le plus jeune des convives. Toute la nuit, la ville entière était sur pied et jusqu'au lendemain passait le temps en assemblées joyeuses, en jeux bruyants, danses, ballets, comédies et mascarades. Le roi et la reine d'un jour se présentaient à l'offrande, où l'on portait solennellement la fève trouvée dans le gâteau.

C'est à la suite de la fête des Rois de 1521 que François Ier, encore jeune et passablement fou, s'étant amusé, en tête d'une bande de joyeux compagnons, à aller faire à coups de pommes, d'œufs et de boules de neige, un siège en règle de l'hôtel du comte de Saint-Pol, qui était le roi de la fève, reçut sur la tête une bûche jetée par l'un des assiégés et qui le renversa sans connaissance. Revenu à lui, il ne voulut point qu'on recherchât le coupable, trouvant juste de payer la folie qu'il avait faite lui-même. L'homme à la bûche s'appelait Montgommery, et il était père de celui qui devait blesser mortellement Henri II dans un tournoi.

« Le lundi, sixième jour des Roys (1578), lit-on dans le

---

(1) LEGRAND D'AUSSY, *Vie privée des Français*, t. II, p. 324-61.

Journal du règne de Henri III, la demoiselle de Pons de Bretagne, royne de la feve, par le roy desesperement brave, frisé et gauderonné, fut menée du château du Louvre à la messe en la chapelle de Bourbon, estant le roy suivy de ses jeunes mignons, autant ou plus braves que luy. Bussi d'Amboise s'y trouva à la suite de monsieur le duc, son maistre, habillé tout simplement et modestement, mais suivy de six pages vestus de drap d'or frisé. »

Ce n'est pas là un fait isolé; il se rattachait à une coutume générale de la cour d'Henri III, comme on le voit par un passage d'un autre historien, qui complète curieusement celui-là :

« Du règne d'Henri III, on faisoit à la cour, la veille de la feste des Roys, au souper, une royne de la feve. Et le jour des Roys, le roy la menoit à la messe à son costé gauche; et si la royne y estoit, elle marchoit au costé droit. Un peu au-dessous du roy, on préparoit un oratoire et un drap de pied pour la royne de la feve, au costé gauche de celuy du roy, avec son carreau à main droite. Le roy bailloit à l'offrande avec l'écu trois boulles de cire : l'une couverte de feuilles d'or, l'autre de feuilles d'argent, et la troisième couverte d'encens... Le roy, estant de retour en sa place sous le daix, la royne de la feve se levoit, et ayant fait la révérence au roy et à la royne, alloit à l'offrande. La royne n'y alloit pas, et, après la messe, Leurs Majestez et la royne de la feve, somptueusement vestues et parées, retournoient en grande pompe au Louvre, les trompettes et tambours sonnans. Cette cérémonie de la royne de la feve n'a point depuis été observée (1). »

(1) Du Pirat, *Recherche des antiq. de la chapelle et oratoire du roy*, cité par Deslyons, p. 208. V. aussi le *Mercure* de janvier 1684. La reine de la fève, jusqu'au règne de Louis XIII inclusivement, jouit à la Cour de grands privilèges : elle disposait des charges, quelles qu'elles fussent, qui venaient à vaquer dans les vingt-quatre heures, et s'il n'y en avait pas de vacantes, elle demandait au roi des grâces qu'il devait lui accorder. (*Lettres inédites* de la Princesse Palatine.)

Tout cela était parfaitement dans les usages de l'époque. Le roi et quelquefois les grands seigneurs rendaient le pain bénit au son des tambours, des fifres et des clairons. Les nouvelles accouchées, lors de leurs relevailles, offraient solennellement des gâteaux à l'église. On peut voir, dans la *Muse historique* de Loret (1), la manière dont le duc de Mecklembourg, récemment converti au catholicisme, offrit le pain bénit à la chapelle de Saint-Michel, en le faisant escorter par une troupe de pages et de valets de pied, marchant deux à deux, et de tambours et trompettes en casaques de velours. Saint Michel était, d'ailleurs, le patron des pâtissiers, et c'est dans cette chapelle, située près du Palais de justice, que leur confrérie avait son centre de réunion. Une ordonnance prohibitive de l'archevêque de Paris, du 10 octobre 1636, montre qu'à cette date les confrères de Saint-Michel avaient l'habitude de promener dans les rues de la ville une procession composée de cavaliers vêtus en anges et de diables qui battaient de la caisse devant les prêtres porteurs de pains bénits (2).

Il est temps de fermer cette parenthèse et de revenir aux Rois.

La cour de Louis XIV resta fidèle à la coutume de tirer la fève. Madame de Motteville raconte, à la date de 1648, qu'elle *sépara* un gâteau des rois, en compagnie de sa sœur, de madame de Brégy et d'Anne d'Autriche, et qu'elles burent à la santé de celle-ci avec de l'hypocras qu'elle avait fait apporter à leur table. L'année suivante, le petit roi fut de la réunion. Anne d'Autriche fut proclamée reine, parce que la fève s'était trouvée dans la part de la Vierge. On célébra encore cette fête en buvant une bouteille d'hypocras, —

---

(1) L. XIV, 29 décembre 1663.
(2) Lebeuf, *Histoire de la ville et du diocèse de Paris*, édit. Cocheris, t. II, p. 266-7.

liqueur fort à la mode au dix-septième siècle, faite avec du vin mêlé de sucre, de canelle, de girofle, de gingembre, — et tandis qu'Anne d'Autriche buvait, tout le monde cria à tue-tête : « La reine boit! la reine boit! »

En 1684, les Rois furent célébrés en grande cérémonie. On avait dressé dans la même salle cinq tables, dont quatre étaient réservées aux dames. On y tira la fève à toutes les cinq; puis le roi et les reines se choisirent des ministres et des ambassadeurs, pour aller complimenter les puissances voisines et leur proposer des traités d'alliance. Ce jeu donna naissance à une foule de discours et de plaisanteries agréables, où quelques courtisans montrèrent beaucoup d'esprit. Il plut tellement à Louis XIV qu'il voulut recommencer la semaine suivante; on s'arrangea cette fois pour lui faire échoir la fève, qui était d'abord tombée au grand-écuyer, et il s'acquitta de sa charge en homme qui en avait l'habitude (1).

Dans son *Journal*, Dangeau, comme avait fait avant lui Héroard, mentionne à peu près chaque année la célébration des Rois, presque toujours avec cinq tables, auxquelles s'asseyaient les principaux seigneurs de la cour. En 1691, il tira la fève à Versailles avec le roi et la reine d'Angleterre. Louis XIV ne manqua pas d'être favorisé par le sort à sa table. « Dans les deux tribunes, dit Dangeau, il y avait toute la musique du roi, avec des orgues, des trompettes et des timbales, et l'on criait : *Vive le roi!* en musique. » Il est question plusieurs fois aussi de cette fête dans Saint-Simon.

On raconte que Louis XV ayant tiré la fève avec ses trois petits-fils, celle-ci se trouva coupée en trois morceaux, ce qui fut considéré comme l'annonce prophétique du règne successif des trois frères : « La partie supérieure, séparée

---

(1) *Mercure galant*, à la date.

des premières, prédit le martyre du jeune duc de Berry, Louis XVI; l'inférieure, brisée, fut le symbole de la monarchie rompue au règne du dernier des trois, le comte d'Artois, depuis Charles X (1). » Tout ceci semble infiniment trop subtil pour être autre chose qu'une anecdote apocryphe arrangée après coup.

Vers cette époque, ou un peu plus tôt, l'usage était de tirer les Rois avant le repas. Un jour Fontenelle avait eu la fève. On se mit à dîner : c'était au roi à présider la table et à veiller au bien-être des convives. On remarqua qu'il négligeait d'offrir à ceux-ci d'un excellent plat qu'il avait devant lui :

— Le roi oublie ses sujets, lui dit-on.

— Voilà comme nous sommes, nous autres, répondit Fontenelle avec son fin sourire.

Une autre fois encore, la fève lui était échue en partage :

— Vous êtes roi! fit un des convives. Serez-vous despote?

— Belle demande! répondit-il.

Nous avons dit plus haut qu'on faisait tirer le gâteau par un enfant; à défaut d'un enfant, le plus jeune de la réunion en était chargé. A cette coutume se rattache une jolie anecdote, qui peut passer pour un trait de flatterie des plus ingénieux.

Le cardinal de Fleury avait 90 ans et se montrait frappé de l'idée de sa mort prochaine. Pour le guérir de ces sombres pensées, son valet de chambre, Barjac, fit prier à dîner chez Son Éminence, pour le jour des Rois, les onze personnes suivantes : le comte de Beaupré, l'abbé d'Enneville, le comte de Gensac, le marquis de Nogaret, la princesse de Montbarey, la marquise de Flavacourt, le marquis de la Faye, la comtesse de Combreux, le comte de Saint-Mesme, la marquise du Coudray et la marquise d'Anglure.

---

(1) *Essai sur les fêtes religieuses*, par Eug. Cortet, p. 47.

Au moment de tirer le gâteau :

— C'est au plus jeune que revient ce droit, fit mélancoliquement le cardinal de Fleury. Avec mes quatre-vingt-dix ans, je ne puis prétendre qu'aux honneurs du patriarchat.

— Mais, pardonnez, monseigneur, dit sa voisine de droite, la princesse de Montbarey, je suis née le 15 janvier 1651, et j'ai par conséquent deux ans de plus que Votre Éminence.

— Que dites-vous là, princesse?

— La pure vérité, monseigneur.

— Moi, dit à son tour l'autre voisin du cardinal, je n'y mets plus de coquetterie, et j'avoue tout simplement mes quatre-vingt-onze ans.

— Vous avez dit quatre-vingt-onze! s'écria le cardinal stupéfait.

— Oui, monseigneur : 3 mai 1652, répondit la marquise de Flavacourt.

— Je suis votre aîné d'un mois, marquise, dit le comte de Beaupré : 3 avril 1652.

— Et moi d'un an, dit le bon abbé d'Enneville : 27 juin 1651.

— Et moi, dit en chevrotant une petite vieille toute ridée, il y a soixante-deux ans que je suis veuve, et, quand j'eus le malheur de perdre M. le marquis d'Anglure, il y en avait trente-quatre que j'étais de ce monde.

— Soixante-deux et trente-quatre font quatre-vingt-seize! dit le cardinal ébahi. Quoi! marquise, quatre-vingt-seize ans?

— Hélas!..... répondit simplement madame d'Anglure.

Le comte de Gensac avait quatre-vingt-quatorze ans; le marquis de Nogaret quatre-vingt-quinze; le marquis de La Faye, quatre-vingt-seize; le comte de Saint-Mesme et la comtesse de Combreux, quatre-vingt-dix-sept!

— Comment! s'écria l'Éminence au comble de la stupéfaction, c'est moi qui dois tirer le gâteau comme étant le plus jeune !... Est-ce hasard ou gageure?

Mais à ce moment il aperçut en face de lui le visage rayonnant de son valet de chambre. Le cardinal comprit, tira le gâteau comme un petit enfant de quatre-vingt-dix ans qu'il était, et fut si enchanté de cette flatterie délicate qu'il s'en souvint dans son testament.

On tirait aussi la fève chez les encyclopédistes, particulièrement aux fameux soupers du baron d'Holbach, que Galiani avait surnommé le *Maître d'hôtel de la philosophie*. Par un hasard qui avait sans doute des complices, Diderot, il l'a raconté lui-même, y fut roi trois années de suite. « La première année, dit-il, je publiai mes lois sous le nom de *Code Denis*. »

> Au frontispice de mon Code,
> Il est écrit : « Sois heureux à ta mode,
> Car tel est notre bon plaisir. »
>
> Fait l'an septante et mil sept cent
> Au petit Carrousel, en la cour de Marsan,
> Assis près d'une femme aimable,
> Le cœur nu sur la main, les coudes sur la table,
> Signé Denis, sans terre ni château,
> Roi par la grâce du gâteau.

« La seconde, je me déchaînai contre l'injustice du destin qui déposait encore la couronne sur la tête la moins digne de la porter. La troisième, j'abdiquai et j'en dis les raisons dans ce dithyrambe. » Le dithyrambe en question, intitulé les *Eleuthéromanes ou les Furieux de la liberté*, contient les deux fameux vers si souvent cités d'une façon plus ou moins inexacte :

> Et ses mains ourdiraient les entrailles du prêtre,
> Au défaut d'un cordon, pour étrangler les rois.

On a fait observer, à la décharge de Diderot, que ces vers se trouvent dans un badinage poétique composé pour une réunion frivole. Il faut avouer du moins qu'ils badinent d'une façon singulièrement féroce et que, si la circonstance pour laquelle ils furent composés est puérile, la virulence du passage dont ils sont extraits était bien propre à les faire prendre au sérieux.

L'année 1741 fut une époque néfaste dans les annales du gâteau des rois. Une de ces disettes que ramenait si fréquemment, au dix-huitième siècle, l'organisation mal entendue de l'administration publique, avait régné toute l'année précédente, si bien que le Parlement n'imagina rien de mieux pour y remédier que de prendre, dans le courant du mois de décembre, un arrêt qui interdisait la fabrication de la galette des rois.

Le gâteau de l'Épiphanie a survécu à la ruine de bien des vieilles coutumes populaires. La Révolution, pourtant, avait voulu naturellement abolir cette inoffensive solennité, aussi bien que les étrennes, et elle avait poursuivi les rois jusqu'autour de la table de famille, comme jusque dans les tragédies et les jeux de cartes. Les *Révolutions de Paris* (n° 131) se lamentaient de voir que, malgré la révolution, cet usage aristocratique persistât encore en 1792, surtout dans les collèges et les maisons particulières d'éducation. Dans la séance de la Convention du 30 décembre 92, Manuel monta à la tribune, et proposa « un décret et très court qui ne peut pas souffrir de difficulté. Je demande que la Convention décrète qu'aucun ministre, de quelque culte que ce soit, ne pourra célébrer des fêtes sous le nom de fête des Rois. Ces fêtes sont anti-civiques et contre-révolutionnaires ». Sur l'observation d'un membre, qu'il ne s'agissait pas là de rois de France, et malgré l'insistance de Manuel, la Convention eut le bon sens de passer à l'ordre du jour (1). Mais la Commune, qui s'ap-

(1) Réimpression de l'*Ancien Moniteur*, t. XV, p. 4.

pliquait à n'être dépassée par personne dans son zèle républicain, se montra plus farouche envers la fête des rois :

« Nos législateurs, écrivait Prudhomme l'année suivante, dans le n° 182 des *Révolutions de Paris*, passèrent à l'ordre du jour, et firent bien. Ceci n'est pas de leur ressort : c'est notre affaire à nous autres citoyens. Si nous sommes aussi bons républicains que nous nous le disons, nous laisserons les prêtres morfondus psalmodier tout seuls sur leurs tréteaux sacrés des hymnes en l'honneur des *trois rois*. Nous bannirons à jamais ce mot et les idées qu'il rappelle de nos repas de famille. Nous abolirons la royauté de la fève, comme nous avons fait de l'autre, et nous lui substituerons le gâteau de l'égalité, en remplaçant la solennité de l'*Épiphanie* par une *fête du bon voisinage;* la fève serviroit à marquer celui des voisins chez lequel se feroit le banquet fraternel où chacun apporteroit son plat, à l'exemple de nos bons aïeux.

« Un arrêté de la Commune change le jour des rois en fête des sans-culottes. A la bonne heure ! mais cela ne suffit pas. Cette innovation est trop vague. Il faut, quand on veut détruire un vieil usage, le remplacer par un autre bien circonstancié, afin que l'attrait de la nouveauté serve de recommandation à la sagesse du motif. »

Ainsi s'exprime le philosophe Prudhomme. Bref, on ne vint pas à bout de détruire une vieille et charmante fête qui ressuscita d'elle-même après la Terreur. Mais aujourd'hui elle se passe tout entière dans l'intérieur de la famille, et les rues de Paris n'en ont gardé aucun vestige.

II

Le dimanche des Rameaux, la semaine sainte et les œufs de Pâques.

Au moyen âge, le dimanche des Rameaux sillonnait de processions toutes les rues de Paris. Sainte-Geneviève en était le centre principal. Ce jour-là, dit un vieux chroniqueur, « les collégiales sujettes à l'évêque de Paris vont processionnellement à Sainte-Geneviève du Mont sans chanter en chemin, ni à l'entrée d'icelle église, en laquelle, sitôt qu'ils sont arrivés, l'évêque bénit les rameaux, disant les oraisons accoutumées. On descend ensuite par la rue Saint-Jacques jusqu'à la porte du Petit-Châtelet, auprès duquel les maisons sont *encourtinées* et tapissées de lierre et de rameaux, et des bancs mis d'un côté et d'autre pour asseoir messieurs les chanoines ; ensuite on chante un répons (*Gloria, laus et honor*) sur la fin duquel Monsieur de Paris, vêtu de ses habits sacerdotaux, vient chanter *Attollite portas* à l'huys de la prison ; un sergent lui ouvre et, entré dedans, il délivre un prisonnier, selon la coutume ancienne, lequel sort avec lui et le suit jusqu'à Notre-Dame en portant sa queue, *pro gratiarum actione.* »

Si nous ne nous renfermions dans l'enceinte de Paris, nous pourrions mentionner plusieurs coutumes très curieuses qui se rattachaient au carême ou au dimanche des Rameaux et qui variaient de province à province. Telles furent, par exemple, la *Flagellation* ou les funérailles de l'*Alleluia*, et la *Diablerie* de Chaumont, qui était plus particulière au dimanche des Rameaux et où l'on voyait douze hommes, revêtus de grandes robes de toile noire avec des flammes peintes et le visage couvert d'un masque *horrifique*, suivre la procession en chantant le *Quis est iste rex gloriæ ?*

LES FÊTES RELIGIEUSES. 127

Mais, encore une fois nous ne voulons pas sortir de Paris.

La partie extérieure de la cérémonie a naturellement disparu : la procession des Rameaux, comme toutes les autres,

Fig. 26. — Vente du buis aux abords d'une église le dimanche des Rameaux.

ne se fait plus aujourd'hui qu'à l'intérieur des églises ; mais le débit des *palmes* n'en continue pas moins sur une grande échelle. Dans la nuit du vendredi au samedi de la semaine de la Passion, d'immenses approvisionnements de buis arrivent aux Halles, expédiés par les maraîchers des environs de Paris; Fontainebleau, la Ferté, Bondy, Meaux, en fournissent d'énormes quantités. Ce buis, détaillé en bottes de un et deux francs, est acquis surtout par les marchands des quatre saisons, les fruitiers, les mendiants, et ces petits industriels pour tout faire, qu'on retrouve le soir ouvrant des portières devant un théâtre. Pendant toute la matinée, les abords des églises de Paris sont encombrés de ces débitants, qui étalent leur provision jusque sur les marches ou qui la portent à pleines brassées. Tandis que le père crie à pleins poumons son beau buis bénit, les enfants poursuivent et harcèlent chaque passant en lui mettant jusque dans les yeux ces petits rameaux d'un sou que bien peu de gens, même parmi les moins religieux, se dispensent d'acheter ce jour-là, et qu'on attache en rentrant au bénitier ou au portrait de famille qui surmonte le chevet du lit. Bon an, mal an, il se vend aux Halles, dans la matinée du samedi, pour dix à douze mille francs de buis, ce qui représente une somme pour le moins triplée le lendemain aux portes des églises. Pendant quarante-huit heures, deux mille femmes, sans parler des enfants, vivent de ce commerce. On assure qu'un nommé Pierre Limier mourut en 1874, laissant douze mille livres de rente qu'il avait acquises en centralisant pendant vingt années la presque totalité des ventes. Détail assez curieux : c'était un ancien acteur de l'Odéon, doublé d'un chimiste; il avait trouvé le moyen de *reverdir* les branches de buis à volonté.

Bref, l'usage des rameaux est tellement entré dans les mœurs parisiennes que rien n'a jamais pu l'interrompre. On en vendit aux portes de plusieurs églises sous la Terreur. A la première fête de Pâques fleuries qui suivit le 9 thermidor, les merveilleuses imaginèrent, dit-on, d'en débiter au profit des pauvres sur les marches de l'église Saint-Roch, et on juge avec quel entrain leur étalage fut dévalisé par les incroyables. Sous la Commune, tandis que tonnait le canon des fédérés, qui venaient d'engager l'action avec les *Versaillais*, on vendait des rameaux devant Saint-Sulpice, et plus d'un fédéré décora en passant son képi d'une brindille de buis, avant d'aller faire le coup de feu contre les « zouaves de Charette. »

La semaine sainte était jadis remplie de représentations sacrées qui se déroulaient jour par jour dans les églises, sous les yeux d'une foule attentive et recueillie, et dont le *tombeau* du jeudi et du vendredi saint ne garde plus aujourd'hui qu'une assez faible trace. Les chanteurs de complaintes parcouraient les rues en montrant les divers tableaux de la Passion (fig. 27). A Notre-Dame, pendant les trois derniers jours, on sonnait la fameuse cloche de bois et les enfants, comme ils font encore dans certaines provinces, parcouraient les rues pour annoncer les offices à l'aide de crécelles et autres instruments bruyants.

La semaine sainte actuelle a conservé la foire aux jambons, qui a changé plusieurs fois d'emplacement. Elle se tenait, le mardi saint, sur le parvis et dans la rue Neuve-Notre-Dame. Les guirlandes de boudins, de saucisses et d'andouilles, parfois bourrés de foin à l'intérieur par des marchands peu scrupuleux, les énormes blocs de lard, les jambons ornés de lauriers s'étalaient de tous côtés. La police vigilante faisait souvent jeter à la Seine, du haut du pont voisin, des cargaisons de charcuterie avariée, que des mariniers, à l'affût pour atteindre cette aubaine, harponnaient au passage et emportaient en triomphe (1). Cette foire a été transférée récemment du boulevard Bourdon au boulevard Richard-Lenoir, et elle est toujours le rendez-vous traditionnel d'un grand nombre de ménagères. Mais, à mesure que l'abstinence quadragésimale perdait de sa sévérité,

---

(1) *Tableau de Paris,* ch. 742.

elle a naturellement beaucoup perdu elle-même de son importance et de son animation.

La coutume des œufs de Pâques, générale chez tous les peuples des diverses communions chrétiennes, remonte fort haut, et il y faut voir sans doute une tradition symbolique de la primitive Église. Elle avait sa raison d'être en un temps où l'abstinence entraînait la privation des œufs aussi bien que de la viande, à partir du mercredi des Cendres. Quand revenait l'époque où cette privation devait cesser, on allait porter en offrande et faire bénir des œufs à l'église le vendredi saint et le jour de Pâques, puis on les rapportait solennellement au foyer, on se les envoyait entre amis, parents et voisins (1).

Cette tradition, qui s'observait jadis avec beaucoup de pompe, avait donné lieu à un grand nombre de réjouissances domestiques et même publiques, entre autres à la procession des œufs, qui se faisait un des jours de la semaine de Pâques. Les écoliers, les jeunes gens et les clercs des églises se réunissaient sur une place au son des trompettes, des sonnettes et des tambours, portant des étendards, armés de bâtons et de lances; ils allaient chanter laudes à la porte de a principale église, puis de là se répandaient par les rues pour quêter les œufs. Le même usage subsiste encore, au moins en partie, dans quelques paroisses des environs de Paris. A la cour, après la grand'messe du jour de Pâques, ou même dès la veille, on portait chez le roi des œufs peints et dorés qu'il partageait entre les courtisans, et cet usage dura jusqu'au milieu du dix-huitième siècle (2). Toutes les métairies étaient mises à contribution, et leurs plus gros œufs

---

(1) On a voulu voir aussi dans les œufs de Pâques un ressouvenir du triple reniement de saint Pierre et du coq dont le chant le rappela à lui; un symbole où l'œuf, emblème de la naissance et du principe de toutes choses, est naturellement associé à la Résurrection comme au renouvellement de l'année (qui jadis avait lieu à cette date) et au réveil de la nature, etc. Il y a des savants qui en font remonter l'origine jusqu'aux Phéniciens!

(2) Chéruel, *Dictionnaire des Institutions*, art. *Œufs de Pâques*.

réservés pour le monarque. Saint-Simon nous apprend dans ses mémoires que, le samedi saint, on élevait dans le cabinet de Louis XIV des corbeilles de verdure contenant des pyramides d'œufs coloriés, qu'il faisait bénir par le cha-

Fig. 27. — Chanteur de complaintes montrant des tableaux de la Passion;
d'après Cochin.

pelain et distribuait autour de lui, même aux gardes et aux laquais. C'est de la même façon que, s'il faut en croire le voyageur Chardin, le shah de Perse distribuait, particulièrement aux innombrables dames de son sérail, la veille ou le jour de l'équinoxe du printemps, qui marque, comme jadis chez nous, le renouvellement de l'année, des œufs peints et dorés qui coûtaient souvent des sommes fabuleuses.

L'usage de colorier les œufs ne remonte pas très haut. Il paraît que le premier marchand d'œufs rouges fut un nommé Solirène, qui était établi à la descente du Pont-Neuf, près de la Samaritaine. On sait quel chemin devait faire cette innocente invention ; Solirène lui-même y gagna en peu d'années une petite fortune, bien qu'il ne vendît sa marchandise qu'un liard pièce. On ne retrouve plus guère aujourd'hui ces bienheureux œufs rouges, qui ont fait la joie de notre enfance, que dans les campagnes ou chez les petits marchands à clientèle plébéïenne. L'usage a même cessé à peu près partout, dans les anciennes provinces qui l'avaient conservé jusqu'à la fin du siècle dernier, des œufs de Pâques décorés de peintures grossières qui offraient la reproduction de quelque sujet pieux. L'industrie moderne a si bien perfectionné cet héritage de nos pères, qu'il est devenu absolument méconnaissable à force de progrès. Sous prétexte d'œufs de Pâques, les confiseurs et les grands épiciers parisiens vendent des objets qui ressemblent à tout ce qu'on voudra, excepté à des œufs, et qui, au lieu de coûter un liard, se paient quelquefois des centaines, ou même des milliers de francs. La transformation des œufs de Pâques a suivi à peu près les mêmes vicissitudes que celle des étrennes. Sous la Révolution, ils avaient pris le caractère de l'époque : on offrait des cocardes nationales, de petites bastilles, de jolies guillotines ; aujourd'hui on voit des gens positifs qui cachent sous la coque d'un œuf monstrueux des billets de banque ou des actions de chemin de fer. L'œuf de Pâques moderne et profane se perfectionne chaque année. Il tend à prendre les proportions d'un œuf du fabuleux oiseau Roc des contes arabes. On le bourre de jouets pour les enfants, de bijoux et de cachemires pour les dames. Peut-être verrons-nous se réaliser bientôt le vœu d'une personne à qui l'on offrait l'un de ces œufs gigantesques porté par deux laquais, et qui déclara ne vouloir plus accepter l'année suivante qu'un œuf assez vaste pour contenir un équipage attelé de quatre chevaux.

On raconte qu'un fermier normand apporta un jour à Louis XV un œuf naturel d'une énorme dimension ; le roi en fit cadeau à madame Dubarry, après lui avoir fait

Fig. 28 et 29. — OEufs offerts à madame Victoire et conservés à la Bibliothèque de Versailles.

appliquer, par le joaillier de la couronne, une riche dorure qui coûta deux cents livres. Ce trait excita l'admiration des courtisans ; mais le moindre quart d'agent de change de nos jours dépasse Louis XV dans ses galanteries pascales. Qu'est-ce que ce pauvre œuf de deux cents livres auprès de l'œuf de cent mille francs, construit en émail blanc par un fabricant parisien pour un infant d'Espagne, et portant dans ses flancs, sur lesquels on avait gravé l'Évangile du jour, un coq qui chantait douze airs d'opéra ?

Le règne de Louis XV avait été surtout l'âge d'or des œufs de Pâques. On ne se bornait pas à les dorer, à les colorier, on les peignait souvent comme des objets d'art, et l'on assure que Watteau et Lancret n'ont pas dédaigné d'en illustrer quelques-uns de leurs plus fines peintures. Deux œufs, offerts en cadeau à l'une des filles de Louis XV, madame Victoire, et renfermant dans leurs coques des paysages et des scènes traités finement, sont conservés parmi les curiosités de la bibliothèque de Versailles (fig. 28 et 29).

Dans les siècles de foi, l'œuf colorié n'était que le moindre épisode des réjouissances de Pâques. Les drames liturgiques où l'on voyait les apôtres saint Jean et saint Pierre, les trois Maries et les anges vêtus de blanc au tombeau du Christ et dont il reste une trace, visible encore, dans la prose dialoguée *Victimæ paschali laudes* (1); les repas offerts aux pauvres, dont le roi lavait les pieds le vendredi saint; la délivrance d'un prisonnier, dont la chaîne était brisée, à Notre-Dame, par l'archidiacre; la réunion, dans l'une des chapelles de la cathédrale, des *possédés* que le grand chantre de la sainte chapelle avait délivrés, la nuit du vendredi au samedi saint, en leur présentant le bois de la vraie croix, et qui venaient se faire asperger d'eau bénite; vingt autres coutumes encore que je m'abstiens de mentionner, parce qu'elles ne rentrent point dans ce travail, donnaient à cette solennité une splendeur qu'elle a bien perdue depuis, malgré l'éclat particulier que lui conserve, à Paris, la bruyante foire au pain d'épices de la barrière du Trône. On sait que, sous la troisième race, jusqu'à l'ordonnance de Roussillon, en 1563, l'usage avait généralement prévalu de commencer l'année à Pâques. Tout datait de là : la résurrection du Christ marquait la renaissance de l'année en même temps que celle de la nature.

(1) Voir Marius Sepet, *le Drame chrétien au moyen-âge : Cycle de Pâques.*

LES FÊTES RELIGIEUSES.

III

La Fête-Dieu et les processions par les rues.— La Saint-Laurent.—La Saint-Martin. — Le vœu de Louis XIII. —La châsse de sainte Geneviève.

Nous avons à peine besoin de prévenir le lecteur que nous délimiterons les sujets indiqués par le titre de ce paragraphe,

Fig. 30. — Passage du viatique dans les rues,
d'après un dessin de la danse des morts, XVIe siècle.

de manière à ne point sortir de notre cadre. Nous nous arrêterons aux cérémonies religieuses où se remarquaient des particularités curieuses et pittoresques, qui offraient en quelques points l'alliance de l'élément civil et de l'élément sacré, qui avaient à la fois le caractère religieux et le caractère populaire, enfin qui se mêlaient aux réjouissances publiques de la ville, et qui en faisaient partie.

Le vieux temps ne connaissait pas encore ces règlements de police municipale, œuvres du progrès moderne, qui défendent au bon Dieu de sortir de chez lui pour se montrer par les rues. En conséquence, toutes ces solennités charmantes qu'on a reléguées aux villages : les Rogations, la Fête-Dieu, etc., Paris les avait, et Paris les garda longtemps.

Jusqu'à la Révolution, on portait en cérémonie le viatique aux mourants : le prêtre se plaçait sous un dais, que précédaient un porte-lanterne, un porte-sonnette et un bedeau. Aux tintements de la sonnette, le peuple s'agenouillait, les fiacres et les équipages s'arrêtaient dans la rue, et si le mourant était une personne de condition, toute la domesticité et souvent les maîtres de la maison s'armaient de flambeaux pour recevoir le prêtre sur le seuil. En racontant l'administration du viatique à la reine Marie-Thérèse, dont la vie fut en danger à la suite d'une de ses couches, madame de Sévigné écrit, dans une lettre du 19 novembre 1664 : « Ce fut la plus magnifique et la plus triste chose du monde de voir le roi et toute la cour, avec des cierges et mille flambeaux, aller quérir et reconduire le Saint-Sacrement. Il fut reçu avec une autre infinité de lumières (1). » Quand le guet croisait le cortège, il l'accompagnait jusqu'à l'église, la baïonnette au bout du fusil. Un jour, Louis XV, revenant du Palais de justice, rencontra le viatique au bout du Pont-Neuf; il descendit de son carrosse, se mit à genoux dans la boue, et le prêtre, sortant de dessous le dais, lui donna sa bénédiction, aux acclamations du peuple (2).

Notre-Dame faisait en grande pompe, avec ses quatre filles (3), les processions des Rogations, et dans le cours de cette cérémonie, le clergé portait un immense dragon

---

(1) Voy. aussi, pour plus de détails, la *Gazette* du 22 novembre 1664.
(2) Mercier, *Tableau de Paris*, t. IV, p. 82, édit. d'Amsterdam, 1782.
(3) C'est-à-dire les quatre églises relevant du chapitre métropolitain : Saint-Étienne des Grès, Saint-Merry, Saint-Benoit et le Saint-Sépulcre. (Sauval, t. Ier, p. 370.)

LES FÊTES RELIGIEUSES. 137

d'osier contourné, hideux, menaçant, en souvenir sans doute de la bête farouche dont saint Marcel avait délivré Paris. Le peuple s'amusait à jeter des fruits et des gâteaux dans

Fig. 31. — Procession de la sainte Hostie, sur la place de Grève à Paris. La procession sort de la maison aux Piliers, notre ancien hôtel de ville. D'après une miniature du manuscrit des *Heures de Juvénal des Ursins*, XVᵉ siècle.

la gueule du monstre. Ce fut vers 1730 que cet usage bizarre prit fin, mais la procession continua de se dérouler chaque année dans le cercle étroit où elle avait dû se renfermer, depuis que la trop grande extension de la ville l'empêchait d'aller jusqu'aux champs (1).

La Fête-Dieu se célébrait également par les rues de Paris au milieu d'un appareil extraordinaire, et le dimanche de l'octave, elle recommençait dans la matinée avec tout autant de magnificence. Cette procession était accompagnée quelquefois, comme beaucoup d'autres, de représentations et de mystères. On voit dans les *Recherches des théâtres* de Beauchamps (2), que les peintres de Lyon y jouèrent, en 1536, « le *Murmurement et fin de Coré, Dathan et Abiron,* » et nous savons par le témoignage de Sauval, qui s'est attaché à recueillir toutes les vieilles traditions, toutes les coutumes locales tombées en désuétude, que la première capitale du royaume ne se laissait pas dépasser sur ce point par la seconde. « Autrefois, nous apprend-il en son chapitre des *Processions,* le jour de la Fête-Dieu, des paroissiens de Saint-Nicolas contrefaisoient Jésus-Christ, les apôtres, Adam, Ève, Abraham, Isaac et Moïse, mais avec des moqueries et des scandales si honteux, qu'en 1571 le Parlement, par arrêt, condamna à deux cents livres parisis d'amende ceux qui, à l'avenir, profaneroient de la sorte une si sainte fête. » Sous ce renseignement un peu vague, on devine l'indication d'une sorte de mystère qui allait de la chute de l'homme à sa rédemption, en passant par les figures intermédiaires des prophètes et des précurseurs du Christ.

A la procession du Saint-Sacrement célébrée par l'église Saint-Barthélemy en 1593, on exposa en public un tableau de Lucifer foudroyé, représentant le feu roi Henri III et une foule de *Politiques,* désignés par leurs noms, qu'une multitude de diables tourmentaient, brûlaient, tenaillaient cruellement. En paradis, on voyait des anges tenant sous leurs pieds des démons, et parmi eux il y en avait un plus

(1) Sauval, t. II, p. 620, *Processions.*
(2) T. Ier, p. 319.

grand que les autres, foulant un diable ceint d'une écharpe blanche, au-dessus duquel était écrit en grosses lettres : *le Béarnois*, et au-dessus de l'ange : *M. de Guise, roi*. Ce merveilleux tableau, vrai mystère en peinture, tout à fait à sa place dans la paroisse la plus *ligueuse* de Paris, avait été composé par les soins de Jean Petit, l'un des Seize, pour entretenir dans ses bonnes dispositions le peuple de Paris (1).

Les corporations marchaient dans les rangs de la procession, portant la bannière et quelquefois les reliques du patron; toutes les maisons étaient tapissées, tous les pavés parsemés de fleurs, et de nombreux reposoirs, où les diverses confréries et les divers quartiers travaillaient à se vaincre les uns les autres, s'élevaient de distance en distance.

Le 12 juin 1648, Anne d'Autriche avait fait élever un reposoir pour la Fête-Dieu dans la première cour du Palais-Royal; on l'avait décoré, par son ordre, des plus belles tapisseries du roi et des plus riches ornements, et elle avait fait de ses propres mains une couronne fermée, tout étincelante de pierreries, pour la mettre sur l'autel à l'endroit du Saint-Sacrement. Puis elle conduisit la procession à pied jusqu'à Saint-Eustache, avec le jeune roi et Monsieur.

Le journaliste Loret parle quelquefois des reposoirs de son temps, entre autres de celui qu'avait dressé sur la place Royale, en 1653, année où le roi édifia ses sujets en suivant à pied la procession, cette vaillante madame Pilou, dont les commérages de Tallemant des Réaux ont immortalisé le caustique bon sens, — et de celui que le peintre Lebrun avait décoré avec tant de richesse et de goût devant les Gobelins, en 1664. Les hôtels faisaient, ce jour-là, une véritable exhibition de leurs tentures d'élite. Germain Brice nous apprend en particulier qu'il en était de la sorte pour le Palais Mazarin, dont on exposait

---

(1) *Journal* de l'Estoile. (Collection Michaud, t. XV, p. 156.)

devant la porte les plus riches tapisseries sur un très-grand espace. On tendait aussi les caparaçons en broderie d'or et d'argent, d'une magnificence extrême, que le cardinal avait fait faire pour le mariage du roi. Les fleurs étaient prodiguées. La bouquetière de Sainte-Opportune (et ce n'était pas sans doute une exception), devait fournir ce jour-là un chapeau de fleurs d'orangers à trois rangs pour le Saint-Sacrement, un chapeau pour le curé et six autres pour les diacres, sous-diacres et porteurs de dais, trente pour les ecclésiastiques, cinq bouquets à branches pour les marguilliers, cinq douzaines de bouquets ronds, etc., etc. (1).

Au dix-huitième siècle, le *Mercure de France* et les autres recueils abondent en détails sur les reposoirs merveilleux que l'on construisait en certains endroits, comme celui de la porte Saint-Michel, en 1735, véritable monument artistique, d'une architecture grandiose, figurant un arc de triomphe colossal de soixante-seize pieds de large sur cinquante-cinq de haut, avec une multitude d'ornements et de dorures, un grand luxe de colonnes et de bas-reliefs. Les reposoirs faisaient l'occupation et l'orgueil de toute une rue, de tout un quartier, et la richesse concourait avec l'art à l'édification de ces monuments éphémères, qui ne duraient qu'une heure, mais qu'on voulait rendre dignes du Dieu auquel ils donnaient l'hospitalité.

Le soir, les enfants reprenaient la fête pour leur propre compte, et dressaient partout de petites chapelles, mais d'un aspect plus riche que ces tables mesquines chargées de faïences informes, qu'élèvent aujourd'hui les gamins de Paris à chaque coin de rue. « Ils ont, écrit Mercier (2), des chandeliers de bois, des chasubles de papier, des encensoirs de fer-blanc, des dais de carton, un petit soleil d'étain. L'un

---

(1) *Histoire du diocèse de Paris*, par l'abbé Lebœuf, nouvelle édit. (1863), t. I, p. 189, note de M. Cocheris.
(2) *Tableau de Paris*, chap. de la Fête-Dieu.

fait le curé, l'autre le sous-diacre. Ils promènent l'hostie en chantant, disent la messe, donnent la bénédiction, et obligent leurs camarades à se mettre à genoux. Un petit bedeau fait le furieux, dès que l'on commet la moindre irrévérence. Les grands, qui le matin ont fait à peu près les mêmes cérémonies, — ajoute gravement le philosophe Mercier, — lèvent les épaules et se moquent de la procession des petits quand ils la rencontrent. »

Le marquis de Brunoy, fils du financier Pâris de Montmartel, cet excentrique qui, à la mort de sa mère, mit son parc en deuil et fit venir plusieurs tonnes d'encre pour teindre de noir ses bassins et ses jets d'eau, se rendit célèbre au dix-huitième siècle par le luxe inouï qu'il déployait, dans son domaine de Brunoy, près de Paris, pour célébrer la Fête-Dieu. Il dépensait cent mille écus chaque année à bâtir un reposoir et à organiser une procession selon ses vœux, où l'on voyait figurer, revêtus d'ornements en or, plusieurs centaines de prêtres et de moines, qu'il convoquait de toutes parts. La fête se terminait par un immense et plantureux festin, où s'asseyaient non seulement les prêtres, mais la foule des curieux attirés par la cérémonie. Il dépensa ainsi une grande partie des vingt millions dont il avait hérité de son père, et sa famille finit par obtenir son interdiction, bien qu'il se fût défendu par un argument qui, à ce qu'il me semble, n'eût pas manqué de valeur dans une autre bouche : « Si j'avais donné cet argent à une courtisane, on ne l'eût pas trouvé mauvais; je l'ai appliqué à la décoration du culte catholique, et l'on m'en fait un crime! »

Le jour de l'octave, un des plus magnifiques reposoirs était bâti sur la place Dauphine, du moins au dix-huitième siècle, et les jeunes peintres qui n'avaient pas encore conquis leur droit d'entrée aux expositions du Louvre, les membres de l'Académie de Saint-Luc, héritière de l'ancienne corporation des imagiers et rivale obscure de l'Académie des beaux-arts, avaient le droit de venir exposer leurs œuvres sur les tapisseries dont ce reposoir était recouvert, pourvu, bien entendu, que les sujets traités ne jurassent pas trop avec le caractère sacré de la cérémonie. Les miniatures, les tableaux d'histoire, les paysages, les portraits à l'huile abondaient à ce Salon en plein vent, qui donnait une physionomie originale au reposoir de la place Dauphine, où débutèrent et se firent connaître un certain nombre de peintres devenus illustres depuis, particulièrement Chardin, dont la *Raie*, aujourd'hui au Louvre, attira l'attention de tous les peintres à cette exposition publique en 1728 (1). C'est surtout sous le règne de Louis XVI et aux approches de la Révolution que cette coutume avait pris une extension singulière, et que le reposoir de la petite Fête-Dieu sur la place Dauphine, où d'ailleurs les tableaux trouvaient un cadre magnifique dans la richesse de la décoration, était devenu l'un des spectacles les plus courus de Paris (2).

A la petite Fête-Dieu de 1786, une demi-douzaine de balcons, sur la place Dauphine, étaient chargés de jeunes personnes auteurs des ouvrages ou modèles des portraits exposés, de sorte qu'on pouvait apprécier aussitôt la ressemblance en comparant l'original avec la copie (3).

En 1789 seulement, l'usage commença à perdre de sa force et beaucoup des artistes qui avaient l'habitude d'exposer sur la place Dauphine envoyèrent leurs tableaux dans une salle de la rue de Cléry, ouverte spécialement pour eux par un sieur Lebrun (4). L'année suivante il y eut moins d'exposants encore et en 1791 c'était fini.

(1) De Goncourt, *l'Art au XVIIIe siècle*. I, 85-6.
(2) Vitet, *Acad. de peinture*, p. 184. *Journal* de Wille, publié par G. Duplessis, t. I, p. 572, et suiv. *Mém. secrets*, juin 1783, 1786, etc. Ed. Fournier, *Hist. du Pont-Neuf*, p. 297-308.
(3) *Mémoires secrets*, t. XXXII, p. 169. Les *Mémoires secrets* donnent la liste des principales.
(4) *Journal de Paris* du 4 juin 1790.

La pompe de la Fête-Dieu dans les rues de Paris touchait jusqu'aux philosophes eux-mêmes. Diderot a écrit dans ses *Essais sur la peinture* : « Je n'ai jamais vu cette longue suite de prêtres en habits sacerdotaux, ces jeunes acolytes vêtus de leurs aubes blanches, ceints de larges ceintures bleues, et jetant des fleurs devant le Saint-Sacrement; cette foule qui les précède et qui les suit dans un silence religieux ; tant d'hommes le front prosterné contre terre; je n'ai jamais entendu ce chant grave et pathétique entonné par les prêtres, et répondu affectivement par une infinité de voix d'hommes, de femmes, de jeunes filles et d'enfants, sans que mes entrailles ne s'en soient émues, et que les larmes ne m'en soient venues aux yeux. »

La Fête-Dieu était si profondément entrée dans les mœurs, elle était devenue si bien une des solennités favorites de la population parisienne, une vraie fête de la rue, que la Révolution se garda bien d'abord d'y toucher. On la célébra en 1790 et en 1791, avec les formes et la pompe ordinaires. Le 1er juin 1790, les commissaires des districts des Minimes, du Petit Saint-Antoine et de Saint-Louis-la-Culture, réunis pour délibérer sur le rang qu'ils devront occuper à la procession du jeudi suivant, ont soin de s'y choisir une place conforme à leur dignité, et qui prouve l'importance qu'ils attachaient à la cérémonie. Ils décident que huit commissaires de chaque district, vêtus de noir, marcheront après le Saint-Sacrement, « sans mélange d'autres personnes » ; que les présidents et vice-présidents porteront les cordons du dais, en réservant le même honneur aux officiers de la garde nationale pour le jour de l'octave; enfin que la milice citoyenne fournira une escorte répondant « à la majesté et à la dignité » de la fête (1). Le roi et l'assemblée nationale assistèrent à la procession

---

(1) *Catalogue de docum. autographes relatifs à la Révolut.* (1862), n° 199.

de Saint-Germain-l'Auxerrois, et tout Paris se porta sur leur passage. « Il n'y a pas d'exemple d'une telle affluence, dit Prudhomme. Malgré la sainteté de la cérémonie et la présence du *Roi des rois*, les citoyens ne s'occupèrent que du régénérateur de la liberté française ; et plus d'une fois le chant religieux fut interrompu par les acclamations patriotiques du peuple. Quelques voix essayèrent des cris de Vive la reine (1). »

En 1791, les anciennes ordonnances de police enjoignant de tapisser les maisons étaient encore en vigueur : « Les Fêtes-Dieu approchent, dit Prudhomme dans les *Révolutions de Paris* du 4 juin 1791, et les lévites réfractaires, qui jadis n'en étaient pas l'ornement et l'édification, mais qui du moins servaient à faire nombre, se promettent bien cette année de jouir de l'embarras que leur absence doit causer aux paroisses, jalouses de soutenir la pompe accoutumée des solennités religieuses.

« Instruits de cette disposition malveillante, les citoyens du club de la rue de la Licorne viennent de prendre un arrêté à ce sujet. Ils sont convenus de se retirer chacun dans son église paroissiale, et d'offrir leurs services, soit pour figurer le clergé, comme quelquefois on se le permettait jadis, soit pour accompagner les prêtres citoyens en fonctions. Leurs mères, leurs sœurs, leurs femmes, vêtues de blanc, et décorées de la ceinture aux trois couleurs, ne manqueront pas de s'y trouver aussi; en sorte que le culte, loin d'offrir une nudité décourageante, n'aura jamais présenté un spectacle plus complet et plus touchant.

« Peut-être le serait-il encore davantage, si renonçant tout à fait à l'habitude d'allonger la file des prêtres pour avoir occasion d'étaler la richesse des ornements sacerdotaux, dont l'évangile n'a pas besoin, le peuple, content du

---

(1) *Révolutions de Paris*, n° 47.

plus petit nombre possible de ministres tous édifiants, composait lui-même le cortège de ses processions, un cierge à la main, et sous ses vêtements simples, mais propres. »

En 1792, Manuel, procureur de la Commune, lance, à la date du 5 juin, une circulaire aux quarante-huit sections, pour déclarer que les fonctionnaires, comme magistrats, ne doivent assister aux cérémonies religieuses d'aucun culte, et qu'on ne peut y appeler non plus la garde nationale, dont les membres appartiennent à diverses communions; et il ajoute que le temps sans doute n'est pas éloigné où chaque secte religieuse, se renfermant dans l'enceinte de son temple, n'obstruera plus à certaines époques de l'année, par des cérémonies extérieures, la voie publique, qui appartient à tous et dont nul ne peut disposer pour un usage particulier.

Malgré les mauvaises dispositions dont cette circulaire portait le témoignage, la procession habituelle se fit encore partout avec une grande solennité et ne fut troublée par aucune manifestation scandaleuse. Le clergé et les marguilliers de Saint-Germain-l'Auxerrois avaient adressé à l'Assemblée une lettre, qui fut lue dans la séance de 5 juin au soir, pour l'inviter à envoyer une députation à la cérémonie. Elle avait d'abord fait droit à cette demande par un décret. Sur la réclamation de plusieurs membres, elle adopta un moyen terme, en décidant qu'il n'y aurait pas de séance le jeudi, afin de permettre à tous les membres qui le souhaiteraient d'assister à la procession (1).

Mais voici mieux encore. On ne se douterait certainement pas qu'en 1793 la procession de la Fête-Dieu se soit accomplie publiquement, et non-seulement sans résistance, mais avec le concours, presque partout empressé, de la population et de la garde nationale. Rien n'est plus certain

(1) Voir le *Courrier* de Gorsas, t. IX, *passim*.

pourtant. La Fête-Dieu tombait, cette année-là, le 30 mai, pendant la grande bataille entre la Gironde et la Montagne, juste la veille de la proscription des Girondins et de l'établissement de la Terreur. Eh bien, tandis que le tocsin sonnait, que le général Henriot s'apprêtait à tirer le canon d'alarme, les paroisses de Paris faisaient dans les rues leur grande procession annuelle. « Sans doute, s'écrient les *Révolutions de Paris* dans le numéro du 20 juillet 93, qu'on dénichera un certain monarque dont le nom nous échappe, et qui se trouve encore gisant sous un catafalque de velours noir et d'argent, rue du Faubourg-Saint-Jacques, un peu au delà du ci-devant Val-de-Grâce. Croirait-on qu'à la Fête-Dieu dernière, le saint sacrement de Saint Jacques du Haut-Pas monta les vingt marches de cette pagode chrétienne, pour y reposer aux pieds d'un roi dont on montre la sainte face et la couronne pour la pièce de deux sols? »

Mais nous avons un document beaucoup plus direct et concluant : c'est le rapport de l'agent de police Dutard au ministre Garat, conservé aux Archives et publié dans les *Tableaux de la Révolution française,* par Schmidt :

« J'ai pris un congé d'environ deux heures; mes premiers regards se sont portés vers les processions et les cérémonies du jour. Dans plusieurs églises, j'ai vu beaucoup de petit peuple et surtout les épouses des sans-culottes. On avait fait la procession *intra-muros,* etc. J'arrive dans la rue Saint-Martin, près de Saint-Méry; j'entends un tambour et j'aperçois une bannière. Déjà, dans toute cette rue, on savait que Saint-Leu allait sortir en procession. J'accours au-devant; tout y était modeste. Une douzaine de prêtres, à la tête desquels était un vieillard respectable, le doyen, qui portait le rayon sous le dais. Un suisse de bonne mine précédait le cortège; une force armée de douze volontaires à peu près, sur deux rangs, devant et derrière; une populace assez nombreuse suivait dévotement. Tout le long de la rue, tout le monde s'est prosterné; je n'ai pas vu un seul homme qui n'ait ôté son chapeau. En passant devant le corps de garde de la section Bon-Conseil, toute la force armée s'est mise sous les armes.

« J'étais chez un marchand, au milieu des halles, quelques moments après. Le tambour qui précédait et ceux qui suivaient ont annoncé la procession. Ah! quel a été l'embarras de toutes nos citoyennes de la halle! Elles se sont concertées à l'instant pour examiner s'il n'y aurait pas moyen de tapisser avant que la procession passât. « Quand on ne mettrait qu'un drap! » Chacune aurait volontiers mis son tablier; une partie se sont prosternées d'avance à genoux, et enfin, lorsque le Dieu a passé, toutes à peu près se sont prosternées à genoux; les hommes en ont fait de même. Des marchands se sont mis à rôder devant chez eux; d'autres ont tiré des coups de fusil : plus de cent coups ont été tirés. Tout le monde approuvait la cérémonie, et aucun, que j'aie entendu, ne l'a désapprouvée.

« C'est un tableau bien frappant que celui-là. La présence d'un Dieu de paix, de notre ancien Maître, qui n'a cessé de l'être, a porté la consolation dans tous les esprits. C'est là que l'observateur a pu dessiner les physionomies, images parlantes des impressions qui se sont fait si vivement sentir au fond de l'âme des assistants. J'y ai vu le repentir; j'y ai vu le parallèle que chacun a fait forcément de l'état actuel des choses avec celui d'autrefois; j'y ai vu la privation qu'éprouvait le peuple par l'abolition d'une cérémonie qui fut jadis la plus belle de l'Église; j'y ai vu les regrets sur la perte des profits que cette fête, et autres, valait à des milliers d'ouvriers. Le peuple de tous les rangs, de tous les âges est resté honteux, silencieux, abattu... Quelques personnes avaient les larmes aux yeux; les prêtres et le cortège m'ont paru fort contents de l'accueil qu'on leur a fait partout. »

Ne voilà-t-il pas une curieuse et touchante rencontre au seuil de la Terreur? L'année suivante, il n'y eut pas de Fête-Dieu; mais Robespierre, en profond politique, sentit le besoin de donner le change en la remplaçant par la fête de l'Être-Suprême. Celle-ci fut véritablement la Fête-Dieu de la Révolution : elle eut lieu à la même date, et rien ne manqua à la parodie, ni la procession de la Convention en costume, ni le pontife Robespierre à sa tête, ni les jeunes filles en blanc, ni les fleurs partout, des bouquets dans les mains de tous les représentants, des guirlandes à toutes les fenêtres.

Le dimanche qui suivait l'octave de la Fête-Dieu, la solennité recommençait sur nouveaux frais et avec une splendeur nouvelle à l'église Saint-Laurent. La paroisse organisait ce jour-là une procession immense, que ne pouvait contenir le faubourg Saint-Martin dans toute sa longueur. Elle empruntait les encensoirs, les ornements, le personnel de toutes les autres paroisses. Deux cents jardiniers en cheveux ronds revêtaient les ornements ecclésiastiques. Des couronnes de fleurs pendaient à des guirlandes attachées dans les airs. Des enfants portaient le costume sommaire du petit saint Jean, menant un agneau par un ruban rose ou bleu. Les filles du Sacré-Cœur, les confréries avec leurs bannières, une multitude de petits garçons et de jeunes personnes vêtus de blanc, s'alignaient dans les rangs de la procession. Les roses pleuvaient en nuées sur le passage du saint sacrement, porté sous un dais dont les notables tenaient les cordons; cent cinquante thuriféraires se succédaient en évolutions savantes pour encenser l'hostie; quarante suisses avaient grand'peine à contenir la foule avec leurs hallebardes, et le corps diplomatique, rangé sur le balcon de l'ambassadeur de Venise, assistait avec recueillement à l'interminable défilé qui mettait plus de cinq heures à faire le tour des faubourgs Saint-Denis et Saint-Laurent. Une nombreuse musique militaire emplissait les rues de son harmonie sonore. La procession se rendait ainsi à deux reposoirs, figurant le premier un chapitre de l'Ancien Testament, l'autre un chapitre du Nouveau. Cette fête s'appelait le *Grand-Pardon* (1).

Le Grand-Pardon de Saint-Laurent était surtout la fête des jardiniers, qui figuraient en nombre énorme dans le cortège, portant des couronnes au bout de longs bâtons, et avec trente ou quarante bannières de leurs confréries, sur lesquelles leurs saints patrons se détachaient pour la plupart en *bosses* d'or ou d'argent. Les marguilliers portaient des bouquets du poids de dix livres. Une dizaine d'années avant la Révolution, la procession ayant été surprise par un orage, un épicier et un marchand de vins se prirent au collet pour se disputer le privilège d'abriter le saint-sacrement dans leur boutique; la garde fut obligée d'intervenir. Le dauphin, père de Louis XVI, se promenant un jour sur les boulevards avec Madame, aperçut de loin la procession du Grand-Pardon. Aussitôt il descendit de carrosse, se confondit dans la foule et rejetant les carreaux qu'on voulait mettre sous ses genoux, se prosterna sur le pavé (2).

Il existait encore bien d'autres processions solennelles et périodiques, revenant à des époques fixes, par exemple celle que faisait le 11 juin, jour de saint Barnabé, l'évêque de Paris, avec un grand nombre de reliques, pour aller bénir l'ouverture de la foire du Landit; les trois processions annuelles de la Ville à Notre-Dame, en mémoire, l'une de la réduction de Paris sous Charles VII, l'autre de sa soumission à Henri IV (le 22 mars) (3), la troisième (le 15 août), du vœu par lequel Louis XIII avait placé le royaume

---

(1) MERCIER, *Tableau de Paris*, ch. de la petite Fête-Dieu.
(2) DU COUDRAY, II, 17.
(3) Sur cette cérémonie, où les cours souveraines allaient en procession aux Augustins avec le chapitre de Notre-Dame, on peut voir le chant IV des *Fastes* de Lemierre.

de France sous la protection de la Vierge. « Le jour que l'on fit cette procession pour la première fois, dit Lemaire en parlant du Vœu de Louis XIII, il y eut un grand débat entre le Parlement et la Chambre des comptes, dans l'église de Paris, pour le pas et la préséance du rang. Le premier président du Parlement n'ayant jamais voulu souffrir que le premier président de la Chambre des comptes croisât avec lui à la sortie du chœur, ainsi qu'il s'étoit toujours pratiqué jusqu'alors, il y eut grand excès de paroles dans l'église, et même voies de fait de part et d'autre; et les officiers de la Chambre des comptes furent obligés de céder, voyant qu'ils avoient contre eux le gouverneur de Paris, avec les trois cents archers de la Ville. Depuis ce temps-là, ni le Parlement ni la Chambre des comptes n'ont point assisté à cette procession jusqu'à l'année 1672, et le roi, pour les accorder, ordonna que dorénavant ils n'entreroient point dans le chœur, ni les uns ni les autres, pour en sortir ensemble; que messieurs du Parlement s'assembleroient dans le chapitre de l'église de Paris, et qu'ils viendroient joindre le clergé à la porte du chœur, dans la nef à droite, où ils marcheroient à la file, pendant que de l'autre côté messieurs de la Chambre des comptes viendroient de l'officialité, où ils s'assembleroient pour joindre aussi le clergé à la file, en sorte que le premier président de la Chambre des comptes marcheroit à la gauche du premier président du Parlement, sur la même ligne. Le roi ordonna en même temps que, lorsque la procession seroit faite, le Parlement sortiroit du chœur par la porte qui est sous le crucifix, et que la Chambre des comptes sortiroit par la porte qui est à droite, vis-à-vis la chaire archiépiscopale. Tout cela s'observe encore tous les ans (1). *Paris ancien et nouveau*, t. Ier p. 73-4. Les registres de la Chambre ont très-longuement et très-minutieusement enregistré ce grave conflit. *Ab uno disce omnes.* Que de précautions! que de diplomatie! Il n'en eût pas tant

LES FÊTES RELIGIEUSES. 151

fallu pour régler les rapports de deux souverains (1).

Le Vœu se célébra encore le 15 août 1791, à la grande colère des journaux patriotes. L'Assemblée envoya même une députation à la métropole, et « l'idole d'argent de Saint-Sulpice, connue sous le nom de Notre-Dame de la vieille vaisselle, a été portée à la procession de cette paroisse sur les épaules d'une vingtaine de soldats grenadiers, » dit Prud'homme avec indignation. Mais l'année suivante, elle fut abolie par l'Assemblée, quelques jours avant le 15 août.

Joignons-y celle du chapitre de Notre-Dame jusqu'à l'église Saint-Lazare, l'un des dimanches d'après Pâques, cérémonie qui présentait cette particularité curieuse, qu'on y voyait le chapitre déjeuner devant la grande porte de l'église en ordre de procession (2). Cette coutume, à laquelle nos mœurs actuelles donnent un tel cachet d'étrangeté, se rattachait alors à toute une série d'usages analogues. La multitude des corporations et des confréries avait pour conséquence naturelle l'habitude des nombreux repas de corps. Le dîner faisait partie essentielle de la plupart des cérémonies; la table était le pivot de presque toutes les réunions. Sans doute on peut dire qu'il en est encore ainsi; mais le changement des idées, comme des conditions matérielles, a fait dégénérer cet usage de son importance et de sa gravité primitives. C'était alors une affaire sérieuse, réglée jusqu'en ses moindres détails par des statuts prévoyants, imposée aux uns comme redevance, ménagée aux autres comme une récompense et un salaire.

A certaines dates, l'évêque de Paris devait un repas au chapitre; aux quatre grandes fêtes, il était tenu de donner

---

(1) Quand on transféra le corps de Henri IV du Louvre à Notre-Dame, le 29 juin 1610, la Cour des comptes et la Cour des aides se disputèrent la préséance dans le cortège à coups de pied et à coups de poing. (*Journal* de l'Estoile, Collect. Michaud, t. XV, p. 610.) Ces discussions, suivies parfois de rixes scandaleuses, se renouvelaient sans cesse, même à la procession de la Fête-Dieu.

(2) MONTEIL, *Histoire des Franç.*, t. III, stat. LXIIe.

un nombre déterminé de pains et de quartes de vin à ses chapelains et à ses clercs de matines. Le jour de sainte Geneviève et la veille de l'Ascension, les genovéfains devaient un déjeuner tant au chapitre qu'aux enfants de chœur, chantres et autres employés subalternes de Notre-Dame, qui venaient en procession à leur église. Ils réclamèrent longtemps contre cette servitude et n'en furent déchargés qu'au dix-septième siècle, moyennant une compensation minime. Le chanoine Jean de Hangest avait fondé par testament, en 1567, un déjeuner à perpétuité pour les enfants de chœur présents à son obit : chacun d'eux recevait un petit pâté d'un sol, mais des pâtés du double étaient réservés au plus ancien et aux maîtres. A ce régal de petits pâtés on joignait deux quartes de vin pour aider à la digestion. Un riche bourgeois, Guillaume de Larche, suivit, quelques années plus tard (1581), l'exemple du chanoine, en faveur des enfants de la Trinité qui assisteraient à deux messes dites chaque année dans leur église pour le repos de son âme ; et, comme base de cette libéralité mortuaire, on voyait reparaître les petits pâtés, dont l'importance était scrupuleusement réglée sur la hiérarchie des destinataires, depuis le pâté d'un liard pour les simples enfants de chœur, jusqu'à celui de trois sols pour leur maître (1).

Cette digression nous a un moment éloigné de notre sujet : il est temps d'y rentrer.

Je ne m'étendrai pas sur la grande procession septénaire de l'abbaye de Saint-Denis à celle de Montmartre. Dans l'origine, l'abbaye de Saint-Denis en faisait tous les ans une pareille, mais en se dirigeant chaque fois vers un but différent, et de façon à ce que le cercle entier recommençât au bout de la septième année. Par la suite, on ne garda que la procession de Montmartre, où, suivant la tradition, le pa-

(1) SAUVAL, t. II p. 456-457.

tron de l'abbaye avait jadis souffert le martyre. Elle avait lieu le 1ᵉʳ mai, tous les sept ans, avec une pompe extraordinaire, au milieu d'une affluence qui formait le plus imposant cortège. Les dames de l'abbaye de Montmartre envoyaient tous leurs prêtres au-devant jusqu'à Clignan-

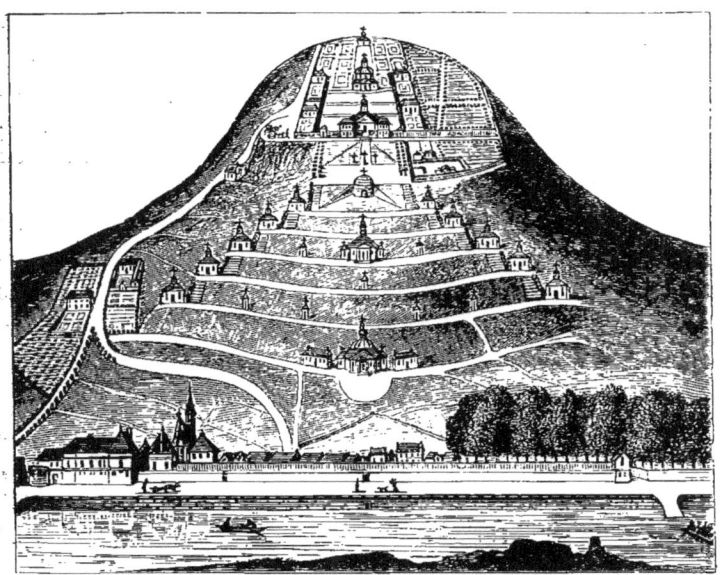

Fig. 32. — Le mont Valérien au XVIIᵉ siècle, d'après une estampe gravée par F. Cochin.

court, où il y avait un temps d'arrêt, pendant lequel on encensait solennellement le chef de saint Denis et les assistants. Le cortège reprenait ensuite sa marche jusqu'au terme, et le retour s'accomplissait de la même façon (1).

Le lendemain du jour où il avait failli être brûlé dans une mascarade, Charles VI, accompagné de tous les princes du

(1) *Mercure de France* de mai 1728.

sang, fit un pèlerinage solennel à l'abbaye de Montmartre (1).

Mais pendant les deux derniers siècles, le pèlerinage le plus en faveur aux portes de Paris, le plus fréquenté des grands et du peuple, fut celui du mont Valérien, qui n'est plus guère aujourd'hui qu'un diminutif de la butte Montmartre, depuis qu'un fort a remplacé l'église, et que les missionnaires ont disparu devant les fantassins de l'armée française. Il y avait environ quatre cents ans qu'un ermitage était établi sur la montagne quand un saint prêtre, nommé Hubert Charpentier, forma le projet d'y élever un calvaire. Après avoir surmonté tous les obstacles pour entrer en possession du terrain, il commença par planter trois grandes croix, comme on avait déjà fait avant lui sous le règne de François Ier; il y joignit une église et une maison de retraite, et, en février 1640, il obtint de Louis XIII des lettres patentes, enregistrées au Parlement, qui autorisaient une congrégation de prêtres au mont Valérien. Bientôt des princesses et de grands seigneurs voulurent contribuer à l'œuvre : la princesse de Condé, la première, fit bâtir une chapelle; la princesse de Guéménée, madame de Guise, abbesse de Montmartre, le duc de Joyeuse, le marquis de Liancourt, etc., ne tardèrent pas à suivre cet exemple, et la grande croix se trouva entourée de sept chapelles, dans chacune desquelles on représenta l'un des mystères de la Passion, en groupes de physionomie expressive et de grandeur naturelle (fig. 32). Ainsi se déroulaient successivement les stations de Jésus au jardin des Oliviers, devant Caïphe, flagellé, couronné d'épines, condamné à mort, portant sa croix et crucifié. La huitième station était formée par la croix de la grande place, plantée dans le roc; la neuvième représentait l'ensevelissement de Jésus, dans l'église, derrière le chœur, et la dixième, le tombeau du Christ, dans une

---

(1) Juvénal des Ursins, année 1392.

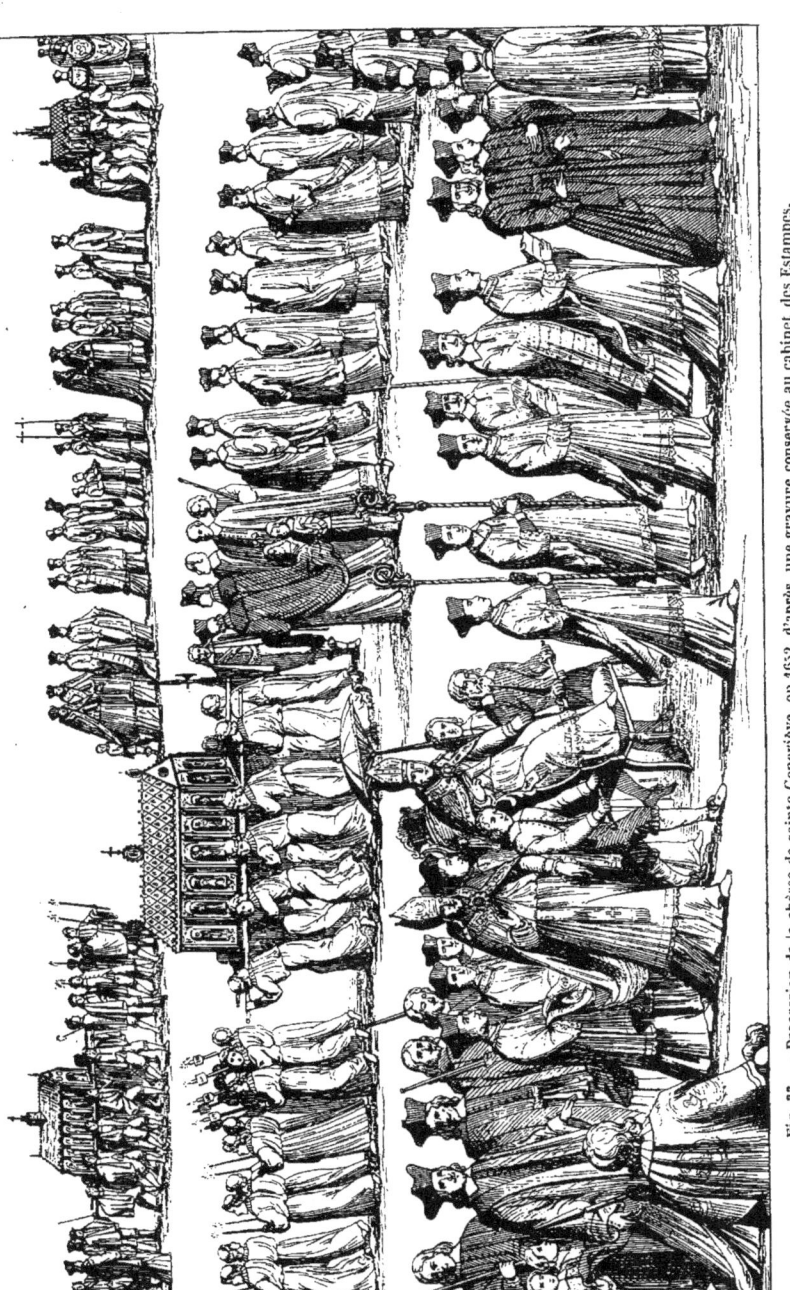

Fig. 33. — Procession de la châsse de sainte Geneviève, en 1652, d'après une gravure conservée au cabinet des Estampes.

chapelle souterraine. Les gravures qui nous ont conservé le souvenir de ces stations semblent annoncer en plusieurs d'entre elles un assez grand mérite artistique (1).

A peine fondé, ce calvaire fut en grande vénération. On vit Marie-Thérèse d'Autriche et la reine mère se confondre avec le peuple et se dépouiller de toute marque de grandeur pour y venir en pèlerinage; elles s'inscrivirent de leurs propres mains sur le registre de la confrérie de la Croix, établie dans l'église du mont. L'affluence ne cessait guère durant toute l'année, mais elle redoublait encore pendant la semaine sainte, et dans l'octave de l'Exaltation de la Croix, où tous les curés de Paris s'y rendaient avec leur clergé et une multitude de leurs paroissiens (2).

En 1697, les pèlerinages qu'on avait coutume de faire dans les nuits du jeudi et du vendredi saints, amenèrent de tels désordres, que l'archevêque de Paris dut ordonner la fermeture de l'église pendant ces deux nuits; mais ils reprirent au bout de quelques années. « Quantité de femmes, écrit Mercier en 1782, de couturières, de jeunes filles, accompagnées de pèlerins chargés de croix, traversaient le bois de Boulogne, et gravissaient avec ferveur la montagne. On a réprimé avec sagesse ce que cette piété avait de suspect. Aujourd'hui les pèlerines et les pèlerins, cahotés dans une charrette pour leurs cinq sols, s'y rendent pendant le jour (3). »

Outre ces processions et solennités périodiques attachées au retour de certaines dates, à la commémoration permanente de certains événements, il s'en produisait accidentel-

(1) *Pèlerinage du Calvaire sur le mont Valérien*, par de Pontbriand, 1768, in-18.
(2) *Ibid.* — *Origine de la dévotion du Calvaire*, p. 1-13.
(3) *Tableau de Paris*, t. V, ch. 101. — Il y eut aussi plus tard, après l'empire, le *Calvaire des lauriers*, sis à deux lieues de Paris, sur une petite montagne isolée, près de Sceaux. On peut consulter à ce sujet un volume curieux et bizarre : *Descript. du Calvaire des lauriers, monument élevé au nom des mères, des veuves, des sœurs et des orphelins des guerriers français*, 1820, in-8°.

lement beaucoup d'autres, à chaque fait important qui inspirait au peuple le besoin d'implorer ou de remercier publiquement la Providence. Dans les grandes calamités publiques, c'était surtout la châsse vénérée de sainte Geneviève qu'on promenait dans les rues, l'archevêque marchant à pied, à gauche de l'abbé qui était souvent dans sa chaise (1). Cette procession se faisait avec une splendeur incomparable. Le peuple de Paris avait en sa patronne une confiance sans bornes, justifiée par de nombreuses marques d'une protection évidente. Il se souvenait toujours du prodige arrivé par son intercession, sous le règne de Louis le Gros, en 1129, alors que la terrible épidémie connue sous le nom de *mal des ardents* tuait les Parisiens par milliers : après avoir eu vainement recours à l'art des médecins, aux jeûnes, aux prières, on porta la châsse de la sainte à l'église Notre-Dame, dont la nef entière et le parvis débordaient de malades, et tous furent instantanément guéris, sauf trois incrédules, — éclatante exception qui confirma le miracle.

La châsse de sainte Geneviève était l'un des principaux ornements de l'église de ce nom, détruite en 1807, et dont il ne reste plus qu'une tour, renfermée aujourd'hui dans l'enceinte du lycée voisin. Cette châsse, toute en or, conçue dans le style du treizième siècle, et restaurée au dix-septième, était ornée de douze statues également en or, élevée sur quatre grandes colonnes de marbre et portée par quatre statues de vierges tenant des flambeaux. Quand on promenait la précieuse châsse dans les rues de la ville, c'était d'ordinaire le clergé de Notre-Dame qui venait la chercher, et qui la reconduisait après la cérémonie, avec les reliques de saint Marcel, autre patron de Paris. Guy-Patin a parlé dans ses lettres de la procession de 1652, dont le souvenir

---

(1) LORET, *Muse historique*, lettre du 16 juin 1652. — Pour les prérogatives exceptionnelles de l'abbé de Sainte-Geneviève, voir *Antiquit. et recherch. des villes, châteaux et places les plus remarquables de France*, 1631, p. 44.

LES FÊTES RELIGIEUSES.   159

Fig. 34. — Procession de la châsse de saint Germain, le 16 juin 1652, d'après la gravure de N. Cochin.

nous a été conservé aussi par une estampe qui faisait partie de la collection Fontette fig. 33 : « Je ne vis jamais tant d'affluence de peuple par les rues. Je ne sais s'il s'y est fait quelque miracle, mais je tiens que c'en est un s'il n'y a eu plusieurs personnes d'étouffées. Si vous aviez vu tout cela, vous auriez appelé notre ville de Paris l'abrégé de la dévotion. »

Cinq jours après, le 16 juin, la châsse de saint Germain, accompagnée de plus de vingt autres châsses et reliquaires, fut promenée par les rues en grande pompe, pour célébrer la paix et l'heureux retour du roi (fig. 34).

Madame de Sévigné a raconté la procession de 1675 : « Saint Marceau vint prendre sainte Geneviève jusque chez elle. C'étoient les orfèvres qui portoient la châsse du saint ; il y avoit pour deux millions de pierreries ; c'étoit la plus belle chose du monde. La sainte alloit après, portée par ses enfants, nu-pieds, avec une dévotion extrême. Au sortir de Notre-Dame, le bon saint alla reconduire la bonne sainte jusqu'à un certain endroit marqué où ils se séparent toujours (1). » On retraçait souvent le souvenir de ces processions dans des tableaux votifs, et la toile que Largillière a consacrée à celle de 1694, ou plutôt au vœu des magistrats municipaux dont elle fut la conséquence, existe encore à Saint-Étienne du Mont (2).

La patronne de Paris resta populaire sous la Révolution. En 89 et 90, on mêlait sans cesse les démonstrations en son honneur aux manifestations patriotiques. A chaque instant, poissardes, harengères, les femmes de la rue de Sèvres, du faubourg du Roule, etc., imaginaient d'aller en cortège, habillées de blanc, bouquets en main, bannières au vent, escortées par la garde nationale du quartier, avec la musi-

---

(1) *Lettre* du 6 août. Dans celle du 19 juillet, elle avait donné de plus nombreux détails, où elle se montre enthousiasmée de ce spectacle. La *Gazette* ne manque pas de décrire au long ces processions, chacune à sa date.

que, remercier la bergère de Nanterre de la liberté reconquise. Au retour d'une de ces processions, les dames du marché Saint-Martin passèrent chez Bailly, le nouveau maire de Paris, et lui présentèrent un bouquet avec une brioche.

Fig. 35. — Baraques sur la place du Panthéon pendant la neuvaine de Sainte-Geneviève.

Il fut bien complimenté et bien embrassé. Les jours suivants, cet exemple fut imité par tous les autres districts, et le bon Bailly raconte dans ses *Mémoires*, avec un naïf chatouillement d'orgueil, ces défilés de demoiselles en blanc qui venaient le fêter et le baiser en revenant de faire visite à Sainte-Geneviève.

La neuvaine de Sainte-Geneviève, du 3 au 12 janvier, est restée l'une des fêtes les plus populaires de Paris. Toutes les paroisses de la banlieue s'y rendent processionnellement. Elles ont chacune son jour spécial. L'église est entièrement tapissée de bannières portant les noms de chaque localité. L'église, surtout la chapelle de la patronne de Paris, resplendit de lumières. La châsse est assiégée. Au dehors, depuis l'entrée de la rue Soufflot jusqu'à Saint-Étienne-du-Mont, s'alignent deux rangées de baraques où l'on vend des chapelets, des médailles, des cierges, des images, des livres de piété (fig. 35). Il se fait à cette petite foire un chiffre d'affaires assez considérable. On sait que ce fut à l'ouverture de la neuvaine de 1857 que monseigneur Sibour, archevêque de Paris, fut tué par le misérable Verger.

On faisait des processions pour obtenir la fin d'une sécheresse, d'une guerre, d'une inondation, la guérison d'un roi ou d'un prince; on en faisait en guise d'amendes honorables (1), et pour expier les sacrilèges commis par les impies et les hérétiques (2). Paris entier accourait à ces cor-

---

(1) C'était souvent une sorte de drame religieux entouré d'un appareil imposant, que celui des amendes honorables. Le coupable, tête nue et pieds nus, en chemise, la corde au cou, ayant en main un cierge de cire jaune et portant un écriteau sur le dos, était conduit par le bourreau sur une place publique, devant une église, et y lisait à genoux la formule tracée d'avance. En 1408, les deux envoyés de l'antipape Benoît XIII, qui avaient apporté la bulle à Paris, furent conduits de la prison du Louvre à la cour du Palais, puis, le dimanche suivant, au parvis Notre-Dame, dans deux tombereaux de boueux; on les avait coiffés, par dérision, de mitres de papier, et couverts de dalmatiques noires, où étaient peintes les armes de Benoît renversées, et on les exposa sur un échafaud, où ils eurent à subir les huées de la populace et un discours latin plein d'imprécations et d'injures. — Deux huissiers, ayant tué un augustin au milieu du tumulte occasionné par l'arrestation du père Aimeri, qu'ils étaient chargés d'appréhender au corps (1540), furent condamnés, par sentence du prévôt de Paris, à aller processionnellement faire amende honorable d'abord au Châtelet, puis aux Augustins, puis à la place Maubert, en chemise, sans chaperon, jambes et pieds nus, avec une torche de quatre livres à la main, et à élever en outre, à leurs frais, un monument commémoratif au lieu du meurtre. Les exemples de ce genre ne sont pas rares. L'amende honorable se faisait ordinairement sur la place du Parvis-Notre-Dame. La dernière fois que ce spectacle fut donné à la foule, ce fut le 19 février 1790, avant le supplice du marquis de Favras.

(2) Le 25 août 1503, un écolier, ayant arraché l'hostie des mains du prêtre dans

tèges pieux, où figuraient les reliques de chaque église, et il arrivait parfois que les rangs des fidèles couvraient toute la route de Paris à Saint-Denis. Cette affluence énorme fut cause d'un grave accident, le 4 juin 1634 : tandis qu'une procession passait sur le Pont-au-Double pour se rendre à Notre-Dame, les barrières et les appuis se rompirent sous la presse du peuple, et, dans la panique qui en résulta, soixante personnes furent étouffées ou noyées.

On connaît les fameuses processions de la Ligue, qui presque toujours étaient de vrais spectacles, et comme des mystères religieux en action. « Le 24 février (1589), tout le long du jour, écrit un chroniqueur du temps, l'on ne cessa de voir les processions, esquelles il y avoit beaucoup de personnes, tant enfans que femmes et hommes qui estoient tous nuds (1), lesquelles portoient et représentoient tous les engins et instrumens desquels Notre-Seigneur avoit esté affligé, et entre autres les enfans des Jésuites,... deux desquels portoient une grosse croix de bois neuf, pesant plus de cinquante, voire soixante livres. » L'Estoile nous apprend que les ligueurs avaient souvent, dans les mêmes cérémonies, certains cierges magiques, qu'ils éteignaient en renversant la lumière contre-bas et en prononçant des paroles de sorcellerie, espérant ainsi amener la mort du roi. Ces processions se faisaient de préférence pendant la nuit,

la sainte chapelle, fut condamné à être brûlé vif. On raconte que, à la procession solennelle qui se fit en réparation de ce sacrilège, deux bœufs que l'on conduisait à la boucherie de l'Hôtel-Dieu, et qui se trouvaient alors devant la petite paroisse de Saint-Pierre, s'agenouillèrent au passage du saint sacrement : ce fut en mémoire de ce miracle qu'on fit sculpter en relief deux de ces animaux sur le portail de l'église, qui s'appela dès lors Saint-Pierre-aux-Bœufs. (Saint-Foix, *Essais*, t. II, p. 275.)

(1) Est-il besoin de dire que cette expression, qui revient à chaque instant dans le récit du chroniqueur, signifie simplement *en chemise*, ou quelque chose d'analogue, comme l'indiquent, d'une part le bon sens, et de l'autre le chroniqueur lui-même, en plusieurs endroits de son récit ? L'Estoile, par exemple, parlant de la procession du 14 février de la même année, dit que quelques prêtres de Saint-Nicolas y figuraient *tout nuds*, « comme estoit le curé, nommé maître François Pigerat, qui, ajoute-t-il, n'avoit qu'une guilbe de toile blanche sur lui. » Il n'y a guère qu'un Dulaure qui puisse faire semblant de s'y méprendre.

à la grande joie du chevalier d'Aumale, qui s'amusait, protégé par l'obscurité, à y lancer, à travers une sarbacane, des dragées musquées aux damoiselles de sa connaissance.

Parmi les processions d'une nature particulière, organisées par certaines paroisses ou certaines maisons religieuses, rappelons celles où les Mathurins promenaient par les rues les esclaves rachetés par eux. Elles avaient lieu encore en plein dix-huitième siècle et jusqu'aux approches de la Révolution. Buvat en décrit une qui eut lieu les 13 et 14 mai 1720, où l'on vit cinquante-sept captifs, délivrés à Alger, Tunis, Tripoli et autres lieux barbaresques, dont chacun marchait entre deux enfants vêtus en anges, ainsi que les confrères de Notre-Dame de la Délivrance et de Bon-Remède, vêtus d'aubes blanches, avec des couronnes de lauriers sur la tête. On trouve dans les *Mémoires secrets* la description d'une autre qui se fit trois jours de suite, en octobre 1785, avec une grande pompe et au milieu d'une affluence d'autant plus considérable qu'une cérémonie de ce genre ne s'était pas accomplie depuis vingt ans. On y vit trois cent treize esclaves français rachetés par les Mathurins et les frères de la Merci (1).

Un grand nombre de ces processions étaient des solennités civiles autant que religieuses. Comme aux Te Deum pour la paix, pour les victoires, pour le rétablissement du roi, tous les magistrats, les officiers de la ville, l'Université, les membres du Parlement, etc., s'y rendaient en corps et en grand costume. Il y figurait généralement une foule de prêtres, de chanoines, de religieux de tous ordres, dont la plupart marchaient pieds nus, même par la gelée, la pluie et la boue (2); de religieuses rangées en file, quelquefois

---

(1) Buaat, *Journal de la Régence*, t. II, p. 88. *Mémoires secrets*, XXX, 278.
(2) « Item, le dimanche ensuivant (1436), fut faicte procession générale très-solempnellement, et ce jour plut tant fort que la pluie ne cessa tant que la procession dura, qui dura bien quatre heures, que aller que venir, et furent les seigneurs de

LES FÊTES RELIGIEUSES.

Fig. 36. — Procession de la Ligue, le 3 mai 1590, d'après une ancienne estampe.

avec des couronnes d'épines (1), et de jeunes filles en robes blanches, portant dans la belle saison des bouquets,

> Et des chapeaux frais et jolis
> D'œillets, de roses et de lis (2).

On organisait même parfois des processions de tous les petits enfants de Paris (3), ou bien des pauvres. Après la paix de 1660, huit cents pèlerins de Saint-Jacques firent une procession pompeuse en actions de grâce dans les rues de Paris. Le journaliste Loret l'a décrite en vers burlesques dans sa lettre du 7 août :

> Quelques uns d'eux portoient des gourdes
> Ou barillets à garder vin,
> D'argent massif et du plus fin.
> Aucuns avoient des aubes blanches
> Et de beaux rubans à leurs manches ;
> De fleurs ils étoient couronnés
> Et leurs bourdons étoient ornés
> De tant d'émail et de dorures
> Et diverses enrichissures
> Que, ma foi, le sceptre des rois
> A moins d'ornements quelquefois...
> Mieux que jamais ils banquetèrent etc.

Il est difficile de se figurer à quel point ces cérémonies, dont chacune serait aujourd'hui une sorte d'événement, étaient fréquentes et multipliées au moyen âge. Qu'on en juge par un exemple choisi entre cent. Le *Journal d'un bourgeois de Paris* raconte, à la date de 1412, que le roi étant allé assiéger la ville de Bourges, où se tenait le duc de Berry,

---

Sainte-Geneviève moult agenez de la pluie, car ils estoient tous nus piés, mais espécialement ceulx qui portoient le précieux corps de madame sainte Geneviève et saint Marcel eurent moult de peine ; car à grant peine se soustenoient sur les carreaulx, et vrayement ils estoient si trempez de la pluie comme si eussent esté jettez dedans Seine, etc. » (*Journ. d'un bourgeois de Paris sous Charles VII*. Collection Michaud, t. III, p. 279.)

(1) Il en était particulièrement ainsi pour les Filles de la Passion.
(2) LORET, *Muse historique*, lett. du 23 juin 1652.
(3) Journal de L'Estoile, 17 avril 1591.

« sitost que ceulx de Paris sceurent qu'il estoit en la terre de ses ennemis, par commun conseil ils ordonnèrent les plus piteuses processions qui oncques eussent esté vuës. » Et il énumère les principales : chaque église, chaque quartier fait la sienne; l'Université, le Palais en organisent comme le clergé. Partout se croisent et se succèdent des processions particulières ou des processions générales, dont chacune réunit jusqu'à 30, 40, 50,000 fidèles, tous pieds nus et torche en main, avec profusion de bannières et de reliques. En quelques pages et coup sur coup, du 30 mai au 20 juin, l'auteur en décrit une trentaine, et en indique plusieurs autres qu'il laisse dans l'ombre.

Pour donner une idée de la pompe qui se déployait généralement en ces circonstances, nous extrayons du manuscrit de la Bibliothèque nationale, qui nous a conservé la description des processions générales faites à Paris, depuis 1523 jusque dans les premières années du dix-huitième siècle (1), les détails suivants sur celle du 26 janvier 1534, entreprise par ordre de François Ier en l'honneur du saint sacrement, et souvent racontée d'une façon inexacte par les historiens. Ce fut une des plus solennelles et des plus riches, et c'est à ce titre que nous la choisissons.

Vers sept heures du matin, les officiers du Parlement partirent du Palais de justice en l'ordre accoutumé, pour aller attendre le roi, selon l'usage, dans le chœur de l'église Saint-Germain l'Auxerrois. La procession commença sur les dix heures, à l'arrivée de François Ier. Toutes les croix et bannières des diverses paroisses marchaient les premières deux à deux. Suivaient plusieurs bourgeois et marchands, ayant chacun une torche allumée; les quatre ordres mendiants, les franciscains bruns, les augustins noirs, les carmes blancs,

---

(1) Fonds Brienne, 270. *Processions générales...* On peut voir encore dans le même manuscrit les procès-verbaux des grandes processions du 17 novembre 1551, des 27 et 28 avril 1552.

les dominicains blancs et noirs, avec les reliquaires de leurs églises, les prêtres des églises paroissiales, portant également leurs reliquaires surmontés de flambeaux et de cierges; les mathurins, les religieux de Saint-Magloire, de Saint-Éloi, de Saint-Martin des Champs et Saint-Germain des Prés, soutenant sur leurs épaules les corps saints de leurs monastères; puis les croix et bannières de Notre-Dame de Paris et de Sainte-Geneviève, et, après elles, quelques archers de la ville, avec des torches blanches ornées des écussons et armoiries de Paris. Seize bourgeois portaient le chef de saint Philippe, qu'escortaient, côte à côte, les châsses de saint Marceau et de sainte Geneviève, entourées d'une petite troupe d'archers et d'officiers. Les religieux de Sainte-Geneviève, nu-pieds, et ceux de Saint-Victor s'avançaient par derrière. Ensuite venait Notre-Dame, avec ses filles à main droite, et à main gauche le recteur et l'Université, dont chaque membre avait un cierge blanc allumé. L'Université était suivie des suisses de la garde du roi, avec leurs fifres et tambourins, des hautbois, violons, trompettes et cornets, jouant de leurs instruments; des chantres de la chapelle privée du roi et de la sainte chapelle du Palais, mêlés entre eux et chantant des motets et cantiques, des hérauts d'armes vêtus de leurs cottes. Puis on voyait des gens d'église et dix archevêques ou évêques en grand costume pontifical, s'avançant deux à deux, et portant le chef de saint Louis et toutes les reliques de la sainte chapelle. Devant le dais étaient rangés d'une part les ambassadeurs de l'empereur, du roi d'Angleterre, de Venise, etc.; de l'autre, les cardinaux, marchant de front. L'évêque de Paris portait le saint sacrement sous un dais de velours violet cramoisi, semé de fleurs de lis d'or, dont les bâtons étaient soutenus par le Dauphin, le duc d'Orléans, les ducs d'Angoulême et de Vendôme, nu-tête tous les quatre; les deux cents gentilshommes de la maison du roi les entouraient avec des torches.

Derrière le dais marchait le roi seul, tête découverte, et tenant par sa poignée de velours cramoisi un grand cierge blanc. Enfin, à la suite du roi, s'alignaient, dans un ordre minutieusement réglé, et formant un cortège interminable, le cardinal de Lorraine, les vingt-quatre archers de la garde du roi, les princes et chevaliers de l'ordre, les gentilshommes de la chambre du roi, les présidents et les officiers du Parlement, de la Chambre des comptes et des monnaies, etc.; les maîtres d'hôtel et gentilshommes servants du roi, le prévôt de Paris avec ses lieutenants et conseillers, le prévôt des marchands, les échevins et autres officiers de la ville, vêtus de leurs robes mi-parties, et les quatre bandes des archers de la garde, menées par leurs capitaines. Les rues par où devait passer la procession étaient tendues de tapisseries, et devant chaque porte brûlait une torche fixée au mur. Lorsque le cortège déboucha sur le pont Notre-Dame, on y donna la volée à une troupe d'oiseaux portant au cou de petits billets sur lesquels était écrit : *Ipsi peribunt, tu autem permanes*. Les archers et arbalétriers, couverts de leurs hoquetons et tenant des bâtons blancs à la main, étaient chargés de maintenir l'ordre parmi la foule.

On arriva ainsi à la cathédrale, où l'évêque chanta la grand'messe. Elle fut suivie d'un dîner, offert par lui à toute la famille royale, et de l'exécution de six hérétiques qui, après une amende honorable sur le parvis Notre-Dame, subirent le supplice du feu, à l'aide de potences mobiles qui les plongeaient dans les flammes et les en retiraient pour les y replonger aussitôt.

La grande procession générale faite sous Charles IX contre l'hérésie, le 29 septembre 1568, jour de la fête de saint Michel, qui a terrassé le démon, présenta quelques particularités remarquables.

Elle partit de la sainte chapelle. Toutes les croix des paroisses marchaient les premières deux à deux ; suivaient les ordres mendiants, les prêtres des églises paroissiales et collégiales, portant les corps saints accompagnés de torches, puis le personnel et tout l'appareil ordinaires de ces cérémonies. La bannière de Saint-Denis, soutenue par un homme vêtu d'une robe de drap d'or traînant jusqu'à terre, brillait en tête d'un grand nombre de religieux nu-pieds, tous couverts de riches chapes, et chantant des hymnes, comme faisait chacune des églises. Venaient successivement la châsse de saint Louis portée par les chevaliers de l'ordre du roi, le chef de saint Denis porté par les religieux de l'abbaye de ce nom; une foule d'autres châsses et d'autres chefs portés par des évêques et par des moines. Après les suisses de la garde du roi, les maîtres des cérémonies, les hautbois, les chantres de la chapelle du roi et de la sainte chapelle, accompagnés des aumôniers du roi et de la reine, s'avançaient les reliques particulières de la sainte chapelle : la couronne d'épines, le fer de la lance et la grande croix, tenus par des religieux mendiants, la robe de Notre-Seigneur par l'évêque de Digne, l'éponge par l'évêque de Saint-Flour, la croix de victoire par l'évêque de Langres, le linge dont Jésus s'était ceint en lavant les pieds aux Apôtres, par l'évêque de Nevers, le roseau par l'évêque d'Acqs, le collier de fer à l'aide duquel il fut attaché au poteau, par l'évêque d'Auxerre, le linge dont il fut enveloppé, par l'évêque de Saint-Malo, le lait de la Vierge par l'évêque d'Évreux, le sang miraculeux du Christ par l'archevêque de Sens, coiffé de sa mitre; puis, les ambassadeurs, et derrière eux, sous un riche dais, le saint sacrement entre les mains du cardinal de Lorraine, assisté des cardinaux de Bourbon et de Guise. Cette fois, le roi, au lieu de marcher seul et à pied, était monté sur une petite haquenée blanche, et précédé par les hérauts vêtus de leurs cottes d'armes, deux huissiers de la chambre du roi portant des masses, le duc de Longueville tenant la main de justice, le duc d'Alençon le sceptre, et le duc d'Anjou la couronne sur un coussin de drap d'or. Le roi était suivi de sa mère et de sa sœur, avec les princesses et les dames de la cour ; du Parlement, à droite ; des gens des comptes et de la ville, à gauche.

La procession se rendit dans cet ordre à la basilique, à travers les rues tendues de tapisseries, en passant par le pont au Change et le grand pont Notre-Dame. Qu'on juge de l'effet que devait produire une cérémonie pareille, où figuraient une vingtaine au moins d'évêques et de cardinaux, autant de riches reliquaires, des bannières innombrables, des princes, des ambassadeurs, enfin les plus grands personnages réunis aux pompes les plus éblouissantes de l'Église et de l'État (1).

(1) Fonds Brienne, *Processions*, p. 101 et suivantes. On peut voir aussi, sur la même procession, le ms. 9809 (*Ancien fonds du roi*), p. 164 et suiv. — Du reste, il y a, à la Bibliothèque nationale, un grand nombre de manuscrits consacrés aux procès-verbaux de ces processions solennelles.

CHAPITRE III.

LES FÊTES POPULAIRES.

I

Fête de la rue aux Ouës. — Feux de joie et feux de la Saint-Jean.

Une des fêtes favorites de la population parisienne était celle qui se célébrait, le 3 juillet de chaque année, dans la rue aux Ouës (aujourd'hui la rue aux Ours), en expiation d'un sacrilège, et en commémoration d'un insigne miracle arrivé dans cette rue.

Le 3 juillet 1418, un soldat du duc de Bourgogne, Suisse de nation, sortant du cabaret où il avait perdu tout son argent au jeu, ivre de colère et de vin, donna un coup de sabre à la statue de la Vierge placée au coin de la rue. La statue jeta du sang en abondance. Le peuple, ameuté, s'empara du soldat, qui fut supplicié et brûlé sur le lieu même de son crime (fig. 37).

Les religieuses de Notre-Dame des Champs revendiquèrent la statue miraculeuse, qui, placée dans leur église, à l'entrée du chœur, devint l'objet d'une vénération particulière et de pèlerinages assidus. De son côté, le peuple célébra dès lors cet anniversaire par une cérémonie bizarre, si du moins c'est bien réellement à cette origine, contestée par quelques historiens, qu'il faut rapporter la démonstration annuelle du 3 juillet, où quelques esprits forts, dont Dulaure s'est fait l'organe, ne voulaient voir qu'une fête solsticiale et païenne (1).

Quoi qu'il en soit, chaque année, à cette date, les habitants de la rue, formés en confrérie, faisaient fabriquer un immense mannequin en osier, d'environ vingt pieds de haut, représentant un homme qui tenait de la main droite un poignard teint en rouge. On l'habillait de grandes manchettes, d'une longue perruque à bourse et d'un habit de Suisse. Mais les compatriotes de Guillaume Tell, qui étaient nombreux à Paris, s'étant fâchés, on remplaça leur habit national par une souquenille. Ce géant était promené dans la ville au bruit du tambour; les porteurs le fustigeaient et lui faisaient faire des révérences et des salutations multipliées devant chaque statue de la Vierge, surtout devant l'image magnifiquement parée, et toujours éclairée d'une lampe, par laquelle on avait remplacé l'effigie miraculeuse (2). Au-dessous de cette image, protégée par un treillis, on appendait, le jour de la fête, une tapisserie représentant l'histoire que nous venons de raconter. Ensuite on brûlait le mannequin en grande pompe, dans la rue même, au milieu d'un concours immense, et les petits Savoyards chantaient et dansaient en rond tout autour, en sautant par-dessus, à la grande liesse du populaire. Ce feu de joie fut ensuite remplacé par un feu d'artifice, dont la police ordonna la suppression, en 1743, à cause des troubles et des accidents qu'il occasionnait dans une rue si étroite (3).

---

(1) V. Dulaure, *Histoire de Paris*, p. 653-658.
(2) Suivant Corrozet, c'était l'image miraculeuse elle-même qu'on avait laissée au coin de la rue.
(3) Voyez les vieux historiens de Paris : Corrozet, Du Breul (éd. de 1639, p. 794); Lemaire, *Paris ancien et nouveau*, t. II, etc.; Piganiol de la Force, t. III, 219.

LES FÊTES POPULAIRES.

Fig. 37. — Miracle arrivé en l'an 1418, rue aux Ouës; d'après la gravure de Le Paultre, au cabinet des Estampes.

A cet usage populaire se rattache le souvenir d'un incident dont le grammairien Du Marsais fut le héros et faillit être la victime. Passant, le 3 juillet, au coin de la rue aux Ouës et de la rue Salle-au-Comte, au moment où l'on brûlait l'effigie du Suisse devant la statue de la Vierge, il s'arrêta pour voir la cérémonie. Une bonne femme, pressée d'arriver plus vite devant la Vierge, en coudoya rudement une autre, qui se fâcha, et lui barra le passage en disant : « Si vous voulez prier, mettez-vous à genoux où vous êtes; est-ce que la bonne Vierge n'est pas partout? » Du Marsais, qui était à côté d'elle, voulut charitablement la reprendre : « Ma bonne, lui dit-il, vous venez de proférer une hérésie; c'est le bon Dieu seul qui est partout, et non pas la sainte Vierge. — Voyez donc, s'écria cette femme en s'adressant au peuple, voyez ce vieux coquin, ce huguenot, ce parpaillot, qui prétend que la bonne Vierge n'est pas partout! » Ces mots furent le signal d'un soulèvement universel. On quitta la sainte Vierge et le Suisse pour courir après Du Marsais, qui eut heureusement le temps de se sauver dans une allée. Le peuple bloqua la maison, demandant à grands cris qu'on lui livrât le blasphémateur. La garde vint le délivrer, mais elle fut contrainte, pour le mettre en sûreté, de le conduire chez le commissaire du quartier, qui n'osa le laisser sortir que fort avant dans la nuit (1).

S'il fallait en croire Jean-Jacques, la cérémonie de la rue aux Ouës aurait parfois servi de couvert à des manifestations satiriques. On sait que le philosophe, égaré par de véritables hallucinations misanthropiques, en était venu, sur la fin de sa vie, à voir partout des ennemis, des embûches et des outrages prémédités. Voici ce qu'il se fait raconter, à

(1742, in-12); LEBER, *Collection des meilleures dissertat. relatives à l'hist. de France*, t. II, p. 486 et suiv.

(1) DUCOUDRAY, *Nouveaux Essais sur Paris*, IV, 255.

lui-même, par *un* Français, dans *Rousseau, juge de Jean-Jacques* (1) :

« Une de leurs plus jolies inventions (des ennemis de Rousseau) est le parti qu'ils ont su tirer, pour leur objet, de l'usage annuel de brûler en cérémonie un Suisse de paille dans la rue aux Ours. Cette fête populaire paraissait si barbare et si ridicule en ce siècle philosophe que, déjà négligée, on allait la supprimer tout à fait, si nos messieurs ne se fussent avisés de la renouveler bien précieusement pour Jean-Jacques. A cet effet, ils ont fait donner sa figure et son vêtement à l'homme de paille, ils lui ont armé la main d'un couteau bien luisant, et, en le faisant promener en pompe dans les rues de Paris, ils ont eu soin qu'on le mît en station directement sous les fenêtres de Jean-Jacques, tournant et retournant la figure de tous côtés, pour la montrer au peuple, à qui cependant de charitables interprètes font faire l'application qu'on désire, et l'excitent à brûler Jean-Jacques en effigie, en attendant mieux. »

Un arrêté du département de la police, du 27 juin 1789, prohiba cette fête comme indécente, et, sous la Terreur, à la statue vénérée de la Vierge fut substitué un buste de Marat!

Les feux de joie de la rue aux Ouës nous acheminent tout droit à ceux de la Saint-Jean, que beaucoup d'écrivains ont également considérés comme une cérémonie d'origine païenne, se rattachant au culte du soleil. La veille de la Saint-Jean, les magistrats de la ville faisaient construire, sur la place de Grève, lieu ordinaire des réjouissances publiques, un vaste bûcher. Dès le 22 juin, les trois compagnies des archers, les gardes de l'Hôtel de ville, l'état-major, avec ses officiers à sa tête, allaient en cortège porter au chancelier, au gouverneur de Paris, aux chefs des cours

---

(1) Dialogue I, éd. Belin, t. VIII, p. 29.

supérieures, etc., l'invitation d'assister à la fête. Le lendemain, entre sept et huit heures du soir, le feu s'allumait en grande pompe. C'était souvent, surtout dans l'origine, le roi lui-même qui, entouré des princes, de sa cour et de ses gardes, prenait la torche en main pour communiquer la flamme au bûcher (1).

Le premier exemple connu est celui de Louis XI, rapporté par l'historien Jean de Troyes, à la date de l'année 1471; le dernier fut celui de Louis XIV, non pas toutefois en 1648 comme on l'a souvent répété après Dulaure, car on voit par le journal de Loret, qu'il donna encore cette satisfaction au bon peuple de Paris en 1651. Entre l'un et l'autre on peut citer François Ier, qui, au bruit de douze canons, embrasa le bûcher, en 1542, avec une torche de cire blanche garnie d'une poignée de velours cramoisi; Catherine de Médicis; Charles IX, etc. Henri IV n'avait eu garde de négliger ce moyen de popularité, et Louis XIII lui-même y manqua rarement. Le roi était toujours invité : en son absence c'étaient tantôt les princes, tantôt de grands dignitaires de l'Église (2), tantôt, et le plus souvent, le gouverneur de la ville, remplacé, en son absence, par le prévôt des marchands et les échevins, qui s'acquittaient de ces fonctions. Ils étaient couronnés et harnachés de guirlandes de fleurs, escortés de compagnies bourgeoises sous les armes, tambours battants et enseignes déployées, et n'approchaient la torche du bois qu'après avoir fait trois tours sur la place de Grève. L'usage voulait que le centre du bûcher fût occupé par une grande statue farcie d'artifices qu'on diversifiait tous les ans. Aussitôt qu'on avait mis le feu, on tirait trois salves de vingt

(1) *Les Antiquitez et recherches des villes les plus remarquables de France*, 631, p. 65.
(2) Comme en 1552, où les cardinaux de Bourbon, de Vendôme et de Meudon suivis d'un grand nombre de prélats, remplirent gravement cette tâche. (*Archives curieuses de l'histoire de France*, 1er livre, t. III, p. 451 et suiv.)

petites couleuvrines rangées sur le bord de la Seine (1).

En l'an 1426, la Seine, débordée, vint rendre visite à la flamme au moment où la foule dansait autour, et l'éteignit. On enleva en toute hâte ce qu'on put prendre du bois restant, et on le porta près de la croix de la Grève, où il acheva de brûler (2).

Par une coutume barbare, qui se retrouve encore en plusieurs de nos villages, et où il faut voir peut-être un souvenir affaibli des anciens sacrifices gaulois, il n'était pas rare qu'on jetât dans le bûcher un grand nombre de chats vivants, et même d'autres animaux. Un compte, cité par l'abbé Lebœuf (3), montre qu'il était d'usage de renfermer ces chats dans un grand sac de toile qu'on mettait au milieu des flammes. Quelquefois, au lieu d'un sac, on suspendait à l'arbre du feu un panier. En 1572, pour mieux fêter la présence du roi et lui *donner plaisir*, on avait augmenté d'un renard ce contingent habituel. Les feux de la Saint-Jean avaient leurs fournisseurs de chats en titre d'office, et maître Lucas Pommereux, commissaire des quais de la ville, est inscrit de ce chef sur les registres de la municipalité, en 1573, pour la somme de cent sols parisis.

Le feu de cette dernière année fut un des plus splendides qu'on eût jamais vus. On avait dressé au milieu de la place de Grève un arbre de soixante pieds de haut, garni de traverses de bois auxquelles étaient attachés cinq bourrées et deux cents cotrets. Dix voies de gros bois et un immense monceau de paille s'empilaient par devant. Des pétards, des fusées, des boîtes, des pièces d'artillerie, etc., étaient mêlés au bûcher, et à l'arbre on avait fixé le panier qui renfer-

(1) *Journal d'un voyage à Paris en* 1637-1638, p. 494.
(2) *Journal d'un Bourgeois de Paris sous Charles VII* (collection Michaud, t. III, p. 245).
(3) Voir ses articles sur les *Feux de la Saint-Jean*, dans le *Journal de Verdun*, de 1749 et 1751. Voir aussi Louis d'Orléans, *le Banquet du comte d'Arête*, 1594, in-8°; Sauvau, *Antiquités de Paris*, t. III, p. 631.

mait les chats et le renard. Cent vingt archers de la ville, cent arquebusiers et cent arbalétriers contenaient le peuple; les joueurs d'instruments de la *grande bande* prêtaient le concours de leur harmonie à cette solennité. Le prévôt des marchands et les échevins, tenant chacun en main une torche de cire jaune, s'approchèrent du bûcher auquel le roi mit le feu avec une torche de cire blanche garnie de deux poignées de velours rouge. Quand tout fut fini, Sa Majesté entra à l'Hôtel de ville, où une collation l'attendait (1).

Sauval nous a laissé le détail de toutes les dépenses que nécessitait cette cérémonie, en y comprenant les accessoires, qui étaient plus chers que le principal, c'est-à-dire les bouquets, guirlandes et chapeaux de roses, la symphonie, les torches de cire et toutes les friandises, massepains, dragées musquées, confitures sèches, crèmes, armoiries de sucre royal dorées, etc., qui composaient la collation présentée par la Ville au roi. Dans une de ces collations offertes à Louis XIV enfant, qui venait de mettre lui-même le feu au bûcher, s'élevait, dit Félibien, un rocher de confitures de cinq pieds de haut, d'où jaillissait une fontaine d'eau de fleur d'oranger.

Le Laboureur, en son *Voyage de la reine de Pologne*, a décrit minutieusement la manière dont on s'y prenait pour bâtir le feu de joie autour de l'arbre fiché en terre et des traverses qui lui servent de branches.

Pour le dix-septième siècle, un des plus curieux documents à consulter, est l'estampe du feu de la Saint-Jean, gravée, en 1613, par Mathieu Mérian, dont l'œuvre est fort précieux (fig. 38) pour quiconque s'occupe de l'histoire du vieux Paris. Le bonhomme Loret, d'ailleurs, ne laisse, pour ainsi dire, point passer une année sans nous donner la description de la cérémonie, et cette large place qu'il lui fait dans son

(1) DULAURE, *Histoire de Paris*, t. III, p. 300 et suivantes.

Fig. 38. — Feu de la Saint-Jean, sur la place de Grève, fragment de l'estampe gravée en 1613, par Mathieu Mériau.

journal indique assez le rang qu'elle occupait parmi les divertissements populaires. On y voit que le roi, même lorsqu'il n'y mettait pas le feu en personne, se rendait souvent néanmoins à l'Hôtel de ville, pour jouir du spectacle et prendre part à la collation ; que les plus grands personnages de l'État l'accompagnaient en cette circonstance et le suppléaient au besoin ; enfin que le feu de joie était accompagné, ou plutôt suivi, d'un feu d'artifice.

Dans sa rarissime continuation du journal de Loret, Mayolas nous décrit le feu de la Saint-Jean du mois de juin 1669 (lettre du 30 juin). Il représentait le temple de Janus, « où Phœbus tenoit le dessus. » Quatre statues figuraient les Beaux-Arts et l'Abondance, amenés par le règne de Louis (1). Le gouverneur de Paris, entouré des courtisans, des grands seigneurs, devant une multitude immense qui se pressait sur la place, sur les toits, aux fenêtres, approcha la torche du bûcher, et la flamme s'éleva bientôt, mêlée de pétards, de fusées volantes et de pièces d'artifice, au son retentissant des trompettes. Ce feu avait été construit par l'ingénieur Caresme. On alluma plus d'une fois le feu de la Saint-Jean, comme les feux d'artifice, sur le terre-plein du Pont-Neuf, et aussi sur la place de la Bastille. Louis XV n'y parut jamais : il laissait au prévôt des marchands et aux échevins le soin de faire jaillir la flamme du bûcher, abandonnant ainsi un moyen facile de se rendre populaire. — Les Parisiens ne s'y rendaient pas moins en foule : ils attachaient au feu de la Saint-Jean je ne sais quelle idée superstitieuse, et dès que le dernier fagot avait flambé, on les voyait se précipiter à l'envi, pour emporter dans leurs maisons, comme des talismans, la cendre et les tisons du

---

(1) Les feux de la Saint-Jean, comme les feux d'artifice, représentaient habituellement des figures ou des sujets, le plus souvent des dragons et des hydres, « sans avoir aucun égard au saint dont la nativité est célébrée. » (DE PURE, *Idée des spectacles*, liv. II, ch. IV.)

bûcher. Indépendamment du grand feu de Grève, presque tout gentilhomme ou tout bourgeois portant le nom de Jean faisait le même soir un feu devant sa porte. Chaque quartier avait son bûcher spécial. Plusieurs églises en allumaient un également et chantaient un *Te Deum*. La nuit, on allait en pèlerinage à l'église Saint-Maur-les-Fossés, où se disait après les Matines une messe, fréquentée jadis par les épileptiques (1). Et pendant la plus grande partie de cette nuit, les bouquetières parcouraient les rues en criant à tue-tête : « Des bouquets, pour Jeannot-Jeannette (2)! »

On a dit à tort que cet usage fut aboli quelques années avant la révolution. Le 23 juin 1790, une délibération des représentants de la commune de Paris porte qu'il sera remboursé par le département du Domaine la somme de vingt-quatre livres « pour les bouquets présentés au président de l'Assemblée (il s'agit de l'Assemblée municipale), tant par les poissardes à l'occasion du feu de la Saint-Jean, que par les bedeaux de la paroisse Saint-Jean, au sujet du pain bénit qui doit être présenté demain (3). » Le lendemain était le grand jour d'engagement pour les domestiques, et les places se remplissaient de valets et de servantes qui, après s'être livrés la veille, autour du feu et dans les rues, aux danses les plus effrénées, accompagnées de chansons joyeuses, attendaient qu'on les vînt louer pour l'année entière ou la demi-année (4).

Les feux de joie étaient, d'ailleurs, une des démonstrations les plus habituelles au peuple de Paris, et jusqu'au dix-septièmes siècle au moins, on ne voit point de réjouissances publiques sans cet appendice indispensable. On s'en convaincra aisément en parcourant les historiens du moyen âge, par

---

(1) La Chesnaye des Bois, *Dictionnaire des mœurs*, article *Feux de la Saint-Jean*.
(2) Rétif de la Bretonne, *Nuits de Paris*, 185ᵉ nuit, p. 204.
(3) *Catalog. de docum. autograph. sur la Révolut.* Charavay, 1862, n° 275.
(4) Monteil, t. IV, p. 158 (in-12, 1853).

exemple la *Chronique* de Jean de Troyes, le *Journal d'un bourgeois de Paris sous Charles VI et VII*, où il en est question à chaque page. Ce dernier journal nous apprend encore qu'en 1429 un cordelier, nommé frère Richard, prêcha avec tant d'éloquence, qu'en moins de trois ou quatre heures il s'alluma par les rues plus de cent feux, où les hommes brûlaient tables, cartes, billes et tous les instruments de jeu; les femmes, tous leurs atours et leurs engins de coquetterie. Nous lisons aussi dans l'Estoile que, après le supplice de Ravaillac, le peuple se jeta sur les restes du misérable et que les enfants firent des feux de joie au coin des rues avec les quartiers de son corps.

Lors de la délivrance des princes, sous la Fronde, une troupe de jeunes gens, pour marquer leur joie, allumèrent dans les rues un grand feu, autour duquel ils dansèrent en chantant, et où ils en vinrent à lancer successivement leurs chapeaux, leurs pourpoints et leurs hauts de chausses, ne gardant que leurs chemises.

Pour compléter l'histoire des feux publics dans les rues de Paris, il est bon d'ajouter un mot sur ceux qui se faisaient à l'usage des pauvres dans les hivers rigoureux. Les feux de joie, qui se renouvelaient à chaque circonstance heureuse, étaient déjà très utiles dans ce but. En outre, les fours banaux, qui subsistèrent longtemps à Paris, étaient des lieux de réunion où, pendant les grands froids, bourgeois et bourgeoises ne se faisaient pas faute d'aller se réchauffer, en échangeant les nouvelles et en contant des histoires; il en était sans doute particulièrement ainsi de celui qui appartenait à l'église Saint-Symphorien, et qu'on nommait four d'Enfer, à cause de sa grande *profondité* et des flammes effrayantes qu'il exhalait sans cesse (1).

(1) Du Breul, *Théâtre des antiquités de Paris*, p. 116.

On sait que la veuve de Molière, pendant l'hiver qui suivit de deux ou trois ans la mort de son mari, fit allumer un grand feu sur sa tombe, dans le cimetière Saint-Joseph, pour le soulagement des indigents du quartier, qui s'y rendirent en foule, et que la pierre de la tombe fut fendue par la chaleur (1).

Je trouve dans le *Francion* de Sorel (2), une allusion à cet usage. Le héros du roman commande à son laquais d'emporter le bois qu'il avait fait allumer dans une taverne de bas étage : « Au premier coin je lui fis décharger son fagot et son cotret...; j'y fis mettre le feu par mon Basque avec un flambeau, et je me chauffai là, moi, troisième, ayant pour compagnie mon laquais et un filou qui s'y arrêta. »

« La Ville, lit-on dans le *Journal* de Barbier, à la date de janvier 1729, a distribué du bois pendant quelques jours pour faire des feux dans les carrefours pour les pauvres. » Dans le rude hiver de 1776, où l'on essaya d'organiser des courses en traîneaux sur le boulevard, le roi fit allumer de grands feux en plusieurs endroits de son palais, dont les portes restaient ouvertes aux pauvres. Ceux-ci se chauffaient à l'aise, emportaient de la braise et des bûches, et on leur donnait de la soupe. Le prévôt des marchands fit distribuer du bois aux cochers de place, aux porteurs de chaises, et généralement à tous ceux que leur profession forçait de séjourner en plein air (3). Les *Mémoires secrets de la république des lettres* nous apprennent, à la date du 31 janvier 1784, — et Mercier confirme le renseignement (4), — que cette habitude subsistait toujours : « Depuis longtemps, disent-ils, on n'avait eu à Paris un

---

(1) Titon du Tillet, *Parnasse français*, in-12, p. 320.
(2) L. VI, p. 256-257 (éd. Delahaye). La 1re édition est de 1622.
(3) Du Coudray, *Nouveaux Essais sur Paris*, IV, 190.
(4) *Tableau de Paris*, Amsterdam, 1788, t. XII, p, 203.

hiver aussi rigoureux que celui-ci, surtout par sa durée...
Il est d'usage que les princes devant leurs palais, et les
grands seigneurs devant leurs hôtels, allument des feux
pour chauffer les portefaix, les Savoyards, les fiacres,
tous les malheureux qui, par leur état et les circonstances, sont obligés de rester dans les rues. » A la porte et
dans les cours de tous les hôtels, de grands feux étaient en-
tretenus nuit et jour, sans parler des poêles allumés dans les
églises, les casernes, les hôpitaux, les couvents et autour
desquels se pressaient les pauvres. Louis XVI allait s'assurer
par lui-même dans les rues de Versailles que les feux n'é-
taient pas éteints; on le rencontrait marchant à pied dans
la glace et distribuant des aumônes. A la fin de l'hiver, le
peuple lui érigea, près du Louvre, un monument de neige,
symbole de sa reconnaissance, brillante et fragile comme elle.
Pendant l'hiver de 1788-1789, qui ne fut pas moins terrible, celui qui allait devenir Philippe-Égalité, non content
de distribuer chaque matin aux pauvres des quantités
considérables de pain et de viandes, fit allumer aux jours
les plus rudes de grands feux sur les places publiques.
On l'accusa d'agir ainsi moins par philanthropie que pour
se rendre populaire.

II

Tir de l'oie.— Jeux de l'homme armé, etc.—Les chevaliers de l'arc
et de l'arquebuse.

Parmi les divertissements populaires que ramenaient surtout certaines époques de l'année, il convient de signaler
d'abord le tir de l'oie, ou *le tir à l'oie*. L'oie était en grand
honneur chez nos pères, et passait pour le régal par excel-

lence, comme le prouve le nom d'*oyers* donné aux rôtisseurs, et celui de rue aux Oies ou aux Ouës, à la rue où

Fig. 39. — Le tir de l'oie, sur la Seine, le 13 août 1699, d'après une gravure du XVIIIe siècle.

ils s'étaient établis. Il était de tradition presque religieuse dans le peuple de se régaler d'oie à Noël et à la Saint-Martin. — C'est ce qui explique l'invention de ce jeu, où une oie devenait le prix du vainqueur. Il en est souvent question dans nos vieux historiens. La *Gazette* du 4 septembre 16..., raconte que, le 29 août, Leurs Majestés eurent, Chaillot, le divertissement de voir *tirer l'oison* par les mariniers de l'endroit, au bruit des tambours, des hautbois du fifre et des trompettes. Loret nous montre le roi et l cour se rendant à l'Arsenal, pour y jouir de ce spectacle, o se pressaient, dit-il, plus de 40,000 hommes, sans compte les femmes et les enfants (1), et l'avocat Barbier nous ap prend que cette fête subsistait encore en plein dix-hui tième siècle (2).

Le tir de l'oie avait quelquefois lieu sur terre, à l'aide d l'arc ou de l'arbalète; mais, ordinairement, c'était su l'eau, et voici comment il se pratiquait. On voyait paraîtr sur la Seine d'abord plusieurs petites barques, montées pa des hommes vêtus d'une simple toile mince sur leur corp nu. Après avoir débuté par un jeu où l'on tâchait de se fai tomber dans la rivière avec de longues perches, ceux qu devaient prendre part au tir de l'arc montaient dans u bateau fixé en pleine Seine. Près de la poupe passait u câble, tendu d'une rive à l'autre, à l'aide d'une machin qui permettait de le serrer ou de le détendre instantanément; et, au milieu de ce câble, un peu au-dessus du ba teau, une oie vive était suspendue par le pied. Chacun de combattants se précipitait sur la bête et s'efforçait de l arracher la tête à belles dents; mais on lâchait le câble, qui, aux risées des spectateurs, les faisait tomber en fou dans l'eau, où ils étaient recueillis par les barques (fig. 39 Le vainqueur emportait l'oie en triomphe (3). Ce divertiss ment brutal, très couru par les Parisiens, était en quelqu sorte le privilège de la jeunesse de Suresne, qui le prati quait le troisième jour de la Pentecôte.

(1) Lettre du 27 août 1651.
(2) *Journal*, I, p. 155.
(3) Nemeitz, *Séjour de Paris*, I, 228.

Les bateliers et pêcheurs qui y prenaient part y déployaient toute leur pompe, pavoisant leurs bateaux et se décorant de belles écharpes quand le roi leur faisait l'honneur d'aller les voir. Le cardinal de Retz, dans ses *Mémoires*, nous représente les Parisiens de la Fronde en cheveux frisés, poil ras, souliers noirs et bas de soie, comme des gens qui vont *tirer l'oie*. Mais il est probable qu'il veut parler ici d'une autre variété de jeu que celle dont nous venons de donner la description.

On tirait aussi l'oie au bâton, et cette manière se pratiquait principalement sur le territoire de la paroisse de la Villette et du faubourg Saint-Laurent, — on le voit par une ordonnance de police du 23 novembre 1726, qui en décrète l'interdiction (1). Comme il arrivait presque toujours pour les mesures prohibitives prises contre les divertissements populaires, cette ordonnance passa bien vite à l'état de lettre morte, et nous trouvons dans le *Moniteur* du 18 août 1790, une lettre adressée à l'administrateur de police Peuchet, dont le signataire se plaint d'avoir sous les yeux tous les dimanches et fêtes ce féroce amusement, où l'on martyrise un malheureux animal à coups de bâton pendant des soirées entières, et d'avoir vainement offert de payer l'oie plus du double de sa valeur pour obtenir qu'elle fût tuée avant de servir de jouet.

En 1768, l'institution des jeux *pléiens* où l'on voyait joûter sur la Seine des bateliers costumés en dieux marins, obtint un très vif succès de curiosité, qui se ralentit progressivement les années suivantes. Les entrepreneurs avaient établi des tribunes où les assistants pouvaient s'asseoir moyennant une faible rétribution, mais plus de cent mille spectateurs gratuits s'emparèrent des bords du fleuve et firent grand tort à leur recette.

(1) *Archives de la préfecture de police* (collect. Lamoignon, t. XXVIII, p. 731).

Le jeu de la quintaine ou de l'homme armé, dans lequel on combattait un mannequin habillé en More et placé sur un pivot, de telle sorte que les coups portés ailleurs que dans le tronc ou dans le visage faisaient tourner la machine qui sanglait un rude coup d'estramaçon au maladroit; le tir du papegai (oiseau de bois), où les chevaliers de l'arc et de l'arbalète, qui faisaient merveille toute l'année sur les remparts de la porte Saint-Antoine, venaient se disputer le prix de l'adresse, en présence des magistrats de la cité; les courses de bague sur la place Royale, les courses du pot cassé, du sac mouillé, du baril plein d'eau (1), les mâts de cocagne, les jeux des fêtes de banlieue, courses de tonneaux et autres; le jeu du battoir ou de longue paume, qui amassait tous les jours une foule de spectateurs dans la grande esplanade des Champs-Élysées; le jeu du pourcel, où des hommes, les yeux bandés, quand ce n'étaient pas de véritables aveugles, armés de pied en cap, poursuivaient un cochon gras qu'ils tâchaient de tuer à coups de bâton, et n'y parvenaient jamais qu'après s'être longtemps et rudement frappés les uns les autres (2), se rattachaient à la même catégorie de divertissements et d'exercices populaires. Quelquefois, au lieu d'un porc, c'était une oie grasse qu'on poursuivait ainsi, ce qui formait encore une variété du tir à l'oie dont nous venons de parler. On attachait deux cordes à un piquet, et deux aveugles, vrais ou faux, prenaient chacun dans la main l'extrémité d'une de ces cordes et tournaient ainsi dans le même cercle en frappant au hasard et en se couvrant de horions. Nos pères avaient une prédilection bien marquée pour ces jeux à *l'aveuglette*, dont on leur donnait souvent le spectacle. Le 1ᵉʳ septembre 1425, quatre

---

(1) Ch. Sorel, *Hist. de Francion*, p. 238 (éd. Delah.); Sauval, t. I; Lacurne de Sainte-Palaye, art. Jeux (*Dictionnaire des antiquités françoises*).
(2) Monteil, t. I, ép. xi; Sauval, II, 682; *Journal de Paris sous Charles VI et VII*, en l'an 1424.

LES FÊTES POPULAIRES. 191

aveugles, après avoir parcouru la veille les rues de Paris armés de toutes pièces comme pour un tournoi, et précédés de deux hommes dont l'un jouait du hautbois, tandis

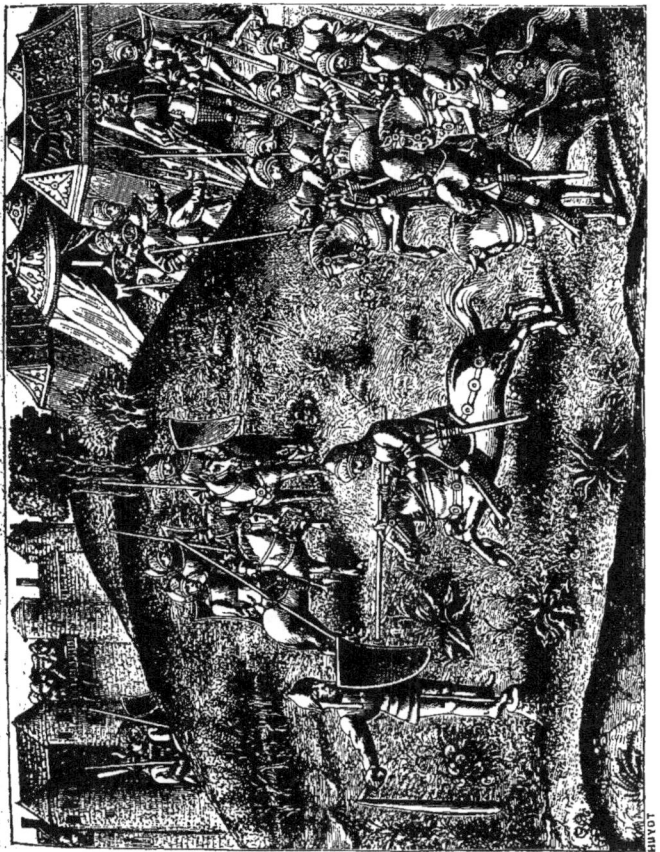

Fig. 40. — Le jeu de la quintaine, d'après une miniature des *Chroniques de Charlemagne*, XVᵉ siècle.

que l'autre portait une bannière sur laquelle un porc était peint, se réunirent dans une lice dressée au milieu de la cour de l'hôtel d'Armagnac et, devant une foule nombreuse, se disputèrent si furieusement un pourceau à coups de masses d'armes, qu'ils se seraient assommés, si l'on n'avait pris le parti de les séparer, en partageant entre eux le prix du combat (1).

La compagnie des arbalétriers ou chevaliers de l'arc, fondée, dit-on, par Louis le Gros, très fière de son origine, de ses privilèges et de la protection des rois, avait souvent à sa tête les plus hauts personnages. Au dix-huitième siècle, le gouverneur de la ville était le chef né de ces bourgeois belliqueux, qui aimaient à jouer à la petite guerre. Du premier mai à la Toussaint, ils faisaient leurs exercices dans un vaste jardin, qui, situé d'abord, à ce qu'on peut croire, sur l'emplacement de la rue de l'Arbalète, se déplaça à plusieurs reprises, pour finir par se fixer près la porte Saint-Antoine. La compagnie des archers de Montmartre se signala par son patriotisme dans les premiers temps de la Révolution, et les archives de l'Hôtel de ville contiennent un certificat délivré par la Municipalité à *Messieurs de l'Arc* le 16 juin 1790, pour reconnaître que, depuis le 13 juillet dernier, « elle « s'est affiliée à la Commune », et « a fait le service avec « tout le zèle et l'exactitude possibles. »

Quant à la compagnie des chevaliers de l'arquebuse qui, distincte de la précédente dans les premiers temps, se fondit ensuite avec elle, elle se livrait à ses exercices du premier dimanche de mai jusqu'à la Saint-Denis, et décernait pour récompense des jetons d'argent frappés au coin de la compagnie. Le corps municipal donnait aussi solennellement des médailles aux plus forts tireurs, chaque année, le dimanche qui suivait la Saint-Laurent. Les plus adroits allaient souvent de ville en ville pour disputer les prix (2).

Les chevaliers de l'arquebuse ne se distinguèrent pas

---

(1) Paul Lacroix, *Mœurs et Usages*, in-4°, p. 238.
(2) Dancourt, *le Prix de l'arquebuse*; Thiéry, *le Voyageur à Paris*, 1790, t. I, p. 52, 55.

moins que les chevaliers de l'arc dans les premiers temps de la Révolution : leur société se joignit aux assiégeants de la Bastille et fut chargée de la garde de cette forteresse pendant soixante heures; elle rendit des services de tout genre

Fig. 41. — Rentrée du vainqueur au tir du papegal, d'après un dessin de Mariette. XVIIIᵉ siècle.

en compagnie de la garde nationale, dont elle se considéra, dès la création de celle-ci, comme une partie intégrante, établit un poste fixe dans son hôtel et prit l'engagement de se rendre deux fois la semaine aux Halles, pour y assurer le bon ordre et le service régulier des subsistances. La Commune rendit chaleureusement hommage à son patriotisme dans la séance du 12 décembre 89, et elle fut admise à prêter serment à l'Hôtel de Ville le 22 du même mois (1). Ce fut à peu près le dernier titre de gloire de la société, car le 12 juin de l'année suivante, un décret ordonnait à tous les corps particuliers, et nommément à celui-là, de s'incorporer dans la garde nationale.

Ces compagnies étaient très fières et très jalouses de leurs privilèges, ainsi que de leur bonne renommée. Le commandant en excluait sévèrement tous ceux dont la conduite avait encouru quelque grave reproche, et cette exclusion était considérée comme un affront sanglant. Ce fut un acte pareil qui, le 13 décembre 1789, donna lieu à un crime horrible dont le retentissement, même au milieu des agitations politiques d'alors, remplit la France entière, et dont le récit détaillé trouva place dans tous les journaux du temps. Un horloger de Senlis nommé Billion, exclu du corps de l'arquebuse par son commandant M. de Lorme, et n'ayant pu parvenir à s'y faire réintégrer, en avait conçu un ressentiment profond. Il choisit pour se venger le jour où la bourgeoisie et tous les corps se rendaient à la cathédrale afin d'y faire bénir un drapeau offert par le duc de Lévis. « On passait devant la maison de ce monstre, lit-on dans une lettre écrite au *Moniteur* par un habitant de Senlis ; il attend son ennemi, tire par la jalousie de sa fenêtre un premier coup de fusil chargé de deux chevrotines, qui blesse trois personnes. Le commandant se retourne ; il reçoit une balle dans le cœur et expire au même instant. A cette vue, tout le monde frémit de rage et d'indignation. On enfonce la porte pour arrêter ce misérable. Quand il voit la troupe entrer, il met le feu à une mèche de poudre qui communiquait à deux barils : la maison saute en l'air, et engloutit

---

(1) *Journal des citoyens arquebusiers royaux*, 1789. *Courrier* de Gorsas, tome VIII.

tous ceux qui y étaient entrés. Quatorze personnes sont mortes sur-le-champ. On a retiré plus de vingt blessés, qui peut-être n'en réchapperont pas. » Dans le numéro du 22 décembre, on donne la liste des morts, dont le nombre s'élève à vingt-quatre, et celle des blessés, qui sont au nombre de trente.

III

Les étrennes. — Le poisson d'avril et les mystifications traditionnelles.

Nous n'aurons garde de nous engager dans une dissertation fort inutile sur l'origine des étrennes. On verra, en parcourant notre chapitre sur le carnaval, par quelles mascarades il fut d'usage pendant longtemps, — jusqu'au commencement du dix-huitième siècle, à ce qu'il semble, — de célébrer le 1er janvier. En même temps que ces mascarades, l'usage des étrennes, qui s'y rattachait, était prohibé en 585 par le concile d'Auxerre dans son premier canon : « Il est défendu d'observer le 1er jour de janvier à la manière des païens, en se déguisant en vache ou en cerf et en se donnant des étrennes diaboliques. » Suivant les commentateurs, ces étrennes diaboliques consistaient en tables chargées de viandes qu'on mettait à sa porte pour les passants, coutume d'une signification idolâtrique sans doute.

Les étrennes ne rentrent d'ailleurs qu'assez indirectement dans notre sujet, car, autrefois comme aujourd'hui, du moins à partir du moment où l'on peut suivre nettement cette coutume, c'était une fête tout intime, qui ne sortait guère du foyer. On dit que, dans quelques localités des environs de Bordeaux, des jeunes gens s'en vont en troupes ce jour-là, bizarrement accoutrés, couper des branches de chêne dont ils se font des couronnes et reviennent en chantant des chansons qu'ils appellent *guila-*

nus : c'est évidemment un ressouvenir de la coutume des druides, et du cri *Au gui l'an neuf*. Mais nous n'avons jamais rien eu de semblable à Paris.

Même lorsque l'année commençait le 1er mars ou à Pâques, les étrennes ne s'en donnaient pas moins le 1er janvier : nous en avons plusieurs preuves dans nos vieux chroniqueurs aussi bien que dans les canons des anciens conciles; il suffira de citer la suivante. L'inventaire de la bibliothèque du duc de Berry note, à la date du 1er janvier 1401, l'envoi au prince, comme étrennes, d'un Valerius Flaccus de grand format « historié, garni de quatre fermoirs d'argent émaillés aux armes de Mgr....., prisé 60 livres parisis » (1). Le duc de Berry semble avoir affectionné particulièrement l'usage des étrennes; on en trouve notées plusieurs fois dans son inventaire, aussi bien que dans l'*Acte de vente des biens de Jacques Cœur* (1453) et il en envoyait sans doute lui-même en échange.

On peut comparer ces étrennes du quinzième siècle à celles qui furent données en 1665 par Mme de Thianges au duc du Maine (*Chambre du Sublime*), et en 1679, par la cour entière, à Mme de Montespan. Toute cette partie du sujet échappe au cadre de ce livre, et nous ne pouvons que la rappeler rapidement.

Les violons de la grande bande étaient alors dans l'usage d'aller jouer au 1er janvier sous les fenêtres des personnes considérables, comme plus tard les tambours de la garde nationale parcouraient tout Paris pour donner des aubades à leurs chefs et aux grands fonctionnaires. Le comte de Grammont, raconte Tallemant, n'est pas libéral; mais il refuse en goguenardant. Les vingt-quatre violons allèrent une fois lui donner ses étrennes. Après qu'ils eurent bien joué, il mit la tête à la fenêtre : « Combien êtes-vous,

---

(1) Voir dans Leber, *Collection des meilleures dissertations relatives à l'hist. de France*, t. X, les lettres de Ribaud de Rochefort et de Palloche sur les étrennes.

messieurs? — Nous sommes vingt, monsieur. — Je vous remercie tous les vingt bien humblement. » Et il referma la fenêtre.

Ceci nous rappelle la façon tout économique dont s'y prenait, au siècle suivant, le cardinal Dubois : « Coquin, répondait-il à son maître d'hôtel qui venait lui présenter ses souhaits et ses hommages, je te donne pour étrennes tout ce que tu m'as volé pendant l'année qui finit. » Et le maître d'hôtel n'en demandait pas davantage. Il se retirait pénétré de gratitude et la main sur son cœur.

Autres étrennes presque aussi économiques en apparence, mais en apparence seulement. La princesse Palatine rapporte, dans ses *Lettres,* qu'elle a vu envoyer, le premier jour de l'an, de petits fagots en guise de bijoux. Ces curieuses étrennes étaient très-convoitées et reçues avec beaucoup de reconnaissance. C'est que la rigueur extraordinaire du froid avait gelé la Seine pendant des mois entiers, et que toutes les expéditions de bois se trouvaient ainsi forcément suspendues, en un temps où les chemins de fer n'étaient pas encore inventés.

Ces petits fagots-là auraient été aussi bien accueillis au 1er janvier 1871. Et les étrennes du siège de Paris, les pots de beurre, les boîtes de conserve, les pâtés de chien, les demi-boisseaux de pommes de terre qui avaient remplacé alors les coffrets de Tahan et les bonbons de Boissier, méritent de prendre rang à leur suite dans les annales des étrennes bizarres et utiles. Quelque jour, la chronique recueillera minutieusement ces détails. Les étrennes de l'an 1871 formeront l'un des chapitres les plus intéressants d'une histoire déjà longue, mais un peu monotone, et nos successeurs étonneront leurs contemporains, les amuseront peut-être, en leur racontant qu'il fut une année, dans ce Paris élégant et luxueux, où l'on vit les bijoutiers exposer à leurs vitrines de la farine de lentilles et des quartiers de lard, et où une demi-douzaine de harengs saurs était considérée par les femmes du monde comme le cadeau le plus aristocratique et le mieux compris.

Mais nous nous sommes laissé entraîner par l'association des idées. Revenons maintenant sur nos pas.

Le dix-huitième siècle fut peut-être l'époque où l'usage des étrennes s'épanouit le plus largement. Les grands seigneurs aimaient à y étaler leur magnificence d'une façon qui faisait parfois plus d'honneur à leur générosité qu'à leur sens moral. C'est ainsi qu'on parla longtemps dans Paris des splendides étrennes données le 1er janvier 1742 par le comte de Clermont à Mlle Legay. Ce jour-là, on la vit parcourir le Cours la Reine dans un carrosse en or massif dont les quatre roues étaient d'argent et sur lequel éclatait son chiffre, avec l'initiale du prénom en rubis se détachant sur l'initiale du nom de famille en brillants. A la voiture étaient attelés six chevaux nains, grands à peine comme des chèvres, portant tous au milieu du front un gros diamant qui jetait des éclairs. Naturellement cela fit émeute. Les passants s'arrêtaient, et l'on raconte qu'il y avait des curieux jusque sur le toit des maisons et sur les arbres de la promenade. L'effet produit par ce cadeau absurdement magnifique fut tel qu'on en parla plusieurs soirs au jeu du roi, et qu'il scandalisa une cour blasée pourtant sur toutes les extravagances de la prodigalité.

Mais ces cadeaux fastueux n'étaient pas exclusivement réservés à ces créatures, témoin le collier de cinquante mille francs donné pour étrennes par la maréchale de Luxembourg à sa petite-fille la duchesse de Lauzun; témoin aussi, — et nous n'avions garde d'oublier ce souvenir touchant, — la parure en diamants d'une valeur de quarante mille francs que le marquis de Choiseul, voulant rassurer sa femme qui se mourait d'une maladie de langueur, lui apporta au premier jour de l'an. Il n'était pas riche et, n'ayant point d'enfants, devait, par les conditions du contrat de mariage, perdre ce don à la mort de sa femme, qui arriva un mois après (1).

Fig. 42. — Le patinage sur l'eau. (D'après une gravure du cabinet des Estampes.)

Dans ce siècle, les confiseurs de la rue des Lombards, le *Grand Monarque*, le *Fidèle Berger*, etc., étaient à

(1) Mme DE GENLIS, *Dictionnaire des étiquettes de la cour*.

l'apogée de leur réputation et fournissaient de bonbons tout Paris. Vers 1780, l'étroite et obscure boutique de *clincaillerie* du Petit-Dunkerque, à la descente du Pont-Neuf, obtint une telle vogue pour ses jouets, qu'aux approches du jour de l'an, il fallait mettre des gardes à la porte pour faire ranger le monde. Elle garda cette vogue jusque sous l'empire, et le prince Borghèse se croyait obligé d'y acheter ses joujoux en 1810, comme la comtesse du Nord en 1781.

Quelques années avant la Révolution, les porcelaines de Sèvres, alors dans toute la fleur de leur nouveauté, étaient l'objet d'un véritable engouement parmi les hautes classes. Pendant la première quinzaine de janvier, on établissait dans les petits appartements de Versailles une espèce de foire aux porcelaines, dont le roi était le marchand. Elles revinrent à la mode sous le premier empire, avec les *corbeilles du jour de l'an* de chez Boullée, et les *écrans à double surprise*, qui représentaient, à travers des transparents adroitement ménagés, une scène de la *Vestale* de Spontini, le grand opéra qui faisait fureur (1).

Au 1er janvier 1784 se rattache le souvenir d'une des plus colossales mystifications dont la chronique de Paris ait gardé le souvenir. Tous les esprits étaient exaltés par la récente découverte des frères Montgolfier, quand le 8 décembre 1783, dans le *Journal de Paris,* qui avait enregistré jour par jour les expériences et les progrès de l'aérostation, parut une lettre datée de Lyon, où le sieur D., *horloger*, s'engageait à passer et repasser la Seine à pied sec le 1er janvier suivant, à l'aide de sabots élastiques, de son invention, et moyennant une somme de 200 louis. Il entrait dans des détails tellement circonstanciés sur son expérience et avec un si grand air de bonne foi que le *Journal de Paris*, comme

---

1) *La Mosaïque*, 1874, p. 6.

a plupart de ses lecteurs, y fut pris. Il ouvrit une souscription, en engageant l'Académie des sciences à nommer trois commissaires pour juger l'invention. Les souscriptions affluèrent bien vite, de la part des plus hauts personnages, de la part d'une *société de Versailles*, qui n'était autre, dit-on, que la famille royale, de la part du prévôt des marchands au nom de la Ville, et elles étaient dans tout leur feu quand on apprit qu'on avait été dupe d'un M. de Comble, conseiller honoraire de la Monnaie de Lyon, mystificateur émérite, qui avait voulu donner à Paris un poisson d'avril pour étrennes (1). La crédulité des Parisiens était d'autant plus excusable dans cette circonstance qu'ils avaient déjà assisté à des expériences d'un genre analogue : ainsi au commencement du règne de Louis XVI, la population avait pu voir un de ces marcheurs sur l'eau traverser la Seine, entre le Pont-Neuf et le Pont-Royal (fig. 42) : il était soutenu par une mécanique pédestre qui l'empêchait d'enfoncer à chaque pas qu'il faisait; il s'arrêta debout au milieu du fleuve, pour sonner de la trompette et tirer un coup de fusil. Mais sa marche était lente et pénible, l'expérience se renouvela deux ou trois fois, puis il n'en fut plus question.

Pendant ce terrible hiver de 1783-1784, la reine Marie-Antoinette se contenta de donner pour étrennes, au Dauphin et à Madame Royale, la vue des jouets magnifiques qui étaient arrivés de Paris suivant l'usage, et, avec leur consentement empressé, elle en employa l'argent à acheter des hardes, des couvertures et du bois aux pauvres gens, comme la *société de Versailles* avait déjà fait appliquer sa souscription à la délivrance des prisonniers incarcérés pour défaut de payement des mois de nourrice.

Ce souvenir, et d'autres du même genre, ne purent, sous la Révolution, sauver les étrennes du soupçon d'aristocratie.

(1) Outre le *Journal de Paris*, voir BACHAUMONT, *Mémoires secrets*, à la date.

Dans les derniers jours de 91, un décret de l'assemblée législative, bien imprégné de l'esprit du temps, flétrit les étrennes comme entachées d'aristocratie, et rangea le 1ᵉʳ janvier parmi les ci-devant. Dès 1789, cet « acte de servitude » était attaqué par la Bletterie dans la *Chronique de Paris*, et la même année la Constituante avait supprimé « les dons forcés que plusieurs agents du pouvoir exécutif se faisaient faire sous le titre d'étrennes. » Partant de là, les épiciers de Paris, gens pratiques, habiles à tirer parti des circonstances, avaient sollicité au Châtelet « une sentence de police qui leur fit défense de donner aucun présent, soit en argent, soit en marchandises, à titre d'étrennes..., à peine de 50 livres d'amende et d'être déchus de la maîtrise en cas de récidive. » Cette singulière démarche fut accueillie, et il s'était trouvé un tribunal de police pour défendre aux épiciers de donner des étrennes à leurs pratiques (1).

Cet usage de l'ancien régime fut plus sûrement aboli encore les années suivantes par le règne de la Terreur : ce n'était plus le moment de se souhaiter une bonne année, quand on n'était pas même sûr d'avoir un jour devant soi, et l'on ne songeait guère alors à s'envoyer des bonbons. S'il faut même en croire le cousin Jacques, les gouvernants allaient « jusqu'à faire décacheter ce jour-là les lettres à la poste, pour s'assurer si tous ont oublié le calendrier grégorien et les souhaits de bonne année. » Tout délinquant passait au moins pour suspect, et « rien que la mort n'était capable d'expier ce forfait (2). » Mais lorsque l'on commença à respirer, l'usage du jour de l'an se rétablit peu à peu de lui-même, dans une population qui, même au plus fort de la Terreur, n'avait jamais pu complètement oublier ses anciennes fêtes, et Mercier nous apprend que sous le Directoire

---

(1) Prudhomme, *Révolutions de Paris*, nᵒ XXV (du 26 décembre 89 au 2 janv. 90), p. 23.
(2) Beffroi de Reigny, *Dictionnaire néologique*.

il était fêté avec plus d'ardeur que jamais. Les boutiques des confiseurs, richement illuminées par les lustres de cristal

Fig. 43. — Galerie du Palais sous Louis XIII; d'après une gravure d'Abraham Bosse.

qu'on avait enlevés aux palais et aux églises, par d'innombrables bougies et des lampions de couleur, et décorées de guirlandes de fleurs, étaient assiégées par la foule qui se disputait, outre les bonbons, les pistaches et les marrons glacés, les flacons de liqueur des îles, les essences spiritueuses renfermées dans des bouteilles imperceptibles, les cœurs enflammés à la fleur d'oranger, les capucins en sucre, toute l'histoire naturelle en bergamote, — coucous dans des nids de fauvettes, choux-frisés, pommes de terre, carottes de tabac, merlans frits, jambons de Mayence, etc. La vraie date de la résurrection du jour de l'an peut être marquée au 1er janvier 1797, et comme, cette année là, il tombait un dimanche, la réaction fut complète. On se dédommagea en une fois de huit années d'abstention : tous les bijoutiers, tous les confiseurs du Palais Royal et de la rue des Lombards, illuminés à outrance, pleins de séductions irrésistibles avec leurs étalages qui les eussent fait guillotiner en 94, furent pris d'assaut et dévalisés. De toutes parts on se visitait, on se complimentait, on s'embrassait, on s'accablait de madrigaux, de compliments et d'étrennes ; bref on liquidait l'arriéré avec une furie toute française (1) et, malgré la fête de la fondation de la république, le triste jour de l'an du calendrier imaginé par Fabre d'Églantine, le 1er vendémiaire (22 septembre), fut refoulé dans un discrédit plus complet encore.

Depuis cette éclipse momentanée, le 1er janvier a repris le cours triomphal, mais un peu monotone de ses succès. Nous n'avons pas à le suivre étape par étape.

Sous la Restauration, le Petit-Dunkerque et le Palais de justice furent détrônés par les galeries de bois du Palais-Royal. La mode se mit ensuite aux passages pour la vente des joujoux. La renommée de la rue des Lombards n'avait fait que s'accroître, combattue pourtant par la vogue croissante de Berthélemot, créateur d'un nouveau genre littéraire,

---

(1) DE GONCOURT, *Société française sous le Directoire*, ch. V.

la poésie en diablotins, et, comme jadis au Petit-Dunkerque, comme à la porte de Giroux, sous Louis Philippe, des gendarmes faisaient la police devant le *Fidèle Berger* et rangeaient les clients à la queue (1).

Pendant ce dernier règne, qui fut l'âge d'or de la garde

Fig. 44. — La Galerie de bois au XVIIIe siècle, fragment de l'estampe de Debucourt.

nationale, il se signala bruyamment par un grand luxe d'aubades que les tambours, dès avant l'aube, promenaient de rues en rues, sous les fenêtres de tous les officiers. Avec la garde nationale elle-même cet usage a naturellement disparu.

De la partie extérieure et publique du premier jour de l'an, il ne reste plus guère que la foire aux jouets qui s'installe pendant une quinzaine de jours, quelquefois un peu plus, de la veille de Noël jusqu'au lendemain des Rois,

(1) *Dictionnaire de Conversation*, Supplém, art. *Étrennes*.

sur toute la ligne des boulevards, en poussant des ramifications dans la plupart des rues principales.

La foire aux étrennes existait déjà au moyen âge, et se tenait alors sur le pont Saint-Michel; plus tard, elle s'étendit jusqu'au pont au Change : on a retrouvé dans le lit de la Seine des soldats de plomb portant l'uniforme du temps de la Ligue. Elle occupa ensuite, jusque fort avant dans le dix-huitième siècle, les galeries du Palais (fig. 43), qui s'éclairaient magnifiquement le soir et devenaient un vaste bazar à joujoux envahi par la foule.

C'est en 1789 que les baraques de la foire aux jouets ont fait pour la première fois leur apparition, bien vite suivie d'une éclipse. Elles se trouvèrent naturellement englobées dans la proscription du premier janvier, et ce fut la ruine d'une foule de *camelots* qui s'étaient monté d'avance un joli petit assortiment de broches, de breloques, et de boucles d'oreilles civiques et nationales en forme de guillotine. Après la Terreur, on vit de nouveau s'allonger sur les boulevards la file des baraques foraines. Cela dura une dizaine d'années; puis un beau jour, en plein empire, elles disparurent de nouveau. La police impériale, fort amie de la réglementation et de l'alignement, avait prêté l'oreille aux plaintes des commerçants patentés.

La Restauration les rétablit, et s'acquit de la sorte un moment de popularité parmi ses ennemis naturels, si je puis ainsi dire. Les étalagistes se multiplièrent, et les marchands d'oranges, particulièrement, commencèrent à pulluler partout. Il se tenait en outre une foire aux jouets, du 15 décembre au 15 janvier, sur le terre-plein du Pont-Neuf, autour de la statue d'Henri IV. En 1829, nouvelle éclipse et, après la révolution de juillet, réapparition nouvelle. Enfin en 1836 on les supprima encore, et cette fois l'interruption se prolonge pendant seize années. Elles parvinrent seulement en 1852 à reconquérir les positions per-

LES FÊTES POPULAIRES.   207

dues, et elles les ont gardées jusqu'à ce jour, sauf l'interruption forcée du siège. Le seul incident qu'on pourrait signaler dans l'histoire des petites baraques du boulevard sous le second empire, c'est la tentative, en 1867, de les

Fig. 45. — Les baraques sur les boulevards, au moment du jour de l'an.

assujettir à l'emploi d'un modèle uniforme, zébré de bandes vertes et blanches. Cet essai d'*haussmanisation*, qui avait été mis à l'épreuve sur le Trocadéro le 15 août, ne dura pas plus d'un an ou deux, et leur construction fut rendue à la fantaisie individuelle, dans le cercle tracé par les règlements.

Les baraques ne doivent pas avoir plus de $2^m,50$ de largeur, sur 1ᵐ,50 de profondeur; elles ne doivent ni s'appuyer aux arbres du boulevard, ni, à plus forte raison, les enclaver. Il faut qu'elles ménagent entre elles un espace d'un mètre, et laissent un libre accès aux *rambuteaux*, aux kiosques, etc. Pour éviter, autant que possible, les effets d'une concurrence trop directe, et sauvegarder les intérêts des gros marchands payant patente, il est réglé aussi que toute baraque où l'on vend des produits similaires à ceux d'une boutique du boulevard s'élèvera à une certaine distance de celle-ci.

En ces limites et avec ces restrictions, toute latitude est laissée aux industriels qui obtiennent de la préfecture de police, après enquête sur leur moralité et leur situation, l'autorisation postulée. Généralement, ils n'abusent pas du libre cours laissé à leur fantaisie. Les baraques sont d'une simplicité spartiate. Une livre de pointes et cinq ou six douzaines de planches, que les fournisseurs leur reprennent à moitié prix, au moment de la démolition, en font tous les frais. Le petit marchand cloue et décloue lui-même cet abri provisoire où, quand les circonstances sont favorables, il amasse en quinze jours de quoi passer avec sa famille le reste de l'hiver.

On vend de tout dans ces petites boutiques, depuis les oranges, ces étrennes du pauvre, que l'Espagne, les îles d'Hyères, la Sicile, l'Algérie, la Provence, nous envoient non par milliers, mais par millions, jusqu'aux plus ingénieuses variétés de jouets, parmi lesquels, outre ceux qui sont de tous les temps et de tous les pays, on voit chaque année apparaître les jouets d'actualité. La pièce à la mode, le personnage en vue, le phénomène qui a fait courir tout Paris, quelquefois même, quand la censure le permet (car il y a une censure pour les joujoux comme pour les théâtres), la question politique qui a passionné les esprits, inspirent l'imagination toujours en éveil des artistes de la bimbeloterie. Dans ces derniers temps, nous avons vu se succéder coup sur coup dans les boutiques à *treize* et à *vingt-neuf*, la *question romaine*, la *question d'Orient*, l'Homme-chien, la Femme à deux têtes, les Incroyables et les Merveilleuses de M. Sardou, le Shah de Perse et que sais-je encore? Aux caricatures contre les Anglais ont succédé les caricatures contre les Cosaques, puis, avant que M. de Bismark n'eût coupé court à ces manifestations du sentiment national, contre les Prussiens. Le premier jour de l'an 1878 a ressuscité, avec d'innombrables variantes, les jouets politiques qui se vendaient sous le manteau pendant la Révolution, l'Empire et la Restauration et qui, suivant les époques, représentaient les profils de Louis XVI, de Marie-Antoinette et de leurs enfants, de Napoléon, de Marie-Louise et du roi de Rome, dans les contours d'un étui, d'une tête de canne, ou sur des estampes, avec les blancs dessinés par les profils d'une urne funéraire, d'un cyprès, d'un saule, d'un bouquet de violettes. On a vu paraître jusqu'à trois cents de ces dessins énigmatiques où il s'agissait de découvrir une figure d'abord invisible, et bon nombre d'entre elles : l'*Infortuné Bulgare*, le *Tombeau de Raspail*, le *Tombeau de Victor Emmanuel*, etc., portaient la trace des préoccupations du jour.

On a écrit l'histoire de France, du moins celle du siècle de Louis XIV, en chansons. Qui empêcherait de l'écrire par les jouets?

Chaque invention s'est traduite en joujoux, depuis la vapeur, l'hélice, l'électricité, jusqu'au téléphone, la dernière et non la moins étonnante découverte de la science. On a eu, on a encore des chemins de fer microscopiques, des flottilles à vapeur lilliputiennes, des aérostats comme ceux que les *Magasins du Louvre* donnent en prime aux acheteuses pour leurs petits enfants, des télégraphes en miniature, des imprimeries lilliputiennes, des jouets fondés sur les propriétés de l'aimant et toutes les lois de la mécanique et de la physique, l'hélice appliquée au divertissement du premier âge, les automates mus par des forces cachées, les pantins agités par du mercure, les petits canons sans poudre, qui ne sont autre chose que des machines pneumatiques, etc., etc. Quelquefois même ce sont des jouets qui ont inspiré les plus précieuses découvertes de la science et qui en marquent le point de départ. Mais ce chapitre des joujoux scientifiques risquerait d'être légèrement aride.

Il serait plus curieux et plus piquant de rechercher les traductions de l'histoire dans le langage enfantin, cette politique en jouets, ce dernier courant de l'opinion qui, après avoir passé de la tribune aux journaux, des journaux à la rue, au salon, au théâtre, souvent jusque dans les modes, finit par passer à travers les produits naïfs ou malins de la bimbeloterie parisienne, les marque à son empreinte, donne à ce Polichinelle le profil d'un homme d'État et fait de tel pantin le reflet ou la parodie de la préoccupation du jour; ces grands événements qui se rapetissent à la taille de M. Lucien et de sa cousine Mlle Lili; cette chronique en carton ou en étain colorié, en oripeaux rouges, en petits bonshommes de bois peint, qui traduit les annales de la France à peu près comme l'ont déjà fait de leur côté les images d'Épinal et les distiques *mirlitonesques* de Le Ragois. Les jouets sont des documents à leur façon. Si légère qu'elle soit, ils gardent, comme les jeux et comme les modes, une part de notre histoire. Le tout est de saisir cette trace mobile et fugitive. Dans quel musée, dans quel conservatoire trouverait-on les jouets du siècle dernier? Où ceux du premier empire, de la Restauration, du règne de Louis-Philippe? Où même ceux du second empire? — Mais où sont les neiges d'antan?

L'usage des étrennes n'est pas encore près de se perdre. Au contraire, celui du premier avril va s'affaiblissant chaque année et n'est plus guère qu'un souvenir.

On ignore l'origine authentique du fameux *poisson d'avril,* malgré toutes les dissertations dont il a été l'objet et qu'il est inutile de répéter ici. Parmi les romans peu vraisemblables qu'on a bâtis pour l'expliquer, le plus inattendu est celui qui rattache la naissance de cette coutume à la Passion de Notre-Seigneur, et le plus accrédité, mais non le moins tiré par les cheveux, celui qui la relie à la fuite d'un prince lorrain gardé à vue, par ordre de Louis XIII, dans le château de Nancy, d'où il s'évada le premier avril en passant la rivière à la nage. Il est probable qu'elle remonte à une date plus ancienne que cette dernière. On trouve les mots de *poisson d'avril* employés bien avant le règne de Louis XIII, dans plusieurs pièces comiques et satiriques (1), avec un sens différent il est vrai, mais qui prouve du moins qu'elle existait déjà, et qui peut, sans trop de peine, se rattacher, par voie d'induction, à la signification actuelle.

Autrefois, on fêtait le poisson d'avril beaucoup plus qu'aujourd'hui, et tel était même le goût de nos pères pour la mystification qu'ils avaient chaque année, à dates fixes, plusieurs éditions du 1ᵉʳ avril.

Aux approches de la foire de Bezons, qui avait lieu tous les ans vers le 25 juillet, c'était l'usage des artistes-compagnons, peintres, sculpteurs, orfèvres, lapidaires, etc., habitant le quai de Gèvres et les deux ponts, la rue de la Pelleterie et quelques autres rues voisines, de réveiller

---

(1) Par exemple, la *Resurrection de Janin* Landore, qui est de la fin du quinzième ou, au plus tard, du commencement du seizième siècle ; les *Contens* de Tournebu (II, sc. 6) et les *Neapolitaines* de François d'Amboise (I, sc. 4), qui sont tous deux de 1584.

brusquement le quartier en jouant tous ensemble à leurs fenêtres des instruments les plus cacophoniques et les plus discordants, aux sons les plus aigres et les plus rauques, tels que cornets à bouquins, sifflets, poêlons, bassins, chaudrons, sur lesquels ils frappaient avec des outils de fer, en poussant des cris et des hurlements sauvages. Cet infâme charivari se renouvelait plusieurs nuits de suite, à la grande indignation des bourgeois paisibles (1).

A la Saint-Simon-Saint-Jude (28 octobre), on envoyait les gens un peu simples chercher des nèfles à la foire du Temple, où les laquais et la populace leur tombaient sur le dos et les barbouillaient de noir (2). On les envoyait aussi, particulièrement le jour de la Conception de la sainte Vierge, sur la place du Parvis-Notre-Dame, pour y chercher M. Legris. Quand le pauvre niais avait bien erré de porte en porte à la poursuite de cet introuvable personnage, on le conduisait, au milieu des huées, vers le centre de la place, et on le poussait contre la colossale statue qui s'élevait devant Notre-Dame, pour lui faire embrasser *M. Legris* (fig. 46).

Dans cette statue presque informe, les uns ont voulu voir l'effigie de Mercure, d'Esculape, du dieu Terme; d'autres, celle du maire du palais, Archambauld, ou de l'évêque Guillaume d'Auvergne; plusieurs enfin, l'image de sainte Geneviève ou de saint Christophe. Il est probable et il paraît généralement admis maintenant que c'était une effigie du Christ, détachée du grand portail de l'ancienne église, avec le pilier-trumeau auquel elle s'appuyait. Quoi qu'il en soit, elle était d'une antiquité très respectable. On l'appelait communément *Maître Pierre Legris*, et il y avait eu peut-être;

---

(1) Du Coudray, *Nouv. Essais sur Paris*, III, 298-309.
(2) Palaprat a fait allusion à cet usage dans une Épître à monseigneur de Vendôme : *Recueil de pièces détachées*, édit. de 1712, p. 50.

LES FÊTES POPULAIRES. 213

Fig. 46. — Statue de *Monsieur Legris* sur la place du Parvis-Notre-Dame, d'après la gravure de Jean Marot.

à l'origine, dans les mots *Maître Pierre*, une sorte d'innocent calembour pour désigner cette maîtresse pierre, comme dans le mot *Legris* il est permis de voir une allusion populaire à la couleur de cette statue, qui était recouverte de plomb (1). Le peuple l'appelait aussi le *Grand jeûneur*, par allusion sans doute à l'aspect misérable, morne et décharné que gardait cette énigmatique statue, principalement pendant les grands étalages culinaires de la foire aux jambons. C'est ce que dit une mazarinade qui fait haranguer les Parisiens par le bonhomme du parvis Notre-Dame :

> Peuple dévot à la cuisine
> Plus qu'à l'église ma voisine,
> Que non la messe et les sermons,
> Mais l'odeur des friands jambons,
> Idoles de la populace,
> Attire en foule à cette place,
> Oyez la voix d'un sermonneur
> Vulgairement nommé Jeûneur,
> Pour s'être vu selon l'histoire
> Mil ans sans manger et sans boire.

Le Grand jeûneur était devenu ainsi un être de raison à qui l'on prêtait la parole et que l'on faisait intervenir dans les affaires publiques. Il a signé plusieurs mazarinades, des plaquettes, des feuilles volantes, des brochures politiques plus ou moins clandestines. Avec le jacquemart de Saint-Paul et le clocheteur de la Samaritaine, il était comme la monnaie du Pasquin de Rome, et les monologues ou les conversations de ces trois illustres personnages étaient l'une des formes que revêtait volontiers la verve frondeuse de nos pères :

> Eh ! quoi, Madame la statue,

(1) Le marquis de Rostain voulut la faire dorer au XVIIe siècle et même il proposa aux chanoines de Notre-Dame de l'entourer d'un balustre :

> De bois, de cuivre ou de laiton
> Qui lui viendra jusqu'au menton
> Pour empêcher que la dorure
> Ne reçut tache ni souillure.

Mais sa proposition, accueillie sans aucun empressement, n'eut pas de suite. (LORET, *Muse historique*, lett. du 21 janv. 1652). — Sur cette mystification, voir SAUVAL, t. II, p. 617 ; LEMAIRE, *Paris ancien et mod.*, I, 63 ; P. LACROIX, *Curiosités du vieux Paris*, p. 103.

une autre poésie populaire,

> Avez-vous repris la parole
> Pour nous venir ficher la colle
> Depuis que vous vendez du gris
> A tous les simples de Paris?

Ces farces étaient chères au petit peuple. Chaque classe, comme chaque saison, et, pour ainsi dire, chaque quartier de la ville, avaient ainsi leurs mystifications traditionnelles qui n'ont pas toutes disparu.

Les soldats, par exemple, envoyaient les conscrits naïfs à la recherche de la *pierre à enfoncer le mou,* ou acheter pour deux sous d'*huile de coude*. Les clercs de procureur chargeaient leurs collègues novices d'aller chercher le *moule à tiret*. On sait que le tiret était du parchemin roulé entre les doigts en guise de ficelle, dont ils se servaient pour enfiler leurs paperasses, et l'on devine aisément l'accueil qui était fait à la démarche du pauvre *béjaune*, victime de sa confiance et de sa candeur. On disait à un niais d'aller emprunter chez le voisin *la pierre à aiguiser la langue*. — « Une plaisanterie usitée parmi les domestiques, lit-on dans Mercier (1), c'est d'envoyer un nouveau débarqué chercher une place chez M. Picard, suisse du Château-d'Eau, rue Saint-Honoré. Ce château-d'eau n'est qu'une décoration pour faire face au Palais-Royal, et les laquais qui débarquent du coche le prennent pour un château réel. »

Il est inutile d'appuyer davantage sur ces variantes plus ou moins enfantines du poisson d'avril. Avec un peu de bonne volonté, on peut voir, supposer du moins, à l'origine de cet usage, une intention morale cachée sous le voile de la raillerie, une leçon satirique et épigrammatique tout à fait conforme au caractère national et à l'esprit gaulois. Qui sait si ce ne fut pas là d'abord un moyen de mettre en saillie

---

1) *Tableau de Paris*, t. XII, p. 18. (Amsterd., 1788.)

le défaut dominant de chaque individu, et de l'en corriger en l'exposant à la risée publique, en le prenant pour point de départ d'une mystification moqueuse? Envisagé de la sorte, le poisson d'avril ne serait qu'une espèce d'annexe et de complément de certaines mascarades satiriques, comme celle de la *Mère folle*. Mais, s'il en fut ainsi d'abord, ce que je n'oserais garantir, la coutume dégénéra bien vite, et du plus loin qu'on puisse l'étudier à l'œuvre, elle apparaît tout à fait dépourvue de signification morale, philosophique ou autre, — en un mot, comme une bouffonnerie vulgaire, dont il ne faut pas vouloir faire une comédie de mœurs.

CHAPITRE IV.

HISTOIRE DU CARNAVAL.

I

Les mascarades des jours gras.

L'emploi des masques, même en dehors des *mascarades*, est une coutume dont l'origine se perd dans le passé le plus lointain. Les anciens se masquaient sur la scène : à leur imitation, nos premiers farceurs ne jouaient leurs bouffonneries que masqués, ou enfarinés comme ces histrions primitifs des tombereaux de Thespis et de Susarion qui se barbouillaient de lie. Les femmes ne paraissaient pas d'abord sur les planches, et les hommes chargés des rôles de servantes et de nourrices ne les pouvaient remplir qu'en se revêtant de figures postiches. Les acteurs italiens qui, durant plusieurs siècles, jouirent du droit de cité parmi les théâtres de Paris et charmèrent ses habitants par leurs lazzis et leurs arlequinades, jouaient également masqués, sauf quelques exceptions. Le théâtre de l'Opéra surtout conserva longtemps cet usage, même après que les danseuses eurent fait leur apparition (1681) sur cette scène, d'où elles étaient d'abord exclues et où des jeunes gens se chargeaient de les représenter. C'est à Gardel aîné, suivant les uns, suivant d'autres à Noverre, qu'est dû l'abandon des masques dans les ballets de l'Opéra : quoi qu'il en soit, cette innovation n'eut lieu que dans la seconde moitié du dix-huitième siècle, et le public l'accueillit d'abord très mal.

La même coutume régnait également dans les divertissements de la cour et dans les ballets dansés sous Louis XIV et par lui-même. C'était probablement un héritage des déguisements de la chevalerie dans les lices et tournois, voire dans les cortèges et les entrées de princes, où le masque figurait quelquefois, — comme on le voit, par exemple, dans l'entrée d'Isabeau de Bavière. Les bals parés et masqués donnés par le roi ou les principaux seigneurs, et qui faisaient souvent suite aux ballets, étaient fréquents et magnifiques. On ne peut parcourir certains mémoires intimes du temps sans y trouver presque à chaque page l'indication de quelque mascarade chez Gaston d'Orléans, chez la grande Mademoiselle, chez Monsieur, d'un bout à l'autre du carnaval, ou même, quoique plus rarement, en dehors de ce temps consacré. Parmi les ballets de la cour, on donnait particulièrement le nom de *mascarades* à de courtes bouffonneries qui roulaient souvent sur des thèmes populaires, et ne comprenaient en général que deux ou trois quadrilles dansés sous les déguisements relatifs au sujet et aux rôles.

On sait que l'emploi du masque ne se bornait pas là au dix-septième siècle, et qu'on le retrouvait jusque dans les habitudes de la vie privée. Les femmes de condition portaient un loup de velours noir sur la figure lorsqu'elles sortaient à pied (1), lorsqu'elles voyageaient (2), et ne le quittaient même pas toujours à l'église. Comment s'étonner de cette habitude, lorsque la mode en avait introduit de bien

---

(1) *Promenade du Cours,* 1630, in-12. *Sonnet* de Vauquelin des Yveteaux pour la princesse de Conti. GOUJET, *Biblioth. franç.,* t. XV, p. 58; t. XVI, p 171. Mme DE SÉVIGNÉ, *Lettre à M. de Pomponne,* du 27 nov. 1664.
(2) *Mémoires* de Mme de la Guette, éd. Moreau (Bibl. elzév.), p. 106.

plus bizarres encore! Au début du *Roman comique*, Scarron nous montre son héros, le comédien Destin, cheminant à côté de la charrette, avec un grand emplâtre qui lui couvrait un œil et la moitié de la joue : c'est là un genre de déguisement qu'on employait souvent alors (1) ; mais ce dont on ne se douterait guère, c'est que, en plein dix-septième siècle, la mode avait pris cette nouvelle espèce de masque sous sa protection spéciale, en imposant les *mouches* aux hommes, puis en agrandissant la dimension de ces mouches et en fixant leur position de telle sorte qu'elles ressemblassent à des emplâtres :

« Il sera encore permis à nos galants de la meilleure mine, dit à ce propos un petit livre qui est le code un peu ironique du bon ton et des belles manières à cette époque, de porter des mouches rondes et longues, ou bien l'emplâtre noir assez grand sur la tempe ; mais pour ce que les cheveux la peuvent cacher, plusieurs ayant commencé depuis peu de la porter au-dessous de l'os de la joue, nous y avons trouvé beaucoup de bienséance et d'agrément (2). »

Néanmoins le masque a toujours été considéré surtout comme un moyen de déguisement joyeux, dans certaines fêtes populaires dont notre carnaval actuel est le faible et à peu près l'unique vestige : à ce point de vue, il est aussi ancien et plus universel que le masque scénique. Je ne remonterai ni au *chérubs* des Égyptiens, ni aux Bacchanales de la Grèce, ni aux Saturnales de Rome : c'est déjà bien assez de remonter jusqu'à Clovis. On trouve les mascarades implantées dans nos mœurs sous la première race de nos rois. Les conciles nationaux d'Arles, de Tours, d'Auxerre, de Rouen, de Nantes, s'élèvent sévèrement contre elles. Le précepteur de Charlemagne, Alcuin, les a aussi plusieurs

---

(1) *Mémoires* de Bussy, in-12, t. I, p. 199. — *Mémoires* de Lenet (coll. Petitot), t. LIII, p. 140.
(2) *Les Lois de la galanterie*, 1644.

fois attaquées dans ses écrits, et Savaron a recueilli ses paroles, en les traduisant à sa manière, dans son *Traicté contre les masques* : « Les idiots, reverants Janus comme Dieu, ont consacré un jour à plusieurs vilainies ; quelques-uns d'entre eux se transformoient en monstres et transfiguroient en formes de bestes sauvages et d'animaux ; les autres s'habilloient en femmes, et en ceste manière sautoient et vagabondoient parmy les rues. » Et il ajoute qu'il reste encore des traces de ces désordres « parmy les rustiques et mal instruicts (1). »

Ce déguisement en bêtes était si commun alors, qu'il servait, pour ainsi dire, à caractériser et à désigner toute espèce de mascarades : c'était surtout en cerfs et en bœufs que se métamorphosaient les joyeux garnements qui couraient les rues aux calendes de janvier. Savaron a accumulé les textes de saint Augustin, de saint Pacien, évêque de Barcelone au quatrième siècle, de saint Ambroise, de saint Maxime de Turin, de saint Pierre de Ravenne, qui prouvent l'antiquité et l'universalité de cette coutume. Le *Pénitentiel* de Burchard impose un jeûne de trente jours au pain et à l'eau à ceux qui, aux calendes de janvier, *faciunt in cervolo vel in vegula;* le concile d'Auxerre (585) défend également de faire le cerf et le veau (*cervolo aut vecolo facere*) le premier jour de l'an ; enfin, dans la *Vie de saint Éloi* par saint Ouen, il est dit que le pieux évêque de Noyon interdit à la même date *vetulos, cervuolos joctitios* (2).

On voit que le 1ᵉʳ janvier était alors la date spécialement choisie pour ces travestissements, restes évidents du culte de Janus et des Saturnales. L'Église essaya tous les moyens de déraciner cet usage : elle institua un jeûne le premier jour de l'an ; elle avança l'année de huit jours, la faisant com-

---

(1) *Traicté contre les masques*, 1611, p. 18.
(2) V. le *Longueruana*, I, p. 112.

mencer à Noël, dans la persuasion que nul ne serait assez téméraire pour violer la sainteté d'une telle fête; mais il arriva, au contraire, que les mascarades, sans cesser le 1er janvier, commencèrent dès le jour de Noël (1). Les déguisements en bœufs et en vaches trouvaient un prétexte tout naturel dans le désir de célébrer la naissance du Christ au milieu des animaux de l'étable de Bethléem, et de concourir d'une façon active à la représentation de ce mystère.

A force de pousser loin les conséquences de ce raisonnement, le symbole ne pouvait manquer de dégénérer bien vite en sacrilège, ou tout au moins en scandale. Pendant longtemps les mascarades populaires se confondent avec les fêtes de l'Ane et des Fous; elles se mêlent à tous leurs détails, s'accrochent à elles, les complètent et les prolongent autant qu'elles peuvent. Tant que dure la fête des Fous, avec ses accessoires et ses divertissements auxiliaires, qui s'étendent de Noël à l'Épiphanie, l'histoire des mascarades populaires ne se sépare pas de la sienne. Après l'abolition de cette fête scandaleuse, les mascarades persistent pour leur part et continuent aux mêmes dates, dans la rue et sur les places publiques, la tradition consacrée et enracinée pendant des siècles entiers.

Lorsque Savaron écrivait son petit *Traicté contre les masques* (1611), la fête des Fous subsistait encore, en ce sens qu'on avait conservé l'usage de célébrer Noël et le premier jour de l'an par des travestissements et des bacchanales; seulement, ce n'était plus dans l'église même qu'ils avaient lieu, et les prêtres n'y prenaient plus part. Il est à remarquer que, de la première à la dernière page de son livre, Savaron n'écrit pas une seule fois le nom de mardi-gras ou de carême-prenant; il ne fait même pas allusion à cette

---

(1) V. le *Longueruana*, I, p. 41.

date, quoiqu'il semble attaquer et poursuivre les masques dans toutes les occasions qu'ils choisissent pour se montrer. On pourrait croire, à le lire, que, même au commencement du dix-septième siècle, le carnaval était encore tout entier et exclusivement confiné au premier jour de l'an et à Noël. Il est vrai que son petit livre est daté de Clermont; mais les usages qu'il décrit devaient y être à peu près les mêmes qu'à Paris, comme on le voit suffisamment par quelques passages de son traité; d'ailleurs il parle presque aussi souvent de Paris que de Clermont, et c'est à Paris que le livre a été imprimé et publié. Malgré son titre général de *Traicté contre les masques,* cet opuscule n'est, en réalité, qu'un traité contre les derniers vestiges de la fête des Fous.

Outre la fête des Fous, les fêtes des Écoliers à la Saint-Nicolas, à l'Épiphanie, etc., les *montres* de la Basoche et des Enfants sans souci, les cortèges plus ou moins burlesques de quelques confréries et corps de métiers, bien d'autres cérémonies encore se rattachent à l'histoire des mascarades populaires. Au quatorzième siècle, les travestissements sont en grande faveur et jouent un rôle important dans les divertissements de la cour. Tout le monde sait l'histoire de cette mascarade où le roi Charles VI, déguisé en satyre ou en sauvage, avec plusieurs chevaliers, faillit périr brûlé vif (fig. 47). On trouve portée dans les comptes de Louis XI la somme de vingt sols tournois, payée au bailli du palais « pour trois coches de mascarades ès-carrefours. » Les charivaris donnés aux veuves qui se remariaient étaient également accompagnés de mascarades analogues (1), et une vignette du roman de *Fauvel,* conservé en manuscrit à la Bibliothèque impériale, nous montre les acteurs d'un charivari en masques à longues barbes, à mâchoires féroces et aux grands yeux ronds, drapés dans des capuchons, avec des

(1) V. pour le charivari donné en 1389 à une dame de la reine qui se remari en quatrième noces, Choisy, *Histoire de Charles VI,* p. 180.

sonnettes à la ceinture et tapant sur des tambourins (fig. 48).

Pour le quinzième et le commencement du seizième siècle, nous avons un document curieux qui nous donne tous

Fig. 47. — Ballet des Ardents. D'après une miniature des *Chroniques de Froissart*. Manuscrit du XVᵉ siècle.

les détails souhaitables sur cet usage : c'est le cinquante-deuxième *arrêt d'amour* ajouté par Gilles d'Aurigny au recueil de Martial d'Auvergne (1528), et qui contient les *ordonnances sur le faict des masques*. On y voit qu'on commençait d'aller en masques par les rues depuis la veille de la Saint-Martin d'hiver jusqu'à la semaine sainte, c'est-à-dire pendant plus de quatre mois; toutefois c'était le soir et pendant la nuit, et dans cet intervalle il n'était permis de se masquer en plein soleil que « les veille et jour des Rois, et les jours qu'on nomme jours gras, à caresme-prenant et à la mi-caresme. » Dans les cortèges qui s'organisaient à ces dates, les gens masqués, s'ils voulaient se conformer à ce code de la *galanterie* et du bon ton, devaient être montés sur des chevaux d'Espagne, ou pour le moins sur des haquenées enharnachées de velours. De la semaine sainte à la veille de la Saint-Martin d'hiver, il n'était pas honnête de se masquer, sauf en quelques noces et festins solennels. Les marchands et gens de basse condition ne pouvaient parcourir les rues masqués que les vigiles et jours de fête de leurs paroisses; mais cette prohibition ne les empêchait pas « d'aller en *momons*, en robes retournées, barbouillés de farine ou charbon, avec de faux visages de papier. » — On ne pouvait décemment mettre les masques de l'année précédente.

De la veille de la Saint-Martin à la semaine sainte, les masques parcouraient les rues en troupes, armés souvent de bâtons et d'épées, portant ou faisant porter par leurs valets des torches allumées, accompagnés de ménétriers avec des tambourins, des haut-bois et des vielles. Ils se présentaient dans les maisons où il y avait des dames et demoiselles; on ne devait pas leur en refuser l'entrée, et ils avaient une heure pour les entretenir et les faire danser. L'heure écoulée, ils étaient tenus de faire place ou de se démasquer, et alors ils devenaient simples compagnons de l'assemblée. Pendant tout ce temps, leurs valets les attendaient à la porte.

Il ne faut pas prendre sans doute cette *ordonnance d'amour* à la lettre dans tous ses détails; mais il est certain qu'elles répondait à un usage généralement répandu alors, qui subsistait encore vers la fin du dix-septième siècle, comme on

Fig. 48. — Représentation d'un charivari donné à une veuve remariée. D'après une miniature du *Roman de Fauvel*. Manuscrit du XVe siècle.

le voit par un passage très explicite de la Bruyère (1), et même en plein dix-huitième siècle, comme le prouve une

---

(1) « Une troupe de masques entre dans un bal : ont-ils la main, ils dansent, ils se font danser les uns les autres, ils dansent encore, ils dansent toujours; ils ne rendent la main à personne de l'assemblée. » (*Des Esprits forts.*)

ordonnance de 1737 contre les masques « qui entreroient dans les maisons et prendroient place aux repas sans y être invités. »

« L'entrée du bal doit être libre à tous les masques pendant le carnaval, surtout après minuit, » écrit Bonnet dans son *Histoire générale de la Danse* (1723), en combattant l'usage qui tendait à se répandre depuis plusieurs années, parmi les grands seigneurs, de ne laisser entrer que par billets, et qui avait été cause qu'on refusa un jour l'entrée à Louis XIV en personne, voici comment : Le président de N. mariait un de ses fils et donnait à cette occasion un bal masqué. Le roi, qui se plaisait à courir quelquefois le bal *incognito*, s'y rendit avec trois carrosses pleins de dames et de seigneurs de la cour, toute la livrée en surtout gris pour n'être pas reconnue. Quoiqu'il fût une heure après minuit, les suisses, ne voyant pas de billets, refusèrent de laisser passer. Le roi ordonna joyeusement de mettre le feu à la porte, et la livrée commençait déjà à exécuter l'ordre, quand le président fit ouvrir toutes les portes, se doutant bien que des personnes de la première qualité avaient pu seules se permettre une action si hardie. « Tout le cortège entra dans la cour, et l'on vit paraître dans le bal une bande de douze masques magnifiquement parés, avec une infinité de grisons masqués, tenant un flambeau d'une main et l'épée de l'autre; de sorte que cela imprima le respect à toute l'assemblée. M. de Louvois, qui était de la troupe du roi, tira M. de N. à part, et, s'étant démasqué, lui dit qu'il était le moindre de la compagnie. C'en fut assez pour obliger M. de N. à réparer la faute. Il fit apporter dans le bal de grands bassins de confitures sèches et de dragées; mais Mlle de Montpensier donna un coup de pied dans l'un des bassins, qui le fit sauter en l'air. Cette action alarma encore M. de N. mais le mal n'alla pas plus loin, par la prudence du roi, qui calma le ressentiment des princes et des princesses, de sorte qu'ils sortirent sans se faire connaître, après avoir dansé autant qu'ils le voulurent. »

Tout masque entrant dans un bal pouvait, même encore au dix-huitième siècle, prendre la reine du bal pour danser avec elle, fût-ce une princesse du sang non masquée. Dans un bal donné par le roi à Versailles, un masque déguisé en paralytique et enveloppé d'une vieille couverture eut la hardiesse d'aller prendre la duchesse de Bourgogne, qui accepta. On sut depuis que c'était un simple officier de la cour, et il n'en fut point blâmé, parce qu'il avait usé d'une licence que l'usage autorisait (1).

Il n'était pas permis de démasquer une personne quelconque au bal. L'écharpe pour une dame, le manteau pour un homme, étaient le signe qu'on voulait garder l'*incognito*. En ne respectant pas ces indications consacrées, on s'exposait parfois à des mésaventures fort désagréables, comme le prouve une autre anecdote racontée par Bonnet (2) et que nous jugeons inutile de transcrire ici. Les masques du plus grand monde couraient parfaitement les bals toute la nuit (3). On juge que de pareilles coutumes devaient entraîner de graves désordres, et on conçoit en particulier que les maris et les chefs de famille trouvassent quelquefois fort pénible cette obligation « d'ouvrir leurs maisons à gens masqués sans les faire songer à la porte, et sans dire qu'il n'y a personne, ou qu'on est couché, et sans faire absenter ou celer ou retirer leurs femmes par l'huis de derrière à leur arrivée. »

Ce n'étaient pas seulement les mœurs, mais aussi la sûreté publique, qui étaient mises en péril par l'abus des mascarades. Les déguisements servaient à couvrir bien des vols et des assassinats. Quand la Rochefoucauld, dans la nuit de

---

(1) Bonnet, *Histoire de la Danse*, ch. VI.
(2) *Id.*, ch. V.
(3) Loret, lettre du 22 janvier 1661.

la Saint-Barthélemy, vit entrer dans sa chambre six hommes masqués, il crut que c'était un déguisement badin du roi et de ses courtisans qui venaient pour lui donner le fouet en guise de jeu, et ne fut détrompé qu'en recevant le coup de la mort (1). Aussi la puissance civile ne se montra-t-elle guère moins sévère que l'autorité religieuse contre ces abus, mais sans plus de succès. Déjà Charlemagne avait voulu les extirper de son empire, et sa tentative fut plusieurs fois renouvelée par ses successeurs. Les ordonnances sur le même sujet se multiplièrent spécialement au seizième siècle. Un arrêt, publié à son de trompe par les carrefours de Paris, le 14 décembre 1509, défendait, à peine d'emprisonnement, de vendre des masques et de jouer au jeu de *momon* sous un déguisement. Diverses ordonnances successives de François Ier en 1539, de Charles IX en 1564, de Henri III en 1579 et 1580, du parlement en 1593, renouvelèrent ces mesures (2). On alla jusqu'à fustiger et bannir du royaume des hommes du peuple trouvés en masques. Rien n'y fit. Rien n'empêcha le carnaval de devenir peu à peu une sorte d'institution ayant sa jurisprudence, ses lois, voire, — au moins en certains lieux où l'on établissait des contributions jusque sur les communautés religieuses pour en rehausser l'éclat, — son budget et ses impôts.

Ce n'est pas qu'on voulût, par ces ordonnances, détruire absolument les mascarades : on voulait en faire un privilège aristocratique. Tandis que le roi les défendait au peuple, il s'y livrait avec sa cour. C'est ce qui explique le peu de

---

(1) DE THOU, *Histoire*, t. VI, l. 52. CRESPIN et GOULARD, *Histoire des martyrs persécutés*.

(2) Les masques furent encore défendus par diverses ordonnances en date de 1505, 1514, 1516, 1535, 1562, 1575, 1589, 1651, que nous avons vus dans la collection Lamoignon, à la Préfecture de police. En 1682, ils furent interdits aux gardes françaises. En 1720, on défendit aux personnes masquées de porter l'épée. C'est surtout à l'aide de ces ordonnances qu'on pourrait reconstituer l'histoire du carnaval : car nos anciens chroniqueurs sont très sobres de détails sur ce chapitre.

succès de toutes ces ordonnances arbitraires, violées par ceux mêmes qui les rendaient. On a vu avec quel dédain Gilles d'Aurigny traite les marchands et gens de basse condition dans son arrêt, ne leur permettant les mascarades qu'avec des restrictions nombreuses, leur assignant un costume particulier et certaines dates, pour les séparer des masques de noble condition. Au seizième siècle, les travestissements étaient surtout un plaisir de grands seigneurs, qui avaient le droit de se présenter aux noces et dans toutes les fêtes de famille, costumés à leur guise, en prenant part pendant une heure aux divertissements de la compagnie sans qu'on pût les contraindre à se démasquer. Henri III s'y abandonnait avec passion, non seulement dans les divertissements de la cour, mais même dans la rue, qu'il parcourait, habillé en femme, le pourpoint lâche et la gorge découverte. Au carnaval de 1583 il battit le pavé de Paris, avec ses mignons, jusqu'au lendemain à six heures du matin, allant voir les compagnies et entrant dans les maisons comme les autres masques. L'année suivante, ce fut encore pis : le roi et sa bande de favoris, à cheval et masqués, travestis en marchands, prêtres, avocats, etc., coururent à bride abattue dans la ville, frappant tout le monde à coups de bâtons, spécialement ceux qu'ils rencontraient masqués comme eux, parce que le roi voulait se réserver à lui seul et à ses amis la faculté d'aller en masque ce jour-là (1). Brantôme nous montre aussi, vers la même époque, le grand prieur, frère du fameux duc de Guise, parcourant la ville dans une mascarade, « monté sur un barbe, habillé fort gentiment en femme égyptienne,... en son bras gauche ayant une singesse emmaillotée comme un petit enfant ».

Interrompu et troublé pendant la guerre civile et le siège de Paris, le carnaval reprit avec une nouvelle fougue en

---

(1) L'Estoile, *Journal de Henri III*, édit. de Cologne, 1720, in-12, pp. 17, 56 et 67.

1595, au retour de la paix : on le célébra de toutes parts à l'aide de force ballets, travestissements et collations. Charles de Lorraine, quatrième duc de Guise, qui s'était rallié à Henri IV, courut les rues en compagnie de Vitry, avec dix mille insolences, comme s'exprime la chronique. Jamais il n'y avait eu plus de luxe dans les divertissements de la cour, ni plus d'entrain dans les folies de la ville. Le peuple et les gentilshommes s'attendaient à voir le Béarnais y prendre une large part, comme son prédécesseur : il n'en fut rien pour cette fois; mais il se mêla activement au carnaval de 1597, et durant la première nuit parcourut avec une troupe de courtisans, masqués comme lui, toutes les *compagnies* de Paris (1).

Au dix-septième siècle, les *momons*, c'est-à-dire les visites faites dans les maisons où il y avait bal, par les troupes de masques qui venaient y danser, y porter un défi au jeu de dés et faire des cadeaux de dragées aux dames, étaient encore très en usage. L'auteur anonyme de la *Suite du Roman comique* a décrit un *momon* en ces termes : « Le soir (du dimanche gras), je me masquai avec trois de mes camarades, et je portois le flambeau, croyant que par ce moyen je ne serois pas connu, et nous allâmes dans le parc. Quand nous fûmes entrés dans la maison, la du Lys regarda attentivement les trois masques, et, ayant reconnu que je n'y étois pas, elle s'approcha de moi, à la porte où je m'étois arrêté avec le flambeau, et, me prenant par la main, me dit ces obligeantes paroles : « Déguise-toi de toutes les façons « que tu pourras t'imaginer, je te connoîtrai toujours faci- « lement. » Après avoir éteint le flambeau (2), je m'approchai de la table, sur laquelle nous posâmes nos boîtes de

---

(1) L'Estoile, *Journal de Henri IV*. (Collection Michaud, XV, pp. 259 et 261.)
(2) Le 52ᵉ *Arrêt d'amour*, dont nous avons parlé plus haut, ordonne aux masques qui composent ces *momons* d'éteindre leurs flambeaux quand ils entrent dans une maison où il y a une lumière suffisante.

dragées et jetâmes les dés. La du Lys me demanda à qui j'en voulois, et je lui fis signe que c'étoit à elle ; elle me répliqua : qu'est-ce que je voulois qu'elle mît au jeu, et je lui montrai un nœud de ruban que l'on appelle à présent *galant*, et un bracelet de corail qu'elle avoit au bras gauche... Nous jouâmes, et je gagnai, et je lui fis un présent de mes dragées (1). »

Ce passage a le mérite d'indiquer les diverses acceptions du terme *momon*, qui désignait la mascarade, les cadeaux et le jeu dont elle était accompagnée, plus spécialement, dans l'origine, le jeu aux dés qui en faisait la base essentielle.

Le jeu de dés se retrouve, avec le même rôle principal, dans plusieurs particularités de l'ancien carnaval. Ainsi, après l'audience du grand conseil, le jour du mardi gras, la cour jouait aux dés sur le bureau même du greffier, en présence du public assemblé :

« Le premier huissier apportoit le cornet au premier président, qui commençoit. Le premier président passoit ensuite les dés au magistrat qui venoit après lui, et ainsi de suite (2). » Cette cérémonie singulière, dont l'origine se perdait « dans la nuit des temps » et qui fut solennellement reprise le 14 février 1777, après une suspension de quelques années (3), avait certainement une signification symbolique et satirique : la justice elle-même, dans un épanchement de franchise en rapport avec le jour, semblait sous masque avertir les plaideurs qu'elle est plus aveugle encore que ne le disait la fable. On sait, pour le dire en passant, que ce n'était pas la seule manière dont la justice célébrait la fête de Carême-prenant : qu'il nous suffise de rappeler la *cause grasse*.

---

(1) *Roman comique* (Bibl. elzevir., t. II, p. 230). Borel dit, dans son *Trésor*, que *momon* signifie proprement une pelote que portaient en parade ceux qui faisaient les notables mascarades, comme si c'eût été un paquet d'argent.
(2) Am. Ponthieu, *les Fêtes légendaires*, p. 48.
(3) *Carnavaliana*.

Dans l'*Étourdi* de Molière (1653), un *momon* est mis en scène d'une façon assez plaisante à la fin du 3ᵉ acte (fig. 49). Léandre a formé le projet d'enlever Célie à l'aide d'un déguisement et Ergaste, qui a surpris son dessein, vient le raconter à Mascarille, valet du rival de Léandre :

> . . . . Je suis averti
> Qu'il a mis ordre à tout, et qu'il se persuade
> D'entrer chez Trufaldin par une mascarade,
> Ayant su qu'en ce temps, assez souvent, le soir,
> Des femmes du quartier en masque l'alloient voir.

Aussitôt Mascarille se décide à le devancer et à enlever la fille pour le compte de son maître Lélie ; mais celui-ci, instruit à son tour de l'entreprise que médite Léandre, va prévenir le père de Célie, et quand il voit arriver Mascarille et sa suite, masqués, il les raille, croyant avoir affaire à la bande de son rival :

> Masques, où courez-vous ? Le pourroit-on apprendre ?
> Trufaldin, ouvrez-leur pour jouer un momon.
>
> *A Mascarille, déguisé en femme.*
>
> Bon Dieu, qu'elle est jolie, et qu'elle a l'air mignon !
> Eh quoi ! vous murmurez ! mais, sans vous faire outrage,
> Peut-on lever le masque et voir votre visage ?
>
> TRUFALDIN.
>
> Allez, fourbes, méchants ! retirez-vous d'ici,
> Canailles !

Lélie reconnaît alors Mascarille, et se livre au désespoir. Mais ils se sauvent en entendant du bruit : c'est la bande de Léandre qui arrive à son tour, également masquée :

> TRUFALDIN.
>
> Quoi ! masques toute nuit assiégeront ma porte !…
> La belle est dans le lit, et ne peut vous parler ;
> J'en suis fâché pour vous. Mais pour vous régaler
> Du souci qui pour elle ici vous inquiète,
> Elle vous fait présent de cette cassolette.
>
> LÉANDRE.
>
> Fi ! cela sent mauvais, et je suis tout gâté.

A la fin des *Fâcheux,* on voit aussi une troupe de masques frapper à la porte de Damis, et entrer avec des *crincrins* et

Fig. 49. — Un *momon,* d'après la gravure de P. Brissart pour l'*Étourdi* de Molière, édit. 1682.

des tambours de basque. *Monsieur de Pourceaugnac* se termine par un divertissement de la même façon.

Regnard met également, dans le *Bal,* un *momon* sur la scène, et il fait enlever Léonor par une bande de *carêmes-*

prenants. Du reste, les masques et le carnaval jouent très souvent un rôle dans les comédies de Regnard, et la plupart de ses petites pièces sont, pour ainsi dire, des pièces de jours gras.

Dans le cours du dix-septième siècle, du moins vers la fin, le carnaval supplanta et remplaça à lui seul les autres fêtes qui lui faisaient concurrence. Il ne fut plus permis de se masquer publiquement qu'à cette seule date, où tous les genres de divertissements, — la foire Saint-Germain, la cause grasse, les jeux des Halles, etc., — étaient accumulés. Le principal lieu de rendez-vous des masques était le faubourg et la porte Saint-Antoine, auxquels se joignit, un peu plus tard, la rue Saint-Honoré. Le peuple à pied et les seigneurs en carrosse accouraient en foule sur le boulevard, surtout le jour du lundi gras, pour jouir de ce spectacle, et ils regardaient défiler dans un tohu-bohu inexprimable, dont notre carnaval dégénéré ne peut donner qu'une idée fort insignifiante, les troupes de joyeux compagnons déguisés en ânes, en ours, en mulets, en chiens, en loups; les chevaux montés sur les taureaux, les taureaux en croupe sur les chevaux, les faux matelots, les faux mousquetaires, les carrosses de masques jetant à pleines poignées des dragées et d'autres choses encore aux dames, à la foule et dans les fenêtres des appartements (1). Les monstres de toute sorte, les satyres, les diables, les hommes doubles, les dieux mythologiques, les héros de la fable et de l'histoire, les masques allégoriques, raillant M. Purgon ou Perrin Dandin comme une comédie en action, les bergers et les bergères, les Scaramouches et tous les personnages de la comédie italienne, parmi lesquels circulaient sans cesse les marchands de masques et de gâteaux, couraient, grimaçaient, criaient, s'attaquaient.

---

(1) SAUVAL, t. I, l. VI, ch. *Autres places*, et *Porte Saint-Antoine, Spectacl. et Divertiss.* — NEMEITZ, *Séjour de Paris*, t. I, pp. 164, 222-237, édit. de 1727, in-12. — SAVARON, *Traicté contre les masques*, p. 28.

Ces masques étaient souvent

> Accompagnez les uns de musique de voix,
> Les autres de viollons, flageollets et hautbois,
> Les phifres, les tambours, les trompettes gaillardes (1).

On figurait probablement aussi la bataille symbolique de Mardi-Gras contre le Carême, et l'enterrement de celui-là par celui-ci. Les tableaux et gravures qui nous restent de ces luttes mémorables, les descriptions animées que nous ont laissées une foule de vieilles facéties sur ce thème rabelaisien cher à leur imagination, semblent indiquer suffisamment que tout cela se traduisait en action dans les rues, et que, le soir du dernier jour, le combat s'engageait entre Carême, avec son visage de prune cuite, son corps de morue et son artillerie de légumes, secondé de Pain-Sec et Hareng-Sauret, et le joyeux colosse Mardi-Gras, escorté de ses suppôts Pansard, Crevard et Saucissois, ayant au cou une guirlande de godiveaux et de jambons, entouré d'une écharpe de cervelas et d'autres *allumettes à vin*, la tête coiffée d'une marmite, portant deux chaudrons devant et derrière, une poêle à son flanc, une cuiller à la ceinture en guise de poignard, pour cuissard une lèchefrite, enfin tout enharnaché de bouteilles. Mardi-Gras, vaincu, était jeté à l'eau ou brûlé en grande pompe, au milieu du fracas des casseroles, des bêlements de veaux, d'agneaux, de chèvres, de brebis, des mugissements de bœufs, des grognements de pourceaux, coquelinements de coqs, coquassements de poules, piaulements de poulets, pipiements de pigeons, tintamarre de poêles, chaudrons, pots, marmites, crémaillères, poêlons, cuillers. Quelquefois la bataille se changeait en un plaidoyer bouffon, à la suite duquel Mardi-Gras était condamné à faire amende honorable à Carême,

(1) *Oraison funèbre de Carême-prenant*, 1623.

la hart de fèves au col, un cierge d'abstinence à la main, puis banni du royaume pour quarante jours (1). Mais le Carême à son tour finissait par être brûlé la veille de Pâques, aux applaudissements des bouchers qui rentraient en scène et donnaient la chasse à son cortège de marchands de poissons.

Le gazetier Loret a décrit dans son style burlesque le carnaval de 1665, à l'époque la plus florissante du règne de Louis XIV. Il évalue à quatre mille les masques de la Saint-Antoine :

> Les uns ressembloient des Chinois,
> Des Margajats, des Albanois,
> Des amazones, des bergères,
> Des paysannes, des harengères,
> Des clercs, des sergents, des baudets,
> Des gorgones, des farfadets,
> Des vieilles, des saintes-n'y-touches,
> Des Jean Doucets, des Scaramouches,
> Des gens à cheval dos à dos,...
> Et, ce qui causoit des extases,
> Des carrosses couverts de gazes
> Après qui couroient des enfans,
> Et des chariots triomphans
> Tout remplis de tendres fillettes...

Outre la porte Saint-Antoine, le cours la Reine, ouvert par Marie de Médicis en 1628, n'avait pas tardé non plus à devenir un des centres favoris du carnaval, quand il eut été pleinement adopté par la mode. Sur la fin du règne de Louis XIV, les fêtes nocturnes du Cours, pendant cette époque consacrée à la joie, étaient en grande vogue. Toute la nuit, les masques circulaient dans les allées illuminées; les intrigues se nouaient, les rires et les gais propos se mêlaient au bruit des concerts; l'orchestre des bals retentis-

---

(1) *Exil de Mardy Gras...* 1603, in-8°; l'*Ouverture des jours gras, ou l'Entretien du Carnaval*, 1634; *Oraison funèbre de Caresme prenant*, 1623 (dans les *Variétés hist. et littér.*, recueillies par Ed. Fournier, t. II, III et V). V. aussi, auparavant, le fabliau : *la Bataille de Carême et de Charnage*.

sait de toutes parts sous les arbres, et les cabarets de Chaillot et des Champs-Élysées se remplissaient de convives travestis, faisant le réveillon jusqu'au matin (1).

Fig. 50. — Le Cabaret de Ramponeau à la Courtille, vu de l'extérieur. D'après une estampe populaire du XVIIIe siècle.

Sous la régence, le règne du carnaval s'affermit et s'é-

(1) Sur ces *Nuits blanches*, comme on les appelait, on peut lire la comédie de Dancourt : *les Fêtes nocturnes du Cours*, jouée en 1714.

tend, et le bonhomme Barbier n'a garde d'oublier, dans son *Journal*, les principales mascarades populaires de cette époque d'étourdissement, où le plaisir était devenu la grande affaire des gouvernants et des gouvernés. Parfois elles étaient organisées sur un pied somptueux par de hauts personnages, comme en 1732, où l'ambassadeur de Venise, Mocenigo, fit circuler par les rues un vaste char en forme de gondole, dont le ventre était de carton bleu doré, et qui se terminait en haut par une grande coquille, sur lequel il avait groupé plus de vingt personnes en habits de caractères, jouant de toutes sortes d'instruments, avec un postillon et un cocher masqués. On ne voyait pas les roues de la gondole, que menaient six beaux chevaux, précédés de dix cavaliers représentant des nations diverses. Deux cors de chasse, un timbalier et deux trompettes répondaient à la symphonie du char. La même année, le carnaval fut très animé : on se porta en foule aux bals de l'Opéra, et les carrosses abondèrent à la porte Saint-Antoine. Il en fut encore de même en 1754.

S'il faut en croire le *Journal de police* (1), ce fut souvent cette dernière institution, prête à tous les genres de service, qui se chargea, sous le règne de Louis XV, de suppléer à la joie populaire en organisant elle-même de bruyantes exhibitions pendant le carnaval. Le peu de masques qui se montrèrent par les rues, en février 1743 passèrent en particulier pour avoir été payés par elle, afin de cacher la fermentation des esprits à propos des ordonnances sur le tirage de la milice. Vers la fin du règne, surtout, on eut besoin de recourir souvent au même artifice; et le carnaval, qui avait complètement perdu dans les tristesses et les misères croissantes de cette longue période, le joyeux éclat dont il était si fier quarante ans

---

(1) Imprimé à la suite du *Journal de Barbier*, dans l'édit. Charpentier, in-12.

auparavant, ne se soutenait plus que par le concours actif de la police.

Il retrouva toute sa gaîté au début du règne de Louis XVI. La Courtille et les Porcherons présentaient le spectacle le plus incroyablement animé pendant toute la durée du carnaval. Marie-Antoinette s'y laissa plus d'une fois conduire incognito par le comte d'Artois, et elle avouait ne s'être

Fig. 51. — Mystification de carnaval; d'après un éventail du XVIIIᵉ siècle, peint sur parchemin. Collection de M. Bonnardot.

jamais tant amusée que certaine nuit de mardi-gras, au spectacle d'une *course* effrénée, comme on disait alors, ou d'un galop, comme on dirait aujourd'hui, dans le bal populaire du grand salon des Porcherons. En 1782, la foule des masques dépassa tout ce qu'on avait jamais vu (1). Mais, en redoublant d'entrain, le carnaval redoubla également de licence, et la grossièreté, qui est son élément naturel, y

(1) *Mémoires secrets*, t. XX, p. 81.

dominait sans entraves. Mercier (1) nous a rapporté quelques-uns des principaux divertissements au moyen desquels la foule célébrait alors les jours gras : les *niches* et les *attrapes* ordurières y jouaient toujours un grand rôle, et de ce côté le carnaval faisait concurrence au poisson d'avril. C'était, par exemple, des morceaux de fer brûlant qu'on jetait à terre, ou des pièces de monnaie qu'on clouait sur le pavé, pour rire aux dépens des dupes; des torchons, des écriteaux de papier, des plaques blanches de formes bizarres qu'on attachait au dos des vieilles femmes, des rats qu'on dessinait à la craie sur les habits des passants, en les frappant d'une batte qui s'est vendue à cet effet dans les rues jusqu'en 1830, plaisanterie traditionnelle qui s'était transmise de siècle en siècle (fig. 51). On gâtait les robes des dames qui passaient dans la rue, surtout des plus richement habillées, en leur jetant de la boue, des eaux grasses et des ordures. Les marchands d'estampes n'affichaient que des gravures de garde-robe, et les colporteurs de billets de loterie offraient aux passants des billets imprimés, qui se trouvaient ne contenir qu'une mystification dégoûtante dès qu'ils les approchaient de leurs yeux (2).

Lemierre, dans ses *Fastes* (1779), a chanté et décrit le spectacle que présentait, à peu près à la même époque, ce carnaval universel :

> Vers ces remparts témoins des combats de la Fronde,
> Sur tes pas, ô Folie, un peuple oisif abonde ;
> Des tambours dans les mains de ces êtres falots,
> Étouffent par leur bruit le son de tes grelots.
> C'est là que se rallie, au cri du ridicule,
> Le peuple travesti qui dans nos murs circule ;
> C'est là qu'un vaste amas de bouffons renaissants,
> En délire, en tumulte, attroupe les passants.
> Aux fêtes de Bacchus je crois voir les Ménades.
> Le sage avec l'enfant rit à ces mascarades ;
> Les sexes sont changés : l'homme endosse un corset

---

(1) *Tableau de Paris*, t. IV, ch. LXXIV (in-12).
(2) Id., *ibid.* — Restif de la Bretonne, *les Nuits de Paris*, 166e et 167e nuits.

> Dont sa large carrure a rompu le lacet;
> La femme en spadassin affectant la rudesse,
> De ses souples contours décèle la mollesse;
> Quelques-uns de la brute ont emprunté les traits,
> Ont dépouillé tout l'homme, à la sottise près,
> Et l'on croit voir errer, sous ces formes factices,
> Les amis ruminants du malheureux Ulysse.
> Ce char appesanti qui chemine à pas lents,
> Est surchargé partout de bouffons pétulants;
> Des moqueurs bigarrés grimacent aux portières,
> Joyeusement bannis du peuple en fourmilières;
> D'autres, enrubanés de diverses couleurs,
> Mènent en laisse un bœuf tout pomponné de fleurs.

Les modes et les événements courants fournissaient souvent la principale matière des divertissements du carnaval. Presque chaque année, les déguisements prenaient un caractère particulier, sous l'empire de telle ou telle circonstance récente. C'est ainsi qu'en 1783, on ne vit par les rues que des chars funéraires de Marlborough et cent farces analogues, parce que la vieille chanson sur ce sujet venait d'être remise à la mode par la nourrice du Dauphin, et transportée sur la scène dans deux pièces d'Audinot et de Nicolet. On assure aussi que, après sa dissolution, le conseil général du fameux régiment de la Calotte, — cette société satirique constituée sous le patronage du dieu Momus, pour décerner des brevets à tous ceux qui s'étaient distingués par un acte extravagant ou ridicule et les enrôler de force dans ses rangs, — se réunissait encore tous les ans au carnaval sur la voie publique, pour y mettre ses épigrammes en action par des masques et des travestissements, aidés d'allures et de gestes d'une signification transparente. Il serait curieux, mais assez difficile, de suivre ainsi les transformations du carnaval selon l'occurrence, son appropriation aux mœurs, aux hommes et aux choses du jour, dans les limites où l'enfermaient les ordonnances de police.

Les mascarades furent défendues de 1790 (1) à 1798, et

(1) Le département de la police a défendu les mascarades d'après la demande de

la résurrection du carnaval, en 1799, atteignit les proportions d'un grand délire populaire. Les marchands de masques et de travestissements, littéralement assiégés par une foule avide de se reprendre aux joies et aux folies oubliées, eurent grand'peine à suffire aux demandes. Le premier consul favorisa ces fêtes de tout son pouvoir. Il n'était pas fâché d'amuser le peuple, pour le dominer plus sûrement.

Le mardi gras de 1808, grâce aux circonstances favorables, eut un éclat inaccoutumé. Une mascarade satirique, dirigée contre le système de Gall, arrivé à Paris depuis le mois de novembre précédent, pour ouvrir un cours public à l'Athénée, parcourut les rues de la ville; et la police, se conformant à l'aversion bien connue du maître pour les *idéologues* et au ton donné par la plupart des journaux, lui laissa un libre cours. Un paillasse portait plusieurs crânes en carton de diverses grosseurs et diversement peints, avec ces inscriptions : crâne d'un voleur, crâne d'un assassin, crâne d'un banqueroutier. Un masque représentait Gall lui-même, monté sur un âne, la tête du côté de la queue, recevant des têtes à perruque couronnées de chiendent des mains d'une mère Gigogne qui le suivait.

Vers la fin de la restauration, le succès des romans de Walter Scott mit à la mode les mascarades historiques. La duchesse de Berry avait donné l'exemple en organisant une grande fête travestie, chargée de représenter l'arrivée de Marie Stuart aux Tuileries pour épouser le Dauphin de France. Elle eut des imitateurs qui se piquèrent d'émulation, et l'on put voir jusque sur les boulevards des cortèges et des cavalcades, comme il y en a encore aujourd'hui dans certaines villes de province, qui mettaient en scène les tableaux tracés par la plume de M. de Marchangy et du vicomte d'Arlincourt.

plusieurs districts... Il est même défendu d'étaler, de vendre et de louer des masques et habits de masques. (PRUDHOMME, *Révolut. de Paris*, n° du 13 février 1790.

Sous la monarchie de Juillet, on vit reparaître les mascarades satiriques, et la licence du carnaval se déploya à diverses reprises dans des proportions qu'elle n'avait peut-être jamais atteintes et certainement jamais dépassées. Le 14 février 1831, tandis qu'on saccageait l'archevêché, de brillantes bacchanales égayaient les boulevards. Le cortège du bœuf gras passait sur le quai Pelletier pour se rendre à l'Hôtel de ville, au moment où une foule furieuse brisait les glaces et les meubles, mettait les tentures, les étoffes, les ornements sacerdotaux en pièces, jetait les livres dans la Seine, encensait dérisoirement l'image de l'archevêque. Les curieux échelonnés tout le long du quai se partageaient entre les deux spectacles. « La garde nationale avait la plus grande peine à contenir ici la fureur du peuple, et là ses joyeux transports. Shakespeare, Swift, Jean Paul n'ont jamais risqué de transitions si hardies (1). Au sortir de la séance de la Chambre où avait été apportée la nouvelle de l'ignoble émeute : « Je vais voir les masques, » dit le ministre des affaires étrangères qui avait son hôtel sur le boulevard où les mascarades se déployaient dans tout leur éclat. C'est M. Dupin qui nous apprend ce mot historique dans ses *Mémoires*, et il eût été vraiment dommage que la postérité en fût privée.

L'année suivante, le carnaval fut surveillé par la police avec une attention toute spéciale, non seulement à cause des désordres auxquels il avait donné lieu l'année précédente à Paris, mais à cause de l'agitation politique et des facilités qu'il offrait aux fauteurs de troubles : « On s'attendait à une émeute pour le mardi gras, écrit Henri Heine à la *Gazette d'Augsbourg* le 25 mars 1832. Grenoble (où la foule s'était soulevée contre un régiment qui voulait réprimer une mascarade politique) a prouvé quelle facile occasion peut four-

---

(1) L. Boerne, *Lettres sur Paris*.

nir une mascarade. — Comme cet hiver est le premier que j'aie passé à Paris, je ne puis décider si le carnaval de cette année a été aussi brillant que le gouvernement s'en vante, ou triste comme l'opposition le déplore. » Ainsi le carnaval était devenu une manifestation politique, que les divers partis s'efforçaient de confisquer à leur profit; on s'en aperçoit mieux encore par la suite du récit. Heine se laisse guider sur les boulevards par un ami millionnaire et philippiste, qui veut lui faire voir tout en beau :

« Voyez comme le peuple est heureux! » me disait mon compagnon en me montrant les nombreuses voitures chargées de masques qui poussaient des cris de joie et se livraient aux folies les plus gaies. Les boulevards offraient réellement un aspect bariolé tout à fait récréatif et je me souvenais du vieux proverbe : « Quand le bon Dieu s'ennuie dans le ciel, il ouvre la fenêtre et regarde les boulevards de Paris. » Il me semble seulement qu'il y avait plus de gendarmes qu'il ne fallait pour un jour de joie innocente. Un républicain que je rencontrai me gâta mon plaisir en m'assurant que la plupart des masques, ceux-là même qui se démenaient le plus plaisamment, avaient été payés par la police, afin qu'on ne se plaignît pas de ce que le peuple ne s'amusait plus. Jusqu'à quel point cela peut être vrai, je ne le déciderai pas. Les masques mâles et femelles paraissaient s'en donner sincèrement à cœur joie, et si la police les payait en outre tout exprès, la police était bien aimable. Ce qui pouvait trahir son influence était le langage de ces hommes du peuple et des filles qui, sous les costumes de cour qu'ils avaient loués, avec leur rouge et leurs mouches, parodiaient les belles manières du régime précédent, s'affublaient de beaux titres et de grands noms carlistes, jouaient de l'éventail et se pavanaient avec des mines de cour si parfaites, que je me rappelai involontairement les augustes cérémonies que dans mon enfance j'avais eu l'honneur d'admirer du haut d'une galerie. »

Le carnaval de 1833, malgré une pluie battante, fut peut-être le plus fou de tous. On y vit figurer des équipages de grands seigneurs, attelés de quatre ou six chevaux, avec piqueurs en habits de chasse sonnant des fanfares, des chars de théâtre conduits par des chevaux savants qui marchaient en cadence au son d'un orchestre jouant l'ouverture de *Guillaume Tell*, une grande et riche voiture pleine de dames jetant à la foule des paquets de dragées, un homme à cheval en costume moyen âge, avec une aumônière de velours, où il puisait à poignées des pièces de cinq francs, qu'il jetait au populaire (1).

En 1836, le carnaval s'en prit, non plus à Gall ou à quelque autre personnage privé, non pas même à l'ancien régime, mais au gouvernement. Des cortèges d'une audace et d'une licence tout aristophanesques, qui rappelaient la *Mère folle* de Dijon, parcoururent les boulevards au milieu des risées de la foule, et les masques bouffons qui représentaient Louis-Philippe et ses ministres purent circuler partout sans être inquiétés.

Le règne de Louis-Philippe fut d'ailleurs l'âge d'or du carnaval. C'est de cette époque que datent la grande vogue et la renommée *sui generis* de la descente de la Courtille. Les masques populaires, qui avaient passé la nuit du mardi gras dans tous les cabarets et les bals de Belleville, particulièrement chez Desnoyers, aussi fameux en son genre que jadis Ramponneau, descendaient tumultueusement à Paris la matin du mercredi des Cendres, au petit jour, et les curieux venaient assister à ce spectacle hideusement pittoresque, à ce Longchamp du carnaval (fig. 51). Pendant deux ou trois heures, tout le long du faubourg du Temple, le flot infect coulait sans interruption. C'était comme un débor-

(1) *Les Cent et un*, XI, 49.

dement d'égout, un déballage immense d'oripeaux en haillons, un vomissement de masques avinés, débraillés, sauvages, les uns à pied, les autres en voitures découvertes, ou juchés sur le siège et sur le haut des voitures, comme sur un piédestal d'où ils insultaient les passants. Les disputes ignobles, les cris dégoûtants, les ripostes poissardes, les chansons obscènes, les hurlements, les vociférations de tout genre s'élevaient de cet océan fangeux de pierrettes, de laitières, de vivandières, de marquises, de bergères, de paillasses, de chiffonniers, de turcs, de débardeurs, de chicards, de flambards, d'arlequins, enfarinés, souillés de vin et de boue, coiffés de perruques en étoupes ou en filasse, de casques, de toquets, de claques prodigieux, de plumets gigantesques, de panaches ondoyants, remué tout à coup par des houles profondes et où les sergents de ville plongeaient parfois pour en rapporter une cauchoise écrasée, un polichinelle ou un troubadour dont la poitrine venait d'être trouée d'un coup de couteau.

Les folies du riche et excentrique Anglais lord Seymour sont demeurées légendaires. Tout ce qu'on en raconte est loin sans doute d'être parfaitement authentique : on avait fini par lui attribuer toutes les extravagances qui se produisaient et les chroniqueurs ne se faisaient pas faute d'en ajouter de nouvelles, qui n'existaient que dans leur imagination. Mais on ne prête qu'aux riches. Bien qu'on ait prétendu parfois que le héros de ces mascarades fût un valet de chambre qui ressemblait à son maître, il est certain qu'il figura lui-même à diverses reprises dans les salons de Desnoyers, où il s'amusa une nuit à distribuer des cigares détonants, puis dans des descentes de la Courtille et dans des divertissements carnavalesques où la foule se groupait autour de sa voiture, et où on le vit un jour jeter aux badauds des pièces d'or brûlantes qu'il avait fait chauffer dans la cuisine de l'établissement. Il donnait le branle à une bande

HISTOIRE DU CARNAVAL.   247

d'étourdis comme lui, qu'il entraînait à sa suite et qui rivalisaient de folies.

Les histoires qu'on rapporte sur son compte sont tellement innombrables et si peu édifiantes que nous nous bor-

Fig. 51. — Descente de la Courtille, le matin du mercredi des Cendres.

nerons à en choisir un petit nombre qui suffiront à donner une idée des autres.

Un jour, dit-on, lord Seymour eut l'idée d'atteler à six chevaux un immense break, où il entassa des moutons ornés de faveurs multicolores, et il parcourut toute la ligne des boulevards en cet équipage. Il conduisait lui-même, en habit noir et cravate blanche, avec le plus imperturbable sérieux.

Un autre jour, il se déguisa en cocher de fiacre, et, dans cet équipage, s'en vint, un matin de mardi gras, au café Anglais. Là, il s'approcha de la caissière, et, changeant sa voix, demanda un verre de vin sur le comptoir. Si bien grimé qu'il fût, la caissière le reconnut, mais elle dissimula.

— Donnez un verre de vin à ce brave homme, dit-elle au garçon.

Lord Seymour avala son verre, déposa trois sous sur le comptoir.

— Pardon, fit la caissière en souriant, c'est cent francs, mylord... pour les garçons !

Rappelons encore le char gigantesque organisé par le journal *l'Époque* au carnaval de 1847 en guise de réclame. Des garçons bouchers refusés au cortège du bœuf gras, des figurants, des apprentis typographes étaient chargés d'y symboliser tous les corps d'état que fait vivre la presse et de représenter les personnages du roman de Paul Féval, *le Fils du Diable*, que publiait alors le journal.

On pouvait espérer qu'après le coup d'État, le carnaval allait retrouver les splendeurs de ces belles années. Il ne manquait pas, dans le Jockey-club et ailleurs, de jeunes émules de lord Seymour tout disposés à renouveler les exploits de ce vénérable ancêtre. Le duc de Gr. Cad., qui mourut à la fleur de l'âge pour avoir vécu trop vite, semblait l'homme prédestiné pour continuer ces illustres exemples. Il avait noblement débuté, si c'est bien à lui, comme je le crois, que se rapporte le trait suivant, recueilli dans les journaux de 1852 :

Le mardi-gras de cette année-là, on conduisit au poste de la rue Drouot un individu costumé en Mohican. Il semblait complétement ivre et battait les murs. Le matin, on lui demanda son nom :

— Le duc de C***, répondit-il.

— Voyons, dit le chef de poste, n'aggravez pas votre position par de mauvaises plaisanteries !

— Je ne plaisante pas. Vous allez du reste en avoir la preuve. Prévoyant que je coucherais au poste, j'ai dit à ma voiture de venir m'y chercher à neuf heures.

Cinq minutes après, en effet, arrivait un magnifique équipage à deux chevaux, avec cocher et valet de pied, et M. le duc de C***, toujours en Mohican, y monta, après avoir été respectueusement réclamé par son cocher.

Un si éclatant début semblait autoriser les plus belles espérances, et les mânes de *mylord Arsouille*, comme le peuple surnommait lord Seymour, en avaient tressailli dans leur tombe; mais ces promesses ne furent pas tenues et, en dehors du cortège *officiel* du bœuf gras, le carnaval resta généralement fort terne et alla toujours en déclinant pendant le second empire.

II

Le bœuf gras.

On a fait une foule de dissertations aussi ingénieuses que peu concluantes sur les origines de la mascarade du bœuf gras. Les gens qui voient partout des questions de zodiaque et des fêtes solsticiales, comme ce brave Dulaure, saluent dans le bœuf gras le taureau sacré de l'équinoxe du printemps. D'autres, qui ne sont pas les moins plaisants, sans remonter jusqu'au zodiaque, vont jusqu'au bœuf Apis pour y trouver le prototype du bœuf gras. Il est vrai qu'il était interdit, sous peine de mort, de toucher au bœuf Apis, tandis que la marche triomphale du bœuf gras aboutissait fatalement à l'abattoir; mais ils ne s'embarrassent pas de si peu. C'est, à ce qu'il me semble, se donner bien du mal pour se tromper.

Je laisse de côté les autres interprétations, également tirées par les cheveux, de ce mythe populaire, qui me semble s'expliquer de lui-même, pourvu qu'on ne soit point travaillé de la manie d'aller toujours chercher en Grèce ou en Chine les origines des usages modernes. Au lieu de regarder le bœuf gras comme un successeur du taureau mithriaque et un témoignage persistant du culte que les Parisiens rendaient au soleil, il est plus simple d'y voir le symbole naturel du carnaval, qui s'en va pour faire place au carême : il représente en sa marche triomphale, au bout de laquelle le Capitole se confond pour lui avec la roche Tarpéienne, les derniers jours de la boucherie faisant solennellement ses adieux au peuple de Paris.

Qui sait si la procession du bœuf gras n'a pas été, dans son origine, la fête de la corporation des bouchers? Tous les corps de métiers, au moyen âge, avaient leurs solennités et leurs démonstrations publiques; celui des bouchers devait avoir aussi la sienne, et de cette façon la nature de la cérémonie, son point de départ qui était la boucherie de l'Apport-Paris, c'est-à-dire la plus ancienne, la plus riche et longtemps la seule; enfin la date à laquelle elle revenait chaque année, tout cela s'explique très logiquement. Mais s'il en était ainsi, la promenade du bœuf gras devait autrefois, comme toutes les fêtes des corporations, se mêler d'une partie religieuse qui en a disparu.

On prétend, il est vrai, que lorsqu'on saisit les premières traces de cette coutume, elle était un simple divertissement auquel les bouchers n'avaient aucune part directe, et que ceux-ci ne commencèrent à fournir le bœuf qu'au quinzième siècle, c'est-à-dire après qu'on eut rétabli la grande boucherie de l'Apport-Paris. On ajoute que les boucheries ajoutées à celles qui existaient déjà, par lettres-patentes du mois de février 1587, vinrent donner une nouvelle force à l'usage et un nouvel éclat au cortège, en tenant à honneur de rivaliser sur ce chapitre avec les anciennes et même de

Fig. 52. — Marche du bœuf gras, d'après un vitrail du XVIᵉ siècle, à l'église de Bar-sur-Seine (Aube).

les vaincre, et que c'est plus tard seulement que les bouchers, enfin unis en corporation, organisèrent à frais communs le cortège du bœuf gras. Mais on serait embarrassé d'établir tout cela sur des documents précis et incontestables. Ce qui résulte de cette diversité d'opinions, c'est que la question est fort obscure dans ses origines, et qu'on ne peut guère essayer de constituer celles-ci que par le raisonnement ou l'imagination.

Un célèbre jurisconsulte napolitain, qui écrivait à la fin du quinzième et au commencement du seizième siècle, Alexander ab Alexandro, dans son traité des *Jours de fête* (1), parle avec quelques détails de la procession du bœuf gras chez nous, et il la rattache aux anciennes cérémonies druidiques. Mais, après lui, les documents sur la procession du bœuf gras dans les rues de Paris font défaut jusqu'au dix-huitième siècle, et c'est même à cette dernière date que commencent, à proprement parler, les documents nationaux. Rien auparavant ou à peu près rien, dans les chroniqueurs les plus minutieux, dans les satiriques et les moralistes, dans les plaquettes et facéties, dans les écrits même qui roulent spécialement sur les plaisirs du carnaval. Ce serait à croire que cette cérémonie est d'institution toute récente, et que Paris ne la connaissait pas autrefois, si, d'une part, le contraire n'était attesté par une tradition constante et par la force même de cet usage, entré profondément dans les goûts et les besoins du petit peuple parisien, et qui n'a pas, d'ailleurs, à l'examiner de près, la physionomie d'une fête de création moderne; si, d'autre part, à défaut d'indications plus précises, on ne trouvait dans quelques vieux auteurs des allusions indirectes, ou tout au moins des locutions, des tournures de phrases qui ne peuvent guère s'expliquer que par l'existence de cette procession, et qui n'eussent point existé sans elle. Ainsi, parmi les jeux auxquels s'amusait Gargantua, Rabelais nomme le jeu du *bœuf violé*, et ce jeu était évidemment une espèce de représentation de la

---

(1) ALEXANDRI DE ALEXANDRO *Dies geniales*. Rome, 1522, in-folio. Il y en a eu des éditions, avec commentaires, à Lyon et à Paris.

cérémonie du bœuf gras, nommé *bœuf violé* ou *viellé*, quelquefois même *villé*, parce qu'il était promené par la *ville*, au son des *vielles* et des *violes*. Le même jeu, ou un jeu

Fig. 53. — Marche du bœuf gras, d'après la gravure de Gabriel de Saint-Aubin.

analogue se trouve appelé le *bœuf-mori*, dans plusieurs documents de la même date : des enfants couronnaient de fleurs un de leurs compagnons, puis le conduisaient avec pompe et en chantant au lieu du sacrifice, où ils faisaient semblant de le mettre à mort. Tout cela indique évidemment l'existence de la procession du bœuf gras, et peut-être même est-ce parce que cette coutume était trop'ancienne et trop enracinée dans la tradition que nos auteurs n'ont pas songé à la décrire.

Franchissons donc d'un bond la distance qui nous sépare du dix-huitième siècle, et arrivons à la première description proprement dite que nous rencontrions de la cérémonie du bœuf gras.

On a reproduit à satiété celle du cortège qui eut lieu en l'an 1739, et nous ne pouvons nous dispenser d'y revenir nous-même encore, car ce fut un des plus mémorables dont l'histoire fasse mention. Cette année-là, les garçons bouchers, devançant d'un jour la date ordinaire de la fête, promenèrent par la ville, dès le mercredi matin, veille du jeudi gras, un bœuf ayant sur la tête une grosse branche de laurier cerise, et recouvert d'un tapis qui lui servait de housse. Sur son dos se tenait assis un enfant avec un long ruban bleu en écharpe, portant d'une main une épée nue, de l'autre un sceptre doré, pour marquer qu'il était le roi de la fête. Une quinzaine de garçons bouchers escortaient la bête, tous vêtus de corsets rouges avec des trousses blanches, et coiffés d'une espèce de turban ou toque rouge bordée de blanc.

Deux d'entre eux conduisaient le bœuf par les cornes; les autres avaient des bâtons, ou jouaient du violon, du fifre et du tambour. Ils se rendirent en cet équipage assez piètre chez le premier président, auquel ils voulaient donner une aubade; mais ce magistrat étant encore à son tribunal, les garçons bouchers prirent le parti de l'y aller chercher. Ils firent monter le bœuf par l'escalier de la sainte chapelle, entrèrent dans la grande salle du Palais, et, lorsque le président sortit, ils se mirent en haie sur son passage et le saluèrent du son de leurs instruments; après quoi la bête fut promenée encore dans plusieurs salles, descendit par l'escalier de la cour neuve, et reprit sa marche à travers Paris (1). Le lendemain, les garçons des autres boucheries de Paris promenèrent leur bœuf à la manière accoutumée.

La fine pointe de Gabriel de Saint-Aubin a gravé la *Marche du bœuf gras* telle qu'elle avait lieu quelques années après, en 1750 (2). On voit dans ce document précieux qui, par malheur, ne représente qu'un petit coin de la scène, l'énorme animal s'avancer lentement, recouvert d'une draperie enguirlandée de roses, et supportant une selle sur laquelle est juché un petit Amour en habit de marquis. Il est suivi d'une Folie avec ses attributs, brandissant sa marotte; précédé de soldats à cheval, avec d'énormes plumets à leurs casques et l'épée nue à la main, entouré enfin des inévitables Turcs qui constituaient jadis le fond de toute mascarade. Nos pères avaient bien compris l'utilité du Turc et le rôle qu'il est appelé à remplir dans le courant de la civilisation.

En ce temps-là, ce n'était pas le mardi gras, mais le jeudi gras qu'on choisissait pour la procession du bœuf, et l'on avait raison. L'animal qu'on promène toute la journée du mardi gras est tué juste à l'ouverture du carême, à l'aube du mercredi des cendres, ce qui peut s'accorder parfaitement avec notre manière dégénérée d'observer l'abstinence quadragésimale, mais non avec la logique. Si tant est que nous gardions le symbole, usons-en de manière à ce qu'il ne perde pas toute signification, et, puisque le bœuf gras représente la dernière viande avant le carême, les adieux de la boucherie au peuple de Paris et du peuple à la boucherie, qu'on n'en mette pas les morceaux en vente le jour du mercredi des cendres.

---

(1) Boucher d'Argis, *Variétés historiques*, t. 1, 1ʳᵉ partie, p. 170. — Leber, *Recueil des meilleures dissert. sur l'hist. de France*, t. II, p. 186.

(2) Cette pièce (fig. 53) porte dans le coin gauche la date 1850, par une étourderie du graveur.

En supprimant le carnaval, la Révolution supprima naturellement aussi le bœuf gras. Ce n'était plus le temps de rire : « Le peuple a senti toute l'absurdité de cette monstrueuse coutume, » dit le rédacteur des *Révolutions de Paris*. Voilà de bien gros mots! Mais les républicains de 93, comme chacun sait, étaient si vertueux!

Le bœuf gras ne reparut qu'en 1805, par suite d'une ordonnance datée du 23 février, qui poussait le zèle de la réglementation jusqu'à déterminer dans les plus menus détails l'ordre du cortège, le nombre des personnages et leurs costumes. Dès lors, le roi de la cérémonie devint officiellement un petit Amour, qui trônait dans un fauteuil sur le dos de l'animal lui-même.

Nous reproduisons ci-dessous les principales dispositions de ce curieux document, — véritable code de la procession du bœuf gras, — signé du baron Dubois, préfet de police :

Art. V. Le costume que porteront les marchands bouchers de première classe, et choisis par les syndics et doyens d'âge de la boucherie de la commune de Paris est réglé ainsi qu'il suit : 1° ils seront coiffés et poudrés en tresses, couverts d'un chapeau à la Henri IV, fond violet, panache aux couleurs nationales... 2° cravate blanche de mousseline, mise élégamment et très large, avec des nœuds pendants, collet de chemise débordant. 3° gilet, pantalon et veste en bazin rayé, le tout fait à la hussarde... 4° bottes également à la hussarde, auxquelles on ajoutera des glands d'or ou d'argent... 6° le manteau écarlate brodé d'or... 7° gants à la Crispin, noirs et piqués de blanc; une cravache d'uniforme sans pomme plombée.

Art. VI. Il y aura six chevaux montés...

Art. VII. Quatre mameluks en velours brodés en pierre ; six autres mameluks ordinaires sans broderies.

Art. VIII. Il n'y aura pas plus de six sauvages et six Romains.

Art. IX. Quatre Grecs cuirassés et six chevaliers français.

Art. X. Quatre costumes polonais et quatre costumes espagnols.

Art. XI. Deux coureurs et huit Turcs ordinaires.

Art. XII. Un tambour-major, petite tenue de la garde impériale ; six tambours costumés en gladiateurs, deux fifres en Chinois ; dix-huit musiciens de toutes sortes, en habits dits de *caractère*.

Art. XIII. Un enfant, magnifiquement mis en Amour, et soutenu par deux sacrificateurs ornés de haches et de massues.

Art. XIV. Un bœuf d'environ treize à quatorze cents pesant, richement panaché et décoré.

Art. XV. Douze garçons bouchers, habillés comme il est dit à l'article V, porteurs de tous les attributs de la boucherie.

On voit que ce règlement est d'une gravité parfaite ; s'il est vrai, comme il paraît assez probable, qu'il faille l'attribuer à Piis, alors secrétaire général de la préfecture (1), cette circonstance expliquerait parfaitement le caractère particulier de cette pièce, qui tient à la fois du vaudevilliste et du fonctionnaire.

En 1811, le bœuf gras se rendit aux Tuileries, et l'Amour, présenté à Marie-Louise, lui chanta un couplet de bienvenue. Cette année-là et la suivante furent remarquables par la splendeur du cortège et l'éclat du carnaval. Mais en 1812, le bœuf fit des siennes : il s'échappa et après avoir jeté l'Amour à terre, blessa trois personnes dans un accès de fureur. On eut beaucoup de mal à le rattraper et à s'en rendre maître. Il faut croire qu'il se doutait de quelque chose. Ajoutons que l'Amour fut plusieurs fois remplacé sous l'empire par le dieu Mars, qui était plus de circonstance.

La promenade du bœuf gras fut suspendue en 1814, comme elle l'avait été sous la Révolution, comme elle faillit l'être en 1832, à cause des craintes de la police (2), et comme elle devait l'être encore en 1848. En 1818, madame Saqui, accompagnée de sa troupe d'acrobates, se présenta au guichet du Pont-Royal sur un char antique traîné à quatre chevaux : elle voulait pénétrer dans la cour d'honneur, pour régaler la famille royale du spectacle de ses exercices ; mais le suisse n'avait pas d'ordre et ne put la laisser passer.

Au commencement de la Restauration, les maîtres bouchers se chargèrent de fournir eux-mêmes le bœuf gras et prirent la direction de ce divertissement, qu'ils abandon-

---

(1) *Monde illustré* du 25 février 1865.
(2) H. Heine, *De la France*, p. 103. H. Heine ne dédaignait pas de décrire le cortège du bœuf gras dans ses lettres à la *Gazette d'Augsbourg*, et il déplore la maigreur de celui de 1832, tout en parlant avec complaisance de la cérémonie.

naient jusqu'alors à leurs garçons et auquel ils ne se mêlaient que par une gratification et en prêtant l'animal. L'émulation se mit bien vite de la partie, et le choix du bœuf devint l'objet d'une sorte de concours.

Ce ne fut cependant que vers 1821 qu'on organisa, au marché de Poissy, un jury chargé de désigner la bête. En faisant connaître, par une note publiée dans les journaux, les noms des éleveurs et des bouchers acquéreurs, en accordant même parfois à ceux-ci l'autorisation d'exposer l'animal aux yeux du public dans une écurie près de leur étal, l'administration s'efforça, et elle y réussit, de faire tourner au profit de tous une cérémonie enfantine. L'élevage du bétail trouvait un encouragement dans cette publicité bruyante, et on lui assurait des débouchés en ménageant aux acheteurs une satisfaction d'amour-propre. Le concours fut dès lors une grosse affaire, et la fourniture du bœuf gras, accaparée depuis longtemps par la maison Cornet père et fils, devint chaque année le partage ardemment disputé des plus habiles (1).

C'est en 1822, à peu près à l'époque où l'on décrétait la création du jury de concours, que l'Amour, jusque-là juché dans une sorte de palanquin sur le dos de la bête, fut transféré dans un char, à la suite d'une culbute où il s'était cassé le nez et avait failli se casser la tête : on raconte même que cette culbute, qui avait eu un précédent en 1812, se renouvela deux jours de suite.

En 1834, une indemnité de 2,000 francs fut accordée par l'administration de la police municipale aux bouchers qui, après avoir acquis le bœuf gras, se chargeaient de la cérémonie : une allocation aussi modeste pouvait suffire au temps où le cortège se composait exclusivement d'une douzaine de druides ou de sauvages qui entouraient l'animal.

(1) Voir le *Grand Dictionnaire du XIXe siècle*, art. *Bœuf gras*.

Sous Louis-Philippe, le bœuf gras ne manqua pas plus que sous l'empire et la Restauration d'aller faire sa visite aux Tuileries. Rappelons, d'après l'une des chroniques publiées par M. Philibert Audebrand dans l'*Illustration*, l'incident qui se produisit en 1844.

Le roi, entouré de toute sa famille, avait fait signe qu'on lui amenât l'enfant représentant l'Amour. Cet enfant était un gros garçon qui, après le bœuf, occupait naturellement la première place dans la cérémonie. A son approche, la famille royale quitta donc le grand balcon du palais pour recevoir le fils de Cypris et lui donner des dragées. On le complimentait, on le faisait jaser, on l'embrassait. Tout à coup un jeune seigneur d'une physionomie charmante, un jeune et fier gentilhomme portant le costume de cour du siècle de Louis XIV, profita de cet entr'acte pour paraître sur le balcon. Au bas, dans l'immense cour des Tuileries, un bruyant *vivat* retentit à l'aspect de cette figure vraiment princière. Se voyant si fort acclamé, le nouveau venu s'inclinait gracieusement vers le public enthousiaste. Hélas! tout passe vite, surtout dans la demeure des rois! En considérant cette scène imprévue, un aide de camp de Louis-Philippe s'avança vivement et, frappant sur l'épaule du héros, un des jeunes bouchers travestis qui avaient accompagné l'Amour dans la salle du Trône, il lui dit:

— Allons, retire-toi, mon garçon; tu as assez fait le prince comme ça.

Après une disparition momentanée en 1848 (car décidément la république porte malheur aux bœufs gras), officiellement maintenue les années suivantes par un arrêté de police en date du 24 janvier 1849, cette *institution* reparut en 1851, grâce à l'initiative de M. Arnault, directeur de l'Hippodrome, qui offrit d'en faire les frais, dans l'espoir d'en tirer une forte réclame en faveur de son établissement. Sa proposition fut acceptée et le bœuf gras fit une rentrée éclatante sur la scène qui pleurait son absence. Mais c'est surtout depuis 1855 qu'on s'appliqua à accroître la magnificence et la pompe du cortège : on joignit dès lors aux sacrificateurs classiques une escorte considérable de guerriers romains ou de mousquetaires, d'hommes d'armes, de reîtres, de lansquenets, de gardes françaises costumés avec exactitude ; on tâcha d'en faire une sorte de grande cavalcade historique, avec chars, défilés, musique militaire et tambours, sans préjudice du côté allégorique et surtout mythologique de la cérémonie.

Le nombre des bœufs fut augmenté ; au lieu d'un seul, on en promena trois, souvent quatre, pendant les trois jours que durait la solennité, et le mardi gras, ils figuraient parfois tous quatre ensemble dans le cortège, généralement portés eux-mêmes sur des chariots. D'autres chars, décorés des attributs de l'agriculture et des divers produits de chaque saison, suivaient par derrière ; la marche était close par le grand char invariable, en velours cramoisi et crépiné d'or, datant de 1822, et auquel le Temps servait de cocher, où l'on voyait s'étager toutes les divinités de l'Olympe, au nez rouge, aux lèvres bleuies de froid, choisies parmi les figurants et les figurantes des théâtres de dernière catégorie, et où grelottait au sommet un petit Amour enrhumé qu'il fallait moucher toutes les cinq minutes (fig. 54). Du dimanche au mardi gras, toutes les rues que devait suivre le cortège, d'après l'*ordre et la marche* vendu par les crieurs et soigneusement consulté par les curieux, étaient, une heure ou deux avant le passage, encombrées par une foule qui rendait la circulation impossible.

Dans ces dernières années, le succès le plus populaire a été pour le cortège de 1866, grâce à la belle prestance des quatre triomphateurs, à l'adjonction d'un porc gras dans la cérémonie et à l'énorme géant de charpente et de carton que les ordonnateurs de la fête avaient calqué sur le Gayant des *ducasses* de Douai. Ce Gargantua de trente pieds de haut, qui, à chaque station, ouvrait une bouche grande comme le porche d'une cathédrale, engloutissant des cochons de lait, des pâtés énormes, des barriques de vin, qu'il rendait aussitôt après les avoir avalés, pour les dévorer de nouveau, a singulièrement diverti la foule. Les yeux que roulait le monstre et la langue qu'il se passait sur les lèvres ont excité plus d'admiration que tous les prodiges de la mécanique moderne. Plaisir innocent, après tout, et digne d'un carnaval de l'âge d'or.

On se montrait le bœuf gras *Événement*, qui dut à l'heureuse chance de son nom de hasard la rare, l'unique faveur d'échapper à l'abattoir. M. de Villemessant ne voulut pas qu'un quadrupède honoré du nom de son dernier journal fût tué comme un animal vulgaire, et il racheta sa vie au prix de mille écus. Mais le lendemain, se voyant sur les bras un bœuf de douze cents kilos, il fut pris d'une idée sublime. Il courut chez le directeur du Châtelet, et lui vendit, moyennant cent cinquante francs par soirée, le droit d'enrôler l'intéressante bête parmi les acteurs de la revue la *Lanterne magique,* où il était évident d'avance qu'il ne devait paraître nullement déplacé. L'idée réussit à merveille. Les bourgeois qui avaient vu tout leur soûl les quatre bœufs gras pour rien, et le porc, et le géant, et le char, et les mousquetaires par-dessus le marché, payèrent six ou huit francs pour se procurer la satisfaction d'aller le revoir sur les planches. O Athéniens de Paris, vous méritez bien les spectacles qu'on vous donne !

Le dernier bœuf gras qu'on ait vu est celui de 1870. Le mardi gras, le cortège tout entier, défilant sous l'arc de triomphe du Carrousel, pénétra dans la cour des Tuileries, suivi par la foule. L'empereur parut au balcon du milieu, avec l'impératrice et le prince impérial, et alors, au son d'une musique enragée, les quatre Clodoches vinrent exécuter sous ses yeux le plus extravagant des quadrilles. Après quoi, la Normande s'avança sur le bord du char et fit au souverain une révérence gracieusement burlesque, à laquelle il répondit par un sourire et un salut. La foule, enthousiasmée, applaudit avec transports, et évacua joyeusement la cour du palais, qu'elle devait envahir de nouveau quelques mois plus tard, au 4 septembre, pour en chasser l'impératrice. Telle fut la dernière étape du bœuf gras, que la guerre tua et dont l'austère république n'a point permis la résurrection.

Le bœuf gras allait déposer sa carte aux ministères, aux états-majors de la place de Paris et de la garde nationale, au Jockey-Club, au cercle impérial, à la Préfecture de la Seine et à la Préfecture de police, à la Banque et même dans quelques ambassades. Les hommes descendaient de cheval et les dames de leurs chars; les vins et les gâteaux circulaient dans la cour, tandis que le propriétaire de l'animal et le directeur du cortège allait présenter Cupidon au maître du logis, qui répondait généralement à cette politesse par une boîte de dragées pour l'enfant et par un cadeau variant de deux à quatre cents francs à l'*impresario*.

Parfois les cadeaux montaient plus haut encore. L'*impresario* avait besoin de compter sur cette générosité, car, quoique l'indemnité pour les frais du cortège allouée à l'acquéreur des bœufs gras eût été élevée à 6,000 francs, la dépense excédait de beaucoup cette somme.

L'usage de donner au bœuf gras un nom emprunté à l'un des événements, des types, des pièces ou des livres de l'année, remonte à 1845. On pourrait presque reconstituer l'histoire de vingt-cinq années rien qu'avec la liste des bœufs gras. Depuis le *Père Goriot*, qui fut le premier; *Dagobert*, — non pas celui qui mettait sa culotte à l'envers, mais le *Dagobert* du *Juif-Errant*, — et *Monte-Christo*, qui vinrent immédiatement après, jusqu'à *Chilpéric* et *Port-Saïd*, en passant par *Sébastopol, Bomarsund, Solférino*, le *Vieux Garçon*, on aurait la plupart des grands faits politiques et littéraires qui se sont passés en France. Donner un nom au bœuf gras, servir de parrain à ce triomphateur, cela était devenu pour les écrivains, surtout pour les auteurs dramatiques, une consécration de succès très goûtée et très enviée. *Être bœuf gras*, c'était la suprême consécration de la gloire, le cachet de la popularité imprimé sur une œuvre et sur un nom. On ne pouvait guère prétendre au titre d'illustre si l'on n'avait été bœuf gras au moins une fois dans sa vie. Aussi, que d'efforts pour atteindre ce but de tant de rêves! que d'intrigues, que de cabales et, le jour venu, que d'amers déboires et d'espérances trahies! Timothée Trimm a été bœuf gras, mademoiselle Thérésa aussi, M. Émile Augier et M. Offenbach quelquefois, M. Sardou souvent. En certaines années, l'auteur de la *Famille Benoiton* a failli accaparer tout le marché de Poissy à lui seul. Il était le candidat préféré, l'élu de cœur de la boucherie parisienne; Fléchelle et Duval ont été les instruments de sa gloire autant que mademoiselle Fargueil.

Terminons ce paragraphe par quelques renseignements sur la manière dont on s'y prenait pour former le cortège. Les bœufs gras, une fois acquis, attendaient cachés comme des prisonniers dans quelque étable de Sceaux ou de Poissy. Ils ne faisaient leur entrée que le samedi soir à Paris, et étaient conduits le plus clandestinement possible à l'abattoir de Montmartre, où la bruyante arrivée des gens de la cavalcade les réveillait le lendemain avant l'aube.

Le personnel masculin et féminin avait été recruté depuis plusieurs jours. Le premier se composait surtout de garçons bouchers, auxquels se joignaient des *amateurs*, des *camelots* à la langue bien pendue, chargés de la partie comique, des lazzis et des goguenardises jetés à la foule surtout pendant les temps d'arrêt, puis des soldats prêtés par le commandant de place, au prix de 2 fr. 50 par homme et par jour, versés à la masse (1). Le second était recruté parmi les figurantes des théâtres infimes et dans tous les bals publics. On leur donnait vingt sous l'heure et, ce qui les séduisait plus, des costumes propres à faire valoir tous leurs avantages. En arrivant, hommes et femmes trouvaient leurs habillements rangés dans le séchoir et numérotés par les habilleurs. La troupe déjeunait. Chaque homme avait un pain d'une livre, un morceau de viande froide et du fromage. Des nuées de coiffeurs frisaient l'Amour, les bergères et les déesses. On groupait l'Olympe sur son char. Chacun montait à cheval dans son rang. Enfin le signal était donné et le cortège s'ébranlait pour aller faire le tour de Paris et revenir à son point de départ, d'où les triomphateurs ne sortaient plus vivants.

On nous pardonnera de nous être étendus si longuement sur le bœuf gras : c'est maintenant de l'histoire, comme le bœuf Apis.

III

La mi-carême.

L'usage de la mi-carême est de date relativement assez récente dans l'histoire du carnaval. Il naquit du désir naturel de faire revivre un moment les folies regrettées du mardi-gras, en divisant par une joyeuse étape de repos les tristes et austères semaines qui séparent *carême-prenant*

---

(1) Du Camp, *Paris*, t. II, p. 121.

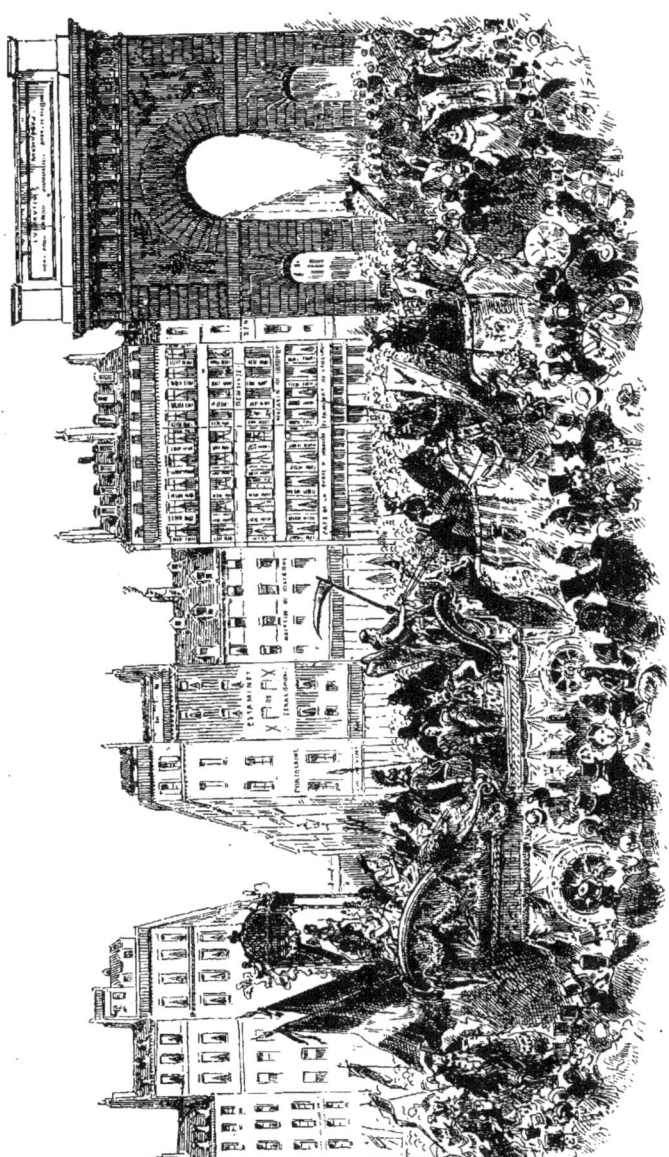

Fig. 54. — Passage du char de l'Olympe sur les boulevards, dans la journée du mardi-gras.

de Pâques. Peut-être vint-il de la coutume où étaient les jeunes gens, dans certaines petites villes de province, d'offrir le mardi-gras un bal aux jeunes filles, qui le leur rendaient le troisième jeudi de carême (1).

Nous avons vu plus haut, par l'*Arrêt d'amour* de Gilles d'Aurigny, que l'usage de se masquer à la mi-carême était déjà très-florissant au seizième siècle. Il ne cessa jamais. Au quinzième, il était d'usage que les rois se rendissent aux

Fig. 55. — La truie qui file.

Quinze-Vingts, avec leur cour, le jour de la mi-carême, pour y assister à des joûtes d'aveugles. Dans ses *Traitez singuliers et nouveaux contre le paganisme du Roy-boit* (p. 256), le docteur de Sorbonne, Jean Deslyons, parle des rois et des reines de la mi-carême, dont il a vu l'usage parmi les écoliers, et, un peu plus tard, Sauval nous apprend que, sur une place du marché aux Poirées (place des Halles où l'on vendait les fruits, les fleurs, les herbes et les légumes), se trouvait une petite sculpture en pierre représentant une truie qui file (fig. 55), fameuse par les folies auxquelles les

---

(1) *Magasin pittoresque*, IX, 104.

garçons de boutique des environs, les apprentis, les servantes et les portefaix des halles se livraient devant elle le jour de la mi-carême. On forçait les apprentis nouveaux et les artisans des halles à aller embrasser cette truie, non sans avoir soin de leur cogner le nez contre la pierre, et jusqu'à la nuit ce n'étaient que danses, cris, mascarades et *beuveries* dans le quartier.

Il existe un *Ballet de la my-carême* de 1655, qui renferme quelques détails sur la manière dont cette date était célébrée vers le milieu du dix-septième siècle. On y voit que c'était surtout la fête de la halle (1). *La truie qui file* y figure comme un des principaux acteurs (2). La marche est ouverte par la Mi-carême en personne, que conduisent des ménétriers. Puis vient la reine des halles, suivie des maîtres cuisiniers, des hotteurs, des garçons du *trampy* (le lieu où l'on faisait tremper la morue pour la dessaler), des chasse-marées, des harengères, etc. Il semble, d'après la 9ᵉ entrée du ballet, que le cortège comprenait encore un roi, avec son garde des sceaux, ses officiers et ses *badins*, ou fous de cour. Une estampe de la riche collection Hennin représente les « harangères faisant la mi-carême. » Les unes dansent en rond ; d'autres portent des verres et des bouteilles. L'une est couronnée et porte un bouquet : c'est la reine. Devant elle s'avancent trois musiciens jouant de la viole et du violon (fig. 56).

Le marquis de Montbrun solennisa la mi-carême de 1659 par une mascarade d'une nature particulière, qui fit grand bruit dans Paris : il organisa sur la place Royale *une course au faquin* en traîneaux, à laquelle prirent part les jeunes sei-

---

(1) V. aussi le *Rôle des présentations faites aux grands jours de l'éloquence française* (*Variétés hist. et litt.* de M. Ed. Fournier, t. 1), où la doyenne des harengères de la halle vient «supplier pour la mi-carême. »

(2) Elle fait également partie du *Train de Mᵐᵉ Dimanche grasse*, dans l'*Entrée magnifique de Bacchus avec Mᵐᵉ Dimanche grasse, sa femme*, faite à Lyon le 14 février 1627, in-4°.

gneurs de la cour, travestis et masqués. Leurs Majestés assistaient d'un hôtel voisin à cette brillante fête, qui eut lieu au son des trompettes, à la lueur des flambeaux et de deux mille lanternes, et qui se termina par un grand feu d'artifice (1).

On conçoit, d'ailleurs, que l'histoire de la mi-carême se confond avec celle du mardi-gras, et qu'il serait à peu près

Fig. 56. — Harengères faisant la mi-carême. D'après une estampe de la collection Hennin.

aussi impossible que superflu de l'exposer isolément. Pour en finir avec ce chapitre de la chronique des rues de Paris, je me bornerai donc, franchissant près de deux siècles, à rappeler le plus récent comme le plus lugubre des souvenirs qui se rattachent à cette date joyeuse.

La mi-carême de 1832 est restée tristement célèbre dans les annales carnavalesques. Ce fut ce jour-là, tandis que la population entière était répandue sur les boulevards, saluant de ses cris et de ses rires tous les travestissements qui pas-

(1) LORET, Muse historique, t. X.

saient, que le choléra fit brusquement son entrée à Paris. La nouvelle sinistre éclata comme un coup de tonnerre parmi les groupes, aussitôt dispersés. Avant la fin de la semaine, les hôpitaux et les cimetières étaient peuplés de masques, frappés sur le théâtre même de leurs bruyants plaisirs, et jetés sans transition de l'orgie à la mort.

Henri Heine, arrivé depuis quelques mois seulement à Paris, a conté cette invasion du fléau dans une page sinistre qui semble un écho lointain de la description par laquelle s'ouvre le *Décaméron* de Boccace :

« Son arrivée fut officiellement notifiée le 29 mars, et comme c'était le jour de la mi-carême, qu'il faisait beau soleil et un temps charmant, les Parisiens se trémoussèrent avec d'autant plus de jovialité sur les boulevards, où l'on aperçut même des masques qui, parodiant la couleur maladive et la figure défaite, raillaient la crainte du choléra et la maladie elle-même. Le soir du même jour, les bals publics furent plus fréquentés que jamais; les rires les plus présomptueux couvraient presque la musique éclatante; on s'échauffait beaucoup au chahut, danse peu équivoque; on engloutissait à cette occasion toutes sortes de glaces et de boissons froides, quand tout à coup le plus sémillant des arlequins sentit trop de fraîcheur dans ses jambes, ôta son masque et découvrit, à l'étonnement de tout ce monde, un visage d'un bleu violet. On s'aperçut tout d'abord que ce n'était pas une plaisanterie, et les rires se turent, et l'on conduisit bientôt plusieurs voitures de masques du bal immédiatement à l'Hôtel-Dieu, hôpital central où, en arrivant sous leurs burlesques déguisements, le plus grand nombre moururent. Comme, dans le premier moment d'épouvante, on croyait à la contagion et que les anciens hôtes de l'hôpital avaient élevé d'affreux cris d'effroi, on prétend que ces morts furent enterrés si vite qu'on ne prit pas le temps de les dépouiller des livrées bariolées de la folie, et qu'ils reposent dans la tombe gaiement comme ils ont vécu. »

L'année suivante, pour célébrer la disparition de l'épidémie meurtrière, le mardi-gras prit un nouvel entrain, comme si ceux qui survivaient eussent voulu remercier

Fig. 57. — Cortège des blanchisseuses le jour de la mi-carême.

Dieu par un redoublement de folies.

Le 24 mars 1843, lendemain de la mi-carême, la guillotine dressée à l'aube sur la place de la barrière Saint-Jacques pour les assassins Norbert et Depré, fut entourée par des masques curieux, qui esquissèrent autour d'elle un effroyable cancan.

Aujourd'hui, on le sait, la mi-carême est avant tout la fête des blanchisseuses. Ce sont elles seules qui organisent les chars et les cortèges de jour. D'après certains auteurs, les blanchisseuses d'autrefois élisaient tous les ans une reine, qui avait sur ses sujettes les mêmes droits que le roi des ribauds sur les siens. Il paraît du moins assez probable que l'élection de la reine des blanchisseuses, avec les réjouissances, les bals et les promenades qui l'accompagnent, est un souvenir des anciennes royautés, des corporations transformées en annexe du carnaval.

Le corps des blanchisseuses est nombreux et il est riche; aussi donnait-il beaucoup d'éclat à sa fête lorsqu'il se cotisait tout entier pour former un seul cortège. Maintenant le faisceau est rompu. Empruntons la description des usages actuels à M. Jules Vallès, qui depuis,... mais alors il bornait toute son ambition à être *reporter :*

« Chaque lavoir a sa reine et son roi, — ajoutons sa bannière et ses couleurs. Il y a environ cent vingt lavoirs dans quatre-vingts bateaux, les lavoirs publics et gratuits et les lavoirs privés, établis tant sur la Seine que sur le canal Saint-Martin.

« A un roi et une reine par lavoir, comptez !

« Ces royautés sont distribuées le jeudi qui précède la mi-carême. On a soin de choisir pour roi et pour reine les plus riches de la maison. Tout ce que le peuple blanchissant aura cassé ou bu en dehors du chiffre marqué par la liste de cotisation, au banquet, au bal, est payé par ce roi et cette reine de vingt-quatre heures. Au lieu d'avoir une liste civile, ils sont forcés de débourser; la carte à payer est la seule vérité de leur éphémère monarchie.

« Il y a bal le jour de l'élection.

« Le matin, les lavandières sont présentées à Son Altesse la reine. Elle répond à ses sujettes toutes fleuries, et qui déposent leurs bouquets dans ses mains, en leur offrant des gâteaux, que vient arroser un vin généreux et abondant payé par Sa Majesté le roi.

« Le triomphateur de l'an passé remet à son successeur les insignes de la monarchie. Ils consistent en un nœud de rubans où se marient des couleurs diverses, et qu'un emblème d'argent ou d'étain fixe à la boutonnière comme une décoration ou un crachat. Les nuances de rubans changent suivant les lavoirs : l'un porte de coquelicot à fraise rouge, l'autre de pissenlit à lames jaunes ; celui-ci est bleu de ciel et celui-là est verre de terre. »

Trop souvent, il faut l'avouer, les reines des blanchisseuses tournent mal. L'orgueil du pouvoir et de la beauté leur monte à la tête. Le choix qui les expose à tous les regards, les expose également à toutes les séductions. Le danger était plus grand encore au temps où les divers lavoirs de Paris n'élisaient qu'une seule reine. Pour une qui, dit-on, épousa un duc anglais millionnaire, on a recueilli les noms d'un assez grand nombre à qui la souveraineté de la mi-carême fit faire le premier pas dans une voie funeste, bientôt fermée par la misère, la maladie et le suicide. Il suffira de rappeler le nom d'Amélie Vioux, reine des lavoirs de Paris en 1849, sous le costume de la déesse de la Liberté, morte quinze jours après d'une fluxion de poitrine, pour avoir trop dansé et avoir pris froid le soir de son couronnement; puis celui d'Annette Leduc qui, par une exception rare, fut reine trois années consécutives, et qui, après s'être fait une grande célébrité de bals publics, finit par s'asphyxier dans une méchante mansarde meublée de Montmartre. On a prétendu, mais ce n'est là sans doute qu'une légende fabuleuse, que la reine de 1841 ne fut autre que lord Seymour, costumé en femme et ayant corrompu ses électeurs à prix d'or.

IV

Les bals masqués.

Jusqu'au dix-septième siècle, le carnaval amena le retour de certains divertissements consacrés, qui, sans en faire proprement partie, s'associaient à lui pour en rehausser l'éclat : tels étaient, par exemple, les représentations des Halles, accompagnées du cortège et de la *montre* par les rues de la ville; le plaidoyer de la cause grasse et l'ouverture solennelle de la foire Saint-Germain. Cette époque était particulièrement vouée aux jeux de toute nature. A la fin du seizième siècle, et jusqu'en 1604, outre les *blanques* et loteries qui remplissaient la foire, on dressait le long du pont au Change, pendant le carnaval, des étaux où les amateurs venaient engager des parties de dés, qui se soldaient souvent par des gains ou des pertes extrêmement considérables.

Les bals masqués, parés et travestis, ont existé de tout temps : c'est dans une fête de ce genre que faillit être brûlé Charles VI. Les ballets de la cour de Henri IV, de Louis XIII et de Louis XIV étaient, à un certain point de vue, des bals travestis, réglés par un metteur en scène et accompagnés de spectacle; ils se terminaient par le Grand Ballet, où dansaient tous les acteurs réunis, et ils étaient généralement suivis d'un bal, qui se confondait parfois avec le Grand Ballet, et dont celui-ci n'était, pour ainsi dire, que le signal et le commencement. Mais nous ne voulons parler ici que des bals publics, organisés d'une façon régulière en vue du carnaval, et spécialement des bals de l'Opéra.

Les bals masqués de l'Opéra furent autorisés par ordonnance royale du 31 décembre 1715, sur la proposition du

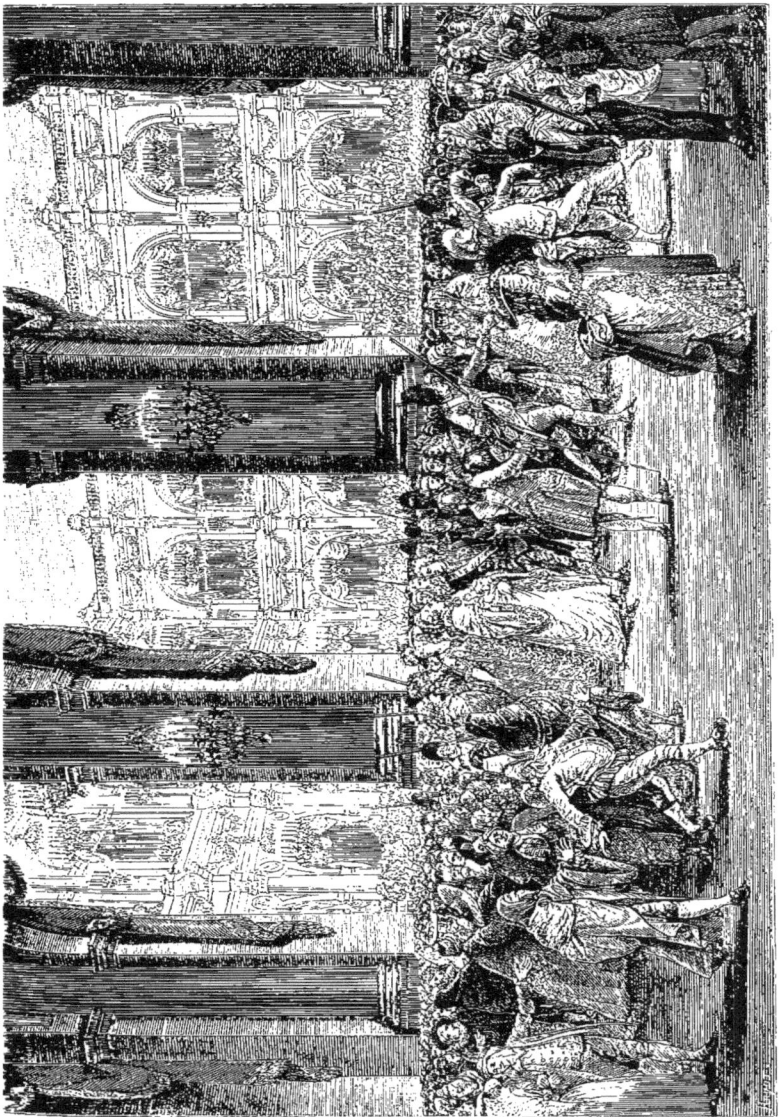

Fig. 58. — Le bal masqué. Fêtes données au roi et à la reine, par la ville de Paris, le 23 janvier 1782. Dessiné et gravé par J. M. Moreau.

chevalier de Bouillon qui, après le succès rapide obtenu par son idée, en fut récompensé par une pension de 6,000 l. Ils avaient lieu d'abord trois fois la semaine (jeudi, samedi, dimanche), depuis la Saint-Martin jusqu'à la fin du carnaval, sauf une interruption pendant l'Avent. On les inaugura dans les premiers jours de 1716, avec beaucoup de luxe. Pour exhausser le parterre et le mettre au niveau de la scène, les directeurs firent fabriquer une machine, imaginée par un moine habile dans les inventions mécaniques : le P. Séraphin. La salle avait un orchestre à chaque extrémité, et le fond en était occupé par un cabinet tout en glaces.

En 1724, on imagina de joindre à l'attrait du bal celui du spectacle, en y introduisant des artistes de l'Opéra pour former des mascarades plaisantes et exécuter des danses de caractère (1). Le prix d'entrée pour les masques des deux sexes était de cinq livres.

La Comédie française, alléchée par les heureux résultats de la nouvelle entreprise, tenta de l'imiter; mais elle ne réussit pas d'une façon définitive, quoiqu'elle se fût mise en grands frais d'élégance, de luxe et de confortable. La foule s'en tint aux bals de l'Opéra, qui firent peu à peu tomber en désuétude les bals travestis et les mascarades des riches particuliers de la cour et des princes, parmi lesquels on citait surtout ceux de la duchesse du Maine, le mardi gras, dans son palais de Sceaux, et ceux de Monsieur, au Palais-Royal (2).

Les bals masqués de l'Opéra semblaient un produit naturel de la Régence, et, sous le règne des *roués*, ils ne pouvaient manquer de prendre un développement extraordinaire. On s'y porta donc avec une sorte de fureur. Les plus

---

(1) CASTIL-BLAZE, *Histoire de l'Académie de musique*, t. I, p. 87.
(2) Tous les masques entraient librement à ces bals magnifiques, où les rafraîchissements abondaient, et où cinq ou six bandes de violons étaient distribuées d'un bout à l'autre des appartements. Les princes étrangers et les ambassadeurs donnaient aussi des bals masqués, parfois accompagnés de feux d'artifice.

grands personnages les fréquentaient, déguisés en pierrots, en bergers, en Turcs, en arlequins, en chauves-souris, ou plus souvent enfouis simplement sous les larges plis d'un domino. On pourrait écrire une histoire des costumes de bals masqués, dont les variations sont assez significatives. Le domino y régna d'abord, puis, vers la fin du siècle, il fut détrôné par les costumes bariolés. On a vu ensuite les costumes moyen âge, les costumes espagnols, les costumes tirés des romans ou des drames à succès du jour. En reparaissant, le domino s'est égayé : à l'origine, il était exclusivement noir; maintenant il prend toutes les couleurs, l'orange, le rose, le blanc, le lilas.

Il n'y avait point d'années qu'il ne se produisît aux bals masqués quelque aventure scandaleuse, dont l'éclat dépassait souvent l'enceinte du théâtre, et où des noms illustres furent quelquefois compromis. Le public y vit un jour, dit-on, Dubois poursuivre à coups de pied un masque de qualité, qui lui avait recommandé de tout faire pour protéger l'incognito de Philippe d'Orléans, mais qui fut obligé de modérer son zèle, en lui disant : « Dubois, tu me déguises trop. » Ce coup de pied-là ne devait pas tarder à faire école. On sait ce qui s'y passa le 3 mars 1778, jour du mardi gras, entre le comte d'Artois et la duchesse de Bourbon, et le duel qui fut la conséquence de cette aventure. Vers la même époque, le duc de Chartres eut aussi à y subir quelques affronts, surtout après sa conduite équivoque au combat d'Ouessant, qui avait fait pleuvoir sur sa tête un déluge d'épigrammes, de chansons et de quolibets.

Ce sont là les traits les plus mémorables de la peu édifiante histoire des bals de l'Opéra au dix-huitième siècle. Louis XV s'y était rendu plusieurs fois (1). Marie-Antoinette y parut en 1782, ainsi que la comtesse du Nord (la reine

---

(1) *Journal* de Barbier, éd. Charpentier, t. III, p. 73, 156.

de Suède), à qui le ministre Amelot donnait le bras (1). Le règne de Louis XVI n'avait point ralenti leur vogue (fig. 58). « Est-ce un peuple de fous descendu de la lune ? » s'écriait Lemierre dans son poème des *Fastes*, en décrivant la cohue bizarre qui s'y pressait. Le vieux monde jouissait de son reste, et, avant de rouler dans l'abîme entr'ouvert, se divertissait avec frénésie. L'Opéra ne suffisait plus aux ébats de sa gaîté carnavalesque. Les bals masqués populaires du Grand-Salon, aux Porcherons, de la Courtille, de la Nouvelle-France, qui réunissaient une foule immense et bruyante les jours du jeudi, du dimanche et du mardi gras, virent souvent les plus hauts personnages se mêler *incognito* aux ouvriers et aux fillettes qui en formaient l'élément essentiel, et Mme de Genlis raconte dans ses *Mémoires* (2) qu'elle s'y rendit une fois en costume de paysanne, avec son mari, une princesse allemande et M. de Maisonneuve, chambellan du roi de Pologne. Les plus grandes dames, déguisées en cuisinières, s'amusaient à aller intriguer, aux Porcherons, des ducs déguisés en valets de chambre, à y danser les danses plébéiennes, à y manger du veau et y boire de l'eau-de-vie, à *s'encanailler* en un mot.

Les bals masqués partagèrent naturellement toutes les vicissitudes du carnaval : ils disparurent et ressuscitèrent avec lui; ils demeurèrent étroitement associés à sa bonne et à sa mauvaise fortune. Au mardi gras de 1808, dont nous avons dit l'éclat exceptionnel, l'impératrice Joséphine et l'empereur allèrent chacun de son côté au bal de l'Opéra, où celui-ci fut intrigué par celle-là, sans la reconnaître. Pour assurer son incognito, Napoléon, renouvelant jusqu'à un certain point l'histoire du Régent et de Dubois, s'était fait accompagner de son valet de chambre Constant, qui le tutoyait et l'appelait Auguste.

(1) *Mémoires secrets*, t. XX, p. 282.
(2) T. IV, p. 8 et suiv.

Mais l'usage avait prévalu, par degrés, de laisser de côté, dans ces réunions, les déguisements excentriques, pour s'y borner au masque et au domino. Dans les premières années du règne de Louis-Philippe, par exemple, la grosse gaieté et les mascarades bouffonnes avaient choisi pour théâtre Valentino et les Variétés, abandonnant l'Opéra aux habits noirs. Sous la Restauration encore, les bals de l'Opéra étaient les seuls qui existassent régulièrement; mais après la révolution de 1830, un grand nombre de théâtres avaient obtenu l'autorisation d'en ouvrir également. On dansait alors en carnaval, depuis le théâtre du Palais-Royal jusqu'à la Porte-Saint-Martin et l'Ambigu, si bien que le préfet de police Gisquet se plaignait de n'avoir plus un personnel suffisant pour surveiller ces réunions et qu'il était obligé de reculer l'ouverture de plusieurs d'entre elles (1). L'idéal qu'on se proposait alors pour l'Opéra était d'y introduire un peu de gaieté, de mouvement et de bruit, comme il serait aujourd'hui d'y ramener un peu de décence et de distinction, et la première de ces choses paraissait aussi difficile que la seconde le semble actuellement. Une tentative du docteur Véron ne servit qu'à amener une cohue tumultueuse et batailleuse, qui ne se passa pas sans encombre. On essaya d'autre chose. Le fermier des bals, M. Mira, imagina d'attirer le public à l'aide d'une combinaison de loteries et de tombolas, et, à son imitation, tous les autres entrepreneurs de bals masqués annoncèrent des lots de cachemires, d'argenterie, de tableaux.

Le fameux Chicard, dont la popularité balança celle de la Fayette, était alors le dieu de la gaieté française, et son nom, dont on avait fait un substantif, un adjectif et un verbe, servait de cri de ralliement à tous les suppôts du

---

(1) *Correspondance inédite du préfet de police et du ministre du commerce* janv. 1834 (vente Sapin).

mardi gras. Les bals qu'il honorait de son patronage et de sa présence faisaient prime à la Bourse, et il lui arrivait d'A-

Fig. 59. — Types et costumes du bal Chicard, d'après Gavarni.

mérique des demandes d'invitation à ses fêtes chorégraphiques. Les bals Chicard (1), ceux du théâtre de la Re-

(1) Sur le bal masqué fondé par Chicard dans le salon des *Vendanges de Bourgogne*, on peut voir un article de M. Taxile Delord dans les *Français peints par eux-mêmes*, le *Gavarni* des frères de Goncourt (238-40) et beaucoup de lithographies de Gavarni lui-même, qui en avait dessiné les types et costumes saillants. L'illustre Chicard était, de son nom et de son état, Alexandre Lévêque, banquier pour le commerce des cuirs.

naissance, avaient leurs tombolas comme les bals de l'Opéra. C'est là qu'on voyait une femme s'évanouir de joie en gagnant un cachemire, et deux jeunes fous, deux sous-lieutenants qui avaient associé leurs billets, faire scier par le milieu un magnifique piano d'Erard pour en prendre chacun la moitié. Encore s'il ne s'y était jamais passé que des folies pareilles! mais entre tous les bals masqués, qui n'ont jamais joui d'une renommée choisie, le plus tristement famé était celui-là.

Au milieu de cette fièvre de plaisir, le bal des habits noirs engendrait toujours la mélancolie dans le temple de la rue Le Peletier. Mira avait beau s'ingénier, — produire des danseurs espagnols assaisonnés des inévitables castagnettes; exhiber des grotesques à petits corps et à têtes énormes, représentant les célébrités du jour; annoncer en loterie une jeune fille blanche et rose, qui, après enquête de la police, se trouvait être une peinture de Greuze, la foule bruyante et joyeuse continuait à s'abstenir.

Enfin, en 1840, il parvint à arracher la permission de donner un bal dansant et costumé. Cette permission, l'autorité essaya vainement de la retirer; Mira passa outre, et devant l'attitude du public, on jugea prudent de laisser faire. Le directeur paya d'une amende de 10,000 fr. la désobéissance de son fermier. Mais la digue était renversée. Le chef d'orchestre Musard avait obtenu un succès si étourdissant, que ses admirateurs faillirent le mettre en pièces en lui décernant les honneurs du triomphe (1). Musard fit la fortune des bals masqués de l'Opéra, qui restèrent autorisés dès lors, et dont la vogue n'a guère diminué depuis, même après qu'une paralysie du bras l'eût forcé de prendre sa retraite, en 1852.

Musard avait eu un successeur digne de lui, bien qu'un

(1) Jules Janin, *Histoire de la littérature dramatique*, I, 360-2. — Larousse, *Grand Dictionnaire du XIXe siècle*, Bal masqué.

peu solennel, dans Strauss, comme Chicard dans les Mogador, les Pomaré, les Clodoches et les Brididi. Les belles choses ne meurent pas ! Strauss dirigeait à la fois les bals de la cour et ceux de la ville ; il faisait danser aux Tuileries et rue Le Peletier. Il a été décoré en plein bal masqué et en plein Opéra, dans l'exercice de ses fonctions, et tous les journaux ont conté comment un de ses musiciens vint lui attacher le ruban rouge à la boutonnière, aux applaudissements attendris de deux mille pierrots et de douze cents bébés, qui se sentaient personnellement honorés d'une telle faveur.

A côté de Musard, les Pilodo et les Julien ; à côté de l'Opéra, vingt autres salles dans Paris se livraient et se livrent encore à la culture du bal masqué, de la danse carnavalesque, de la musique à coups de pistolet et du galop infernal. Mais il est temps de nous arrêter. Nous laissons aux chroniqueurs intimes de l'heure présente le soin de raconter les splendeurs contemporaines, et nous ne nous arrêterons même point, ou si peu que rien, à ce héros du mardi-gras qui florissait vers 1840, au moment où se révélait Musard, et où le bal de l'Opéra, comme le phénix, renaissait enfin de ses cendres. Celui que l'argot populaire a salué du glorieux surnom de *milord Arsouille* (sauf respect), dont il était légitimement fier, fut un produit naturel de la situation. Tout se tient dans l'histoire : il était logique assurément que le triomphe de Musard engendrât celui de l'honorable milord en question. Le lecteur délicat voudra bien me pardonner : ce sont là des rencontres auxquelles, malgré toutes les précautions, on est exposé en temps de carnaval.

Milord Arsouille, — pour répéter encore une fois ce beau nom, — c'est-à-dire lord Henry Seymour, frère cadet du marquis d'Hertford, — et son rival ardent, mais malheureux, le comte Charles de Labattut, que les lauriers d'Albion empêchaient de dormir, sont morts tous deux à la peine sans laisser de successeurs, — au moins de successeurs dignes de recueillir leur héritage, — après avoir ébloui les boulevards de leurs exploits, et fait l'admiration des descentes de la Courtille. Les bals masqués n'ont rien perdu de leur vogue; mais dans la rue, le carnaval agonise, en attendant qu'il soit tout à fait mort, s'il plaît à Dieu! Le spectacle n'est plus sur la scène; il est au parterre et dans les loges. Il n'y a rien à voir dans notre mardi gras, que la foule. Un million d'hommes descend le dimanche et le mardi gras sur le pavé de Paris et fait la haie tout le long des boulevards, contenus par une armée de sergents de ville et de gardes municipaux, pour contempler, avec un bonheur qui tient du délire, le char de l'insecticide Vicat, un enfant de six ans déguisé en zouave et un garçon boucher ivre, vêtu d'une camisole et coiffé d'un bonnet. Mais, comme l'a dit Th. Gautier, le carnaval se dédommage la nuit de la sagesse du jour, comme les Orientaux pendant le Ramadan, et tandis que les masques de la rue se font de plus en plus rares à la clarté du soleil, on ne se lasse pas d'ouvrir chaque année de nouveaux bals travestis, où se presse à la lueur du gaz une cohue toujours plus bruyante et plus compacte.

La seule circonstance atténuante qu'on puisse plaider en faveur du carnaval, c'est que, tel qu'il subsiste, avec ses ramifications et ses annexes, il entretient et fait vivre un certain nombre d'industries. Je ne parle pas seulement des costumiers, de ceux qui fabriquent ou qui louent des travestissements pour les bals masqués : de Noël au mardi-gras, c'est là une spécialité très florissante, et dont quelques maisons parisiennes se sont fait une fortune. Mais, pour nous en tenir à un détail beaucoup plus humble, les masques forment à eux seuls, dans leurs variétés innombrables, un important objet de fabrication, à peu près exclusivement concentré entre cinq ou six vieilles maisons de la rue

Saint-Denis. Il y a le domino, le loup de velours et le loup de satin, le loup à barbe de dentelle, les grosses têtes, le masque en canevas, le masque de luxe en cire avec de vrais cheveux, le masque vulgaire en carton peint. Le masque à un sou passe par la main de huit ouvriers différents. Cette fabrication occupe un grand nombre de femmes, et elle n'a pas de morte-saison. On exporte beaucoup, surtout pour les masques de luxe. Le carnaval de tous les pays vient se fournir chez nous, et dans l'intervalle nous approvisionnons les cortèges légendaires et bouffons, les cavalcades historiques, les fêtes populaires de toutes les parties du monde. En dehors de certains types invariables, les modèles se renouvellent tous les deux ou trois ans, et c'est encore là une ressource pour certains artistes déclassés qui se chargent d'en fournir les dessins (1).

Il n'est pas jusqu'à ces trompes en terre cuite, dites *cornets à bouquin*, dont la note rauque et agaçante retentit dans toutes les rues pendant le carnaval, qui ne soient l'objet d'un commerce d'une certaine importance. Elles viennent pour la plupart du département de l'Oise, particulièrement des poteries du village de Savignies, à dix kilomètres de Beauvais. Aux approches du carnaval, Savignies les expédie par charretées à quinze ou vingt faïenceries parisiennes, qui les revendent par milliers aux gamins pendant les jours gras.

(1) Ed. Drumont, *le Commerce des masques*. (*Liberté* du 1ᵉʳ mars 1870.)

CHAPITRE V.

LES CLERCS DE LA BASOCHE.

LES SOTS ET LES ENFANTS SANS SOUCI.

I

La basoche du Palais.

Dans le sens propre du mot, la basoche du Palais n'était autre chose que la communauté des clercs du Parlement, établie pour connaître de leurs différends, s'administrer elle-même et veiller à ses intérêts. Instituée vers 1303, sous Philippe le Bel, elle devint assez vite une société de plaisirs, en même temps que de discipline et d'étude. Le chef de cette société, comme ceux de beaucoup d'autres corporations, reçut l'autorisation de porter le titre de roi (1). La basoche eut aussi un chancelier, un vice-chancelier, un maître des requêtes, un grand audiencier, un procureur général, un grand référendaire, des secrétaires, des greffiers, des huissiers, etc. Philippe le Bel permit au roi de porter la toque et le bonnet; il permit également au souverain de la basoche de faire frapper une monnaie, qui aurait cours à l'amiable parmi les clercs et leurs fournisseurs, et d'avoir des armes, qui consistaient en trois écritoires d'or sur champ d'azur, timbrées de casques et morions.

La basoche exerçait un droit de justice souveraine, ex-

---

(1) Il y avait, par exemple, le roi des merciers, le roi des ribauds, le roi des arbalétriers, même le roi des barbiers, qui était le barbier du roi.

clusive et sans appel, sur tous les clercs du Palais, et ce droit s'étendit par la suite à tous ceux des juridictions ressortissantes au Parlement de Paris. Mais sur ces menus détails d'organisation et d'administration, sur les élections et les attributions des officiers de la basoche, sur toutes ces questions enfin qui ne rentrent pas dans notre cadre, nous renvoyons aux auteurs compétents (1), pour arriver plus vite à la partie qui nous regarde.

La basoche n'avait rien, dans l'origine, d'une société dramatique, mais elle ne tarda pas à prendre peu à peu ce caractère, sans qu'on puisse déterminer au juste à quelle époque. Il est probable, toutefois, que ce fut au plus tard vers le commencement du quinzième siècle ; car, quelques années après, on la voit en pleine possession de cet usage, et adjoignant même à son répertoire ordinaire de moralités, par suite d'une autorisation réciproque échangée entre les deux sociétés rivales, les soties et les farces des Enfants sans souci. Dans ses jeux de théâtre, la basoche conserva d'abord sa physionomie spéciale de corporation judiciaire, et se renferma dans la satire des gens du Palais. Clercs, huissiers, procureurs, avocats, juges même, étaient l'objet de ses railleries mordantes ; elle frondait les ridicules et les abus de dame Justice ; elle était une sorte de tribunal comique par-devant lequel comparaissait lui-même, à certains jours, le grave tribunal chargé de la sanction des lois ; et ces petits clercs, saute-ruisseaux, gratte-papiers, bénéficiant chacun des privilèges collectifs de l'association, et devenus des personnages avec qui il fallait compter, acquéraient, aux grandes dates de leurs divertissements scéniques, les droits exorbitants de ces esclaves romains qui, durant les saturnales, pouvaient se venger impunément en libres

---

(1) V. BOUCHEL, *Bibliothèque ou Trésor du droit français*, 1671, art. BAZOCHE, ROI DE LA BAZOCHE, etc.; LES FRÈRES PARFAICT, *Histoire du Théâtre franç.*, t. 1ᵉʳ, p. 39, t. II. p. 78 et suiv. — FABRE, *Recherches histor. sur les clercs de la bazoche*.

propos de la tyrannie de leurs maîtres. Puis le cercle s'étendit par degrés, et bientôt les farces et moralités des basochiens embrassèrent dans leur vaste cadre toute la comédie humaine, ou du moins tout ce qu'en pouvait pénétrer la verve bouffonne et railleuse, mais naïvement grossière, de ces Thespis du théâtre français. On peut dire qu'ils ont

Fig. 60. — Le roi de la basoche recevant les doléances de deux de ses sujets ; gravure d'un petit in-12 gothique du XVIe siècle, appartenant à M. le baron J. Pichon.

directement et activement contribué aux développements de l'art dramatique en France.

Avec de tels privilèges et une pareille prospérité, la basoche de Paris devait naturellement entraîner à sa suite le servile troupeau des imitateurs. Les clercs des principales villes du royaume se piquèrent d'émulation, et formèrent, à l'exemple de leurs confrères de Paris, des associations satiriques qui s'étudièrent à reproduire sur une échelle moindre la société mère et modèle, dont elles prirent le titre. Il semble même que ce nom de basoche fût devenu une sorte de désignation générique, étendu par l'usage à la plupart des associations d'un genre analogue, même lorsqu'elles n'étaient pas formées par la réunion des clercs de Parlement et qu'elles étaient baptisées de titres particuliers (1).

La basoche ne jouait d'ordinaire, au moins dans les premiers temps, que trois fois par année : la première, tantôt le jeudi qui précédait et tantôt celui qui suivait la fête des Rois ; la deuxième, le jour de la cérémonie du Mai, et la troisième, peu de temps après la *montre générale*, dont il sera question tout à l'heure. Par la suite, le nombre de ses représentations s'étendit, bien qu'il soit impossible de leur assigner des dates fixes ; en outre, les basochiens étaient convoqués aux grandes réjouissances publiques, et donnaient leur spectacle aux entrées des souverains, aux cérémonies des mariages royaux, aux cours plénières, etc.

Avant Louis XII, la société n'avait pas d'endroit fixe pour ses représentations. On voit, par divers arrêts du Parlement, qu'elles avaient lieu parfois au Palais, parfois dans des maisons particulières, ou encore à la Saulsaye, c'est-à-dire dans un vaste pré sur la rive gauche de la Seine (fig. 61), qui leur fut concédé par la suite, et qui est plus connu sous le nom de Pré aux Clercs (2). Louis XII, dans sa bienveillance pour les libertés du théâtre, persécuté par ses prédécesseurs, spécialement par Charles VIII, qui avait fait emprisonner cinq basochiens pour la hardiesse de leurs satires, accorda aux basochiens le privilège exclusif et perpétuel de jouer sur la grande table de marbre du Palais, qui servait aux festins somptuaires donnés par les rois de France, lorsqu'ils tenaient cour ouverte. Les basochiens y avaient joué déjà, mais par occasion, et non d'une façon permanente ; elle devint dès lors leur propriété particulière. Les frais des re-

---

(1) Bourdigné, *Légende de maistre Pierre Faifeu*, ch. ix et xxviii.
(2) Fabre, *Études historiques sur les clercs de la bazoche*.

présentations, suivies d'un grand festin, étaient couverts par des souscriptions, des taxes imposées aux béjaunes et des dons spéciaux du Parlement.

Quand la société donnait ses jeux au Pré aux Clercs,

Fig. 61. — Le Pré aux Clercs et l'abbaye Saint-Germain des Prés, au XIVe siècle. Restitution par M. Hoffbauer, architecte.

c'était probablement en plein air et en plein soleil. Une fois même installée dans la grande salle du Palais, je ne sais si elle excluait de ses représentations la foule profane, pour se borner à l'auditoire des gens de robe. Cette pièce était immense, et la salle actuelle des pas perdus, qui n'en est qu'un diminutif, peut à peine en donner une idée : elle avait, au

quinzième siècle, cent vingt pieds de long sur cinquante de large (1). La table de marbre, composée de neuf morceaux, et d'une épaisseur extraordinaire, occupait presque toute la longueur de la salle (2). Un arrêt du Parlement (19 juillet 1477) est d'accord par sa rédaction avec cette hypothèse, car il avertit les basochiens « qu'ils ne soient si hardis de jouer farces, moralités *publiquement,* au Palais ne ailleurs. »
En outre, les nombreuses mesures que l'on fut obligé de prendre contre les excès satiriques de la basoche, les persécutions qu'on organisa contre elle, la censure qui l'atteignit (3), les arrêts et les défenses multipliés du Parlement, indiquent assez qu'elle ne renfermait pas dans une enceinte étroite la verve caustique de ses *atellanes.* Il est probable même qu'elle la répandait en dehors de ses représentations proprement dites, et promenait par les carrefours la licencieuse bouffonnerie de ses hardis sarcasmes. Les *montres* et *cris* (4) étaient une occasion toute naturelle pour ces abus : les basochiens en profitaient assurément sans scrupule, et savaient, par le moyen des masques, des costumes et des emblèmes, aidés au besoin d'une mimique audacieuse, livrer leurs victimes à la risée des places publiques. La manière dont ce drôle de Pierre Faifeu, — un type populaire du moyen âge, une sorte de Tuel Ulespiègle français, dont

---

(1) GUILLEBERT DE METZ. *Description de la ville de Paris,* ch. XXI.
(2) *Ibid.* — SAUVAL, l. VIII, p. 3.
(3) V. en particulier divers arrêts du Parlement (1528, 23 janvier 1537, 5 janvier 1561, etc.). Les *jeux* furent plusieurs fois interdits « à cause de l'indisposition du temps et péril des maladies..., considérée la cherté du temps, » ou simplement « pour certaines considérations à cela mouvant. » (DESMAZE, *le Châtelet de Paris,* 1862, in-8°, p. 393 et suiv.) Il arriva aussi que les clercs demandèrent eux-mêmes d'en être exemptés, notamment en 1589, « vu la calamité du temps. » — Il est à remarquer que les représentations de la basoche étaient vues d'un œil plus favorable et mieux protégées par l'autorité royale que par le Parlement.
(4) Avant leurs représentations, les sociétés dramatiques du moyen âge et de la renaissance faisaient dans les rues une exhibition des acteurs qui devaient jouer dans la pièce, revêtus de leurs costumes : c'était la *montre.* On y joignait une annonce verbale, qui s'appelait le *cri.*

le poète Bourdigné a écrit la peu édifiante histoire à l'usage des joyeux *happe-lopins* de son espèce, — joua un boulanger de la ville dans un *tombereau* qu'il fit *charyer* par les rues (1), lorsqu'il faisait partie de la basoche d'Angers, peut servir à nous renseigner par induction sur les usages de la basoche de Paris, très friande, elle aussi, d'à-propos et d'actualités. D'ailleurs, par un autre arrêté du Parlement, en date du samedi 20 mai 1536, il est prouvé authentiquement que cette société portait jusque dans les *montres* ses habitudes satiriques et ses personnalités aristophanesques : « Ce jour, la Cour a mandé les chanceliers et receveurs de la basoche, et le chancelier avec l'un des dits receveurs venus, leur a fait deffenses de ne joüer, *à la montre* de la basoche prochaine, aucuns jeux, ne faire monstration de spectacle, *ne escritaux taxans ou notans quelque personne que ce soit*, sous peine de s'en prendre à eux... »

On voit donc, sans que le moindre doute reste possible, que les *montres* de la basoche étaient de véritables représentations en plein air, des pantomimes ambulatoires. Sous prétexte d'annoncer le spectacle, le *cri* venait souvent encore accrotrîte les hardiesses de la *montre*, et donner le dernier trait à la satire. Ces processions par les rues, dans tout l'appareil des attributs basochiens, constituèrent probablement d'abord à peu près toute la représentation ; et l'on peut dire, sans trop s'avancer, que les premiers essais dramatiques de la société se firent *sub jove*. Par la suite, même après qu'elle fût entrée en possession de la table de marbre, elle n'en garda pas moins, avec une prédilection toute spéciale, l'habitude de ces brillants cortèges qui la mettaient plus directement en contact avec le peuple, et qu'elle organisait, non pas seulement comme une sorte de prologue avant chacune de ses représenta-

---

(1) *Légende de Faifeu*, ch. ix.

tions, mais encore à certaines dates périodiques et dans certaines occasions solennelles, où ils formaient le spectacle entier à eux seuls.

Ainsi, tous les ans, vers la fin de juin ou au commencement de juillet, la basoche était tenue, en vertu d'une ordonnance de Philippe le Bel qui remontait à l'origine de la société, de faire une *montre générale*, composée de tous les clercs du Palais et du Châtelet, et de tous les suppôts et sujets du roi de la basoche (1). Les clercs se distribuaient en compagnies de cent hommes, qui choisissaient le capitaine, le lieutenant et l'enseigne ou porte-étendard. Une fois élu, chaque capitaine désignait une couleur et un costume que devaient adopter tous les gens de sa bande, et il le faisait peindre sur un morceau de vélin qu'on attachait au drapeau de la compagnie. Celle-ci prenait un nom en rapport avec l'accoutrement mis à l'ordre du jour. Une peine de dix écus d'amende, prononcée par le chancelier de la basoche, attendait tout clerc qui eût voulu se dérober à ces engagements. La procession se mettait en marche à travers les rues, guidée par les tambours, les trompettes, les fifres et les hautbois. En tête, marchaient le roi de la corporation avec la toque, le chancelier avec la toque et le bonnet, et les autres officiers généraux de la société. Derrière eux venaient les compagnies, toutes vêtues de jaune et de bleu, qui étaient les couleurs officielles de la basoche, puis des couleurs diverses indiquées par les capitaines; elles étaient précédées de leurs chefs et de l'étendard, sur lequel se détachaient, en teintes éclatantes, l'emblème de la bande et les trois écritoires en champ d'azur. Les bé-jaunes, c'est-à-dire les nouveaux clercs reçus tout récemment par les trésoriers, ne manquaient pas à la réunion.

Tout le monde était à cheval. Le cortège se rendait en

---

(1) *Recueil* (anonyme) *des règlements du royaume de la basoche.*

bon ordre dans la cour du Palais, où il défilait devant son roi, au son des instruments; après quoi, il allait donner les aubades et réveils accoutumés aux présidents de la grand'chambre, au procureur général et aux autres dignitaires. La fête se terminait par des danses et par la comédie (1). La basoche avait toujours de six à huit mille représentants à cette grande exhibition, qui était pour elle une solennelle occasion de se compter et de constater ses forces. Cette *montre générale* subsista jusqu'au règne de Henri III, qui l'abolit. C'était une des grandes curiosités populaires : François Ier voulut la voir à deux reprises différentes, en 1528 et en 1540, et il en fut émerveillé (2).

La basoche avait encore bien d'autres cérémonies publiques. Nous avons déjà dit qu'elle s'assemblait, pour une fête accompagnée de spectacle, le jeudi qui précédait ou celui qui suivait les Rois. En outre, chaque année, tous les sujets de cette puissante corporation étaient passés en revue dans le Pré aux Clercs, qui servait de lieu ordinaire à leurs jeux dramatiques avant qu'ils ne se fussent définitivement installés sur la table de marbre du Palais, et qui, suivant certains auteurs, leur fut donné en 1547 ou 48 par le roi, pour les récompenser du service qu'ils lui avaient rendu en l'aidant à dompter la révolte de Guyenne (3). Mais les

---

(1) *Recueil*, etc. LES FRÈRES PARFAICT, *Histoire du Théâtre franç.*, t. II, p. 71 et suiv. — FABRE, *Étude hist. sur les clercs de la Basoche*. — MAGNIN, *Journal des Savants*, janv. 1856.

(2) BOUCHEL, art. *bazoche*. — FABRE, *Étude hist.*, etc.

(3) *Recueil des statuts et règlements du royaume de la basoche.* — Tous les historiens de la basoche mentionnent, en termes absolus et sans restriction, ce don du Pré aux Clercs, qui aurait dès lors échappé à l'Université; mais aucun des historiens de l'Université n'en parle, et tous, au contraire, le considèrent comme ayant été sans interruption la propriété exclusive de ce corps savant. La possession constante de l'Université me paraît évidente, en dépit de cette assertion isolée des historiens de la basoche, qu'on pourrait expliquer peut-être par un don momentané et sans suite, ou par la concession de quelques droits particuliers relatifs à l'usage de ce vaste terrain. Les clercs du Parlement se trouvèrent largement mêlés aux écoliers dans les scènes de désordre dont le Pré aux Clercs fut le théâtre en cette même année 1548, et l'arrêt du Parlement qui reconnaît le droit de propriété

autres solennités principales, en dehors de la *montre générale*, étaient la plantation du *mai*, et le plaidoyer de la *cause grasse*, qui exigent une description moins sommaire.

En même temps qu'il leur octroyait le Pré aux Clercs, François Ier avait concédé aux basochiens la permission de couper dans une de ses forêts deux arbres, dont l'un devait être élevé dans la cour du Palais (fig. 62); et, pour couvrir les frais de la cérémonie, il leur avait accordé une somme à prendre sur les amendes adjugées au roi, tant au Parlement qu'en la Cour des aides. Cette cérémonie se faisait en mai, et elle était précédée de démonstrations diverses, qui en prolongeaient la durée pendant près d'un mois. A la suite de tous les préliminaires juridiques et légaux, après avoir sollicité et touché la gratification du Parlement et de la Cour des aides, après être convenus, avec les officiers de la maîtrise des eaux et forêts, du jour de leur rendez-vous dans le bois de Bondy ou de Livry (1), qui était invariablement un dimanche, les basochiens abordaient la partie publique de la solennité. Le mercredi qui précédait le dimanche du rendez-vous, le chancelier, en habit de cérémonie, et les deux commissaires nommés pour les recettes et les dépenses de la fête, accompagnés d'un timbalier, de quatre trompettes, de trois hautbois et d'un basson, se rendaient au Palais pour donner les aubades et réveils au premier président, aux présidents à mortier, aux procureurs et avocats généraux, aux officiers des eaux et forêts, puis à la basoche elle-même. Le même jour, à midi, ils recommençaient à la porte du parquet des gens du roi, et à quatre ou cinq autres endroits qu'il est inutile d'énumérer ici (2).

de l'Université, porte « défense au chancelier de la basoche et à tous les clercs du Palais de faire aucune assemblée illicite et port d'armes. » Les clercs du Palais seront ainsi associés aux écoliers dans plusieurs actes et arrêts, et ils étaient sans doute considérés comme se rattachant à ce grand corps.

(1) Remplacé par le bois de Vincennes à partir de 1778.
(2) Ces aubades jouaient un rôle important dans les jeux de la basoche : nous les

LES CLERCS DE LA BASOCHE.   293

Le matin du dimanche convenu, tous les officiers de la basoche, à cheval et vêtus de leurs plus splendides costu-

Fig. 62. — La cour du Mai au XVIe siècle. Restitution par M. A. Lenoir.

mes, souvent même d'habits et d'armes dorés, ayant avec eux l'imposant orchestre dont nous avons parlé, allaient

avons déjà vues figurer à la suite de la *montre*; elles revenaient aussi à l'époque du renouvellement de l'année, et se donnaient souvent de nuit, à la lueur des flambeaux et des torches, promenés par les rues en grand appareil. Par un arrêt du 31 décembre 1562, le Parlement permet à la basoche de passer et repasser par la ville de Paris, de nuit et de jour, avec ses joueurs d'instruments ayant flambeaux et torches, pour donner des aubades selon sa coutume (Fabre). Les clercs fêtaient particulièrement saint Nicolas, comme les écoliers.

chercher à sa maison leur chancelier, qu'ils conduisaient à la cour du Palais. Après un premier discours d'un clerc, la cavalcade prenait la route du bois de Bondy, où elle trouvait les officiers des eaux et forêts, également à cheval et suivis des gardes. On déjeunait en commun, puis les officiers des eaux et forêts prenaient les devants pour se rendre au lieu indiqué ; la basoche les suivait à quelque distance, faisait halte un peu avant l'arrivée, et détachait le premier huissier pour avertir les officiers de son approche. Une fois les deux troupes réunies, seconde harangue de la basoche, par la bouche du procureur général de la communauté des clercs, qui n'oubliait jamais qu'elle était composée de futurs avocats ou procureurs. Ensuite, fanfare de trompettes avec accompagnement de timbales. Tous s'avancent de concert, font marquer les deux arbres par le garde-marteau et se séparent. Pendant trois jours consécutifs, on donnait des aubades dans la salle du Palais, puis des sérénades et réveils, de sept heures du soir à quatre heures du matin, aux dignitaires du Parlement et aux personnes désignées. Puis le charpentier de la basoche allait couper les arbres et les ramenait à Paris, dans la cour du Palais. Enfin, le grand jour venu, on abattait l'ancien mai, et sur son emplacement, au son joyeux des instruments, aux acclamations des badauds et des clercs, on élevait le nouvel arbre (1), décoré des couleurs et des armes de la basoche — deux grandes armoiries et vingt-quatre petites avec des écussons, — qu'on y attachait en les entourant de lierre, et

---

(1) Un huissier ayant coupé le mai des basochiens, en 1646, fut poursuivi criminellement par les clercs et condamné à le replanter à ses frais. Voici la contrepartie de ce fait. Le 17 mai 1640, le mai fut déshonoré en servant de potence à deux laquais, condamnés à mort pour meurtre, et qu'on n'osait pendre sur la place de Grève, à cause des attroupements de leurs camarades en armes. Les clercs du Palais ayant abattu ce mai, sacré par la justice, le bailli du Palais informa contre eux, et en emprisonna plusieurs. (LE MAIRE, *Paris ancien et nouveau*, t. III, p. 80).

qui portaient, au bas de l'écusson, les noms du chancelier et des deux commissaires en exercice. Le mai s'élevait au bas du grand escalier du Palais, vis-à-vis la rue de la Vieille-Draperie (1).

Comme les autres fêtes des basochiens, la plantation du mai avait pour suite naturelle une représentation dramatique, et les jeux du *joli mois de mai* comptaient parmi les plus célèbres de la corporation (2).

Cette cérémonie, avec ses accessoires, dura jusqu'à la fin du dix-huitième siècle. Seulement, à partir de 1667, le nombre des membres de la basoche qui devaient y figurer fut réduit à vingt-cinq, et ce fut un rude coup porté à la pompe de cette solennité triomphale. Elle persista toutefois, car elle répondait à une tradition généralement répandue, et qui s'est perpétuée jusqu'à nous avec la plantation des arbres de la liberté sous la République. Chaque village de France avait, sur la grande place, son chêne ou son ormeau, au pied duquel s'asseyaient les anciens, en causant du bon temps et en regardant danser *les jeunesses*. Les vieilles coutumes mentionnent les ormes plantés devant les églises et à l'entrée des châteaux, pour tenir les assemblées où l'on passait les actes solennels. On sait ce qu'on appelait au moyen âge les *jeux sous l'ormel*, qui embrassaient une grande variété de divertissements, depuis les danses jusqu'aux poésies et aux discussions des cours d'amour. Cet usage s'était introduit même à Paris; on connaît, entre autres, l'orme de Saint-Gervais, devant l'église de ce nom, sous l'ombrage duquel se rendait la justice et se payaient les rentes (3). La légende qui nous montre

---

(1) Les frères Parfaict, *Histoire du Théâtre françois*, t. II, p. 83.
(2) Roger de Collerye, *Cry pour la bazoche contre les clercs du Chastellet*, édit. Ch. d'Héricault, p. 271.
(3) Dulaure, *Histoire de Paris*, t. II, p. 472, *note*. (Édit. de 1821, in-8°.) — Une des plus belles estampes de Séb. Le Clerc, celle où il a représenté l'érection du Mai qui

saint Louis prononçant ses jugements sous le chêne de Vincennes est encore une confirmation de cette coutume traditionnelle, à laquelle se rattache aussi le vieux dicton ironique : « Attendez-moi sous l'orme. »

La fête du *Mai* était universellement célébrée au moyen âge : toutes les confréries et corporations, les orfèvres, les écoles de l'Université, etc., plantaient leur mai comme les basochiens. Il était d'usage aussi que, la nuit du premier mai, les amoureux allassent « resveiller les potz de marjoleine, » et planter le mai devant la porte de leurs dames, à qui, le lendemain, ils faisaient un cadeau (1). Mais on voit pourtant que c'était là une cérémonie particulièrement judiciaire, et tout à fait à sa place parmi les solennités de la basoche. Même après la décadence de cette corporation, lorsque ses représentations dramatiques eurent disparu, elle garda jusqu'à la Révolution la coutume de planter le mai, qu'on enlevait, avec toutes ses racines, sur un haut et long haquet garni de rubans et de guirlandes de fleurs et que, pendant la marche, des basochiens maintenaient par les extrémités de larges banderolles; puis celle d'aller en cérémonie donner des aubades chez les principaux membres des cours du Parlement et des aides, en parcourant à cheval les rues de Paris, escortée d'instruments sonores et précédée de ses drapeaux. En outre, les basochiens avaient établi au dix-huitième siècle un concert-promenade à la

---

se faisait tous les ans dans la cour des Gobelins, en l'honneur du peintre Le Brun, nous offre un tableau animé et complet de cette cérémonie (fig. 63). Le Mai est un arbre d'une hauteur prodigieuse, surmonté d'un soleil et d'une couronne, richement décoré de devises, de symboles et d'ornements de toutes sortes. Une multitude d'ouvriers s'occupe à le dresser, à l'aide d'échelles, de leviers, de longues cordes, au son des trompettes, des hautbois, des cymbales et des bassons, dont jouent des orchestres placés en avant de l'arbre, au retentissement des boîtes d'artillerie et des pièces d'artifice qui remplissent l'air de fumée. Une longue table est dressée dans la cour pour les rafraîchissements. Séb. Le Clerc, qui habitait aux Gobelins, a saisi le spectacle sur le vif et nous l'a rendu dans tout son mouvement et toute sa vérité.

(1) Martial d'Auvergne, 5ᵉ et 10ᵉ *arrêts d'amour*.

Fig. 63. — Érection du Mai, dans la cour des Gobelins, en l'honneur du peintre Le Brun (1684). D'après la gravure de Séb. Le Clerc.

pointe de l'île Saint-Louis, pendant l'été, et un bal très bien fréquenté pendant l'hiver (1).

Quant au plaidoyer de la *cause grasse*, il avait lieu publiquement le jour de *carême-prenant*, et c'était l'un des régals les plus recherchés des amis du gros rire et des gausseries rabelaisiennes, l'un de ceux qui valaient à la basoche la meilleure part de sa popularité. Ce plaidoyer avait un double titre à s'appeler cause *grasse*, par sa nature même et par l'époque où il se soutenait. Véritable discussion de carnaval, farce de *haulte gresse*, comédie judiciaire qui faisait concurrence aux *jeux des Halles*, ce n'était, au fond, que les bouffonneries satiriques et souvent ordurières de la table de marbre, reprises dans un autre cadre et sous une autre forme, qui avaient l'avantage de développer à la fois les deux talents et les deux aptitudes des basochiens, de montrer en eux les avocats à côté des farceurs. La cause grasse se plaidait de neuf heures à midi, en grand apparat, par-devant la cour basochiale, siégeant en son costume habituel, les avocats en robe et quelquefois les magistrats du Parlement. Elle roulait d'ordinaire sur un fait ridicule, presque toujours grivois ou pis encore, tantôt de pure imagination, tantôt arrivé réellement. Cette cause n'était pas nécessairement fictive : on retenait pour ce jour-là celles qui se prêtaient le mieux à la circonstance (1). Le sujet était présenté par le trésorier aussitôt après la Saint-Martin, et l'on avait grand soin de choisir le demandeur et le défendeur parmi les clercs les plus spirituels et doués de la plus

---

(1) *Souvenirs* de M. Berryer, doyen des avocats de Paris, p. 39, 40.

(2) V. en particulier, dans Tallemant des Réaux, l'historiette de Mme Lévesque (édit. Paulin Paris, IV, 273). On y lit qu'un avocat du Châtelet, Taupinard, avec qui Mme Lévesque s'était remariée, eut maille à partir avec les procureurs du Châtelet pour avoir plaidé, à la cause grasse, sur le mariage de l'un d'eux. Pour se venger, au carnaval suivant, ils préparent un plaidoyer sur une affaire scandaleuse de la Lévesque; mais le lieutenant civil, « s'y trouvant un peu piqué, » empêcha qu'il ne fût prononcé, et fit même mettre quelques clercs en prison.

belle faconde. Il y était presque toujours question d'une femme d'humeur volage, d'un mari trompé ou de quelque chose d'analogue, et la verve des clercs ne tarissait pas sur ce chapitre, trop cher à nos vieux conteurs (1). Aussi, à ces développements d'une inépuisable abondance, à ces exordes pompeux et à ces péroraisons burlesquement pathétiques, à ces gestes accentués, à ces répliques qui se croisaient comme la grêle, à ces jugements facétieux gravement prononcés par le tribunal, la belle humeur de l'auditoire s'allumait, et vous eussiez vu les regards narquois du public se porter d'eux-mêmes sur ceux qui avaient servi de types aux malins clercs et qui, percés des flèches de l'épigramme et de l'allusion, essayaient de dissimuler leur embarras sous une mine distraite ou un sourire forcé.

L'auteur anonyme d'une plaquette intitulée : *L'ouverture des jours gras ou l'entretien du Carnaval* (2) (1634), a tracé un tableau assez curieux de ce qu'était alors le plaidoyer de la cause grasse : « Si tout cela est encore trop fade, dit-il, en énumérant à ses lecteurs les divers moyens de se mettre en gaieté, attendez à la cause grasse ; vous ne devez laisser échapper cette occasion de la voir plaider, car il faut avouer que plusieurs parlent de la cause grasse qui ne savent ce que c'est, et qui croient que ce soit une chose qui se doive mépriser.... On voit dans cette cause l'éloquence paroître toute nue, en chair et en os, vive, mâle et hardie ; tous les boutons et les fleurs de bien dire répandus çà et là.... La narration y est toujours de quelque coquette abusée, ou de quelque oison plumé à l'eau chaude ; les raisons y sont toutes tirées de l'humanité ou des choses natu-

(1) Plusieurs des *arrêts d'amour* de Martial d'Auvergne peuvent passer pour des causes grasses, en y comprenant ceux qui ont été ajoutés à son recueil par Gilles d'Aurigny (*le Pamphile*). Mais ce sont là de purs badinages judiciaires. On trouvera des exemples de causes grasses fondées sur des faits réels et réellement soumis à la justice parmi les œuvres des présidents Expilly et Henrys, deux graves magistrats.
(2) Reproduite dans les *Variétés histor. et littér.* de M. Éd. Fournier, t. II.

relles; les mouvemens y sont fréquens, et l'intention de celui qui plaide est d'exciter à rire, et non à la commisération; car qui ne riroit seulement de voir la posture de ceux qui sont les juges de cette belle cause?... C'est là où la basoche est en triomphe, où le Mardi gras et Bacchus occupent chacun une lanterne pour écouter un plaidoyer si facétieux et si charmant qu'on est contraint de confesser que tous les Zanni, les Pantalons, les Tabarins, les Turlupins et tout l'Hôtel de Bourgogne n'a jamais rien inventé qui approche de mille lieues loin de cette facétie. Après cela, si vous ne riez, il ne faut plus espérer de rire. »

La cause grasse était prise fort au sérieux par les basochiens. Ils l'appelaient aussi, dans les commencements, *cause solennelle*. Ils y déployaient toutes les splendeurs de l'éloquence, et cette facétie devenait pour eux une affaire d'État. La licence en était telle qu'elle fut abolie, dans les premières années du règne de Louis XIII, par le président de Verdun. Toutefois elle ne tarda pas à reparaître. Lamoignon dut intervenir encore pour en régler les excès, et rappeler les clercs à un peu plus de retenue. Mais cette nouvelle répression produisit peu de résultats : le naturel revint bien vite, et il fallut supprimer définitivement la cause grasse au dix-huitième siècle. Du reste, à cette époque, la basoche était déjà bien déchue de son ancienne splendeur. Elle avait atteint son point culminant sous le règne de Henri III, et ce fut ce monarque qui lui porta le premier coup. Fort jaloux de son autorité, comme tous les souverains faibles, il s'offusqua un jour de ce titre de roi de la basoche, qui semblait lui créer un rival. Le roi de la basoche, désigné par l'élection, portait une toque semblable à la sienne et des insignes calqués sur les siens; il avait ses armes, sa monnaie, ses sujets, et il se faisait suivre partout de ses gardes. Dix mille clercs se trouvèrent un jour réunis aux funérailles de l'un d'entre eux. C'était un État dans l'État. Henri III eut peur, et il supprima cette dignité (1), dont les fonctions furent désormais remplies par le chancelier. Depuis lors, la basoche alla s'affaiblissant par degrés. Dès la fin du seizième siècle, on ne voit plus trace de ses représentations dramatiques; son répertoire se fond et se perd dans celui de l'Hôtel de Bourgogne, où elle acquiert, en la personne de son principal représentant, les mêmes privilèges que le *Prince des sots*, chef des Enfants sans souci. Elle cesse de battre monnaie; le Parlement prohibe ses marches triomphales à travers Paris; ses *montres* vont s'atténuant et s'effaçant; puis la plantation du mai, interdite en 1571 aux clercs du Châtelet, n'est plus tolérée pour les clercs du Parlement que dans des proportions mesquines. La Révolution les trouva réduits à un état assez piteux, ruines misérables d'une grande institution. Ils essayèrent de se relever, en se dévouant patriotiquement à la cause de la liberté. Sous le règne de Louis XVI, on les voit se signaler dans la plupart des mouvements populaires. Ils préludent en exécutant en effigie sur la place Dauphine, avec tout l'apparat d'un spectacle où se retrouvait le vieux génie inventif de la corporation, le chancelier Maupeou et le ministre Calonne; ensuite, quand la Révolution est venue, ils forment un corps de troupes spécial, aux uniformes rouges, aux boutons et épaulettes en argent. Messieurs de la basoche se donnent beaucoup de mouvement après la prise de la Bastille : ils font du zèle, montent la garde, organisent des patrouilles et des surveillances. On le voit encore apparaître parmi les volontaires de 92, ce qui n'empêcha pas les citoyens basochiens d'être anéantis par décret, au bout de peu de temps.

Il serait trop long de rechercher et d'énumérer tous les

---

(1) Le dernier roi de la basoche fut Henri de Maingot. On lui donna une compensation en le créant bailli du Palais : c'était échanger le royaume de France contre l'Ile d'Elbe.

noms de cette corporation fameuse qui sont parvenus jusqu'à nous : je me contenterai d'en citer quelques-uns parmi les plus connus, tels que le roi Jehan l'Éveillé, dont il est fait mention dans l'arrêt du 19 juillet 1477 ; Jacques le Basochien, qui fut arrêté en 1516 ; le comte de Salles, dont on trouve l'épitaphe, assez longue, dans les poésies attribuées à Clément Marot ; Clément Marot lui-même ; P. Blanchet, auquel on a voulu attribuer la farce de l'*Avocat Pathelin ;* Villon, le poète André de la Vigne, Martial d'Auvergne, J. Bouchet. Roger de Collerye semble aussi avoir fait partie, au moins un moment, de cette réunion de joyeux clercs.

II

La basoche du Châtelet et l'empire de Galilée.

La corporation des clercs du Châtelet, qu'on appelle aussi basoche du Châtelet, était organisée sur le même pied que celle des clercs du Parlement, dont elle reproduisait les représentations scéniques et la plupart des autres solennités. On la voit notamment en 1424, à l'entrée du duc de Bedford, jouer une sorte de mystère muet, « sans parler ne sans signer, comme si ce fussent images eslevées contre ung mur ». Elle ne semble avoir été qu'une déviation de celle-ci (1), à laquelle elle resta toujours subordonnée, non toutefois sans luttes et sans révoltes de sa part. Deux pièces de Roger de Collerye rendent témoignage de cet état d'hostilité, qui se traduisait par des agressions réciproques. On trouve dans ses œuvres un *Cry de la bazoche*

---

(1) Pourtant, suivant quelques auteurs, les clercs du Châtelet auraient été organisés en confrérie depuis 1278, c'est-à-dire vingt-cinq ans avant ceux du Parlement, et ce serait alors la basoche du Parlement qui serait née de celle du Châtelet.

contre les clercs du Chastellet, et un *Aultre cry par les clercs du Chastellet contre les Bazochiens*, dans lequel ces derniers sont vertement étrillés :

>Bazochiens ne prise une groseille,
>Certain je suis que leur bourse est mallade...
>Ils sont au net, et ont eu la cassade.
>Vous en ferez au moins une ballade,
>Car le prevost le veult, ainsi qu'on dit.
>
>Prince, je dis en gectant une œillade
>Sur ces retroux qui de vous ont mesdit,
>Qu'on leur fera ung brouet et sallade,
>Car le prevost le veult, ainsi qu'on dit.

Malgré ce ton bravache et outrecuidant, la basoche du Châtelet était bien éclipsée par sa puissante rivale et maîtresse, et, durant toute son existence, elle ne fit guère parler d'elle. Ce fut peut-être son obscurité même qui la sauva. Lorsque les clercs du Parlement étaient frappés par Henri III et voyaient tous leurs privilèges abolis les uns après les autres, les clercs du Châtelet paraissent être paisiblement restés en possession des leurs, ou, tout au moins, de leur cérémonie principale, je veux dire de la grande *montre* qu'ils célébraient annuellement, depuis un temps immémorial, d'abord le jour du mardi gras, puis, à partir de 1558, le lundi de la Trinité (fig. 64). En plein dix-huitième siècle, et jusqu'au seuil de la Révolution, on les voit se livrer, avec une gravité et une persévérance admirables, à cette exhibition innocente. Mercier (1) et l'avocat Barbier (2) nous ont transmis quelques détails curieux sur cette cavalcade, qui offrait aux regards railleurs des Parisiens les fils dégénérés de la basoche du Châtelet, se tenant gauchement à cheval,

---

(1) *Tableau de Paris,* Amsterdam, 1782, in-12, t. IV, ch. LXVIII.
(2) *Journal,* t. II, p. 173; t. VI, p. 34. — Voir aussi DULAURE, *Histoire de Paris,* t. II, p. 320.

en robes longues, avec l'air piteux de scribes qui viennent de s'arracher à leurs paperasses pour se donner sans but en spectacle à la foule :

Fig. 64. — Montre des clercs du Châtelet. Réduction d'une ancienne image populaire conservée à l'hôtel Carnavalet.

> Entendez-vous au loin le fifre et la trompette,
> Les cris tumultueux que le peuple répète ?

s'écrie Lemierre, au chant VI de son poème des *Fastes*.

> Voyez-vous s'avancer, couverts de noirs manteaux,
> Ces roides écuyers juchés sur leurs chevaux ;
> Cavalcade peu faite aux marches régulières
> Qui vient parodier nos brigades guerrières,
> Et gardant mal les rangs, plus mal les étriers,
> Saisit au moindre choc le crin de ses coursiers !

La marche s'ouvrait par une musique guerrière, où figuraient les inévitables trompettes, hautbois et timbales ; venaient ensuite les attributs de la justice militaire, le casque, les gantelets, la cuirasse, la main de justice, le bâton de commandement, portés en grande pompe par des membres de la corporation. Puis, derrière leurs trompettes et timbales particulières, et précédés de leurs signes honorifiques, s'avançaient quatre-vingts huissiers à cheval et cent quatre-vingts sergents à verge, tous en habits noirs ou de couleurs variées, mais non en robes. Le corps central de cette immense cavalcade se composait de cent vingt huissiers priseurs et de vingt huissiers audienciers en robes du Palais, de douze commissaires du Châtelet couverts de robes de soie noire, d'un des avocats du roi, des lieutenants particuliers et du lieutenant civil, tous en robes rouges. Enfin la marche était fermée par quelques huissiers et des greffiers au Châtelet. La procession se portait, dans l'ordre que nous venons de décrire, chez le premier président, le chancelier, le procureur général et le prévôt de Paris. C'était un des grands divertissements du badaud que cette bizarre cavalcade, et presque une renaissance du carnaval.

La communauté des clercs de la Chambre des comptes, qui remontait aussi au quatorzième siècle, avait pris le titre emphatique de *haut et souverain empire de Galilée*. Le chef exerçait une juridiction disciplinaire sur tous les clercs de son État, et il avait titre d'*empereur*, ce qui valait bien le *roi* de la basoche. Quant à ce nom de Galilée, qui donnait à l'association une physionomie biblique si peu en rapport avec sa nature, il venait simplement et prosaïquement, selon Boucher d'Argis, de ce que les clercs tenaient leurs séances dans une rue de ce nom, située au quartier de l'enclos du Palais, ou, suivant l'abbé Lebœuf, de ce que le lieu de leur réunion était dans quelque galerie, dans quelque salle longue, dite *Galilea* en basse latinité (1). Ils avaient pour protecteur le doyen des conseillers-maîtres de la Cour des comptes, et le procureur général de la même cour était chargé de veiller à l'observation de leurs statuts et règlements, dont il se faisait une lecture publique tous les ans, la veille de la Saint-Charlemagne. L'empire de Galilée avait choisi le puissant *empereur* pour son patron, et le 28 janvier il en célébrait bruyamment la fête dans la partie inférieure de la sainte chapelle.

La veille et le jour des Rois ramenaient une autre solennité, qui consistait en une marche pittoresque à travers les rues de Paris, aux sons de la musique, dans le genre des *montres* de la basoche. Tous les sujets et suppôts de l'association allaient en cet appareil donner des aubades et distribuer des gâteaux chez les membres de la Chambre des comptes, — mais aux dépens de cette Chambre, ce qui diminue d'autant la moralité de la cérémonie. Cette belle pompe était décorée d'emblèmes en peinture, accompagnée et rehaussée de « dances morisques, mommeries, triomphes et aultres joyeusetés accoutumées (2), » si bien que la Chambre, en autorisant la fête et en votant les frais, se vit quelquefois obligée de poser la condition, restée presque toujours à l'état de vœu platonique, qu'elle se ferait du moins *modestement*.

L'ordonnance de Henri III, qui supprima le roi de la basoche, atteignit du même coup l'empereur de Galilée, au-

---

(1) *Glossaire* de Ducange. *Mercure* de décembre 1739 et de mars 1740.
(2) Voir *Règlement* du 22 décembre 1522, et *Ordonnance de la Chambre des Comptes* du 11 décembre 1538.

quel succéda son chancelier. Malgré cette grave atteinte, le pauvre et chétif empire n'en prolongea pas moins son reste d'existence jusqu'à la Révolution, en compagnie des autres corporations de clercs (1).

III

Les Sots et les Enfants sans souci. — Les halles et leurs jeux.

La corporation des Enfants sans souci est postérieure de près de quatre-vingts ans à celle des clercs de la basoche : autant qu'on peut assigner une date précise à ces institutions, nées peu à peu par la force des circonstances plutôt que créées tout d'une pièce, et ayant presque toujours mille racines dans le passé quand elles se constituent définitivement au grand jour, c'est vers 1380 seulement qu'on voit se former cette association de jeunes gens et de joyeux fils de famille qui établissent leur juridiction dramatique sur la *sottise* humaine, et la frondent dans leurs *soties* (2).

On a souvent confondu les *Sots* avec les *Enfants sans souci*, et nous venons de le faire nous-même dès les premières lignes. Les *soties* étaient, à proprement parler, les comédies jouées par les Sots, et non par les Enfants sans souci. Il est certain que les uns et les autres formaient d'abord deux sociétés rigoureusement distinctes, mais pourtant qu'on ne peut séparer, parce qu'elles poursuivaient le même but par les mêmes moyens, et qu'elles ne tardèrent probablement

(1) SAUVAL, *Antiquités de Paris*, t. III, p. 615. — DULAURE, t. II, p. 308-311.
(2) La *sotie* était une allégorie satirique à personnages consacrés et à peu près invariables : ainsi l'on y voyait toujours le Prince des Sots, la Mère sotte, etc., elle des personnifications, comme le Sot glorieux, le Sot dissolu, le Seigneur de Gaieté, etc. On retrouve le même genre d'allégories dans la *moralité*, de formes plus pédantes et plus scolastiques encore, et même assez souvent dans la *farce*.

pas longtemps à mêler leurs troupes et leurs pièces, pour ne plus faire qu'un seul corps (1). Il arriva même, plus d'une fois, que des basochiens jouèrent côte à côte sur la scène avec des Enfants sans souci. En outre, pour étendre et varier leur répertoire, ces deux dernières corporations, probablement un peu après le début du quinzième siècle, avaient échangé l'autorisation de se faire des emprunts réciproques, nouvelle cause de confusion pour l'historien.

Les Sots et les Enfants sans souci donnaient leurs jeux aux halles. Ces jeux étaient-ils entièrement publics? Je me le suis demandé souvent, et j'ai longtemps hésité à répondre; j'hésite encore. En voyant ces mots : *Joué aux halles*, le premier mouvement est pour l'affirmative. Il semble que l'on ait affaire à des espèces de parades en plein air, à quelque farce dans le genre qu'allait plus tard illustrer Tabarin, représentée par-devant le populaire bruyant et joyeux. Mais ce n'est là qu'une impression, qu'aucun document positif ne confirme d'une façon suffisante, et que la réflexion détruit. Tout au plus cette opinion peut-elle se soutenir pour les premières années de la corporation, avant qu'elle se fût définitivement constituée sur de larges bases. Les passages de du Verdier, de Bonaventure Desperriers et des frères Parfaict, qui semblent indiquer le contraire, ne sont pas du tout concluants. Voici en quels termes le premier s'exprime sur le compte de Pont-Alais, que l'on regarde généralement comme ayant fait partie des Enfants sans souci, parce qu'il joua un rôle dans la sotie composée pour les jeux du mardi gras de l'an 1511, par Gringore, poëte de la corporation : « Jean du Pont-Alais, chef et maistre des joüeurs de moralitez et farces, à Paris, a composé plusieurs

---

(1) Comme semble le prouver, entre autres, ce passage où les *Mémoires d'un bourgeois de Paris* nous apprennent qu'on arrêta du même coup (en 1516) Jacques le basochien, Jehan Seroc et Jehan du Pontalez (lequel était des Enfants sans souci), pour avoir, dans une de leurs farces, raillé la mère du roi sous le nom de Mère sotte.

jeux, mistères,... qu'il a fait réciter *publiquement* sur eschaffaut en ladite ville. » Le mot *publiquement* ne veut pas dire de toute nécessité *en plein air*. En outre, sans examiner si le Jean du Pont-Alais dont parle du Verdier est bien certainement le même que le seigneur du Pont-Aletz qu'on voit dans la sotie de Gringore, où le rôle très secondaire qu'il remplit n'est guère d'accord avec la qualification de *chef* et de *maître* que lui donne du Verdier; sans examiner non plus si ce nom, qui est évidemment, comme ceux de beaucoup de farceurs, une sorte de sobriquet générique, n'a pu être porté par plusieurs personnages à peu près à la même époque, il est du moins évident par ces lignes seules, et sans parler de bien d'autres preuves, que Pont-Alais n'était pas un simple membre de la corporation des Enfants sans souci. Auteur aussi bien qu'acteur, il dirigeait personnellement une troupe, qui jouait des *mystères* (1) et autres ouvrages étrangers au répertoire habituel de cette association, dont il n'a peut-être fait partie qu'à un certain moment de sa carrière. En supposant donc que les mots *publiquement sur eschaffaut* voulussent dire *en plein air*, il serait tout naturel, d'après le passage même de du Verdier, de les appliquer exclusivement à cette troupe particulière. Les registres de l'Hôtel de ville (2) confirment encore notre explication, en témoignant de l'existence et des actes de Pont-Alais en dehors de la confrérie des Enfants sans souci. On lit, en effet, dans les comptes de dépenses de François Ier : « A Jehan de l'Espine du Pont-Alletz, dit Songe-Creux, *qui a par cy-devant suivy ledit seigneur avec sa bande, et joué plusieurs farces devant luy*, — en don 225 livres tournois. »

---

(1) L'anecdote du *barbier d'estuves*, racontée par Bonav. Desperriers (nouvelle xxx), nous le montre également recrutant des acteurs pour un mystère, et non pour une farce ou sotie.

(2) V. le *Cérémonial françois*, p. 783, 789, 800.

Peut-être sera-t-on tenté de chercher un autre argument dans le conte si souvent cité, où l'auteur des *Nouvelles récréations et joyeux devis* nous montre Pont-Alais faisant tapage en un carrefour pendant un sermon, et, par-devant la foule, coiffant de son tambourin crevé le prédicateur qui était descendu de chaire pour le venir gourmander dans la rue. Mais il y a cent raisons pour une de récuser la conséquence qu'on voudrait tirer de cette peu authentique anecdote, qui a toute la mine d'une *gaudriole* inventée pour le plus grand ébaudissement des protestants et des libres penseurs de l'époque. Nous n'en donnerons que deux, qui sont péremptoires : d'abord il n'est nullement certain qu'il s'agisse ici vraiment de Pont-Alais, et non d'un autre baladin quelconque, peut-être d'un simple saltimbanque de place publique, — car Bonaventure Desperriers, si peu scrupuleux qu'il soit en fait de vérité historique, n'affirme nullement le nom de son héros (1), et d'Aubigné, qui rapporte aussi ce trait dans le *Baron de Fœneste* (l. II), n'a pas même désigné Pont-Alais. Ensuite, on n'a pas suffisamment remarqué que, d'après le récit de Desperriers lui-même, qui le dit en propres termes, il ne s'agissait pas alors d'une représentation, mais d'une *montre*, c'est-à-dire de la promenade où l'on annonçait la représentation. — C'est donc un peu légèrement, on le voit, que les frères Parfaict, s'appuyant sans doute sur les passages que nous venons de citer, se sont servis des mots : *en place publique* (2), pour caractériser les représentations des Enfants sans souci. Quelle que fût l'érudition spéciale des frères Parfaict, ils se sont trompés plus d'une fois, et une assertion, d'ailleurs si vague, n'est point une preuve.

On pourrait invoquer aussi une ordonnance du prévôt

---

(1) « On dit du mesme Pontalais un compte, *que d'autres attribuent à un autre ; mais quiconques en soit l'auteur*, il est assez joly. »
(2) *Histoire du Théâtre français*, t. II, p. 178 et ailleurs.

de Paris, datée du 14 septembre 1395. Il paraît que, dès cette époque, les histrions et baladins populaires devançaient déjà les futures attaques de Gringore contre le souverain pontife Jules II, car ce magistrat dut faire proclamer par les rues l'arrêté suivant : « Faisons défense à tous dicteurs, faiseurs de diz ou de chansons, et à tous autres menestrels de bouche et recordeurs de diz, de faire ou chanter, *en places ne ailleurs,* aucuns diz ou rhymes qui facent mention du Pape, etc. » Les Sots et Enfants sans souci sont peut-être compris dans les termes généraux de l'ordonnance. S'il en était ainsi, les mots soulignés, à les prendre dans leur sens rigoureux, et à supposer que les deux premiers ne s'appliquent pas exclusivement aux jongleurs, ménestrels et farceurs de carrefours, permettraient de conclure que ces associations dramatiques, du moins à une certaine époque, avaient des espèces de parades publiques aussi bien que des représentations dans un bâtiment fermé. Mais on voit assez combien cette preuve est fragile; si l'arrêt du prévôt avait eu en vue les joueurs de soties et de moralités, qui l'aurait empêché de les désigner par leurs noms?

Quoi qu'il en soit, il ne répugne pas de croire qu'en 1395, c'est-à-dire quinze ans après leur création, la farce naissante des Enfants sans souci n'en fût encore, pour ainsi dire, au chariot ambulant de Thespis. D'un autre côté, le caractère des pièces connues pour avoir été jouées aux Halles tendrait à persuader qu'il y avait là une sorte de théâtre à tendances politiques, dont le gouvernement se servait au besoin pour diriger l'opinion dans ses intérêts, ce qui ne se pouvait bien faire qu'avec la foule entière du peuple pour auditoire. Il est probable, en tout cas, que la sotie devait jouer alors une grande partie de son rôle en plein air, dans les *montres* et *cris*, comme dans les parades de la porte. Sur tous ces points, la pénurie des documents nous force de marcher à tâtons, et de procéder le plus souvent par conjectures.

Les jeux des Enfants sans souci aux Halles avaient lieu dans l'après-dîner, comme tous les spectacles jusqu'au dix-huitième siècle. Quelle en était la périodicité? Là encore il est impossible de répondre nettement, tant cette partie de l'histoire de notre théâtre est couverte d'épaisses et impénétrables ténèbres! Divers indices pourtant, et quelques mots de nos vieux écrivains des quinzième et seizième siècles, donnent à entendre que le dimanche était privilégié pour ces représentations, comme il est facile de le comprendre. Mais les jours gras surtout ramenaient les grands triomphes et l'épanouissement des jeux des halles. Le carnaval, fête de la licence et du franc parler, lâchait la bride aux joyeuses audaces de la *sotie*, et cet usage devint bien vite, comme le bœuf gras, une sorte de tradition parisienne qui survécut même à la disparition des Enfants sans souci. Quand ceux-ci eurent abdiqué plus ou moins volontairement, pour se fondre avec les confrères de la Passion, qu'avait tués la défense de jouer désormais des mystères religieux et qu'abandonnait la faveur publique; quand enfin la vieille farce eut passé des tréteaux populaires aux planches de la rue Mauconseil, où elle allait peu à peu devenir la comédie, les acteurs de l'Hôtel de Bourgogne héritèrent de cette partie de leurs attributions, et ils gardèrent précieusement, à la fois comme une obligation et comme un privilège, l'habitude d'aller, au jour du mardi gras, divertir la multitude sous les piliers des halles. Gaultier-Garguille, Gros-Guillaume et leur successeur Guillot-Gorju n'y manquèrent pas; et même, en dehors de ces farceurs de haute volée, les halles restèrent toujours le lieu de prédilection de la vieille gaieté gauloise, l'un des sanctuaires de la farce et de la chanson, le rendez-vous des suppôts de Carême-prenant.

La confrérie des Sots et des Enfants sans souci ne s'était pas dissoute en entier lorsqu'elle s'absorba dans l'Hôtel de Bourgogne; elle garda une existence et un nom à elle (on l'appelait la Société des sots attendants), quoique désormais bien diminuée d'importance. En 1604, il s'engagea entre le sieur Nicolas Joubert, plus connu sous le nom burlesque et typique d'Angoulevent (1), qui se qualifiait « Prince des sots et premier chef de la Sotie, » et les sieurs Maclou Poulet, guidon de la Sotie, et Nicolas Arnaut, hérault de ladite Sotie, un procès ayant pour but de contraindre le premier à prendre jour promptement « pour faire *entrée sotte* en cette ville de Paris, et, pour ce, faire la convocation et assemblée ordinaire, y despendre largesses et faire toutes autres cérémonies accoutumées, » sous peine de dégradation et de déchéance. Conformément à la requête, Angoulevent fut condamné « à faire son entrée en habits décents, au 1er mai prochain, par les lieux, portes et places ordinaires, avec ses officiers, suppôts et sujets. » L'arrêt l'autorisait « à vendre et à engager tous ses biens, meubles et immeubles, pour faire les frais de son entrée. Faute de quoi, il serait déchu; les portes de sa loge à l'Hôtel de Bourgogne devaient lui être fermées, ses armes abattues, et il serait fait défense à ses chancelier, avocats et conseillers de se servir des marottes et chaperons *par lui baillés*. » Angoulevent interjeta appel. Les maîtres de la confrérie de la Passion, Valeran Le Comte et J. Resneau, intervinrent dans la cause, ainsi que les administrateurs de l'Hôtel de Bourgogne, en se joignant aux conclusions de ses sujets rebelles. L'affaire traîna en longueur, mais enfin, par arrêt du 19 juillet 1608, Angoulevent triompha sur toute la ligne et fut maintenu dans son titre de Prince des Sots et les droits y attachés. Tout en le déchargeant de son *entrée sotte* à Paris, jusqu'à ce que la cour en eût autrement ordonné, on lui reconnaissait le droit, comme il le réclamait, de faire,

---

(1) Déjà porté avant lui (V. le *Dictionn.* de Trévoux et une pièce des *Anciennes poésies franç.* Bibl. elzév., édit. Montaiglon, t. I, p. 11). Cet Angoulevent était une sorte de fou dont on s'amusait dans les rues.

le jour du mardi gras, son entrée solennelle par la grande porte au théâtre de la rue Mauconseil, d'y présider les as-

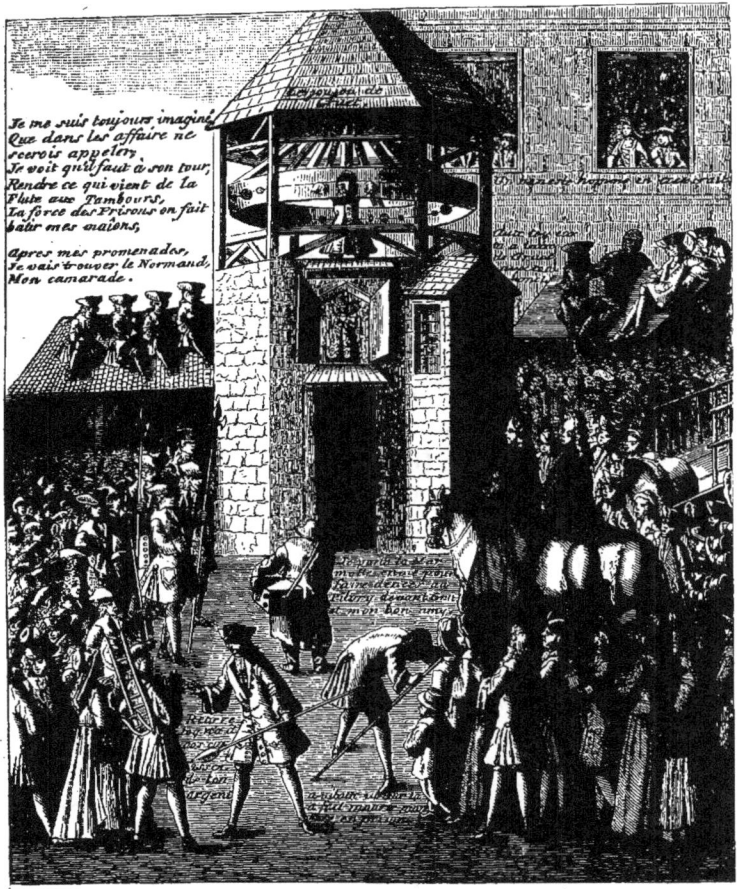

Fig. 65. — Exposition au pilori des halles au XVIIIᵉ siècle, d'après une estampe du temps.

semblées, et d'y disposer d'une loge durant toute l'année (1).

(1) Les frères Parfaict, t. III, p. 252. — Dreux du Radier, *Récréations histor.*, t. Iᵉʳ. — Félibien, *Histoire de Paris*, p. 44. — Fabre, *les Clercs du Palais*, 264-9,

Angoulevent mourut peu de temps après son triomphe, et avec lui prit définitivement fin la dignité de Prince des Sots, qui avait ainsi duré jusqu'à l'an 1608. Mais on voit encore apparaître les Enfants sans souci sous le règne de Louis XIII. En 1620, ils représentent le *Ballet de l'Amour de ce temps*, dont le livret fait peu d'honneur à leur imagination (1). Sur le titre, une vignette représente un homme coiffé d'un chapeau bas à plume, vêtu d'une large houppelande, tenant d'une main un serpent par la queue et donnant l'autre à une dame.

Revenons aux halles. Peut-être n'est-il pas hors de propos de présenter un tableau rapide de ce qu'elles étaient pendant l'âge d'or des Enfants sans souci. Par une bizarre antithèse, ce lieu de cocagne des amateurs de la bonne chère et du gros rire était en quelque sorte le domaine et la propriété du bourreau. Les halles avaient servi, avant la Grève, de lieu d'exécution, et Dieu sait combien on y avait *boulu*, pendu et décapité de coupables. Là s'élevait encore le pilori, tour octogone, avec de hautes fenêtres ogivales, n'ayant qu'un étage au-dessus d'un rez-de-chaussée, et au milieu de laquelle était une roue de fer, percée de trous, où l'on faisait passer la tête et les bras des criminels, voleurs, assassins, courtiers de débauche, blasphémateurs, — condamnés à cette exposition infamante. On les y attachait pendant trois jours de marché consécutifs, deux heures chaque jour, et en les tournant, de demi-heure en demi-heure, dans une direction différente. C'était fête pour la canaille quand elle pouvait avoir la représentation d'une femme de mauvaise vie conduite au pilori, le front ceint d'une couronne de paille, et juchée à rebours sur un âne, pour y être fouettée publiquement. Elle huait les patients et leur

---

etc., etc. — Beaucoup d'auteurs y ajoutent le droit de *prendre une collation* au théâtre : il n'en est pas question dans l'arrêt.

(1) Publié chez Antoine Bourriquant, rue des Mathurins, au Lys fleurissant.

jetait de la boue et des ordures, droit qui était formellement consacré par plusieurs ordonnances. A quelques pas

Fig. 66. — Les harangères des halles. Fac-simile réduit de la gravure en frontispice de la *Ville de Paris en vers burlesques*, du sieur Berthod (1652).

s'élevait la haute croix de pierre au pied de laquelle, au moins à partir de 1580, les débiteurs insolvables étaient condamnés à venir recevoir le bonnet vert de la main du bourreau. On voit que les spectacles de tout genre affluaient en cet endroit, cher à juste titre au bon peuple de Paris. Mais, vers la fin du xviie siècle, l'usage du pilori commençait déjà à devenir rare.

Le bourreau, à qui il était interdit de se loger dans l'intérieur de la ville, pouvait cependant, par exception spéciale, demeurer dans la maison du pilori, et un arrêt du parlement le décidait encore ainsi dans les premières années du dix-huitième siècle (31 août 1709). Autour de la place centrale, il avait le droit de bâtir des échoppes, qu'il louait lui-même, et ses émoluments se composaient surtout d'un certain nombre de redevances qu'il prélevait sur les objets mis en vente, — ce qu'on appelait le droit de *havée*. Il venait en personne lever l'impôt sur les denrées exposées à la halle, et ses valets marquaient les marchands au dos avec de la craie, à mesure qu'ils avaient acquitté cette taxe, dont ils ne furent soulagés qu'en 1775 (1).

Néanmoins, même sans tenir compte des représentations des Enfants sans souci, les halles n'étaient pas un lieu si lugubre qu'on pourrait croire. En dépit du pilori, du bourreau et de ses valets, on y menait grand tapage. Une bonne partie du commerce de Paris y installait journellement ses bruyantes assises. Marchands d'œufs et de fromage, marchands de poisson, pâtissiers et boulangers, charcutiers, fruitiers, regrattiers de toute sorte, lingères, merciéres, et mille autres, s'y pressaient, convoquant le chaland à leurs étaux avec force gestes et cris qui n'ont guère varié depuis. Les harengères des halles conquirent de bonne heure cette renommée d'éloquence spéciale que personne ne peut leur disputer aujourd'hui encore, et Berthod, dans sa *Ville de Paris en vers burlesques* (1652), nous a conservé des échantillons de haut goût du style de ces dames. Les marchands

---

(1) LOISELEUR, *les Crimes et les peines*, ch. LVI. — CHÉRUEL, *Dictionnaire des institutions*, art. BOURREAU, HALLES, PILORI.

forains venaient aussi, de temps à autre, remplir aux halles les places qui leur étaient assignées, et, par suite d'une institution qui remontait jusqu'à saint Louis et qui dura assez longtemps, un étal gratuit était réservé aux filles pauvres à marier, pourvu qu'elles fussent de naissance légitime, et qu'on n'eût rien à reprendre à leurs mœurs. Enfin, dans le voisinage, le long de la rue de la Tonnellerie, s'étendaient

Fig. 67. — Costume de la Mère sotte, d'après la marque de Pierre le Dru, imprimeur des poésies de Gringore. Paris, 1505.

les piliers des halles, qui étaient alors ce qu'est aujourd'hui le Temple, c'est-à-dire le repaire de la friperie, le quartier général des juifs et du petit brocantage, un immonde et puant capharnaüm de guenilles rapiécées, de loques reteintes, de chapeaux retapés, de souliers recollés et de vieux habits retournés; un chaos de robes, de housses et houseaux, d'aumusses, de cottes, chausses, bonnets, chaperons, bottines, etc. (1).

(1) CLAUDE LE PETIT, *Paris ridicule*, et Berthod, *Ville de Paris en vers burlesq*. Si l'on veut savoir ce qu'étaient les piliers des halles au dix-huitième siècle, on peut lire le chapitre que leur a consacré Mercier, dans son *Tableau de Paris*.

Un poète fameux par sa triste fin en place de Grève, Claude le Petit, a laissé, dans son *Paris ridicule*, publié pour la première fois en 1668, une courte et vive description du tumulte et du mouvement des halles :

>Fut-il jamais clameurs pareilles ?
>Si le ciel n'a pitié de moy,
>Je deviendray sourd, par ma foy,
>En dépit de mes deux oreilles.
>Chacun parle et nul ne répond,
>Chacun se mesle et se confond,
>Tout marche, tout tourne, tout vire !
>Après cela, Père éternel,
>Qui ne croira dans cet empire
>Le mouvement perpétuel ?
>. . . . .
>Un camp ne fut mieux retranché,
>Et tant plus dans ce lieu je marche,
>Moins je le prends pour un marché.
>
>C'en est un pourtant, je me trompe :
>Je le connois bien maintenant,
>Car j'y vois tromper le manant
>Avec magnificence et pompe ;
>J'y vois vendre à l'entour de moy,
>Sans police et sans bonne foy,
>A faux poids et fausse mesure ;
>Je vois maquignonner chacun,
>Je suis à my jambe en l'ordure ;
>Je n'en doute plus : c'est est un !

On voit que nul endroit ne pouvait être mieux choisi pour les farces burlesques et satiriques des suppôts de la Sottise, dont il est temps maintenant d'aborder les spectacles et les représentations, au moins dans leurs parties publiques.

Jusqu'au commencement du dix-septième siècle, époque où cette coutume fut abolie, le Prince des Sots faisait, le jour du mardi gras, une entrée solennelle dans Paris avec toute sa troupe, et ce défilé n'était pas la curiosité la moins divertissante et la moins vivement attendue du carnaval parisien. En tête du cortège marchaient le Prince des Sots, en grand costume, et la Mère sotte, qui était, après lui, le personnage le plus important de la confrérie, chargé des détails des jeux et particulièrement de l'organisation de cette entrée annuelle. D'après la gravure qui accompagne la première édition de la pièce de Gringore (fig. 66) dont nous parlerons tout à l'heure, et d'après une vignette de la *Danse macabre* (1), le costume de la Mère sotte semble avoir été celui-ci : une longue robe, une espèce de tricot serré à la taille, à manches amples et effilées en queues, mais fermées au poignet; une sorte de camail à capuchon pointu, avec les oreilles d'âne recouvrant la tête et le cou, et une marotte à la main. La Mère sotte avait, en outre, un collier et une ceinture formés de plaques en bois que reliaient des chaînons, et sur lesquelles étaient sculptées, en bas-relief, des scènes qui ne brillaient point par leur décence (2). Puis venaient les dignitaires, le guidon, le héraut et les simples suppôts de la Sottise, accoutrés de façon grotesque et satirique, et symbolisant en quelque sorte dans leurs habits, les ridicules, les abus et les vices dont ils s'étaient constitués les railleurs en titre.

Vers la fin, après que la société se fut fondue avec l'Hôtel de Bourgogne, et que le dernier Prince des Sots, Angoulevent, eut même pris part avec les confrères à l'acquisition de l'hôtel, la procession se dirigeait, à travers le dédale des rues, vers le théâtre de la rue Mauconseil, pour y faire également une entrée solennelle par la grande porte. La première de ces deux cérémonies fut, au grand déses-

---

(1) Bibl. nat., mss., fonds Colbert, n° 1849; Voy. la vignette de *la Sotte*.
(2) DULAURE, *Histoire de Paris*, t. III. — Dans la *Nef des fols*, translatée en prose française par maistre Jehan Drouyn (1498, in-4°), le fol, qui reparaît à chaque page, dans toutes les gravures, reproduit le fond du costume de Mère sotte, ce qui en faisait l'essence et le caractère : les manches effilées en pointes et le capuchon aux oreilles d'âne n'y manquent jamais, la marotte y figure souvent, et quelquefois aussi l'oiseau sur le poing.

poir des Sots et du peuple, supprimée par ordonnance du roi, au début du dix-septième siècle, et ce fut à la suite de cette interdiction que les comédiens voulurent, comme une conséquence naturelle, leur fermer la grande porte de leur théâtre, et les sevrer des privilèges auxquels ils avaient droit chez eux.

L'après-dîner, avait lieu la représentation, composée d'une sotie, d'une moralité et d'une farce, et précédée de la *montre* et du *cry*. Il nous reste justement de ces jeux des halles un monument authentique et complet, fort curieux pour l'histoire de notre vieux théâtre. C'est le *Jeu du Prince des Sots et Mère Sotte*, par Gringore, « joué aux halles de Paris, le mardy gras, l'an mil cinq cens et onze, » comme le porte l'édition primitive. Aidé de ce document, on peut reconstituer facilement la cérémonie, et je la vois d'ici. Le cortège sort et se déroule au bruit des trompettes, des tambourins, des guitares, des violons et rebecs, des instruments les plus sonores mis en réquisition pour la circonstance. Le Prince des Sots et Gringore, honoré de la dignité de Mère Sotte, l'un décoré de sa fameuse devise : *Stultorum numerus est infinitus;* l'autre brandissant sa marotte et coiffé de son bonnet d'âne, conduisent le défilé au milieu des rires et des applaudissements frénétiques du populaire. Toute la troupe suit, chacun portant les costumes de son emploi et de son rôle. Voici le seigneur du Pont-Alais, le seigneur de Joie, le prince de Nates, le général d'Enfance, le seigneur du Plat, le seigneur de la Lune, l'abbé de Frévaulx et l'abbé de Plate-Bourse, Sotte commune, symbolisant la niaiserie du peuple, Sotte fiance et Sotte occasion, enfin les personnages allégoriques et satiriques qui, tout à l'heure, vont jouer dans la *sotie*, tous reconnaissables aux détails burlesquement significatifs de leurs attributs; puis les prélats et les princes cheminant côte à côte, en attendant qu'ils se livrent bataille sur la scène. Voici aussi les acteurs de la *moralité :* Peuple ytalique et Peuple françois, l'Homme obstiné, livrant avec cynisme à la risée publique le costume sacré du pape Jules, puis Simonie, Ypocrisie et le reste; enfin, ceux de la *farce* graveleuse, Raoullet-Ployart et sa femme Doublette, le varlet Mausecret et les deux compagnons Dire et Faire. Chaque personnage étant un symbole, baptisé d'un nom expressif qui désignait clairement son caractère et son rôle, le costume se trouvait nettement indiqué par là, et n'était que le commentaire et le complément naturel du nom. Aussi la *montre* à elle seule tenait lieu d'une affiche détaillée.

Le cortège se range d'abord au pied de la fontaine des Innocents, et là le héraut de la troupe fait le *cri*, annoncé par une fanfare de trompettes et par le roulement redoublé du tambourin. Le *cri* qui précéda la représentation du mardi gras de l'an 1511 est l'idéal du genre :

> Sotz lunatiques, sotz estourdis, sotz sages,
> Sotz de villes, de chasteaux, de villages,
> Sotz rassotez, sotz niais, sotz subtilz,
> Sotz amoureux, sotz privez, sotz sauvages,
> Sotz vieux, nouveaux, et sotz de toutes âges,
> Sotz barbares, estranges et gentilz,
> Sotz raisonnables, sotz pervers, sotz retifs,
> Vostre Prince, sans nulles intervalles,
> Le mardy gras jouera ses jeux aux Halles....
>
> Fait et douné, beuvant vin à plains potz,
> En recordant la naturelle game,
> Par le Prince des sotz et ses suppotz ;
> Ainsi signé d'un pet de preude femme (1).

Puis le cortège se remet en marche, promène de nouveau la montre par les rues de Paris, et répète le *cri* aux principaux carrefours et sur les places publiques. Après quoi, il revient à son point de départ, où nous l'abandon-

(1) Cf. avec le *Monologue des nouveaulx sotz de la Joyeuse bende. (Poésies gothiq. françois.* Silvestre, in-8°.)

nerons, la représentation proprement dite n'étant plus de notre ressort.

Plusieurs noms, parmi ceux des Enfants sans souci, sont arrivés jusqu'à nous; nous en avons déjà nommé quelques-uns, — Gringore, Jean Seroc, Jean du Pont-Alais, et le dernier Prince des Sots, l'Augustule de cette royauté comique, Nicolas Joubert, dit Angoulevent. C'était peut-être aussi un Enfant sans souci que ce Jacques Mernable « joueur de farces, » dont Ronsard a chanté la misère. Joignons-y Tabary, Francatrippa, Jean des Vignes, type populaire dont le nom resta longtemps pour désigner les niais et les balourds (1). Clément Marot, qui a probablement fait partie lui-même de cette corporation, comme de celle des basochiens, a tracé longuement l'épitaphe de l'excellent *badin* Jean de Serre, dont il peint les talents comiques de manière à nous faire venir l'eau à la bouche. Nous connaissons encore Adenot, et son successeur Herpinot, parmi les farceurs qui avaient leur échafaud aux halles, à la pointe Saint-Eustache, où ils continuaient la tradition de Jean du Pont-Alais. Herpinot surtout arriva à une célébrité assez grande pour que les auteurs de quelques-uns de ces livrets comiques et satiriques qui pullulaient alors dans Paris les missent sous son nom. On l'avait surnommé le Caton des halles, et il est probable que ce titre sévère n'était rien autre chose qu'une joyeuse antiphrase. Les halles n'ont jamais eu de Caton, ni les Enfants sans souci non plus.

(1) Ces deux derniers sont nommés parmi les principaux farceurs du seizième siècle, par G. Bouchet, dans sa 18ᵉ *serée*.

CHAPITRE VI.

JONGLEURS, TROUVÈRES ET MÉNESTRELS POPULAIRES.

A côté des confrères de la Passion, des clercs de la basoche, des Sots et Enfants sans souci, et même bien avant eux, les jongleurs, sous leurs dénominations diverses, occupaient l'un des premiers rangs parmi les amuseurs privilégiés du vieux Paris. On les retrouve à chaque pas dans l'histoire du moyen âge, mêlés de près à la vie de cour et aux divertissements de la place publique, prenant part à toutes les réunions, à toutes les fêtes nationales ou privées, solennelles ou familières, des grands comme des vilains. Nous ne nous occuperons d'eux ici que dans leurs rapports avec le peuple, et nous les suivrons surtout dans la rue, nous plaçant ainsi à un point de vue plus nouveau et moins souvent étudié que les autres, quoique non moins intéressant.

L'art de *ménestrellerie* embrassait un grand nombre de branches, et les artistes qui en faisaient profession se trouvent désignés dans les auteurs contemporains sous une multitude de noms, d'une signification analogue, mais qui tous pourtant avaient leur valeur spéciale. Nous allons essayer d'indiquer le sens propre de chacun d'eux et leurs différences essentielles, tout en prévenant qu'il ne peut rien y avoir d'absolu dans ces distinctions, qui sont, en quelque sorte, purement théoriques, et que la plupart de ces termes se confondaient très souvent dans la réalité.

Le mot *trouvère* (troveor), comme en avertit suffisamment

son étymologie, désignait surtout le poëte, l'inventeur, celui qui avait *trouvé* la matière du roman, du conte ou de la chanson, et qui l'avait mise en rimes. Parfois, le trouvère se bornait à ce rôle plus relevé, et ne récitait pas lui-même ses ouvrages; mais, le plus souvent, il réunissait les deux attributions, et il n'est même pas rare de voir ce nom appliqué, dans les auteurs du temps, aux simples chanteurs, aux baladins vagabonds du dernier ordre (1).

Les ménestrels (*menestreux, menestriers*), en latin *ministelli*, étaient proprement les chanteurs, les musiciens, ceux qui déclamaient les compositions des trouvères, en s'accompagnant sur leurs instruments. C'était le terme le plus noble, et comme le titre d'honneur, dans l'innombrable variété de noms servant à désigner tout ce qui se rattachait à l'exercice public de cet art. Souvent le ménestrel était le chef d'une *ménestrandie,* c'est-à-dire d'une troupe composée de chanteurs, de conteurs, de musiciens, de farceurs et de joueurs de tours, qui s'associaient pour mettre leurs talents et leurs profits en commun. Legrand d'Aussy (2) et Roquefort (3) ne donnent même que ce dernier sens au titre de ménestrel, et ils le distinguent du *ménestrier,* chanteur et joueur d'instruments; mais cette distinction est purement arbitraire dans la forme absolue où ils la produisent, et nous ne voyons pas sur quels documents elle pourrait s'appuyer. Ce ne fut que plus tard que le nom de ménétrier prit un sens tout à fait subalterne. On le trouve même aux treizième et quatorzième siècles avec la signification de *trouvère,* — poète, inventeur (4). Et quant au mot ménestrel ou à sa forme latine *ministellus,* loin de désigner toujours le chef d'une troupe

---

(1) Voy. le fabliau des *Deux troveors ribauz.* Le mot *troveors* est remplacé par *bordeors* dans d'autres manuscrits.
(2) Préface de ses *Fabliaux,* p. 92.
(3) *De l'état de la poésie française dans les* XIIᵉ *et* XIIIᵉ *siècles,* in-8°, p. 90.
(4) « De quoy cils **menestriers** font les nobles romans, » lit-on dans la *Chronique de Bertr. Duguesclin.*

il est quelquefois employé, par cette éternelle confusion de noms que nous avons déjà signalée dans les auteurs contemporains, comme synonyme de baladin et de faiseur de tours (1).

De toutes les dénominations que nous passons en revue, celle de *jongleur* (jougleor) est à la fois la plus ancienne, à ce qu'il semble, et la plus usitée. Elle apparaît, dès les premiers temps de notre histoire, dans les documents latins

Fig. 67. — Trouvères ; d'après une miniature des *Chansons d'anciens poètes français* : ms. du XIVe siècle, à la Bibl. nat. de Paris.

(*joculator*), et on la rencontre sans cesse dans le cours des douzième et treizième siècles. C'est le terme qui indique le mieux sous ses diverses faces, les plus humbles comme les plus élevées, le multiple talent de cet artiste, à la fois poète, chanteur et farceur. Le jongleur ne se bornait pas à réciter des romans et chansons de geste, à jouer de la harpe ou de la flûte ; il avait plus d'une corde à son arc et savait varier ses exercices par des tours de gobelet, des jeux d'animaux savants, des plaisanteries et des grimaces. Comédien complet, connaissant toutes les ressources du chant, de la danse et de la déclamation, capable de faire pleurer ou de faire rire, solennel ou bouffon à volonté, enfin sachant payer de son esprit et improviser suivant les besoins, tel était ou devait être le parfait jongleur. Et pourtant cet artiste universel

(1) *Glossaire* de Ducange, art. MINISTELLUS.

était considéré comme bien au-dessous du trouvère et du ménestrel : tandis que les honneurs, l'argent et la considération pleuvaient sur ceux-ci, le jongleur restait presque toujours pauvre et méprisé. C'est que le trouvère et le ménestrel proprement dits, voués exclusivement, au moins en apparence, à la partie la plus noble de leur art, s'attachaient presque toujours à quelque grand seigneur et vivaient dans des maisons riches, tandis que le jongleur, vrai bohème, menait une vie nomade, et esclave des plaisirs du peuple, se rabaissait lui-même et rabaissait son art par les tours de passe-passe et les simagrées auxquels il était obligé de descendre pour gagner sa vie. Le jongleur avait même commencé par n'être qu'un pur saltimbanque, et ce ne fut que vers la fin de l'époque carlovingienne qu'il se mit à chanter les poèmes nationaux.

Il est bien entendu que je note cette distinction sous le bénéfice des observations précédentes. De même, en effet, qu'on a vu les mots *trouvère* et *ménestrel* appliqués à des artistes de la dernière catégorie, il ne serait pas difficile de trouver des poètes et musiciens de l'ordre le plus relevé désignés sous le nom de jongleurs, spécialement au douzième et même au treizième siècle, avant que le terme ne fût encore passé de mode. Mais c'est surtout à partir du quatorzième siècle qu'il retombe peu à peu dans sa déconsidération première et se rapproche par degrés, grâce au genre de vie des jongleurs, à leurs balivernes et à leurs mensonges, du sens abaissé et méprisant qu'il a depuis longtemps aujourd'hui.

On disait aussi *bordeor*, *canteor* ou *canterre*, *harpeor*, *tabureor*, *organeur* et *trompeur*, du nom des instruments principaux de la *ménestrellerie*. Les documents latins, outre les vocables que nous avons déjà cités, en emploient beaucoup d'autres pour distinguer les jongleurs : suivant les diverses faces de leur profession, ils les appellent *mimi*, *lyrici*, *cantores*, *scurræ*, *histriones*, etc.

> Occurrunt lyrici, modulantes carminis odas,
> Occurrunt mimi, dulci resonante viellâ,

dit Nicolas de Bray, dans sa *Philippide*, en parlant des *canterres* et *veilleurs* qui viennent au-devant du roi.

Assez souvent aussi les jongleurs sont appelés *hérauts* (*hiraus*). Bien qu'employée d'une manière générale (1), il n'en est pas moins vrai que cette dénomination dut primi-

Fig. 68. — Trouvère français, d'après un dessin des *Poésies de Guillaume de Machaut*, ms. du XIVe siècle, à la Bibl. nat. de Paris.

tivement se rapporter à un côté particulier des fonctions du jongleur, suffisamment désigné par le mot lui-même; seulement elle resta en usage, par souvenir et par tradition, après qu'ils eurent été dépossédés de cette partie de leur emploi, qui ne tarda pas à devenir l'apanage d'une classe spéciale.

Du plus loin, en effet, que nous apercevions les jongleurs, nous les trouvons mêlés à la vie guerrière de la nation, ser-

---

(1) Consulter le *Dict des hiraus*, de Baudoin de Condé, où l'on voit qu'au treizième siècle ce nom s'appliquait encore à des bouffons de basse classe, grimaciers, farceurs et conteurs. Les *hirauts* sont aussi fort maltraités et qualifiés en termes méprisants par les prédicateurs, qui prennent sans doute le mot non dans le sens spécial que nous y attachons exclusivement aujourd'hui, mais comme synonyme de *jongleurs*.

vant de hérauts d'armes dans les joutes et tournois, précédant ou suivant les armées, soit par une sorte d'enrôlement volontaire, soit en qualité de *domestiques* et d'officiers des barons, à la maison desquels ils étaient attachés. Ils marchent en tête des soldats, avec leurs instruments, à peu près comme la musique militaire aujourd'hui, donnant le signal du combat, sonnant la charge, animant les troupes, stimulant les courages par la peur d'une *male chanson* prête à railler toute faiblesse, remplissant enfin le rôle des bardes gaulois et des scaldes scandinaves. Le type de ce jongleur belliqueux est le fameux Taillefer, ce Tyrtée normand du onzième siècle, dont les prouesses et les chansons contribuèrent puissamment à la victoire d'Hastings. Les vieux romans et les vieilles chroniques ont célébré avec enthousiasme les exploits de ce vaillant ménestrel :

> Taillefer, ki molt bien cantoit,
> Sus un ceval qui tost alloit,
> Devant ax s'en alloit cantant
> De Carlemaigne et de Rolant,

dit Robert Wace, dans le roman du *Rou*. Et le poète Geoffroy Gaimar, dans son *Histoire des rois anglo-saxons*, nous le montre se livrant, entre les deux armées, aux tours d'adresse et de prestidigitation qui faisaient déjà partie de la science du jongleur : « Il prit sa lance comme si c'eût été un bâtonnet, et la jetant en l'air il la recevait par la pointe. Trois fois ainsi il jeta sa lance. A la quatrième, il s'avance et la jette au milieu des Anglais. Il en perça un en plein corps. Puis se retirant en arrière, il jette son épée en l'air et la reçoit de même trois fois, si bien que les Anglais se disaient l'un à l'autre que c'était un enchantement. » On voit ici, réuni en un seul homme et dans un même moment, l'emploi des diverses fonctions du jongleur : Taillefer chante les exploits des héros, il exécute des tours d'adresse et de subtilité, il anime les soldats, il défie l'ennemi.

Berdic succéda à Taillefer, et suivit les mêmes traditions, quoiqu'il n'ait pas laissé une renommée égale. Il y a encore dans le onzième siècle d'autres exemples de ces ménestrels guerriers. Les *Miracles de saint Benoît* racontent qu'un parti de Bourguignons ayant formé le projet de piller Châtillon-sur-Loire, en 1095, ils s'avançaient précédés d'un *bouffon* qui chantait sur son instrument les guerres et les belles actions de leurs ancêtres, pour échauffer leur courage (1).

Après la bataille, les jongleurs célébraient la victoire, exaltaient les prouesses de ceux qui s'étaient distingués, et, au besoin, flétrissaient les actes de lâcheté et de félonie. C'étaient eux aussi qui dénonçaient les trêves, proclamaient les traités de paix, portaient les propositions de l'un à l'autre parti. A leur double qualité de ménestrels et de hérauts était attachée une sorte d'inviolabilité, qui les désignait naturellement comme intermédiaires entre deux rois ou deux peuples en guerre. Ils devaient même à la confiance et au respect qu'inspirait alors leur profession de pouvoir se promener librement d'un camp à l'autre, de se montrer sans crainte sur les terres de l'ennemi, et ils en profitaient quelquefois pour rendre des services précieux à leur souverain ou à leur parti. On connaît l'histoire de Blondel, ce ménestrel picard qui, errant de ville en ville avec sa harpe, parvint à trouver la prison où était renfermé Richard Cœur de Lion son maître. Aussi le costume de jongleur servait-il souvent de masque aux espions et aux aventuriers qui voulaient circuler partout sans être inquiétés, et qui, à la faveur de ce déguisement, étudiaient l'ennemi, le faisaient tomber dans des embuscades ou délivraient les

---

(1) LEGRAND D'AUSSY, préf. de ses *Fabliaux*, p. 12, note.

prisonniers. C'est ainsi que, dans le roman de *Brut*, de Robert Wace, Celdric s'habille en trouvère pour aller au secours de son frère Baldus, et que, dans l'*Histoire de Foulques Fitz Warin* (1), Jean de Rampagne, un gentilhomme instruit dans la *gaie science*, comme beaucoup d'autres alors, se rend au camp ennemi sous l'accoutrement d'un *ménestrel éthiopien*, pour sauver Adolphe de Bracy, qui devait être pendu le lendemain.

En même temps qu'ils conduisaient les soldats à la victoire et s'illustraient eux-mêmes par des exploits chevaleresques, les jongleurs excitaient les princes à la vertu par des récits et des chants qui glorifiaient les exploits de leurs ancêtres, la magnanimité des preux, les grands traits de l'histoire (2). C'est là ce qu'on peut appeler l'âge héroïque des ménestrels. Par malheur, il ne dura pas bien longtemps, et ne dépassa guère le douzième siècle, autant du moins qu'on peut établir des limites et des catégories en pareille matière, et dans ces périodes obscures. Il est à croire, sans doute, qu'il y avait dès lors bon nombre de jongleurs peu soucieux de ce haut et sévère idéal; en tout cas, on peut dire sans calomnie qu'ils en apparaissent bien éloignés, dès le moment où l'on commence à pouvoir étudier leur histoire plus nettement et de plus près. Les jongleurs du treizième siècle, par exemple, sont déjà fort dégénérés du vaillant Taillefer, puisque le roman du *Renart* range au nombre des chimères introuvables

Femme sage *et* hardi jougleor.

Qu'est-ce donc aux quatorzième et quinzième siècles? On retrouve bien encore quelques traces de leur ancien rôle,

---

(1) *Nouvelles franç. du quatorzième siècle*, publiées par MM. Moland et d'Héricault (Bibl. elzév.), p. 76. Voy. un autre exemple, p. 66.
(2) *Roman d'Alexandre. Chron. de Bertr. Duguesclin*, Nic. de Bray.

mais singulièrement affaibli et déchu, ou même tourné à la bouffonnerie. Les *ménétriers* qui, sous Guillaume le Conquérant, conduisaient bravement l'armée au combat, sous Louis XI se bornent à conduire par les rues de Paris, au son des instruments, le guet du cardinal la Balue. Dès le treizième siècle, ils avaient échangé les surnoms héroïques, comme celui de Taillefer, contre des sobriquets ridicules, semblables à ceux que pourraient porter aujourd'hui des athlètes et saltimbanques forains : Tranche-fonde, Rougefoie, Gros-groing, Mâche-beignet, Tue-bœuf, Arrache-cœur, Abat-paroi (1), etc. Enfin, après les proclamations de paix dans les rues, lorsque le cortège est passé et que la voix du héraut a cessé de se faire entendre, le jongleur, devenu un bouffon de carrefour, s'en empare pour les parodier grossièrement, et les traduit à sa façon, en vers et en prose mêlés de quolibets, de calembours et d'obscénités (2).

Mais il ne faut pas exagérer la rapidité de cette décadence, ni y voir un fait universel et sans exception. Tous les jongleurs n'étaient point tombés si bas, et ceux même qui se livraient à ces plates mascarades de la rue savaient se relever au besoin par de plus hauts exercices. Le vrai, le principal rôle des trouvères et ménestrels, quels qu'ils fussent, était la récitation et le chant des poëmes chevaleresques, chansons de geste, romans d'aventures, pastourelles et fabliaux, quelquefois même des dialogues qui affectaient une forme dramatique, et où le théâtre commençait à poindre, comme les jeux d'*Aucassin et Nicolette*, du Courtois, du Pèlerin, du Mariage (3), etc. Les premiers *miracles* et *mystères* ont dû être, sinon représentés, du moins joués par les jongleurs. Aux douzième et treizième siècles, la passion

---

(1) *Les Deux Troveors* (ou *Bordeors*) *ribauz*.
(2) Lisez, dans le XXIIIe vol. de l'*Histoire littéraire de la France, la Paix aux Anglais*, relative au traité intervenu entre Henri III et Louis IX (1264).
(3) MONTEIL, *Histoire des Franç. des divers états*, quatorzième siècle, épît. LVI.

pour les contes et chansons était si grande, qu'il n'y avait pas d'assemblée ni de festin qui pussent s'en passer, et que tout voyageur, tout étranger reçu au foyer, devait payer ainsi le bon accueil de son hôte (1). Ce goût n'était pas moins répandu chez le peuple que parmi la noblesse. Aussi, tandis que les ménestrels de haute volée se faisaient entendre à la cour des rois, à la table des grands, et cherchaient l'hospitalité de château en château, les ménestrels populaires amassaient la foule autour d'eux dans les rues et sur les places, à peu près comme fait aujourd'hui, ou comme faisait récemment encore le *chante-histoires* sur le môle de Naples, pour lui répéter les refrains joyeux de Colin Muset et de Vynot le Bourguignon. Tantôt ils s'installaient en un carrefour pour y célébrer les exploits des héros; tantôt, debout sur les marches de l'église ou près de l'image de la Madone, attendant le peuple à la sortie de la messe, ou allant à sa rencontre sur la route des pèlerinages les plus fréquentés, ils disaient les vertus du saint du jour, les miracles du patron, les grandeurs de la Sainte-Baume et du Saint-Sépulcre. Aux Halles, sur la place de Grève, sur la place Maubert, les chanteurs de gestes et les gens du gai savoir amassaient la foule toujours avide de les entendre. Ils avaient des chants profanes pour tous les jours de la semaine et pour toutes les circonstances de la vie; des chants sacrés pour toutes les fêtes et tous les actes de la religion. Ils se rendaient, soit à pied, soit montés sur une mule, et les plus huppés sur un cheval, aux noces, aux festins (2), aux foires, aux réunions de confréries, aux veillées, à toutes les assemblées populaires, aux tournois, parfois aux enterrements, où ils s'adjoignaient aux pleu-

(1) On voit cette coutume dans les poëmes de *Gérard de Roussillon*, des *Déduits de la chasse*; les fabliaux du *Povre Clerc*, du *Soucretain de Cluny*, etc.

(2) Quelquefois même, pour mieux égayer le repas, ils se laissaient enfermer dans des pâtés gigantesques, d'où ils s'élançaient tout à coup en faisant résonner leurs instruments (MATH. COUCY, *Histoire de Charles VII*, an 1454).

reurs et faisaient entendre des mélodies lugubres. Ils n'avaient garde de manquer ni une cour plénière, ni une cour d'amour, ni un *gieu sous l'ormel*. Ils pénétraient jusque dans les couvents, pourvu que ce ne fût point temps de pénitence ; des statuts publiés par le comte de Toulouse et par le légat du Pape en 1233, nous apprennent que les moines, quand ils mettaient leurs vins en vente dans l'intérieur du monastère, y laissaient entrer des jongleurs, qui leur payaient une rétribution et amusaient les chalands (1). Ces artistes étaient

Fig. 69. — Jongleurs récitant un poëme.
Miniature d'un ms. du XIIIe siècle, à la Bibl. nat. de Paris.

d'ailleurs essentiellement nomades. Ils passaient quelquefois en Italie, en Espagne, en Angleterre pour y chanter Charlemagne et Roland, et plusieurs allèrent jusqu'en terre sainte. C'étaient les gazettes ambulantes du temps, les distributeurs de gloire et les vulgarisateurs de renommée. Richard Cœur de Lion mandait des jongleurs de France, et comblait de cadeaux ces habiles gens pour leur faire chanter ses exploits sur les places publiques, — *ut de illo canerent in plateis*, — et Lambert d'Ardres raconte l'histoire d'un jongleur impudent qui pratiquait le *chantage*, comme on dirait aujourd'hui, et qui supprima le nom d'Arnould le Jeune de la *Chanson d'Antioche*, parce que celui-ci n'avait pas voulu

(1) DAUNOU, *Discours sur l'état des lettres au treizième siècle*, chapitre XXVII.

lui donner les belles chausses écarlates qu'il convoitait (1).

Il fallait une grande variété non seulement de sujets, mais de genres, pour s'accommoder à une telle variété de circonstances et à de si continuels changements d'auditoire. Aussi toutes les branches de la poésie du moyen âge se trouvent-elles réunies et mêlées dans les manuscrits qui ont appartenu aux jongleurs, manuscrits bien faciles à reconnaître au premier coup d'œil par leur format portatif, analogue à ces petites éditions de poche où les acteurs de nos jours étudient leurs rôles. Le jongleur devait posséder à peu près tout son répertoire par cœur, s'il voulait être sûr de ne pas se trouver en défaut; car il lui fallait non seulement diversifier les plaisirs de son public, mais souvent encore céder à des demandes subites et imprévues, et changer de chanson jusqu'à ce que l'auditoire se montrât satisfait. Il débutait généralement par énumérer à son auditoire toutes les chansons qu'il savait. Pierre, chantre de Paris, dans le vingt-septième chapitre de son *Verbum abbreviatum*, compare d'une façon pittoresque les prêtres qui disent leur messe jusqu'à l'offrande, puis, voyant qu'il ne se présente personne, en recommencent une autre, et ainsi de suite, jusqu'à ce qu'ils voient quelqu'un venir, aux jongleurs, « *qui videntes cantilenam de Landrico non placere auditoribus, statim incipiunt de Narcisso cantare; quod si nec placuerit, cantant de alio.* »

Le fond essentiel du répertoire des jongleurs se composait des poèmes chevaleresques, des romans et chansons de geste; et certes il leur fallait une prodigieuse mémoire et une habitude non moins grande pour se retrouver au milieu d'un pareil chaos d'ouvrages, pour la plupart d'une dimension énorme, et où chaque sujet devient comme un tronc central qui donne naissance à des multitudes de

---

(1) Léon Gautier, *les Épopées françaises*, t. I, p. 361, 380.

branches diverses. En général, ce n'était pas le jongleur ambulant qui faisait lui-même les poèmes et romans qu'il chantait. Ils avaient pour auteurs des trouvères plus instruits et d'un rang plus relevé, parfois des moines, qui les vendaient aux jongleurs nomades. Cependant quelques-uns de ceux-ci étaient poètes eux-mêmes, comme nous l'avons déjà dit, et tiraient de leur veine des œuvres qu'ils débitaient en public, surtout celles de courte haleine, les chansons proprement dites, pastourelles, contes, fabliaux et satires. Presque tous, du moins, les remaniaient à leur fantaisie, les rajeunissaient, les appropriaient aux circonstances, y intercalant des passages, y adaptant des débuts ou des dénoûments postiches, des flatteries, des souhaits, des adjurations à la générosité de l'auditoire.

Parmi les poèmes qui nous restent, il y en a qui, de toute évidence, n'étaient composés que pour être récités devant le peuple, dont ils entreprennent la glorification et soutiennent les intérêts, parfois avec une âpreté violente et toute plébéienne, en attaquant les seigneurs (1); d'autres qui, par le choix du héros, la tendance de l'œuvre entière ou la signification de certains épisodes, annoncent incontestablement la même destination. Tel est le roman de *Baudoin de Sebourc*, où l'on trouve l'apologie du savetier, et dont le type principal est d'une physionomie si franchement populaire; tel est aussi, dans un autre genre, la *Chronique rimée de Bertrand Duguesclin*, poème tout à fait national, roulant sur un héros et sur des événements contemporains, et composé d'ailleurs par un jongleur de basse classe, « le pauvre homme Cimelier, » comme l'appelle Philippe de Maizières. Enfin, d'autres encore reprenaient dans un sens moins aristocratique, avec des développements particuliers, des modifications d'intrigue et de style, et en appuyant

---

(1) Par exemple, le roman de *Trubert*, par Douins de Lavesne.

davantage sur les côtés accessibles aux intelligences grossières, des sujets déjà traités ailleurs et consacrés sous une première forme (1). Il existe presque toujours de chaque roman des versions diverses, souvent innombrables, qui montrent avec quelle facilité les trouvères s'empruntaient leurs sujets les uns aux autres pour les arranger à leur guise, ou brodaient, chacun à sa manière, sur un canevas commun; et entre toutes ces versions, il est aisé de distinguer, à leur caractère général et à la nature de leurs variations, celles qui ont pour auteurs des jongleurs populaires et qui étaient destinées à la rue. L'examen de ces petits manuscrits portatifs dont nous avons parlé plus haut, et la comparaison de leur texte avec celui des manuscrits aristocratiques de plus grand format, exécutés par d'habiles copistes sur beau parchemin et enrichis d'enluminures, ne permettent pas d'ailleurs de douter que ces variantes, ces intercalations et ces appels à l'auditoire, ne soient l'œuvre du ménestrel de la place publique. Tout y indique la poésie qui n'était pas faite seulement pour être lue, mais pour être récitée, soit en plein air, soit devant une assemblée nombreuse et bruyante.

Les trouvères se plaignent souvent, dans leurs œuvres, de ces altérations des *faux jongleurs*, et ils s'en prennent vertement à leur outrecuidance et à leur ineptie. Ces intercalations étaient faciles, surtout pour des gens du métier, qui avaient débité des centaines de milliers de vers dans leur vie et dont la mémoire était pleine de tous les lieux communs de la poésie. Ni la grammaire, ni même la prosodie, quoique beaucoup plus scrupuleuse, ne leur opposaient de règles bien sévères. Tout le monde se mêlait de rimer, et l'art du style comptait pour fort peu de chose

---

(1) C'est ce qui est arrivé particulièrement pour *Floire* et *Blancheflor*. Voy. l'Introduction de M. Duméril à ce poème, p. 21 et suiv. (Bibl. elzévir.)

dans ces productions d'une intarissable abondance, qui embrassaient indifféremment les vies des saints, les chroniques nationales, les miracles, les proverbes, les moralités, les mystères, les allégories, les traités d'éducation, les bestiaires, les fables, la géographie et les voyages, la grammaire, la rhétorique, la philosophie, la statistique même. La poésie était fort accommodante sur l'article de la rime : celle-ci ne fut longtemps qu'une simple et vague assonance, comme dans la *Chanson de Roland*, et c'est seulement vers le XIIIe siècle, à partir de Chrétien de Troyes, qu'elle devint plus précise et plus fixe, tout en se contentant encore à très-peu de frais. On obtenait la mesure en allongeant ou raccourcissant les mots à volonté. On ne se faisait nul scrupule d'altérer les syllabes, de modifier l'orthographe ou la prononciation ; et les exigences de la métrique étaient aisément satisfaites, grâce aux licences qu'on prenait avec la grammaire. « Tout rimait, dit Barbazan, ou du moins les poètes se donnaient la licence de faire tout rimer, en corrompant, selon le besoin, la terminaison des mots. Ils faisaient rimer *Pierre* avec *pardon*, en disant *Pierron*; *Charles* avec *repos*, en prononçant *Charlos*... Jean de Meung a fait rimer *aime* avec *vilain*, en changeant le premier mot en *ain* :

>   Gentillesce est noble, et si l'ain,
>   Qu'el n'entre mie en cuer vilain. »

« Un autre fait rimer *royaume* avec *maison*, en écrivant *roion* (1). » Si les trouvères les plus savants prenaient de telles libertés, on peut juger de celles des jongleurs populaires.

Plus on a étudié dans ses lois et ses conditions générales la littérature du moyen âge, mieux on comprend

---

(1) Daunou, *Discours sur l'état des lettres au* XIIIe *siècle,* p. 404-405.

combien elle offrait de facilités à l'improvisateur. Rien de plus mobile et de plus flexible que la langue, comme rien de moins rigoureux que les principes de l'art. La poésie, essentiellement orale, était une poésie de rapsodes, apte à recevoir toutes les empreintes, se prêtant par tous les sens aux adjonctions, aux modifications, aux allusions. L'imagination du ménestrel se mouvait, pour ainsi dire, à sa guise dans le cadre tracé d'avance, en se rattachant aux grandes lignes qui lui servaient de points de repère. Comme dans les poèmes primitifs, et en particulier dans ceux d'Homère, chaque nom de héros, chaque circonstance importante de l'action entraînaient à leur suite un cortège d'épithètes consacrées, de tournures invariables et de phrases toutes faites, qui se présentaient en foule au premier besoin : ce n'était qu'une affaire d'habitude et, en quelque sorte, une question de métier, où l'auditoire était pour presque autant que le trouvère lui-même.

Les additions habituelles des jongleurs, la plupart de la même nature, sont fort caractéristiques et nous fournissent des éléments précieux pour l'histoire de leur art. Tout d'abord ils invoquent, non les Muses, mais l'attention du public : presque toujours le début est une sorte de petit prologue, destiné à obtenir le silence et à exposer brièvement le sujet, en le faisant valoir. Quelquefois ils présentent le poème comme de leur invention, ou composé tout exprès pour eux ; ou bien ils racontent, afin de piquer la curiosité, par suite de quelles circonstances et par quel concours d'heureux hasards il est venu en leurs mains. Ils s'interrompent encore, de temps à autre, dans le cours du récit, pour répéter ces invitations au silence, qui reviennent à satiété : « Signour, or escoutez.... Or, faites paix... Oyez, pour Dieu le grant.... Laissez la noise ester.... » Ils traitent volontiers leurs auditeurs, fussent-ils loqueteux et déguenillés, non-seulement de *signors*, ce qui est une locution usuelle dans la langue du temps, mais même de *barons*, et pour cause. Ils les comblent de vœux de prospérité, et, après avoir préparé les voies, ils peignent leurs propres besoins, se recommandent à la générosité du public, tantôt indirectement, en ayant grand soin d'appuyer sur la magnificence de leur héros et sur les présents dont il avait coutume de combler les jongleurs (1), tantôt de la façon la plus directe et la plus pressante.

Les jongleurs donnaient en plein air de véritables séances, suivant toutes les règles usitées aujourd'hui parmi les farceurs et les baladins de carrefour : ils réservaient des places de faveur aux amateurs de bonne volonté et reléguaient les autres à l'extrémité du cercle. Souvent même ils avaient des sièges où l'on pouvait s'asseoir pour son argent. Le début du cinquième chant de *Baudoin de Sebourc*, poème d'ailleurs tout populaire, comme nous l'avons dit, est concluant sur ce point :

Or, vous traiez en cha (retirez-vous par là), signour, je vous en prie,
Et qui n'a point d'argent si ne s'assièche mie (qu'il ne s'asseoie pas),
Car cil qui n'en ont point ne sont de ma partie.

Il nous reste plusieurs autres passages analogues, qui ont le double mérite de nous montrer, pour ainsi dire, la mise en scène des jongleurs, et de nous donner une preuve sans réplique de ces intercalations singulières qu'ils mêlaient à la trame du roman, avec lequel elles font corps aujourd'hui. En personnage lettré, le jongleur s'exprimait dans la langue des dieux, même lorsqu'il s'adressait pour son propre compte à l'auditoire, et c'était l'auteur du roman qui semblait encore parler par sa bouche, comme pour donner plus de poids à ses recommandations.

La plupart des *dits* de métier, faits pour être récités

---

(1) Roman de l'*Atre périlleux*, extrait cité par Roquefort, p. 89.

devant les gens des corporations, se terminent par un appel à la munificence de ceux qui écoutent le jongleur :

> Quand de ce conte orront la fin,
> Qu'ils donnent ou argent ou vin
> Tout maintenant et sans répit (1).

Mais les exemples les plus curieux sont ceux que l'on trouve dans le poème de *Huon de Bordeaux* (2). Une première fois, le ménestrel s'interrompt. Il se fait tard, et il est las; il congédie ses auditeurs, et leur donne rendez-vous, pour entendre la suite du récit, au lendemain après dîner :

> Segnor preudomme, certes bien le veés,
> Près est de vespre, et je suis moult lassé.
> Or, vous proi tous, si cier con vous m'avés,
> Ni Auberon, ni Huon le membré,
> Vous revenés demain, après disner,
> Et s'alons boire, car je l'ai désiré...
> Et si vous proi cascuns m'ait apporté
> U pan de sa chemise une maille noué,
> Car en ces poitevines a poi de largeté.
> Avers fu et escars qui les fit estorer,
> Ne qui ains les donna à cortois ménestrel (3).

Un peu plus loin, il s'interrompt derechef pour renouveler sa recommandation, qui n'avait pas, à ce qu'il paraît, produit un effet suffisant :

> Or, faites pais, s'il vous plaist, escoutés,
> Se vous dirai cançon si vous volés...
> Ma cançon ai et dite et devisé ;
> Se ne m'avez gaires d'argent donné.
> Mais saciés bien, se Dix me doinst santé,

(1) Le *Dit des Feures*.
(2) Édit. Guessard et Grandmaison. 1860; p. 148 et 163-4.
(3) C'est-à-dire :... « Je vous prie tous, si vous m'avez cher, ainsi qu'Auberon et Huon le renommé, de revenir demain. Et maintenant, allons boire, car j'en ai bien envie. Et je prie chacun de vous de m'apporter une *maille* nouée dans le pan de sa chemise, car c'est peu de chose que ces *poitevines*. (La poitevine était une petite monnaie encore inférieure à la maille, qui ne valait pourtant qu'un demi-denier.) Chiche et avare fut celui qui les fit frapper, et aussi celui qui les donna au courtois ménestrel. »

> Ma cançon tost vous ferai definer (arriver à sa fin).
> Tous chiaus escumenie, de par m'atorité,
> Du pooir d'Auberon, et de sa disnité,
> Qui n'iront à lour bourses pour ma fame donner (1).

Enfin, il termine le roman en souhaitant le paradis à ceux qui lui ont fait part de leurs deniers.

Le passage que nous venons de citer montre que le ménestrel était accompagné de sa femme, qui tenait le *bureau* et recevait les dons des auditeurs. Peut-être l'aidait-elle aussi dans sa tâche et le suppléait-elle au besoin, car nous savons, par un règlement de 1321 adjoint au *Livre des métiers*, d'Etienne Boileau, que, à côté des jongleurs et ménétriers, il y avait des *jongleresses* et *ménestrelles*, quoique ce cas ne se soit produit, selon toute vraisemblance, d'une façon régulière et suivie, qu'assez tard, dans les plus basses régions et dans la décadence de l'art (2).

On voit aussi, surtout par le premier passage, que le jongleur récitait de longs poèmes tout entiers, mais en les partageant entre plusieurs séances et en s'y reprenant à plusieurs jours au besoin. C'était l'équivalent du feuilleton-roman actuel, avec : « La suite au prochain numéro. »

Il était impossible, on le comprend, de dire en une traite et tout d'une fois des ouvrages de pareille taille, où les vers se comptent toujours par milliers, et assez souvent

---

(1) « De par mon autorité, par le pouvoir et la dignité d'Auberon, j'excommunie tous ceux qui n'iront pas à leurs bourses pour donner à ma femme. » Le reste se comprend sans peine.

(2) Le roman de *Perceforest* nous montre une demoiselle faisant métier de ménestrandie, et venant chanter un lai sur sa harpe devant le roi et les chevaliers. On pourrait citer encore d'autres exemples ; mais, je le répète, c'était presque une exception, du moins parmi les jongleurs de gestes. Les jongleresses figuraient surtout dans les bandes de farceurs, sauteurs, faiseurs de tours, grimaciers, chanteurs de chansons bouffonnes et lubriques, dont elles ne contribuaient à relever ni la moralité, ni la bonne renommée.

par dizaines de mille. Mais la division de chaque cycle en branches distinctes, qui se partageaient en épisodes formant de courts poèmes, complets par eux-mêmes, facilitait singulièrement cette manière de procéder. Quelquefois on se bornait à réciter une ou plusieurs *laisses,* c'est-à-dire, autant qu'on peut définir ce mot, des tirades plus

Fig. 70. — Jongleresse dansant au son de la gigue.
Miniature d'un ms. du XIVᵉ siècle, à la Bibl. nat.

ou moins longues embrassant un détail du roman, et qui se prêtaient à des citations isolées, comme autant de petits chapitres. L'un des jongleurs dans les *Deux Bordeors ribauz,* se vante de savoir par cœur plus de quarante *laisses* de *Perceval le Gallois.*

Comment les ménestrels récitaient-ils ces poèmes ? Était-ce une simple déclamation, ou un chant ? Il est assez difficile de répondre nettement à cette question sans se jeter dans les conjectures, à défaut de renseignements aussi précis qu'on le souhaiterait. Les chansons, cantilènes, romances, lais, pastourelles, toute la poésie *lyrique*, en un mot, était certainement chantée. Mais il n'en pouvait guère être de même, à ce qu'il semble, pour les fabliaux ou satires et pour les romans de geste. Cependant il est à croire que les instruments jouaient

Fig. 71. — Adenez, le roi des ménestrels, récite le *Roman de Cléomadès* devant la comtesse d'Artois, Mathilde de Brabant, et la reine de France, Blanche de Castille. Miniature d'un ms. du XIIIe siècle, à la Bibl. de l'Arsenal.

toujours leur rôle dans la récitation : chaque fois que le ménestrel apparaît, dans les chroniques et dans les images, c'est avec sa harpe, sa vielle, son tympanon, sa guitare ou son tambourin, signe distinctif de sa profession et inséparable de sa personne. Il est probable qu'il préludait au récit et qu'il l'interrompait de temps à autre par un *concert;* probablement même il soutenait sa déclamation d'un accompagnement, continu ou momentané.

Ceci nous conduit à parler avec quelque détail des instruments du ménestrel. Les romans et fabliaux les mentionnent fréquemment (1) : ils étaient nombreux et variés. Nous allons citer les plus importants et les plus usités, entre ceux dont se servait de préférence le jongleur populaire.

On peut les partager en trois classes : les instruments à cordes, les instruments à vent et les instruments à percussion.

Parmi les instruments à cordes, le premier rang est dû à la harpe, « qui tout instrument passe, » dit Guillaume de Machault. Elle avait habituellement vingt-cinq cordes, parfois trente, et affectait des formes très-diverses, dont le type principal était la forme triangulaire. Le psaltérion ou salteire, la cithare, le décacorde, etc., étaient des variétés de la harpe : d'ordinaire on en mettait les cordes en mouvement avec une plume et non avec les doigts. Il y avait aussi la lyre, le choron, la guitare ou *guiterne*, montée à quatre ou cinq cordes, le luth, la *citole* au son très-doux, le tympanon, à cordes de laiton ou de fil d'archal, qui se touchaient avec des baguettes, la *rote* et la *gigue*, qui ne sont pas très-nettement connues (2), le *rubebe* ou *rebec*, sorte de violon rustique et grossier, au son aigre, qui paraît toutefois, d'après un passage de Rabelais (3), avoir

---

(1) Voy. Guill. de Machault : *le Tems pastour*, et le *Dit de la Harpe*; le roman de *la Poire*, fragment cité par Roquefort en appendice, p. 312; les *Deux Troveors ribauz*, le *Cléomadès*, d'Adenés le Roi, etc. — Voy. aussi le règlement fait pour les ménestriers en 1349. Les instruments de musique en usage sont représentés dans beaucoup de vignettes et d'enluminures du temps, ainsi que sur les portails de plusieurs églises.

(2) Suivant l'*Hist. litt. de la France* (Notice sur Adenés le Roi), la rote et la gigue étaient deux espèces de violoncelle; suivant d'autres, la gigue était une variété de la flûte.

(3) Liv. III, ch. XLIV.

peu à peu monté en dignité dans la hiérarchie musicale. Mais l'instrument à cordes le plus en faveur, sinon le plus illustre, dans le peuple des ménestrels, c'était la *vielle*, correspondant à notre violon actuel, et dont on jouait avec un archet, comme on le voit par une chanson du ménestrel Colin Muset et par l'un des

Fig. 72 et 73. — Joueurs de psaltérion. Miniatures de ms. du XIIe et du XIVe siècle.

Miracles de la Vierge, de Gautier de Coinsy (1). On l'appelait aussi quelquefois *viole* ; néanmoins, la *viole* proprement dite, moins en usage que la vielle, à cause de ses dimensions gênantes, rappelait plutôt le *violoncelle* d'aujourd'hui. Cette *vielle* ou violon ne remontait pas très-haut : on ne la trouve point avec certitude avant le XIe siècle ; mais, à partir de cette époque, elle apparaît très-fréquemment. Quand les jongleurs représentèrent leur patron, le comédien saint Genest, en habit de ménestrel, sur la façade de l'église de leur corporation, placée sous le vocable de Saint-Julien des Ménestriers, ils ne trouvèrent rien

---

(1) *Du cierge que Notre-Dame de Rochemadour envoia*, etc.

346   LES RUES DU VIEUX PARIS.

de mieux que de le figurer dans l'attitude d'un homme qui joue du violon. Le manche de cet instrument, comme celui du rebec, se terminait souvent par une figure grotesque, qui remplissait assurément son rôle dans les *représentations* données par le jongleur, surtout dans un auditoire populaire.

Fig. 74 et 75. — Vielle ou viole du XIIIᵉ siècle, et rebec du XVIᵉ siècle.

Notre vielle actuelle s'appelait alors *symphonie* (1) (*ciphone, chiphonie, cyfoine*). C'était un instrument inférieur, réservé aux ménestrels du plus bas calibre, plutôt

---

(1) C'est l'opinion qui a prévalu : d'après quelques citations rapportées par Du Cange, la *symphonie* eût été, au contraire, un instrument à vent, ou une espèce de tambour, percé dans le milieu comme un crible, et qu'on frappait des deux côtés avec des baguettes.

mendiants qu'artistes, et tout spécialement aux aveugles :

Aveugles chiphonie aura,

dit Eustache Deschamps. On lit dans la *Chronique de Duguesclin* que le roi de Portugal avait deux ménétriers qu'il vantait beaucoup. Il les fit venir un jour devant le chevalier Mathieu de Gournay, et ils jouèrent de la *cyfoine;*

Fig. 76. — Jongleurs exécutant une danse à l'épée au son de la cornemuse. Miniature d'un ms. du XIVᵉ siècle, au British Museum.

mais celui-ci se moqua d'eux, en disant qu'en France et en Normandie les *cyfoines* ne se trouvaient entre les mains que des mendiants et des aveugles, et qu'on les y appelait des *instruments truands*.

Parmi les instruments à vent, nous citerons la *trompe*, espèce de trompette longue; la *bosine*, *buccine* ou *buisine*, trompette analogue à la nôtre, tantôt en métal, tantôt en corne ou en ivoire, et habituellement recourbée. La buccine d'ivoire s'appelait *oliphant*. La *saquebutte* correspondait à peu près à notre trombone : elle avait huit pieds, et jusqu'à quinze quand elle était tirée de toute sa longueur (1). Il y avait des variétés infinies de cors et de cornes, comme

(1) *Dictionnaire* de Furetière, art. Saquebutte.

de trompes : il est fréquemment question du *cor sarrasinois*, sans doute rapporté d'Orient, espèce de clairon d'un son bruyant et vigoureux. Tous ces instruments étaient surtout militaires, et devaient être particulièrement réservés aux jongleurs des armées, quoiqu'on les employât parfois aussi à d'autres usages, et même à faire danser, comme on le voit pour le *cor sarrasinois* dans le *Roman de la Rose*. Quant aux orgues, il y en avait de portatives, mais trop incommodes pour être fort usitées. Les jongleurs populaires employaient de préférence la *muse* ou *cornemuse* (fig. 76) et la *chevrette* ou *musette*, avec leurs variétés diverses, qu'on trouve désignées sous le nom de *chalemie, bombarde, fagot, douçaine* ou *doulcine;* mais surtout la flûte et le *flajos* ou *flagel*, c'est-à-dire le flageolet. En parlant des flûtes, Guillaume de Machault dit qu'il y « en avait plus de vingt manières,

Tant de fortes comme de légères ».

Il suffira de nommer le *fretel* ou *fretiau*, c'est-à-dire la flûte de Pan ou le syrinx antique, composé de sept tuyaux inégaux ; la flûte *béhaigne* ou *moresque*, qui était, suivant les uns, une guimbarde, suivant d'autres, à peu près notre mirliton ; le *demi-canon* ou *mi-canon* (demi-flûte) ; la flûte *traversine*, déjà connue au xive siècle, comme le prouve une ballade d'Eustache Deschamps ; enfin la flûte à deux doigts, apanage des jongleurs vulgaires.

Passons maintenant aux instruments à percussion. Les principaux étaient les clochettes, les cymbales ou *nacaires*, les *trepies*, probablement les triangles actuels ; les *marronnettes*, analogues aux castagnettes, et surtout le tambour ou *tymbre*, qu'on appelait aussi *bedon*. Le tambour de basque lui-même n'était pas inconnu au moyen âge, mais les jongleurs se servaient principalement du tambour ordinaire ou du *tabourin* (1). Quelquefois cet instrument était magnifique, enrichi d'enjolivements, « depeint de or et riche azour, » et les ménestrels aristocratiques ne dédaignaient pas de se montrer dans les cours des princes en le portant suspendu au cou (2). Mais le plus souvent on l'abandonnait aux jongleurs de la rue, avec la *symphonie*

Fig. 77. — Jongleur faisant danser un chien savant au son du tambourin et de la flûte à deux doigts. Miniature d'un ms. latin du XIIIe siècle, à la Bibl. nat.

et la flûte à deux doigts, dont il formait le pendant (fig. 77). La flûte et le tambour allaient de pair chez ces pauvres artistes nomades, et on les voit sans cesse associés dans les dédains de leurs confrères de plus haute volée, comme ils le sont dans le proverbe populaire. L'auteur de la pièce des *Tabureors* (treizième siècle) (3) se lamente sur le mauvais goût du temps, où l'on regarde comme ménétriers ces joueurs de flûte et de tambour qui par-

---

(1) Pour tous ces instruments, il y a des incertitudes et des difficultés de détail ; les érudits varient quelquefois dans leurs explications. Nous n'avons pu, dans ce rapide et sommaire examen, exposer ces interprétations diverses, non plus que les motifs sur lesquels notre opinion s'appuie ; mais nous renvoyons le lecteur aux *Fabliaux* de Legrand d'Aussy, t. Ier, p. 304-307 ; à Roquefort, p. 107 et suiv., surtout au travail de M. Bottée de Toulmont, inséré dans le t. VII de la *Société des antiquaires de France*, 2e série, et aussi à l'*Histoire des instrum. à archet*, par A. Vidal.
(2) Le *Jongleur d'Ely et le roi d'Angleterre* ; l'*Histoire du ménestrel éthiopien*, dans *Foulques Fitz Varin*.
(3) Ach. Jubinal, *Jongleurs et Trouvères*, p. 164-169.

courent les veillées en chantant *Margueron* et *Gauteron* (1). Ces instruments allaient si bien ensemble, qu'on les prenait parfois indifféremment l'un pour l'autre : « Un tambourineur qui flusteroit tout seul, dit Bonaventure des Périers (2), seroit estimé comme un prescheur qui se mettroit en chaire sans assistants. » Plus loin (3), dans l'histoire de *Chichouan*, il nous montre encore qu'on donnait vulgairement le nom de *tabourineurs* aux jongleurs et ménétriers de bas aloi. Il est probable que Jean le *Taboureur*, ménestrel du xiii° siècle, était lui aussi un pauvre diable sans feu ni lieu, sans sou ni maille.

Ce discrédit alla toujours s'accroissant et il s'est perpétué jusqu'à nous. Qui ne connaît ces estampes où Callot a représenté les chanteurs-mendiants du xvii° siècle (fig. 78), successeurs des jongleurs aveugles du moyen âge, jouant de la vielle avec une mine lamentable? Et qui n'a vu aujourd'hui, surtout dans les campagnes, ces montreurs d'ours et de singes savants, non moins légitimes héritiers des jongleurs, qui font danser leurs bêtes au double son du tambour, frappé de la main droite, et de la flûte à deux doigts dont ils jouent de la main gauche?

Les jongleurs, dans leurs concerts, produisaient parfois des effets étonnants, dont les chroniques, romans et poèmes rendent unanimement témoignage. Ils s'étudiaient surtout à « mener grant noise et grant tabarois... si qu'ils faisoient terre trembler. » Cet éloge revient à chaque instant. Ils imitaient sur leurs vielles, leurs flûtes et leurs tabourins la voix de l'homme, les cris des animaux, le bruit de l'orage, le grondement du fleuve ou du tonnerre, les chants des oiseaux. Parfois, dans les *aubades,* les masca-

---

(1) On peut lire dans Barbazan le conte de *Gautheron et Marion*, qui est fort trivial et fort sale.
(2) Nouvelle XXXVIII, *Du docteur qui blasmoit les danses.*
(3) Nouvelle XLIX.

rades, les charivaris donnés aux veuves qui se remariaient, les jongleurs, revêtus de déguisements hideux, costumés en bêtes ou en diables, des sonnettes pendues à la ceinture, aux mains les instruments les plus baroques et les plus

Fig. 78. — Chanteurs-mendiants du XVIe siècle, d'après Callot.

discordants, arrivaient à une épouvantable intensité de tapage et de cacophonie (1).

Indépendamment de la musique, de la déclamation et

---

(1) Voy. un passage du roman de Fauvel, cité par M. P. Paris, dans ses *Manuscrits français de la Bibl. du roi*.

du chant, les jongleurs devaient posséder bien d'autres sciences encore. La variété de talents qu'on exigeait d'eux est quelque chose d'incroyable. En réalité, c'étaient des artistes universels, embrassant toutes les branches des connaissances humaines, dans leurs rapports avec l'amusement de l'esprit ou des yeux. Ils ne négligeaient aucun moyen, depuis le plus infime jusqu'au plus élevé, de distraire les grands ou le peuple. Le jongleur modèle était à la fois poète, musicien, chanteur, farceur, saltimbanque, dresseur d'animaux, mime, médecin, sorcier, messager d'amour, de plus, habile ouvrier et artisan en tous genres. Les documents abondent sur ce point; mais, il faut le dire, ces témoignages profitent plus à leur réputation d'habileté qu'à leur dignité et à leur considération morale. Plusieurs, sans doute, restèrent fidèles aux plus nobles parties de leur art, et méprisèrent toujours ces *jongleries;* mais c'était la minorité, et ils ne purent échapper entièrement au discrédit que jetaient sur eux la multitude de leurs confrères moins scrupuleux.

Un poète du XIIIe siècle donne à un jongleur les conseils suivants, qui résument sommairement le programme essentiel du métier, envisagé sous toutes les faces : « Sache bien trouver, bien rimer, bien proposer un jeu-parti ; sache jouer du tambour et des cymbales, et faire retentir la symphonie ; sache jeter et retenir de petites pommes avec les couteaux, imiter le chant des oiseaux, faire des tours avec des corbeilles, faire sauter à travers quatre cerceaux, jouer de la citole (1), etc. »

Aux noces de Robert, frère de saint Louis, des ménestrels (*ministrelli*) chevauchaient des bœufs habillés d'écarlate, et donnaient du cor à chaque plat ; un autre, debout sur un cheval, sautait par-dessus une corde (2). Il y en

---

(1) Chéruel, *Dictionn. des Institutions*, art. *Jongleurs.*
(2) « *In equo super cordam in aere saltavit.* » Chronique d'Albéric, année 1237.

avait qui promenaient partout des chiens instruits à danser, des truies qui filaient, des ours qui faisaient les morts (fig. 79), des singes qui montaient à cheval, des chèvres qui jouaient de la harpe (1), ou des cochons savants comme ceux que nous a montrés M. Comte, dans un de ses plus spirituels tableaux, dansant devant Louis XI malade (fig. 80). Les imagiers du moyen âge nous ont souvent transmis le tableau de toutes ces belles choses.

On trouve dans le *Dit du Buffet* (2) une curieuse mise

Fig. 79. — Jongleur promenant un ours savant. Miniature d'un ms. latin du XIII° siècle, à la Bibl. nat.

en scène de ces divers talents des jongleurs. Un comte, qui tient cour plénière, mande les ménestrels, et promet sa belle robe écarlate neuve à celui qui fera le plus rire. Aussitôt chacun s'évertue à produire les meilleurs tours de son métier :

> L'uns fet l'yvre, l'autres le sot,
> Li uns chante, li autres note,
> Et li autres dit la riote (dispute),
> Et li autres la jonglerie.
> Cil qui sevent de jouglerie

(1) Legrand d'Aussy, *Fabliaux*, t. Ier, p. 297.
(2) *Fabliaux* de Barbazan, édition Méon, t. Ier, p. 268.

> Vielent par devant le comte
> Aucuns i a qui fabliaus conte
> Où il ot mainte gaberie,
> Et li autres dit lécherie,
> Là où il ot mainte risée.

Le même tableau, et quelquefois avec les mêmes termes, est répété dans le *Dit des hiraus*, de Baudoin de Condé, où le valet d'un châtelain se plaint que son maître accueille avec empressement des jongleurs,

> L'un pour faire l'yvre,
> L'autre le chat, le tiers le sot.

Le roman du *Renart*, cette vaste satire de la société du temps, nous peint d'une façon analogue le rôle des deux ménestrels Martin le singe et son fils Monnequin, pendant un grand repas que donne monseigneur Noble, le Lion. Martin fait la moue à l'un, prend l'autre par la joue, par le toupet ou par l'oreille, chante et danse, cache sa tête sous une aumusse, puis la sort à demi et fait des grimaces au roi, s'élance sur un convive inoffensif, et entonne une chanson du ton le plus aigu et le plus élevé, bref se montre expert en *gaberie* et fait rire toute l'assistance à gorge déployée. Il en était à peu près du jongleur comme plus tard du fou de cour : on lui octroyait toute liberté dans ses actes et ses propos, pourvu qu'il amusât (1).

C'est surtout *les deux Troveors ribauz* qui abondent en renseignements précieux. Cette pièce est une querelle entre deux jongleurs, dont chacun prétend être le plus habile et le plus savant dans son art. Sans doute, il ne faut pas prendre à la lettre les jactances et les fanfaronnades des rivaux, entremêlées de ces facétieuses hâbleries dont les ménestrels populaires étaient si prodigues, et de bévues

---

(1) Voy. encore, dans les *Latin stories*, de Th. Wright, le court récit : *de mimo et rege Francorum*.

Fig. 89. — Bohémiens faisant danser des petits cochons savants devant Louis XI malade. D'après le tableau de M. P. C. Comte (1869), appartenant à M. François Nieuwenhuys, à Fontainebleau.

lanche des noms de tous les seigneurs et trouvères qu'il connaît, des instruments dont il joue, des flabels, rotruenges, dits, sirventois, pastourelles qu'il a appris par cœur, de tous les divertissements où il est expert : « Je sais parler de chevalerie, et deviser sur les armes... Je sais jouer des bâtons, des couteaux, de la corde et de la fronde ; je sais sonner de la trompe, tailler la chape, porter conseils d'amour, faire des *chapels* de fleurs, nouer

Fig. 80. — Jongleurs faisant des exercices d'équilibre. Miniature d'un ms. du XIIIe siècle à l'Université d'Oxford.

une ceinture avec grâce, enseigner le beau parler de la courtoisie à ceux qui d'amour sont épris, etc. »

Ces querelles entre jongleurs étaient fréquentes. Elles ne se bornaient pas aux discussions subtiles des jeux-partis, où chacun cherchait à répondre de son mieux à une question de galanterie, mais elles s'étendaient souvent jusqu'aux injures les plus violentes, comme le prouve, entre plusieurs autres, la pièce dont nous venons de détacher quelques extraits, et même, lorsqu'il s'agissait de se disputer la faveur d'un grand ou d'exclure un rival d'une fête, jusqu'aux rixes corps à corps : on le voit dans le *Dit des hiraus*, où Baudoin de Condé raconte lui-même avec complaisance sa victoire à coups de poing sur un jongleur nomade, et la manière dont il est récompensé par le seigneur, témoin et juge de la bataille. Baudoin de Condé était pourtant un ménestrel de renom, un poète ! Rien ne les effrayait, quand il s'agissait d'amuser les spectateurs : ils ne reculaient même pas devant les farces les plus dégoûtantes (1).

J'ai dit qu'ils s'occupaient aussi de sorcellerie et d'enchantements. L'un des *troveors ribauz* ne manque pas de faire valoir son habileté sur ce point : « Si ai, dit-il,

> Et d'entregiet (tours de passe-passe) et d'arrumaire (magie),
> Bien sai un enchantement faire.

Le poëme de *Floire et Blancheflor* contient une description de ce dont ils étaient capables en ce genre (2). Le roi mande devant lui le jongleur Barbarin : « On ne pouvait trouver un plus grand enchanteur au monde : il faisait trembler tout homme, il changeait la pierre en fromage ; il faisait voler les bœufs en l'air et *harper* les ânes. Si on lui donnait douze deniers, il se tranchait la tête, et après l'avoir remise à l'un des assistants, il lui demandait : « As-tu ma tête ? — Oui, par Dieu, » lui répondait le vilain. Et quand il regardait dans ses mains, il trouvait un lézard et une couleuvre..... Il faisait sortir de son nez une fumée telle qu'on ne le pouvait plus voir, et quand il soufflait, il mettait le palais tout en flammes. Alors vous eussiez vu fuir les spectateurs ; mais une fois hors de la maison, dès qu'ils regardaient en arrière, ils ne voyaient plus de feu. » On reconnaît ici beaucoup des tours de magie blanche dont la tradition s'est conservée sans interruption jusqu'à nous.

---

(1) V. le fabliau de *Jouglet* (*Hist. litt. de la France*, t. XXIII, 206), et le *Polycraticus* de Jean de Salisbury, l. Ier ch. 8.
(2) M. Edel. du Méril l'a rejetée en appendice dans son édition, p. 229 (*Biblioth. elzév.*).

Mais les jongleurs populaires étaient surtout *mires* et *physiciens*, c'est-à-dire médecins, comme les charlatans de nos jours. Ils étalaient leurs herbes et leurs drogues sur un tapis, en place publique, et assemblaient le cercle autour d'eux par des concerts d'instruments, des chansons, des tours d'adresse et des cabrioles, par le spectacle d'animaux rares ou dressés savamment, comme aussi par leur costume bizarre et bariolé. Ici, on voyait un ours tourner sur lui-même et sauter en cadence, là une chèvre pinçant de la lyre, ou un grand loup filant de la laine au rouet. Quand ce merveilleux spectacle avait mis la foule en belle humeur, ils commençaient leur allocution d'une voix sonore. Rutebœuf nous a laissé un *Dit de l'Erberie*, en vers et en prose, qui peut passer pour le type du genre, soit qu'il l'ait récité lui-même en personne dans les rues et les carrefours, soit qu'il l'ait composé pour un autre, ou que ce fût simplement une fantaisie et un délassement de sa plume. Cette harangue ressemble tout à fait aux *boniments* de nos charlatans actuels : c'est le même ton et le même style, mêlé de solennité et de trivialité, de grands mots savants, de termes étrangers et de calembours, de componction et de gaudrioles ; c'est le même genre d'éloquence et le même procédé de persuasion. Comme nos charlatans, le *mire* est l'envoyé d'une haute et puissante dame ; il a voyagé partout, il a conquis ses herbes, ses *oignements* et ses pierres aux propriétés merveilleuses, dans les pays lointains, au prix des plus grands périls, en Pouille, en Calabre, en Allemagne, au désert d'Inde, dans la forêt d'Ardenne, où il a fait la chasse aux bêtes sauvages, pour se procurer leur graisse, féconde en vertus médicales ; il a guéri les potentats, il a le remède universel, infaillible surtout contre les vers ; et il ne le vend pas, il le donne ! Seulement les charlatans de nos jours ne sont pas si lettrés que ceux du xiiie siècle, et ils ne parlent qu'en prose, tandis que Rutebœuf débute en vers. Je ne puis résister au désir de citer sa péroraison :

Otez vos chaperons, tendez les oreilles, regardez mes herbes, que ma dame envoie en ce pays et en cette terre ; et pour ce qu'elle veut que le pauvre en puisse avoir aussi bien que le riche, elle me dit d'en faire bon marché, car tel a un denier en sa bourse qui n'a pas cinq livres. Et elle me commanda de prendre un denier de la monnaie qui aurait cours dans la contrée où je viendrais : à Paris, un parisis, etc. Je les donne aussi pour du pain, pour du vin à moi, pour du foin, pour de l'avoine à mon cheval, car qui sert l'autel doit vivre de l'autel. — Et j'ajoute que s'il y avait quelqu'un de si pauvre, homme ou femme, qu'il ne pût rien donner, qu'il vienne à moi, je lui prêterai l'une de mes mains pour Dieu, l'autre pour sa mère, à condition que d'ici à un an il fera chanter une messe du Saint-Esprit pour l'âme de ma dame. — Ces herbes, vous ne les mangerez pas, car il n'y a si gros bœuf, ni si vigoureux destrier qui ne mourût de male mort, s'il en avait seulement gros comme un pois sur la langue, tant elles sont fortes et amères ; mais ce qui est amer à la bouche est doux au cœur. Vous les mettrez dormir trois jours dans de bon vin blanc ; si vous n'avez pas de vin blanc, prenez du vermeil, et si vous n'avez pas de vermeil, prenez de la belle eau claire, car tel a un puits devant sa porte qui n'a pas un tonneau dans son cellier. Vous en déjeunerez pendant treize matins... C'est en telle manière que je vends mes herbes et onguents ; celui qui en voudra, qu'il en prenne, et celui qui n'en voudra pas, qu'il les laisse.

Ce beau discours est farci de quolibets gros comme des maisons, et aussi, par malheur, d'ordures que les plus osés de nos pîtres ne se permettraient plus aujourd'hui. C'est une des marques de l'éloquence du temps.

Comment le public eût-il pu résister à une pareille harangue, surtout quand le loup, cachant sous sa peau un joyeux compagnon, venait faire lui-même la distribution des herbes (1) ?

---

(1) Monteil, *Hist. des Français*, t. Ier, p. 369.

Il existe plusieurs dits de l'*Herberie,* tous analogues (1); il est inutile de nous y arrêter. Les mystères mettent aussi quelquefois ces mires et *bordeors* vulgaires en scène. Dans le mystère de *Saint-Christofle,* d'Antoine Chevalet, qui ne date, il est vrai, que des premières années du xvie siècle, on voit le jongleur Mauloue parcourant villes et villages avec tout l'attirail de sa profession,

> Bastons, bacins, soufflets, timballe,
> Les gobelets, la noix de Galle,
> Le synge, la chièvre, le chien
> Et l'ours, ...

vendant des images de sainteté et chantant des chansons badines. Mais alors le jongleur est tout à fait dégénéré en opérateur et en charlatan.

Souvent les ménestrels se réunissaient en troupe et associaient leurs talents et leurs ressources. Les trouvères s'adjoignaient des jongleurs pour remplir les entr'actes par des tours de leur métier, et tous parcouraient ainsi la France, avec leurs femmes et leurs enfants. Une *ménestrandie* bien composée avait ses poètes, ses musiciens et chanteurs, ses farceurs et saltimbanques. Les plaisirs du spectateur étaient ainsi des plus variés, et, après avoir entendu une chanson de geste et un concert de harpe, il se reposait en écoutant les quolibets, en contemplant les grimaces du jongleur et les gentillesses du chien savant. Cette association était si naturelle qu'elle dut se produire dès les premiers temps. Une estampe d'une Bible du xe siècle, conservée à la Bibliothèque nationale, représente une de ces troupes en exercice : tandis que les uns jouent de la flûte, de la corne et de la harpe, les autres, à leur côté, *jonglent* avec des épées, des poignards, des boules et

---

(1) Voy. Rutebœuf, éd. Jubinal, appendice A *bis,* t. Ier, p. 468. — Legrand d'Aussy en a fondu plusieurs dans une imitation libre (t. III). Il en reste encore beaucoup dans les manuscrits de nos bibliothèques.

des anneaux, en dansant la tête en bas et les pieds en l'air.

Ces bandes menaient à peu près la vie précaire et désordonnée des comédiens nomades décrits par Scarron dans le *Roman comique* : « Pierre qui roule n'amasse pas mousse, » dit le proverbe. Essentiellement vagabonds,

Fig. 81. — Ménestrels et jongleurs. Miniature d'une Bible du Xᵉ siècle, à la Bibl. nat.

les jongleurs étaient donc essentiellement misérables, sauf ceux qui vivaient dans les châteaux et que les seigneurs attachaient à leur personne, plutôt par orgueil que par amour de l'art. Ces seigneurs mettaient leur gloire à combler le ménestrel aristocratique, dans les occasions solennelles, de riches présents en argent, en fourrures, en chevaux ; mais la robe neuve était surtout le cadeau traditionnel (1). Ramon Muntaner rapporte, dans sa *Chronique*, que les grands seigneurs se faisaient souvent faire des robes neuves tout exprès pour en gratifier le jongleur, et un passage peu connu des *Grandes chroniques du Hainaut* entre à ce sujet dans de curieux détails (2). Celui-ci se parait volontiers de l'opulente défroque, tant pour satisfaire son amour du luxe et de l'éclat que pour exciter ses nouveaux auditeurs à de pareilles générosités et pour humilier ses rivaux ; mais sa vanité y gagnait plus que sa bourse et son estomac. La magnifique robe brodée contrastait presque toujours d'une façon flagrante avec le délabrement du reste de son costume, et tel qui portait sur son dos la valeur de plus de trente marcs d'argent, mourait littéralement de faim.

Les œuvres des trouvères sont pleines de lamentations et de reproches à l'adresse de leurs auditeurs, sans en excepter les grands, qui se souciaient fort peu de cette misère, lorsque leur ostentation ne trouvait pas son compte à la secourir :

> Chascun a son donnet perdu :
> Li menestrel sont éperdu,
> Car nus ne lor veut rien donner,

s'écrie un poète anonyme du temps. Un fabliau, cité par Legrand d'Aussy et Daunou, prédit aux nobles qu'ils

---

(1) *Dit du buffet*, *les Deux Troveors ribauz*, *Dit des hiraus*, *Lai de Lanval*, par Marie de France, *le Polycraticus*, l. Ier, ch. VIII, etc.

(2) « Sy advint aulcunes fois que Jongleurs, ou Gouliars ou aultres manières de menestriers s'assamblent aulx cours des bourgeois, des princes et des riches hommes; et sert chacun de son mestier au mieulx et au plus apertement qu'il peult pour avoir deniers, robbes, ou aultres joyaulx en chantant et comptant nouveaulx mots, nouveaulx dits et nouvelles risées de diverses guises ; et faignent à la loenge des riches hommes tout ce qu'ilz pevent faindre, affin qu'ilz leur plaisent de mieulx. Nous avons veu aulcunes fois advenir que aulcuns riches hommes faisoient festes et robbes déguisées, par grant estude pourpensées, par grant travail labourées, et par grant avoir achetées, qui avoient par aventure cousté 20 marcs ou 30 d'argent; sy ne les avoient pas portées plus de V jours ou VI, quant ils les donnoient aulx menestriers à la première voix et à la première requeste : dont c'est grand douleur ; car du prix d'une robbe seroient par ung an soustenues vingt povres personnes ou trente. »

seront damnés pour n'avoir eu aucun soin des ménétriers, que Dieu les avait chargés de nourrir. On connaît la jolie chanson de Colin Muset, ménestrel du XIIIe siècle :

> Sire cuens (comte), j'ai viélé
> Devant vous, en vostre osté (hôtel),
> Si ne m'avez riens doné
> Ne mes gages aquité :
>   C'est vilanie.

La poésie de Rutebœuf surtout déborde de plaintes amères, et forme presque d'un bout à l'autre le tableau le plus sinistre des misères de la profession (1).

Aussi rien n'était, en général, d'un aspect plus sordide que l'accoutrement du jongleur populaire. Baudoin de Condé nous apprend que les *hiraus* de son temps étaient d'ordinaire revêtus d'une espèce de grossière toile à matelas, qui les faisait ressembler à des moulins à vent, et le mot *hiraudie* était passé en proverbe pour désigner tout ce qu'il y avait de plus infime en fait de souquenille et de casaque usées. L'auteur du *Dit des corduaniers* décrit, avec un accent du cœur qui semble trahir une douloureuse expérience personnelle, les souffrances du *mal chaussé*, en hiver, quand il vente et qu'il pleut. Dans la dispute des *Deux bordeors ribauz*, mine inépuisable de renseignements, le premier des deux trouvères ne tarit pas sur la piètre mine et la chétive apparence de son rival ; il passe en revue, avec force railleries, ses souliers, ses chausses, son pourpoint, le compare à un bouvier ou à un meneur d'aveugle, et ne donnerait pas un trognon de pomme de tout ce qu'il possède (2).

---

(1) Cf. aussi la pièce du *Honteus menestrel*, rapportée par M. Jubinal dans l'appendice de son édition de Rutebœuf, t. 1er, et le fabliau de *Saint Pierre et le Jougleor*, dans Barbazan.

(2) On voit souvent des jongleurs et des *jongleresses* représentés dans les manuscrits du XIIIe siècle. Le jongleur a le costume des gens du peuple, avec une tendance aux couleurs voyantes : la cotte, le surcot, les chausses, puis le capuchon

Mais cette misère, il faut bien le dire, avait encore moins sa source dans la dureté du public, que dans la prodigalité et les vices des jongleurs, dans leur paresse incurable, leur gourmandise, leur amour effréné pour le jeu. Presque tous étaient grands *vuideurs de broet et humeors de henas* (videurs de brouets et humeurs de hanaps). Les dés avaient pour eux des appâts irrésistibles. Le fabliau de *saint Pierre et du Jougleor* est fécond en révélations sur ce point ; il commence par décrire la misère profonde du jongleur ; mais il en donne aussitôt la cause :

> Les dez et la taverne amoit,
> Tout son gaaing i despendoit...
> Un vert chapelet en sa teste,
> Toz jors vousist que il fust feste...
> En fole vie se maintint.

Après sa mort, il va droit en enfer, là où vont tous les harpeurs et jongleurs, dit le fabliau d'*Aucassin*. Le diable, pendant une de ses expéditions, lui confie la garde de son troupeau ; mais saint Pierre, qui connaît ses goûts, vient lui proposer une partie de dés ; de partie en partie, il finit par lui gagner toutes les âmes, et il emmène l'enfer entier, sauf le pauvre ménestrel, en paradis. Rutebœuf, lui aussi, nous fait de larges aveux sur ce chapitre, et sa confession n'est qu'une variante continuelle à ces vers :

> Li dé m'occient,
> Li dé m'aguetent et espient,
> Li dé m'assaillent et défient...
> Li dé m'ont pris et emparchié.

Une pièce latine en distiques léonins, rapportée par M. Th. Wright dans ses *Anecdota*, nous donne de curieux détails sur les vices du jongleur, sur sa misère et la résignation avec laquelle il la supportait. Elle débute par une

---

tombant sur les épaules ; la jongleresse a le bourrelet sur la tête et les cheveux flottants. (L. Gautier, les *Épopées françaises*, 1re édit., t. Ier, p. 356.)

exhortation à un *bordeor* blanchi sous le harnais, de se convertir :

> Semblable à ton père et à ta mère, tu as prodigué les discours pervers sur les théâtres ; enfant et jeune homme, tu as chanté dans les banquets des vers mordants et impurs. Pourquoi persister encore dans ces chants illicites, maintenant que tes tempes sont ombragées de cheveux blancs ?... Cesse de t'adonner à ces vains exercices, et de mordre comme un chien des gens qui ne t'ont rien fait ; combats de toutes tes forces ta gourmandise, et n'imite pas la gloutonnerie de la mule et du cheval.

Voici la réponse du jongleur ; elle est pleine de philosophie :

> Si tu joues de la lyre sans repos ni trêve, les pertes, les coups, les menaces ne t'ébranleront pas. C'est souvent la pauvreté qui rend suspect et tient lieu de crime... Que le sort me favorise ou me harcèle, je supporte d'un cœur égal l'une et l'autre fortune. Quoiqu'on préfère à bon droit le froment à l'avoine, cependant à défaut de l'un je me nourris volontiers de l'autre. Je dédaigne la cervoise quand j'ai du falerne, mais je la recherche si le vin me manque. Ai-je de la viande sous la main, je méprise le poisson ; mais n'en ai-je point, le poisson m'est agréable. J'aime mieux un manteau de pourpre qu'une humble casaque ; mais la casaque me plaît seule en l'absence du manteau de pourpre. Je me réjouis si ma maison est de marbre, sinon un toit de chaume ou de jonc me suffit. A coup sûr, un beau cheval a plus de prix qu'un petit âne, mais je monterai l'âne si le cheval me fait défaut. Toi qui es réputé habile, tu me parais un sot personnage : modèle-toi sur moi, et tu seras savant (1).

Avec de pareilles mœurs, les jongleurs n'avaient pas tardé à tomber dans le mépris. On les recherchait pour leurs talents, on les applaudissait, on les récompensait, mais ils n'en étaient pas moins décriés. Les vices et les bassesses de la majorité avaient rejailli sur la profession tout

---

(1) T. Wright, *Anecdota litteraria*, Londres, 1844, in-8°, p. 100, tiré des mss. Arundel.

entière. Dans la plupart des documents, on les voit associés aux *mimi, scurræ* et *histriones,* désignés eux-mêmes sous ces noms, et comme tels foudroyés par l'Église. Plusieurs conciles les proscrivirent, et plusieurs rois les chassèrent. Cependant on constate, dans les décisions ecclésiastiques et royales, et dans les mesures de police prises à leur égard, beaucoup d'incertitudes et de variations, qui s'expliquent naturellement par les différences que nous avons signalées entre eux, suivant les époques et suivant les genres auxquels ils s'adonnaient. La distance morale qui séparait le ménestrel proprement dit, resté fidèle aux traditions héroïques de sa classe, le jongleur de geste, poète et chanteur soigneux de sa propre dignité, célébrant sur la harpe les vertus des saints ou les exploits des héros, du jongleur de romances et de fabliaux effrontés, du *bordeor* sans vergogne qui s'abaissait au rôle de sorcier et de grimacier obscène, commandait nécessairement ces distinctions, ces contradictions apparentes de nos vieux décrets civils et religieux, où l'on ne se reconnaît pas aisément aujourd'hui. Philippe-Auguste (1) et saint Louis, dit-on, les chassèrent de Paris, ou même de leurs États; et pourtant nous les voyons remplir leurs fonctions sous l'un et sous l'autre. Philippe-Auguste avait admis dans son intimité Hélinand, que l'auteur du roman d'*Alexandre* nous montre récitant devant toute la cour, après le dîner du roi, des vers sur la révolte des Titans. On raconte qu'un jon-

(1) La suite du passage cité des *Grandes chroniques du Hainaut* rend témoignage du peu de goût de Philippe-Auguste pour les jongleurs ambulants : « Mais pour ce que le bon roy Philippe-Auguste regarda que toutes ces choses estoient faites pour le beubant et pour la vanité du siècle et estoient contraires à la vie, et d'aultre part il ramenoit à mémoire ce qu'il avoit oy dire à aulcuns religieux que cellui qui donne à telz menestriers il fait sacrifice au dyable, il voua et proposa en son cueur que tant comme il vivroit il donneroit ses vieilles robbes pour les poures gens revestir, pour ce que aulmosne esteint le péché et donne grant fiance devant Dieu à tous ceulx qui le font. Se tous les princes et haulx hommes faisoient ainsy comme le preudhomme fist, il ne courroit mye tant de meschans gens aval le pays. »

gleur demanda à ce monarque de le secourir, en se prétendant son parent : « De quel côté et à quel degré ? dit le roi. — Du côté d'Adam, dont nous sommes tous deux fils. Seulement l'héritage a été mal partagé entre nous. » Le lendemain, Philippe-Auguste lui donna une obole devant les courtisans : « Voilà ta part, lui dit-il. Quand j'aurai donné la même somme à tous ceux qui sont mes frères comme toi, il ne m'en restera plus même autant (1). » Dans *le Livre des métiers,* d'Étienne Boileau, recueil de règlements colligés sous le règne de Louis IX, il est dit qu'un bateleur entrant à Paris avec un singe sera exempt de tout droit, en faisant gambader le singe devant le péager, et que tout jongleur dans le même cas demeurera quitte pour une chanson. Il y a loin de ce privilège à la proscription. *La Branche aux royaux lignages* rend également témoignage de la munificence de saint Louis envers les jongleurs :

>Viex menestriex mendians...
>Tant du sien par an emportoient
>Que nombre ne puist avenir.

Les gratifications enregistrées dans des *Comptes* appuient ces paroles du poète. Nous avons vu les ménestrels figurer à la noce de Robert, frère du saint roi, et, d'autre part, Joinville rapporte qu'ils se faisaient entendre à sa table après le repas, et qu'il attendait qu'ils eussent fini pour dire ses grâces. On voit donc que l'expulsion prononcée par lui ne dut pas tomber sur la classe entière des jongleurs, mais seulement sur la partie la plus infime. C'est aussi à celle-là que Jean de Salisbury interdit la communion, dans son *Polycraticus* (2). Une *Somme de pénitence* du milieu du XIIIe siècle fait à ce sujet des distinctions cu-

---

(1) M. de Rothschild fit un jour, dit-on, la même réponse à des *partageux*.
(2) L. Ier, chap. VIII.

rieuses qui servent à éclairer la question : « Il y a, dit-elle, trois classes d'histrions. Les uns défigurent leur corps par des contorsions ou des gestes indécents, ou étalent des nudités honteuses et revêtent des masques horribles (1). Ceux-là doivent être condamnés s'ils ne renoncent pas à leur profession. D'autres, sans rien faire de tout cela, mènent une existence vagabonde et parcourent les palais en y semant des paroles répréhensibles et injurieuses, et eux aussi doivent être condamnés. Il y a une troisième classe, qui réjouit les hommes avec des instruments de musique ; mais elle se divise elle-même en deux parties : quelques-uns, en effet, fréquentent les auberges, les festins et les assemblées licencieuses, pour y chanter des cantilènes lascives, et ils doivent être condamnés également ; d'autres, *appelés jongleurs (qui dicuntur joculatores)*, célèbrent les hauts faits des princes et les vies des saints, donnent des consolations aux hommes dans leurs maladies et leurs malheurs, et ne commettent point d'innombrables turpitudes comme les précédents. Ceux-là peuvent être approuvés, comme l'a dit le pape Alexandre II (2). » On trouve ici le mot *jongleur* employé dans son meilleur sens, et réservé expressément, comme un titre d'honneur, à la partie la plus relevée de la profession ; mais il n'en devait plus être bien longtemps ainsi.

Toutefois, ce qui domine dans les décisions de l'Église à l'égard des jongleurs, c'est un esprit de réserve et de défiance, qui n'est que trop justifié. Même quand elle les tolérait, on peut dire qu'elle ne les aimait pas. Ceux-ci le

---

(1) Ou ils se *maquillaient*, se travaillaient la face, se faisaient *une tête*, comme on dit dans l'argot des théâtres. Le prédicateur Étienne de Bourbon attaque les femmes qui se peignent le visage « *ad similitudinem illorum joculatorum qui ferunt facies depictas*. (Lecoy de la Marche, la *Chaire au moyen âge*, p. 409).

(2) Voy. le texte latin dans la préface de *Huon de Bordeaux*, édition Guessard et Grandmaison, et la traduction en vieux français dans le *Jardin des Nobles*, cité par M. Paulin Pâris (*Manusc. français*, t. II, p. 144).

lui rendaient à leur manière, et ainsi s'explique, en grande partie, la prédilection avec laquelle ils daubent sur les cu-

Fig. 82. — Église de Saint-Julien des Ménétriers, fondée au XIVe siècle et détruite en 1790.

rés et les moines, dans les *bons contes* des vieux fabliaux.

Le premier acte, qui constate solennellement et d'une façon officielle l'existence des jongleurs, en les groupant en corporation, est aussi le premier qui constate officiellement leur décadence. On peut même faire dater celle-ci du jour qui semblait devoir, au contraire, leur ouvrir une ère de prospérités nouvelles. Le plus ancien règlement connu de leur association nous révèle l'abaissement de leur art, et, à coup sûr, il contribua encore à en accélérer la ruine.

Vers le commencement du XIVe siècle, deux jongleurs, Jacques Grure et Hugues ou Huet le Lorrain, avaient fondé l'église Saint-Julien des Ménétriers (1) et un hôpital destiné à héberger les ménestrels étrangers, passant par la ville de Paris. Ces deux établissements ne furent entièrement terminés qu'en 1335 ; mais, dès 1321, les jongleurs avaient adopté un règlement, scellé à la prévôté de Paris, qui les divisait en maîtres et en apprentis, réservait aux seuls jongleurs de la corporation le privilège de se faire entendre aux fêtes, à l'exclusion de tout ménétrier étranger, donnait au *roi* de la *ménestrandie* et au prévôt de Saint-Julien le droit de mettre à l'amende ou de bannir les contrevenants, réglait enfin de la façon la plus minutieuse, non plus comme pour des artistes, mais comme pour des artisans qu'on loue à la journée ou à la tâche, ce que chacun devait dire et faire, le temps durant lequel il devait jouer, etc. (2). On y apprend qu'il y avait alors une *rue aux jongleurs,* où il fallait aller chercher ceux dont on avait besoin. Cette rue fut appelée, depuis, rue des Ménétriers. A partir de midi, on y entendait jusqu'au soir des concerts de hauts et de bas instruments, que le peuple

_____

(1) Les ménétriers avaient un patron tout naturellement indiqué dans la personne du bienheureux Jean le Bon, qui, avant d'instituer l'ordre des Ermites de Saint-Augustin, avait couru le monde en chantant et en jouant des instruments. Mais Jean le Bon, converti par les prières et les larmes de sa mère, s'était repenti de sa profession et y avait renoncé, ce qui était peu flatteur pour eux.

(2) Les statuts portent 40 signatures d'hommes et de femmes, qui représentent le corps d'armée de la *ménestrandie* parisienne à cette date (*Paris et ses historiens aux* XVe *et* XVIe *siècles,* 1867. in-4°, p. 428-9). Sur la formation de cette confrérie de Saint-Julien, M. Bernhard a composé un Mémoire couronné par l'Académie des inscript. et belles-lettres, dont il a donné des extraits dans la *Bibliothèque de l'École des chartes* (t. III et IV, 1re série).

venait écouter bouche béante (1). La corporation eut un roi, qui portait une couronne et tous les insignes du pouvoir. Un peu plus tard, sa juridiction ne se borna plus à Paris; elle s'étendit à tout le royaume, comme le prouvent de

Fig. 83. — Costume d'un ménestrel. Miniature d'une *Danse macabre*, ms. du XVᵉ siècle à la Bibl. nat.

nouveaux statuts, rédigés en 1407, et confirmés par Charles VI. Il était représenté dans les principales villes, — à Orléans, à Bordeaux, à Tours, à Rouen, à Blois, — par des vice-rois, qui lui servaient de lieutenants (2).

Non-seulement les jongleurs acceptèrent cette organisa-

(1) Le *Dit des rues de Paris*.
(2) MONTEIL, *Histoire des Français*, XVᵉ siècle, histoire XXI, *l'Artiste*.

tion, qui les abaissait, pour ainsi dire, au rang subalterne de nos ménétriers d'aujourd'hui, en leur imposant de plus le poids d'une réglementation sévère, mais ils s'en parèrent comme d'une conquête et d'un progrès ; ils la consacrèrent par tout un ensemble de statuts et d'ordonnances, délibérés en commun, et placés sous la sanction d'une pénalité rigoureuse. Ils ne voulurent voir que leur profit matériel. L'orgueil de former un corps de gens de métier, de devenir des bourgeois établis, domina tout le reste. Peut-être devinrent-ils plus puissants et plus riches, mais au prix de leur déchéance artistique et intellectuelle. C'est sans doute aussi à partir de ce moment qu'ils adoptèrent un costume distinctif et réglementaire : la conséquence était toute naturelle. Une vignette de la *Danse macabre*, manuscrit de la fin du xve siècle, conservé à la Bibliothèque nationale, représente le ménestrel avec une longue chevelure, coiffé d'un couvre-chef plat sans bord, de couleur jaune, habillé d'un pourpoint bleu sous un riche manteau d'écarlate doublé de blanc, sans manches, et de chausses et bas rouges, avec sa *mallette*, c'est-à-dire sa gibecière, pendue à la ceinture et retombant sur le ventre (fig. 84).

Dès lors, la décadence s'accélère et s'accroît de plus en plus. Malgré la protection de Charles VI et celle de Louis XI, qui aimait fort la musique et réservait ses prodigalités les plus grandes pour les chantres, joueurs de luth et de rebec, tabourineurs et ménétriers ambulants, parvenus à l'égayer ou à le distraire (1) ; malgré les fêtes de cour, le luxe croissant et les progrès de la science musicale, elle ne s'arrêta pas un instant. Avec les mœurs chevaleresques avait disparu le chanteur des romans de geste et d'aventure, le rhapsode des poèmes héroïques. Le fabliau,

---

(1) *Compte des menus plaisirs de la chambre*, année 1421, cité par Monteil.

le conte, la chanson politique, satirique (1), la complainte remplaçaient presque partout, dès le xiv⁰ siècle, les exploits des paladins. La plus noble portion de l'art du jongleur s'était ainsi évanouie, et les libres bateleurs de la rue avaient pris le reste, ne laissant guère au ménétrier que le jeu des instruments, la seule partie du vieil héritage que celui-ci n'eût pas dédaignée. Du jongleur historique, cet artiste complexe, universel, il ne reste debout, dans le confrère de Saint-Julien, que le musicien, et bientôt il ne restera plus que le *ménétrier* des bals, le violon qui fait danser et qui enseigne à danser lui-même. Déjà il n'est plus question d'autre chose dans la légende en vers qui accompagne la vignette de la *Danse macabre,* dont je parlais tout à l'heure :

> Menestrier, qui dances et nottes
> Savez, et avez beau maintien,
> Pour faire esjouir sots et sottes,
> Qu'en dites-vous ? Allons-nous bien ?
> Montrer vous fault, puisque vous tiens,
> Aux aultres cy ung tour de danse ;
> Le contredire ne vault rien :
> Maistre doit montrer sa science.

Telle est la harangue de la Mort, et voici comme lui répond le piteux ménestrel :

> De danser ainsy n'eusse cure...
> Plus ne corneray sauterelle
> N'aultre dance : mort m'en retient, etc.

On pourrait même dire que la transformation est entièrement consommée dès 1407, — car le règlement qui porte

---

(1) Les *jongleurs* de la fin du xiv⁰ siècle avaient poussé si loin, sans doute à l'occasion des luttes et des troubles du grand schisme, leurs hardiesses agressives, que l'ordonnance de 1395 défendit, sous peine d'amende et de prison au pain et à l'eau, « à tous menestriers de bouche et recordeurs de dits, qu'ils ne facent, dyent, ne chantent en place ne ailleurs, aucuns dits imes, ne chansons qui fassent mention du Pape, du Roy et des Seigneurs de France », etc.

cette date assimile complètement la *ménestrandie* à toute autre profession et ne parle que des joueurs d'instruments, — si quelques passages des auteurs contemporains ne mentionnaient de rares exceptions (1).

Le jongleur populaire des rues n'avait plus pour héritiers, au xvi° siècle, et à plus forte rasion au xvii°, que les chanteurs des carrefours et du Pont-Neuf, les vielleurs aveugles, qui mendiaient de maison en maison, en psalmodiant quelque complainte sur leur instrument, ou qu'on faisait venir pour les noces, les repas, les fêtes, les sérénades (2) : la double qualité d'aveugle et de mendiant était devenue, pour ainsi dire, absolument inséparable de celle de *vielleux*. Dans l'*Histoire comique de Francion*, par Ch. Sorel, dont la première édition est de 1622, le professeur Hortensius mande dans son collège, pour égayer les écoliers et pour l'accompagner lui-même, en jouant de la viole et en dansant, un pauvre *vielleux* aveugle auquel il refuse ensuite le quart d'écu qu'il demande. Celui-ci se lamente alors sur la décadence de sa profession : « Voilà-t-il pas la misère du siècle ! Hélas ! notre état n'est plus estimé comme il étoit autrefois. J'ai vu que les douzains tomboient plus dru dans ma gibecière que ne font à cette heure-ci les doubles. J'allois jouer devant les rois, et l'on me faisoit mettre au haut bout de la table. » C'était là à peu près tout ce qui subsistait, avec la grande et la petite bande des violons, d'une institution jadis si florissante.

Louis XIV lui donna encore, en 1658, de nouveaux

---

(1) Par exemple, Bacon qui accompagnait sur la vieille ses *syphonies, tragédies et chansons;* le Prince d'amour, « qui tenoit avec lui musiciens et galans, qui toutes manières de chansons, balades, rondeaux, virelais et autres dictiés amoureux savoient faire et chanter, et jouer en instruments mélodieusement, » dont parle Guillebert de Metz dans sa *Description de Paris*, qui doit être de la fin du règne de Charles VI.

(2) *Serée* xix°, de G. Bouchet ; Rabelais, liv. II, ch. xxxi ; Saint-Amant, dans *le Poète crotté*.

statuts, où le chef n'est plus qualifié que de *Roi des violons*. Routinière, débordée par les progrès de l'art, déboutée successivement de ses principaux privilèges, vaincue dans sa double opposition à l'établissement de l'Académie royale de danse et de l'Académie royale de musique, réduite à néant, elle fut enfin supprimée, avec les autres confréries, par l'édit de 1776, puis par le décret de 1789 (1). Depuis longtemps elle ne vivait plus.

(1) Le 17 décembre de cette année, les derniers membres de la corporation de Saint-Julien des Ménétriers vinrent offrir à la nation leur chapelle, qui fut démolie l'année suivante. Le dernier roi des ménétriers avait été l'habile violoniste Guignon, sous Louis XV : il dut abdiquer, après avoir tenté vainement de relever la malheureuse confrérie, dont les privilèges surannés étaient battus en brèche de toutes parts (A. Vidal, *la Chapelle Saint-Julien des Ménétriers*, in-4°, 1868).

CHAPITRE VII

LES CHANTEURS DES RUES.

Lorsque le jongleur, le trouvère et le ménestrel, qui avaient charmé les rues de Paris pendant toute la durée du moyen âge, disparurent de la scène et que leur nom même s'éteignit, ils laissèrent néanmoins des successeurs, par lesquels la chaîne de la tradition s'est continuée jusqu'à nous. Le chanteur nomade, qui donne aujourd'hui encore l'opéra en plein vent aux dilettantes des carrefours et des places publiques, est l'héritier légitime, quoique dégénéré, du trouvère. C'est son histoire que nous allons raconter ; mais nous ne la prendrons qu'à l'époque où elle commence à se dessiner nettement, en se détachant du tronc affaibli de la *ménestrellerie,* pour faire souche à part et refleurir en dehors de cette corporation si longtemps toute-puissante, — je veux dire au dix-septième siècle.

Sans doute, le chanteur des rues, même dans le sens restreint et particulier que nous attachons à ce mot, apparaît bien auparavant chez nous : il suffirait, pour le démontrer, si une assertion aussi élémentaire avait besoin de démonstration, de rappeler l'ordonnance du prévôt de Paris, en date du 14 septembre 1395, que nous avons citée dans le chapitre précédent. Mais, à ce moment, il se confond encore avec le jongleur. Lors de sa déchéance définitive, la corporation des ménestrels alla se perdre dans deux courants parallèles, dont chacun recueillit pour sa part une moitié de ses attributions. D'un côté, elle donna naissance aux ménétriers, aux violons qui restèrent constitués en confrérie jusqu'à la Révolution; de l'autre, aux chanteurs des rues, qui, sans prétendre aux privilèges de l'antique corporation, se contentèrent d'en recueillir les traditions aventureuses et vagabondes.

On pourrait presque dire que l'apparition des chanteurs de la rue est contemporaine chez nous de la fondation du Pont-Neuf. Il semble que ce pont fameux destiné à devenir leur centre favori et à attacher son nom d'une manière indélébile à leurs productions et à leurs refrains ait été bâti expressément pour eux, et que leur histoire et leurs origines se lient intimement les unes aux autres. On appelle *pont-neuf*, aujourd'hui encore, toute chanson triviale, tout air familier coulé dans le vieux moule des *larifla* et des *landerirette*, et ce dicton populaire est en même temps un souvenir historique.

Dès les premières années de l'existence du pont, les chanteurs et les chansons satiriques s'y montrent: le *Journal de l'Estoile* le témoignerait à lui seul. Toutefois ce n'est qu'au dix-septième siècle que la gloire des chanteurs du Pont-Neuf prend un corps visible, et que de la masse confuse et sans nom se détache enfin une figure marquée d'un cachet personnel : celle de Philippot, plus connu de la postérité sous ce nom de Savoyard dont Boileau n'a pas dédaigné de nous transmettre le souvenir, embaumé dans un de ses vers.

Le talent du Savoyard était un héritage de famille. Avant lui, son père avait trôné sur le Pont-Neuf et fait merveille avec les airs de Guedron et du vieux Boësset, deux compositeurs fort à la mode sous le roi Louis XIII. Mais la renommée du père a été absorbée par celle du fils, comme l'éclat d'une étoile par celui du soleil.

Le Savoyard florissait vers le milieu du dix-septième siècle. Il avait élu son domicile chantant devant le cheval de bronze, sur les degrés mêmes qui en supportent le piédestal. C'est là que, côte à côte avec sa moitié et la bande de jeunes acolytes qu'il avait instruits à l'accompagner, entouré d'un cercle compacte de laquais, de cuisinières, de marmitons, de rôtisseurs, de bourgeois, de soldats et de filous, le glorieux Savoyard en personne trônait une grande partie du jour, envoyant les éclats de sa voix sonore jusqu'au Louvre d'une part, et de l'autre jusqu'au milieu de la rue Dauphine, par-dessus le roulement des voitures, le fracas des tambours et des trompettes, les sonnettes des charlatans, les voix glapissantes des crieurs de gazettes et de complaintes.

L'Orphée du Pont-Neuf n'était pas un Antinoüs, et sa beauté physique n'entrait pour rien dans le charme qu'il exerçait sur la foule. Dassoucy, qui le rencontra un jour sur le bateau de la Saône, dans ses pérégrinations à travers la France, a tracé de cet homme illustre un portrait dont rien ne nous autorise à contester la ressemblance : l'empereur du burlesque s'est montré le digne peintre de ce prince des chanteurs de la Samaritaine. Il nous apprend que le Savoyard était velu comme un ours et que la nature l'avait doué d'une majestueuse paire d'oreilles, « dont il avoit de chaque côté des mandibules pour le moins un bon quartier, mais si belles et si vermeilles que, bien que son nez ne fut pas moins haut en couleur, on avoit de la peine à juger qui emportoit le prix, ou la pourpre de son nez, ou le cinabre de ses oreilles (1). »

Est-il besoin de dire où notre héros avait trouvé la tein-

---

(1) *Aventures d'Italie*, ch. VII et VIII.

ture de cette pourpre et de ce cinabre? De tout temps, les chantres ont été renommés comme de maîtres buveurs, et le Savoyard, dont les deux tiers au moins des chansons ne sont autre chose que des airs à boire, pleins d'un enthousiasme puisé aux entrailles mêmes du sujet, se gardait bien de déroger à la tradition. De plus, il avait perdu la vue à force d'exploits bachiques et autres, comme il s'en vante dans ses propres couplets; ce qui ne pouvait manquer de le faire comparer par ses contemporains à Homère, auquel d'ailleurs il ne néglige pas de se comparer lui-même. On voit, on le verra mieux encore tout à l'heure, que ce robuste et dru compère ne ressemblait en rien au langoureux héros de romance que Chazet, Gouffé et Duval mirent en scène, avec quelques autres personnages populaires de la même époque, dans leur divertissement: *Philippe le Savoyard, ou l'Origine des Ponts-Neufs*, joué en 1801.

Le chapeau crânement enfoncé sur la tête, la bouche ouverte comme un four, le geste expressif et copieux, il fallait voir le Savoyard au pied du cheval de bronze, chantant ses gaudrioles d'une voix de stentor, tandis que sa femme, puissamment laide comme lui, et comme lui aussi aveugle, *Arcades ambo* (1), tenant en main le mince cahier recouvert de papier bleu, absolument comme nos chanteurs forains d'aujourd'hui, l'accompagnait en soprano enroué, de toute la force de ses poumons.

Écoutez-le célébrer ses louanges, avec le naïf orgueil de tous les grands hommes de la rue.

> Je suis l'illustre Savoyard,
> Des chantres le grand capitaine...
>
> Je suis l'Orphée du Pont-Neuf...

(1) Voy. plus loin la pièce de Saint-Amant.

Ce qui suit s'adresse aux Flamands, battus par les Français :

> Vous êtes de ces grands guerriers
> Qui font trembler la France :
> Les jambons de Mayence
> Sont tout couverts de vos lauriers.
> C'est le mestier des Allemans
> De mourir à force de boire, etc.
>
> Nos vins sont par trop délicats
> Pour vos testes grossières ;
> C'est pourquoy nos rivières
> Ont abreuvé tous vos soldats.
> C'est le mestier des Allemans
> De mourir à force de boire, etc.

Pour n'être pas des plus attiques, cette ironie n'en a pas moins son charme particulier, et je suis sûr qu'elle devait chatouiller agréablement l'esprit et le cœur de son auditoire en plein vent. A ce double point de vue, du patriotisme et de l'esprit, les strophes suivantes, inspirées au Savoyard par le siège de la ville de Gravelines en 1644, méritent de compter au premier rang parmi ses productions lyriques :

LES AFFECTIONS PORTÉES A LA DEMOISELLE GRAVELINE

> A vous parler de Graveline
> En conscience et vérité,
> J'estime autant sa bonne mine
> Que je crains sa sévérité,
> Et croy que cette demoiselle
> En fera mourir pour elle.
>
> Lorsqu'on approche son visage
> Pour en remarquer les beautez,
> Ce n'est que colère et que rage,
> Elle est en feu de tous costez ;
> Enfin, jamais nulle autre prude
> N'eut la négation plus rude...
> Mais tant plus elle se chagrine,
> Plus on rit de l'ouyr sonner ;

> Elle a beau faire la mutine,
> Tout cela n'est que façonner,
> Et suis trompé si la rebelle
> N'est mise en bas en dépit d'elle.

Cette effusion lyrique avait excité l'admiration de Saint-Amant, qui appréciait la verve poétique partout où il la trouvait. Dans une *Épître héroï-comique, à Mgr le duc d'Orléans, pendant que son Altesse était au siège de Gravelines*, il lui apprend qu'il est chanté par le Savoyard :

> Nostre Pont-Neuf, qui pourtant a de l'âge...
> Et sous qui gronde, au détriment du Tage,
> La riche Seine, agréable en son cours,
> De tes vertus s'entretient tous les jours.
> Là son aveugle, à gueule ouverte et torse,
> A voix hautaine et de toute sa force,
> Se gorgiase à dire des chansons
> Où ton bonheur trotte en mille façons ;
> Là sa moitié, qui n'est pas mieux pourveue
> D'habits, d'attraits, de grâce ni de veue,
> Le secondant, plantée auprès de luy,
> Verse au badaut de la joie à plein muy.
> Bref, ce beau couple, en rimant Saincte-Barbe,
> Dit que dans peu tu prendras à la barbe
> De l'Espagnol et du brave Sienois
> Ce qui t'oblige à porter le harnois.

Le *Recueil nouveau des chansons du Savoyard, par lui seul chantées dans Paris* (1665) (1) est rarissime, puisqu'il n'y en a qu'un seul exemplaire connu, qui se trouve à la bibliothèque de l'Arsenal. Ce volume, où l'on trouve bien d'autres pièces, trop souvent ordurières, est imprimé sur du papier à sucre, avec des têtes de clous. La rime n'est pas riche, et le style en est vieux ; les fautes de mesure y coudoient à chaque pas les fautes de français ; en maintes pages, la langue que parle le Savoyard est un

---

(1) A Paris, chez la veuve Jean Promé, demeurant rue de la Bouclerie, au bout du pont Saint-Michel, petit in-12. On en a fait une réimpression à très-petit nombre.

vrai patois, à peine intelligible, et qui ne s'élève pas même à la hauteur des élucubrations journalières débitées par les poètes de carrefour. Tout, en un mot, permet généralement de croire, sans trop d'invraisemblance, que

Fig. 84. — Le Savoyard, l'Orphée du Pont-Neuf. D'après la gravure de P. Richer.

l'Orphée du Pont-Neuf composait lui-même « dans le loisir du cabinet » les strophes qu'il chantait ensuite aux crocheteurs de la Samaritaine. Ces chantres du xviie siècle étaient parfois d'assez savants personnages, qui avaient beaucoup lu et beaucoup retenu : qu'on se rappelle seulement Bruscambille et Tabarin.

A l'occasion, le Savoyard complétait son répertoire avec les chansons de Gaultier-Garguille et d'autres compères de la même farine. Nous avons reconnu au passage quelques traits que la chanson bachique a gardés comme une tradition, et qu'il avait empruntés sans doute aux Vaux-de-Vire d'Olivier Basselin ou aux *Chevilles* de maître Adam. J'ai été surpris de retrouver dans ses œuvres d'autres vers encore, que les chanteurs de dessert ont conservés précieusement dans leur répertoire, ceux-ci par exemple :

> O puissance divine
> Qui veillez sur nos jours,
> Conservez-nous toujours
> La cave et la cuisine !

Les avait-il pris lui-même à quelque source ignorée ? Je n'en sais rien, et dans le doute il est juste de lui en faire honneur.

Les allusions aux hommes et aux choses du jour reviennent assez souvent dans ce recueil. Tous les évènements courants, — entrées d'ambassadeurs, de rois ou de reines, victoires, traités de paix, affaires d'État, — retrouvaient un écho dans ses rimes (1). Ici, il s'adresse à Saint-Amant, avec lequel il était décidément en échange réglé de courtoisies ; là, il chante les louanges du duc d'Enghien. Quelques-unes de ses chansons ont une tendance satirique, et frondent les usages et les modes du temps.

Le Savoyard n'a-t-il rien publié de plus ? Le vers bien connu de Boileau semble répondre que non (2). Mais, d'un autre côté, le titre de *Recueil nouveau* paraîtrait indiquer le contraire, bien qu'à la rigueur le mot puisse s'expliquer différemment. En outre, à côté de ce *Recueil nouveau*, je trouve tout au long l'indication suivante, dans le catalogue de la bibliothèque de l'Arsenal : *Les chansons de l'Escalade, faites par le Savoyrad, contre les murs de la ville*

---

(1) *Rôle des présentations faites au grand jour de l'éloquence française*, édit. de 1646.

(2) Servir de *second tome* aux airs du Savoyard (*Épître* VII, 1668).

de Genève (avec figure. Amsterdam, 1702; in-12). Est-ce la réimpression d'un ouvrage dont l'édition originale a disparu? Est-ce simplement une supercherie de libraire ou d'auteur, voulant placer sa muse pseudonyme sous la protection de ce nom glorieux? Je ne le puis dire. Malgré toutes les recherches entreprises sur ma demande, le volume est resté introuvable, et cette grave question d'histoire littéraire doit rester indécise.

De temps en temps, quand il avait épuisé Paris jusqu'à la lie, quand les échos du Pont-Neuf étaient fatigués de sa voix tonnante, le Savoyard allait courir la province, accompagné d'un petit garçon qui lui servait de guide et chantait en sa compagnie. Ce fut dans une de ces excursions que Dassoucy, rhapsode ambulant lui-même, le rencontra sur sa route, et eut avec lui cette conversation qui n'est pas le moindre ornement de ses *Aventures*.

Le Savoyard arriva de son vivant à une véritable gloire. Ce n'est pas seulement Boileau, Saint-Amant, Dassoucy qui ont parlé de lui; son nom se trouve dans une multitude d'ouvrages de circonstance, de plaquettes et de feuilles volantes, en particulier dans un grand nombre de mazarinades: le *Courrier burlesque*, de Saint-Julien, le *Ministre d'Etat flambé*, la *Lettre de Belleroze à l'abbé de la Rivière*, etc., ce qui prouve qu'au temps de la Fronde il était déjà en pleine possession de sa renommée. En 1716, lorsque Brossette écrivit son commentaire sur Boileau, on vantait encore ses chansons (1).

Je viens de parler de la Fronde. Il est probable que le Savoyard se mêla pour sa part à la grande levée de boucliers qui se fit alors de toutes parts contre le Mazarin, quoiqu'il ait eu la prudence de ne garder dans son recueil aucune trace de cette échappée dangereuse à travers les

(1) Commentaire de Brossette sur le vers 78 de la satire IX. C'est là aussi que nous avons pris quelques autres renseignements pour ce chapitre.

passions politiques du moment. On sait que les chanteurs et débitants de couplets satiriques avaient choisi le Pont-Neuf pour foyer de leur propagande contre le cardinal (1). Le métier, s'il était lucratif, avait bien ses périls, et plus d'un chanteur expia rudement ses prouesses. On peut croire que le souvenir de ces imprudentes audaces ne fut pas étranger à l'ordonnance de police datée du 20 octobre 1651, c'est-à-dire du moment où Mazarin s'établissait sur la frontière, tout prêt à rentrer en France, — ordonnance qui, non contente de défendre sous peine du fouet les couplets diffamatoires dans les carrefours et sur les places publiques, allait jusqu'à interdire absolument toutes chansons sur le Pont-Neuf (2).

C'est aussi à cette même date de la deuxième Fronde que se rapporte le passage suivant de Mme de Motteville : « Mme de Brienne me dit qu'une certaine coureuse, nommée dame Anne, qui dans Paris gagnoit de l'argent en chantant par les rues des chansons infâmes contre le respect qui étoit dû à cette princesse (Anne d'Autriche), étoit alors en prison et dans un pitoyable état. Je le dis à la reine... Cette princesse ne me répondit rien et je ne lui en parlai plus. Quelques jours après, la même Mme de Brienne me dit qu'elle avoit été voir cette dame Anne, et qu'elle ne l'avoit plus trouvée dans sa prison ; qu'elle étoit alors dans une chambre voisine, bien servie, bien couchée et bien nourrie, et qu'on ne savoit pas d'où pouvoit procéder cette merveille. Nous sûmes alors que la

(1)   Sur le Pont-Neuf c'est le contraire,
Et ses chantres à l'ordinaire
Chantent les soirs et les matins
Des défaites de Mazarins,
Ne se passant nulle semaine
Sans en crier une douzaine.
(Loret, *Muze histor.*, 17 mars 1652.)

(2) Collection Lamoignon, aux archives de la Préfecture de police, t. XIII, p. 114.

reine seule avoit fait cette belle action, et, quand nous lui en parlâmes, elle ne voulut pas nous écouter (1). » Les audaces des chanteurs populaires n'avaient pas toujours de si heureux dénoûments.

La muse populaire des rues ne perdit jamais, d'ailleurs, ce penchant à l'épigramme et à la satire, qui se laissait souvent emporter au-delà des bornes légitimes. Tous les événements scandaleux, tous les personnages ridicules ou détestés étaient de son ressort et tombaient sous sa férule. Elle procédait par allusions, toujours happées au vol et saisies à demi-mot par la foule, quand elle n'osait ou ne pouvait y aller plus franchement :

> ... S'il faut que sur vous on ait la moindre prise,
> Gare qu'aux carrefours on ne vous tympanise,

dit Chrysalde à Arnolphe, dans l'*École des femmes* (I, 1). Et plus loin (III, 2), Arnolphe lui-même avertit Agnès en ces termes :

> Gardez-vous d'imiter ces coquettes vilaines
> Dont par toute la ville on chante les fredaines.

De tout temps, ce sujet fut cher à la verve gauloise des chansonniers (2). Beaucoup des couplets ultra-satiriques, enregistrés dans le *Recueil de Maurepas* et dans le *Nouveau Siècle de Louis XIV*, ont été ramassés dans la rue. Tout se traduit en France par des chansons ; il le savait bien, ce prince italien qui, lorsqu'il apprenait une nouvelle venant de notre pays, demandait tout d'abord : *E la canzone* (3) ? Mazarin le savait aussi, comme le prouve

---

(1) *Mémoires* de Mme de Motteville, Amsterdam, 1723, t. III, p. 227. Cette dame Anne était une revendeuse des halles, insolente, hardie et très-connue.
(2) Voy. aussi l'*Histoire amoureuse des Gaules*, de Bussy-Rabutin, édit. Delahay. — (*Biblioth. gauloise*), t. II, p. 365.
(3) L'abbé Mervesin, *Histoire de la poésie française*, 285.

son mot : « Ils chantent, ils paieront. » Le Pont-Neuf écrivait donc jour par jour l'histoire à sa façon : il chansonnait Mme de Maintenon, Villeroy, les ambassadeurs de Siam et de l'Académie : il lançait par centaines les noëls et les complaintes sur le procès du surintendant Fouquet (1); il raillait les maladresses ou l'impéritie des généraux, et n'épargnait même pas nos défaites (2). Le malheurux siège de Lérida par le grand Condé, en 1647, avait inspiré des vaudevilles à n'en plus finir : « Nous fîmes, dit le chevalier de Grammont par la bouche de son biographe Hamilton (3), quelques couplets sur ces Lérida, qui ont tant couru, afin qu'on n'en fît pas de plus mauvais. Nous n'y gagnâmes rien... : on en fit à Paris où l'on nous traitait encore plus mal. » Le maréchal de Grammont, nous apprend Tallemant des Réaux, avait été surnommé le maréchal *Lampon*, parce qu'on avait composé sur lui, après la perte de la bataille d'Honnecourt, beaucoup de vaudevilles avec ce refrain populaire.

Parmi les pièces sanglantes lancées au xviiie siècle contre Mme d'Averne, il y en a une où l'on fait dire au marquis d'Alincourt qu'il la méprise, et qu'elle finira bientôt par être chansonnée sur le Pont-Neuf (4). C'est là aussi que la *Belle Bourbonnaise*, qui roulait sur les mésaventures d'une courtisane fameuse, et qu'on appliqua ensuite à la Dubarry, a dû prendre naissance et apparaître pour la première fois. Sous la Fronde, on bâtonnait le coupletier ou le chanteur trop hardi ; sous Louis XV, on jetait à la Bastille les auteurs de vaudevilles contre Mme de Pompadour ; sous le Directoire, on déporta à Cayenne, comme nous le

---

(1) *Nouveau Siècle de Louis XIV* (1793, 4 vol. in-8°), t. II, p. 41. Lettre de Mme de Sévigné à Pomponne, 26 déc. 1664.
(2) Mme de Sévigné, lettre du 18 sept. 1676, à Mme de Grignan.
(3) *Mémoires de Grammont*, ch. VIII.
(4) *Journal de Math. Marais*, Didot, t. II, 174.

verrons tout à l'heure, un chansonnier de la rue, qui avait osé s'attaquer à Barras. La police avait toujours les deux oreilles et les deux yeux ouverts sur les Orphées de la place publique.

Revenons au xviie siècle. Après Guedron et les deux Boësset, les fournisseurs habituels des mélodies du Pont-Neuf étaient tous ces auteurs d'*Airs de cours* et d'*Airs à boire* dont les innombrables recueils encombraient la boutique de Ballard : Le Camus, Sicart, Dubuisson, Lambert enfin, et surtout Lulli. Les *poètes crottés* alimentaient les chanteurs de rimes qu'ils adaptaient tant bien que mal à la musique en vogue. On voyait même parfois de pauvres diables d'auteurs, mourant de faim, chanter leurs propres œuvres sur le Pont-Neuf, en se déguisant de leur mieux, pour amasser de quoi dîner (1). Mais la plupart, comme Neufgermain, le baron de Plancy, Maillet, se contentaient de trafiquer de leurs productions, que les ménestrels de la Samaritaine obtenaient à bon compte. Ce dernier surtout, le type des *poètes crottés,* ne se faisait pas faute, malgré son orgueil, de descendre clandestinement jusque-là, lorsque son escarcelle était plus vide encore que d'habitude. Un jour, raconte Tallemant, pressé par la nécessité, il s'en fut proposer un ouvrage de sa façon à une chanteuse du Pont-Neuf. Celle-ci se défiait de la mine et de la muse du poète, mais il déploya une si triomphante éloquence qu'il parvint à la séduire et à en tirer un petit écu. Maillet lui remit, en échange, une chanson magnifique où il n'était question que d'astres et de soleils, et s'en alla faire bombance au cabaret, avec la légitime fierté d'un poète à qui pareille fortune n'arrive pas tous les jours. Par malheur, la chanteuse ne put vendre un seul exemplaire du chef-d'œuvre, écrit d'un trop haut style pour sa clientèle ordi-

---

(1) *Hist. du poète Sibus,* dans le *Recueil de Sercy* (1661), 2e partie.

naire. La voilà furieuse : elle se plaint amèrement, elle tempête, elle jette feu et flamme pour qu'on lui rende son écu ; bref, elle finit par intenter une action contre celui qui l'a trompée. Il fallut que le secourable Gombault s'interposât, en désintéressant la chanteuse de sa propre bourse.

A côté du Savoyard, et d'un bout à l'autre du Pont, ou plutôt d'un bout à l'autre de Paris, on lui faisait une active concurrence. Gilles le Niais (1) et la plupart des farceurs en plein vent joignaient les charmes de la chanson à ceux de leurs exercices ordinaires. Au pont Saint-Michel, au pont aux Doubles, à la Grève, à la Vallée de Misère, au carrefour Guillery, à la porte Baudet (2), les *lampons*, les *turelure*, les *laridon*, les *oui-da,* les *toc mon tambourinet*, les *lustucru*, les *guéridon don don,* égayaient continuellement les échos (3). De l'aube à la nuit retentissaient sur tous les tons les voix des crieurs de complaintes, des Amphions burlesques, célébrant en couplets primitifs le dernier assassinat, le dernier vol, la dernière victoire, et débitant, pour la modeste somme de six blancs, le cahier qui contenait leur répertoire.

Çà et là on rencontrait de simples virtuoses, un aveugle avec sa vielle, un laquais en grève avec son violon, un gueux avec la flûte et le tambourin, enfin quelqu'une de ces physionomies pittoresques que Callot et vingt autres ont si souvent croquées au passage, un homme-orchestre, comme ceux dont Mercier a décrit plusieurs spécimens.

A côté de « l'Orphée du Pont-Neuf », J. Lagniet et son rival moins connu, P. Richer, dont l'œuvre se confond parfois avec le sien, nous montrent toute une série d'au-

---

(1) *Rôle des présentations faites aux grands jours de l'éloquence française*, édit. de 1646, § XIII.
(2) Id., § XV.
(3) Scarron, *Virgile travesti*, liv. I, p. 13, et *Suite* de Moreau de Brasey, liv. X.

tres chanteurs nomades. En voici deux, par exemple, l'un que Richer appelle le *superius*, c'est-à-dire le soprano ; l'autre, le *contraténor*, tous deux portant un double bau-

Fig. 85. — Le Contraténor. Fig. 86. — Le Supérius.
D'après la gravure de P. Richer.

drier croisé et une espèce de hallebarde (fig. 86 et 87). Au bas du premier portrait on lit :

> Suivant de son père la trace
> Et gueulant de tout son pouvoir,
> Ce petit magot nous fait voir
> Qu'un bon limier chasse de race.

Et au bas du second, représenté les yeux levés et le chapeau tendu vers quelque fenêtre :

> Pour ne rien céder à son frère,
> Ce chantre à la gueule de bois,
> Tant du geste que de la voix,
> Se rend digne fils de son père

Puis vient un chanteur à la figure idiote, un livre entre les mains, le chapeau serré du bras contre la poitrine, qu'il appelle Orlande de Lassus (fig. 88) :

> Ainsi cette illustre personne
> Va chantant par les carrefours
> Hymnes et noëls aux bons jours,
> Sans refuser ce qu'on lui donne.

Fig. 87. — Orlande de Lassus, d'après la gravure de P. Richer.

Ensuite un boiteux à la figure narquoise :

> Si ce boiteux, dans sa musique,
> Fait voir la grâce d'Apollon,
> Il montre, étalant sa boutique,
> L'éloquence de Cicéron.

Plus loin, Jacques Landouille (fig. 89), « chantre des Petites Maisons », passe, par une sorte de lucarne dont le volet est tiré, sa main qui implore et sa lamentable figure :

> Jacque entonne mille chansons,
> Ainsi qu'un sansonnet en cage ;
> Hommes, filles, femmes, garçons,
> Viennent écouter son ramage.

N'oublions pas Georges l'altéré, le Fifre de Bacchus, ni le bel Apollon, que Lagniet nous montre assis, sa jambe

Fig. 88. — Jacques Landouille, d'après la gravure de Lagniet.

malade relevée, son chapeau à côté de lui, raclant un violon sur lequel il chante : *On m'a bien apprins — A my lever, my lever, my lever matin,* — et sous l'effigie duquel se lit le quatrain suivant :

> Ainsi ce boiteux que tu vois,
> D'une piteuse contenance,
> Marie au violon sa voix,
> Branlant sa quille à la cadence.

394   LES RUES DU VIEUX PARIS.

Presque tous ces chanteurs populaires avaient ainsi quelque infirmité caractéristique, qui les faisait ressembler à Homère ou à Tyrtée, et nous savons justement d'autre part que l'un de ceux qui avaient conquis le

Fig. 89. — Guillaume de Limoges, dit le Gaillard boiteux, d'après la gravure d'Audran.

plus de réputation après le Savoyard était connu sous le nom du *Boiteux* (1). C'est probablement Guillaume de Limoges, renommé pour sa gaieté autant que pour sa belle voix, et dont la collection Hennin, aujourd'hui au Cabinet des estampes, nous a conservé un très-

---

(1) Préfontaine, *le Poète extravagant*, dans le *Recueil de diverses pièces comiques*, 1671.

curieux portrait (fig. 90) avec un éloge en vers :

> Ce gaillard boiteux fait la nique
> Par ses gestes et ses façons
> Aux plus grands maîtres de musique,
> Quand il entonne ses chansons.
> La bourgeoise et la demoiselle,
> L'artizan et l'homme de cour,
> S'il chante une chanson nouvelle,
> Viennent l'entendre tour à tour...
> Sa conduite est assez subtile,
> Cet homme a plus d'esprit qu'un bœuf
> D'enseigner à toute une ville
> Sans jamais sortir du Pont-Neuf.

Voici maintenant l'Apollon de la Grève (fig. 90) : un aveugle avec son violon, accompagné d'une femme avec sa musette et de deux chanteurs. Un nombreux auditoire les écoute. Au-dessus de la femme se lisent ces vers :

> Mon nom est Margot la Musette.
> D'esprit je suis assez bien faite.
> L'on me croit néanmoins insensée à Paris ;
> Mais je suis plus sage que folle,
> Puisque j'attrape leur pistole
> D'un nombre de badauds qui me tiennent en mépris (*sic*).

On nous montre ensuite Louis, organiste des carrefours, personnage hideux, vêtu d'une longue robe :

> Pour entonner d'un bel accent
> Quelque chant d'hymne qui résonne
> Et fredonner en innocent,
> Ce beau mignon ne craint personne.

Richer représente aussi un autre chanteur, qu'il appelle Gusman, chef de police, espèce de bohème en haillons, coiffé d'un bonnet chinois avec deux petites plumes :

> Gusman fait éclater sa voix
> Qui fait autant de bruit que trois,
> Qu'il accompagne de cliquettes
> Qui font la nique aux castagnettes.

P. Brebiette n'a eu garde d'oublier non plus ces musiciens des rues dans sa curieuse série des *Cris de Paris* (1640), et son burin nous les montre dans un costume inouï, qui est à lui seul tout un poème de misère pittoresque. Le chanteur se tient debout avec son bâton, sa flûte et son tambourin; il est chaussé de sandales faites de bribes et de morceaux, couvert d'un manteau rapiécé, troué, effrangé; coiffé enfin, pour l'achever de peindre, d'un vieux chapeau défoncé, sur lequel toutefois plane orgueilleusement à l'arrière un panache de plumes. Mais il serait impossible de mettre un nom sous le portrait typique de cet Orphée ambulant : c'est un de ces mille personnages anonymes qui passent sans bruit et meurent sans nom sur le pavé de Paris. Dans une estampe postérieure d'un demi-siècle au moins, nous retrouvons le chanteur populaire curieusement accoutré et coiffé d'un chapeau bizarre, fabriqué avec la dépouille d'un oiseau de grosse taille, qui semble nager sur sa tête, comme un canard sur un bassin (1). Un de ces musiciens des rues, nommé Sulpice, s'était acquis alors quelque réputation tant par son habileté sur la flûte, dont il jouait de façon à rendre jaloux l'illustre Philibert, que par l'intelligence et les bons tours du chien qui ne le quittait jamais.

Vers la fin de sa carrière seulement, ou un peu après, le Savoyard vit se dresser devant lui, sur le théâtre même de sa gloire, un rival redoutable et plein d'ardeur, qui tint la victoire en suspens et brilla jusqu'aux premières années du xviiie siècle, composant des couplets sur chaque évènement du jour. C'était le cocher de M. Vertamont, père du premier président du Grand Conseil (2). La livrée

---

(1) *Les Véritables Cris de Paris*, chez Daumont, rue Saint-Martin.
(2) Nommé à cette place en 1697, en remplacement de Bignon. Tallemant des Réaux (édit. in-8°, t. VI, p. 105) a une *historiette* sur Mme de Vertamont. — Ch. Nisard, *les Chansons populaires*, I, 360.

Près du cocher de Verthamont
Je me contente d'une place,

disait Coulanges dans une chanson. Mme de Sévigné en parle en l'une de ses lettres au chansonnier, du 6 août 1695.

surtout, ne fût-ce que par esprit de corps, dut déserter en
masse le Savoyard, pour se presser autour de cet ancien
collègue, dont les talents la flattaient dans son amour-
propre. Nous ne savons quel mobile poussa le cocher de

Fig. 90. — L'Apollon de la Grève, d'après la gravure de Lagniet.

Vertamont à déserter le carrosse de son maître pour le
tabouret du chanteur ambulant. Ce fut sans doute l'influence secrète de son astre, le sentiment de sa force et le
désir de la gloire. Cette gloire ne lui a pas été refusée,
mais il ne l'a obtenue qu'indirectement, sous le titre qui a
caché son vrai nom à la postérité. Sans le mettre sur le
même rang que le Savoyard, et quoiqu'il n'ait pas eu

comme lui l'heureuse chance d'être immortalisé par le législateur du Parnasse, tous les témoignages s'accordent à reconnaître l'immense popularité dont jouit ce personnage. C'est grand dommage qu'il n'ait jamais recueilli en volume les produits de sa verve, et que les feuilles volantes où il les consignait aient été, pour la plupart, dispersées par le vent ; mais c'est dommage pour les curieux et non pour les amateurs de poésie classique, car le Savoyard lui-même était un aigle, un Pindare, à côté du cocher de Vertamont, à en juger par le peu qui nous reste de celui-ci.

La Régence et la première partie du règne de Louis XV devaient être l'âge d'or de la chanson. On pourrait faire un recueil plus gros que celui de Maurepas, de tous les couplets et refrains qui nous en ont été conservés. L'avocat Barbier, à lui seul, nous en a transmis par centaines. On chansonnait tout le monde : le duc d'Orléans, les roués, la Parabère, Mme de Prie, les ministres, Law, d'Argenson, le parlement, le duc de la Force, le prince de Conti, le comte de Clermont, la Pélissier de l'Opéra, le curé Languet, Hérault et Chauvelin, les miracles du diacre Pâris, les jésuites, le maréchal de Belle-Isle, le cardinal de Fleury, etc., sur l'air des *Pendus*, de *Margot la ravaudeuse*, de *Laire la*, de *Barbari mon ami*, de *Et vite, et vite, apportez du coco !* de *C'est M. Dudicourt qui n'a pas le nez court*, de la *Béquille du père Barnabas*, cette chanson type qui s'était multipliée en variantes innombrables, et dont le rhythme, le timbre et le refrain persistèrent longtemps encore après qu'on avait perdu le souvenir de l'aventure plus ou moins apocryphe qui l'avait inspirée. La légèreté va jusqu'à la licence, et la hardiesse jusqu'à l'effronterie, dans la plupart de ces couplets délurés ; mais la plupart se murmuraient à l'oreille dans les salons et les cafés, ou se colportaient sous le manteau sans se chanter dans la rue. On connaît beaucoup mieux les chansons d'alors que les chanteurs. Barbier se borne généralement à nous dire qu'elles ont couru partout, sans s'expliquer autrement. Pour quelques-unes des moins hardies, comme les couplets sur Dodun, contrôleur général des finances, il nous apprend qu'elles étaient chantées jusque par les décrotteurs, ou bien dans les foires. Quelquefois, comme lors du projet de descente en Angleterre, qui échoua par la défaite de notre flotte au sortir du port de Brest (1759), la police faisait crier, vendre et chanter dans les rues, pour agir sur l'opinion populaire, des chansons où l'on tâchait d'imiter la naïveté des bardes nomades. Elle avait, d'ailleurs, des escouades de chansonniers à ses ordres, pour amuser et distraire la populace par des couplets de circonstance (1). Mais le plus souvent les chanteurs des rues se bornaient aux complaintes sur les exploits de Cartouche et de ses émules ou sur la Lescombat.

Pendant le cours du même siècle, le Savoyard et le cocher de Vertamont retrouvèrent plusieurs héritiers qui ont laissé un nom comme eux, dans l'histoire de la rue.

Duchemin, qui s'intitulait l'enfant de chœur du Pont-Neuf, brillait dans la seconde moitié du XVIII siècle, et il continua la tradition avec les progrès qu'exigeait une civilisation plus avancée. Indépendamment de ses propres élucubrations, il s'était composé un répertoire varié, en faisant un choix parmi les *vaudevilles* anciens, qu'il avait en quelque sorte rendus siens, à force de les chanter tous les jours, et qu'il publiait même sous son nom (2).

---

(1) *Mémoires secrets*, t. XX, p. 130. S'il faut en croire Mercier (*Concert ambulant*), la police, dans les moments de fermentation, faisait doubler la musique ambulante et prolongeait pendant deux heures chaque jour le tapage des clarinettes et des tambourins dans les carrefours.

(2) Voy. *Chansons, vaudevilles et ariettes, choisis par Duchemin. Il demeure rue Saint-Germain-l'Auxerrois, vis-à-vis l'arche Marion, chez le boulanger* (1763-1778). Paris, impr. de Valleyre jeune.

Le père Lajoie, son successeur, visa toujours à justifier son nom : la gaieté de ses refrains, de sa physionomie, de ses gestes, de sa voix et de ses grimaces, fit longtemps les délices des badauds. Tous deux ont travaillé dans les divers genres : ils ont cultivé la chanson badine et la chanson guerrière, la chanson anacréontique et la chanson morale. Mais le sérieux même du père Lajoie a toujours quelque chose de folâtre. Chaque mode nouvelle, chaque nouvel engouement du Parisien, lui inspiraient des couplets moqueurs, où l'on retrouve plus d'un écho de la vieille basoche. Il savait aussi pincer agréablement la fibre militaire et patriotique de son auditoire, et les racoleurs du quai de la Ferraille devaient l'ouïr d'une oreille favorable, quand il chantait son chef-d'œuvre, que je le soupçonne d'avoir composé tout exprès pour leur complaire :

> J'ai servi Sa Majesté,
> Je viens d'avoir mon congé.
> En sortant d'apprentissage,
> Je n'étais pas dégourdi ;
> A présent, j'ai l'avantage
> D'être beaucoup plus hardi (1).

La gravure a consacré les types de deux autres chanteurs populaires du xviiie siècle : Michel Le Clerc et Charles Minart (fig. 91 et 92). Le premier s'accompagnait sur la vielle, et on le voit, dans l'estampe d'Ingouf, sa tête barbue enveloppée d'un capuchon, chaussé de grosses bottes, vêtu d'un costume tout populaire. Le second jouait du violon, et le même artiste nous le montre coiffé d'un tricorne, en habit effrangé et rapiécé, avec un long tablier, et, au dos, une hotte d'où débordent des feuilles de chansons. Celui-ci surtout était le favori de la foule, et quand, de sa voix flûtée et tremblotante, avec sa phy-

---

(1) Gouriet, *Personnages célèbres dans les rues de Paris*, t. II, p. 103.

sionomie mobile et narquoise, il exécutait la vieille chanson fameuse : *Robin a une vache,* l'auditoire ne pouvait contenir les transports de sa jubilation. A l'exemple de

Fig. 91. — Michel Le Clerc, musicien ambulant; d'après Ingouf.

la plupart de ses confrères, hélas ! Charles Minart cultivait de préférence le genre grivois. On peut le conjecturer, du moins, par les petits échantillons de ses refrains qui nous ont été conservés (1).

(1) Article d'Ourry dans le *Musée de la caricature*, in-4°.

Un peu plus tard, Baptiste, qui, comme plusieurs autres chanteurs des rues, et particulièrement son contemporain Mercier, se surnommait lui-même le *divertissant*, faisait, avec sa commère Mme Baptiste, les délices du quai de la Ferraille, par son interminable répertoire de chansons dans tous les goûts, qu'il tirait souvent de sa propre veine et qu'il réunissait en petits livres pour les amateurs. Ses concerts en plein vent avaient lieu de sept à neuf heures chaque soir ; les dimanches et fêtes, ils commençaient à cinq heures, et il y avait en outre une première séance de midi à deux heures, suivant l'avis inséré à la fin de ses cahiers : « Tout lui était bon : la gaudriole épicée, la romance *sensible*, le refrain gaillard, le couplet bucolique, pourvu qu'à la chute du trait final il vît tomber dru comme grêle, sur son tapis, liards et sols marqués. C'est lui qui chantait le mieux la chanson à la mode en 1783 : *Changez-moi cette tête,* et qui contribua le plus, de toute la force de son gosier, au réveil populaire de la vieille chanson populaire de *Marlborough*. Les perles de son répertoire étaient les *Nouvelles écosseuses,* de sa composition; l'*Heureux moment,* romance pastorale dont il se disait aussi l'auteur ; l'*Éloge des grands nez, Cadet sans souci,* l'*Éloignement de Myrtil, ariette villageoise,* etc. » Il triomphait aussi, comme Minart, dans *Robin* et les *Deux sœurs* (1).

Les chansons gaillardes et les cantiques sacrés alternaient sans cesse sur le Pont-Neuf et dans ses alentours. Ici l'on célébrait un mystère, on entonnait une hymne en l'honneur de la Vierge et des saints ; là des espèces de pèlerins, portant une croix et un scapulaire, pour se distinguer des chanteurs de chansons bachiques et joyeuses, parcouraient les rues à pas lents, en psalmodiant d'une

---

(1) Éd. Fournier, *Histoire du Pont-Neuf*, 411-2. C'est sans doute à lui que fait allusion Restif de la Bretonne dans ses *Nuits de Paris* (154e nuit) en parlant du *beau chanteur* du quai de la Ferraille.

voix lamentable la complainte nouvelle (1) sur les crimes et la condamnation des grands criminels du jour. On chantait Comus, Bacchus et Margot, en alliant le style ana-

Fig. 92. — Charles Minart, musicien ambulant; d'après Ingouf.

créontique de Crébillon fils au style poissard de Vadé. Une fois par semaine, quelques quinze-vingts avaient permission de s'installer sous les portes cochères, où ils ânon-

(1) P. Lacroix, *XVIIIe Siècle*, in-4°.

naient tant bien que mal des cantiques pieux. Est-il besoin de dire que les Orphées profanes étaient les plus courus? En vain le chanteur sacré, debout sur son escabelle, montrait de sa baguette le diable peint en rouge, avec sa queue et ses cornes, sur le tableau qui lui servait d'étendard; en vain, entre chaque couplet, il offrait ses scapulaires bénits aux passants; la foule désertait le théâtre de ces successeurs des vieux pèlerins de la Sainte-Baume et de Jérusalem, pour porter son admiration et ses pièces de deux sols à son concurrent (1).

Parmi ces chanteurs profanes, généralement très-profanes, du xviii° siècle, il ne faut pas oublier les vielleurs, surtout les vielleuses. Ils ne datent pas, sans doute, de cette époque, et, dès le siècle précédent, le vielleur Boniface avait acquis assez de renom pour mériter d'être gravé par Bonnart. Mais on n'en avait jamais tant vu qu'alors, et ils furent une des grandes modes du temps. La fine pointe de Saint-Aubin a croqué au passage la plus illustre de toutes les vielleuses, celle dont le nom, devenu pour ainsi dire générique, a si bien été repris et usurpé par d'autres qu'il n'est pas toujours facile aujourd'hui de discerner nettement ce qui regarde sa propre personne dans la légende collective formée autour d'elle. Fanchon la vielleuse a eu l'honneur d'être célébrée dans les romans et les romances, d'être mise en vaudeville et en drame; elle a eu la non moindre gloire de donner son nom, comme Mlle de Fontanges, à une mode popularisée par elle, car on appelle encore une *fanchon* la coiffure familière, faite d'un mouchoir noué sous le menton, qu'elle avait coutume de porter.

Fanchon, la vraie, florissait un peu après le milieu du xviii° siècle. Bachaumont et les autres chroniqueurs du temps ont plus d'une fois esquissé sa figure. Bouilly et

---

(1) Mercier, *Tableau de Paris*, t. V, chap. iii.

Joseph Pain en ont fait l'héroïne d'une pièce fameuse (1803), qui fit longtemps courir tout Paris, grâce au sentimentalisme dont elle est pleine et aux grâces de Mᵐᵉ Belmont, chargée du rôle principal ; mais la tradition qu'ils avaient recueillie et qu'ils ont vulgarisée, en ajoutant encore à ce qu'elle avait de faux, pour obéir à la mode du temps et à la tendance de leur esprit, n'a guère de rapport avec la réalité. Née de pauvres parents, aux montagnes de la Savoie, selon la chanson qu'ils mettaient dans sa bouche, Fanchon serait venue à Paris n'apportant pour tout bagage que ses quinze ans, sa vielle et l'espérance. Par bonheur, ses quinze ans avaient de beaux yeux, une bouche charmante, des bras mignons, une main potelée ; et, ainsi pourvue, la petite vielleuse ne pouvait manquer d'enchanter en même temps toutes les oreilles et tous les yeux. Mais elle était aussi vertueuse que belle. Amie des grands seigneurs et des poètes célèbres, en tout bien tout honneur, elle ne profitait de ses relations, comme de la fortune acquise par ses talents, que pour protéger l'innocence, et, après avoir épousé un colonel déguisé en artiste, elle finissait par quitter son brillant hôtel de Paris pour retourner au village.

Voilà le roman. Mais, hélas ! que la vérité est loin de cet idéal de candeur ! Il ne suffit pas de dire, avec Rougemont dans le *Rôdeur* (1), que la Ninon savoyarde, comme il l'appelle, était « d'un naturel excellent, d'une complaisance excessive », qu'elle « *ennoblit* sa richesse par l'usage agréable qu'elle en fit, et termina joyeusement une vie qui fut entièrement consacrée à faire des heureux », phrase significative sous la plume d'un vaudevilliste ; il paraît qu'il faut aller beaucoup plus loin, si l'on en croit le *Dictionnaire critique* de M. Jal, qui ramène la légende de

---

(1) 4ᵉ édit., t. III, chap. xi, p. 139.

Fanchon à une histoire d'un réalisme repoussant, mais, il faut en convenir, beaucoup plus vraisemblable.

Suivant les documents découverts par M. Jal, Fanchon la vielleuse s'appelait de son vrai nom Françoise Chemin, et, bien que d'origine savoyarde par ses parents, elle était née à Paris le 5 mars 1737 dans la rue Neuve-Saint-Médard, sur la paroisse Saint-Jacques-du-Haut-Pas, d'un pauvre gagne-deniers. Sans doute elle fut lancée tout enfant au milieu des vielleuses qui couraient les cabarets en renom, les remparts et les réunions publiques. Grâce à sa gentillesse et à sa beauté, elle y obtint beaucoup de succès et passa naturellement pour Savoyarde, comme la plupart de ses compagnes, dont elle portait le costume, et dont elle parlait plus ou moins le jargon, appris dans la maison paternelle. Ce fut probablement un calcul de sa part de se laisser prendre pour Savoyarde. A dix-huit ans, le 10 février 1755, Fanchon épousa à Saint-Médard un gagne-deniers et marchand forain, faisant partie, comme son père, de la colonie niçarde du faubourg Saint-Marceau : Jean-Baptiste Minard, à qui elle donna un fils l'année suivante, et une fille en 1758. En 1760, 61, 62, Fanchon a encore trois autres enfants, enregistrés toujours dans les actes de baptême comme nés de J.-B. Minard, mais avec l'adjonction de ces deux mots : *le père absent,* qui suffiraient à jeter des doutes sur la vertu conjugale de la vielleuse, s'il était possible de n'avoir que des doutes après les autres documents qu'on possède sur son compte. A cette date, en effet, la vielleuse émancipée faisait scandale par ses chansons, sa tenue et ses propos dans les cafés et cabarets habituellement fréquentés par ses pareilles, quoiqu'on y fût peu prompt à se scandaliser, si bien que l'inspecteur de police du quartier Saint-Antoine la mandait devant lui, par ordre du lieutenant général M. de Sartines, pour lui ordonner « de se comporter avec plus de décence ».

Au lieu de se rendre à cette première sommation, Fanchon lit publiquement la lettre de l'inspecteur en plein café, et la livre aux risées; sur de nouveaux ordres, elle comparaît et fait toutes les promesses qu'on lui demande, pour

Fig. 93. — Fanchon la Vielleuse; fragment de la *Promenade aux remparts* de Gabriel de Saint-Aubin.

les violer aussitôt. Bref, le 28 février 1767, à la suite d'une scène de *tapage nocturne* et sur la plainte d'un de ses amants, Fanchon, condamnée sommairement par M. de Sartines à être enfermée pendant une douzaine de jours, était arrêtée par le même inspecteur, comme étant d'ailleurs une personne de *mauvaise conduite* notoire, « qui s'euivre journellement et insulte tous ceux qui lui déplaisent ».

Après cette courte incarcération, Fanchon recommença sans doute la même vie. Les documents trouvés par M. Jal ne vont pas plus loin. En voilà bien assez, en voilà trop pour qu'aucune illusion nous reste sur son compte. Mais, s'il faut rabattre de sa vertu, il ne faut rien rabattre de ses succès. Au contraire, elle était la reine du boulevard du Temple, alors dans toute sa vogue. Il n'y avait point de souper sans elle chez Bonalin, au Cadran-Bleu, dans le café de la dame Hast, et autres lieux de plaisir dont le boulevard était rempli. Sa vielle était l'accessoire obligé de toute partie fine; ou la faisait monter au-dessus; elle chantait à volonté les airs naïfs de la Savoie ou les couplets de Collé, de Lattaignant, de Piron, et la mode voulait qu'on la payât largement. Aussi devint-elle assez vite beaucoup plus riche que la plupart de ceux qui croyaient lui donner l'aumône. Elle coud alors des dentelles de Chantilly à son long tablier blanc et à ses manches; sa vielle est suspendue à un large ruban de soie bleue, un cordon du Saint-Esprit, dit la légende scandaleuse, qu'un prince, charmé par sa voix et sa gentillesse, détacha de son cou après certain souper pour le passer au sien. C'est une vielleuse de Lancret et de Watteau. Puis elle disparaît et va se perdre dans la petite maison de quelque grand seigneur ou de quelque gros habitant.

Vers la même date, en 1760, un vielleur qui se tenait habituellement sur le Pont-Neuf était devenu un personnage assez marquant pour tenter aussi le crayon de Saint-Aubin, qui n'a eu garde, d'ailleurs, dans sa *Promenade des remparts* et ses spirituelles revues des boulevards, non plus que Carle Vernet, Bouchardon et tous les peintres des mœurs parisiennes, d'omettre ce type alors si répandu de la vielleuse montagnarde, coiffée d'une marmotte, ou du petit vieillard, espèce de *pifferaro* du temps, implorant le passant d'un sourire, montrant la marmotte en vie et poursuivant de son agaçante harmonie les promeneurs et les oisifs attablés en plein air. La vielleuse tient dans le *Tableau de Paris*, de Mercier, la place qu'elle mérite. Rétif de la Bretonne ne l'a pas négligée non plus dans sa galerie populaire; il en a peint plus d'une fois, avec sa crudité triviale, la physionomie, le costume, le langage et les aventures, et nous la montre, chez les traiteurs à la mode, appelée d'une table à l'autre, prenant part aux conversations et parfois aux repas, jouant la *Furstenberg*, la *Fricassée* ou la contredanse de l'Écu, se prêtant enfin à tous les caprices des convives.

Il était de tradition que la vielleuse fût Savoyarde, comme celui qui faisait danser des marionnettes sur une planche au son de la cornemuse et du hautbois était Catalan, et comme le virtuose représenté par Bouchardon, qui jouait de la flûte à bec, tout en tapant de la main gauche sur un long tambour suspendu par une courroie à son bras droit, était Provençal.

Grâce à la célébrité de Fanchon, son nom fut plus d'une fois usurpé, comme nous l'avons dit, par des rivales peu scrupuleuses ; il devint d'ailleurs une espèce de nom légendaire qui se transmit de l'une à l'autre pendant longtemps, si bien qu'il serait possible que les renseignements donnés par des *historiens* de diverses dates sur Fanchon la vielleuse ne se rapportassent pas au même personnage. L'énorme succès de la pièce de Bouilly, sous le Consulat, vint renouveler cette vogue et remettre plus que jamais le nom et la profession de Fanchon en honneur. On vit s'abattre sur les boulevards une nuée de pseudo-Fanchons qui, les yeux baissés et la joue couverte d'une rougeur pudique, chantaient des romances pathétiques en s'accompagnant de la vielle, et exploitaient avec fruit l'attendrissement causé par le sentimental vaudeville. C'est à ce genre qu'appartient la Fanchon posthume de la Restauration qui groupait la foule autour d'elle sur les boulevards et voyait les offrandes les plus multipliées pleuvoir dans sa corbeille (1).

Sous la Révolution, la race des chanteurs en plein vent ne fit que pulluler de plus belle. Il semble que la guillotine eût dû mettre en désarroi la Muse des rues comme celle des salons et des académies ; mais la chanson populaire vit de passion et fleurit au milieu des tempêtes. Toutes les colères, tous les sinistres sentiments de l'époque furent arrangés en rimes sans-culottes et éclatèrent en horribles refrains. Les musiciens aveugles, dont l'orchestre ambulant avait escorté le char de la Raison et retenti dans les fêtes nationales, raclaient du matin au soir, dans tous les coins de Paris, les airs qui composaient le répertoire patriotique. On chantait la mort de Capet, la mort de Marie-Antoinette, la mort de Marat et de Lepelletier. La police gageait ces rhapsodes républicains pour entretenir le feu sacré de la canaille.

En compagnie de saltimbanques et de grimaciers, elle les envoyait brailler le *Ça ira* dans le faubourg Saint-Antoine, sur le passage des charrettes funèbres qui transportaient à la barrière du Trône les condamnés du tribunal révolutionnaire. « Dans les derniers temps de la Terreur, un de ces hommes insultait aux victimes qu'on conduisait au lieu du sacrifice, en chantant sur leur passage une chanson dont chaque couplet finissait par ce refrain :

> Eh ! bon, bon, bon, tous ils iront
> Dedans le panier à Sanson...

« Les chanteurs des rues, en vociférant des couplets atroces, examinaient l'impression qu'ils faisaient sur leur auditoire, et, par un signe de convention, indiquaient

---

(1) *Petite Chronique de Paris*, p. 142, 20 oct. 1816.

comme suspect, au mouchard qui était derrière, celui qui avait fait la grimace à la chanson. Manuel dit à quelqu'un que la Commune donnait six francs par jour à chacun de ces chanteurs (1). »

« Nous entendions ces chansonniers homicides, écrit Mercier dans le *Nouveau Paris* (2), qui hurlaient le soir dans le Palais-Royal : « *A la guillotine, Capet, à la guillotine*(3) ! » Des furibonds, le sabre à la main, les accompagnaient. Ces mêmes chansonniers portaient sur des brancards des hommes blessés à l'affaire du 10 août, défilaient dans le sein de la Convention en criant vengeance dans leurs cantiques brutaux. On faisait entrer dans des couplets, fort gais, au gré de la populace, tous les noms qui entraient dans la composition de l'instrument fameux du supplice. Des expressions facétieuses étaient consacrées pour peindre le jeu de la planche fatale et la chute des têtes coupées... Marat, Chabot, Robespierre, d'Orléans, furent chantés par ces bouches publiques. Au 10 août, ils étaient cachés dans des souterrains en attendant l'issue du combat. Le chansonnier des carrefours les métamorphosait en héros armés et combattant. On les a entendus faire gémir leurs violons d'éternelles complaintes sur le meurtre de Lepelletier de Saint-Fargeau, et lorsque le meurtrier se fut brûlé la cervelle, à ce que l'on dit... les mêmes chansonniers évoquèrent toutes les furies des enfers pour le torturer. » Il semble même résulter d'un passage du *Courrier de Gorsas*, après la mort de Mirabeau, qu'on faisait chanter dans les grandes occasions jusqu'aux bouquetières du Pont-Neuf et du Palais-Royal.

Les refrains obscènes et patriotiques se croisaient dans

---

(1) Proussinale, *Histoire secrète du Tribunal révolutionnaire*, II, 35, 127.
(2) Édit. Poulet-Malassis, t. II, p. 219.
(3) Disons du moins que, pendant l'exécution de Louis XVI, il circula une complainte fort plate, mais courageuse, qui blâmait le régicide et invitait les citoyens à la pitié (Challamel, *Histoire-Musée de la République*).

une mêlée furieuse à travers les rues, qu'emplissait d'un tumulte sans fin la fièvre révolutionnaire. Sur tous les pavés pérorait un orateur en plein vent ; sur chaque place et dans chaque carrefour, un chanteur en carmagnole, la tête au soleil et les pieds à l'égout, son tablier replié et tout débordant de chansons, tel que le représente une gravure du temps, secouait ses couplets brûlants sur la foule.

En 1789, on chantait par les rues la *Prise de la Bastille*, la *Chanson des Émigrants*, la *Milice nationale*, la *Cocarde parisienne* ; en 1790, on chansonnait l'abbé Maury, les couches et les relevailles de maman Target ; en 1791, des complaintes sur Mirabeau retentissaient le soir même de sa mort, et de grossiers refrains raillaient le départ de la ménagerie royale ; en 92, c'étaient la *Marseillaise* et *Mme Veto* ; en 93 et 94, la *Carmagnole* et la *Ronde des guillotinés* ; en 95, le *Réveil du peuple*, *Remettez vos culottes*, *les Jacobins avaient promis de faire égorger tout Paris* ; en 96, les *Cinq sens*, le *Marchand de bois des Tuileries*, etc.

Arrêtons-nous un moment en pleine fournaise révolutionnaire, et tâchons de discerner, au milieu de l'infernal tapage que font les bandits de la Terreur, le bruit des refrains sanglants de la rue. Déduit, le Tyrtée du ruisseau, et Warlet, « chansonnier et orateur du peuple dans les places publiques », comme l'appelle Gorsas (1), méritent une place dans les bas-fonds de l'histoire de cette terrible époque, auprès de Forcade et de Gonchon, les Démosthènes de la borne. L'orateur et le chanteur populaire se réunissaient souvent, du reste, dans la même personne, et celui-ci joignait maints commentaires à ses couplets (2). A côté

---

(1) *Courrier* du 13 janvier 93. C'est le fameux Achille Varlet, que les procès-verbaux de la Commune nous montrent venant demander, le 25 brumaire an II, au sortir de prison, l'autorisation d'établir dans les places une tribune d'où il puisse instruire le peuple.
(2) Schmidt, *Tableau de la Révolution*, p. 310.

des gaudrioles effrontées du violon Bellerose et de *Quatorze-Oignons* le cynique, dont le costume renouvelait ce que l'antiquité raconte de Diogène, retentissaient, hurlés à pleins poumons par des chanteurs en bonnet rouge, que paraient la cocarde et la médaille civique, la *Guillotine d'amour,* le terrible *Ça ira,* de Ladré (1), qui a fait des centaines de chansons de ce genre ; l'*Hymne à la Raison,* du citoyen Desforges ; l'*Inutilité des prêtres,* par le citoyen Piis ; *J'ai tout perdu et je m'en f...,* du citoyen Félix Nogaret, l'un des plus inépuisables et aussi des plus lettrés parmi les fournisseurs de ces chansons patriotiques, dont Savard, Giroust, Jouve de l'Opéra, Duboulay, et souvent de plus illustres, faisaient les airs, et qui se vendaient par milliers chez Frère, dans le passage du Saumon. Ces chansons, en effet, n'étaient pas toujours des ponts-neufs, mais souvent de vraies compositions à grandes prétentions musicales ou littéraires, écloses d'abord sur la scène ou dans l'intérieur des sections, et descendant de là dans la rue, — comme le *Salpêtre républicain,* par un citoyen de la section de Mucius-Scævola, chanté sur le théâtre de l'Opéra-Comique par le citoyen Solié, ou la *Montagne,* musique du citoyen Gatayes, chantée au Temple de la Raison.

Écoutez, voici ce qui retentit dans les carrefours :

> Honneur au fameux Guillotin,
> Qui nous purge chaque matin.
> Son remède est certain
> Pour chasser le venin.
> Dansons la Carmagnole, etc.

> Le peuple eut un traître pour roi :
> Ce médecin (d'après la loi)
> Nous en purgea soudain,
> Et lui fit, un matin...
> Danser la Carmagnole, etc.

(1) Sur l'origine et les variantes de ce refrain, inspiré par un mot de Franklin, comme sur la manière dont il fut composé *en collaboration* avec La Fayette, voir un curieux passage du *Molière musicien* de Castil-Blaze, t. II, p. 449-51.

> Il faut raccourcir les géants
> Et rendre les petits plus grands ;
> Tout à la même hauteur,
> Voilà le vrai bonheur.
> Dansons, etc.

Ici, ce sont les *Couplets sur la reprise de Toulon,* par le sans-culotte Grou :

> Scélérats, traîtres, assassins,
> Les esclaves des souverains,
> Font déjà la grimace (*bis*) ;
> Nous qui prêchons l'égalité,
> Sous l'arbre de la liberté,
> Frappons, et point de grâce (*bis*).
>
> Que le prêtre, que le tyran,
> Que l'émigré, que le brigand
> Nous fassent la grimace (*bis*) ;
> De vengeance il est un moyen...
> Mes frères, écoutez-moi bien :
> Frappons, et point de grâce (*bis*).

Les refrains les plus innocents étaient accommodés à la sauce patriotique. On chansonnait Cobourg sur l'air de la *Faridondaine*. On célébrait *Sainte Guillotinette* sur l'air de *Maguingueringon, Maguinguerette,* et on la mettait gaiement en ponts-neufs de ce genre :

> Un certain ressort caché,
> Tout à coup étant lâché,
> Fait tomber, ber, ber,
> Fait sauter, ter, ter,
> Fait tomber,
> Fait sauter,
> Fait voler la tête.

Après la déroute des Prussiens, on chantait dans toutes les rues quelque chose de plus gai et de plus inoffensif :

> Savez-vous la belle histoire
> De ces fameux Prussiens ?
> Ils marchaient à la victoire
> Avec les Autrichiens ;
> Au lieu de palmes de gloire
> Ils ont cueilli — des raisins.

Le peuple goûtait particulièrement cette chanson et ne se lassait pas de l'écouter avec de grands éclats de rire. Un journaliste, observant l'effet produit par ces chansons, par le *Ça ira,* par la *Marseillaise,* écrivait : « Je conclus

Fig. 94. — Ange Pitou sur la place Saint-Germain l'Auxerrois, d'après la gravure placée en tête du *Chanteur parisien* (1808).

à ce que l'on attache quatre bons chanteurs à chacune de nos armées. Faire notre révolution en chantant est un moyen presque sûr de l'empêcher de finir par des chansons (1). » Je ne sache pas que ce vœu patriotique ait été

---

(1) Moore, *Journal durant un séjour en France*, trad. par La Grange, 1714, t. II, p. 206.

exaucé ; mais il est certain que la chanson fut, pour le gouvernement révolutionnaire, un grand moyen de propagande et d'action, comme le théâtre. Parfois les chanteurs accompagnaient leurs refrains de commentaires et de harangues sur les sujets du jour, et se transformaient en véritables tribuns (1).

Mais la réaction avait aussi ses chanteurs populaires, qui toutefois n'osèrent généralement donner signe de vie en pleine Terreur. Après Thermidor, apparut le plus célèbre de tous, le courageux Louis-Ange Pitou. Pitou est une figure à part dans la galerie des chanteurs de la rue ; il mérite que l'histoire recueille son nom. Tous les soirs, de l'an 1795 à l'an 1797, un homme de petite taille, à figure mobile et caractérisée, vient s'installer devant le portail de Saint-Germain l'Auxerrois, et là, chantant et parlant tour à tour, assaisonnant ses hardis couplets de lazzi, d'épigrammes et de gestes expressifs, il crible la République de sarcasmes et livre son gouvernement aux risées de la multitude. Jusqu'à onze heures du soir, il promène et retient son immense public, dans l'espace qui s'étend de la rue du Coq et de la place des Victoires jusqu'au carrefour de l'Arbre-Sec, en ramenant toujours son quartier général sur la place de Saint-Germain l'Auxerrois (fig. 94). La foule, attroupée par sa voix mordante, sa verve et son audace, s'épuise en conjectures sur le chanteur, dans lequel les uns veulent voir un prêtre déguisé, d'autres un évêque, d'autres encore un professeur, ou l'homme de confiance de la maison de Rohan. Pitou tirait parti du mystère au profit de sa popularité. C'était tout simplement un jeune Orléanais, natif d'un village près de Châteaudun, âgé de vingt-cinq ans à peine, qui, venu à Paris sans savoir pourquoi, après avoir fait bien des métiers pour vivre,

---

(1) Voy. dans le *Tableau de la Révolution française*, de Schmidt (I, 310), le rapport de l'observateur Ferrière à Garat, daté du 27 mai 1793.

descendit dans la rue, poussé par la misère, les poches pleines de couplets qu'il avait composés dans la fièvre, et dès les premiers jours y réussit de telle sorte que ce qui n'avait été d'abord qu'une ressource extrême devint bien vite une habitude et un besoin pour lui. Celui qu'on appelait le *Chanteur parisien*, le *Garat des Carrefours*, élargissant son genre et s'enhardissant chaque jour, était devenu bien vite une sorte de journaliste, de pamphlétaire, de joyeux tribun de la réaction en plein vent.

Louis-Ange Pitou, « dit Valainville, né à Moléans, district de Châteaudun, âgé de 27 ans, écrit-il en 1794, dans le second numéro de son *Tableau de Paris en vaudeville*, acquitté au tribunal révolutionnaire le 5 prairial (24 mai 1794), demeurant rue Percée-André-des-Arts, n° 22, » avait déjà fait un vaudeville contre la *queue* de Robespierre, et publié son hardi journal, *le Tableau de Paris*, mêlé de prose et de vers, quand il descendit dans la rue. Le *Tableau de Paris* avait pour épigraphe :

Je veux chanter ou satiriser les coquins, les septembriseurs, les filous, les badauds, les espions et toute la bande à Cartouche. Je veux dire que Barrère a présidé les Feuillants et les Jacobins, que Carrier a noyé les Nantais, que Fouquier-Tinville se moque de nous et que l'on veut le sauver et le remettre en place.

Parmi les nombreuses chansons qu'il renferme, je ne citerai que quelques couplets de la suivante, qui n'est pas l'une des plus hardies, mais qui me paraît l'une des meilleures :

C'est un être bien étrange
Que ce peuple de Paris!
Il a la douceur d'un ange
Aussitôt qu'il se voit pris ;
Quand on le lâche, il se venge,
Et, lorsqu'il se voit repris,
Il se tait, il est soumis.

Bon, méchant, simple et volage,
Ne fixant aucun objet,
Tout en sortant de sa cage,
Il court vite au trébuchet :
Rien ne peut le rendre sage,
Le malheur l'abasourdit
Et le bonheur l'éblouit.

Toujours franc, toujours novice,
Aveugle en sa volonté,
Il commande son supplice
Pour voir de la nouveauté ;
Ne suivant que son caprice
Ou celui de ses bourreaux,
Il applaudit à ses maux.

Pitou a raconté à plusieurs reprises, notamment dans son *Voyage à Cayenne* (1), ses débuts à Paris, sa première arrestation et son premier procès. Il étudiait depuis six ans dans les séminaires (2), quand il s'échappe avec huit louis dans sa poche, et tombe dans la grand'ville, où la première rencontre qu'il fait, c'est celle de la tête du boulanger François, portée au bout d'une pique. Il va se loger rue Saint-Jacques, court les places, tâte de tous les métiers, prend des notes pour le *Journal de la cour et de la ville,* rédige le Mémoire en révision pour le marquis de Favras, entre comme précepteur chez le comte de Mahé, et un jour se fait arrêter sur une dénonciation d'une certaine femme Morlay et d'un déserteur allemand, ami d'Anacharsis Cloots, pour avoir mal parlé des Jacobins et chanté une chanson contre leur société et contre la Convention. Saisi dans sa mansarde de la rue Percée, Pitou est transféré successivement à la prison Marat, à la Conciergerie, dans un cabanon de Bicêtre, puis il comparaît devant le tribunal révolutionnaire. Un hasard le sauve : l'huissier

---

(1) On peut consulter aussi son *Urne des Bourbons et des Stuarts,* son *Analyse de ses malheurs,* etc.
(2) C'est là, sans doute, ce qui a fait dire à plusieurs que c'était un prêtre défroqué.

a envoyé l'assignation à une homonyme de la femme Morlay, qui ne reconnaît naturellement pas Pitou; le déserteur allemand, troublé par cet accident, patauge dans sa déposition : Pitou achève sa victoire en entonnant devant le tribunal les couplets du *Réveil d'Épiménide*, empreints du républicanisme le plus brûlant. On l'acquitte, on l'emporte en triomphe ; les jurés l'emmènent dîner avec eux, et enfin, après avoir encore manqué de se perdre par un propos imprudent, il rentre chez lui, mourant de faim et sans le sou.

Thermidor arrive. Pitou fait imprimer le *Tableau de Paris en vaudeville*. Puis l'idée lui vient de descendre dans la rue pour y chanter lui-même ses chansons, et, après avoir hésité longtemps, il finit par se décider. Il a raconté la curieuse histoire de sa carrière d'artiste en plein vent dans la préface de son *Chanteur parisien* de 1808. Ce récit est peu connu, presque aucun de ses biographes n'ayant eu l'idée d'y recourir avant de parler de lui; c'est pourquoi je vais lui laisser la parole :

« Toutes les fois que je passe dans la rue Saint-Denis, écrit-il, je m'arrête à considérer la maison de l'Homme-Armé, où je débutai en 1795, 1ᵉʳ juillet, à cinq heures du matin. Une marchande de la halle, qui s'aperçut que je m'enrouais à force de chanter contre l'agiotage, me dit, en style énergique, qu'un chanteur sans violon sonnait comme un pot cassé... A dix heures et demie, je m'en retournai chez moi, persuadé qu'en me retirant tous les jours à la même heure, je ne serais reconnu de personne, le jour ne venant ordinairement qu'à dix heures du matin chez les gens du bon ton ; mais la faim, qui chasse le loup du bois, réveillait alors tout le monde avant l'aurore, et je me trouvai caché au milieu des halles comme la perdrix qui met sa tête sous l'aile pour se dérober au chasseur...

« A dix heures, j'allai à mon ordinaire rédiger la séance

de la Convention pour les *Annales patriotiques et littéraires*. En revenant, je retrouvai au coin de la place Dauphine un opérateur (le marchand de vulnéraire suisse), entouré de toute sa musique... L'observation de la dame de la halle m'avait frappé. Je parlai à l'oreille d'un membre de l'orchestre du marchand de vulnéraire. Convention faite à partage égal, nous nous donnons rendez-vous, pour le lendemain à cinq heures du matin, dans un petit cabaret de la rue du Puits, près des Halles. Comme l'opérateur ne sortait de chez lui qu'à sept heures du matin, son musicien trouvait son compte à nous servir tous deux. Nous nous attablons : un verre de cassis met de la colophane à l'archet et dérouille le gosier... A dix heures et demie, nous avions fait quatre cents francs. (Quatre cents francs à la halle, en une heure de temps ! Pitou ne voit-il point les choses à travers l'illusion de ses souvenirs ? Il est probable, du moins, que ces quatre cents francs étaient en assignats.)

« Nous allons compter notre recette et déjeuner à un petit cabaret : c'était la galerie de mon musicien et le rendez-vous des autres chanteurs. Je payai mon entrée. Bientôt les accords discordants des chanteurs et chanteuses font une cacophonie risible... Les censeurs et les admirateurs sont des commères du marché aux Poirées, qui viennent avec leurs amoureux affublés d'un large chapeau blanc, et la pipe en gueule, juger l'impromptu fait à coups de verres...

« En chantant sur les places, je me trouvai associé à la plupart des gens sans état et sans considération. Le public, qui devina les motifs qui m'avaient réduit là, vint me voir avec autant de curiosité que d'intérêt et de plaisir. L'argent ne me manqua plus : je faisais jusqu'à cinquante francs de recette par jour. En 1796, moment où le numéraire ne commençait qu'à reparaître, je nageais dans l'abondance au milieu de la disette. Cette abondance me donna le goût du plaisir et de la dissipation. On ne se doute pas des rencontres que trouvent un acteur et un chanteur... Les marchands de la place Saint-Germain l'Auxerrois, où j'avais établi mon théâtre ambulant (après avoir quitté le quartier des Halles), m'ont vu plus d'une fois refuser différents cadeaux. »

Arrêtons-nous ici, et jetons un voile sur les révélations de Pitou. Le cher homme était un peu fat, et, malgré ses prétentions politiques, il ne dédaignait pas de descendre quelquefois de son haut style pour chanter Cythère et le petit dieu malin. C'est précisément une chanson sur Cythère qui fut cause de l'une de ses premières mésaventures. La république venait de décréter, en avril 1796, la création des mandats, papier-monnaie destiné à remplacer les assignats, et qui étaient bien vite tombés dans un décri aussi complet. Le mois suivant, le théâtre de la Cité donna les *Mandats de Cythère,* et Pitou saisit ce prétexte pour composer, sous le même titre, une chanson qui nous paraît bien anodine aujourd'hui, mais qui ne l'en fit pas moins condamner à une amende de mille livres en mandats, qu'il acquitta pour deux livres dix sous en argent. Il faut se rappeler, du reste, que toutes les allusions, dont beaucoup sont aujourd'hui perdues pour nous, étaient alors saisies au vol, et que Pitou avait l'habitude de coudre au texte un commentaire qui en dépassait les termes.

Notre chanteur frondait tous les ridicules du jour avec une verve caustique fort appréciée de ses auditeurs. Après avoir attaqué l'agiotage, il s'en prenait aux modes extravagantes et aux engouements insensés. Il chansonnait les *Incroyables,* les *Inconcevables* et les *Merveilleuses :*

> On peut, sans être malin,
> Vous dire avec assurance
> Que c'est l'habit d'Arlequin
> Qui sied le mieux à la France,

> Car le démon de la mode
> Chez nous, du matin au soir,
> Fait, défait et raccommode
> Collet rouge, et blanc, et noir.

Voici qui vaut un peu mieux, et où nous commençons à trouver notre vaillant Pitou. C'est la chanson des *Patentes*, composée en octobre 1796, à propos d'une nouvelle loi du Directoire :

> Républicains, aristocrates,
> Terroristes, buveurs de sang,
> Vous serez parfaits démocrates
> Si vous nous comptez notre argent ;
> Et, comme la crise est urgente,
> Il faut vous conformer au temps,
> Et prendre tous une patente,
> Pour devenir honnêtes gens.

Cette chanson, dit-il, fut une des causes principales de sa déportation. Il est à croire que le *Père Hilarion aux Français,* « parallèle des abus du cloître avec les abus de 1793, 94, 95 et 96, » chanté par lui le 1er janvier 1797, n'y nuisit pas non plus. C'est son chef-d'œuvre, et nous ne résistons pas au désir d'en citer quelques strophes :

> Peuple français, peuple de frères,
> Souffrez que père Hilarion,
> Turlupiné dans vos parterres,
> Vous fasse ici sa motion (*bis*).
> Il vient, sans fiel et sans critique,
> Et sans fanatiques desseins,
> Comparer tous les capucins
> Aux frères de la république.

> Nous renonçons à la richesse
> Par la loi de notre couvent ;
> Votre code, plein de sagesse,
> Vous en fait faire tout autant.
> Comme dans l'ordre séraphique,
> Ne faut-il pas, en vérité,
> Faire le vœu de pauvreté
> Pour vivre dans la république ?

On nous ordonne l'abstinence
Dedans notre institut pieux :
N'observait-on pas dans la France
Le jeûne le plus rigoureux ?
Dans votre carême civique
Vous surpassiez le capucin ;
En vivant d'une once de pain,
Vous jeûniez pour la république.

Nous avons notre discipline,
Instrument de correction ;
Vous avez votre guillotine,
Fraternelle conviction.
Ce châtiment patriotique
Est bien sûr de tous ses effets :
Il n'en faut qu'un coup, pour jamais
Ne manquer à la république (1).

A la bonne heure ! Malgré les négligences de la forme, voilà une spirituelle et verte ironie ! Les instincts monarchiques de Pitou, son mépris pour la république, s'affichent très-nettement dans cette courageuse chanson. Mais gardons-nous d'exagérer, en faisant de lui, comme quelques-uns, un royaliste *quand même,* une espèce de Vendéen du couplet. Son recueil donnerait un démenti à cette hypothèse. On y lit des strophes enthousiastes en l'honneur de Napoléon, sur l'air de *Vive Henri IV!* Plus tard, il chanta les Bourbons, mais ce ne fut qu'après leur retour.

Ange Pitou était dans ses chansons l'expression de l'instinct populaire, las de la révolution, et aspirant au retour de l'ordre. C'est ce qui explique sa rapide popularité. « Il s'était fait un si nombreux auditoire, dit Mercier, que la garde n'osait l'interrompre ; chaque fois qu'il parlait de république, il portait la main derrière lui (je demande pardon pour ce détail un peu trop empreint de

---

(1) Tout cela est extrait du *Chanteur parisien,* publié par Pitou lui-même, à la suite de l'*Almanach-Tablettes* pour l'année 1808, et qui contient les vaudevilles faits avant et pendant son exil à Cayenne.

réalisme). Il se fit arrêter : traduit au tribunal criminel, il répondit à l'accusateur public que, dans le geste qu'on lui reprochait, il n'avait d'autre intention que de chercher sa tabatière (1). » Suivant le même, Pitou fut emprisonné vingt-deux fois pour ses couplets ; peut-être y a-t-il là une légère exagération ; mais il est certain du moins que le Bureau central le fit appréhender au corps et mettre en accusation à bien des reprises différentes, sans jamais oser dépasser une amende, devant les manifestations tumultueuses de la foule et la fière attitude du prévenu, qui, le lendemain, recommençait de plus belle. Le Directoire finit par le faire condamner à mort, le 1er novembre 1797, peine qui fut commuée en celle de la déportation perpétuelle.

Pitou, écrivain en même temps que chansonnier, a publié lui-même le récit de sa transportation et de son séjour, en compagnie des Billaud-Varennes et des Collot d'Herbois, sous ce ciel meurtrier qui dévora en deux mois plus de la moitié de ses cent vingt compagnons.

Il parvint à s'échapper de la Guyane, et, après une série d'aventures extraordinaires, rentra en France, où la révolution du 18 brumaire venait d'éclater. Comme on ne lui avait même pas lu son jugement, il ignorait que le bannissement avait été prononcé contre lui à perpétuité : il l'apprit en se voyant arrêté de nouveau par la police, et détenu à la Force, où il resta longtemps. Gracié par le premier consul, le 8 septembre 1803, il s'établit libraire au numéro 21 de la rue Croix des Petits-Champs, près la place des Victoires, en un lieu où il pouvait voir, du seuil de sa boutique, l'ancien théâtre en plein vent de ses audaces et de ses succès.

En 1815, et les années suivantes, il publia l'*Urne des*

(1) *Nouveau Paris*, édit. Poulet-Malassis, t. I, p. 199. Pitou a reproduit lui-même une explication analogue en tête de sa chanson des *Patentes*, et comme alors (1808), il n'avait plus de raison pour dissimuler, bien au contraire, il faut admettre qu'elle n'était peut-être pas aussi ironique que le croit Mercier.

Stuarts et des Bourbons, par L.-A. Pitou, « déporté à Cayenne au 18 fructidor, et proscrit dix-huit fois pour la cause des Bourbons, » et plusieurs brochures royalistes. Signalons seulement, pour la singularité de leurs titres et de quelques-uns des détails qu'elles contiennent, les deux brochures de 1820, relatives à l'assassinat du duc de Berry : *le Véritable dernier coucher de Mgr le duc de Berry,* réclamation véhémente en faveur du tapissier Durier, qui disputait à M. Grandsire l'honneur d'avoir fourni le lit sur lequel expira le prince, et au cours de laquelle Pitou nous apprend qu'il a reçu en don de son client le traversin « sur lequel l'auguste victime a rendu le dernier soupir; » *puis le Trône du martyr du* 13 *février* 1820, consacré encore aux mêmes évènements, et qui est autant une pétition personnelle de Pitou qu'une réclamation en faveur de ses amis. Il était alors libraire à Paris, rue de Lulli, 1, derrière l'Opéra.

Après une existence aussi agitée, ce vaillant trouvère plébéien qui avait rempli les rues de Paris du bruit de son nom, mourut dans le plus profond oubli.

Nous avons trouvé, dans les *Pièces saisies chez Babœuf,* une violente diatribe contre Pitou, « ex-abbé, le confident et l'âme damnée de Mercier », traité de coquin, de croquant, de vil Protée, d'infâme roué, de scélérat immoral. Babœuf écrit « au plébéien Simon », le 25 nivôse an IV, pour l'exhorter à s'emparer, autant qu'il le pourra, de la rédaction de l'*Ami du peuple,* de Lebois, et à le soustraire ainsi à l'influence de Pitou, qu'il accuse d'avoir écrit de nombreux articles d'un patriotisme bâtard, faux et joué, et d'en avoir été le *faiseur* hypocrite et menteur, depuis que le journal avait échappé aux mains de Chasles : «Pitou, dit-il, après le 9 thermidor, rédigea le *Tableau de Paris en vaudevilles,* feuille périodique qui était le *nec plus ultrà* de la furocratie. Il n'avait point encore fini ce travail qu'il entreprit en même temps la rédaction de l'*Ami du peuple*. Ce croquant a quelque facilité. Quand le *Tableau de Paris* n'eut plus lieu, il travailla à une autre feuille aristo-thermidorienne, qu'il ne cessa d'écrire chaque jour pour deux partis opposés... Pourquoi donc s'engouèrent-ils jusqu'à un certain point de ces catilinades bâtardes, qui n'avaient que l'enveloppe extérieure de la véhémence ? Si, comme quelqu'un que je connais, ils avaient pu approcher le caméléon vénal, ils l'auraient tous entendu s'écrier avant de se mettre à la besogne sur le journal populaire : « Eh ! qu'il faut être malheureux d'être obligé, pour manger, d'écrire ce que l'on ne pense pas, de parler pour ces scélérats de républicains ! Allons, puisqu'il faut dîner, faisons encore une toise de démagogie ! »

Sans accorder aux renseignements de Babœuf une confiance absolue, on doit avouer qu'ils ne paraissent pas dénués de toute vraisemblance. Ange Pitou était besogneux, et il ne faudrait point en faire un Caton. Mais, après avoir tâtonné d'abord, il finit par se fixer, et il prouva bien que, dans l'*Ami du peuple*, il écrivait ce qu'il ne pensait pas.

Quelques mois avant la déportation de Pitou, la chanteuse Sophie Lapierre, jolie blonde à l'œil vif et à l'air mutin, avait comparu devant la haute cour de Vendôme, en compagnie de Babœuf et de ses adhérents, dont elle partageait les idées, et qu'elle exaltait, dans leurs conciliabules, en chantant des couplets communistes et égalitaires. Le rendez-vous favori des babouvistes, le café Chinois, sur le boulevard, près de la rue de la Michodière, retentissait de ses chants hardis, que répétaient les terroristes et les femmes des anciens clubs, serrées autour des tables. C'était, par exemple, la pièce suivante :

> Un code infâme a trop longtemps
> Asservi les hommes aux hommes :
> Tombe le règne des brigands !
> Sachons enfin où nous en sommes.

REFRAIN : Réveillez-vous à notre voix
Et sortez de la nuit profonde ;
Peuple, ressaisissez vos droits ;
Le soleil luit pour tout le monde.

Ou encore, sur l'air du *Pauvre Jacques* :

Ah ! pauvre peuple, adieu le siècle d'or !
N'attends plus que peine et misère :
Il est passé dès le dix thermidor,
Jour qu'on immola Robespierre.
Quand il vivait, il allégeait nos maux,
Il avait toute notre estime ;
Les décemvirs, pour perdre ce héros,
L'accusent de leur propre crime. —

Ah ! pauvre peuple ! etc.

Brave Saint-Just, trop sensible Couthon,
Vous deviez être aussi victimes ;
De Scévola, de Socrate et Caton
Vous aviez les vertus sublimes.

Républicains, qui dans ces jours d'horreur,
Sûtes échapper au carnage,
Rallions-nous, et, d'une même ardeur,
Jurons de venger tant d'outrages (1).

Pendant le procès, Sophie persifla ses juges, et à la fin de chaque séance elle entonnait ses refrains, que les conjurés répétaient à pleine voix en regagnant leur prison (2). Elle fut acquittée. Rien ne nous prouve que Sophie Lapierre ait été précisément une chanteuse des rues, et nous n'avons pas à nous en occuper davantage ; mais on voit que la chanson était une arme dont on se servait dans tous les partis.

Ange Pitou nous console des chanteurs dégénérés du Directoire. Les mœurs de cette époque bâtarde avaient

---

(1) Pièces saisies chez Babœuf.
(2) Lairtullier, *les Femmes pendant la Révolut.*, t. II. Réimpress. de l'ancien *Moniteur*, t. XXVIII.

déteint sur la chanson populaire, qui de la licence révolutionnaire gardait surtout celle du cynisme. Les chanteurs ambulants se hasardaient généralement peu à faire entendre en plein air les strophes satiriques contre les hommes du jour, telles que *le Marchand de bois des Tuileries*; ils s'en prenaient plutôt aux Muscadins et aux Incroyables, ce qui était moins dangereux. Les Orphées des piliers des halles se faisaient remarquer entre tous par la crudité de leur poésie, fort goûtée de la jeunesse des deux sexes qui habitait ces parages. Ceux des quartiers élégants fréquentaient le concert Feydeau et en rapportaient les grands airs et les romances à la mode. On voyait même tous les soirs, au port au Blé, un ménétrier du haut style, dont les roucoulements à la manière de Garat excitaient les transports des sensibles Limousines (1).

Quelques chanteurs d'église, ruinés par la Révolution, n'avaient eu d'autres ressources que de descendre dans la rue. On y voyait particulièrement l'ancien carillonneur de Saint-Jacques-la-Boucherie. « Qui n'a pas rencontré, dit Pujoulx (2), un petit homme de plus de soixante ans, lèvre supérieure fendue, perruque ronde, vêtu assez proprement, et ne demandant l'aumône qu'en répétant toujours à peu près la même chanson? Il tient une canne avec laquelle il bat, non la mesure, mais chaque note. Écoutez le refrain de ses couplets, ou plutôt la manière dont il le chante, et vous devinerez que cet homme a été longtemps frappé par le tintement redoublé des battants des cloches. »

Sous l'Empire, où le maître n'eût pas souffert un nouveau Pitou, Duverny ressuscita la vogue du Savoyard et du père Lajoie. Aveugle comme le premier de ces personnages, il réunissait aussi le double talent de poète et de

---

(1) Mercier, *le Nouveau Paris*, t. II, 295.
(2) *Paris à la fin du* XVIIIe *siècle*, 1801, in-8°, p. 66.

chanteur, et il variait ses séances par des intermèdes de tours de cartes, où il voyait plus clair que tous ses spectateurs. L'influence de la civilisation et le progrès des lumières se marquent de plus en plus dans les productions

Fig. 96. — Elleviou et Pradher, de l'Opéra-Comique, chantant en plein vent au profit de l'aveugle au clavecin. D'après la gravure de Duplessis-Bertaux.

de Duverny. Le Savoyard et le cocher de Vertamont ne sont que des saltimbanques illettrés en regard de ce rhapsode, dont les petits vers peuvent souvent soutenir la comparaison avec ceux des meilleurs chansonniers du Caveau.

L'*Almanach des Muses* ne donnait pas toujours des couplets aussi joliment tournés que ceux de l'*Heureux vigneron* :

> Le ciel m'a cru digne
> Du souverain bien ;
> J'ai femme, j'ai vigne,
> Je ne veux plus rien.
> Quel mortel au monde
> A moins de souci ?
> Ma vigne est féconde,
> Et ma femme aussi (1).

Après Duverny, les principaux fournisseurs de la chanson des rues, c'étaient Aubert, Collaud, Cadot, etc. (2). Parmi les virtuoses qui attiraient l'attention des amateurs sur divers points de Paris, citons le musicien *harmonique*, qui donnait des concerts en frappant légèrement les bords de quelques verres remplis d'eau et placés sur une petite table (3) ; un autre, dont l'orchestre était plus simple encore, car, dit Gouriet, « il produit de l'harmonie en faisant claquer ses doigts ; il en donne avec sa bouche, avec ses coudes, avec ses genoux, avec ses pieds » ; l'Auvergnate, accompagnée d'un sapajou qui jouait du violon ; l'aveugle du Pont au Change, qui, à l'aide de ficelles attachées à ses pieds et correspondant à autant de sonnettes, produisait un carillon pareil à celui de la Samaritaine ; l'aveugle au clavecin, qui exécutait des sonates en plein boulevard et au profit duquel Elleviou et Pradher donnèrent une fois, le 5 messidor an X (24 juin 1802), une séance en plein vent, suivie d'une quête fructueuse (fig. 96) ; l'homme-or-

---

(1) Gouriet, *Personnages célèbres*..., t. II, 326-8.
(2) Brazier, *la Chanson*, t. VII des *Cent et un*.
(3) Ce *musicien harmonique* brillait sous l'empire. Serait-ce le même qui, dès 1782, donnait des *concerts de verres* sur le boulevard du Temple ? Voici comme en parle l'auteur du *Chroniqueur désœuvré* (t. I, ch. XXXI) : « Vous avez quelquefois, lecteur, essayé de tirer des sons d'un verre, en passant légèrement un doigt mouillé sur le bord : c'est la seule manière que l'auteur du concert du boulevard emploie. Il a si bien calculé et combiné les sons que chaque verre peut rendre que, promenant adroitement ses deux mains d'un verre à un autre, il joue à la fois une ariette et en fait l'accompagnement. »

LES CHANTEURS DES RUES.

chestre, qui jouait à lui seul du double flageolet, de la harpe, du tambourin, des cymbales, des sonnettes, et avec cet attirail accompagnait une cantatrice, composant à elle

Fig. 97. — L'homme-orchestre; d'après la gravure du journal le Bon Genre, année 1815.

seule toute la partie vocale de ses concerts (1). Les chan-

(1) Kotzebue, *Mes souvenirs de Paris* en 1804, t. I. p. 110 et suiv. Salgues, *De Paris, des mœurs,...* 1813, in-8°. Gouriet, t. II, p. 242, 297. Peut-être l'homme-orchestre décrit par Gouriet, sous le titre de *musicien des promenades*, comme un des virtuoses les plus fameux de la rue, est-il celui que le *Bon Genre* a représenté, à la date de 1815, sous le costume de troubadour, jouant devant un auditoire où l'on remarque deux soldats des troupes alliées (fig. 97).

teurs italiens remplissaient les rues sous l'Empire : l'un d'eux faisait traîner par un cheval un orgue superbe de 6,000 francs, qui avait figuré avec quelque éclat à la dernière exposition de l'industrie, et, pendant que sa domestique maniait l'orgue, il jouait du violon et chantait avec sa femme. Prudhomme, qui nous apprend ces détails, dit qu'il se faisait chaque jour de 70 à 100 francs de recette, et il ajoute, en gardant parfaitement son sérieux, que le Conservatoire, charmé de son talent, lui proposa une place de professeur à 6,000 francs (1).

Quelques-uns de nos lecteurs, parmi ceux qui ont dépassé la jeunesse, se souviennent peut-être encore d'avoir rencontré par les rues l'aveugle Jacquelin, qui vendait, comme il disait lui-même sans y entendre malice, « tout ce qui se chantait de nouveau depuis la Révolution, » et le fameux marquis d'Argent-court, avec le vieil habit à la française, la perruque poudrée, le chapeau à plumes, les talons rouges et le jabot blanc, ou du moins jadis blanc. Le marquis d'Argent-court, ou plus simplement le Marquis, fut une des figures célèbres de la rue; Désaugiers l'a mis en scène dans: *Je fais mes farces*, et M. Dupeuty, dans un vaudeville auquel il a donné son nom pour titre. A la fois grimacier et chanteur, comme cet illustre Val-Souani dont nous parlerons ailleurs, mais plus chanteur que grimacier, et par là même ayant sa place assignée dans cette galerie, le marquis d'Argent-court d'un pied infatigable parcourait Paris, depuis l'aube jusqu'au soir. Il avait d'abord été Turc et ne se fit marquis que lorsque les Turcs furent devenus trop communs (2). Son fils et son petit-fils lui ont succédé, et peut-être les rencontre-t-on encore l'un et l'autre sur le pavé de Paris,

---

(1) *Miroir de Paris*, I, 309.
(2) *Musée de la caricature*, 1838, in-4°, t. I, article de E. Jaime, et t. II, art. de N. Brazier, les *Cent et un*, t. II, p. 227.

perdus dans cette pénombre banale où s'agitent aujourd'hui les figures éphémères de la rue.

En France, la chanson a toujours été une puissance, la vivante et mobile expression de l'opinion, ou plutôt de la

Fig. 97. — Le Joueur d'orgue de Barbarie ; d'après Duplessis-Bertaux.

passion publique, — le complément naturel et souvent redoutable de la liberté de la presse. Elle est l'âme et la voix du peuple. C'est elle qui l'a tour à tour amusé, consolé, excité, abruti et perverti. On pourrait écrire l'histoire entière de la France, et surtout l'histoire de Paris, par les chansons ; j'entends les vraies chansons plébéiennes, nées ou grandies dans les carrefours, sous l'archet d'un violon de quatre sous. Parmi les artistes de la rue, le chanteur tient la première place : il est le plus populaire et le mieux compris ; c'est en lui que la foule aime à se retrouver et à s'écouter elle-même ; c'est lui qui donne un corps à tous ses instincts bons ou mauvais, à ses haines et à ses doléances, à ses désirs et à ses préjugés, à ses violences et à ses amours, qui les fait voler sur les ailes de la poésie et de la mélodie, en leur prêtant au besoin les fins chuchotements de l'allusion, pour tromper l'oreille de la police toujours ouverte sur ses rimes suspectes. Ah! si ses conditions d'existence ne la forçaient à une dissimulation continuelle, et ne la plaçaient fatalement sous la dépendance immédiate de la plus jalouse et de la plus redoutable des surveillances, quelle amusante et instructive chronique ce serait que celle des couplets de la rue! Mais je n'ai pu étudier que le chanteur. Pour étudier la chanson, il eût fallu la chercher ailleurs encore que sur les places publiques, et la poursuivre dans l'ombre où elle a dû si souvent cacher le bruit de ses refrains. Je le répète: comprise ainsi, l'histoire de la chanson serait l'histoire même de la France.

CHAPITRE VIII

LES FARCEURS EN PLEIN AIR ET LES PARADES

I

Le trio de la Porte Saint-Jacques : Gaultier-Garguille,
Gros-Guillaume et Turlupin.

Il y avait une fois, dit la légende, dans les dernières années du xvie siècle, ou plutôt dans les premières années du xviie, trois garçons boulangers du faubourg Saint-Laurent, unis d'étroite amitié, gais compagnons et grands partisans des joyeux passe-temps du théâtre. Or, justement leur genre favori s'en allait peu à peu. Les soties, les plaisantes moralités des confrères de la Basoche et des Enfants sans Souci, avaient disparu. Témoins de la décadence de la farce, ils résolurent de s'en faire les conservateurs et de la régénérer. Voilà donc nos trois camarades qui jettent aux orties le tablier blanc des mitrons, et qui s'en vont héroïquement louer un petit jeu de paume à la porte Saint-Jacques, ou plutôt près de l'Estrapade. La caisse n'était pas riche d'abord ; aussi l'entreprise s'en ressentit-elle. Le luxe des décors se bornait à des voiles de bateau peintes, que nos amis adaptaient, tant bien que mal, à leur théâtre portatif. C'était tout, et c'était assez. En effet, ils se trémoussèrent si bien sur cette maigre scène que le public ne tarda pas à accourir, et, une fois venu, il ne s'en alla plus. Du reste, il n'en coûtait que deux sols six deniers pour se dilater amplement la rate à ce spectacle inénarrable, qui recommençait deux fois par jour, d'une heure à deux pour MM. les écoliers, et le soir pour le vulgaire.

Ces trois garçons boulangers étaient Hugues Guéru, Robert Guérin et Henri Legrand, autrement dits de leurs noms de guerre : Gaultier-Garguille, Gros-Guillaume et Turlupin.

Ce furent de vaillants farceurs et des bouffons homériques. Pendant un demi-siècle à peu près, ils amusèrent tout Paris; ils furent les maîtres de Molière, et la calomnie a même accusé l'auteur du *Misanthrope* d'avoir acheté les manuscrits du second à sa veuve, pour en faire son profit (1).

Chacun s'était choisi son rôle spécial dans les parades qu'ils jouaient en commun : Gaultier-Garguille, presque toujours grimé en vieillard, faisait le savant, le maître d'école, ou simplement le maître de maison; il contrefaisait aussi à merveille, suivant Balzac et ses *Entretiens*, le Gascon et l'ivrogne. Gros-Guillaume ne parlait que par doctes sentences, comme Sénèque et Sancho. Turlupin, qui a eu l'honneur de donner son nom à un genre, avait adopté le type d'un valet, d'un intrigant, d'un filou; et la combinaison de ces trois rôles formait le plus grotesque amalgame, dont la lecture de leurs farces ne peut suffire aujourd'hui à donner une idée : il y faudrait la voix, les gestes, les grimaces de ces merveilleux baladins.

Gaultier-Garguille était né en Normandie, probablement

---

(1) Somaise, préf. des *Véritables Prétieuses*. Ce qui est beaucoup plus sûr, c'est que Molière, qui ne dédaignait rien, et qui avait été le spectateur assidu des comédiens populaires, s'est quelquefois ressouvenu des farces du burlesque trio. On retrouve dans le *Bourgeois gentilhomme* quelques traits d'une de leurs pièces, rapportée par les frères Parfaict (t. IV, p. 260-263).

vers 1574. En effet, nous savons qu'à sa mort, il fut remplacé à l'Hôtel de Bourgogne, où nous le verrons entrer tout à l'heure, par Guillot-Gorju, dont l'apparition sur cette scène remonte à l'année 1634; et, d'un autre côté, Sauval nous apprend (1) qu'il avait soixante ans lorsqu'il mourut, ce qui reporte approximativement sa naissance à

Fig. 98. — Gaultier-Garguille; gravé par Rousselet, d'après G. Huret.

la date que nous avons indiquée. Du reste, ce ne sont pas seulement les incertitudes, ce sont les contradictions qui obscurcissent la biographie de nos héros.

Gaultier-Garguille était d'une souplesse si merveilleuse qu'il se disloquait comme une marionnette. Très-maigre de corps, avec des jambes de sauterelle, surmonté d'une tête énorme comme celle d'une caricature de Daumier, il était

(1) *Antiquités de Paris*, t. III, p. 37.

d'aspect si comique que les plus moroses ne le pouvaient voir sans se rouler sur les bancs, et quelquefois dessous. Suivant l'estampe des *Regrets facétieux et plaisantes harangues du sieur Thomassin*, imprimés à Rouen en 1632, et qui lui sont dédiés, il avait pour accoutrement ordinaire « une espèce de bonnet plat et fourré, point de cravate ni de col de chemise, une camisole qui descendoit jusqu'à la moitié des cuisses, une culotte étroite qui venoit se joindre aux bas, dessous les genoux ; une ceinture de laquelle pendoit une gibecière, et un gros poignard de bois passé dans la même ceinture ». (Sauval.) — Dans son portrait gravé par Rousselet, d'après Grégoire Huret, sa ceinture est chargée d'une écritoire et d'une gibecière, mais sans poignard ; il a un masque avec une moustache, sans barbe, quoique d'ordinaire il portât une barbe pointue à son masque ; ses cheveux courts et plats s'arrondissent autour de sa tête (fig. 99). Dans l'estampe d'Abraham Bosse, il est noir, camard, avec de longs cheveux roides, tenant d'une main de lourdes besicles et de l'autre une canne. Le corps de son habit était noir, avec les manches rouges ; les boutons et les boutonnières étaient rouges sur le noir et noirs sur le rouge ; enfin il avait des pantoufles et un bâton. Joignez à ce costume original sa physionomie expressive et son jeu très-comique. « Scapin, célèbre acteur italien, raconte Tallemant des Réaux, disoit qu'on ne pouvoit trouver meilleur comédien que Gaultier-Garguille. Il étudioit son métier assez souvent, et il est arrivé quelquefois que, comme un homme de qualité qui l'affectionnoit l'envoyoit prier à dîner, il répondoit qu'il étudioit. » Les gens de qualité devaient mander fréquemment notre bouffon, pour avoir la comédie à table et régaler leurs convives au dessert du spectacle de ses grimaces. Bruscambille, dans son *Paradoxe sur la prison*, dédié à Gaultier-Garguille, qu'il qualifie à diverses reprises de son bon ami, le félicite sur l'honneur qu'il a « de se frotter l'échine aux piliers du Louvre ».

Gaultier-Garguille épousa la fille de Tabarin : peut-être ce mariage l'entraîna-t-il un moment sur les tréteaux de son facétieux beau-père. Cependant aucun document ne le prouve. Du moins est-il certain qu'il ne put que profiter amplement dans le commerce de ce bouffon expert, qui lui-même voulut rendre publique toute son admiration pour le génie folâtre de son gendre, en faisant revêtir les *Fantaisies tabariniques* d'une approbation en forme par celui-ci.

Tallemant, que nous citions tout à l'heure, et qui n'est pas suspect d'un excès de bienveillance, nous apprend qu'il fut le premier parmi les comédiens qui se mit à vivre d'une façon réglée, expression qui n'a sans doute ici qu'une valeur toute relative. Sauval assure qu'il avait beaucoup d'esprit, et qu'il était d'un entretien amusant et agréable, quoique, en dehors du théâtre, on l'eût pris, à son visage, à sa démarche, à sa parole et à ses habits, pour un homme très-grossier. Enfin, dernier témoignage qui confirme les deux précédents, une stance emphatique de l'époque assure que le célèbre farceur faisait, sur la scène, le charme et l'admiration de la bonne compagnie.

> Gaultier aura l'honneur que les plus belles dames
> Emprunteront ses vers pour descrire leurs flammes,
> Et le dieu des neuf sœurs
> Apprendra ses chansons pour donner des oracles ;
> Car leurs charmes et leurs douceurs
> N'ont que trop de pouvoir pour faire des miracles.

Qui se fût attendu à un semblable dithyrambe à propos de Gaultier-Garguille ? Qui s'y fût attendu, surtout après avoir lu le volume de chansons qu'il nous a laissées, et qui, comme ses *prologues,* semblent appartenir à l'époque où il trônait à l'Hôtel de Bourgogne ? Il est vrai qu'on y trouve quelques romances langoureuses à une Iris en l'air, mais le reste se compose de tout autre chose, et cette poésie « de haulte gresse » n'a rien, ce semble, qui pût sourire à la délicatesse des *belles dames*.

Le privilège des chansons de Gaultier-Garguille est du 4 mars 1631, et on acheva de les imprimer le dernier jour de décembre de la même année. Elles sont précédées d'une dédicace « aux curieux qui chérissent la scène françoise », signée « l'effectif Gaultier-Garguille, qui vous baise tout ce qui se peut baiser sans préjudice de l'odorat ». Voilà tout de suite la note du recueil indiquée. Et plût à Dieu qu'il n'y eût rien au delà !

Il est presque impossible de trouver une seule chanson entière à citer dans tout le volume. La plupart sont d'une obscénité révoltante, qui donne une singulière idée du public fréquentant les spectacles, et permet de croire que le fougueux père Garasse n'a pas autant exagéré qu'on en pourrait juger au premier abord, dans ses invectives contre l'Hôtel de Bourgogne. Les autres sont d'une extrême insignifiance. Et encore, dans ce recueil, tout est-il bien de Gaultier? La chose est douteuse. Il devait être peu scrupuleux sur le chapitre de l'invention, et l'on y reconnaît surtout bon nombre de vieilles chansons populaires sur lesquelles il a brodé à sa guise.

Voici l'une des plus présentables :

GAULTIER.

Belle, quand te lasseras-tu
De causer mon martyre?

ROBINETTE.

Je n'ay ny beauté ny vertu ;
Cela vous plaît à dire.
Portez vos beaux discours ailleurs,
Car je n'aimons pas les railleurs.

GAULTIER.

Non, je ne raille nullement
Quand je te nomme belle.

ROBINETTE.

Je somme belle, voirement,
Mais c'est à la chandelle;
Néanmoins pas un sermoneur
N'a rien gagné sur nostre honneur.

GAULTIER.

Tu tiens dans tes lacs le phœnix
Des amoureux fidèles.

ROBINETTE.

Monsieur, je n'aimons pas l'anis,
C'est pour les damoiselles, etc.

Faut-il citer encore le coq-à-l'âne suivant ?

Je m'en allay à Bagnolet,
Où je trouvay un grand mulet
Qui plantoit des carottes.
Ma Madelon, je t'aime tant
Que quasi je radotte.

Je m'en allay un peu plus loing,
Trouvay une botte de foing,
Qui dansoit la gavotte.
Ma Madelon, etc.

Gaultier-Garguille ne manque ni de verve ni d'une certaine originalité; seulement on ne sait par quel bout prendre ce dégoûtant personnage, dont l'atticisme ne dépasse pas d'une façon sensible celui des pitres de nos places publiques. Quant à ses prologues du *Galimatias* (titre qui caractérise sa manière, où le galimatias bouffon surabonde), du *Mensonge*, etc., ils sont d'un comique si forcé et si froid que je n'en citerai rien. Mais tout cela était dit d'une façon tellement burlesque, et néanmoins avec tant de naïveté et de naturel, car c'étaient là ses qualités distinctives, qu'il aurait déridé un mort. Sa chanson surtout était passée en proverbe, et l'on venait au spectacle rien que pour l'entendre.

Gros-Guillaume, né vers 1554, et Normand comme son camarade, l'égalait en comique et le surpassait en laideur. Le pauvre homme n'avait pas volé son surnom, car il était énorme, et les plaisants prétendaient qu'il marchait longtemps après son ventre. Comme Montfleury, il lui fallait se cercler le corps pour ne point éclater. Ses deux ceintures, l'une au-dessous des aisselles, l'autre sur le ventre, c'est-à-dire au milieu des cuisses, car son ventre débordait jusque-là, le faisaient ressembler à un tonneau de belle taille (fig. 99). Tonneau est le vrai mot, car il adorait la bouteille, et jamais il n'était si excellent « contre l'humeur mélancolique », qu'après s'être enivré avec son compère le savetier ou tout autre « rouge-trongne » du même rang, que le joyeux bouffon préférait aux buveurs du haut style. Ame basse et rampante, suivant l'expression de Sauval, il ne se plaisait qu'en pareille compagnie, et son entretien particulièrement était fort grossier. « Il n'aima jamais qu'en bas lieu et se maria, en vieux pécheur, sur la fin de ses jours, à une fille assez belle et déjà âgée. »

Il s'enfarinait au lieu de se masquer et avait la faculté précieuse, par le simple mouvement des lèvres et des sourcils, de couvrir de farine ceux qui étaient en scène avec lui, à la grande jubilation des badauds. Tout, du reste, jusqu'à ses infirmités, contribuait à le rendre comique. Il souffrait de la pierre, et souvent, dit-on, ses douleurs atroces lui arrachaient de si plaisantes grimaces qu'elles réjouissaient singulièrement la foule, dont la gaieté insoucieuse ne s'enquiert pas toujours s'il n'y a point une cruauté dans son rire. C'est de la même façon que Carlin et, de nos jours, Potier, se livraient souvent sur la scène à une surabondance de gaieté et de lazzi pour cacher des souffrances aiguës, qui devenaient ainsi une source de comique. Coiffé d'une cale ou barrette ronde avec mentonnière de peau de mouton, chaussé de gros souliers gris noués d'une touffe de laine, vêtu d'une culotte rayée, enve-

Fig. 99. — Gros-Guillaume ; gravé par Rousselet, d'après G. Huret.

loppé d'une large blouse blanche, d'un sac plein de laine, lié au haut des cuisses, tel était le costume original sous lequel apparaissait Gros-Guillaume.

C'était le moins lettré des trois. Il ne reste de lui aucun ouvrage authentique. L'*Advis de Gros-Guillaume sur les affaires de ce temps* (1619), dont Dulaure l'a cru l'auteur, n'est qu'une de ces pièces satiriques auxquelles les bouffons servaient souvent de prête-noms, et Gros-Guillaume n'en est pas plus responsable que l'arracheur de dents Cormier et la folle Mathurine ne l'étaient eux-mêmes des pasquils publiés sous leurs noms.

Quant à Turlupin, sans faire tant de frais d'invention, il s'était borné à imiter le costume du célèbre comédien italien Briguelle, qui attirait alors la foule au théâtre du Petit-Bourbon, et auquel il ressemblait fort (fig. 100). Bel homme, quoique rousseau, le corps bien fait et la taille bien prise, il se gardait, quoiqu'il portât le masque, de dissimuler ses avantages physiques sous un sac ou une camisole comme ceux qu'avaient adoptés ses camarades (1). Dans ce trio bouffon, peut-être était-ce lui le roi. Nul ne s'entendait mieux à composer ni à conduire une farce ; il étincelait de saillies ; il éclatait en bons mots, et l'on ne pouvait guère reprocher à son jeu fin, spirituel, plein de feu et de verve, que de manquer un peu de cette naïveté qui faisait le charme principal de Gaultier-Garguille. D'ailleurs, c'était un homme adroit, plein de ressources et d'une conversation fort agréable. L'abbé de Marolles, qui n'a pas craint d'avouer ses liaisons d'amitié avec lui, dit qu'il « avoit infiniment de l'esprit (2) ». Il était grand ami du beau sexe et de la bonne chère : aussi laissa-t-il peu de bien aux enfants qu'il eut d'un double mariage, et qui montèrent sur les planches comme leur père.

Le nom de Turlupin (3) passa à l'état d'adjectif ; il enrichit la langue du mot *turlupinade*, qui a eu l'insigne honneur d'être adopté par l'Académie. A chaque pas, on voit ce nom répété comme terme de comparaison dans les

---

(1) Voir son portrait gravé par Huret, et l'estampe de Bosse, où il est notablement moins laid et plus *flambant* que ses deux confrères.

(2) *Dénombrement des auteurs*, p. 405.

(3) Il existait auparavant, mais ce fut lui qui le consacra et lui donna le sens particulier qu'il a toujours eu depuis.

auteurs du temps, des plus obscurs aux plus célèbres. Boileau a écrit (1) :

> Toutefois à la cour les Turlupins restèrent,
> Insipides plaisants, bouffons infortunés,
> D'un jeu de mot grossier partisans surannés.

C'est surtout de la pointe qu'il s'agit ici. Il n'est personne,

Fig. 109. — Turlupin; d'après la gravure d'Abraham Bosse.

du reste, qui ne comprenne tout de suite, aujourd'hui encore, la nature particulière de ce qu'on appelle une turlupinade. On ne pouvait demander à Boileau, à l'homme d'un goût sévère devant qui Scarron ne trouvait pas grâce, d'en parler autrement qu'il ne l'a fait ; il nous apprend du moins toute la vogue obtenue par le célèbre farceur, puisque la cour elle-même se modelait sur lui et

(1) *Art poétique*, chant II.

cherchait à copier son style. Ce qui prouve à quel point le mal était enraciné et jusqu'où, par conséquent, s'étendait la popularité du bouffon, c'est que Molière s'associa à Boileau pour combattre les Turlupins dans la personne des marquis. Ouvrez un bon nombre de livres du temps, ceux, par exemple, de Cyrano de Bergerac, de Le Pays, etc., et vous les trouverez remplis de turlupinades. — C'est de la gloire, cela !

Certes, il ne faut point demander à ces bouffons les grâces décentes, et les moins délicats sont forcés trop souvent de se boucher le nez et de fermer les yeux devant ces parades qui ont fait la joie de nos pères. Ils n'en sont pas moins les ancêtres plébéiens de la Comédie française, née en bas lieu, sur les tréteaux de la vieille farce gauloise. Ils ont servi de transition entre les jeux de la Basoche et ceux de l'Hôtel de Bourgogne ; ils relient Pont-Alais, Jean de Serres et Jacques Mernable à Molière. Comédiens à double face, par l'une ils regardent les confrères des *Pois-pilez* et les farceurs des halles, par l'autre ils annoncent Floridor et Bellerose. On les vit apparaître au moment où les Confrères étaient, malgré leurs efforts, délaissés par la foule. L'antique esprit gausseur et rabelaisien, narquois et satirique, se réfugie sur leurs planches, où il échappe aux arrêtés du Parlement. Ils y font chaque jour à leur manière le feuilleton du moment, une sorte de satire aristophanesque au gros sel, daubant avec pleine licence sur les travers, les modes, les usages et quelquefois les personnes, mais plus souvent encore se bornant à chatouiller rudement, par leurs bouffonneries ordurières, la fibre badine du bourgeois parisien.

Les trois farceurs de la porte Saint-Jacques avaient si bien fait que la foule désertait l'Hôtel de Bourgogne pour leur petit théâtre. Les tragédies de Montchrestien, de Hardy, de Claude Billard, se jouaient dans le vide. La troupe royale se plaignit à Richelieu, qui manda les accusés au Palais-Cardinal, actuellement le Palais-Royal, et les fit jouer devant lui dans une alcôve. On peut juger qu'ils se surpassèrent : c'était pour eux une question de vie ou de mort. Il s'agissait de faire rire *quand même* le grand homme d'État, qui, par bonheur, avait le rire facile, et auquel son bouffon préféré, Boisrobert, avait donné un avant-goût du genre. La première scène qu'ils représentèrent montra Gros-Guillaume habillé en femme et tâchant de désarmer son mari Turlupin, qui, armé d'un sabre de bois, voulait à toute force lui trancher la tête. Mme Gros-Guillaume se jetait aux pieds du farouche époux, lui embrassait les genoux, prodiguait les supplications éplorées et les plus tendres harangues. Peine perdue : Turlupin est inflexible. Enfin elle s'écrie :

« Eh ! mon cher mari, je vous en supplie par cette soupe aux choux que je vous fis manger hier et que vous trouvâtes si bonne !

« Ah ! la carogne ! soupire Turlupin, vaincu et abaissant son sabre. Elle m'a pris par mon faible ! la graisse m'en fige encore sur le cœur ! »

Dans une autre scène, Gaultier-Garguille cherchait une servante, et se plaignait de la saleté ordinaire de ces filles, surtout de celles qu'il avait eues jusqu'alors, disant qu'il en avait trouvé une qui se peignait au-dessus de la marmite, et Turlupin lui en proposait une autre qui était un modèle de propreté, puisqu'elle se coiffait toujours à la cave. Ces lazzi, et probablement surtout le jeu comique dont ils étaient accompagnés, déridèrent si bien le cardinal, qu'au lieu de les condamner, il fit venir les comédiens de l'Hôtel de Bourgogne, auxquels il reprocha de renvoyer toujours leurs spectateurs tristes, et leur ordonna de s'adjoindre, pour obvier à cet inconvénient, les farceurs de la porte Saint-Jacques, qui firent merveille sur ce nouveau théâtre comme sur l'ancien.

Tous les faits qui précèdent sont fondés sur le récit d'un mémoire cité par les frères Parfaict, dans leur *Histoire du théâtre françois* (1). Mais, selon eux, ce n'est là qu'un tissu de fables. Quoiqu'il soit difficile d'admettre qu'une narration tellement circonstanciée, et à peu près contemporaine des faits qu'elle rapporte, soit tout à fait sans fondement, il n'en est pas moins vrai qu'elle s'accorde assez peu avec les documents recueillis d'autre part. Ainsi Sauval ne nous dit rien sur Gaultier-Garguille en particulier qui contredise précisément les assertions du mémoire; mais, en parlant de Turlupin, il nous apprend qu'il entra à l'Hôtel de Bourgogne très-jeune, « dès qu'il commença à parler, » ce qui s'éloigne radicalement de ce récit d'après lequel Turlupin et ses compagnons auraient été trois garçons boulangers, quittant en même temps leur profession pour débuter en même temps, et d'abord dans un jeu de paume. En outre, il existe une sentence du 16 février 1622, rendue au profit des confrères de la Passion, contre Hugues Guéru, Robert Guérin, Henri Legrand et autres (c'étaient les vrais noms de nos farceurs), comédiens de l'Hôtel d'Argent, tandis qu'un arrêt de 1629 constate qu'ils font alors partie de l'Hôtel de Bourgogne. Ils étaient donc entrés à l'Hôtel d'Argent avant d'entrer à l'Hôtel de Bourgogne, et, en outre, ils y étaient en 1622, c'est-à-dire deux ans avant l'arrivée définitive de Richelieu aux affaires, ce qui contredit doublement le mémoire. Suivant les frères Parfaict, dont la version n'est pas toujours appuyée sur des preuves suffisantes, Gaultier-Garguille, qui n'aurait jamais été garçon boulanger, non plus que ses deux cama-

---

(1) T. IV, p. 241. On verra plus loin, par la date de la naissance de Turlupin, que les trois farceurs ne peuvent avoir débuté à la fin du XVIe siècle comme le dit ce Mémoire.

rades, débuta en 1598 au théâtre du Marais, où il se fit connaître dans le tragique, le comique et les farces; il est probable qu'il quitta le Marais après la mort de l'acteur qui jouait le rôle de Périne, pour se joindre, sur la scène de la rue Mauconseil, à Gros-Guillaume et à Turlupin. Mais ce ne serait alors qu'une rentrée, car, dès 1619, le recueil de l'*Espadon satirique* nous le montre jouant sur ce dernier théâtre.

En voilà assez pour faire voir que, d'un côté comme de l'autre, les incertitudes et les obscurités surabondent. Nous n'avons pas ici à entrer dans la discussion des dates, et à tâcher de démêler l'ordre et la suite de toutes ces pérégrinations de scène en scène. Les trois bouffons ne nous appartiennent plus, dès qu'ils renoncent à la place publique. Il nous suffit que, malgré l'incrédulité des frères Parfaict, on ne puisse guère contester complètement dans son essence le récit du mémoire que nous avons suivi. Que plusieurs circonstances en soient douteuses et même fausses, qu'il y ait lieu de rectifier diverses assertions et diverses dates, que l'auteur ait confondu ce qui devait être séparé, la chose est certaine; mais nous ne pensons pas qu'on puisse ravir à nos héros d'une manière absolue la gloire d'avoir été saltimbanques sur la place publique avant de devenir farceurs à l'Hôtel de Bourgogne.

Du reste, les planches de l'Hôtel de Bourgogne ressemblaient de si près à celles de la place publique! En changeant de lieu, nos bouffons ne changeaient pas de métier. Le théâtre sur lequel allait se produire Corneille avait des parades à la porte avant la représentation. Gaultier-Garguille, Gros-Guillaume et Turlupin étaient assurément les principaux, sinon les seuls acteurs de ces parades. Quelques-uns ont même prétendu qu'ils n'avaient jamais joué ailleurs qu'à la porte; c'est une erreur évidente. A défaut d'autres preuves, les vers placés au bas du portrait de Gros-Guillaume suffiraient peut-être à le démontrer :

> Tel est, *dans* l'Hôtel de Bourgogne,
> Gros-Guillaume, avecques sa trogne, etc.

Mais les autres documents ne manquent pas. L'auteur de la satire du *Débauché*, dans les *Exercices de ce temps*, les nomme tous trois parmi les plus importants personnages de l'Hôtel, et il semble, d'après ses paroles, que Gros-Guillaume (La Fleur) fût, du moins à cette époque, le chef du théâtre (1). Nous savons même que, non contents d'aborder la haute comédie, nos farceurs allaient jusqu'au genre tragique, du moins l'universel Gaultier-Garguille, qui se tirait des rois à merveille, en abritant sa laideur derrière un masque et les caprices de son organisation physique sous une ample et longue robe. Tous trois avaient leurs noms de guerre particuliers pour la tragédie et la haute comédie : ils s'appelaient alors Fléchelle, La Fleur et Belleville.

Mais, hélas! tant de prospérités, et de belles grâces, et de belle humeur, et de joyeuses grimaces, devaient avoir un terme. Nos trois bouffons s'étaient attaqués à tout, sans que personne osât y trouver à redire, mais ils eurent un jour la fâcheuse inspiration de se heurter à la justice, qui ne prêta pas les mains à la badinerie. — La légende rapporte que Gros-Guillaume s'étant avisé de contrefaire sur la scène, en guise de représailles, le tic nerveux d'un magistrat qui venait de condamner à une forte amende son camarade Turlupin pour ses démêlés avec Briguelle, le personnage ainsi raillé prit feu, et, au lieu de rire avec le public, fit décréter d'arrestation nos farceurs. Gaultier-Garguille et Turlupin se sauvèrent, mais Gros-Guillaume,

> Je m'adresse à La Fleur, le priant m'obliger
> De m'admettre des siens, afin de me ranger
> Parmi ses compagnons…

retardé par le poids de son ventre, ne put les suivre assez vite, et fut jeté en prison. Il y mourut de saisissement, et ses camarades, c'est toujours la légende qui parle, en moururent eux-mêmes de douleur, dans la semaine. Ce fait incroyable est attesté dans une pièce de vers commune aux trois bouffons :

> Gaultier, Guillaume et Turlupin,
> Ignorans en grec et latin,
> Brillèrent tous trois sur la scène
> Sans recourir au sexe féminin,
> Qu'ils disoient un peu trop malin...
> Mais la mort en une semaine,
> Pour venger son sexe mutin,
> Fit à tous trois trouver leur fin.

Sur la foi d'une assertion si positive, à l'appui de laquelle on pourrait invoquer d'autres autorités encore, qui ne se fût cru en droit d'accepter le fait comme historique ? C'est avec regret qu'on n'ose plus se fier cependant à cette touchante et poétique légende, qui relevait si bien la vie de nos bouffons par leur mort, et qu'il faut chercher à expliquer l'affirmation de l'auteur par une forte hyperbole, à moins qu'on n'aime mieux, entre deux témoignages opposés, s'en tenir au sien, ce qui, en somme, n'aurait rien que de fort légitime. Quoi qu'il en soit, de quelques livrets, sur la signification précise desquels il y aurait bien à dire(1), il semble résulter que ce fut Gaultier-Garguille qui mourut le premier, et que les autres le suivirent d'assez près. Piganiol de la Force a trouvé la date du convoi de Gaultier (sous le nom de Fléchel) au 10 décembre 1633 (2). Après lui, on

---

(1) Reproduits par M. Éd. Fournier, dans son édition des *Chansons de Gaultier-Garguille* (1858), où il a réuni plusieurs pièces curieuses relatives à ces farceurs, et s'occupe particulièrement de Gaultier plus longuement et plus à fond que nous ne l'avons pu faire ici.

(2) *Description de Paris* (1742), t. III, p. 233. Cependant, à la page précédente, il dit qu'il n'a rien trouvé dans les mêmes registres sur Turlupin parce que, avant

ne voit plus trace de ses deux confrères à l'Hôtel de Bourgogne, et, dès 1634, Guillot-Gorju vient pour les remplacer. Tous trois furent enterrés dans l'église Saint-Sauveur (1), le Panthéon des comédiens, ou, si l'on aime mieux, le Saint-Denis des rois de la farce, qui devait recevoir encore plus tard les dépouilles de Guillot-Gorju lui-même, de Scaramouche et de Raymond Poisson.

On a vu, dans le morceau de poésie cité plus haut, que les trois amis, ayant une médiocre idée du beau sexe, n'avaient point admis de femme dans leur association dramatique, afin de rester toujours unis, ce qui ne les avait pas empêchés de se marier. La veuve de Gaultier-Garguille, grâce sans doute au joli pécule amassé par le bouffon, convola en secondes noces avec un gentilhomme de Normandie, que n'arrêta point la crainte de déroger. Celle de Turlupin eut un sort moins glorieux : elle épousa d'Orgemont, simple comédien du Marais. Quant à la fille de Gros-Guillaume, elle s'unit à la Thuillerie, de l'Hôtel de Bourgogne, et monta sur les planches à côté de son mari.

Lorsque les trois grands farceurs eurent passé de vie à trépas, ce fut un deuil profond au théâtre et dans le public. La foule pleura les bouffons qui l'avaient fait rire si longtemps, et les poètes versèrent des fleurs sur leur tombe. On composa une multitude de facéties sous leur nom ; on décrivit en vers et en prose leur testament, leur entrée en l'autre monde, leurs rencontres, leurs apparitions. Puisque nous avons raconté leur mort, il est juste que nous citions leur épitaphe, une de celles du moins que l'on vit alors pleuvoir de tous les côtés en l'honneur du *trio* burlesque. On remarquera qu'elle les associe tous trois dans ses regrets, qu'on ne comprendrait guère cette épitaphe com-

---

1660, ou il n'y avait point de registres dans les églises paroissiales, ou ils étaient tenus avec une extrême négligence. Suivant Jal, Turlupin ne mourut qu'en 1637.

(1) Démolie en 1787. Elle était au coin de la rue actuelle du même nom.

mune si la mort du dernier avait été séparée par plusieurs années de celle des précédents, et qu'elle semble vraiment avoir été provoquée par la disparition à peu près simultanée des trois farceurs.

> Gaultier, Guillaume et Turlupin,
> Qui mettoient le monde en liesse,
> Ont tous trois rencontré leur fin
> Avant d'avoir vu leur vieillesse.
> Si tu veux sçavoir leur trépas,
> Passant, tu n'arresteras pas,
> En deux mots je vais te le dire :
> Sçache que la Mort prend son temps
> De retirer les charlatans
> Quand personne ne peut plus rire.

Ce dernier vers a toute la mine d'un trait de satire, peut-être politique. Ce n'est pas notre affaire. Nous devons dire aussi qu'il y a problement une métaphore un peu vive dans la pièce, ou que du moins le quatrième vers doit s'entendre en un sens purement figuré. Les historiens assurent que Gaultier-Garguille avait joué quarante ans, Turlupin plus de cinquante-cinq, et que Gros-Guillaume, décéda octogénaire. Il est vrai que les rectifications apportées par M. Jal à l'état civil de Turlupin, que Sauval fait jouer dès 1583, tandis qu'il ne naquit qu'en 1587, sont bien propres à inspirer des doutes sur les chiffres qui concernent ses deux compagnons.

II

Jean Farine et Bruscambille.

Parmi ces nomades bienfaiteurs de l'humanité, lesquels ont découvert la panacée de tous les maux, un précieux baume ou un élixir souverain contre les maux de dents, catarrhes, migraines, rhumatismes, pleurésies, esquinancies, hydropisies, apoplexies, paralysies, catalepsies, la goutte, la gale, les engelures et les abcès, pouvant servir en outre à blanchir la peau et cirer les souliers, un des plus illustres, dans les premières années du xviie siècle, fut Jean Farine, et le Champenois Deslauriers, dit Bruscambille, était son prophète.

Jean Farine et Bruscambille étaient d'abord deux opérateurs, comme le grand Mondor et l'illustre Tabarin, qui, à peu près vers la même époque, débitaient leurs drogues et leurs lazzi sur le théâtre de la place Dauphine, la plus courue peut-être et la plus populaire de toutes ces parades en plein vent (fig. 102); mais ils finirent par monter sur les planches de l'Hôtel de Bourgogne, comme Gaultier-Garguille et ses compagnons, et c'est pourquoi leur place naturelle est marquée dans ce chapitre, à la suite de l'illustre trio.

La vie de nos deux héros, surtout du premier, est environnée de ces profondes ténèbres qui sont comme l'auréole des personnages légendaires. Nous allons rassembler ici le peu qu'on en connaît, d'après les documents contemporains et surtout d'après les œuvres de Bruscambille lui-même.

Jean Farine avait élu domicile sur le Pont au Change. Il trônait entre les nombreuses boutiques de changeurs et d'orfèvres qui s'alignaient de chaque côté du pont, à côté des oiseleurs qui, les jours de fête et les dimanches, y venaient étaler leur gazouillante marchandise. C'était un gros garçon à face réjouie, que son compagnon a comparé quelque part à Bacchus. Il avait pris son nom de l'habitude où il était de s'enfariner la figure. Le bonnet de Jean Farine pouvait passer pour le digne frère du chapeau de Tabarin, par la souplesse avec laquelle il se laissait pétrir entre les doigts de son maître pour amuser les badauds (1). Grâce

(1) *Harangue funèbre en l'honneur du bonnet de Jean Farine,* dans les *Nouvelles et plaisantes imaginations de Bruscambille.*

Fig. 102. — Mondor et Tabarin sur leur théâtre de la place Dauphine; d'après la gravure d'Abraham Bosse.

à lui et à son compagnon, le Pont au Change, sans pouvoir lutter avec son brillant voisin le Pont-Neuf, détournait du moins à son profit une bonne part de cette foule désœuvrée, qui flottait sans cesse aux environs de la place Dauphine et du quai de l'École.

Tous deux ne se bornaient pas à exploiter les rues de Paris : ils coururent aussi la province. On a un prologue de Bruscambille en faveur des écoliers de Toulouse ; en outre, ses ouvrages, de 1610 à 1617, sont publiés à Bergerac, à Bordeaux, à Rouen ou à Lyon, et quand même il serait entré à l'Hôtel de Bourgogne dès 1606, comme le veulent quelques-uns, il n'y aurait point de contradiction entre ces deux faits, soit qu'il en fût sorti momentanément, peu de temps après, soit qu'il le quittât à certaines époques pour exécuter des tournées dans le reste de la France, ainsi qu'il le donne à entendre dans plusieurs de ses prologues. Il paraît même avoir joué quelque temps au théâtre du Marais.

Voici donc tout ce que nous savons d'une manière à peu près positive sur le compte de la vie en plein vent de Bruscambille : c'est qu'il était le compère et l'orateur de l'empirique Jean Farine, qu'il courut la France avec lui, sans doute après avoir épuisé à Paris le succès qu'avait valu à leur association les drogues de celui-ci et ses propres calembredaines, et qu'enfin, à une date qui n'est pas rigoureusement déterminée, ils entrèrent, l'un portant l'autre, à cet Hôtel de Bourgogne, asile de tous les farceurs et triacleurs les plus experts, et où, de temps à autre, se venait décharger le chariot vagabond de Thespis avec ses charlatans tout barbouillés de lie (1). Jean Farine n'était

(1) De tout temps, il en a été un peu de même, et il serait piquant d'énumérer tous les *enfants de la balle* qui sont devenus de grands comédiens, et qui ont brillé sur les premières scènes après avoir joué dans les carrefours et sur les tréteaux. Il y a dans cette liste des noms comme ceux de l'Allemand Brandes, qui avait été tour à tour montreur de bêtes et valet de charlatans avant de devenir le premier acteur

pas seulement un opérateur et un marchand de drogues, c'était aussi un bouffon qui savait parfaitement donner la réplique au facétieux Bruscambille, dans les entr'actes de son petit commerce, et qui comprenait à quoi l'obligeait son nom. Ce dernier en parle plusieurs fois comme d'un compagnon de théâtre, dans celles de ses harangues qui paraissent avoir été prononcées sur la scène de l'Hôtel de Bourgogne : « Je suis d'avis, dit-il dans son prologue *en faveur du galimatias,* de m'en aller là derrière, faire en sorte que Jean Farine vous apporte tous ses ingrédiens et une farce qui vous face tellement rire que vous en puissiez tous ch... en vos chausses. » Cette phrase, à la prendre en son sens rigoureux, indiquerait même en Jean Farine une sorte de directeur, ce qui serait d'autant moins impossible qu'on le trouve qualifié de « superintendant de la maison comique, Hôtel de Bourgogne de Paris », dans la dédicace qui précède les *Débats et facétieuses rencontres de Guillot-Gorju.* Ces premiers indices sont confirmés par un document beaucoup plus explicite. L'auteur du *Débauché* (1) fait parler un jeune homme qui raconte son engagement dans la troupe de l'Hôtel de Bourgogne. Il s'adresse d'abord à La Fleur ou Gros-Guillaume, le priant de *l'admettre des siens,* puis il continue ainsi :

> L'on m'admet. Aussitost bras dessus, bras dessous...
> Je preste le serment ez-mains de Jean Farine,
> Qui d'un plat plein de fleurs m'enfarine la mine,
> En usant de ces mots : « Or çà, je te reçois
> Pour estre à tout jamais comédien françois...
> Je veux qu'en premier lieu tu sois très-diligent
> De garder à la porte et recevoir l'argent,
> Et puis sur le théâtre allumer les chandelles,
> Ayant l'œil quand il faut donner des escabelles, etc. »

de son pays, et de l'Anglais Kean, qui avait débuté par jouer des rôles de singe dans une troupe nomade du dernier ordre. Chez nous, la liste s'ouvre à Molière, et se continue avec Armand, qui s'éleva de la place publique à l'un des premiers rangs de notre première scène, Rose Chéri, Rachel et cent autres.

(1) *Les Exercices du temps,* à la suite des *Satires* de Courval, IXe satire.

Assurément il n'y aurait rien d'étonnant qu'un opérateur fût devenu quelque chose comme l'intendant supérieur, une sorte de régisseur en chef de l'Hôtel de Bourgogne, en un temps où ce théâtre n'était qu'une réunion de bateleurs ; mais je ne voudrais pas tirer de tout ceci des conclusions trop absolues. Le passage de Jean Farine

Fig. 103. — Bruscambille; d'après le frontispice des *Fantaisies de Bruscambille*. Paris, 1668, Bibl. nat.

à l'Hôtel de Bourgogne, surtout comme chef du théâtre, n'a pas laissé de traces dans l'histoire. Ce personnage ne paraît pas d'ailleurs, s'il faut le dire, avoir une individualité bien nette. Son nom a toute la physionomie d'un nom générique, et semble indiquer un de ces types des tréteaux populaires qui ont pu et dû s'incarner dans plusieurs corps (1). Dans le Jean Farine de la satire du

---

(1) Suivant Monteil (*Hist. des Franç.*, t. IV), il y a eu deux Jean Farine, et, pour appuyer cette assertion, il renvoie, sans s'expliquer autrement, à la satire que je viens de citer, non pas qu'il soit question de deux Jean Farine dans cette satire, mais seulement parce qu'il pense, sans doute, que ce personnage de l'Hôtel de

Débauché, on est tenté de ne voir qu'une désignation burlesquement symbolique, un sobriquet, créé par allusion à l'usage général que suivaient les farceurs de l'Hôtel de s'enfariner la figure, et se rapportant peut-être à Gros-Guillaume lui-même, particulièrement connu par cette habitude. Mais ce qui nous autorise à croire que ce « superintendant » de l'Hôtel de Bourgogne est bien le même homme que l'opérateur du Pont au Change, c'est le rapport de l'époque joint au rapport du nom; c'est surtout l'entrée certaine de Bruscambille lui-même, son inséparable compagnon, au théâtre de la rue Mauconseil, et la manière dont il parle de lui dans quelques-uns de ses prologues débités sur cette scène.

Bruscambille vécut et resta à l'Hôtel de Bourgogne jusque vers 1634, époque à laquelle on le perd de vue. Son rôle à ce théâtre paraît avoir été très-nettement délimité et circonscrit. Il ne jouait pas dans la farce, comme ses collègues ès-arts comiques Gaultier-Garguille et Turlupin; il ne paraissait sur la scène que pour haranguer l'auditoire, à la façon du *badin* du vieux théâtre, avec ses *monologues*. Il semble qu'il se soit quelquefois aventuré jusqu'à la chanson, mais d'ordinaire il se bornait au prologue. Les prologues étaient d'abord des espèces d'arguments, destinés à mettre l'auditoire au fait et à servir d'introduction à la pièce ; puis ils n'eurent plus pour but que d'amuser les spectateurs en attendant que les *jeux* commençassent, ou à combler l'intervalle des deux pièces par un intermède comique : il en est ainsi de ceux de Bruscambille, qui, le plus souvent, n'ont pas le moindre rapport avec l'ouvrage qu'ils précédaient sur la scène. Ce

---

Bourgogne dont il y est question ne peut être le même que l'opérateur des places publiques. Or, rien ne prouve, nous venons de le voir, la nécessité de ce dédoublement, comme rien ne prouve non plus qu'il n'y ait pas eu une multitude d'autres Jean Farine.

n'était pas seulement en tête des farces que le facétieux Champenois venait débiter ses prologues bouffons ; c'était tout aussi bien en tête des tragédies et des pastorales, comme il le fit particulièrement avant la représentation de *Phalante* en 1610, et avant celle de *Mélisse ou les Princes reconnus,* vers 1633.

Les prologues, paradoxes, fantaisies et plaisantes imaginations de Bruscambille appartiennent à notre histoire, parce que, sans aucun doute, il en fit entendre beaucoup en place publique, du haut de son trône du Pont au Change, sur les tréteaux où il pérorait en plein air, à la lumière du soleil, côte à côte avec le glorieux Jean Farine. Même une fois à l'Hôtel de Bourgogne, il est à croire qu'il harangua souvent la foule au dehors, comme font aujourd'hui les saltimbanques de nos foires, et que quelques-uns des discours qu'il nous a conservés ne sont rien autre chose que des *bagatelles de la porte.*

Bruscambille est donc, à vrai dire, une sorte de pitre, mais c'est un pitre lettré. S'il a, dans ses productions, le ton gausseur et narquois du pitre, ses coq-à-l'âne, ses platitudes, ses grivoiseries grossières, il a aussi le ton pédantesque et les doctes citations de l'homme qui a fait ses classes et qui veut le montrer. Il se laisse aller à un grand étalage de science, et farcit avec ostentation ses harangues de termes anatomiques et chirurgicaux. Notre farceur avait de la lecture, et il en a profité pour piller sans scrupule ses facéties un peu partout : il le proclame lui-même dans une de ses dédicaces. Comme Molière, il était persuadé qu'il avait le droit de prendre son bien où il le trouvait ; mais, au lieu de changer le fumier en or, c'est l'or qu'il changeait en fumier. Il mélange le latin de cuisine au français des tréteaux, parle en style macaronique, et se gaudit en jeux de mots tels que celui-ci : « *Finis corona taupus*, la fin couronne les taupes », ce qui, paraît-il, faisait rire aux éclats nos bons aïeux. Il y a de tout dans le salmigondis de ses prologues et harangues. Le plus souvent, c'est pitoyable et même d'un écrasant ennui, mais parfois cela fait sourire ; tantôt c'est ignoble, à peine digne du dernier bateleur de ruisseau, et tantôt on y voit passer quelques étincelles de verve comique. Toute bienséance en est presque toujours absente, mais non pas toujours l'esprit et l'imagination. Il est fort difficile de détacher quelques pages de ses œuvres sans se salir les doigts ; nous allons essayer pourtant.

Voici d'abord du galimatias, — un genre qu'il affectionnait particulièrement, et dont on a même voulu le faire l'inventeur :

Puisqu'il a pleu à la seigneurie de vos excellences, et à l'excellence de vos seigneuries, de vous transporter en chair et en os à nostre théastre, je penscrois offenser *curiositatem vestram* si je ne vous faisois part d'un advis qui m'a esté déféré d'Allemagne, *ex partibus Romæ*, à sçavoir que les médecins du prestre Jan luy ont ordonné une estuvée de marbre et de porphyre, pour chasser les crudités qui luy travaillent ordinairement l'estomach ; voilà pour un. *Secundo*, que seize Pigmées ont appris à jouer du baston à deux bouts et de l'espée à deux mains dans la pochette du Grand-Turc, afin de se deffendre doresnavant plus dextrement contre les gruës, leurs capitales ennemies ; que le Roy de la Chine envoye en poste à celuy des Tartares une paire de tablettes de beurre frais pour escrire *sua negotia* (1).

Et ailleurs :

Auparavant que le soleil ayt pris ses pantoufles et qu'il ayt tiré le rideau de la voute estoillée, je vous veux entretenir, suivant ma coustume... Ce n'est pas une chose nouvelle que le Prete-Jan (*sic*) soit noir, les Anglois blancs et les Espagnols bigarez, sans parler des grenouilles, qui le plus souvent sont habillées de verd, pour ce que les truites, selon que dit Hypocrates en un livre qui ne s'est

(1) *Fantaisies* de Bruscambille, p. 73.

jamais veu, semblent avoir assez bonne grace en dansant sur la corde, au son du luth des quatre fils Aymon... (1).

En voilà assez, en voilà trop peut-être.

Passons maintenant à un paradoxe. Bruscambille aimait beaucoup aussi ces jeux d'esprit, dont il se tirait parfois avec une certaine dextérité :

Non omnia possumus omnes... Il n'y a rien de parfait de tout point : tel aura le visage bien fait qui aura le corps mal fait, les jambes droites et les cuisses eshanchées, le ventre plat, le dos voûté ; bref, nous ne pouvons estre sans quelques imperfections, et bienheureux ceux qui sont imparfaits en quelques parties de leur corps, car il n'y a rien si dommageable que la beauté, et qui engendre plus de dissencions, querelles, meurtres et violences. La laideur conserve les femmes en leur pudicité et les filles en leur virginité. Croyez, messieurs, que si cette belle Hélène et ce beau pasteur Pâris eussent esté laids, les Grecs n'eussent pris tant de peine à les poursuivre, et la noble cité de Troye n'eust pas esté destruite. Et s'il faut apparier la beauté de l'esprit à celle du corps, nous voyons ordinairement les difformes estre ingénieux et doctes, tesmoin Socrates, que l'on a estimé estre le plus laid du monde, et néantmoins il fut jugé par l'oracle d'Apollon le plus sage de son temps. De lourde difformité de corps fut Zénon, Aristote mal fait et l'empereur Galba fort contrefait. Considérez, messieurs, ces gens de belle façon : vous les voyez ordinairement moins forts, moins robustes, moins durs au travail, plus mols, délicats et efféminez que les autres personnes... Que diray-je des femmes qui ne se contentent des beautez que la nature leur a données ? Elles inventent mille fards, parfums et autres drogueries pour embellir leur teint, choses vrayement frivoles et inutiles, car il n'y a rien au monde qui dure moins que la beauté : elle se perd en un moment. Une belle femme devient laide, mais une femme laide n'embellist jamais, elle devient encore plus laide ; une femme laide garde sa laideur jusques au tombeau, ce que ne fait pas une belle... Une femme laide oste la jalousie hors la teste de son mary... Quant à moy, si j'estois beau, je ferois comme jadis

(1) *Ibidem*, p. 199.

fit une fille, qui, voyant sa beauté suspecte à sa bonne renommée, et estant pour tel effect poursuivie de plusieurs courtisans, prit un trenche-plume duquel elle se deschiffra et deschiqueta le visage... Et vous, beaux garçons et belles filles, en feriez-vous autant? Je ne le pense pas : au contraire, pour n'estre assez beaux ou assez belles, l'on inventera dix mille fards, parfums et autres niaiseries pour rajeunir l'âge et premier portrait naturel, avec faux cheveux, blanc d'Espagne, pommade, targon, eau distilée, amande broyée, huile, lessive,... et autres drôleries trop longues à réciter. Elles se tondent, elles s'arrachent les cheveux, artificiellement elles se frottent, se lavent, se décrottent, se gantent pour paroistre belles ; et puis de ces folies qu'en advient-il ordinairement? Orgueil, outrecuidance. Mais les laides sont humbles, discrètes, courtoises et serviables à leurs maris... Il vaut donc mieux aux hommes de s'allier aux laides, et aux femmes se joindre aux hommes laids et difformes (1).

Il me semble que c'est déjà un peu mieux, et que nous avons monté d'un cran.

Maintenant un autre genre encore :

J'ay veu deux ou trois escornifleurs d'honneur, qui en contoient depuis le mardy gras jusqu'au lendemain, l'un demandant : «Quelle heure est-il ? commenceront-ils bientost ? A votre advis que représentent-ils aujourd'hui ? Font-ils bien ? Quels gens sont-ce ? Combien sont-ils ? » Sur ces questions de haut goust, un de la troupe, docteur en taille douce, pour le moins dressant les oreilles comme un rossignol d'Arcadie, s'advança sur le pied gauche, pour en dire sa rastelée, et voiant que ce badin sans farine, pour assaisonner un demy-ris fourchu, enveloppé dans ses moustaches à fourchettes et toutes baveuses, avoit découvert cinq ou six paires de dents lissées et bien aiguisées, j'ay dit alors en moi-même : « O Dieu ! si ce personnage demeure encore seulement un an dans Paris, il taillera bien de la besogne aux pasticiers... » Et ayant craché à quartier d'un accent pointu, et fait quelques grimaces alternatives... dit aux autres : « Voulez-vous que je vous die, messieurs ? Ma foy, ils ne font rien qui vaille. Il me souvient (disoit ce magazin de sottise) d'un singe qui estoit en nostre village, mais c'estoit bien

---

(1) *Prologue facecieux de la Laideur.*

autre chose, et si, on ne prenoit que deux liars. Quoy ! disoit-il en grossissant sa voix, ceux qui le menoient emportèrent plus de quatre francs, tous frais faits, sans comprendre les bonnes grâces du peuple (1). » Etc.

Bruscambille s'était rendu maître de son auditoire, au point de débiter impunément à son nez toutes les impertinences qui lui passaient par la tête. Son bouffon favori l'eût battu à coups de canne, que le public aurait trouvé la plaisanterie excellente. Nous voyons tous les jours, dans les rues de Paris, d'audacieux saltimbanques traiter nettement d'imbéciles ceux qui les entourent, et ces bonnes gens rient avec satisfaction. Bruscambille faisait souvent de même, avec un égal succès, et il lui arrivait de cacher des vérités piquantes et des censures assez hardies sous le voile de ses balourdises, comme lorsqu'il met en scène, en une allégorie transparente, des anguilles qui disputent avec le cuisinier pour être écorchées par la queue, et des grenouilles qui veulent l'être par la tête ; comme encore lorsqu'il raille les assemblées publiques, les intrigues des partis et les grands mots sous lesquels ils cachent leurs petites ambitions.

Dans le prologue *en faveur de la Comédie du monde*, il aborde le *caractère* et le portrait satirique.

Ouy, mais (me dira quelque vieille coiffée à l'antique) qui fera l'ouverture de ce théastre ? qui jouera le premier roolle de la comédie ? A messieurs les courtisans, sans doubte, appartient cet honneur. Mais encore à quoy consiste leur personnage ? Le voulez-vous sçavoir, bonne femme ?... Les uns sont destinez à passer une partie de la nuit sur le bout du pied, comme une gruë, dans la chambre de Monsieur, qui souvent ne se couchera que le soleil n'ait quitté son bonnet de nuit pour nous monstrer sa perruque blonde ; les autres, pour avoir plus de cors aux pieds que de carolus à la bourse, à cercher la commodité d'un buffet pour se soula-

(1) *Prologue contre les Censeurs.*

ger; les autres à entretenir la compagnie de balivernes et faire croire à Monsieur que vessies sont lanternes, que les chaleurs seront grandes au mois d'aoust, que son barbe est le meilleur cheval de son escuyrie. Que si Monsieur monstre seulement le bout de ses dents pour rire à la négligente, comme on fait au Louvre, les voilà qui se fendent la gueule à quatre doubles à force de rire, la pluspart par complaisance et sans en sçavoir la cause. Et ce que je trouve encore de plus ridicule aux âmes généreuses, est une certaine méthode qu'ils observent de rebattre les mesmes paroles de leur maistre, comme pour exemple : « Cocher, mettez les chevaux au carrosse, » — voilà M. le flasque qui ne manque point de répéter : « Cocher, Monsieur dit que vous mettiez les chevaux au carrosse. » — Si j'étois grand, j'envoyerois ces Caméléons, ces Hume-vens, avec un tas de tondeurs de napes qui ne vont chez eux que pour travailler du museau ;... je les envoyerois en Canada... pour apprendre aux habitans la méthode de goguenarder, mentir à plain fonds, morguer un chacun et vivre sans rien faire. Voilà le premier acte de notre comédie : que l'on fasse jouer les violons.

Le deuxième acte roule sur les avocats, le troisième sur les procureurs, le quatrième sur les marchands.

Mais qui représentera donc le dernier acte ?... Voicy une trouppe morfondüe de vieils usuriers qui joüeront leur personnage à visage descouvert. Mais, à propos, se peut-il trouver une plus parfaicte comédie que de voir un raquedenare à robe rempiécée, enharnaché de je ne sçay quel chappeau fait en crouste de pasté et aussi gras pour le moins, se pourmener en plain hyver devant sa porte, avec une plantureuse roupie au bout du nez, et trépigner des pieds pour les échauffer, en attendant quelque pauvre oyson de village pour luy arracher quelque plume en passant? Si un bon morceau passe devant luy, il luy allonge cinq ou six vieilles dents rouillées qui luy restent en gueule, de la longueur d'une picque de Biscaye ; mais le coust luy en fait perdre le goust ; il faut chercher meilleur marché : « Combien ceste oreille de moruë, bonne femme ? — Un carolus, sire. — En voulez-vous huict deniers ? — Trois liards, au dernier mot. » — Vous voyez mon vilain, après avoir calculé en son esprit combien luy peut rapporter au bout de l'année l'espargne d'un denier par jour, trousser ses quilles et s'en retourner chez luy disner de la coste d'un haran soret.

J'ai multiplié ces citations, parce que les ouvrages de Bruscambille sont très-rares, et qu'il serait difficile à la plupart de nos lecteurs de se les procurer. Je ne cite pas l'une de ses plus spirituelles harangues (prologue de l'*Impatience*), qui se trouve dans les frères Parfaict (1), et après eux partout. Plusieurs de ces pièces ont leur utilité pour l'histoire du théâtre, et peuvent servir, avec les précautions voulues, à reconstituer la physionomie de ce public, que les comédiens traitaient sans façon, mais qui ne se gênait pas beaucoup lui-même. Il a composé des prologues *en faveur du Galimatias, en faveur du Crachat, du Rien* (celui-là est assez ingénieux), *de l'Yvrognerie, des Allumettes, des Puces, des Naveaux et des Choux, du Privé*, — je ne mentionne que ce qu'il est rigoureusement possible de mentionner. Il a laissé des *paradoxes* sur les questions suivantes : *qu'un p.. est corporel* (2), *qu'un p.. est spirituel*, — car il aime, pour faire montre de son habileté d'avocat, à établir le *contre* le lendemain du jour où il a établi le *pour;* — *qu'un p.. est une bonne chose*, ce qu'il démontre avec une grande abondance, en citant Cicéron et en empruntant à l'école ses formes d'argumentation et jusqu'à ses syllogismes latins. Il a un discours *en faveur des Galeux*, et un autre *en faveur des gros nez*, où il nous révèle — précieux détail dont il faut enrichir sa biographie — qu'il plaide *pro domo suâ*. Dans son *prologue non moins sérieux que facecieux*, il s'est attaché, avant Jean-Jacques, à prouver que la science est corruptrice et le principe de tous maux, thèse à laquelle il revient encore

---

(1) *Histoire du Théâtre-François*, t. IV, p. 146.
(2) Je demande mille pardons au lecteur délicat; mais, en pareil sujet, il faut bien accorder à l'écrivain quelque licence de citation.

dans son paradoxe : « *Nihil scientiá pejus aut inutilius.* »
Enfin, pour ne pas parler des écrits de toutes sortes qu'on
lui a gratuitement prêtés, un de ses prologues (*contre la
calomnie*) renferme la fable du *Meunier, son fils et l'âne*,
et il ne serait pas impossible que ce fût à lui, plutôt qu'à
Pogge, que La Fontaine, grand fureteur de nos vieilles
gaudrioles, grand amateur de toutes les farces et drôleries
gauloises, en eût emprunté le sujet, d'autant plus que je
retrouve également le fond d'un de ses contes dans un
autre prologue de Bruscambille.

Bruscambille ne rit pas toujours : certains de ses discours
sont d'une gravité à pierre fendre, de vraies harangues
universitaires, bardées de citations classiques. Il a entrepris quelque part, dans ses *Nouvelles et plaisantes imaginations*, une apologie en règle de la comédie, et l'on
dirait un avocat gourmé qui plaide devant un tribunal.
Et puis, le pauvre homme a beau grimacer et s'épuiser en
lazzi grotesques, il ne s'en prend pas moins fort au sérieux,
je vous jure, et la preuve en est dans le soin avec lequel il
se défend à chaque page contre ceux qui l'attaquent et
s'efforce de répondre à leurs critiques.

Les élucubrations de Bruscambille furent recueillies en
trois petits volumes, qui ont eu des éditions multipliées.
Rien de plus inextricable que la bibliographie de ces
ouvrages, grâce aux fausses dates, aux fausses indications
de villes destinées à déguiser les contrefaçons, aux différences des titres placés en tête des mêmes livres, aux
changements qu'a subis le texte dans les éditions diverses,
aux spéculations de tout genre qui sont venues exploiter le
succès du bouffon, — si bien que, pour avoir Bruscambille au complet, il faut acheter une douzaine de volumes
qu'on cherchera pendant des années, et qu'on pourra
payer jusqu'à trois et quatre cents francs le volume. Il s'est
plaint à plusieurs reprises qu'on eût falsifié ses œuvres et

qu'on y eût cousu des additions scandaleuses : je serais charmé que cette justification pût enlever à Bruscambille la responsabilité de quelques-unes des ignobles drôleries de son recueil ; mais, hélas ! il en restera toujours assez pour dégoûter, je l'espère du moins, un auditoire de portefaix ivres, si quelque bateleur s'avisait aujourd'hui de leur débiter ce qui excitait en ce temps-là le rire joyeux des bourgeois parisiens en plein Hôtel de Bourgogne.

Les éditions de ses œuvres que j'ai eues sous les yeux, sont les suivantes :

1° *Les Fantasies de Bruscambille, contenant plusieurs discours, paradoxes, harangues et prologues facecieux, revüe et corrigée en cette dernière édition.*— A Paris, chez Florentin Lambert, à l'image Saint-Paul, 1668. (La première édition est de 1612.) Le frontispice représente Bruscambille en personne, debout au milieu de la scène, et gesticulant avec une animation grotesque, par-devant la foule de ses admirateurs, qui se pressent, nez en l'air et bouche béante (fig. 103). Le volume est presque entièrement rempli de prologues, que suivent quelques discours. On ne peut feuilleter ce dégoûtant recueil sans avoir des haut-le-cœur à chaque page.

2° *Les nouvelles et Plaisantes imaginations de Bruscambile* (sic), *en suitte de ses Fantaisies*, par le S. D. L., Champ. (le sieur Des Lauriers, Champenois), A Bergerac, chez Martin La Babille, 1615, — précédée d'une dédicace sérieuse et solennelle à Henri de Bourbon, prince de Condé, le père du vainqueur de Rocroy, où il rappelle que le prince a voulu entendre ses prologues, et se loue de la bienveillance particulière qu'il lui a témoignée depuis lors. Les saletés qui remplissent encore ce volume font une étrange figure en regard de cette dédicace, et le prince de Condé n'était pas difficile, s'il est vrai qu'il eût pris de pareilles facéties sous sa protection. Bruscambille ajoute que ces *Nouvelles et Plaisantes imaginations* sont proprement les prémices de son esprit, ses précédents ouvrages ayant été pour la plupart soustraits, tronqués et mutilés. Néanmoins la verve de ce volume n'est pas égale à celle du précédent.

3° *Facecieuses* (sic) *paradoxes de Bruscambille et autres discours comiques, le tout nouvellement tiré de l'escarcelle de ses imaginations. Jouxte la copie imprimée,* à Rouen, chez Thomas Maillard, 1615. L'auteur dit lui-même dans sa préface que c'est son troisième essai. Il a inséré en tête des vers d'un ami à sa louange. Les *Facecieuses paradoxes* se terminent par une *ode en faveur de la bouteille.* Bruscambille a voulu pincer de la lyre une fois dans sa vie, tant l'ambition littéraire était montée au cerveau de ce farceur, trop fier d'avoir fait ses classes et d'avoir traduit Horace! Du moins il a eu le bon sens de choisir un sujet en rapport avec ses facultés poétiques, et digne de l'inspirer. Je suppose qu'on sera bien aise de voir un échantillon de cette pièce bachique, qui a peut-être eu l'honneur d'être chantée sur la scène de l'Hôtel de Bourgogne :

> Tu es le dieu de science,
> Et vray père d'éloquence,
> Maistre des inventions ;
> Si quelque ignorant sommeille
> Aussitost tu le réveilles
> Par l'éclat de tes rayons.
>
> Par ta liqueur ambrosine,
> Le poëte en fureur divine
> Sent eslever ses esprits,
> Et ravy hors de soy-mesme,
> Chantera d'un vers supresme
> Plus qu'il n'a jamais compris.

Cela est d'un vol modéré. Tenons-nous-en là : ces deux strophes, qui sont les meilleures, suffisent à donner une idée du lyrisme frugal de Bruscambille.

Mais je m'aperçois que ce chapitre prend la mine de

devenir un article de critique littéraire, et qu'il est tombé en plein dans les nomenclatures bibliographiques. Voilà ce que c'est d'avoir affaire à un bouffon pédantesque et prétentieux, qui fait des livres au lieu de se borner à faire des grimaces. Foin des pitres lettrés, dont les lazzi s'épaississent et se changent en lourdes sottises, dès qu'ils veulent les fixer au passage, pour les transmettre à la postérité! Vivent les pitres de la bonne roche, ronds et francs, le cœur sur la main, dépourvus de toute prétention, et qui se soucient de la postérité comme d'une noix vide! S'il n'eût commis cette faute, Bruscambille fût resté pour nous une sorte de héros légendaire, flottant dans le vague poétique de la tradition : il n'est, pour qui l'a lu, et malgré les enchères des bibliophiles, qu'un polisson digne tout au plus de cirer les souliers de Dassoucy. C'est son orgueil qui l'a perdu : grande leçon à tous les pitres présents et futurs.

III.

Guillot-Corju, Gringalet et Goguelu.

Guillot-Gorju est encore un farceur dont le nom ne périra pas, quoique ce nom soit à peu près la seule chose qui en reste, avec son portrait (1). Il s'appelait Bertrand Harduin de Saint-Jacques, et sortait d'une souche moins plébéienne que ses prédécesseurs. Non pas qu'il fût noble, s'il est vrai, toutefois, comme des médisants l'assurent, qu'il avait pour père un apothicaire de la rue Saint-Jacques, et que son titre n'était rien autre chose que celui de son quartier natal ; mais il appartenait probablement à la

(1) Gravé par Rousselet, et aussi par Leblond, qui semble avoir fixé sous son burin la collection complète des farceurs de son temps.

famille de ce Harduin de Saint-Jacques, qui était doyen de la Faculté de médecine pendant que Guillot-Gorju brillait à l'Hôtel de Bourgogne, et qui attacha en même temps son nom à l'introduction de l'antimoine dans le Codex et à la résistance acharnée contre la circulation du sang (1). Il commença par faire ses humanités, puis ses parents le forcèrent d'étudier l'art d'Hippocrate. Mais le jeune homme manquait de vocation, et il n'eut rien de plus pressé que de quitter secrètement Paris pour courir la province en compagnie d'une troupe d'opérateurs. C'était là encore de la médecine. Il se chargea d'annoncer la marchandise et d'amasser le monde par ses bons mots, et il acquit en peu de temps une réputation si grande dans la partie, qu'il fit l'admiration et l'envie de ses rivaux.

Après quelques années de cette existence nomade, Saint-Jacques, désireux de briller sur un plus haut théâtre, regagna Paris. Gaultier-Garguille et ses compagnons venaient de mourir; l'Hôtel de Bourgogne, veuf de ses gais compères, pleurait encore leur perte. Il se sentit l'ambition et la force de les remplacer. Voilà donc notre fils de famille débutant dans la farce sous le nom de Guillot-Gorju, aux applaudissements du public. Nous avons dit qu'il avait étudié la médecine ; cela lui servit avantageusement à se moquer de la Faculté : on a bien raison de dire que les premières études ne sont jamais inutiles. Son rôle ordinaire et préféré était celui d'un médecin ridicule ; il devança dans cette voie, alors si facile, Molière, que le souvenir de ses saillies inspira sans doute plus d'une fois. Guillot-Gorju était doué d'une mémoire immense et imperturbable, qu'on peut regarder comme un de ses principaux instruments de comique, car elle lui permettait d'énumérer avec une volubilité extrême, et sans jamais broncher,

---

(1) M. Raynaud, *les Médecins au temps de Molière*, p. 20, 22, 188, 215.

les noms d'une infinité d'instruments de chirurgie, de drogues, de simples, de panacées, d'infirmités, etc., comme les docteurs ridicules de Molière. Grand, les yeux enfoncés, le nez très-long, — nez de pompette, dit Sauval (1), — la peau presque noire, puissamment laid, en un mot,

Fig. 104. — Guillot-Gorju ; d'après la gravure de J. Falck.

et sachant encore accroître sa laideur par le choix de son masque, nul n'était plus propre à dérider les visages attristés par les tragi-comédies de Mairet, de Rotrou, de Desmarets et de Scudéry. La gravure de Leblond le représente en manteau long, ses grandes jambes maigres dessinées sous un maillot collant, le couteau de bois passé à la ceinture, coiffé d'un chapeau mou à larges bords, relevés devant et derrière et rabaissés sur les oreilles, avec une

(1) *Antiquités de Paris*, t. III, p. 38.

figure rébarbative, des moustaches de chat en colère, et au menton des houppes pointues de poils blancs.

Et pourtant, la troupe royale n'eut pas l'esprit de garder avec elle un si utile auxiliaire. Loin d'avoir pour lui ces attentions et ces prévenances dont les *premiers sujets* ont toujours été si jaloux, elle se comporta de telle sorte qu'au bout de huit ans seulement, aigri d'ailleurs, à ce qu'il paraît, par des chagrins intimes, il quitta le théâtre pour se retirer à Melun, où il se mit à professer gravement la science dont il avait fait métier de se moquer jusque-là : détermination étrange qu'on prendrait volontiers pour une nouvelle raillerie, à moins que ce ne fût une réparation. On voit, en effet, d'après une *Apologie de Guillot-Gorju* (1), écrite par lui, ou du moins pour lui, que, tout en bafouant la médecine sous son costume de farceur, il gardait pour elle un certain respect, et même la vague intention d'y revenir quelque jour.

Mais son nouveau genre de vie ne tarda pas à l'ennuyer si fort qu'il retourna à Paris. Il se logea rue Montorgueil, tout près de l'Hôtel de Bourgogne, comme pour se ragaillardir par la vue de l'ancien théâtre de sa gloire. Malheureusement, ce voisinage ne l'empêcha pas de mourir peu de temps après, en 1648, à peine âgé de cinquante ans (2). Avec lui s'éteignit cette illustre dynastie de farceurs dont la trace est restée si vivante dans la première moitié du dix-septième siècle, et dont tous les membres furent enterrés dans l'église Saint-Sauveur, leur Saint-Denis.

En entrant à l'Hôtel de Bourgogne, Guillot-Gorju n'avait pas cessé d'appartenir à notre cadre, car il paraît avoir figuré surtout dans les parades en plein air qui, aux origines de ce théâtre quasi-forain, amassaient le monde à la

---

(1) Dans les *Joyeusetez* publiées par Techener.
(2) Les frères Parfaict, *Histoire du Théâtre-François*, t. V, p. 91 et suivantes.

porte. Un des principaux acteurs de ces parades, dont il était l'âme et le chef, est connu sous le nom de Gringalet. On a un petit livret ordurier, comme tous les échantillons qui nous restent de la littérature comique du temps : *Débats et facétieuses rencontres de Gringalet et de Guillot-Gorju son maître*, dédié à Jean Farine et revêtu de l'approbation de Gros-Guillaume et de Gaultier-Garguille. Ce livret, réimprimé en 1682 à Troyes, la grande officine de reproduction de ces joyeusetés populaires, renferme à peu près les seuls renseignements que nous ayons sur Gringalet. C'était évidemment là un nom de guerre, le nom du type ancien qu'avait repris pour son propre compte le compagnon de Guillot-Gorju, et dans la peau duquel il s'était incarné (1). Pour avoir le droit de porter un sobriquet aussi significatif, il fallait de toute nécessité offrir le physique de l'emploi, ce qui nous permet de conclure que Gringalet était un pauvre sire, maigre et chétif à laisser compter ses os par la foule.

A côté de Guillot-Gorju et de Gringalet, et pour compléter le *trio* par un bon contraste, s'étalait la large face du joyeux compagnon Goguelu. C'était là aussi un nom typique et obligatoire. Quelle qu'en soit la véritable étymologie, qui n'est pas notre affaire, il est certain que le mot désignait un personnage bien en point, de belle santé et de bonne humeur ; il signifiait aussi un muguet, un mignon (2). Le personnage de Goguelu ou Dodelu existait dans les farces : il semble même que Gros-Guillaume l'ait rempli parfois et ait été en personne désigné sous ce titre dans quelques circonstances. Mais ce fut surtout son successeur,

(1) Noel du Fail, dans ses *Contes d'Eutrapel* (ch. XXIV, *D'un Apothicaire d'Angers*), a mis en scène un *bon compagnon* du nom de Gringalet. Ce Gringalet, compatriote et contemporain de Pierre Faifeu, dont Bourdigné nous a transmis la drolatique légende, a tout l'air de quelque suppôt de la basoche d'Angers, désigné par l'auteur sous son nom de farce.

(2) Auvray, *le Banquet des Muses*, p. 191. On trouve le *Goguelu* et la *Goguelue* dans le *Ballet des ballets* (1626).

celui qui aspira à le remplacer, qui se fit connaître sous ce nom en paraissant sur le théâtre côte à côte avec Guillot-Gorju, l'héritier de Gaultier-Garguille. Comme son modèle Gros-Guillaume, dont il devait reproduire en partie et dans la mesure de ses forces la puissante prestance, il s'enfarinait pour jouer la comédie (1), au lieu de se masquer à la façon de Guillot-Gorju, et probablement aussi de Gringalet, qu'on peut regarder comme le remplaçant de Turlupin.

Ainsi Guillot-Gorju, Gringalet et Goguelu étaient le nouveau trio comique formé sur la scène et sur les tréteaux de parade de l'Hôtel de Bourgogne pour succéder à Gaultier-Garguille et à ses deux compagnons., Mais sauf Guillot-Gorju, les successeurs n'atteignirent pas à l'éclat de cette glorieuse trinité de la farce, et ne purent la faire oublier un moment. Leur renommée, qui n'a jamais été fort grande, a depuis longtemps disparu, et leur personnalité même flotte, incertaine et confuse, au milieu des brouillards.

Une gravure du temps est à peu près le seul document connu que nous ayons sur le costume et les rôles de Goguelu ; encore n'est-il pas certain que le Goguelu de l'estampe soit celui dont nous parlons ici, — le compagnon de Guillot-Gorju et de Gringalet. Cette gravure semble le représenter dans une des principales scènes qu'il jouait au théâtre et où il remplissait le rôle de parasite.

Il est très-probable que Guillot-Gorju composait lui-même les farces où il jouait le principal rôle, du moins le canevas et la situation de ces farces, abandonnées, pour les développements du dialogue, à la verve des acteurs. Il ne reste rien de ses ouvrages, mais on ne peut douter qu'il n'ait joint la gloire d'auteur à celle de comédien, et l'instruction qu'il avait reçue serait déjà une présomption suf-

---

(1) *Songe arrivé à un homme d'importance sur les affaires de ce temps* (1634).

fisante, quand même nous ne le saurions pas d'autre part. Les ennemis de Molière, en particulier Somaize, accusaient celui-ci, on ne l'ignore pas, d'avoir composé ses comédies en pillant les manuscrits de Guillot-Gorju, qu'il avait secrètement achetés à la veuve. Cette sotte calomnie, fondée probablement sur l'analogie des attaques dirigées

Fig. 105. — Jean des Vignes, d'après la gravure de P. Richer.

par l'un et par l'autre contre la Faculté, et qui obtint quelque crédit en certaines régions littéraires, prouve au moins d'une part que, dans l'opinion publique, Guillot-Gorju était considéré comme un véritable auteur, un homme ayant laissé des œuvres, de l'autre qu'il avait une réputation de farceur assez remarquable pour qu'on pût, sans trop d'invraisemblance, lui attribuer la meilleure part dans les premières comédies de Molière. On comprendrait que le souvenir de Guillot-Gorju ait pu inspirer à celui-ci sa farce du *Médecin volant*, s'il n'était pas plus simple d'admettre qu'il l'avait prise au théâtre italien ; mais c'est toute la concession que nous pouvons faire.

Il reste encore bien des types célèbres parmi ces bouffons des tréteaux populaires. Les noms du déluré Franc-à-

Fig. 106. — Franc-à-Tripes, d'après Callot.

Tripes (fig. 106), d'origine italienne, du sot Jean des Vignes (fig. 105), du naïf Jean Doucet et de vingt autres étaient, pour ainsi dire, passés en proverbes, et nos vieux conteurs les ont rendus célèbres ; mais on n'aurait jamais fait si l'on voulait tout dire, et nous devons nous contenter d'avoir offert au lecteur la fine fleur du sujet.

IV

Les parades.
Taconnet, le père Rousseau, Bobèche, Galimafré, Bobino et autres.

A l'origine du théâtre, la parade est partout, et même elle constitue presque tout le théâtre à elle seule. On donnait des parades devant l'Hôtel de Bourgogne à la fin du XVIe et au commencement du XVIIe siècle, comme devant les théâtres de la foire Saint-Germain et de la foire Saint-Laurent; et pendant que Pierrot battait du tambour à la porte des baraques d'Allard ou de Maurice, les Gradelins et les Polichinelles faisaient rage à celle du théâtre italien (1).

Lorsque les spectacles de la foire furent autorisés à s'établir sur le boulevard, ce fut à la condition expresse de continuer à jouer des parades à la porte avant la représentation. L'Ambigu-Comique, établi par Audinot sur le boulevard du Temple en 1769; la Gaîté, fondée par Nicolet (1760); le théâtre du comédien et dentiste l'Écluse (1777), tous ceux enfin du même calibre qu'on vit s'élever dans ces parages, pendant la seconde moitié du XVIIIe siècle, durent se soumettre à cette loi ; et si quelques-uns firent semblant d'en être humiliés, je jurerais qu'au fond ils en étaient fort aises, et qu'ils auraient accueilli avec une reconnaissance tempérée d'une profonde amertume le décret émancipateur qui les eût affranchis de cette agréable et lucrative servitude.

Les premières années du théâtre de Nicolet furent illustrées par l'un des rois de la parade, Taconnet, surnommé le Molière des boulevards, en un temps où l'on

(1) *Théâtre ital.*, de Gherardi, t. Ier, *Avertissement*.

avait la rage de donner des surnoms à tout le monde. Taconnet a composé pour Nicolet une multitude de farces et parodies (1), dont la plupart portent des titres caractéristiques. Ce sont, par exemple : la *Mariée de la Courtille*, les *Fous des boulevards*, la *Mort du bœuf gras*, les *Écosseuses de la Halle*, les *Ahuris de Chaillot*. Sur le titre d'un de ses chefs-d'œuvre, il se qualifie de « membre des arcades du pont Neuf, du pont aux Choux et du pont aux Tripes, secrétaire de l'académie aquatique de l'arche Marion, et compositeur des théâtres forains ». Taconnet ne va pas choisir ses héros dans les nuages : un ivrogne, une commère, un rempailleur de chaises, voilà ses types de prédilection. Mais surtout il aime les savetiers d'un amour sans bornes. Auteur et acteur, il avait mis son ambition à reproduire cette figure dans sa perfection idéale, et il s'était si bien incarné dans la peau de ce rôle, qu'il eût paru déplacé dans un personnage de cordonnier. Il en était venu à faire mieux que nature. Prenant son art très au sérieux, il jouait avec une gravité superbe, un sang-froid inébranlable, et il avait surtout des effets de pantomime complètement irrésistibles. Sa grande scène favorite, qu'il ne manquait pas de mêler à tous ses rôles de savetier, et que le public attendait comme nous attendions il y a dix ans, aux Italiens, l'*ut dièze* de Tamberlick, était celle où il tournait le dos au spectateur, et, se baissant lentement, dans l'attitude d'un homme qui ramasse un objet à terre, lui dévoilait progressivement un vieux fond de culotte en lambeaux, par les lacunes duquel s'échappait un pan de chemise. A cette vue, les applaudissements, les rires frénétiques et les cris d'enthousiasme éclataient de toutes parts. C'étaient sans doute de pareils traits de comique qui avaient fait nommer Taconnet le Molière des boulevards !

---

(1) Quatre-vingt-trois, suivant la liste de ses pièces imprimées, donnée par l'*Almanach des spectacles* de 1773.

Les parades et le jeu de Taconnet, car il est probable qu'il joua plus d'une fois lui-même à la porte dans ses pièces, attiraient une affluence énorme sur le boulevard du Temple. Quelquefois, les dimanches, il y avait jusqu'à vingt mille hommes, pressés, entassés sur tous les points d'où l'on pouvait apercevoir les tréteaux. Et ce n'étaient pas seulement des gens du peuple, mais aussi des grands seigneurs et des dames du plus haut monde, qui s'y rendaient en voiture, ou faisaient arrêter leurs équipages pour le voir et l'entendre. On était alors au temps où Volange, dans le rôle de Janot, faisait les délices des duchesses, qui se pâmaient d'aise au fameux : *C'en est*. Les parades de Taconnet appartenaient au même genre de littérature.

Les théâtres des boulevards n'étaient rien autre chose que des théâtres forains ; ils en avaient toutes les habitudes et toute la physionomie. D'ailleurs, c'est à la foire qu'ils étaient nés, et on ne leur avait permis de s'établir sur le boulevard qu'à la condition de retourner, le moment venu, au lieu de leur origine. Au boulevard, le pitre amassait la foule par les bagatelles de la porte comme à la foire. Souvent les directeurs eux-mêmes venaient remplir au dehors le rôle d'*aboyeurs*, et solliciter le public, au son de la grosse caisse et de la clarinette. Le chef du théâtre des Associés, le sieur Beauvisage, avant de remplir le rôle d'Orosmane dans *Zaïre, ou le Grand-Turc mis à mort*, haranguait la foule pour la déterminer à entrer. Sallé, qui lui succéda, suivit les mêmes traditions. Quand on donnait le *Grand festin de Pierre*, ou l'*Athée foudroyé*, — car ce théâtre représentait à sa manière des pièces empruntées au répertoire de la Comédie-Française, en accommodant le titre, et le reste, aux goûts de son public, — et que Pompée, le premier sujet de la troupe, jouait dans la pièce, le directeur Sallé se chargeait lui-même de l'annonce :

« Messieurs, criait-il, prenez vos billets. M. Pompée

jouera ce soir avec toute sa garde-robe... Faites voir l'habit du premier acte... Entrez, messieurs, entrez, mesdames. Prenez vos billets... M. Pompée changera douze fois de costume. Il enlèvera la fille du commandeur avec une veste à brandebourgs, et sera foudroyé avec un habit à paillettes (1). »

On jouait aussi la parade devant les Variétés amusantes, plus connues sous le nom du mime italien Lazari ou Lazzari, qui en avait pris la direction vers 1785. Lazari se tua de désespoir après l'incendie de sa salle, en 1796. Tout le monde sait que le Petit-Lazari, le théâtre populaire par excellence, le dernier, avec Séraphin, qui eût gardé un aboyeur à la porte, a disparu en 1863, avec l'ancien boulevard du Temple.

Lorsque le décret de 1791, proclamant la liberté des théâtres, eut laissé le champ libre à tous les entrepreneurs de spectacle, le boulevard du Temple ne fut plus d'un bout à l'autre qu'une vaste parade, et, dès midi, le flâneur égaré dans ces parages était assourdi du fracas des cymbales, des tambours et des clarinettes. A peine l'une était-elle finie, qu'une autre commençait à dix pas plus loin; souvent une douzaine de paillasses à la fois débitaient leurs lazzi et leurs calembredaines au centre d'une douzaine d'auditoires, dont les rires se répondaient en échos. Le théâtre en plein air n'eut jamais un plus vaste champ et de plus beaux jours. Par malheur, la parade elle-même ne tarda pas à se ressentir de la licence du temps; la révolution déteignit sur les tréteaux illustrés par Taconnet, et l'on vit les queues-rouges du boulevard du Temple, métamorphosés en séides du père Duchesne, étonner la foule par leurs calembours patriotiques et foudroyer la superstition dans leurs coq-à-l'âne sans-culottes.

---

(1) Brazier, *Chronique des petits théâtres* : TH. DES ASSOCIÉS.

Au milieu de cette démoralisation générale de la parade, un homme resta fidèle à l'esprit de l'institution : ce fut le fameux père Rousseau, le pitre de la Malaga, sur lequel Brazier nous a laissé de curieux détails. La révolution passa à côté de ce vrai paillasse sans l'ébranler ; debout sur ses tréteaux, devant les citoyens toujours empressés à l'entendre, il continuait à chanter de sa bonne grosse voix débraillée, tandis que Robespierre pérorait à la tribune :

> C'est dans la ville de Bordeaux
> Qu'est z'arrivé trois gros vaisseaux ;
> Les matelots qui sont dedans,
> Ce sont, ma foi ! des bons enfants !

Je ne connais que la chanson d'Odry sur les *gendarmes* qui soit à cette hauteur.

Il paraît que le père Rousseau fut vraiment un paillasse émérite, complet, monumental, et qu'il eût déridé un lord anglais en un clin d'œil, tant il avait une bonne figure de farceur bien nourri et bien abreuvé ; tant sa physionomie rougeaude et bourgeonnée, d'une mobilité étonnante, trouvait de grimaces pour commenter ses lazzi ; tant sa pantomime était drôle, sa voix rauque et son débit grotesque ; tant enfin la grosse gaieté populaire ruisselait à pleins bords de ses moindres gestes et de ses plus petits clignements d'yeux !

Une ordonnance de police, en 1803, avait interdit « toute parade à l'extérieur des petits spectacles ». Les directeurs Harpy, Leroy, Dromal reçurent l'ordre de démolir leurs tréteaux dans les vingt-quatre heures. Heureusement, sur la pétition de Leroy, apostillée par son protecteur, le conseiller d'État Fourcroy, cette ordonnance fut rapportée.

Le décret de 1807, qui tua un si grand nombre de théâtres, respecta du moins quelques parades. Sous l'Empire et la Restauration, le boulevard du Temple fut illustré par des pitres du plus haut calibre : Louis le Borgne, le paillasse des Ombres-Chinoises, Gringalet, Faribole, Zozo, mi-Jocrisse, mi-Arlequin, et surtout Bobèche et Galimafré (ou Galimafrée), dont l'avenir recueillera les noms côte à côte avec ceux de Bruscambille et de Tabarin.

De leur vrai nom, ces deux illustres pitres s'appelaient Antoine Mandelart et Auguste Guérin. Le premier était le fils d'un tapissier du faubourg Saint-Antoine, et le second, natif d'Orléans, remplissait les fonctions d'apprenti menuisier dans le même faubourg. Tous deux étaient nés en 1791. Ils s'engagèrent en 1809, sous les noms de guerre qu'ils devaient rendre si célèbres, dans la troupe de Dromal, qui exploitait alors Versailles, et qui vint presque aussitôt diriger le *théâtre des Pygmées*, sur le boulevard du Temple. Ce fut à la porte de ce théâtre qu'ils débutèrent (1). Plus tard, et dans les derniers temps surtout, à ce que nous ont assuré quelques amateurs qui s'en souviennent encore, Bobèche trônait à la porte de l'ancien théâtre des Délassements-Comiques, qui, au milieu de ses innombrables péripéties, avait souvent changé d'étiquette (2). D'ailleurs, il lui arrivait d'aller en représentation devant diverses salles du boulevard, qui l'engageaient pour leurs parades (3). Tous deux, épargnés par la conscription impériale, jouèrent à peu près sans interruption jusque vers 1821.

Galimafré était grand, un peu maigre, avec la figure longue et le rire bête. Il avait pour spécialité non-seulement la niaiserie, qui constitue essentiellement le pitre, mais la balourdise. La foule se plaisait à ses jeux de mots

---

(1) *Hist. du boulevard du Temple*, par Th. Faucheur, p. 47. Jal, *Dictionnaire critique*, art. *Bobèche*.

(2) Les Délassements-Comiques étaient voisins du Cirque ou Théâtre national. Ils tenaient la place intermédiaire entre le Cirque et le *Café des artistes*, à l'endroit qui était occupé par une grille avant les dernières démolitions. C'est là que jouait Bobèche, et non devant le Petit-Lazari, comme beaucoup l'ont cru et imprimé.

(3) Rougemont, *le Rôdeur*, 4° édit., 1825, t. III, p. 142.

biscornus, à son langage populacier, à son patois normand, et à son esprit de rhinocéros en goguette. Tantôt réjoui, bruyant, gros rieur, *peuple* des pieds à la tête, tantôt d'une suffisance naïve et pompeuse, qui faisait de lui le plus majestueux des Cassandres, c'était l'antithèse vivante de Bobèche, ce pitre distingué que les littérateurs de l'Empire allaient entendre, que Monvel ne dédaigna pas de féliciter en lui donnant des conseils, et qui suivait lui-même au Théâtre-Français les représentations de Talma et de Mlle Mars. Galimafré se retira le premier, pour se faire garçon machiniste à la Gaîté, puis à l'Opéra-Comique. Il vivait encore il y a quelques années, astre déchu, soleil éteint, inconnu de tous, après avoir versé des torrents de lumière sur la foule béante à ses pieds. « Il ne s'est retiré, dit Jal dans son *Dictionnaire* (1867), âgé de soixante ans, que parce qu'il s'était blessé en faisant un travail de force. Il fait aujourd'hui de la serrurerie et habite Montmartre (1). »

Mais le roi de la parade, ce fut le pitre Bobèche, dont le seul nom fait tressaillir encore les vieux amateurs dispersés du genre, et que Ch. Nodier dut plus d'une fois s'amuser à entendre, au sortir de chez Polichinelle. Le nom de Bobèche a eu l'honneur de devenir un terme générique. Les auteurs spéciaux, à commencer par Brazier, sont bien pauvres en renseignements précis sur ce grand homme : ils l'exaltent, sans doute, mais en termes vagues, qui n'apprennent rien de catégorique et ne peuvent satisfaire la soif de renseignements qu'éprouve tout lecteur avide de s'instruire sur le compte des personnages illustres. J'ai été assez heureux pour recueillir quelques notes précieuses destinées à combler en partie cette lacune, et je m'empresse d'en faire part à mes concitoyens.

(1) Selon le *Figaro* du 17 mars 1871, il venait de mourir, 7, rue du Tertre, à Montmartre.

Bobèche était un beau garçon, blond, de moyenne taille, d'un sang-froid inaltérable, de physionomie douce et impassible, d'un léger et agréable embonpoint, soigneux de sa personne, et coquettement mis avec sa veste rouge, son chapeau gris à cornes, sur lequel se détachait un papillon symbolique, ses culottes jaunes, ses bas bleus, sa cravate noire et sa perruque rousse. Sous la niaiserie obligée du type, il cachait une malice, un esprit, une causticité qui ne s'arrêtaient pas toujours à temps, et que la police dut réprimer plus d'une fois par des avertissements salutaires. C'est lui qui disait dans une parade, au moment d'une crise commerciale qu'on imputait à la marche du gouvernement : « On prétend que le commerce ne va pas. J'avais trois chemises, et j'en ai déjà vendu deux. » Non pas que Bobèche eût la déplorable prétention d'être un personnage politique, et qu'il nourrît l'arrière-pensée d'arriver à la Chambre; mais, une fois lancé en plein courant de lazzi, il marchait toujours, et tant pis pour ceux qu'atteignaient les éclaboussures de ses bons mots. — Ce fut, après tout, avec Chateaubriand et Mme de Staël, le seul qui ait osé faire de l'opposition au maître.

Bobèche *allait en ville*, comme les artistes célèbres. Plus d'une fois, un grand seigneur le manda chez lui pour relever, par ce divertissement de haut goût, les plaisirs de ses soirées. On l'employait dans les fêtes nationales de la Restauration, malgré sa nuance *libérale*, et, quand il paraissait à Tivoli, il prenait sur les affiches le titre ambitieux de *premier bouffon du gouvernement*. Qui sait? peut-être aspirait-il à se rallier et à obtenir la croix. Il faisait aussi des tournées en province, avec *sa troupe,* toujours comme les artistes célèbres, et la *Petite Chronique de Paris,* de l'année 1816, qui lui fait dans ses spirituels cancans une place proportionnée à son importance, annonce ses rentrées comme celles des acteurs en vogue (1). Une fois il ne revint pas : ses amis et ses admirateurs, inquiets, apprirent, en s'informant, que, mordu au cœur par l'ambition directoriale, il s'était placé à la tête d'un petit spectacle de Rouen, d'autres disent de Bordeaux. Bobèche était devenu fonctionnaire ! Depuis cette abdication coupable,

Fig. 107. — Bobèche, d'après la gravure des *Etrennes de Bobèche au public*. Paris, 1816.

les Parisiens n'entendirent plus parler de lui. Il paraît que Bobèche essaya de jouer la vraie comédie à Bordeaux, qu'il y fut détestable, et que, de chute en chute, il en arriva à se traîner dans les carrefours et les cafés, en raclant un méchant violon de quatre sous (2).

Bobèche et Galimafré ont souvent été mis en scène de

---

(1) *Petite Chronique de Paris*, 28 oct. 1816, p. 148.
(2) Brazier, *Chronique des petits théâtres*, p. 305-507. — J. Janin, *Histoire de la littérature dramatique*, t. II, p. 245. — Jal, *Dictionnaire*.

leur vivant, et célébrés dans des parades qu'ils jouaient peut-être quelquefois eux-mêmes. Dès 1814, on trouve *Galimafrée en belle humeur,* vaudeville rustique, par J. Guignon; *la Résurrection de Bobèche,* parade héroï-lamento-comique, du même; *Monsieur Bobèche, ou les parades du faubourg du Temple,* farce de Cadot. On a publié en 1835 *les Grandes Parades de Bobèche,* et quelque temps auparavant avait paru *le Nouveau théâtre des boulevards, collection choisie de canevas, scènes et parades nouvelles, jouées en plein vent par les sieurs Bobèche, Galimafré, Gringalet, Faribole et autres célèbres farceurs de la capitale, — dédié aux amateurs par C. O. D.* L'ouvrage est sans date, et il contient quatre parties, souvent réunies en un volume (1).

M. C. O. D. était sans doute un auditeur assidu des parades du boulevard du Temple, qui aura voulu faire partager à ses contemporains et à la postérité les jouissances qu'il avait retirées de ces admirables choses. Peut-être les recueillit-il par la sténographie; peut-être écrivit-il sous la dictée de Bobèche et de Galimafré en personne, à moins qu'il ne se soit simplement fié à sa mémoire. Toutefois, s'il a quelque peu arrangé à sa guise ces élucubrations dramatiques, il est certain qu'il a dû en respecter le fond, et qu'il n'eût point osé offrir une copie infidèle à des esprits encore pleins des souvenirs qu'il voulait fixer sous sa plume.

J'ai sous la main cette collection de chefs-d'œuvre, et je ne puis résister au désir d'en détacher quelques pages pour l'édification du lecteur, qui m'en saura gré sans doute, car les exemplaires de ce livre d'or de la parade ne sont pas des plus communs.

La première pièce : *le Dépôt, ou Bobèche voleur et*

---

(1) *Catalogue Soleinne,* n⁰ˢ 3495, 3507 et 3508. Il y a aussi le *Bobechiana* et les *Etrennes de M. Bobèche au public,* par *M. Mandelard* dit *Bobèche, bouffon des fêtes du gouvernement et du jardin Ruggieri,* Paris, 1816, in-18.

commissaire, nous montre Bobèche au service de Valère, qui vient de perdre tout son argent au jeu. Son maître le charge d'aller rechercher une somme et une bague qu'il a déposées entre les mains de mademoiselle Léonore, sa fiancée :

BOBÈCHE. — Il s'agit à présent d'aborder mademoiselle Léonore. De la tête, et surtout pas de gaucherie ! (*Il frappe rudement à la porte.*) Il faut m'y prendre avec politesse, si je veux être bien accueilli... Eh ! mademoiselle Léonore, mademoiselle Léonore, eh !

LÉONORE. — Ah ! c'est toi, Bobèche ; que me veux-tu, mon *ami* ?

BOBÈCHE. — Mademoiselle, il n'y a ni *mie* ni *croûte*, à la maison ; nous avons tout mangé hier, et les souris ont grugé notre reste.

LÉONORE. — Je ne te parle pas de cela, je te demande quel *sujet* t'amène.

BOBÈCHE. — Nous n'avons chez nous ni *sujet* ni *roi*.

LÉONORE. — Mais je désire savoir pourquoi tu frappes à ma porte ?

BOBÈCHE. — Ah ! mademoiselle, c'est différent : c'est de la part de mon maître.

LÉONORE. — Se porte-t-il bien ?

BOBÈCHE. — Oui, non, pardonnez-moi, si fait.

LÉONORE. — Tâche de savoir ce que tu dis.

BOBÈCHE. — V'là que j'y tâche.

LÉONORE. — Jouit-il d'une bonne santé ?

BOBÈCHE. — Hélas ! non.

LÉONORE. — Il est malade ?

BOBÈCHE. — Hélas ! oui, de chagrin. Il s'est raccommodé avec son père.

LÉONORE. — Ce n'est pas là un sujet de tristesse.

BOBÈCHE. — Ah ! non. Le bonhomme est mort.

LÉONORE. — Son père est mort ? comme cela, tout de suite, après lui avoir pardonné ?

BOBÈCHE. — Hélas ! oui ; et ce qui nous fend le cœur, c'est qu'il faut aller recueillir sa succession.

LÉONORE. — Mais il l'avait déshérité.

BOBÈCHE. — Oui, quand le fils était joueur ; mais depuis qu'il s'est corrigé...

LÉONORE. — Il ne jouerait plus, vraiment ?... Dis-lui que, s'il continue, je lui accorderai ma main.

BOBÈCHE. — Votre main ! ce n'est pas là ce qu'il veut de vous, mademoiselle.

LÉONORE. — Comment !

BOBÈCHE. — Quand je dis que ce n'est pas cela, c'est pour l'instant.

Enfin il lui explique pourquoi il est venu, et Léonore rentre pour chercher le dépôt. Pendant ce temps, Bobèche se souvient des conseils de son camarade Frontin, qui l'a exhorté à s'approprier l'argent pour faire un bon dîner ; mais, de peur que Léonore n'avertisse son maître qu'elle le lui a rendu, il forme le projet de les brouiller l'un avec l'autre. Cette belle inspiration lui vient comme un coup de foudre, et il la met aussitôt à exécution.

LÉONORE, *après avoir rendu l'argent*. — Tu m'assures bien qu'il ne joue plus ?

BOBÈCHE. — Oh ! non, mademoiselle... Quand je dis non, mademoiselle, c'est que c'est oui.

LÉONORE. — Comment ! il jouerait encore ?

BOBÈCHE. — Pis que jamais.

LÉONORE. — Eh ! tu me disais tout le contraire à l'instant.

BOBÈCHE. — Dame, j'avais mes raisons pour ça.

LÉONORE. — Je veux savoir ces raisons, ou rends-moi mon dépôt.

BOBÈCHE. — Pour le ravoir, bernique. Je tiens trop à obéir à mon maître, qui vous en veut, d'ailleurs.

LÉONORE. — Et pourquoi cela ?

BOBÈCHE. — Je n'sais pas. Faut que vous lui ayez fait quelque chose de bien vexant.

LÉONORE. — Moi ?

BOBÈCHE. — Il dit que vous êtes une ci, une ça.

LÉONORE. — Mais encore que dit-il ?

BOBÈCHE. — Je ne peux pas vous répéter ça, mademoiselle.

LÉONORE. — Oh ! je t'en prie, mon petit Bobèche.

BOBÈCHE. — Il n'y a pas de petit Bobèche qui tienne.

LÉONORE. — Je te donnerai encore six francs.., pour savoir la vérité ; et les voici d'avance.

BOBÈCHE. — C'est pour savoir la vérité que vous me donnez ça ?

LÉONORE. — Oui.

BOBÈCHE, *bas*. — Oh ! comme je vas mentir. (*Haut.*) Eh bien ! mademoiselle, la voilà, c'te vérité ! D'abord, je vous le répète, mon maître joue plus que jamais.

LÉONORE. — Je m'attendais à tout ceci. Continue.

BOBÈCHE. — V'là que m'y v'là. Ensuite il ne vous aime plus du tout : Va-t'en, qui m'a dit, chez c'te mademoiselle Léonore ; dis-lui que je ne veux plus en entendre parler, et qu'elle me rende le dépôt que je lui ai confié. Mais non, ne lui dis pas combien je la z'hais, combien je la méprise : elle serait capable de ne te rendre ni mon argent ni ma bague ; prends-toi z'y par la douceur, et peut-être que tu les rauras. Je dis *peut-être*, pour ne pas mentir.

LÉONORE. — Valère a dit cela, le monstre !

BOBÈCHE. — Si jamais, — a-t-il ajouté, — elle met les pieds chez moi, ou se trouve sur mon passage, elle y passera le goût du pain.

LÉONORE. — Oh ! je n'ai garde de revoir un pareil homme.

BOBÈCHE, *satisfait*. — Vrai ! vous ne voulez pas venir lui faire quelques reproches ?

LÉONORE. — Moi ! m'avilir à ce point !

BOBÈCHE. — Ah ! v'nez-y, mademoiselle. Que sait-on ? Ça se rapapillotera peut-être.

LÉONORE. — Non, je fuis pour jamais un ingrat qui me méprise, et je ne veux plus voir ni lui, ni toi, ni rien qui me rappelle des sentiments trop indignes de moi.

Là-dessus, Bobèche enchanté s'en va, et il raconte à Valère que Mademoiselle Léonore a nié le dépôt :

Si je savais que cela fût vrai, dit Valère, j'irais la trouver.

BOBÈCHE. — Non, monsieur, faut pas y aller.

VALÈRE. — Je lui reprocherais sa perfidie.

BOBÈCHE. — Faut pas, monsieur, faut pas.

VALÈRE. — Je la poignarderais à tes yeux.

BOBÈCHE. — Oui, c'est ça, sans lui laisser le temps de rien dire.

VALÈRE, *bas*. — Voilà qui me donne des soupçons. (*Haut.*) Bobèche ! va me chercher là-haut mon poignard.

BOBÈCHE. — Oui, monsieur, j'y vole.

VALÈRE, *seul*. — Ce drôle m'est suspect : il met trop d'empressement à servir ma vengeance pour m'avoir dit la vérité. S'il me trompe, malheur à lui : je le châtierai comme il le mérite.

BOBÈCHE. — Monsieur, voici votre poignard. Attendez un peu

que je lui donne le fil. (*Il l'aiguise sur la balustrade*) Si vous m'en croyez, vous ne la marchanderez pas. Zague, zague, dès qu'elle paraîtra.

VALÈRE. — Sois tranquille, je saurai me venger de la personne qui me trahit.

BOBÈCHE. — C'est ça. Sans rien écouter. — Ah! ah! perfide!...

VALÈRE. — Rentre, et sois prêt quand je t'appellerai.

BOBÈCHE. — Oui, monsieur. (*Fausse sortie.*) Monsieur, ne la manquez pas au moins.

VALÈRE. — Je n'en ai point envie.

BOBÈCHE. — Et sans qu'elle parle, entendez-vous?

VALÈRE. — Va donc, c'est convenu.

Bobèche rentre et se met à la fenêtre, tandis que Valère frappe chez Léonore.

LÉONORE. — Qui frappe? Ah! c'est vous, monsieur!

VALÈRE. — Je viens, ma chère Léonore, vous demander une explication.

BOBÈCHE *à son maître*. — Tuez-la, monsieur, tuez-la!

LÉONORE. — Une explication, monsieur, après la manière indigne, etc.

VALÈRE. — Prenez garde, mademoiselle, nous sommes dupes tous deux de quelque friponnerie.

BOBÈCHE. — Tuez-la donc, tuez-la donc!

Bref, Valère et Léonore s'expliquent au milieu des exhortations de Bobèche, qui ne cesse de crier : « Tuez donc, tuez vite, » et, pour le confondre, Valère feint de frapper Léonore, qui fait la morte. Aussitôt Bobèche descend tout joyeux :

VALÈRE. — Tu es bien sûr qu'elle t'avait dit que j'étais un joueur?

BOBÈCHE. — Oui, monsieur, demandez-lui plutôt.

VALÈRE. — Un fripon, un escroc?

BOBÈCHE. — Monsieur, oui. D'ailleurs, elle est là pour me démentir.

VALÈRE. — Tu es bien sûr aussi qu'elle ne t'a pas rendu le dépôt?

BOBÈCHE. — Pardine, puisque je vous le dis.
VALÈRE. — C'est qu'elle me soutenait le contraire.
BOBÈCHE. — Elle soutenait !...
VALÈRE. — Oui, avant que je la tuasse.
BOBÈCHE. — Comment, mademoiselle, vous osez soutenir que vous m'avez rendu l'argent et le diamant de mon maître !... Voyez-vous, elle ne répond pas.
VALÈRE. — Tu serais bien sot si elle répondait.
BOBÈCHE, *triomphant*. — Elle ne répondra pas, à présent que vous lui avez coupé le sifflet. Mademoiselle, ayez donc, pour voir un peu, l'audace de m'accuser en face, et sans me faire la grimace, d'un tour de passe-passe, bien digne qu'on me chasse !
LÉONORE, *se levant*. — Oui, coquin, je t'en accuse.
BOBÈCHE. — Oh ! là, là, que c'est traître !...
LÉONORE, *lui donnant un soufflet*. — Tiens ! voilà pour tes mensonges.
BOBÈCHE. — Oh ! là, là, là ! la *défunte* n'y va pas de main *morte*...
VALÈRE, *lui mettant la main sur le chapeau*. — Ah ! pendard ! mon argent, ou un commissaire.
BOBÈCHE. — Un commissaire, oui, monsieur. (*Il laisse son chapeau dans la main de son maître et s'esquive.*)

Valère va frapper à la porte du commissaire, et Bobèche en sort sous le costume du magistrat. Il reçoit la déposition des parties plaignantes, et verbalise au milieu d'une avalanche de lazzi et d'une cascade de grosses calembredaines à dilater la rate du poète tragique le plus endurci. Puis, il prononce son jugement :

Condamnons ledit Bobèche à avoir la tête tranchée, à être pendu jusqu'à ce que mort s'ensuive, rompu, brûlé, ses cendres jetées au vent, puis fouetté, marqué, et mis aux galères à perpétuité.
LÉONORE et VALÈRE. — Ah ! c'est trop fort ! cela ne se peut point.
BOBÈCHE. — En cas de récidive...
VALÈRE. — Comment voulez-vous qu'il récidive, après avoir été pendu, rompu, brûlé ? D'ailleurs, ces supplices sont trop rigoureux.
BOBÈCHE. — Ah ! vous trouvez que c'est trop dur ? Nous allons adoucir cela : Condamnons ledit Bobèche à être mis dans une

bonne voiture, conduit chez un fameux restaurateur, nourri à bouche que veux-tu, et empâté !...

LÉONORE et VALÈRE. — Ah ! c'est trop doux !

BOBÈCHE. — Jusqu'à ce qu'il en crève.

VALÈRE. — Il y a ici quelque friponnerie... Monsieur le commissaire !

BOBÈCHE. — Qu'est-ce que c'est, mon ami ?

VALÈRE. — Donnez-moi la main, s'il vous plaît.

BOBÈCHE. — La voilà.

VALÈRE, *lui entr'ouvrant sa robe*. — Ah ! coquin, c'est toi.

Il le prend au collet d'un côté, Léonore de l'autre, mais Bobèche s'échappe par-dessous sa robe, qu'il leur laisse entre les mains. Enfin, on le rattrape, tout s'explique, il demande pardon d'une erreur d'un moment à laquelle il a été poussé par ce scélérat de Frontin, qui paie pour tout le monde. Valère promet à Léonore de s'amender, et Léonore lui avoue qu'elle aura peut-être encore « la faiblesse d'oublier combien il fut coupable ». On ne dirait pas mieux dans un vaudeville de M. Scribe.

Là-dessus Bobèche conclut en tirant la moralité de la comédie :

C'est ça. Mais n'oublions pas d'aller manger la soupe.

N'est-ce pas que voilà une jolie parade, et que Bobèche y devait être désopilant ? On voit, du reste, que rien n'est plus innocent au point de vue politique : le Bobèche de l'opposition n'apparaît pas une seule fois dans tout le recueil.

La suivante : *l'Amant femme de chambre et nourrice*, où Bobèche remplissait encore le principal rôle, est d'une drôlerie tout à fait réjouissante, mais quelque peu croustilleuse. Ce n'est pas pourtant, Bobèche en soit loué ! que ni celle-là, ni aucune autre du livre, puisse se comparer à ces dégoutantes parades de Collé, Sallé, et autres contemporains de l'*Encyclopédie*, dont l'esprit patauge avec volupté dans l'ordure (1). Non : notre héros se respecte davantage. Certes, je ne conseillerais à nulle jeune fille de lire ses œuvres complètes ; mais il faut reconnaître pourtant qu'il choppe beaucoup plus volontiers dans les plaisanteries scatalogiques que dans les plaisanteries obscènes. Oh ! par exemple, sur ce point qui fut toujours cher à la verve déréglée des pitres, il s'en donne à cœur joie et sans rien épargner. Les délicats feront bien de ne pas lire la grande scène entre le caporal et Pierrot, dans *Pierrot sentinelle perdue, ou la ronde Chit-chit*, à moins de se boucher hermétiquement le nez. Et pourtant Molière et Regnard ne sont pas toujours beaucoup plus discrets que Bobèche sur la matière, et si vous étiez tenté de vous indigner contre le pitre du boulevard du Temple, ô Athéniens, souvenez-vous d'Aristophane et de ses plaisanteries favorites !

L'Amant femme de chambre et nourrice met en scène un amoureux qui, pour se rapprocher de sa belle, se présente comme femme de chambre, et qui est forcé par le père, — le vieux Cassandre, un ladre fieffé, — de servir en même temps de nourrice au fils de Mme Cassandre. On devine les situations qui en résultent, et le parti qu'en tirait Bobèche. Du reste, l'idée n'est pas très-neuve, et elle avait déjà été mise plusieurs fois au théâtre. C'est une réflexion qu'on fait à diverses reprises en lisant les pièces du recueil. Ainsi encore *Tirlipiton, ou Arlequin honnête homme invisible*, reproduit le fond d'une amusante comédie de Brécourt : *le Jaloux invisible*, déjà mis en œuvre par Sallé

---

(1) Le recueil de parades de ces messieurs (1756, 3 vol. in-12) contient les pièces qui amusaient la société blasée du duc d'Orléans. Le mot *parades*, dans l'esprit des auteurs, signifie simplement des œuvres d'ordre infime, au-dessous de la farce, et qui s'efforcent de rivaliser, par le style et la nature des plaisanteries, avec les productions des paillasses. Les deux lettres sur les parades, qui font partie du recueil, ne contiennent aucun renseignement sur notre sujet.

dans une de ses parades : *Ah! que voilà qui est beau!* Il n'en faudrait pas davantage pour nous prouver, quand même nous ne le saurions pas d'autre part, que le théâtre de Bobèche était alimenté par des auteurs en titre, dont l'illustre farceur se réservait seulement d'accroître et d'embellir les élucubrations drôlatiques, en ce qui le regardait, dans le feu de la représentation : « Jadis, lit-on dans la *Petite Chronique de Paris*, les paillasses des boulevards se contentaient de réjouir les promeneurs au moyen de quelques gros bons mots échappés aux ivrognes de la Courtille et des Porcherons ; mais, depuis que les auteurs à prétentions travaillent pour la parade, le répertoire de ce théâtre peut soutenir avantageusement la comparaison avec celui de ses voisins. » Et ailleurs : « Un habitué du boulevard du Temple parlait à Bobèche de la parade du *Père enfant*, en lui demandant si on ne la lui avait pas d'abord présentée. Il répondit fièrement, comme feu Beaumarchais : « J'ai refusé mieux que ça. — Mais au moins la jouerez- « vous gratis ? — Pas si bête (1). »

Le petit théâtre devant lequel se montrait Bobèche n'avait assurément nulle concurrence à redouter pour la parade. Il eût suffi à lui seul pour lui assurer une victoire éclatante ; mais ce théâtre avait encore Galimafré, ou du moins il l'eut pendant un certain temps, car les deux célèbres pitres, parfois séparés, jouèrent souvent ensemble sur les mêmes tréteaux et dans le même ouvrage. Il est probable que Gringalet fit également partie de cette troupe incomparable, car une pièce du *Nouveau théâtre des boulevards* nous le montre en scène avec Galimafré. C'est une farce au gros sel, qui porte le titre caractéristique de *Gringalet homme de lettres et Galimafrée homme d'esprit*. On y voit Gringalet exposer le plan d'un mirifique

(1) Page 135 et p. 6, année 1816.

ouvrage, ni en prose, ni en vers, qu'il vient de composer, et Galimafré poser à ses compagnons une série de questions biscornues et de problèmes burlesques, qu'il résout ensuite de la façon la plus triomphale, comme faisaient jadis le baron de Grattelard et Tabarin.

Les parades, même à cette époque, étaient pour ainsi dire continuelles sur le boulevard du Temple. Les spectacles de Mlle Rose et de Mlle Malaga avaient leurs parades, comme celui des Délassements-Comiques, et, à en croire M. Jules Janin, dans son *Histoire de Deburau*, le premier eut l'honneur de posséder un Bobèche exceptionnel dans la personne de Frédérick-Lemaître. Le père de Mlle Malaga, en particulier, se distingua dans l'emploi. Il annonçait lui-même le spectacle à la porte, avec une noblesse de langage et des fleurs de rhétorique dignes d'un académicien. Le père Rousseau fut quelque temps le pitre de la *Malaga*, qui avait grand soin de se montrer pendant la parade pour séduire les amateurs par les splendeurs de son costume et de sa beauté. Vous eussiez aperçu plus d'une fois dans le public des grands comédiens comme Fleury, Dugazon, Monvel, Potier, les deux Baptiste et autres (1).

La rive droite n'était pas seule à jouir du spectacle de la parade. Les habitants de la rive gauche, à la même époque, avaient leur Bobèche dans la personne du paillasse Saix, dit Bobino, dont la tradition populaire a conservé le nom au petit théâtre démoli depuis une dizaine d'années, devant lequel il faisait ses exercices avant la représentation. Le théâtre du Luxembourg était alors un vrai spectacle forain, qui ne s'élevait pas encore jusqu'aux hauteurs du vaudeville et de la pièce parlée. Bobino le pitre florissait vers les années 1816 à 1820. Ce n'était certes pas un garçon méprisable, et sa popularité le prouve ;

---

(1) Ch. Maurice, *Feu le boulevard du Temple*, p. 18.

mais qu'en dire après avoir parlé de Bobèche, et quelle étoile ne s'éteindrait dans le rayonnement de ce soleil?

Ces petits théâtres de baladins donnaient par jour plusieurs représentations, précédées chacune de la *bagatelle de la porte* qu'annonçait le son magique de la corne à bouquin (1). Les jours ordinaires, cela commençait vers deux ou trois heures; le dimanche, vers midi. Mais les rassemblements immenses qu'occasionnaient sur le boulevard ces représentations en plein vent nuisaient à la circulation, inquiétaient parfois l'ordre public, favorisaient les entreprises des filous, sans parler de la morale, trop souvent compromise. La police, ce trouble-fête, finit par jeter bas, au grand désespoir des badauds, les étroits balcons et les tréteaux du haut desquels tant de joyeuses bêtises étaient tombées sur la foule, et, plusieurs années avant la fin de la Restauration, les parades du boulevard du Temple avaient disparu pour ne plus renaître.

Brazier, dans son livre curieux sur les *petits théâtres*, a remarqué avec tristesse que la parade est le seul *genre de littérature* qui n'ait pas fait de progrès, qu'elle est restée stationnaire au milieu du mouvement général des intelligences. On a vu, par les parades de Bobèche, que ce reproche est peu fondé. Si les *hommes de goût* devaient témoigner un regret, au contraire, ce serait de voir l'intervention des gens de lettres en cette affaire : ils ont fait tout ce qu'ils ont pu pour gâter les parades de Bobèche, sous prétexte de progrès, et ils y ont réussi à moitié. Mais Brazier n'a voulu parler sans doute que des simples pitres, et sur ce point son observation est juste, quoique son regret ne le soit pas. La tradition, même bannie du reste de la littérature, devrait se retrouver dans la bouche des pitres. Vous êtes vaudevilliste, monsieur Brazier, et nous

---

(1) Rougemont, *le Rôdeur*, t. IV, p. 141.

vous voyons venir. Le progrès! Mais, s'il vous plaît, qu'est-ce que le progrès peut avoir à démêler avec la parade? Qu'y a-t-il de commun entre la parade et les immortels principes de 89? Les pitres se sont dérobés aux conséquences de la révolution romantique de 1828 : ce sont les derniers conservateurs et les derniers classiques.

CHAPITRE IX

LES CRIS DU VIEUX PARIS ET LES PETITS MÉTIERS DE LA RUE.

L'origine des cris de Paris « se perd dans la nuit des temps ». Si haut que notre regard puisse plonger dans le passé, si loin en arrière que nous rencontrions un document sur les petites industries parisiennes, nous les trouvons déjà installées à leur poste dans les rues et les carrefours, et faisant retentir la ville de cette mélopée bruyante et bizarre qui s'est perpétuée jusqu'à nous en s'affaiblissant. Le *Livre des Mestiers,* du prévôt Estienne Boileau, nous les montre à l'œuvre sous le bon roi saint Louis ; et, dès la fin du treizième siècle, Guillaume de la Villeneuve les chantait en son curieux petit poème des *Crieries de Paris* (1). Les mystères, les romans, les fabliaux du moyen âge abondent en *dits* du tavernier, de l'épicier, de l'étuviste, etc., etc. Le vieux Paris, d'un bout à l'autre de son enceinte, n'était qu'une symphonie incessante, où se mariaient sur tous les tons les voix provocatrices des marchands ambulants.

Loin d'augmenter avec le temps, le nombre et la variété de ces cris de la rue ont beaucoup décrû. Il est facile de le comprendre. Jadis, avant la découverte de l'imprimerie,

---

(1) *Fabliaux* de Barbazan, édit. Méon, t. II, p 277.

avant l'invention des gazettes et des prospectus, les moyens de publicité étaient singulièrement restreints. Peu de gens savaient lire. A défaut d'annonces ou d'affiches, il fallait bien recourir à la voix humaine. Tout alors se criait par les rues, même les marchandises qui attendent aujourd'hui le chaland au fond d'une boutique et semblent les moins faites pour se débiter en plein air. Dans cette enfance de l'art, les industries les plus simples se décomposaient souvent en parties innombrables ; chacune avait son colporteur spécial, et celui-ci proclamait sa marchandise avec une assourdissante et interminable loquacité dont, entre une multitude d'exemples analogues, le vieux *dit du mercier,* en deux cents vers, donne une idée imposante.

De tout temps, ce sujet a sollicité les écrivains aussi bien que les dessinateurs. Nous avons encore, de la première moitié du seizième siècle, le *Cry joyeux des marchandises que l'on porte chacun jour parmi Paris ;* les *Crys de Paris tous nouveaux* (1545), par Antoine Truquet ; puis, à une date un peu postérieure, la *Chanson nouvelle de tous les cris de Paris,* qui se chante « sur la volte de Provence ».

Nous avons également la *Farce des cris de Paris* (1548), sans parler de quelques passages de Rabelais (1). Il nous reste aussi, du milieu ou de la fin du siècle (l'édition de 1584 n'est pas la première, et elle remonte au quinzième siècle sous sa forme primitive), un livret : *les Cris de Paris que l'on crie journellement par les rues de ladicte ville,* multiplié à foison par les presses de Troyes pour les besoins de la librairie populaire, et que je n'ose appeler poème, bien qu'il ait la prétention d'être écrit en vers de huit syllabes. Ce livret contient déjà presque tous les cris

---

(1) *Pantagruel,* ch. XXX et XXXI.

que nous entendons retentir aujourd'hui par-dessus le roulement des voitures et le bruit de la houle humaine ; il en renferme en outre beaucoup d'autres, qui sont allés rejoindre parmi les neiges d'antan les vieilles rues et les vieilles maisons de la Cité. On peut voir enfin à la Bibliothèque de l'Arsenal une curieuse et rarissime série non

Fig. 108. — *Ma belle poirée, mes beaux épinards!* Gravure des *Cris de Paris*, fin du XVe siècle, Bibl. de l'Arsenal.

classée de Cris de Paris, figures coloriées, avec les cris en caractères gothiques, souvent accompagnées de quatrains. Mais c'est surtout du dix-septième au dix-neuvième siècle que les petites industries de la rue ont inspiré une foule d'artistes, comme Brebiette et Abraham Bosse, Lagniet, Bonnard, Poisson, Greuze, Boucher, Bouchardon, Saint-Aubin, Boissieu, Duplessis-Bertaux, Carle Vernet, Joly. Marlet et tant d'autres. Les cris de Paris et les industriels de la rue ont occupé, au dix-septième siècle, non-seulement des écrivains burlesques tels que Claude le Petit, surtout Berthod et Scarron, mais des écrivains plus graves, comme Boileau. Ils figurent fréquemment dans les ballets de la cour de Louis XIII et du temps de la Régence, et ils ont même défilé plus d'une fois devant Louis XIV (1). Regnard, dans la *Foire Saint-Germain,* après lui Panard, dans la *Description de Paris,* Favart, dans la *Soirée des boulevards,* et beaucoup d'autres en ont enregistré un assez grand nombre. On les a mis à la scène sous la Restauration. Le 18 septembre 1822, le théâtre des Variétés donna les *Cris de Paris,* par Francis, Simonin et d'Artois, où Lepeintre figurait un marchand de cafés, de liqueurs et de petits gâteaux ; Vernet, un carreleur de souliers ; Arnal, un marchand de fruits et de légumes ; Brunet, un marchand d'habits ; Odry, une marchande d'allumettes et d'amadou.

Nous voudrions faire revivre un moment sous les yeux du lecteur quelques-unes des plus curieuses parmi ces petites industries disparues, et, comme il faut choisir un centre et un point d'appui pour cette étude, nous choisissons ce dix-septième siècle, le plus complet et le plus varié de tous, qui renferme et concilie en lui-même le temps ancien et le temps moderne, le crépuscule du moyen âge, si je puis ainsi dire, et l'aube des époques nouvelles, et qui garde encore presque tous les cris du temps passé. C'est sur ce terrain surtout que nous nous établirons, mais en poussant des pointes et en *rayonnant* à droite et à gauche, en deçà ou au delà, selon les besoins du sujet.

Descendons dans la rue, ou mettons, dès avant le jour, la tête à la fenêtre. Voici le défilé qui commence.

(1) Voir, en particulier, la mascarade des *Vrais moyens de parvenir* (1651) et le *Ballet royal de la Nuit* (1653) dans le deuxième volume de nos *Contemporains de Molière* (Didot, in-8°).

Les premiers levés, parmi les industriels nomades, ce sont les marchands d'eau-de-vie. Il n'est que quatre heures du matin ; l'aube ne paraît pas encore au bord le plus lointain de l'horizon, et déjà on entend de toutes parts le

Fig. 169. — Le Marchand d'eau-de-vie. Gravure Le Blond, d'après A. Bosse XVIIe siècle.

cri ou la chanson enjolivée de plaisantes fioritures par le marchand :

« Eau-de-vie, brandevin, et la dragée au bout. — La vie, la vie, à un sou le petit verre. — A la bonne eau-de-vie, pour réjouir le cœur. — Vie, vie, vie, vie, à mon petit cabaret, à mon petit bouchon ! »

Leur voix, devançant le chant du coq, est le clairon qui

réveille tous les habitants du quartier. Les uns vont de porte en porte offrir leurs services et chercher les clients à domicile ; le plus grand nombre dressent leur table dans un carrefour, sur une place, au coin de quelque rue fréquentée, avec la fontaine, les tasses et les flacons d'étain, la lanterne qui les éclaire, et l'auvent portatif élevé autour de la petite boutique pour garantir la marchandise et le marchand. La table est souvent décorée avec art et même avec un certain luxe. On n'y boit pas seulement de l'eau-de-vie, mais d'agréables liqueurs de tout genre. Pour couronner tant de jouissances, on y trouve même au besoin les plaisirs du jeu, et l'on peut engager avec le marchand une partie de cartes ou de dés sur la nappe (1).

Le menu peuple formait la principale, mais non la seule clientèle de ces débits de la rue. L'ouvrier, en gagnant le lieu de son travail, passait à la boutique en plein vent comme il entre aujourd'hui chez le marchand de vin ; les paysans des environs, en se rendant à la Halle pour y porter l'énorme provision de légumes, d'œufs, de fruits et de fleurs qui allaient se vendre à la criée au milieu d'un tumulte infernal, tandis que le reste de la ville demeurait plongé dans le sommeil et le silence, se réchauffaient d'un petit verre au passage. Les clients les plus délicats et les plus riches y joignaient quelque fruit confit, avec « la dragée au bout », et nos modernes buveurs *d'eau de feu* devraient bien revenir à ce dernier usage.

Dans son *Tracas de Paris en vers burlesques* (1665), François Colletet a décrit minutieusement l'équipage et les allures des crieurs d'eau-de-vie :

> Ris de voir ces tasses rangées
> Et ces fioles de dragées,

---

(1) *Les Amours de Vertumne*, dans la *Maison des Jeux* (1642, in-8°, 3e partie). *Arlequin Phaéton*, de Palaprat (1692), II, scène 3. *La Fausse Coquette* (1694), I, scène 3, dans le *Théâtre-Italien*, de Gherardi, p. 294. — On peut voir aussi le *Marchand d'eau-de-vie*, gravé par Michel Lasne, d'après Abraham Bosse.

>   Ces bouteilles et ces flacons
>   Et ces verres à petits fonds,
>   Ces tables propres et couvertes,
>   Que l'on orne de branches vertes,
>   De tapis et de linges blancs,
>   Afin d'attirer les passans.
>   Tous ces vendeurs ont leur méthode,
>   Et chacun invite à sa mode :
>   « Ça, chalants, dira celuy-ci,
>   Approchez, venez boire icy ;
>   Voilà de si bonne eau-de-vie
>   Pour noyer la mélancolie,
>   Même pour réjouir le cœur,
>   Qu'il ne se peut rien de meilleur ! »
>   L'autre, qui court de rue en rue
>   Avec sa lanterne menue,
>   Portant sa boutique à son col
>   Pendue avecque son licol,
>   S'en va frapper de porte en porte,
>   Suivy de son chien pour escorte,
>   Et réveille les artisans
>   Avecque ses discours plaisans
>   (Que l'on croit des mots de grimoire)
>   « Vi, vi, vi, vi, à boire, à boire !
>   Excellent petit cabaret,
>   Remply de blanc et de clairet,
>   De rossolis, de malvoisie,
>   Pour qui n'aime point l'eau-de-vie ! »

Ces industriels étaient parfois exposés à d'assez rudes mésaventures. Plus d'un dormeur, réveillé en sursaut par leur voix aiguë, ouvrait sa fenêtre pour les accabler d'injures ou de pis encore. Le premier continuateur du *Roman comique* de Scarron, en son chapitre deuxième, les traite de *canailles*, et voit en eux « la plus importune engeance qui soit dans la république humaine ». Cette aimable phrase donne la mesure des dispositions bienveillantes que les bourgeois de Paris nourrissaient généralement à leur égard. Tallemant des Réaux nous raconte, dans l'historiette de *Clinchamp*, que, tous les matins, cet ingénieux gentilhomme faisait monter un marchand d'eau-de-vie, sous prétexte de se réconforter l'estomac, et le forçait aussitôt, un pistolet sur la gorge, d'allumer un fagot dans sa cheminée afin d'avoir toutes ses aises en se levant (1).

L'eau-de-vie avait été longtemps considérée comme un remède, et vendue exclusivement par les apothicaires : ce ne fut guère qu'au dix-septième siècle qu'elle devint une boisson dont le peuple commença à user et bientôt à abuser. Un arrêté du mois de janvier 1678, donnant force de loi à la coutume, autorisa les pauvres marchands d'eau-de-vie à s'établir dans les rues, de la manière que nous avons dite ; mais ils se laissèrent aller sans doute à triompher avec quelque imprudence et à outrepasser leurs droits, car, le 1er juillet de la même année, un nouvel arrêt, intervenu sur la plainte des limonadiers, leur fit défense de mêler du sucre et d'autres liqueurs que l'eau-de-vie à leurs cerises et noix confites (2)

Un peu après les marchands d'eau-de-vie, les crieurs *d'huîtres à l'écaille* faisaient leur entrée en scène : le cri de ces industriels remplaçait le chant de l'alouette pour marquer le lever de l'aurore (3). Au moyen âge, les *étuveurs* envoyaient leurs garçons crier par les rues :

> Seignor, qu'or vous alliez baingner,
> Et estuver sans delaier ;
> Li baing sont chauds, c'est sans mentir (4).

Ce cri se renouvelait le soir. Le bain, surtout le bain de vapeur, était une des habitudes du moyen âge, rapportée d'Orient à la suite des croisades, et une habitude fort salutaire, en ce temps, où Paris, obstrué de ruelles infectes, peuplé de truands, souvent ravagé par la peste, respirait une atmosphère saturée de mauvaises odeurs et propice aux maladies cutanées. Par malheur, déjà au moyen âge

---

(1) On lit un trait pareil dans la nouvelle d'Oudin intitulée *le Chevalier d'industrie.*
(2) Legrand d'Aussy, *Vie privée des Francais*, III, ch. IV, sect. 5.
(3) *Comédie de chansons* (1640), sc. I.
(4) G. de la Villeneuve, *les Crieries de Paris.*

et encore au dix-septième siècle, malgré le soin qu'on prenait, ou qu'on était censé prendre, de ne recevoir dans la corporation des maîtres barbiers-baigneurs-étuvistes que des hommes de bonne vie et mœurs, leurs établissements avaient une réputation fort suspecte. On en trouvait pres-

Fig. 110. — *Qui veut du bon lait?* D'après les *Cris de Paris* du XVᵉ siècle. Bibl. de l'Arsenal.

que dans chaque rue; mais celle des Vieilles-Étuves était leur centre principal et le rendez-vous favori des amateurs. Dans le *Livre des Mestiers*, d'Estienne Boileau (1ʳᵉ partie, titre LXXIII), il est fait défense aux *estuveurs* d'envoyer crier leurs bains avant le jour, — à cause des dangers que pouvaient courir les bourgeois dans les ténèbres en se rendant chez eux, — et de les tenir ouverts la nuit. Plus tard, les *estuveurs* changèrent leur nom contre celui de *baigneurs ;* ces derniers jouent un grand rôle dans les mémoires du dix-septième siècle. Il y avait des bains du haut style et très à la mode, où les grands seigneurs allaient souvent s'enfermer plusieurs jours, et où ils trouvaient tout le luxe de l'élégance et tous les raffinements de la civilisation (1); mais on ne voit pas qu'ils envoyassent crier par les rues. Quelques baigneurs d'ordre infime le faisaient peut-être encore dans le courant du siècle ; quant aux illustres, ils dédaignaient ce moyen vulgaire.

Etre tous les cris du matin, il ne faut pas oublier non plus celui des laitières (fig. 110). On les voyait arriver à peu près en même temps que les boulangers de Gonesse, le vase sur la tête et le pot à la main. Assises sous les portes cochères et installées aux angles des rues, comme à présent, elles faisaient retentir l'air de leurs voix perçantes : « A mon bon lait chaud ! Qui veut du bon lait ? — La laitière, allons vite. — Ça, tôt le pot, nourrices (2). » C'était le moment où Paris se levait, où les ménagères apparaissaient sur le seuil, où les rues commençaient à se remplir.

Le café, introduit à Paris d'une manière définitive vers 1672, était aussi colporté par les rues. Le marchand soutenait devant lui un éventaire, sur lequel étaient rangés ses ustensiles, et il portait d'une main un réchaud surmonté d'une cafetière, dont le contenu se maintenait bouillant; de l'autre une petite fontaine avec sa provision d'eau. Les amateurs appelaient par la fenêtre et le faisaient monter chez eux. Tel était l'engouement qui accueillit cette nouveauté, qu'on voyait souvent les grandes dames s'arrêter à la porte des cafés et se faire apporter dans leurs

---

(1) V. Walckenaer, *Mémoires sur M*^{me} *de Sévigné*, t. II, p. 39.
(2) *Les Cris de Paris*, série de figures de la fin, du XVe ou du commencement du XVIe siècle. (*Bibliothèque de l'Arsenal*).

carrosses une tasse de la liqueur à la mode, qu'on payait quatre sous (1).

Au dix-huitième siècle, les ouvriers matineux, en se rendant à leur travail, prenaient leur café au lait en plein air. « Au coin des rues, dit Mercier (2), à la lueur d'une

Fig. 111. — *Café! café!* D'après les *Cris de Paris*, de Bouchardon. XVIIIe siècle.

pâle lanterne, des femmes portent sur leur dos des fontaines de fer-blanc, en servent dans des pots en terre pour *deux sols*. Le sucre n'y domine pas, mais enfin l'ouvrier trouve ce café au lait excellent. S'imaginerait-on que la communauté des limonadiers, déployant ses statuts, a tout fait pour interdire ce trafic légitime? Ils prétendaient vendre la même tasse *cinq sols* dans leurs boutiques de glaces.

(1) Savary, *Dictionnaire du commerce*, art. *Café*. Boursault, *Lettre à Mlle Poisson*.
(2) *Tableau de Paris*, chap. *les Heures du jour*.

Mais les ouvriers n'ont pas besoin de se mirer en prenant leur déjeuner. »

Avec le mouvement et le bruit de la grande ville, tous les industriels ambulants, descendus de leurs taudis, se répandaient parmi les mille voies sinueuses et se mêlaient à la foule. « Puis après, dit Guillaume de la Villeneuve, aussitôt qu'il a parlé des étuvistes, orrez retentir :

> De cils qui les fres harens crient ;
> Or au vivet li autres dient ;
> Soret blanc, harenc fres poudré.

Les marchands de poissons descendaient dans la rue dès le matin, comme aujourd'hui. C'est au douzième siècle seulement que le commerce du poisson salé commença à Paris, par les soins de la Hanse parisienne, et le hareng fut un des premiers qui parurent aux Halles. Les harangères demeuraient sur le Petit-Pont. Leur réputation spéciale date de loin, et dans sa *Ballade des Femmes de Paris*, Villon les range parmi les *bons becs*. Voici le quatrain que l'auteur de la série des *Cris de Paris* du quinzième siècle prête à la *crieresse d'harengs* :

> Harengs sorets appetissans ;
> Ce sont petits morceaux frians,
> Pour déjeuner au matinet,
> Avec vin blanc, clair, pur et net.

A la suite des marchandes de poissons, Guillaume de la Villeneuve fait défiler les crieurs d'*oisons, pigeons, chair salée* et *chair fraîche*, ce qui prouve que les bouchers, comme les rôtisseurs, colportaient alors leur marchandise. On sait que, suivant l'usage du temps, qui réunissait dans le même quartier les gens de la même profession, les rôtisseurs, ou *oyers*, ont donné leur nom à la rue aux *Oues* ou aux *Oies*, qu'ils habitaient, et dont notre ignorance du vieux langage a fait la rue aux Ours. Nous remarquons ensuite, parmi les marchandises que l'on crie, de l'*aillée,* c'est-à-dire une sauce dont l'ail, pilé avec des amandes et de la mie de pain, formait la base; du miel, régal alors extrêmement répandu et qu'on employait souvent dans les cas où nous employons aujourd'hui le sucre ; des fèves chau-

Fig. 112. — *Harengs sors!* D'après les *Cris de Paris* du XVe siècle. Bibl. de l'Arsenal.

des qui, après avoir servi de nourriture, fournissaient aux élégantes une eau pour se blanchir le teint (1). Mais il est probable que Guillaume de la Villeneuve ne suit plus alors l'ordre de la journée dans les cris enregistrés par lui. Nous avons voulu nous arrêter un moment, en guise d'introduction, à quelques-uns des cris spéciaux à son époque, ou qui pouvaient donner lieu à une observation particulière. Revenons maintenant au dix-septième siècle.

Le dix-septième siècle fut un siècle gourmand. Paris

(1) Le *Magasin pittoresque*, t. 1, p. 386.

était plein de *temples* élevés à la gourmandise : tavernes, cabarets, pâtisseries, appropriés à toutes les conditions, et recevant depuis le grand seigneur jusqu'à l'artisan. Dans les cris de la rue, une bonne moitié pour le moins roulait sur ce thème fécond. A vrai dire, il en a été ainsi de tout temps. La friandise humaine est la passion qui a toujours vu le plus de courtisans empressés à la satisfaire ou à la provoquer. Jamais reine n'a eu cour plus assidue ni flatteurs plus zélés, et l'esprit se perd quand il essaie de réfléchir un moment à tout ce qui s'est dépensé de travail, d'art et de génie, à tout ce qui s'est versé de larmes, de sueur et quelquefois de sang pour donner à l'appétit de l'homme sa pitance quotidienne, pour arriver à combler ce gouffre béant qui, comme le tonneau des Danaïdes, se retrouve toujours vide lorsqu'on croit l'avoir rempli. La faim, et la gourmandise, qui est le luxe de la faim, mettent en jeu à elles seules plus de pensées et de passions que la politique et la guerre. Que de choses ne pourrais-je pas dire là-dessus, si je ne craignais d'imiter ces auteurs qui écrivent de longues et solennelles préfaces pour de tout petits livres !

Les boutiques de pâtissiers, plus répandues peut-être qu'aujourd'hui, n'étaient pas alors ce qu'elles sont maintenant. On y entrait pour manger et pour boire ; elles avaient leurs salles communes et leurs cabinets particuliers ; en un mot, elles se confondaient par de nombreux points de contact avec les cabarets, dont elles partageaient, en la dépassant peut-être encore, la détestable renommée. Les pâtissiers, d'ailleurs, n'avaient commencé qu'en 1567 à former une corporation distincte des cabaretiers. Ils avaient pour enseigne des lanternes décorées de figures bizarres : oisons bridés, guenuches, chiens, chats, éléphants, lièvres, renards, courant l'un après l'autre en une sorte de danse macabre, en un chaos fantastique et grimaçant. Le soir surtout, quand ces *lanternes vives,* comme on les nommait (1), étaient éclairées, ce spectacle avait quelque chose de plus bizarre encore, qui signalait de loin la boutique aux regards.

Ces commerçants, ou leurs garçons, parcouraient les

Fig. 113. — *Petits pâtés tout chauds!* d'après Bouchardon. XVIIIe siècle.

rues, stationnaient dans les places publiques, se tenaient aux foires, l'éventaire étalé sur le ventre, et s'époumonnaient à crier : « Échaudés, gâteaux, petits choux chauds, tout chauds, tout chauds ! Petits pâtés bouillants ! » — Les marchands de la rue crient toujours les petits pâtés *bouillants,* même quand ils sont froids, et les boissons à *la glace,* même quand elles sont chaudes. — « Gobets, craquelins, brides à veau, pour friands museaux ! — Qui

(1) Regnier, sat. XI.

en veut? » Une des pâtisseries populaires les plus en vogue sur les foires et dans les grandes réunions en plein air, était le *raton*, dont la forme représentait grossièrement un rat; il ne se vendait que deux liards. Puis venaient les casse-museaux, au nom significatif; les tourteaux, les masse-pains, les talemouses, de forme triangulaire, faites avec du fromage, dorées avec un jaune d'œuf, et saupoudrées de sucre; les tartelettes, les pains d'épice, mille choses encore, plus appétissantes les unes que les autres.

A mesure que le soleil montait à l'horizon, la mélopée des cris de Paris s'élevait elle-même et grandissait toujours, plus tumultueuse et plus discordante. De la Bastille au Cours la Reine, de la montagne Sainte-Geneviève à la butte Saint-Roch, retentissait sur tous les tons l'incessante litanie du *regrattier*, des marchands de rogatons et de victuailles, poussant un âne ou une petite charrette devant eux, coiffés d'une corbeille, ou soutenant une boîte pendue à leur cou. Le soprano et la basse-taille se heurtaient en déchirant les oreilles; le glapissement aigu des femmes jaillissait en fusées autour du beuglement enroué des hommes, lorsque les hommes n'avaient pas des voix de femmes, et les femmes des voix d'hommes. Et voici ce qui, si l'on prêtait attentivement l'oreille, finissait par se dégager de cette masse confuse :

— Beurre frais, beurre de Vanves!

— Sauce blanche! sauce verte! pour manger *viandes de carême!* — Sauce au miel, sauce à l'ail!

— Vin de Suresnes, vin de Montmartre!

— Mes beaux cerneaux!

— Raisin, raisin doux!

— Salade, belle salade!

— Verjus, vert verjus!

— Oranges de Portugal, oranges d'Italie!

— Figues de Marseille, figues!

— Châtaignes boulues, toutes chaudes! châtaignes à rôtir!

— Poires de Dagobert!

— Pain de Louvre! pain de Gonesse! pain chaland, pain mollet!

— Pêches de Corbeil! bergamotes d'Autun!

— Pruneaux de Tours, pruneaux!

Fig. 114. — *Mes beaux cerneaux!*   Fig. 115. — *Achetez mes lardoires!*
D'après les *Cris de Paris* de Bouchardon.

— La douce cerise, la griotte à confire, cerises de Poitiers! Prunes de Damas!

— Amandes nouvelles, amandes douces; amendez-vous!

— Douce mûre, gentils fruits nouveaux!

— Fèves de marais! — Fèves cuites, toutes chaudes!

— A mes bons navets, navets!

— Carpes vives, carpes vives!

— Mon frais saumon, mon beau cabillaud ; j'ai ce qu'il vous faut.

— Des pommes pour de la ferraille !

— De l'eau pour du pain !

— Rave, douce rave, pour les dégoûtés !

— Fromage de Brie ! fromage d'Auvergne !

Fig. 116. — Le Marchand de *tisane* (le coco); d'après Poisson. XVIIIe siècle.

— A ma belle poirée ! à mes beaux épinards ! à mon bel oignon !

— Achetez mes lardoires, mes cuillers à pot !

Le vendeur de tisane était l'antithèse du marchand d'eau-de-vie. La tisane ou la *ptisane*, comme on disait alors, ne doit pas tout à fait se confondre avec cette fade boisson médicinale qui n'eût fait fortune en aucun temps dans les rues de Paris. C'était à peu près ce qu'est aujourd'hui le *coco*, cher au gamin : une eau de réglisse légèrement sucrée et aromatisée, à la portée des bourses les plus médiocres. Le marchand, la fontaine sur le dos, souvent tout enguirlandée et empanachée, le bonnet garni de plaques et de plumes de héron, ceint d'un tablier blanc, avec deux

Fig. 117. — Crieur de cotrets. *Cris de Paris* du XVe siècle.

gobelets attachés à sa ceinture, parcourait les divers quartiers, en criant : « A la fraîche, à la fraîche, qui veut boire ? Deux coups pour un liard (fig. 116). »

Parmi les liqueurs particulières à l'époque, et qui ont disparu depuis, citons encore *l'aigre de cèdre*, jus de citron servi avec son écorce confite ; le *rossolis*, ainsi nommé de la plante *ros solis* qui entrait dans sa composition, et le *populo*, qui se faisait avec un mélange d'esprit-de-vin, d'eau, de sucre, de musc, d'ambre, d'essence d'anis et de cannelle.

Le porteur d'eau ressemblait à son descendant d'aujourd'hui, avec ses deux seaux suspendus à une double courroie, et maintenus par un cerceau. L'*épicier d'enfer*, vendant toute sorte de drogue à brûler le palais, comme le poivre et le gingembre, n'avait qu'à se montrer pour qu'on devinât sa marchandise, et il ne criait pas. Il en était de même du marchand de chandelles, qui se contentait de faire sonner sa balance :

> Du chandelier la guise est telle,
> Il va marchant sans dire mot,

nous apprend l'auteur des *Cris de Paris qu'on crie journelment*. Il y avait encore les gagne-petit, les crieurs de cotrets portant leur charge sur le dos (fig. 117), les marchands de jonchées d'herbe fraîche, de *ma belle herbe, anis fleuri*, de sablon d'Étampes, menu sable bleu pour récurer les ustensiles de ménage ; de *gentils verres, verres jolis* et *fines aiguilles*, que j'ai retrouvés bien des fois, dans mon enfance, avec le même cri, au fond des villages de la Lorraine ; les crieurs de *maletache* ou savon à détacher (fig. 118), de bourrées de genièvre pour parfumer les appartements, de *fusils*, c'est-à dire de briquets ; de couteaux de Flandre et de ciseaux de Moulins ; de *charbon de rabais en Grève*, de mannequins, de balais, de couvercles à lessive, de peignes de buis, « *la mort aux poux* », de râteliers, de manchons et rabats, de selles de bois ou escabeaux, etc.

Les cureurs de puits (1) et *gadouards*, les tonneliers, les nattiers, les émouleurs (rémouleurs), les chaudronniers, les savetiers faisaient rage du matin au soir. D'autres industriels, le sac sur l'épaule ou la hotte au dos, venaient

---

(1) On trouve encore le *récureur de puits* dans les *Cris de Paris*, de Carle Vernet, qui est, avec la série de Duplessis-Bertaux, l'un des derniers documents historiques à consulter sur la matière.

chercher à domicile, à grands renforts de cris perçants, non-seulement les peaux de lapins, les verres cassés, les vieux seaux et les vieux soufflets, les vieux habits à acheter ou à racommoder, — « la cotte et la chape, vieux drapeaux, vieux houseaux, vieux chapeaux, vieux bonnets, » — comme aujourd'hui, mais le vieux fer, les vieux souliers,

Fig. 118. — Crieur de *maletache*, d'après les *Cris de Paris* du XVᵉ siècle.

la vieille monnaie, la lie de vin et le *fient,* car, en ces siècles fabuleux, les rues de Paris se permettaient parfois le luxe champêtre du fumier (1).

Au milieu de tous ces cris graves éclataient quelques cris plus ou moins burlesques, dont certains métiers se léguaient la tradition. Le plus joyeux des petits industriels

(1) La *Farce des cris de Paris*, 1548. (Ancien théâtre français, t. II, p. 303.) *Cris de Paris* et *Chanson nouvelle*, XVIᵉ siècle. Les *Véritables Cris de Paris*, estampe du XVIIᵉ siècle.

nomades, c'était le ramoneur (fig. 119) : le garnement, avec sa face noire, sa *malette* et sa longue gaule sur l'épaule, se plaisait, suivant un usage d'ailleurs assez répandu parmi les crieurs des rues, gens souvent facétieux, féconds en calembours et en quolibets très-gaulois, à broder sur son cri (Ramone la cheminée *o ta bas*) des variations bouffonnes et parfois peu séantes, en attendant la chanson triomphale qui était de règle, lorsqu'il débouchait au sommet de la cheminée. Mercier nous apprend que, pendant et après la guerre avec les Anglais, sous Louis XV, les marchandes de petites poires d'Angleterre avaient trouvé un moyen de flatter l'amour-propre national en annonçant ainsi leur marchandise : « A trois pour un liard, les Anglais ! » Cette invention joviale et patriotique à la fois, qui se renouvela sous l'Empire (1), obtint un grand succès, et dut valoir de bonnes recettes à celle qui s'en avisa la première.

N'oublions pas non plus, puisque nous sommes sur ce chapitre, le marchand de rubans qui parcourait les rues avec sa petite voiture, dans les premières années de ce siècle, en criant : « N'achetez pas de mes rubans, ils sont trop chers, je ne veux pas vous en vendre (2), » ce qui naturellement lui attirait la clientèle de toutes les femmes amoureuses de la contradiction ; ni les marchands de joncs, dont on nous a conservé le cri drôlatique : « Battez vos femmes, rossez vos habits pour un sou (3). » Ceci nous rappelle les industriels que l'on entend encore aujourd'hui proposer aux passants une petite brochure en ces termes : « Le moyen d'être heureux en ménage et de traiter sa femme comme elle le mérite. »

Au dix-septième siècle, le Pont-Neuf était le grand

---

(1) Prudhomme, *Miroir de l'ancien et du nouveau Paris*, t. III, p. 203.
(2) Prudhomme, *id.*, I, 306.
(3) Henrion, *Encore un tableau de Paris*, an VIII, chap. 56.

centre de toutes les petites industries parisiennes (fig. 120) : charlatans, colporteurs, bouquinistes en plein vent, ramoneurs, porteurs d'eau, chanteurs et musiciens nomades, arracheurs de dents, farceurs et comédiens populaires, tout affluait à ce cœur bruyant de la grande ville, dont le cheval

Fig. 119. — Le ramoneur. D'après les *Cris de Paris* du XVe siècle.

de bronze et la Samaritaine formaient les deux pôles. Une curieuse gravure de La Belle, exécutée en 1646, met en scène le fourmillement prodigieux de ce roi des ponts et ressuscite pour nous le vivant spectacle qu'il présentait au milieu du dix-septième siècle. Mais sans nous arrêter davantage à ce panorama, dont la vue est plus instructive que ne pourraient l'être toutes nos descriptions, nous allons continuer notre course à travers les métiers des rues.

Dans la rarissime série des gravures de P. Brebiette sur les *Cris de Paris* (1640), il en est une qui représente un personnage portant sur l'épaule une espèce d'arbre dont chaque branche est surmontée d'une coiffure de forme bizarre. Au bas de la gravure se trouve reproduit le cri du marchand : « *Des fins chapeaux de papier à vendre.* » J'ignore qu'elle était la destination spéciale de ces *fins chapeaux de papier*. Peut-être les apprentis typographes les avaient-ils déjà adoptés comme leur couvre-chef de prédilection ; mais les imprimeurs ont abondamment sous la main la matière première de ces coiffures de haute fantaisie, et il n'y avait pas là de quoi constituer une clientèle sérieuse. Quoi qu'il en soit, à côté de ces chapeaux de papier destinés à servir d'abris économiques à l'artisan ou de jouets à l'enfance, il existait un commerce ambulant de *chapels* qui remontait à la plus haute antiquité et s'exerçait probablement dès le douzième siècle.

C'était un usage répandu chez nos aïeux, comme on le voit dans les poèmes du moyen âge, de se ceindre le front de couronnes de fleurs, surtout de roses entrelacées d'emblèmes, dans les fêtes et réjouissances publiques, les noces, les processions, etc. Non-seulement les convives se coiffaient de ces *chapels* dans les grands festins, mais ils en coiffaient même les bouteilles et les verres. Cette coutume avait donné naissance à des industries particulières et à la corporation des chapeliers de fleurs, espèces de jardiniers-fleuristes, établis dans les *courtils* des environs de Paris, et très-occupés, tant que durait la belle saison, à tresser des couronnes pour les gens des classes élevées et les riches bourgeois (1). On faisait principalement à la fête des Rois une grande consommation de ces couronnes de

---

(1) E. Boileau, *Livre des mestiers*, 1ʳᵉ partie, titre 90.

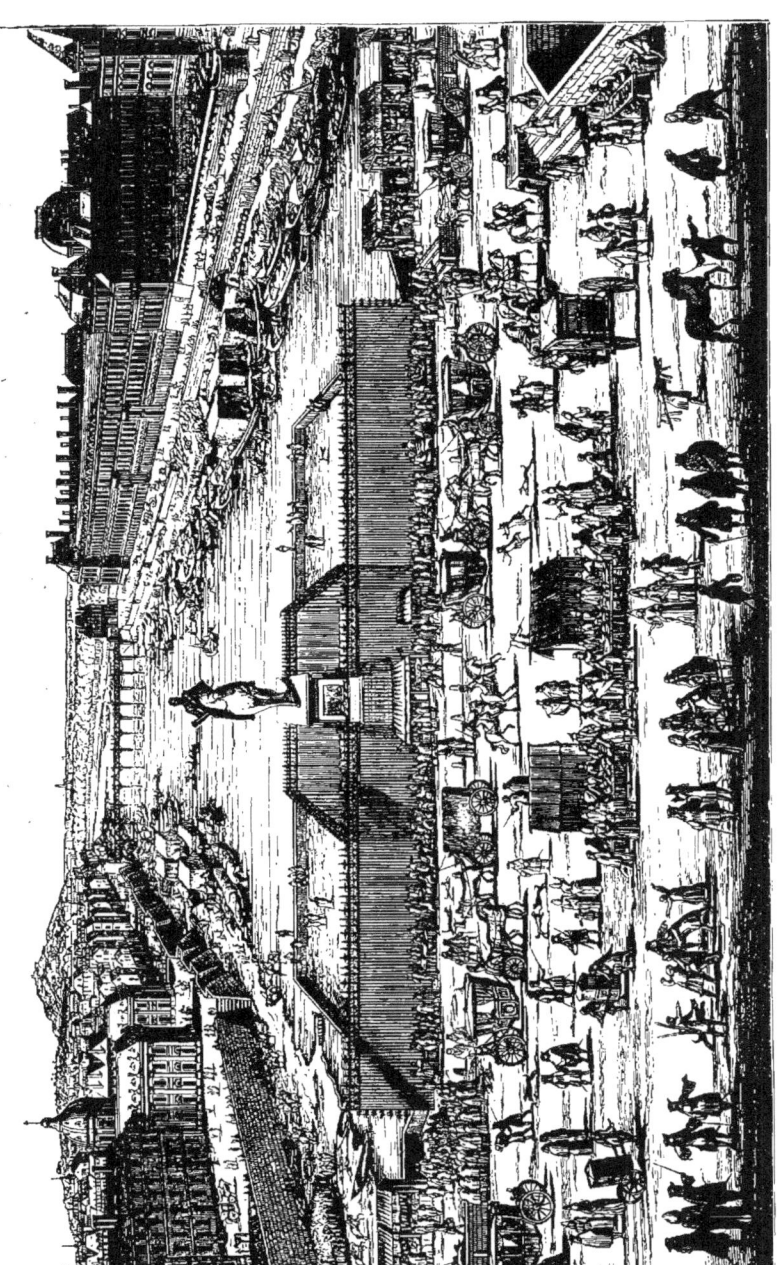

Fig. 120. — Le Pont-Neuf en 1702, d'après une gravure du temps. Gravure extraite de *Paris à travers les âges*, in-fol. Libr. Firmin-Didot et Cie.

fleurs, et, la veille de cette fête, les chapelières et chapeliers ambulants ne savaient à qui entendre :

> Quand des Rois approche la fête,
> Sçachez à qui je m'enbesogne ;
> Je m'en vais crier : « Des couronnes,
> Pour mettre aux rois dessus leurs têtes » (1).

Ce jour-là, ils étaient tenus, ainsi que le *rosier de la cour*, de présenter au voyer de la ville trois chapels de fleurs, en reconnaissance du droit exclusif qui leur était réservé d'élever des rosiers. C'étaient eux aussi qui fournissaient les fleurs pour la *baillée aux roses*, gracieux tribut payé par les pairs laïques au parlement de Paris, chaque année, durant les mois d'avril, de mai et de juin (quatorzième — seizième siècle). Les boisseaux de roses faisaient souvent partie des redevances féodales, et l'eau rose était fort appréciée et très en usage dans les ragoûts, sauces et desserts des tables riches (2). On voit que les *rosiers et chapeliers de fleurs* ne manquaient pas d'occupation (3).

Encore une industrie et un cri disparus sans retour ! Ce *grossier* moyen âge copiait Horace et Anacréon dans ses festins ; mais notre génération est trop positive, trop pressée pour cultiver encore ces traditions gracieuses et ces raffinements délicats. Nos viveurs ont gardé l'orgie, en supprimant la couronne de fleurs.

L'antithèse était partout dans les rues de Paris, comme dans les drames de M. Victor Hugo. A côté de cette riante figure du marchand de chapels, voulez-vous voir la rébarbative physionomie du crieur de mort-aux-rats dans toute

---

(1) *Les Cris de Paris*, XVIe siècle.
(2) Legrand d'Aussy, *Vie privée des Français*, t. II, p. 224-6.
(3) D'après un auteur contemporain, vers la fin du XVe siècle, il fallait dans Paris, en chapeaux de fleurs et bouquets verts, « tant pour noces que confréries, etc., etc., chacun an pour quinze mille écus et plus », ce qui ferait une somme quatre fois plus considérable aujourd'hui. Et cependant l'usage des *chapels* de fleurs était déjà en pleine décadence.

sa splendeur sinistre? Regardez l'esquisse qu'en a tracée le burin d'Abraham Bosse en sa curieuse et trop courte galerie des petits métiers parisiens. Il a toute l'apparence d'un ancien soldat, avec sa mine martiale et sa jambe de bois. Couvert d'un pourpoint troué au coude, le cou emprisonné dans une large fraise, il est coiffé d'un chapeau pyramidal, avec des cadavres de rats enroulés en arabesques autour du cordon. De la main gauche, à laquelle d'autres cadavres sont suspendus en faisceau, il maintient sur son épaule un drapeau déployé, ayant pour emblème et pour devise un rat peint et supportant un nouveau trophée de victimes. Le terrible homme marche entouré de cadavres des pieds à la tête. Sa flamberge horizontale, qui semble prête à tout embrocher, en étale encore un paquet à la pointe et un à la garde! Voici maintenant, suspendue à son cou, la boîte qui renferme la poudre mortifère, autour de laquelle une souris enchaînée par la patte court et se joue, insoucieuse du danger, et destinée peut-être à fournir tout à l'heure un sujet de démonstration publique, comme ces esclaves sur lesquels Locuste démontrait à Néron l'efficacité de son art. Le Pont-Neuf était le rendez-vous favori des marchands de mort-aux-rats, qui, dès le siècle suivant, comme on le voit par la gravure de Bouchardon, avaient déjà bien perdu de leur physionomie flamboyante.

Place au crieur *de vin,* qui est un personnage important, officiel. Pour le présenter en forme au lecteur, il est nécessaire de remonter à son origine. Au moyen âge, la corporation des jurés crieurs de vin comptait parmi les plus considérables. Les taverniers s'en servaient pour avertir le public chaque fois qu'ils allaient entamer une nouvelle pièce. Quand cet usage fut bien établi, le fisc municipal, qui percevait un impôt sur chacune de ces pièces mises en perce par le tavernier, trouva commode d'utiliser dans ce but la corporation des crieurs. Il força donc tous ces marchands à prendre un crieur, auquels ils payaient un salaire quotidien de quatre deniers, et qui était tenu, par les devoirs de sa charge, à constater la quantité de vin débité par eux chaque jour. En vain ceux-

Fig. 121. — Juré-crieur de vins (XVIIIe siècle). Gravure extraite de *Paris à travers les âges*.

ci réclamèrent contre cette servitude : elle était si avantageuse pour l'autorité qu'on fit la sourde oreille à leurs plaintes. Le tavernier refusait-il d'indiquer à un crieur le prix de son vin, celui-ci le demandait à un chaland et l'annonçait au prix qu'on lui disait. Refusait-il de le laisser entrer, le crieur avait le droit de s'installer à sa porte et d'annoncer son vin au prix de celui du roi (1).

Au treizième siècle, ces crieurs parcouraient Paris dans

(1) Monteil, *Histoire des Français*, XVIe siècle, t. I, ép. 72.

la matinée, annonçant de tous leurs poumons le vin de la taverne à laquelle ils étaient attachés, et en même temps ils tenaient à la main un hanap de bois, que leur fournissait le tavernier, et dans lequel ils versaient à boire au passant altéré qui voulait se rafraîchir sans contrevenir aux ordonnances de saint Louis défendant de hanter les tavernes. La veille des grandes fêtes, ils criaient jusqu'au soir les vins *composés,* le vin de sauge, le vin de romarin, « le gentil vin blanc et clairet », le bon vin fort à seize sols. Les taverniers eux-mêmes se tenaient sur le seuil, vantant leur marchandise et appelant leurs clients à haute voix (1). En automne, après les vendanges, les tavernes cessaient leur débit, par respect pour les droits du roi, qui se réservait alors la faculté de faire débiter le produit des vignes de ses domaines ; et les crieurs passaient gratuitement, durant cette période, au service du souverain et parcouraient les rues, précédés du chef de leur corporation, pour annoncer le vin royal avec la solennité séante. Quand il arrivait au port de Paris une *naulée* de vins étrangers, fort estimés des gourmets, l'annonce de cette bonne aubaine se faisait aussi avec des formalités particulières et exceptionnelles, et les crieurs allaient en corps par les rues, guidés par leur chef portant un hanap doré. Cette annonce spéciale pour les vins étrangers avait encore lieu sous Louis XIII.

La corporation des crieurs de vin se composait alors de trente individus (2). A un autre moment, il n'y en eut que vingt-quatre. En 1415, leurs fonctions s'accrurent d'une façon notable : ils eurent aussi à annoncer les morts, les jours de confrérie, les enfants, animaux, papiers et tous

---

(1) Voy. le *Jeu de Saint-Nicolas,* de Jehan Bodel, le *Fabliau* de Courtois d'Arras, et celui des *Trois aveugles de Compiègne,* par Courtebarbe.

(2) *Livre des mestiers,* d'Estienne Boileau ; *Introduction* de Depping. Il faut lire en entier le titre V de la première partie des statuts recueillis par Boileau, si l'on veut voir les droits exorbitants des crieurs.

objets perdus, en promettant le vin pour récompense, et on les appela dès lors maîtres *jurés-crieurs de corps et de vin* (1). Tout ce qui arrivait à Paris, tout ce qui était mis en vente s'annonçait par leur ministère. Ils étaient chargés de fournir aux funérailles des draps, manteaux, tentures, de décorer les sarcophages, de procurer les pleureuses, et

Fig. 122. — Le clocheteur des trépassés en 1755, d'après un dessin du temps
Gravure extraite de *Paris à travers les âges.*

ils suivaient ou précédaient les convois en costumes sombres, portant au besoin les armes du défunt figurées en carton sur leurs poitrines, les uns sonnant de leurs cloches jusqu'au cimetière, ou tirant des sons lugubres, au moyen d'un boyau ciré, d'un pot de terre recouvert de

(1) Voir *le Crieur*, avec sa sonnette fleurdelisée, tel que l'a représenté Bonnart. Lagniet lui a aussi consacré l'une de ses estampes; car son *Crieur de Pampelune* est évidemment un crieur parisien.

parchemin tendu (1) ; les autres réclamant à haute voix les prières du peuple pour le défunt.

Au moyen âge, les crieurs de morts, dont les fonctions étaient alors distinctes, et qui étaient, eux aussi, des personnages officiels agissant au nom de la commune, comme le crieur de vin au nom du roi, parcouraient les rues vêtus de noir ou d'une longue dalmatique blanche semée de larmes, agitant une sonnette et psalmodiant sur un ton lugubre : « Priez Dieu pour l'âme de maître..., ou de messire... qui vient de trépasser. » A en croire certains témoignages, il semble même qu'ils jetaient quelquefois cette invitation pieuse à la foule du haut de la tour qui couronnait l'église des Saints-Innocents, siège de la Confrérie. Furetière nous apprend, dans son *Dictionnaire*, que l'emploi des crieurs de corps et de vin avait fini par être réduit, au dix-septième siècle, à ces fonctions relatives aux funérailles. Ils criaient les enterrements, portaient chez les amis et parents du défunt l'avis de sa mort, ce qu'on appelait la semonce (2), précédaient ou suivaient le convoi, faisaient, en un mot, d'une façon plus large et plus complète, la charge remplie de nos jours par les employés des pompes funèbres. En plein dix-septième siècle, Saint-Amant, traçant le tableau d'une *nuit* à Paris, n'a garde d'oublier le crieur des morts :

> Le clochetteur des trespassez,
> Sonnant de rue en rue,
> De frayeur rend leurs cœurs glacez,
> Quoyque leur corps en sue,
> Et mille chiens, oyans sa triste voix,
> Luy respondent à longs abois.

(1) Kastner, *les Voix de Paris*, in-4º, p. 27.
(2) Furetière, articles *Crieurs de corps et de vin* et *Semonneur*. Sur les diverses catégories de crieurs aux XVe et XVIe siècles, crieurs avec tambours, avec trompettes, avec clochettes, et sur leurs fonctions multiples, consulter Monteil, *Histoire des Français des divers états*, 4e édit., t. III, p. 5 à 10.

Et Claveret, dans ses *Faux nobles mis au billon* (V. 3) :

> ..... Le clocheteur m'éveille,
> Et d'un lugubre son recommande à prier
> Pour l'âme de Paul Tron, lui vivant écuyer.

On peut croire que ces *clocheteurs des trépassés* recueillaient eux-mêmes une bonne part des malédictions dont Boileau s'est fait l'organe contre ces sonneurs, qui, dit-il,

> Pour honorer les morts font mourir les vivants.

A côté des crieurs de vin, tels qu'ils existaient au moyen âge, il est logique de placer les vinaigriers. Leur commerce, d'abord plus étendu, avait été borné, par les ordonnances, au vinaigre et à la moutarde ; mais il restait encore, même après ces restrictions, l'un des plus importants de la rue. Toutes les estampes (1) nous montrent le vinaigrier, avec son tablier et son bonnet rouge, poussant devant lui sa brouette, qui porte deux barils armés de robinets, et une mesure pendue sur le devant (fig. 123). Au cri bien connu : « Voilà le bon vinaigre ! » les ménagères accouraient sur le seuil, et pour peu que la belle humeur de l'industriel ambulant se joignît aux qualités de sa marchandise, il faisait des recettes capables de rendre jaloux les négociants du plus haut calibre. Dans son drame : *la Brouette du vinaigrier*, Mercier nous montre un de ces commerçants nomades entrant dans un salon avec son baril rempli jusqu'au bord de pièces d'or et d'argent, qu'il verse aux pieds de l'opulent personnage dont il demande la fille en mariage pour son fils. Mercier avait pris cette histoire dans un recueil anonyme de la fin du dix-septième siècle (2) : elle semble prouver que cette humble industrie

---

(1) Voyez les séries de P. Brebiette, Caylus, Bouchardon, Poisson. Voir aussi Mercier, *Tableau de Paris*, ch. 547.
(2) Le *Gage touché*, dont l'auteur est probablement Lenoble.

était considérée comme assez lucrative. Vers 1650, il n'y avait pas moins de six cents *vinaigriers moutardiers* ambulants à Paris, et, d'après leurs statuts, tous devaient être proprement vêtus, de manière à ne pas déconsidérer la profession (1). Plusieurs vinaigriers, dont quelques-uns

Fig. 123. — Vinaigrier ambulant, d'après Bouchardon XVIIIe siècle.

avaient poussé la brouette dans les rues, conquirent à la fois une grande réputation et une grande fortune : tels furent Savalette, Le Comte, et surtout, au dix-huitième siècle, ce fameux Maille, qui avait su composer quatre-vingt-douze sortes de vinaigres, tant de propreté que de santé, lorsqu'il n'en existait que neuf avant lui (2).

Le mercier avait aussi son importance parmi les industriels nomades. On le voit souvent apparaître, dans les

---

(1) Savary, *Dictionn.*, art. *Moutardier-vinaigrier*.
(2) Mercier, *Tableau de Paris*, t. V, ch. LXXXVII. Legrand d'Aussy, *Vie privée des Français*, t. II, p. 160.

mystères et les comédies, jusque vers le milieu du dix-septième siècle. Sa boîte est abondamment garnie, et il an-

Fig. 124. — Le marchand de rubans, d'après Poisson. XVIIIᵉ siècle.

nonce sa marchandise avec volubilité. C'est une énumération à effrayer Homère :

>J'ay soies rouges, indes et perses,
>J'ay soies noires et soies fines,
>Plus blanches que n'est fleur d'épines ;
>J'ay beaux poilles surargentés,
>A feuilles d'or parmy plantées...
>J'ay les mignottes ceinturettes,
>J'ay beaux gants à damoiselettes,
>J'ay les guimpes ensaffrenées,
>J'ay les aiguilles chasnelées,
>J'ay chainettes et de fer belles,
>J'ay bonnes cordes à vielles,
>J'ay sonnettes (1), etc., etc.

(1) *Myst. de la Passion, Proverbes et dictons du moyen âge*, édit. Crapelet. Voyez aussi le *Mercier inventif*, com. pastor. 1632.

Autour du mercier se groupaient les colporteurs de tout genre, pour la plupart vagabonds suspects comme lui, et affiliés à la grande confrérie du royaume de Thunes et d'Argot. Il y avait bien des variétés parmi ces colporteurs : le vendeur de « beaux *A, B, C,* belles *Heures* », d'images *pour du pain,* de livrets joyeux et de facéties, de *babioles,* comme on disait, de chansons et ballades ; le crieur de crimes, d'accidents, d'exécutions, le crieur de gazettes, le crieur d'édits, le marchand d'almanachs et de pronostications nouvelles ; le bouquiniste installé sur les parapets du Pont-Neuf, les libraires eux-mêmes, ou leurs commis, roulant leurs tablettes le long des rues, et allant crier leurs livres nouveaux aux portes des riches maisons (1). La loquacité du colporteur, comme celle du mercier, était intarissable, et toutes les fois qu'on le met en scène dans les comédies du bon vieux temps, c'est pour lui prêter des monologues d'une longueur effrayante, où les titres de livres, enjolivés de variantes et de fioritures badines, se succèdent comme dans une avalanche.

Les colporteurs autorisés par l'administration avaient pour signe distinctif une belle plaque sur l'épaule.

Après la Révolution, comme après février 1848, les marchands de livres, délaissés par la foule, sentirent le besoin d'aller chercher leurs clients dans la rue ; et tout le long du boulevard Montmartre et du quai du Louvre, on entendait sans cesse retentir le cri du bouquiniste, proposant *à un sou, à deux sous la pièce,* et quelquefois *le tas,* le résidu poudreux des bibliothèques que venait de lui vendre le petit rentier ruiné (2).

De tous les crieurs de papiers publics, ceux des gazettes étaient les plus considérés, à ce que nous apprend Fure-

---

(1) *Alizon,* coméd. par Discret, I, scène 2. *Farce joyeuse du vendeur de livres* (Techener). *Recherches* de Pasquier, l. VIII, ch. 62.
(2) Pujoulx, *Paris à la fin du dix-huitième siècle,* 1801, in-8°, p. 22.

tière. Les gazettes, sans doute infiniment plus rares au dix-septième siècle qu'aujourd'hui, étaient loin de manquer pourtant. La feuille de Renaudot, et plus tard le *Mercure,* n'en formaient que la plus faible partie. Il y avait, en outre, les gazettes burlesques de Loret, de

Fig. 125. — Mercier colportant les papiers contenant la nouvelle de l'assassinat du duc de Guise, tué à Orléans, le 24 février 1560, par Poltrot de Méré. D'après Jost Amman.

Robinet, de Mayolas, de Boursault, de Subligny, de Saint-Julien, de Scarron, de vingt autres encore, publications souvent éphémères, nées d'un souffle et emportées par un souffle le lendemain de leur naissance. La Fronde, par exemple, fit éclore par milliers les feuilles volantes de tout genre, et un essaim de gazettes et de plaquettes, de caricatures et de pamphlets, s'élança furieusement à l'assaut du Mazarin. Il en naissait de nouveaux à chaque minute; il en pleuvait sur tous les quartiers de Paris.

Il est douteux que le système de l'abonnement fût alors en usage, au moins à l'origine : la *Gazette* se criait par les rues et s'achetait au numéro. Dans une estampe de l'époque de sa fondation, où la *Gazette* est représentée assise sur une espèce de tribunal, ayant Renaudot pour greffier, on voit au fond un crieur, avec son panier rempli d'exemplaires. Ces colporteurs s'appelaient gazetiers, comme les écrivains de la *Gazette* eux-mêmes. Il y avait aussi de pauvres femmes qui allaient l'acheter au bureau de la grande poste, et la distribuaient par mois aux personnes qui la voulaient lire pour trente sols (1). Il arriva un jour, par hasard ou par malice, raconte du Coudray dans ses *Nouveaux essais sur Paris* (II, 49), qu'un marchand de fagots criait sa marchandise en même temps qu'un marchand de gazettes, et toutes les fois que ce dernier disait *gazettes*, l'autre immédiatement après disait : *fagots*. L'analogie fut saisie et le mot *fagots* devint la dénomination familière du premier de nos écrits périodiques. Ce fut l'âge d'argent des colporteurs (2). La Révolution fut leur âge d'or. Du matin jusqu'au milieu de la nuit, Paris retentissait de hurlements sinistres où les aboyeurs criaient pêle-mêle les gazettes et pamphlets, les condamnations à mort, les victoires et complots, les décrets, les émeutes, les accidents et les séances de la Convention, les élucubrations pullulantes de tous les scribes des clubs et de la guillotine, avec leurs titres féroces et populaciers, en style de père Duchesne; à tout cela se mêlaient les cris étourdissants des recruteurs de la loterie et des agioteurs en plein vent (3).

(1) Hatin, *Histoire de la presse en France*, t. I, p. 84, 104. Dictionn. de Furetière.
(2) Voy. le *Burlesque malade, ou les Colporteurs affligez*, etc. (1660, in-12).
(3) Mercier, *Nouveau Paris*, ch. XI. De Goncourt, *Société franç. sous le Directoire*, p. 67, 118, 155.

Quant aux édits solennels, ils se proclamaient dans les carrefours et sur les places au son du tambour et de la trompette. Ces instruments, aujourd'hui exclusivement réservés à l'armée, jouaient un grand rôle dans le vieux Paris : le racoleur qui recrutait des dupes, le charlatan et le *triacleur* qui vantaient leurs drogues, l'arracheur de dents, le joueur de tours de gobelets, le farceur de carrefour, les *cris* et *montres* des confrères de la Passion, des Clercs de la basoche et des Enfants sans Souci, tout cela usait et abusait du tambour et de la trompette. Il fut même un temps où les grands comédiens, ceux qui jouaient des tragédies en vers dans des théâtres *ad hoc,* et non-seulement les troupes de province, mais celle de l'Hôtel de Bourgogne elle-même, à ses débuts, envoyaient à l'heure de la représentation l'un d'entre eux battre la caisse par les rues pour convoquer le public (1).

Les mendiants méritent une place distinguée dans cette galerie des cris du vieux Paris : à eux seuls, ils faisaient presque autant de bruit que tous les autres pris ensemble. Il en venait de tous les points de l'horizon ; ils grouillaient dans les rues comme les insectes sur l'herbe des champs. Chaque matin, la cour des Miracles, la cour du Roi François, la cour Jussienne et tous les *caignards* de la ville vomissaient sur Paris, du fond de leurs hideux repaires, la fourmilière de leurs truands, à la fois mendiants et voleurs, faux boîteux, faux paralytiques, faux épileptiques (2), qui remplissaient l'air de leurs lamentations bruyantes, modulées d'une voix plaintive et monotone, et chantaient sur un ton pitoyable des complaintes pieuses. En vain, le Parlement, la police et le roi multiplièrent, au dix-septième siècle, les arrêts et les mesures pour en diminuer le nombre ;

---

(1) Scudéry, *Coméd. des Coméd.,* prologue et sc. 1. Sorel, *Maison des jeux,* t. I, p. 426.

(2) Sauval, *Antiquités de Paris. Cour des Miracles,* t. I, p. 510.

ils ne firent que pulluler de plus belle. Les aveugles surtout semblaient pousser entre les pavés : tantôt on les voyait errer par les rues, de la main gauche tenant la laisse du fidèle caniche qui leur servait d'Antigone, et de la droite, appuyée sur leur bâton, la sébile qui sollicitait les passants (1). Le plus souvent ils s'allaient camper au coin

Fig. 126. — Aveugle des Quinze-Vingts; d'après Bouchardon. XVIIIe siècle.

des rues, et là, assis sur leurs selles, frappant leurs boîtes du bâton et faisant sauter leurs pièces de monnaie avec bruit dans le fond de leur bassin, ils ne cessaient d'implorer à tue-tête la charité publique, en prônant le saint du jour, et en récitant toutes les oraisons et toutes les antiennes qu'ils avaient pu retenir. Ou bien encore, ils jouaient de la clarinette, du violon et surtout de la vielle. Il n'était pas rare de voir deux aveugles, assis en face l'un de l'autre,

(1) Estampes de P. Brebiette et de J. Callot.

lutter de poumons entre eux, et durant le jour entier étourdir tout le quartier de leurs supplications rivales (1).

Mais sur ce chapitre des cris de Paris, comme sur tous les autres, le dix-septième siècle avait bien dégénéré du moyen âge. Ainsi nous apprenons de Guillaume de la Villeneuve, dont le témoignage est confirmé par celui de Rutebœuf (2), que les trois cents aveugles de l'hospice des Quinze-Vingts, fondé par saint Louis, ne cessaient d'errer tout le jour par troupes dans les rues et d'y *braire à haute haleine*, en demandant leur pain. Le roi leur avait fourni le gîte, c'était à eux de se procurer la nourriture. Comment d'ailleurs nous en étonner, lorsque les étudiants du Val des Escoliers, et les pauvres élèves des collèges de Navarre, des Bons-Enfants, etc., allaient chaque matin mêler leurs cris à ceux des mendiants et quêter leur pain de porte en porte, afin de pouvoir continuer leurs études sans mourir de faim (3)? Guillaume de la Villeneuve nous montre aussi les moines de Paris, les Jacobins, les Cordeliers, les Augustins, les Sachets revêtus de leurs sacs, les Carmes, les Filles-Dieu, etc., se joignant aux Quinze-Vingts et aux pauvres écoliers pour faire le même appel à la charité publique et *criant par matin*.

> Aux frères de Saint-Jacques, pain.
> Pain por Dieu aux frères menors..
> Aux frères de Saint-Augustin...
> Aux povres prisons enserrés, etc...

Le nombre des mendiants se multiplia de telle façon que l'autorité fut souvent contrainte de prendre contre eux les mesures les plus rigoureuses et de les traiter en ennemis : on trouve à plusieurs reprises, dans les arrêts du

---

(1) *Le Tracas de Paris*, par F. Colletet.
(2) *Les Ordres de Paris*.
(3) Dans son livre *De Legatione* (1557), Ramus confirme pleinement ce détail qui, d'ailleurs, ne peut être contesté, en disant que la misère des écoliers est si grande que, la plupart du temps, ils vivent du pain qu'ils mendient.

Parlement, des défenses absolues de faire l'aumône dans les rues de Paris (1).

Dès le milieu du quatorzième siècle, le roi Jean leur enjoignait de sortir de la ville dans les trois jours, sous peine de prison, et, en cas de récidive, du pilori et de la marque. Au seizième siècle, particulièrement en 1596 (2), mêmes injonctions, mais cette fois plus sévères, puisque, faute de vider la ville dans les vingt-quatre heures, tous les vagabonds, gens sans aveu et pauvres valides qui n'étaient pas de Paris, devaient être pendus et étranglés sans forme de procès. Le dix-septième siècle renouvela plusieurs fois les mêmes mesures sans plus de succès. On prit aussi l'habitude de faire, de temps à autre, des rafles de vagabonds, pour les expédier aux colonies, et spécialement à la Nouvelle-France. Cette mesure sommaire était déjà employée dès les premières années du dix-septième siècle, et l'avocat Barbier nous la montre encore fréquemment en usage au dix-huitième. Peines perdues, violences inutiles! les mendiants renaissaient de leurs cendres.

Joignez à ce continuel charivari de cris discordants les voix des porteurs de chaises, des traîneurs de vinaigrettes et des conducteurs de fiacre appelant le piéton ou criant gare ; celle des décrotteurs installés à leur sellette, des savoyards blottis, en temps d'orage, sous les portes cochères et dans les allées, avec de petits ponts à roulettes sur lesquels tout passant pouvait franchir, pour trois deniers, les ruisseaux formés par la pluie, ou se bornant à y jeter une planche, quelquefois même transportant une élégante sur leur dos jusqu'à l'autre bord du torrent (fig. 127) ; des industriels se tenant en été aux abords du Pont-Neuf pour louer des parasols à ceux qui voulaient

---

(1) Voy. à la biblioth. de l'Université les *Registres du Parlement*, mss. 11 vol. in-folio. On y lit des arrêts portant cette défense aux années 1626, 1629, etc.

(2) De la Mare, *Traité de police*, II, 659.

se garantir des ardeurs du soleil en traversant le pont; des crieurs de banques, et plus tard de la loterie royale, à l'organe sonore et aux phrases emphatiques; des mar-

Fig. 127. — Le passage d'un ruisseau par un temps d'orage; d'après Garnier. XVIII° siècle.

chands de vieux passements d'argent, renommés pour leur air piètre et leur mauvaise grâce (1); des marchands d'allumettes, qui étaient innombrables sur le

(1) Th. ital. de Gherardi : le Banqueroutier, t. I, p. 331.

Pont-Neuf, comme les bouquetières, les marchandes d'oranges, de melons, de fruits et légumes, les charlatans et les distributeurs de prospectus merveilleux ; enfin de ces mille et un petits métiers qu'on voit apparaître sans cesse dans les chroniques populaires du temps et figurer, avec leurs accoutrements pittoresques, dans les ballets et divertissements de la cour (1). Joignez-y la ravaudeuse dans son tonneau, le commissionnaire attendant la pratique, l'afficheur circulant avec son échelle, son pinceau et son pot à colle, le savetier du coin (que Bonnart appelle déjà *le réparateur de la chaussure humaine*), battant la semelle en sifflant sa linotte, les *camelots* du temps, juifs vendant des cannes, des mouchoirs, des bas, des bijoux faux, des dentelles, et toutes les petites marchandes du boulevard, celles que Restif de la Bretonne nous a dépeintes dans une nouvelle des *Contemporaines* : la petite mercière, la petite épinglière, la petite éventailliste, la petite bouquetière, la petite bonnetière en mode, la petite poudrière-pommadière, la petite gaufrière, la petite vendeuse de fruits, accortes, alertes et court-vêtues, comme la Perrette de La Fontaine, et portant toute leur fortune dans une boîte suspendue à leur cou.

Il n'est rien qui n'ait été l'objet d'une spéculation de la part de ces industriels de la rue, pas un besoin qu'ils n'aient exploité et tâché de satisfaire. Il suffira de rappeler cet ingénieux personnage qui, pour suppléer à l'insuffisance des *water-closets* publics, parcourait Paris en robe de chambre, quelques années avant la Révolution, portant sous son bras une garde-robe pliante, et jetant de temps à autre ce cri plein d'une solennité discrète : « Chacun sait ce qu'il a à faire (2). »

---

(1) *Muse historique*, de Loret, *passim*. *Agréable récit de ce qui s'est passé aux barricades* (1649, in-4°). *Les Contens et les Mécontens sur le sujet du temps*, Mazarinade de 1646. Beauchamp, *Recherches sur les théâtres*, III, p. 80, 94, 122, 137.

(2) Prudhomme, *Miroir de l'ancien et du nouveau Paris*, t. II, p. 68.

Sur certains points particuliers, les cris redoublaient ou changeaient de nature. Les marchands de poissons de la halle et les fripiers juifs des piliers voisins, les écrivains publics des charniers du cimetière des Innocents, leurs lu-

Fig. 128. — Le réparateur de la chaussure humaine, d'après Bonnart. XVIIᵉ siècle.

nettes sur le nez, se chargeant de rédiger une lettre pour cinq sols, pour douze si c'était au roi ou à un ministre, à cause de la *bâtarde;* les orfèvres du pont au Change, les lingères, mercières et libraires de la galerie du Palais, tout ce monde faisait grand tapage et formait autant de concerts particuliers dans la cacophonie générale.

La tombée du jour ne mettait pas fin à ce vacarme infernal : tout au plus se ralentissait-il, mais sans jamais entièrement s'éteindre et s'arrêter. Dès que l'obscurité envahissait Paris, on entendait retentir par les rues la sonnette qui donnait le signal de l'éclairage, et aussitôt les propriétaires des maisons lâchaient les cordes des lanternes publiques, décorées de la peinture d'un coq, symbole de vigilance. Les montreurs de *curiosité* et de lanterne magique se promenaient, l'orgue de Barbarie sur le ventre, mêlant, comme leurs survivants d'aujourd'hui, un cri langoureux à la ritournelle provocante de leur instrument.

A l'heure du souper, les *oublieux* descendaient à leur tour, le *cofin* sur le dos, marchant seuls, par ordonnance de police, et criant : « Deux gaufres pour un denier, » ou bien : « La joie ! la joie ! Voilà des oublies ! » L'oublieux était l'antipode du crieur d'eau-de-vie : il se prenait pour symbole de la nuit, comme celui-ci pour synonyme de la première aurore : « Non, ce n'est point pour elle que le soleil éclaire, s'écrie dans le *Divorce* de Regnard (III, sc. VI) maître Braillardet plaidant contre la dame Sottinet, femme dissipée : elle méprise cette clarté bourgeoise ; elle ne sort de chez elle qu'avec les oublieux, et n'y rentre qu'à la faveur des crieurs d'eau-de-vie. »

Mais l'oublieux est un personnage si important qu'il ne sera pas hors de propos de dire quelques mots de ses origines et de ses ancêtres, et de tracer rapidement son histoire. Il s'appelait *oblayer* au moyen âge. Les oblayers occupaient un rang fort honorable dans la hiérarchie des corps de métiers, et avaient même donné leur nom à une rue, devenue depuis celle de la Licorne. Préposés d'abord à la confection des hosties, ils y adjoignirent peu à peu d'autres pâtisseries, destinées surtout aux gens d'église : les échaudés, qu'on distribuait aux clercs, à certaines fêtes; les *nieu-*

les que, dans beaucoup de cathédrales, et probablement à Paris aussi, on jetait parfois au peuple du haut des tours, ou de la voûte dans la nef, avec des feuilles de chêne et des étoupes enflammées, quand on entonnait le *Veni Creator*, ou enfin qu'on attachait aux pattes des oiseaux lâchés dans l'église pendant le *Gloria in excelsis* (1). Ils étaient soumis à des règlements particuliers, et sur quelques points assez

Fig. 129. — L'écrivain public ; d'après Boissieu. XVIIIe siècle.

sévères : amende s'ils entraient avec leur marchandise chez un juif; amende s'ils se laissaient aller à jouer avec leurs dés dans la maison d'un chaland; amende s'ils amenaient un de leurs amis pour les aider, etc., etc. (2).

Aux jours d'indulgences, de processions, de pèlerinages, les *oblayers* venaient s'établir avec leurs fours en plein

---

(1) Grosley, *Mémoires de l'Académie de Troyes*. — Legrand d'Aussy, *Vie privée des Français*, t. II, p. 267.
(2) Monteil, XIVe siècle, t. I, ép. 81.

vent autour des églises, et vendaient aux fidèles des *gaufres à pardon,* coulées dans des moules spéciaux et représentant des sujets de sainteté (1). Ce commerce avait même pris, au seizième siècle, un tel développement, que Charles IX se crut obligé d'y apporter des restrictions nombreuses. Les *oblayers* n'étaient pas, du reste, les seuls membres de la confrérie de Saint-Honoré qui eussent ce privilège d'établir leurs boutiques en place publique; au moyen âge, les *talemeliers* (boulangers) de Paris et de la banlieue pouvaient aussi mettre en vente, le dimanche, sur le parvis de Notre-Dame, les pains qu'ils n'étaient point parvenus, la veille, à débiter aux halles (2).

Cette pâtisserie sèche et légère qu'on appelait *oublie* était très-recherchée au dix-septième siècle. Les oublieux, après avoir longtemps fabriqué d'autres marchandises d'un genre analogue, finirent par se restreindre à cette branche de leur commerce, qui avait toujours été la plus considérable. Ils parcouraient la ville à l'heure du souper, et ce repas, fixé d'abord entre cinq et six heures du soir, ayant été reculé par degrés, ils en vinrent à hanter les rues assez avant dans la nuit. Aussi le métier n'était-il pas toujours sûr. Plus d'une fois, un voleur en quête d'aventures, à défaut de meilleure aubaine, dévalisait le pauvre oublieux. Plus d'une fois aussi, les maisons d'où la voix d'un soupeur aviné les hélait au passage se changèrent pour eux en coupe-gorges. L'oublieux tombait dans une orgie de jeunes débauchés qui le prenaient pour souffre-douleur, l'insultaient, le bernaient, le battaient, et quelquefois le renvoyaient moulu et dépourvu de tout. La mauvaise organisation de la police d'alors qui poussait la mollesse jusqu'à la complaisance, parfois même jusqu'à la complicité, quand les coupables étaient en mesure d'acheter son silence, peut

---

(1) Martial d'Auvergne, 47ᵉ *Arrêt d'amour.*
(2) Ét. Boileau, *Livre des métiers,* l. I, titre 1, p. 16.

seule expliquer la répétition de ces crimes, considérés trop souvent comme d'excellentes farces.

Les mémoires du temps nous ont conservé en particulier le récit de l'une de ces *plaisanteries*, trop cynique et trop cruelle pour que nous nous hasardions à la raconter en détail. Trois jeunes gens des premières familles du royaume, Tilladet, le duc de la Ferté et le chevalier de Colbert, fils

Fig. 130. — Le crieur d'oublies. *Cris de Paris* du XVe siècle.

du grand ministre, après avoir passé la nuit au cabaret, animés par le vin et par une sorte de perversité naturelle dont ils avaient déjà donné plus d'une preuve, trouvèrent amusant, pour couronner dignement leur partie de plaisir, de faire monter un oublieux et de le torturer de la plus abominable façon. En punition de sa cruauté, le ministre infligea publiquement à son fils une verte fustigation, dont il se souvint longtemps.

Comme le crieur d'eau-de-vie, et bien d'autres industriels de la rue, l'*oublieux* était toujours muni d'un jeu portatif, et les convives jouaient souvent contre lui. Il était d'usage qu'on lui fît terminer la séance par la chanson du métier (1), quand il avait vidé son corbillon d'oublies.

Pendant la Fronde, on donna le nom d'*oublieux* aux grands qui parcouraient Paris la nuit, se rendant en cachette du Palais-Royal au Palais d'Orléans, pour susciter des ennemis à Mazarin et ourdir des intrigues contre lui (2). Il arriva aussi plus d'une fois que ces industriels ambulants profitèrent des privilèges de leur commerce pour étudier les êtres d'une maison, la direction des corridors, la distribution des appartements, et préparer les voies à quelque expédition nocturne. C'était là un des moyens favoris dont se servait la bande de Cartouche, ou du moins ce que l'on nommait ainsi; car l'imagination frappée du peuple attribuait à ce voleur assez vulgaire les proportions épiques de général en chef des filous parisiens, et rapportait à son initiative, à son inspiration personnelle, à sa direction occulte et multiple, tout ce qui se commettait de déprédations et d'assassinats dans l'enceinte de la grande ville. On en avait fait une espèce de mythe légendaire, à peu près comme cet Hercule de la mythologie antique, sur la tête duquel on réunissait les exploits de vingt autres Hercules. La terreur populaire voyait sa main dans tous les crimes; et même lorsqu'il eût été roué (1721), on continua de regarder la fourmilière des voleurs de Paris comme une armée enrégimentée sous son drapeau, inspirée par son esprit et ses règlements. L'ombre de Cartouche planait toujours sur la ville épouvantée et son cadavre, comme celui de du Guesclin, eût encore gagné des batailles.

(1) *L'Oublieux*, comédie manuscrite, par Ch. Perrault (1691), acte III. Tallemant des Réaux, *Historiette de Mlle Paulet*. Furetière, *Dictionnaire*, art. *Oublieux*.

(2) *Mémoires* de Mademoiselle, t. I, p. 189, et de Mme de Motteville, liv. II, p. 251; on les appelait ainsi, dit cette dernière, à cause de l'heure indue qu'ils prenaient pour négocier et parce qu'on voulait faire entendre qu'ils vendaient de la marchandise peu solide.

Le souvenir de Cartouche ne fut donc pas étranger à la frayeur extraordinaire et aux plaintes violentes que soulevèrent de toutes parts les oublieux, quand on eut cru remarquer la connivence de quelques-uns d'entre eux dans les vols qui désolaient Paris. Les choses en vinrent au point que le lieutenant de police Hérault (1730) leur défendit les

Fig. 131. — Marchande de plaisirs; d'après Duplessis-Bertaux, XIXᵉ siècle.

courses nocturnes par les rues de la ville. Beaucoup renoncèrent aussitôt au métier; d'autres le continuèrent en sortant de jour, mais ils furent remplacés peu à peu par les marchands de *plaisirs* (espèces d'oublies d'une dimension plus grande) qui ont hérité de la vogue de leurs prédécesseurs, quoique leur clientèle se recrute à peu près exclusivement aujourd'hui parmi l'enfance (fig. 131).

Le soir passé et la nuit tout à fait venue, le mouvement des petits métiers parisiens et le concert des cris de la rue ne s'arrêtaient pas. C'était le tour des porte-lanternes et des porte-falots. Au moyen âge, dès la chute du jour, des marchands parcouraient les rues avec des lanternes allumées, qu'ils annonçaient à grands cris. Ils portaient sur l'épaule toute une cargaison composée de lanternes de rue, de lanternes de salle et de *lustres,* c'est-à-dire de bâtons assemblés en croix, au bout de chacun desquels on mettait une chandelle (1). Pendant le jour, les mêmes industriels vendaient des tamis, des soufflets, des sacs, des boisseaux, mais ils n'en criaient pas moins : *Lanternes! lanternes!* parce que les lanternes étaient l'objet qu'ils considéraient comme le plus important de leur commerce (fig. 132 et 133).

On sait quelle était l'insuffisance de l'éclairage du vieux Paris, qui ne fut organisé, pour la première fois, d'une façon tant soit peu régulière qu'en 1667, par les soins du premier lieutenant de police la Reynie. Cette insuffisance avait inspiré, cinq ans auparavant, à l'abbé Laudati Caraffa la pensée d'établir, pendant la nuit, sur les places et dans les rues de la ville, des porte-flambeaux et porte-lanternes à louage revêtus d'un costume spécial, qui se tenaient dans la rue à la disposition de quiconque en avait besoin, ou parcouraient les différents quartiers en criant : « *Éclairez-vous* ». La permission lui en fut accordée par ordonnance du roi, en date du mois de mars 1662, et enregistrée au Parlement le 26 août suivant.

Les porte-flambeaux stationnaient d'ordinaire aux environs du Louvre, du Palais, des lieux d'assemblée, des carrefours et places publiques. Leurs flambeaux étaient de cire jaune, marqués des armes de la ville, pesant une livre et demie, et divisés en dix portions égales, dont chacune servait à mesurer la redevance due par celui qui s'en servait. Chaque portion se payait cinq sols, tant pour le prix de la

---

(1) Monteil, *Histoire des Français,* XVe siècle, neuvième histoire.

cire que pour le salaire du porteur. Les porte-lanternes étaient distribués aux mêmes lieux et occupaient des postes distants de huit cents pas environ, à chacun desquels était attachée une affiche de fer-blanc avec une lanterne peinte, pour les désigner aux regards. Leur lanterne avait une lampe de laiton à six lumignons de diverses lumières, dont l'huile ne se pouvait répandre ni le feu s'éteindre quel que fût le

Fig. 132. — Marchand de lanternes.   Fig. 133. — Marchand de soufflets.
D'après les *Cris de Paris* de Bouchardon.

temps ou l'accident qui survînt, et ils portaient un *sable* d'un quart d'heure pendu à la ceinture. Les piétons devaient payer trois sols, et les gens en carrosse et en chaise, cinq sols par quart d'heure, d'avance (1). La plupart des grands seigneurs, ou même des riches bourgeois, ne sortaient guère la nuit sans être précédés d'un valet portant une torche

(1) Monmerqué, *Documents*, à la suite de sa brochure sur les *Carrosses à cinq sols* (1828, in-12.

ou un flambeau; mais les autres trouvaient à cet établissement une grande commodité, et en même temps une grande économie.

Il ne semble pas pourtant que l'entreprise de l'abbé Caraffa ait prospéré. Peut-être fut-ce l'institution régulière des lanternes publiques par la Reynie qui leur porta le coup mortel, quoique ces lanternes ne fussent d'abord allumées que du 1er novembre au 28 février; puis, quatre ans après, du 28 octobre à la fin de mars. On trouve bien encore par la suite les porte-falots, mais avec une organisation différente, ou plutôt sans organisation et à l'état d'entreprise individuelle.

Au dix-huitième siècle, ils s'offraient surtout à la sortie des spectacles, qui, sous Louis XIV, se donnaient dans l'après-midi, et non le soir. Ils se chargeaient de faire avancer les fiacres ou les équipages. Ils conduisaient le client non-seulement jusqu'à sa maison, mais jusqu'à sa chambre au besoin, et ne le quittaient qu'après avoir allumé sa chandelle. Vers dix heures du soir et pendant une partie de la nuit, on entendait de toutes parts, surtout aux environs des bals et des assemblées, le cri : « Voilà le falot! » et l'on voyait s'agiter et courir par les rues ces lanternes numérotées, qui venaient puissamment en aide aux réverbères, dérangeaient les voleurs, contribuaient à la sécurité de la ville et à la commodité des piétons, enfin n'étaient préjudiciables qu'aux dormeurs (1). Malheureusement, s'il faut en croire Restif de la Bretonne, qui donne aux falots une certaine place dans ses *Nuits de Paris*, les porte-lanternes prenaient souvent ce beau rôle au *rebours* : il nous les montre en particulier se faisant les auxiliaires des voleurs poursuivis, en venant se placer à côté d'eux pour les

---

(1) Mercier, *Tableau de Paris : Falots*. On voit dans Bouchardon que cet industriel faisait double métier. Il nous le montre agitant sa sonnette, et écrit au-dessous : « La lanterne en hiver, l'eau en été. »

escorter tranquillement comme des citadins paisibles (1).

En 1769, on compléta le service des porte-lanternes, en adjoignant à la location du flambeau celle des parapluies, qui avait été précédée par la location des parasols, spécialement, comme nous l'avons dit, pour passer le Pont-Neuf (2).

Après que le porte-fanal s'était retiré chez lui, tout n'était pas fini encore. Les tire-laines, les pesantes patrouilles des archers du guet, les clocheteurs des trépassés, le crieur des heures, etc., se partageaient le reste de la nuit, et occupaient la scène, qui ne restait jamais vide, jusqu'à ce que les marchands d'eau-de-vie et d'huîtres à l'écaille vinssent les chasser à leur tour et rouvrir la porte à leurs milliers de confrères !

Sous la Révolution, les rues de Paris devinrent plus tumultueuses encore, mais les cris des petits marchands s'effacèrent devant les hurlements de la populace, les harangues des motionnaires et des orateurs en pleine rue, les glapissements des chanteurs républicains. Le pavé appartenait aux tricoteuses et aux jacobins. Les seuls cris peut-être que nous pourrions revendiquer comme rentrant dans

---

(1) *XLVIe Nuit*, p. 488.
(2) Monseigneur le lieutenant général de police ordonne :

1° Que les gagne-deniers qui porteront des parapluies pendant la nuit les tiendront du bureau de la direction, où ils seront enregistrés par signalement, noms et demeures, ainsi que chez le sieur Heancre, inspecteur de police, et au bureau de la sûreté ;

2° Que ces gagne-deniers porteront une petite lanterne, sur la porte de laquelle sera découpé le même numéro du parapluie, non pour servir de falot, les lanternes à reverbère étant plus que suffisantes, mais pour servir à reconnaître le porteur de parapluie et recevoir son paiement.

Ces parapluies, qu'on nomme communément parasols, sont de taffetas vert, solides, bien conditionnés et numérotés. On commencera à en distribuer aux gagne-deniers samedi 16 septembre 1769, au bureau de la direction, rue Saint-Denis, près celle du Grand-Hurleur, au magasin d'Italie.

La saison n'exigeant plus qu'il y ait des parasols pour le Pont-Neuf, la direction fera cesser ce service public le 17, pour ne le recommencer qu'à la belle saison, tant pour ce pont que pour celui de la Tournelle, le pont Royal, le Carrousel, la place Louis XV et autres endroits où on croira que cette commodité peut être utile.

notre cadre, c'étaient ceux des vendeurs de pamphlets, de brochures, d'arrêts, de gazettes, de *canards* révolutionnaires, criant : *La grande trahison de M. de Mirabeau ; la grande colère du Père Duchesne; l'arrivée de Capet aux enfers,* le *Courrier* de Gorsas, *l'Ami du Peuple,* et s'amusant à aller brailler *la mort de l'abbé Maury* sous le nez du fougueux abbé, qui leur prouvait par un soufflet qu'il était bien vivant. Au lendemain de l'arrestation du roi, ils hurlaient *la Grande partie de plaisir de Louis XVI, avortée à Varennes,* et *l'Ordre et la marche de l'entrée du roi à Paris,* avec le détail *de l'arrestation de l'infâme Bouillé;* après le 10 août : *la Découverte d'un complot horrible de Louis XVI trouvé dans ses papiers pour égorger tous les bons citoyens; quatre mille maisons marquées pour être brûlées;* après les massacres de septembre : *Grands détails de l'exécution de tous les conspirateurs et brigands; projet du ci-devant roi de faire égorger le peuple ;* après le 21 janvier : *Capet raccourci ; la prière de Capet à Sainte-Guillotinette.*

Dans son livre intitulé *Paris pendant la Révolution,* Mercier a écrit un chapitre curieux sur les *Cris nouveaux,* ceux qui faisaient retentir toutes les rues sous le Directoire. « Dès le matin, dit-il, on entend crier les journaux. De simples projets de décrets sont transformés en décrets, et tout un quartier raisonne ou s'épouvante de ce qui ne doit pas avoir lieu. Le peuple, mille fois trompé par ces annonces infidèles, n'en écoute pas moins le vociférateur. Le soir, ils courent les rues avec d'autres journaux, font le même vacarme, et il y a des noms tels que ceux d'Étienne Feuillant, du *Postillon de Calais,* de Poultier, représentant du peuple, qui ont été répétés cent fois plus que ceux des rois, des empereurs et des grands écrivains de tous les siècles présents et passés. Le fond des cafés et des tabagies s'ébranle à la voix du colporteur. Le boutiquier saisit la feuille qui court, le hurleur prend la pièce de monnaie en précipitant ses pas. C'est à qui atteindra d'un pas plus accéléré le lointain faubourg, où le pauvre rentier, en se couchant sans chandelle, entend qu'on s'est beaucoup occupé de lui, mais pour ne lui rien donner.

« Les victoires et les complots, les batailles et les révoltes, la mort des généraux, l'arrivée des ambassadeurs, tout cela se crie pêle-mêle. Le journaliste a tué pour deux sols celui qui se porte bien ; il annoncerait la fin du gouvernement, comme Lalande annonce la fin du monde, si on lui avait dit de crier la grande trahison du Directoire et l'égorgement du Corps législatif.

« La législation, la politique et la diplomatie sont à la merci de ces crieurs qui défigurent les noms, dénaturent les expressions, et font dans les carrefours un historique où la géographie est tellement bouleversée que le Nord et le Midi sont confondus, et que les affaires de Rome se tiennent à Ratisbonne... Vainement a-t-on voulu imposer silence à ces commentateurs. Ils se prétendent des hérauts privilégiés : on enchaînerait plutôt le son que leurs personnes.

« Une multitude de petits détailleurs étalent à tous les coins de rues des objets de petite mercerie, crient à l'envi les uns des autres le prix de leurs marchandises ; quelques bouts de chandelle que le vent fait fondre, couvrent de suif leurs magasins de trois pieds de long, et, quoique le prix soit modique, vous achetez toujours trop cher, car c'est là le rebut de toutes les manufactures.

« Autrefois, à la porte des spectacles, lorsqu'un faquin sortait entre les deux pièces, tous les décrotteurs criaient à gorge déployée : « Votre voiture, monsieur le chevalier, monsieur le marquis, monsieur le comte ! » Actuellement, ils y ont substitué les noms de capitaine, de général, de commissaire. Ils sont devenus plus familiers ; ils présentent la main aux belles dames en les appelant citoyennes. Ils ont une gaieté insolente, et, indifférents à tous les partis, ils se moquent également des oreilles de chien et de la perruque jacobite. »

On voit que les cris actuels, dont le provincial est assourdi quand il traverse les rues populeuses de Paris, sont bien peu de chose relativement à ceux du temps passé. Ce n'est pas seulement leur nombre qui a décru, c'est leur nature et leur ton même qui se sont modifiés. Nous n'avons plus aujourd'hui ces cris *à longue queue,* qui faisaient songer aux métaphores d'Homère : les petits marchands des bazars ambulants et des boutiques à cinq sous sont à peu près les seuls qui aient gardé quelque chose de la volubilité et des interminables énumérations du temps jadis. Le cri des rues s'est régularisé, écourté, assombri. S'il faut en croire Mme de Genlis, les grands évènements historiques dont Paris a été le théâtre ont exercé une puissante influence sur cette transformation :

« Je savais avant la Révolution, écrit-elle dans ses *Mémoires* (1), tous les cris des marchands des rues de Paris; on pouvait les noter, car ils sont tous des espèces de chant. J'avais observé que ces chants étaient extrêmement gais, et que, par une conséquence naturelle, ils étaient presque tous en ton majeur. Depuis la Révolution, en rentrant en France, je reconnus avec surprise que ces cris que, depuis mon enfance, je n'avais jamais vu changer, n'étaient plus du tout les mêmes, et que, de plus, ils étaient à peine intelligibles, excessivement tristes et lugubres, et presque tous en ton mineur. Après y avoir réfléchi, voici comment j'expliquai cette singularité : ce changement a dû s'opérer durant les années effroyables de la

---

(1) T. VIII, 5e livraison, p. 138.

Terreur. Qu'on se figure, s'il est possible, qu'une marchande de pain d'épices, à côté d'une charrette remplie d'infortunés allant à l'échafaud, ait pu crier gaiement : « V'là le plaisir, mesdames ! » et que tous les autres, au milieu de ces horribles spectacles, aient pu conserver leur

Fig. 134. — Porteurs d'eau, d'après Duplessis-Bertaux. XIXᵉ siècle.

accent joyeux. Peu à peu cet accent s'est altéré ; il est devenu sombre, confus, et il est resté lamentable. »

Voilà un nouveau point de vue, à coup sûr ingénieux, et qui pourrait bien être vrai, auquel on ne s'était pas encore mis pour juger la Révolution. Elle ne s'est pas bornée à bouleverser la France et le monde, elle a fait passer les cris du ton majeur au ton mineur ! Cela l'achève : c'est le dernier coup de pinceau. Si les révolutions exercent une semblable influence sur ces pauvres cris de la rue, ne nous étonnons plus qu'il en ait tant péri en route et que le reste ait tellement changé ; craignons plutôt que l'histoire de leurs transformations et de leurs ruines ne soit pas encore à sa dernière page.

Dans ses *Fragments sur Paris,* Frédéric-Jean-Laurent Meyer, docteur en droit à Hambourg, raconte qu'en arrivant dans cette ville, le 31 mars 1796, il fut frappé non-seulement de la solitude, mais du silence relatif des rues, qu'il avait vues douze ans auparavant si remplies et si bruyantes. Mais il constate que l'animation et le tapage reviennent de jour en jour. Dix ans plus tard, un autre Allemand se sentait gagné par une sorte de vertige en écoutant les cris de Paris qui avaient repris leur diapason d'autrefois : « De l'eau ! de l'eau ! Habits et galons à vendre ou à acheter, écrivait-il le 16 mars 1806, tels sont, outre une infinité d'autres, les cris qu'on entend dans toutes les rues de Paris, dès l'aube jusqu'à la nuit tombante. Ces cris continus des porteurs d'eau, des petits marchands, des marchandes de légumes et de poissons, des colporteurs, etc., qui remplissent presque toutes les rues, les intonations de voix différentes et souvent bizarres qu'ils affectent..., font un effet bien singulier, qui étourdit tellement qu'on a peine à s'y faire (1). »

A mesure qu'il progressait en civilisation et qu'il croissait en élégance, Paris, comme un parvenu dédaigneux de ses vieux souvenirs, abandonnait en route bon nombre de ses petites industries de la rue et de ses cris pittoresques. Le perfectionnement des arts et des sciences tuait successivement le marchand de briquets et d'amadou, le mercier ambulant avec sa balle, la ravaudeuse dans son dernier tonneau, la marchande de chapeaux installée sous un auvent, avec son étalage portatif, et coiffée d'un tuyau de poêle en guise d'enseigne, le cureur de puits, le crieur de

---

(1) *Lettres sur Paris.* Heidelberg, 1809, in-12, p. 8.

pierre noire et le marchand de cirage, qu'on voyait encore parcourir Paris dans les premières années du règne de Louis-Philippe, ou trôner sur les places publiques devant son étalage garni de couleuvres et de petits oiseaux immobiles, haranguant la foule avec assurance et faisant reluire comme une escarboucle le soulier de quelque maçon pour

Fig. 135. — Marchande de café; d'après la lithographie de Traviès. XIXᵉ siècle.

servir de preuve à l'appui de son discours (1). Le progrès des lumières tuait l'allumeur de réverbères s'installant au milieu de la rue avec son attirail et toute sa famille pour nettoyer les vitres de la lanterne descendue à portée de la main, frotter les réflecteurs et renouveler la provision d'huile, le colporteur d'almanachs et de pronostications, le marchand de chapelets, médailles et patenôtres, le crieur des confréries, le pèlerin chantant par les rues le

(1) Les *Cent et un*, t. II, p. 212.

cantique de Sainte-Reine ou de la Sainte-Baume. Le progrès de la police tuait les crieurs de corps et de vin, les mendiants et vielleurs des places publiques, les clocheteurs des trépassés, et que sais-je encore !

Ceux que la civilisation parisienne n'a pas anéantis, elle les a du moins traqués et chassés au fond des provinces. Les règlements municipaux et les ordonnances concernant la voie publique ont rogné les ailes à tout cela ; on a taillé à coups de ciseaux à travers ce fourmillement de la rue ; on a émondé et éclairci cette forêt. Le goût de la correction, de l'unité, de la ligne droite, qui tend à faire de Paris, depuis la Révolution, depuis vingt-cinq ans surtout, la ville la plus splendidement et la plus majestueusement monotone qui fut jamais, s'est manifesté là comme ailleurs par la main pesante de l'administration. Et puis l'amour de la centralisation a envahi peu à peu le commerce et l'industrie. L'esprit de spéculation, la vapeur, l'invention de nouveaux métiers, l'accroissement des fortunes et l'association des capitaux ont permis de réunir et de fondre en faisceau des myriades de métiers ambulants qui, maintenant, attendent à domicile le chaland qu'ils allaient provoquer autrefois.

Nos lecteurs parisiens connaissent les cris qui ont survécu et dont le nombre diminue chaque jour. Quelques-uns peuvent se souvenir encore d'avoir entendu les marchands d'encre, spécialement connus pour la fantaisie et la variété de leur répertoire, et en particulier cet original qui parcourait les rues accompagné de son jeune fils, celui-ci criant à tue-tête : « Papa vend de l'encre », celui-là ajoutant d'une voix grave et profonde : « L'enfant dit vrai. » Le monopole accordé à la Compagnie générale des allumettes a fait définitivement disparaître l'humble industriel qui, la boîte ouverte, suspendue sur le ventre, s'avançait en chantant toute une romance :

> Je suis le marchand d'allumettes,
> Messieurs, mesdam', en voulez-vous ?
> Elles sont belles et bien faites,
> Je vous les donne pour deux sous.

Fig. 136. — Le marchand d'encre ; d'après l'album de Marlet, 1821.

> Si vous voulez avoir la preuve
> Qu'elles sont bonnes à brûler,
> Venez, messieurs, les essayer,
> Elles sont toutes à l'épreuve (1).

(1) On peut voir cette romance notée, au-dessous du portrait du marchand, dans

Il ne reste plus que les industriels qui vendent des *cigares et du feu* dans les foules. Auparavant, la propagation des allumettes chimiques avait naturellement éliminé peu à peu la marchande d'amadou et le marchand de briquets.

Le fontainier a perdu beaucoup de son cachet, depuis qu'on lui a interdit la trompette sur laquelle il brodait des variations redoutables. Il avait remplacé la trompette par un cornet en fer blanc, d'où il tirait encore des sons à faire frémir les gens nerveux. La police a fini, je crois, par interdire aussi le cornet de fer blanc, et le pauvre industriel, traqué de la sorte, en est réduit, sauf dans les moments de tolérance, à souligner avec une vulgaire sonnette son cri classique : *Voilà votre marchand de fontaines ! — Oh ! l'fontainier !*

Vous entendez toujours : *A la barque! à la barque!* Mais vous n'entendez plus : *Huîtres à l'écaille, — à quatre sous la douzaine!* Ni : *Trois de six blancs, les rouges et les blancs!* L'acheteur d'*os, ferraille, cuivre,* et de *bouteilles cassées* se fait de plus en plus rare. On rencontre encore, mais de très-loin en très-loin, le marchand de cartons, portant avec sa femme, qui marche derrière lui, un brancard surchargé de sa marchandise et scandant sa mélopée lente et monotone : « Voici des cartons, — de jolis cartons, mesdames, — pour serrer vos châles et vos robes, — cartons ronds, cartons carrés, cartons à champignons, cartons ovales. » Disparu le marchand de paniers, qui, enseveli sous son bazar ambulant comme Ophélie sous les fleurs, promenait par les rues une pyramide fragile échafaudée à vingt pieds de haut et composée de paniers de toutes formes et de toutes dimensions, qui venaient s'enrouler jusqu'autour de son cou. Disparus aussi, depuis la Restauration ou le gouvernement de

la jolie suite des *Cris de Paris*, qui fait partie de la *Comédie de notre temps*, par Bertall (2e série).

Juillet, le marchand de fourneaux, les marchands de lunettes, de laurier, de paillassons, d'horloges de bois, le carreleur de souliers, les crieurs de petits livres populaires, parmi lesquels les oracles du Destin et les explications des songes tenaient le premier rang ; les marchands de sel, de

Fig. 137. — Marchand de cartons; d'après Carle Vernet. XIXe siècle.

petits pains, de saucissons, de fromages à la crème, le marchand de billets de loterie, le marchand de hannetons pour un liard, le fondeur de cuillers d'étain, qu'on retrouverait peut-être au fond de certaines provinces reculées. Disparu enfin le crieur de journaux avec sa lanterne à l'étoile lumineuse, et remplacé, sauf au temps de révolution, où il se dédommage de son mutisme forcé, par les taciturnes marchands des kiosques.

Durant les matinées d'hiver, on entend parfois encore le petit ramoneur alternant avec la voix bourrue du patron qui marche devant lui en rasant les murs, et avec le cri lugubre du marchand de mottes à brûler : sa voix aiguë vient, dans l'aube froide et grisâtre, vous faire frissonner jusqu'au fond de votre lit; mais c'est une industrie qui se

Fig. 138. — Marchand de paniers; d'après Carle Vernet. XIXᵉ siècle.

meurt, détrônée par le fumiste, dont le fagot d'épines est seul assez mince pour franchir l'étroit défilé de nos cheminées modernes.

Mais il reste assez encore de ces cris, la plupart traditionnellement transmis depuis des siècles, pour frapper l'étranger d'étonnement et pour produire, en certains lieux et à certaines heures du jour, un concert monstre tel que

Paris seul en peut enfanter. Figurez-vous, réunis sur le même point et criant tous à la fois : la marchande de plaisirs et celle de mouron pour les petits oiseaux, le vitrier, le gagne-petit, le porteur d'eau, les marchands d'habits et de parapluies, les crieurs de « bon cresson de fontaine, la santé du corps », de pommes de terre au boisseau, de

Fig. 139. — Marchande de pommes ; d'après Duplessis-Bertaux.

raie toute en vie, de merlan à frire, de hareng qui glace ; les marchandes des quatre saisons attelées à leur petite charrette, le fontainier, l'acheteuse de chiffons et de ferrailles, etc., etc., le tout accompagné par une basse continue de voitures roulant sur le pavé et par une demi-douzaine seulement d'orgues de Barbarie, quel chœur formidable de glapissements, de gloussements, de hurlements, de grognements, de miaulements et de rugissements!

Il est remarquable toutefois que chacun de ces cris,

dont la réunion fortuite peut former une telle cacophonie, dénote, pris à part, un sentiment harmonique incontestable et quelquefois frappant. Il y a des mélopées augustes et solennelles, de vibrantes onomatopées, des exclamations joyeuses ou déchirantes. Beaucoup sont de charmantes mélodies, dont les unes se sont formées peu à peu et ont pris un caractère définitif et immuable; les autres ont été créées de toutes pièces par des inventeurs. Tous ont été souvent notés. Parmi ces derniers, citons les cris du marchand d'encre, qui rappelait dans ses premières mesures le début d'un chœur de *Fernand Cortez;* du marchand de fromages dépeint par Gouriet, beau vieillard à la figure fraîche et vermeille, à la voix de stentor, faisant sur le mot *fromage* une cadence de cinq à six minutes, et tout à coup, sur les dernières syllabes, renforçant le son et le jetant de façon à faire trembler toutes les vitres; de la vieille marchande de chiffons du quartier des Écoles, dont Félicien David, après l'avoir écoutée avec surprise, disait : « Mais savez-vous que c'est charmant? Je vais retenir avec soin ce motif. Un grand air commencé dans ce mouvement et dans cette harmonie serait magnifique (1). »

D'autres allaient jusqu'à créer les paroles, — toute une strophe, parfois tout un petit poème, — sur lequel ils brodaient leur mélodie. Ce sont les cris de la Halle, dit-on, qui inspirèrent le grand chœur de la *Muette* à Aubert. J'imagine que Meyerbeer a écouté plus d'une fois en rêvant les harmonieuses discordances de ce carillon colossal. Halévy a pris le cri traditionnel de *Bell' bott' d'asperges*, pour en faire les quatre premières mesures de son grand air : *Quand paraîtra la pâle aurore*. Le cri est certainement l'un des plus anciens et il n'a jamais varié. C'est en criant des asperges et de la laitue qu'avait débuté le ténor

---

(1) Bertall, *Comédie de notre temps*, 2e série. p. 237.

Lainez, qui fit les beaux jours de l'Opéra, pendant plus de trente ans, de 1773 à 1812. Il était fils d'un jardinier de Vaugirard, qui l'envoyait vendre chaque jour ses légumes à Paris. Un matin, Berton, directeur de l'Académie de musique, l'entendit et, frappé de la justesse comme de

Fig. 140. — Marchande de mouron; d'après Carle Vernet.

l'éclat de sa voix, il le demanda à ses parents et lui donna des maîtres. L'Allemand Mainzer a spécialement étudié ces cris au point de vue musical; M. Kastner, membre de l'Institut, a fait de même, dans un savant in-4°, terminé par les *Cris de Paris*, « grande symphonie humoristique vocale et instrumentale en trois parties : le matin, le jour et le soir », à l'exemple, sinon à l'imitation de ce qu'avait déjà fait, trois siècles avant lui, maître Clément Jannequin. Castil-Blaze n'a pas manqué de s'en occuper aussi ; il a remarqué que la plupart de ces cantilènes de la rue reproduisent la tonalité du plain-chant, ce qui suffirait à prouver l'antiquité de leur origine.

Un certain nombre de petits marchands de la rue sont devenus des personnages célèbres et ont légué leurs noms à la postérité, qui a plus ou moins accepté le legs. J'ai déjà été conduit à en citer quelques-uns dans le cours de ce chapitre. Ajoutons-y Jean Robert, marchand de *noir à noircir* sous la jeunesse de Louis XIV, dont le nom a été popularisé par les dessinateurs et les écrivains ; les bouquetières Babet et Marie, que je présenterai moins sommairement au lecteur, comme Jean Robert lui-même, dans mon chapitre sur les figures de la rue, et deux autres bouquetières d'une célébrité différente : Louise Chabry, présidente de la députation qui alla haranguer le roi dans ses appartements à Versailles (1), le 5 octobre 89, et celle qui fut massacrée à l'Abbaye dans les journées de septembre ; quelques marchandes de plaisir du dix-huitième siècle, spécialement celle qui donna le jour à la fameuse cantatrice Mlle Laguerre, la Signoret, que la marquise de Pompadour mit à la mode en faisant arrêter son carrosse devant elle pour goûter de sa marchandise et en lui adressant ces royales paroles : « Ton plaisir est fort bon, » et le père Tourniquet, mort dans les premières semaines de 1876.

Pendant la Révolution était installé sur la place de Grève, à deux pas de la guillotine, un fameux débitant de tisane, qui désaltérait les patriotes pour un liard : « Sa fontaine placée à poste fixe était inépuisable, écrit l'auteur du *Nouveau Paris*. Un porteur d'eau, d'heure en heure, la remplissait. Le majestueux fontainier attirait

(1) Lecomte, *Mémorial de la Révolut.*, p. 99.

tous les regards par son brillant costume. De larges galons d'or sur toutes les coutures de sa veste écarlate en augmentaient l'éclat, et quand d'un agile poignet il tournait d'un même coup trois robinets pour servir sept à huit buveurs à la fois, le bruissement des grelots qui pendaient à ses manches et qu'il secouait glorieusement en essuyant

Fig. 141. — Labbé, marchand de coco.

ses gobelets, s'entendait jusqu'au pont au Change. Enfin les jeunes filles qui venaient se désaltérer à sa fontaine se miraient en souriant dans la glace de son casque, dont les diamants multipliaient le soleil. » Qu'on dise encore que Mercier n'a pas le sentiment de la poésie!

Sous le règne de Louis-Philippe, quelques autres marchands de *tisane* atteignirent à la célébrité. Ce fut d'abord Labbé, (fig. 141) qui, aux premières années de l'Empire, se promenait encore avec sa fontaine, sa clochette, son chapeau orné d'une plume, devant le théâtre de la Porte-Saint-Martin dont il semblait un appendice inséparable :

« Labbé, écrivait Edmond Texier en 1852, dans son *Tableau de Paris* (1), jouit du privilège de désaltérer les gosiers dramatiques et autres. Il salue tous les artistes du théâtre, tutoie le machiniste, donne des poignées de main aux marchands de contre-marques, et a eu l'honneur de parler à M. Harel, un jour que ce dernier passait sur le boulevard, donnant le bras à Mlle Georges, de monumentale mémoire. Labbé, retenu sous le péristyle du théâtre par les devoirs de sa profession, ne peut naturellement assister aux représentations, mais il saisit dans la conversation des consommateurs des bribes de dialogues et des situations qui le mettent bien vite au courant des pièces représentées; depuis plus de trente années qu'il est le Ganymède ordinaire des jeunes *titis* du paradis, Labbé est devenu de première force sur le répertoire. On comprendra facilement l'enthousiasme de notre marchand de coco pour l'art dramatique. Ses goûts l'appelaient sur les planches; mais, son éducation négligée ne lui ayant pas permis d'aspirer à cette haute position, il a vécu autant qu'il a pu à côté du théâtre. Il a un chapeau de traître de mélodrame et des chaussons de lisière; il est artiste par la tête, et marchand de coco par les pieds. »

Labbé avait un rival de célébrité dans la personne du père Gilbert, d'abord marchand de badines, et qui s'était fait une réputation par la manière dont il lançait, en l'agrémentant de fioritures, le cri classique : *Achetez des badines! Battez vos femmes! battez vos habits pour un sou!* »

— Le cri du père Gilbert n'était pas sans malice, on le voit, dit M. Kastner (2); les dames de la Halle le trouvè-

(1) Tome I, page 66.
(2) *Voix de Paris*, in-4°, p. 66.

rent séditieux. Elles appréhendèrent au corps le mauvais plaisant et lui administrèrent une de ces corrections qu'on ménage fort peu aux mousses sur les bâtiments de l'État. Le père Gilbert, à ce qu'il paraît, n'avait pas tenu compte de la leçon, et, devenu marchand de coco, il lui arrivait souvent, — fâcheux empire de l'habitude! — au lieu de : *A la fraîche! qui veut boire?* de crier : *Battez vos femmes!*

De marchand de coco en marchand de coco, nous nous sommes laissé entraîner jusqu'à notre époque. Revenons maintenant sur nos pas pour esquisser la silhouette d'une des plus illustres marchandes de la rue, la Belle Madeleine, qui vendait des gâteaux de Nanterre sous le premier Empire et la Restauration. *Illustre* n'est pas trop dire, car, après Gouriet, M. Ch. Yriarte et plusieurs autres chroniqueurs de la rue lui ont consacré des notices; on a peint et gravé plusieurs fois son portrait; elle figura au Salon, on la voyait à l'étalage des peintres en miniature du Palais-Royal; on la mit sur la scène, des poètes la célébrèrent dans leurs vers, les petits journaux lui firent des mots. La Belle Madeleine, comme elle s'appelait elle-même (au mépris de toute vérité, s'il faut en croire les historiens impartiaux), et comme l'appelaient aussi tous ses contemporains, si bien que cette épithète en était venue à faire partie de son nom, avait composé une petite chanson, que Gouriet a notée, pour crier sa marchandise :

> C'est la bell' Mad'leine,
> C'est la bell' Mad'leine
> Qui vend des gâteaux,
> Des gâteaux tout chauds.

Après quoi elle ajoutait un commentaire en prose : « Régalez-vous, messieurs, mesdames : c'est la joie du peuple. » Coiffée d'un bonnet de paysanne, en jupe courte, la croix d'or au cou, vive et toujours souriante, elle se tenait, avec son éventaire suspendu sur sa poitrine, contre la grille des Tuileries ou aux abords du Palais-Royal.

A la même époque, une marchande de pommes, à physionomie rustique, du nom de Claudine, parcourait les rues de Paris, tenant d'une main un plateau rempli de fruits, de l'autre sa jupe à demi soulevée, et s'avançait en dansant *la sauteuse* et en chantant sur une mesure très-vive :

<blockquote>
Encore un quartr'on, Claudine,
Encore un quartr'ron !
</blockquote>

Il n'en fallut pas davantage pour la rendre fameuse. Pendant longtemps, elle était accompagnée d'un petit homme, moins âgé qu'elle et très-proprement vêtu, qui entonnait d'une voix grave la chanson qu'elle continuait d'une voix aiguë. Quoique Claudine fût d'un âge et d'une figure qui ne s'accordaient guère avec cette histoire, ce personnage passait pour l'ancien magister de son village, en compagnie duquel elle s'était enfuie à Paris. Sans avoir atteint à l'illustration de la Belle Madeleine, Claudine fut assez célèbre pour avoir tenté, elle aussi, le burin du graveur.

Sous la Restauration, un gros goutteux s'établissait dans les jardins, sur les places publiques, et, de gré ou de force, exécutait, avec son papier et ses ciseaux, les portraits de tous les promeneurs dont il pouvait saisir le profil. Le faiseur de silhouettes avait à Tivoli une petite cabane tendue de papier blanc, sur lequel étaient collées des découpures en noir qui faisaient l'effet d'ombres chinoises, quand, le soir, il illuminait l'intérieur de sa guérite. Ce fut là qu'on le trouva mort un jour.

Le père Tripoli, « fils de la Gloire », polisseur de cuivre et astiqueur de buffleteries, a été, jusque vers le milieu du second Empire, l'une des physionomies intéressantes de la rue (fig. 142). On le rencontrait particulièrement aux abords des corps de garde, des Invalides et de l'École militaire, toujours en uniforme, coiffé d'un bonnet de police ou d'un shako, le sac au dos, portant la moustache et la barbiche, en tenue et prêt à passer l'inspection. Il vendait une poudre rose pour nettoyer les cuivres et, en guise d'ensei-

Fig. 142. — Le père Tripoli, polisseur de cuivre.

gne, portait sur sa poitrine force boutons, plaques, grenades reluisant comme des soleils. Il aimait à causer de l'*autre* et à raconter ses souvenirs militaires, qui dataient de fort loin, car il prétendait avoir servi comme volontaire sous la première République et connu l'empereur simple officier. Il était en Égypte, à Austerlitz, à Waterloo, et ne tarissait pas dans le récit de ses souvenirs un peu confus, mais pleins d'enthousiasme patriotique. Quelques mauvaises langues avaient voulu jeter des doutes sur la nature et l'authenticité de ses services militaires, mais Tripoli méprisait ces calomnies impuissantes et jalouses; elles ne trouvèrent d'ailleurs jamais la moindre créance auprès des soldats dont les gibernes étaient redevables à ses soins d'un éclat merveilleux, et qui lui contaient Sébastopol ou Solférino en retour du pont d'Arcole, non plus qu'auprès des tambours de la garde nationale qui lui pardonnaient de leur faire concurrence en buvant avec lui, sur le comptoir voisin, à la santé des *Frrrançais!*

Tripoli, fils de la Gloire, est à peu près le dernier des industriels parisiens en dehors des catégories auxquelles nous avons consacré des chapitres spéciaux, qui ait atteint à la célébrité. Nous ne pénétrerons pas, à la suite de Privat d'Anglemont, dans le domaine fantastique des métiers inconnus. On sait quelles découvertes bizarres a faites, en parcourant les sous-sols de l'industrie parisienne, ce fureteur que rien ne rebutait dans ses recherches : c'est grâce à lui, mais à lui seul, que des types comme ceux du fabricant d'asticots et de crêtes de coq, du boulanger en vieux, du peintre de pattes de dindon, du berger en chambre, sont devenus fameux; mais on n'en sait que ce qu'il en a dit, et, en admettant même que ce peintre de la bohème industrielle n'ait pas enchéri sur la réalité, ils ne sont point de notre compétence, puisqu'ils n'ont point conquis leur renom au grand jour de la rue.

CHAPITRE X

TYPES ET PERSONNAGES CÉLÈBRES DES RUES DE PARIS

Si nous nous proposions de remplir en son entier le vaste cadre ouvert par ce titre, le présent volume aurait peine à suffire à la tâche. Commençons donc par délimiter nettement le sujet, en excluant les farceurs, les charlatans, les saltimbanques, les chanteurs en plein air, les industriels et petits marchands nomades, bref, tout ce qui rentre dans une des catégories spéciales traitées par nos précédents chapitres. En dehors de ces catégories, il existe un grand nombre de figures populaires qui échappent, par leur variété infinie, à toute classification, mais qui ont pour centre et pour lien la rue. Nous allons essayer de réunir en galerie ces physionomies éparses. Avons-nous besoin d'ajouter que, même dans ces limites, nous n'avons aucunement la prétention d'être complet ? Il est impossible de l'être en un sujet aussi fourmillant et dont les frontières demeurent tellement vagues et flottantes qu'on peut toujours, à volonté, les rapprocher ou les élargir.

I

Il nous paraît difficile de remonter plus haut que le seizième, ou, tout au plus, le quinzième siècle. Au delà, nous marcherions dans les ténèbres, et notre récolte serait bien maigre, à moins de nous arrêter à des personnages comme sainte Geneviève, dont la popularité fut telle dans Paris, sauvé par elle de la famine et protégé contre les terreurs de l'invasion des Huns, que la foule la suivait partout en la bénissant; comme le philosophe Abeilard, devenu si célèbre par son enseignement, que « la foule des rues, jalouse de le contempler, s'arrêtait sur son passage », écrit son biographe, M. de Rémusat, et que, « pour le voir, les habitants des maisons descendaient sur le seuil de leurs portes, et les femmes écartaient leurs rideaux, derrière les petits vitraux de leur étroite fenêtre »; ou enfin comme maître Albert le Grand, qui, lorsqu'il vint professer à l'Université de Paris, réunit une si grande multitude d'élèves autour de sa chaire qu'il dut la transporter en plein air, sur la place qui, aujourd'hui encore, s'appelle de son nom place Maubert. Mais de pareils noms sont trop graves pour que le respect nous permette de les comprendre dans notre musée pittoresque. Maintenons-nous dans les régions plus humbles et, à l'inverse du poète, *paulo minora canamus*.

Dès nos premiers pas, nous rencontrons les fous en titre d'office, êtres difformes et grotesques, presque toujours des nains, vêtus de pourpoints taillades aux couleurs voyantes, coiffés du bonnet aux longues oreilles et agitant la marotte, leur attribut essentiel et caractéristique (fig. 143). Ce n'étaient pas seulement les rois, mais aussi les grands seigneurs, quelquefois même les évêques, qui possédaient des fous en titre d'office : les uns simples idiots, avortons contrefaits ou grimaçants dont on s'amusait comme d'un jouet, comme d'un chien, d'un singe ou d'un perroquet; les autres, espèces de philosophes badins et cyniques, aux reparties mordantes, aux épigrammes hardies, auxquels tout était permis sous le couvert de leur titre et de leur costume.

TYPES ET PERSONNAGES CÉLÈBRES.

Plusieurs passages de nos vieux conteurs prouvent que les fous couraient souvent la rue et nous les montrent mêlés

Fig. 143. — Fou en titre d'office au XVe siècle. Miniature tirée d'une *Bible en françois*, ms. du XVe siècle.

à diverses scènes populaires. Était-ce un fou de cour que ce Seigni Joan dont Rabelais nous conte une anecdote si souvent répétée, en le qualifiant de « fol insigne de Paris, bisaïeul de Caillette ? » Ce devait être du moins un fou en titre d'office, puisqu'il portait la marotte. On sait par quel jugement, digne du roi Salomon, Seigni Joan débouta de sa réclamation saugrenue un rôtisseur du Petit-Châtelet qui voulait faire payer à un *faquin* la fumée du rôt dont il avait assaisonné son pain. Par-devant le cercle des badauds assemblés, maître Seigni Joan ordonna au faquin de tirer de sa gibecière un tournois Philippus et le fit sonner avec sa marotte sous le nez du rôtisseur, en décidant avec gravité que la fumée du rôti était dûment payée par le son de l'argent. (Voir la gravure du frontispice.)

Nous ne nous arrêterons pas à Caillette, ni à Triboulet, fous de Louis XII et de François Ier ; ni à Brusquet, bouffon non moins illustre, dont les bons mots et les bons tours, plus ou moins authentiques, ont excité l'admiration de Tabourot, l'auteur des *Bigarrures*, de G. Bouchet, l'auteur des *Serées*, et de Brantôme ; ni à Sibilot, le fou de Henri III ; ni à l'Angely, le fou du prince de Condé et de Louis XIII ; ni à quelques autres bouffons d'ordre secondaire. Mais nous nous arrêterons davantage à maître Guillaume et à Mathurine, moins généralement connus et qu'on surprend plus d'une fois, dans nos vieilles chroniques, donnant la comédie en plein vent.

Maître Guillaume avait succédé à Chicot, illustré par Alexandre Dumas, comme fou de Henri IV, à peu près à l'époque où celui-ci conquérait définitivement son trône. Ses saillies étaient fort appréciées par le cardinal Du Perron, qui s'est fait son historiographe dans le *Perroniana*, et l'avaient rendu tellement populaire que son nom était passé en proverbe et qu'on prit l'habitude de lui attribuer sans cesse des mots qu'il n'avait jamais dits et des écrits dont il n'était pas l'auteur. Le nombre des opuscules satiriques, des libelles et *pasquils* plus ou moins hardis ou facétieux qu'on a fait courir sous le nom de maître Guillaume, surtout après sa mort, est très-considérable. Il débitait lui-même par les rues des plaquettes et feuilles volantes, comme celle dont parle l'Estoile au mois d'avril 1609 : « Maître Guillaume vendoit ce jour, sur le pont Marchant, la permission octroyée par lettres de Sa Majesté au capitaine Marchant pour la construction et le parachèvement dudit pont. Ce placard de maître Guillaume est d'une feuille imprimée, où la moitié, pour remplir la feuille, est de guilleminerie, c'est-à-dire de glose et invention de ce grand personnage, qui me l'a vendue un sol comme aux autres. » L'Estoile parle encore ailleurs de cette habitude qu'avait maître Guillaume de colporter par les chemins des fadaises et balivernes de son cru, ou mises sous son nom : « J'ai baillé ce jour (16 septembre 1606) à maître Guillaume, de cinq bouffonneries de sa façon, qu'il portoit et distribuoit lui-même, cinq sols, qui ne valent pas cinq deniers, mais qui m'ont fait plus rire que dix sols ne valent (1). »

C'est là sans doute ce qui donna l'idée de lui attribuer tant d'opuscules facétieux.

Maître Guillaume, ex-apothicaire de Louviers, frappé à la tête, lors de la prise de cette ville sur les ligueurs en 1591, d'un coup de pertuisane qui accrut ses dispositions à la folie, était devenu à Paris le jouet du populaire, spécialement des pages et des laquais, ces fléaux du genre humain, comme dit Scarron, que le diable s'amusait à créer pendant que Dieu créait les anges, disait maître Guillaume lui-même. Entre eux et lui c'était une guerre à mort. Il répondait à leurs niches et à leurs quolibets par des coups de bâton et ne sortait jamais sans cacher sous son habit un cotret gros et court, qu'il appelait son *oisel*, et dont il les assommait tout en criant au meurtre à pleine voix (2).

---

(1) *Journal* de l'Estoile, collect. Michaud, p. 405 et 505.
(2) Dreux du Radier, *Récréat. historiq.*, t. I. P. Lacroix, *les Fous des rois de France*.

Plusieurs écrits satiriques ont également été publiés sous le nom de Mathurine, qui n'était pas moins populaire que celui de maître Guillaume. On dit que lorsque Henri IV, en 1594, prit enfin possession du Louvre, il vit accourir à lui, en entrant dans le palais, la folle Mathurine, qui n'avait pas quitté la demeure royale et qui venait en saluer le nouveau maître. Elle appartint surtout à la reine Marie de Médicis. Il en est souvent question dans le *Journal* de Jean Héroard, où on la voit en rapports familiers avec le petit Dauphin, qui devait être Louis XIII. Elle ne se gênait pas davantage avec Henri IV, qui la faisait quelquefois dîner avec lui pour s'en amuser (1). C'était une pauvre créature naturellement folle aux trois quarts (elle avait été guérie, dit Tallemant des Réaux, mais imparfaitement) et à qui l'on passait beaucoup de choses. Quoiqu'elle reçût une pension de la Cour et qu'elle trouvât moyen de vendre sa protection, ce qui lui permit de faire très-bien élever son fils, qui acquit une brillante réputation de joueur de luth, sous le nom de Blanc-Rocher (2), elle s'habillait comme un Carême-prenant. On la voyait aussi courir les rues en costume d'amazone, avec le chaperon, l'épée et le pourpoint. Son accoutrement, sa laideur, ses manières et sa figure bien connue attroupaient le monde : « Passant par les rues, — lui fait dire l'auteur d'une plaquette contemporaine, *les Essais de Mathurine*, — les enfants clabaudent après moi : « Aga, Mathurine la folle! »

Vers la même époque aussi, c'est-à-dire en 1590, pendant le siège de Paris, une pauvre femme nommée Clau-

---

(1) Sur ces licences de Mathurine, on peut voir le *Journal* d'Héroard (9 juin 1604); le *Journal* de l'Estoile (19 septembre 1596), etc. Quand le roi fut frappé par Châtel, il crut d'abord que c'était Mathurine, et s'écria : « Au diable la folle! elle m'a blessé » ; ce qui semble indiquer que Mathurine poussait parfois les privautés envers Henri IV jusqu'aux coups inclusivement.

(2) Tallemant des Réaux, *Historiette de Lisette*. Cette Lisette était une imitatrice de Mathurine, sous le règne de Louis XIII, qui tourna ensuite à l'intrigante.

dine, épouse d'Antoine Piot, potier, très-belle et dans la fleur de l'âge, « étant devenue folle de l'appréhension des temps et de la misère commune, couroit les rues de Paris, et cependant chantoit des psaumes continuellement, faisoit les plus belles et ardentes prières à Dieu qu'il étoit possible ;... toutefois, disoit une infinité de folies, crioit après les moines, les reprenant de leurs vices ; taxoit les idolâtreries et superstitions (dont elle étoit souvent battue et fouettée), ne vouloit porter une cotte rouge, disant que c'étoit la robe du légat, et qu'elle avoit vu un grand homme au ciel, tenant un coutelas, qui lui avoit dit qu'elle allât dire à Mme de Montpensier qu'elle ne se fardât plus et au légat qu'il fît la paix. »

Quelques années après, en 1605 et 1606, Claudine était remplacée dans les rues de Paris par un « fol de Béarnois », qui allait haranguer le peuple dans tous les carrefours contre les huguenots. L'Estoile n'a pas manqué de recueillir aussi dans sa galerie la bizarre figure de ce prédicateur en plein vent, dont toutes les menaces de fouet et de prison (car on craignait qu'il n'excitât des soulèvements dans la foule) ne pouvaient contenir le zèle. Il continua longtemps à battre le pavé, mais le chroniqueur ne nous apprend pas ce qu'il devint ensuite (1).

> Laissant ses peignes et outils,
> Ce prédicateur lunatique
> Transporté d'un zèle bachique
> Prêche les grands et les petits.

Les rues de Paris abondaient alors en originaux de tout genre. Maître Pierre Dupuis ou Du Puis, « archifol en robe longue », ainsi que l'appelle Bruscambille dans ses *Paradoxes*, — « perclus d'esprit », dit Régnier qui a prononcé en courant, dans sa sixième satire, le nom de

---

(1) Collection Michaud, t. XV, p. 391, 404, et pour Claudine, p. 39. Le *fol de Béarnois* eut des successeurs. Lagniet a représenté l'un d'eux, qui devait être un perruquier, en inscrivant au-dessous de son passage le quatrain suivant :

Pierre Du Puis comme celui d'un personnage assez connu pour que tous ses lecteurs saisissent l'allusion au vol, arpentait la ville du matin au soir, en jaquette grise, un de ses pieds chaussé d'un chapeau en guise de soulier. Nicolas Joubert, sieur d'Angoulevent, lequel se qualifiait prince des Sots et se montrait plus glorieux de ce titre que le roi du sien, était une personne illustre et considérable en son genre. Le jour du mardi gras, il faisait la joie de Paris en prenant la tête du défilé grotesque des Sots et des Enfants sans Souci, tant que cette promenade ne fut pas défendue, et en entrant par la grande porte de l'Hôtel de Bourgogne. Dans le procès qu'il soutint, comme nous l'avons dit, contre les comédiens qui voulaient lui contester ce privilège, il faut citer surtout le plaidoyer prononcé un jour de mardi gras, ainsi qu'il convenait, par son avocat, maître Nicolas Peleus. Il traita son client tout à fait sans façon, avouant qu'il « étoit né et nourri au pays des grosses bêtes, que c'étoit une tête creuse, une coucourde éventée, vide de sens comme une cane, un cerveau démonté », le reste à l'avenant ; mais il gagna son procès, et c'était le principal.

Angoulevent se croisait dans les rues de Paris avec un personnage qui se qualifiait l'*Archi-Sot*, pour se mettre au-dessus de lui et lui disputer la principauté dont celui-ci était si jaloux. Un poëte du temps a chanté la lutte entre le Prince des Sots et l'Archi-Sot, et il décrit ce dernier en vers dignes du sujet :

> Il a, premièrement, les sourcils retirés,
> Les yeux plus que les chats et les fous égarés,
> Le front noirement jaune, où la crasse s'écaille,...
> Le rire aussi plaisant comme est une grimace
> D'un petit marmiton que son maître menace,
> Le nez long et petit, par le bas raccourci,...
> Ridé par tous endroits, comme les fruits de Tours
> Qu'on fait, pour conserver, cuire dedans les fours,
> Farineux et cendreux comme ces vieilles figues
> Dont tous les Provençaux se rendent si prodigues

> Sur le port de Marseille, ou cent fois plus vilain,
> Flétri, crasseux, ridé que n'est un parchemin
> Qui, depuis trois cents ans, rôde les auditoires
> Des sédentaires cours et des ambulatoires...
> Il porte assez souvent un bas d'étame gris,
> Un manteau de vinaigre...
> Lorsqu'il a quelquefois son chapeau sur l'oreille,
> Il s'écoute marcher et se mire à merveille ;
> Il retourne la tête, et, de trois en trois pas,
> Pour regarder ses pieds, porte ses yeux en bas.
> Quand il a bien marché d'un côté de la rue,
> Il se tourne de l'autre, afin qu'on le salue,
> Regarde son chapeau et, de deux en deux tours,
> Le montre à ses amis du côté du velours ;
> Se panade à plaisir...

Une des pièces dirigées contre le Prince des Sots : la *Surprise et fustigation d'Angoulevent*, « par l'archi-poëte des Pois pilés » (on voit que M. Gagne a eu des précurseurs), est adressée « au comte de Permission ». Encore un nouvel original de la rue, et plus curieux peut-être que les précédents. Bluet d'Arbères, lequel prenait le titre de comte de Permission, était un bizarre personnage qui avait été jadis au duc de Savoie, et qui, vêtu de *boccadin incarnadin*, la plume au chapeau, l'épée au flanc, le poignard à la ceinture, colportait, comme maître Guillaume, des *baliverneries* pour vivre. Sur les feuilles volantes ou les livrets d'une douzaine de pages, souvent illustrées de bois grossiers, qu'il débitait à tout passant, il y avait des sentences, des prières, composées, ou du moins signées par lui, en galimatias amphigourique et presque inintelligible. Il n'avait pas publié moins de cent quatre-vingts de ces morceaux, précieusement numérotés dans l'ordre de leur impression. Quand il en eut un nombre respectable, il en forma un recueil, qu'il publia en l'an 1600, sous ce titre prolixe que je copie en entier, parce qu'il donne une idée du personnage, mieux que tout ce que l'on en pourrait dire :

Recueil de toutes les œuvres de Bernard Bluet, d'Ar-

bères, comte de Permission, chevalier des ligues des treize cantons suisses, et ledit comte de Permission vous avertit qu'il ne sait ni lire, ni écrire, et n'y a jamais appris, mais par l'inspiration de Dieu et la conduite des anges, et pour la bonté et miséricorde de Dieu ; et le tout sera dédié à haut et puissant Henri de Bourbon, roi de France, grand empereur Théodose, premier fils de l'Eglise, monarque des Gaules, le premier du monde par la grâce, bonté et miséricorde de Dieu ; le premier jour de mai 1600.

Ces extravagances, devenues rarissimes, sont fort recherchées des amateurs, qui se les disputent au poids de l'or et dont le grand désespoir est de ne pouvoir les réunir toutes. Un recueil très-incomplet est monté à cinq cents francs en 1816, à la vente de Mac-Carthy ; à quel prix monterait-il maintenant?

Bluet d'Arbères ne se contentait pas de vendre ses productions sur le Pont-Neuf, il les distribuait aussi dans les maisons et en faisait des présents aux grands personnages dont il voulait provoquer les générosités : « En a été imprimé deux mille et ont été tous donnés, nous apprend-il lui-même en une note de son *premier livre d'Oraison;* il n'en reste que douze. » Il a pris soin de supputer fort minutieusement les profits de ce petit commerce, en dressant, dans l'un de ses livrets, la liste, fort récréative, des libéralités qu'il a reçues. En tête doit figurer le souverain, qui lui donnait cent livres de gages, sans préjudice des cadeaux particuliers ; mais on y trouve aussi Jacques Le Roy et son don : « deux écus et une rame de papier » ; M. de Créqui, « quatre écus et demi en cinq fois » ; M. de Beauvais Nangy, « un bas de chausse de soie » ; M. de Cenamy, « une bouteille d'huile pour sa salade » ; un grand seigneur de la cour, pour une pistole fausse, etc., etc.

Tout compte fait, et en retranchant sans doute la fausse pistole, le comte de Permission, que sa folie n'empêchait pas de calculer exactement et même de tirer double mouture d'un même sac, finit, en récapitulant les dons de ses Mécènes, par trouver un total de quatre mille écus.

S'il faut en croire le *Tombeau et Testament de feu Bernard de Bluet d'Arbères*, le comte de Permission serait mort en 1606 : apprenant que la peste faisait de grands ravages, il résolut de désarmer la colère de Dieu par la prière et par un jeûne complet de neuf jours. Le soir du sixième jour, s'étant rendu au cimetière Saint-Étienne, il y tomba en faiblesse et y rendit l'âme. Ce trait final est touchant dans sa folie et prouve que le pauvre homme était capable de dévouement (1).

Sous Louis XIII et pendant les premières années du règne de Louis XIV, les rues de Paris ne chômèrent pas plus de figures pittoresques que sous Henri IV. Le savant mathématicien Vaulesard, avec son chapeau graisseux, son pourpoint sans un bouton, « ses souliers éculés, ses chausses trouées, son linge noir comme la cheminée, sa barbe de côté, son nez ensanglanté, ses mains crasseuses (2) », croisait Maillet, le *poète crotté*, squelette vêtu de haillons, en contemplation devant les rôtisseries de la rue de la Huchette, avec sa mine austère, ses yeux hagards, ses cheveux en désordre, sa taille haute et convexe, ou le parasite Montmaur, passant à cheval et piquant des deux en voyant l'aiguille de l'horloge voisine marquer midi. Cyrano de Bergerac, son long nez au vent et sa grande ra-

---

(1) Le comte de Permission ne nous appartenait qu'en sa qualité de personnage courant les rues. Nombre d'érudits et de bibliographes se sont longuement occupés de lui. Pour les renseignements sur ses œuvres, il faut surtout lire Ch. Nodier (*Bulletin du bibliophile*, de nov. 1835); P. Lacroix (*Idem*, 1858 et 1859); O. Delepierre, *Histoire littéraire des fous*, 1860, in-8°; J.-C. Brunet, *Manuel du libraire*, etc.

(2) Naudé. *Mascurat*, p. 270.

pière lui battant les jambes, donnait une poignée de main au capitaine d'Artagnan, et regardait en haussant les épaules le peuple des Frondeurs s'attrouper en tumulte autour de Broussel et du coadjuteur. Neufgermain, le « poëte hétéroclite de Monseigneur, frère unique de Sa Majesté », avec sa grande *barbasse* et son épée au côté, comme un gentilhomme qu'il était, rencontrait au Cours Dulot en domino noir à languettes, en soutanelle de même couleur et en bottes troussées, demandant l'aumône aux gentilshommes pour aller boire et se laissant donner des croquignoles à un sou pièce. Ces deux illustres confrères en Apollon se reconnaissaient au passage et s'arrêtaient l'un l'autre pour se réciter réciproquement : celui-ci, son dernier sonnet en bouts-rimés ; celui-là sa pièce à Godeau, dont chaque vers, suivant l'usage de l'auteur, se terminait par une syllabe du nom du destinataire. Le bonhomme Rangouze, portant d'un air affairé à quelque grand personnage un exemplaire de ses *Lettres héroïques*, composé de feuillets sans pagination, qu'il pouvait toujours arranger de telle sorte que le volume commençât par la lettre adressée au gentilhomme dont il visait la bourse et eût l'air d'avoir été fait spécialement pour lui, heurtait au passage le poète Sibus, maigre, chétif, vêtu d'habits râpés, rasant les murs, faisant de grands détours pour éviter les rues où demeuraient ses créanciers, et gagnant le Pont-Neuf pour y aller vendre aux Orphées de la Samaritaine, ou chanter lui-même *incognito* quelque méchant couplet de sa façon (1).

Et cependant, parmi les petits marchands ambulants qui parcouraient la ville du matin au soir, le peuple s'atta-

---

(1) Un auteur anonyme a écrit, en 1661, l'*Histoire du poëte Sibus*, qui est à la fois la biographie satirique d'un poète infime déguisé sous ce nom et une sorte de portrait général de tous les poètes crottés, incarnés dans un type particulier. Quant à Rangouze, Dulot, Neufgermain, voir surtout Tallemant des Réaux.

chait en riant aux pas d'un crieur de *noir à noircir*, fagoté de la façon la plus pittoresque et annonçant sa marchandise, qui n'était guère pour lui qu'un prétexte, avec force quolibets, gausseries et chansons : « C'est Jean Robert », se disaient les badauds l'un à l'autre. Jean Robert était devenu un personnage populaire, une célébrité de la rue (fig. 145). On lui prêtait des traits fictifs et des mots apocryphes,

Fig. 144. — Louis de Neufgermain, poète; d'après Brebiette.

comme à Mathurine, à maître Guillaume, à Brusquet ; comme un peu plus tard, dans une autre sphère sociale, au maréchal de Roquelaure. Les anecdotes facétieuses dont Jean Robert était le héros plus ou moins authentique ont laissé trace dans le *Chevræana* et dans une rarissime estampe de Jacques Lagniet, dont l'œuvre est si précieux pour l'étude des mœurs familières et de la vie en plein vent au dix-septième siècle. Bien plus, — témoignage éclatant de sa popularité, — Jean Robert, s'il faut en croire un érudit historien de Paris (1), aurait donné, dès le règne de Louis XIV, son nom à une rue, qui ne l'a perdu qu'en 1851 ; mais nous avouons n'oser accueillir cette flatteuse hypothèse, et regarder comme beaucoup plus vraisemblable, avec M. Louis Lazare et autres, que cette rue ait été baptisée par un simple propriétaire.

Le marchand de cirage avait fini par devenir un type symbolique et son nom était, pour ainsi dire, passé en proverbe, comme ceux de Guéridon, de Jacqueline, de la Martingale, de la Guimbarde, etc., à peu près à la même époque (2). Dans la collection Fontette, à la date de janvier 1649, au-dessous du portrait satirique du capitaine Picart, à la fois capitaine, lieutenant, sergent, caporal et anspessade dans les milices de la Fronde, représentant typique du bourgeois parisien opposant et batailleur, qui figure déjà en 1623 dans les *Estats tenus à la Guernouillière,* sous le nom de *Capitaine général des guerres de Paris,* nous avons vu une estampe de Ganière, représentant *Jean Robert enrôlé à la guerre de Paris.* Jean Robert est évidemment ici comme le synonyme de Jacques Bonhomme, le symbole et la représentation du petit peuple parisien. Courbé, sale, piteux, vêtu de loques, il est lamentable à voir avec son long nez morveux, son grand feutre à plumet déchiqueté, et tout son attirail militaire, la flamberge dans laquelle il s'embarrasse les jambes, l'énorme mousquet sur l'épaule et la fourche à la main, dont il se sert comme d'une canne.

Si nous voulions aborder maintenant la grouillante fourmilière des bohémiens, des gueux et mendiants, sol-

---

(1) Éd. Fournier, *Énigmes des rues de Paris*, p. 241.
(2) Sur ces personnifications burlesques de types populaires, on peut voir une longue note dans le deuxième volume de nos *Contemporains de Molière*, p. 235-236.

dats plus ou moins authentiques revenus estropiés de la guerre, hôtes de la Cour des Miracles, qui chaque matin débordaient de leur repaire sur la grande ville comme un flot immonde, nous serions bien vite submergés. Lagniet a pourctrituré tout au long, dans ses *Vies des gueux*, cette

Fig. 145. — Jean Robert, marchand de noir à noircir; d'après la gravure de Gérard Audran.

pouilleuse armée de cagous, marcandiers, millards, rifodés, galots, coquillards, malingreux, piètres, orphelins, convertis, sabouleux, hubins, polissons, drilles, narquois, francs-mitous et courtauts de boutanche. Qu'on nous permette seulement de rappeler en quelques lignes le gracieux souvenir de la Esmeralda du dix-septième siècle, de cette Liance ou Léance, dont Tallemant des Réaux nous a tracé le portrait et conté sommairement la vie : « C'est une grande personne, dit-il, qui n'est ni trop grasse, ni trop maigre, qui a le visage beau et l'esprit vif ; elle danse admirablement. Si elle ne se barbouillait point, elle serait claire-brune. Au reste, quoiqu'elle mène une vie libertine (vagabonde, sans règle), personne ne lui a jamais touché le bout du doigt. » Elle portait un poignard à la ceinture, dont elle faillit un jour frapper Benserade pour un geste indiscret. Mme la Princesse et beaucoup de grands personnages s'intéressaient à Liance. On la fit peindre par Beaubrun, et Gombauld composa pour elle des vers. Le *Chevræana* en parle avec plus d'enthousiasme encore que Tallemant des Réaux : « La première fois que la fameuse Léance, Égyptienne de Châtellerault ou de Chartres (Tallemant dit : de Fontenay-le-Comte), fut vue à Paris, elle fit un bruit extraordinaire, parce qu'elle n'avait alors que seize ans, que les traits de son visage étaient réguliers, qu'elle avait les yeux brillants, les dents admirables, la taille grande et qu'elle dansait parfaitement bien. Les plus illustres familles de la robe l'envoyaient chercher, et toutes les dames lui donnaient la main pour apprendre d'elle leur bonne aventure. Les peintres eurent la curiosité de faire son portrait et de l'étaler, et tous nos poètes, sans en excepter les plus sérieux et les plus célèbres, firent pour elle des stances, des élégies ou des madrigaux. » Chevreau lui-même en composa quatre ; et il en cite un, qui débute naturellement par ce vers :

Beau chef-d'œuvre de la nature...

On lui faisait des offres brillantes pour la retirer d'un genre de vie et d'une société où elle devait se trouver mal à l'aise ; mais elle n'y voulut pas entendre : « Sans ma danse, disait-elle, mon père, ma mère et mes frères mourraient de faim. » « Enfin, ajoute Tallemant, on la maria à un des mieux faits de la troupe. Ce faquin s'amusa avec quelques autres à voler par les grands chemins, et fut amené prisonnier à l'Abbaye, au faubourg Saint-Germain. Elle sollicita de toute sa force et de telle façon que le roi envoya quérir le bailli, qui lui fit voir les charges. Le roi dit à Liance et à ses compagnes : « Vos maris ont bien la mine d'être roués. » Ils le furent, et la pauvre Liance, depuis ce temps-là, a toujours porté le deuil et n'a point dansé. »

Liance n'est pas, à proprement parler, une figure de la rue, et les dernières années du règne de Louis XIV étaient peu appropriées à ce genre de célébrités vagabondes et familières. Est-ce au règne de Mme de Maintenon ou à celui de Philippe d'Orléans que se rapporte la citation suivante? Du Coudray, en parlant de la rue du Puits-l'Hermite, écrit dans ses *Nouveaux Essais sur Paris*: «C'est par corruption que le peuple l'appelle ainsi; on doit dire : *Puits de l'Hermite*. Voici l'anecdote que nous tenons d'une personne respectable : cet hermite couroit les rues, couvert d'un sarrau de toile en hiver et de peau d'ours en été, ceint d'une grosse corde, une main armée d'un long fouet, et de l'autre portant un crucifix de bois. Dans cet équipage, suivi d'une foule de peuple qui commençoit à l'admirer, il déclamoit contre le débordement des mœurs, prêchoit la pénitence, annonçoit la fin du monde, et paroissoit toujours fort animé contre les chiens, qu'il frappoit impitoyablement de son long fouet dès qu'il en rencontroit quelques-uns. » Si du Coudray avait pris la précaution de nommer sa personne respectable, il eût donné plus d'authenticité à cette anecdote, qui paraît un peu sujette à caution, d'autant plus que, d'après d'autres historiens de Paris, le nom de la rue du Puits de l'Hermite viendrait d'un tanneur appelé Adam l'Hermite.

C'est en 1783 que du Coudray écrivait cela, ce qui semble assigner comme date à cet ermite les premières années du dix-huitième siècle, nouvelle invraisemblance. On comprend la Claudine du temps de la Ligue; on ne comprend guère un ermite parisien se mêlant de provoquer des attroupements sous la Régence, ou même sous Louis XIV, avec un lieutenant de police tel que d'Argenson. Nous pourrions trouver quelques figures de la rue plus authentiques au début du règne de Louis XV, et particulièrement, dans des genres bien opposés, parmi les *Mississipiens* et les convulsionnaires du cimetière Saint-Médard. Qu'il nous suffise de rappeler, sans y appuyer plus que de raison, les laquais Languedoc et Maniquez Roux, qui, enrichis en un tour de main par la banque de Law, s'entendaient souvent appeler de leurs noms de valets par leurs amis de la veille, quand ils passaient en carrosses dorés dans leur luxe de parvenus; ce savetier de la rue Quincampoix trônant dans son échoppe, où il gagnait plus de 200 livres par jour, rien qu'en tenant une table et une écritoire à la disposition des agioteurs; surtout ce bossu avisé et goguenard qui se fit une fortune de 50,000 écus, en parcourant sans cesse les groupes pour prêter sa bosse en guise de pupitre à tous ceux qui voulaient conclure un marché séance tenante.

« En 1742, écrit Mercier, on vit à Paris un hardi mendiant qui, dit-on, avoit du génie, de la force dans les idées et dans l'expression. Il demandoit publiquement l'aumône, en apostrophant ceux qui passoient, et faisant de vives sorties sur les différents états, dont il révéloit les ruses et les friponneries. Ce nouveau Diogène n'avoit ni tonneau, ni lanterne. On appela son audace *effronterie* et ses reproches des *insolences*. Il s'avisa un jour d'entrer chez un fermier général avec son habillement déchiré et crasseux, et de s'asseoir à sa table, disant qu'il venoit lui faire la leçon et reprendre une portion de ce qui lui avoit été en-

Fig. 146. — Le Cabaret de Ramponeau.

levé. On ne goûta point ses incartades, et... il fut arrêté et mis en prison (1). »

Un peu plus tard, le fameux cabaretier Ramponneau, qui tenait aux Porcherons la guinguette du *Tambour royal*, atteignit à la popularité la plus éclatante. Il abreuvait la populace de tous les faubourgs, au prix de trois sous et demi la pinte, et fut le vrai fondateur de la Courtille. Son nom, plus connu mille fois de la multitude, dit Mercier, que celui de Voltaire ou de Buffon, était passé en proverbe et, grâce à la foule qui envahissait, le dimanche surtout, l'enceinte sans cesse élargie de son cabaret, et que réjouissaient sa corpulence rubiconde, sa verve triviale et ses lazzi ; grâce aux grands seigneurs et aux grandes dames qui aimaient à venir s'y mêler *incognito* à la multitude ; aux estampes, aux caricatures, aux chansons, aux pamphlets qui multipliaient son image et répétaient le nom de son cabaret et le sien à tous les échos ; grâce aussi à la fantaisie qui lui prit un jour, mais dont il se repentit à temps, de vouloir monter sur la scène pour rivaliser avec Volange, le futur créateur des *Janot*, et avec Taconnet, le roi des savetiers de théâtre, — deux autres figures populaires de l'époque, — sa personne n'était guère moins connue que son cabaret (fig. 146).

La grande célébrité de Ramponneau date à peu près du milieu du siècle, et c'est aussi l'époque où la *Muse limonadière* et le perruquier maître André s'élevèrent également à la gloire. Au sortir de la guinguette du *Tambour royal*, il arriva maintes fois aux beaux esprits ou aux grands seigneurs, au duc de Penthièvre ou à Piron, à Grimm, à Favart, à Sedaine, comme au duc de Gesvres ou au maréchal de Richelieu, de compléter leur tournée en passant par la rue Croix-des-Petits-Champs, au comptoir du café

(1) *Tableau de Paris*, ch. 315.

Allemand, où trônait la belle Mme Bourette, qui tenait sa cour au milieu des demi-tasses, comme l'incomparable Arthénice dans son petit salon bleu, et qui correspondait en prose ou en vers avec Voltaire et le roi de Prusse; puis par la rue de la Vannerie, dans la boutique du perruquier André, l'auteur putatif du *Tremblement de terre de Lisbonne*, cette tragédie sérieusement burlesque dont la

Fig. 147. — Le neveu de Rameau; d'après le portrait emprunté à la première édition française du livre de Diderot (1821).

publication l'avait si bien illustré en 1757, que les têtes les plus aristocratiques tenaient à honneur d'être coiffées par lui et que les carrosses faisaient queue à sa porte, amenant sans cesse des flots de visiteurs empressés à venir entendre son chef-d'œuvre et à lier connaissance avec le poète.

Cependant, à peu près à la même époque, l'abbé *Trente mille hommes* pérorait dans les groupes de nouvellistes qui peuplaient le jardin du Luxembourg, entouré d'un cercle de bourgeois qui l'écoutaient, d'un air ébahi, développer infatigablement le plan de son invasion en Angleterre à la tête d'une armée de trente mille soldats, et le neveu de Rameau (fig. 147) promenait son humeur bizarre sous les galeries ou dans les cafés du Palais-Royal, tantôt hâve, triste, maigre et décharné, au point qu'on eût compté ses dents à travers ses joues; tantôt frais, dodu, guilleret, comme s'il n'eût point quitté depuis une semaine la table d'un fermier général; aujourd'hui « en linge sale, en culotte déchirée, couvert de lambeaux, presque sans souliers », marchant la tête basse et rasant les murs; le lendemain « poudré, chaussé, frisé, bien vêtu », le front haut et le jarret tendu; croqué au passage par Carmontelle, abordé par Mercier ou par Diderot, et leur développant avec de grands gestes et des éclats de voix, en se frappant la poitrine, en roulant les yeux, en se mordant la lèvre, en remuant la mâchoire d'un mouvement expressif, ses théories cyniques, qui réduisaient à la mastication les mobiles de toutes les actions humaines. Ce fantasque personnage disparut sous le ministère du comte de Saint-Florentin, qu'il avait importuné de ses requêtes extravagantes et qui s'en débarrassa par une lettre de cachet (1).

II

En 1769, Bougainville ramena en France un Taïtien nommé Aotourou, qui avait voulu le suivre, et qui devint l'une des figures célèbres des rues de Paris, où l'on s'attroupait pour le voir passer. Taïti venait d'être découverte; on racontait des merveilles de cette île, « l'Éden du nouvel hémisphère », comme a dit Esménard, de sa fécondité pro-

---

(1) Voir *le Neveu de Rameau*, de Diderot, et le chapitre que Mercier lui a consacré dans son *Tableau de Paris*.

digieuse, de la beauté de son climat, de la sociabilité de ses habitants. Bref, l'imagination publique était surexcitée et elle se saisit avidement de la proie qu'on lui offrait.

Aotourou avait trente ans. Il n'était pas beau, mais affectueux et doux. Il resta à Paris onze mois, pendant lesquels il ne manifesta aucun ennui, excitant une curiosité insatiable dans le peuple et parmi les filles de ces grandes dames qui se demandaient autrefois : « Comment peut-on être Persan? » « L'empressement pour le voir a été vif, dit Bougainville lui-même, — curiosité stérile qui n'a servi presque qu'à donner des idées fausses à des hommes persifleurs par état, qui ne sont jamais sortis de la capitale, qui n'approfondissent rien et qui, livrés à des erreurs de toute espèce, ne voient que d'après leurs préjugés... — Comment! par exemple, me disaient quelques-uns, dans le pays de cet homme, on ne parle ni français, ni anglais, ni espagnol? — ... D'autres prenaient et répandaient une fort mince idée du pauvre insulaire, sur ce que, après un séjour de deux ans avec des Français, il parlait à peine quelques mots de la langue. (Il paraît que jamais Aotourou ne put prononcer le nom de Bougainville autrement que *Potaveri.*) Ne voyons-nous pas tous les jours, disaient-ils, des Italiens, des Anglais, des Allemands, auxquels un séjour d'un an à Paris suffit pour apprendre le français? — J'aurais pu répondre peut-être... que ces étrangers avaient une grammaire pareille à la nôtre, des idées morales, physiques, politiques, sociales, les mêmes que les nôtres et toutes exprimées dans leur langue comme elles le sont dans la langue française..... Cependant, quoique Aotourou estropiât à peine quelques mots de notre langue, tous les jours il sortait seul, parcourait la ville, et jamais il ne s'est égaré. Souvent il faisait des emplettes, et presque jamais il n'a payé les choses au-delà de leur valeur. Le seul de nos spectacles qui lui plût était l'Opéra, car il aimait passionnément la danse. Il connaissait parfaitement les jours de ce spectacle ; il y allait seul, payait à la porte comme tout le monde, et sa place favorite était dans les corridors. Parmi le grand nombre de personnes qui ont désiré le voir, il a toujours remarqué ceux qui lui ont fait du bien, et son cœur reconnaissant ne les oubliait pas. Il était particulièrement attaché à Mme la duchesse de Choiseul, qui l'a comblé de bienfaits, et surtout de marques d'amitié et d'intérêt auxquelles il était infiniment plus sensible qu'aux présents (1). »

Un jour, Aotourou, en parcourant le Jardin des Plantes, reconnut un arbre de son pays :

> Soudain, avec des cris perçants,
> Il s'élance, il l'embrasse, il le baigne de larmes,
> Le couvre de baisers,

a dit Delille en chantant, dans son poème des *Jardins,* cet épisode du séjour de l'*Indien* à Paris, et il ajoute en note : « J'aurais voulu mettre dans mes vers toute la sensibilité qui respire dans le peu de mots qu'il prononçait en embrassant l'arbre qu'il reconnut et qui lui rappelait sa patrie : « C'est O' Taïti, disait-il », et en regardant les autres arbres : « Ce n'est pas O' Taïti. » Ce trait, célébré en prose et en vers, accrut encore sa popularité. Au mois de mars 1770, Aotourou quitta Paris pour aller revoir les cocotiers de sa terre natale, sur un navire armé aux frais de Bougainville et qui emportait une cargaison de bestiaux, de graines et d'outils, dus à la munificence de Mme la duchesse de Choiseul.

Quelques années plus tard, Balthazar, ou le petit prince Noir, qui passait pour le fils aîné du roi de Timor et de Solor, attirait l'attention de tous les Parisiens : « On le rencontrait souvent, avant la Révolution, dans le jardin des Tuileries. Il était de très-petite taille : il n'avait pas quatre

(1) Bougainville, *Voyage autour du monde*, 1772, t. II, ch. 3.

pieds de haut; mais son regard était fier, son costume décent et digne encore de sa naissance : habit noir, épée au côté, chapeau à plumes, souliers à talons rouges. Dès le commencement de nos troubles politiques, il tomba dans une extrême misère, et on le vit alors mendier à l'une des portes du Louvre (1). » Mais du moins il eut le bon esprit de ne pas jouer dans la Révolution un rôle pareil à celui du petit nègre de Mme du Barry, l'affreux Zamore : le respect de son origine royale garda toujours le pauvre Balthazar d'une pareille chute. Par quelle série d'aventures avait-il été conduit en France? On l'ignore, car nous ne pouvons prendre au sérieux l'histoire fantastique que raconte Gouriet, en prétendant la tenir de Balthazar lui-même, mais sur un ton qui indique assez qu'il s'agit d'un pur roman.

Ce n'était pas la première fois et ce ne fut point la dernière que des étrangers passèrent de la sorte au rang de physionomies populaires dans les rues de Paris. Peut-être est-ce ici le lieu d'esquisser ce coin de notre sujet, en groupant les plus fameuses de ces figures exotiques.

Aucun de ces personnages n'a fait autant de bruit que le *roi d'Éthiopie*, Zaga-Christ (fig. 148), qui arriva à Paris sous Louis XIII en 1634, et mourut en 1638, d'une pleurésie, à l'âge de vingt-huit ans, au château de Ruel, où il faisait sa cour au cardinal de Richelieu. Zaga-Christ, venu d'abord à Rome, où il avait été traité pendant deux ans avec les plus grands honneurs par le pape, puis à Paris, sur les exhortations du duc de Créqui, notre ambassadeur près du saint-père, a beaucoup occupé les contemporains. Il s'était acquis une réputation de galanterie sur laquelle Tallemant des Réaux s'étend avec sa crudité ordinaire. Pour expliquer comment il se trouvait si loin du royaume paternel et par quelle série

---

(1) Gouriet, *Personnages célèbres dans les rues de Paris*, t. II, p. 124-125.

d'aventures il avait été conduit à passer en Europe, séparé de tous les siens et en compagnie de deux religieux récollets du couvent de Nazareth, où il s'était converti au catholicisme, il racontait une histoire très-compliquée, que nous n'aurons garde de reproduire, car elle nous entraînerait bien en dehors de notre cadre (1). Il ne poussait pas toutefois l'ambition jusqu'à demander qu'on le rétablît sur le trône de ses pères, et se bornait à solliciter un entretien

Fig. 148. — Zaga-Christ ; d'après une gravure des *Imposteurs insignes*, par J.-B. de Rocoles. Amsterdam, 1683.

digne de sa naissance. Sans avoir jamais été traité en imposteur et ayant même trouvé d'assez nombreux partisans, Zaga-Christ ne parvint pas toutefois à persuader le cardinal ni la cour de la vérité de ses récits, et il resta toujours dans une position équivoque, parfaitement définie par l'épitaphe qu'on fit circuler à sa mort :

        Ci-gît du roi d'Éthiopie
        L'original... ou la copie.
        Le fut-il ? ne le fut-il pas ?
        La mort a fini les débats.

(1) On peut la voir dans *les Imposteurs insignes* de J.-B. de Rocoles. Amsterdam, 1683, p. 387 et suiv.

En ce temps-là, comme de nos jours, c'est de l'Orient surtout que venaient les imposteurs : ils avaient beau jeu à mentir, grâce à la distance et à la difficulté des communications. C'est de là aussi qu'on vit venir presque coup sur coup le faux Bassa Cigale, qui osa publier sa prétendue biographie, en la dédiant au roi, sous ce titre : *Histoire de Mahomet-Bey, ou de Jean-Michel Cigale, prince du sang ottoman, Bassa et plénipotentiaire souverain de Jérusalem, du royaume de Cypre, de Trébizonde*, etc., et dont J.-B. de Rocoles nous dit : « Je l'ai vu à Paris allant à cheval à la polonaise avec un sabre, dont le fourreau me paraissait fort riche, toutefois sans suite, se targuant et ayant la mine fort fière »; puis le faux Khan Sei Faga, ancien scribe de la douane, comme on le découvrit par la suite, qui prétendait avoir été l'un des premiers de la cour de Perse, gouverneur de Candahar et de Bagdad, et qui, malgré ce que son histoire avait de suspect à première vue, n'en fut pas moins accueilli avec une extrême faveur par les plus grands personnages : « J'ai rendu visite à cet homme à Paris, l'an 1657, dit Rocoles dans l'ouvrage déjà cité. Il logeoit dans la place Dauphine, et Claude Quillet, interprète du roi en langue turquesque, m'introduisit auprès de lui et me servit de trucheman. C'étoit un homme d'environ quarante ans, de très-bonne mine, qui avoit deux ou trois valets ou estafiers vêtus à la persienne autour de lui. Il étoit assis à terre sur un tapis de Turquie. »

On sait que l'ambassade siamoise, qui fut reçue avec tant de splendeur à Versailles en 1684, et qui excita si vivement la curiosité des Parisiens autant que celle de la cour, fut suspectée aussi d'être composée de faux Siamois et de pseudo-ambassadeurs, comme, dans les dernières années du règne, celle de Méhémet Rizabeg, envoyé persan, dont l'orgueil oriental, les caprices et les façons excentriques poussèrent à bout la patience de M. de Breteuil, introducteur des ambassadeurs. Le peuple s'était porté en foule pour le voir à Charenton, où il s'était arrêté jusqu'à ce qu'on eût réglé comme il l'entendait les conditions de son entrée. Mais, dit Gouriet, « l'air de la capitale eut la vertu de le rendre presque aimable. Il affectait de se montrer en public, faisait des promenades sur l'eau, ou parcourait les rues précédé de son étendard, escorté de ses fusiliers et suivi de quatre chevaux harnachés à la persane. La manière dont il prenait ses repas excitait surtout la curiosité publique. Une nappe de brocart d'or était étendue à terre sur son tapis; il se faisait servir du riz, en prenait avec les doigts et, le pétrissant dans ses mains, en formait plusieurs boulettes, qu'il lançait ensuite l'une après l'autre dans sa bouche. Tout le monde courait à ce spectacle, disent les mémoires du temps, et les dames, non contentes d'être allées à Charenton avec des hommes de la première qualité, venaient chez lui en si grand nombre qu'il avait souvent plus de quarante femmes dans sa chambre, et autant qui attendaient pour entrer. Il ne pouvait s'accoutumer à la familiarité des deux sexes en France : il ne permettait pas qu'ils se trouvassent ensemble. Il avait réglé que les femmes viendraient le soir et les hommes le matin; il les recevait avec politesse, mais sans se lever, fumant continuellement et faisant donner du café, du sorbet et du thé à qui en voulait prendre. Il avait une musique, et la complaisance des dames pour lui fut telle, qu'elles se portèrent à danser seules sans la compagnie des hommes. »

On prétendit que cette ambassade n'était qu'une comédie et Rizabeg un jésuite portugais. Quoi qu'il en soit, Paris avait vu, sous le règne de Louis XIV comme de son prédécesseur, nombre d'ambassadeurs d'une incontestable authenticité, envoyés par les pays les plus lointains et les moins connus, les uns du Nord, les autres de l'Orient, et qui n'avaient pas excité moins de curiosité que jadis les envoyés d'Aroun-al-Raschid à Charlemagne. Sans nous arrêter à tous ceux qui attroupèrent les badauds parisiens autour d'eux, nous allons du moins rappeler rapidement quelques-uns des principaux, en ne remontant pas plus haut que le dix-septième siècle.

Citons en première ligne les ambassadeurs polonais, qui vinrent, en 1645, chercher Marie de Gonzague, et qui déployèrent à Paris, dans leur cortège et dans la cérémonie du mariage par procuration, une magnificence à demi barbare. Malgré un commencement de relations et le règne éphémère du duc d'Anjou en Pologne, ces peuples septentrionaux étaient pour nos pères ce que pourraient être aujourd'hui pour nous les Peaux-Rouges ou les Esquimaux. « Si nos ancêtres revenaient au monde, dit le père Bouhours dans le troisième *Entretien d'Ariste et d'Eugène*, ils seraient plus étrangers en France que ne le sont les Polonais et les Moscovites. »

Les ambassades russes de 1654, de 1668, de 1687, obtinrent le même genre de succès que l'ambassade polonaise de 1645. On se ruait sur les pas des envoyés dès qu'ils mettaient le pied dans la rue. On les assiégeait jusque dans leur hôtel. On se pressait à leurs repas et la foule, contenue à grand'peine par le balustre qui protégeait la table, ne se lassait point d'admirer avec une sorte d'effroi le formidable appétit dont les représentants du tzar, qu'ils prenaient presque pour des anthropophages, faisaient preuve en dévorant les oisons, les canards, les cochons de lait qui étaient leurs mets favoris.

C'est à peine si l'ambassade siamoise elle-même et l'ambassade de l'empereur du Maroc en 1699 produisirent autant d'effet sur l'imagination des Parisiens. Nous ne nous arrêterons pas à celle du roi d'Arda (Guinée) en 1670. L'envoyé marocain Abdalla-ben-Aischa, amiral de Salé, avait débarqué à Brest le 12 janvier, avec une suite de dix-huit personnes. On tenait élevé derrière lui un haut pavillon de toile blanche, et il s'avançait entre quatre de ses officiers dont deux portaient sur leurs épaules des sabres dans leurs fourreaux et deux autres de très-grands fusils également enveloppés de maroquin rouge. Quand on vint le chercher à Paris pour l'emmener à Versailles dans les carrosses de la cour, quatorze de ses valets marchaient à cheval par devant. Abdalla offrit au roi des présents qui étaient portés

Fig. 149. — Matheo Lopez, ambassadeur du Maroc; d'après la gravure de Larmessin.

par sept esclaves. Pendant son séjour d'un mois à Paris, on lui fit visiter la ville en détail, au milieu d'une grande affluence de populaire. C'était un homme d'esprit, dont les bons mots et les réponses couraient toutes les bouches. Conduit à l'Arsenal, il remarqua la disproportion qu'il y avait entre le fusil français et le fusil marocain, et s'écria que les Français avaient des mousquets bien courts, mais qu'en revanche ils avaient les bras bien longs. On juge si cette observation fut goûtée.

L'impression produite par toutes ces ambassades exotiques pendant le dix-septième siècle a laissé trace dans la littérature théâtrale de l'époque, où l'un des moyens de comique les plus fréquemment employés, c'est le travestissement d'un valet ou d'un homme du peuple en quelque prétendu grand personnage étranger, en quelque envoyé d'un pays lointain, — comme dans le *Don Japhet d'Arménie*, de Scarron ; *le Mort vivant*, de Boursault ; l'*Étourdi* et le *Bourgeois gentilhomme*, de Molière. Il suffit aussi de citer les titres de l'*Ambassade d'Afrique*, par Du Perche ; des *Faux Moscovites*, de Raymond Poisson ; du *Feint Polonais*, de Hauteroche ; du *Mariage de la reine de Monomotapa*, par Belisle, etc., pour rappeler des pièces directement inspirées par les mêmes évènements.

Le succès des ambassades moscovites se renouvela sur une plus grande échelle encore, en 1717, lors du voyage en France du czar Pierre le Grand, qui étonna les Parisiens par la familiarité de ses manières, mêlée à un air de majesté qui allait parfois jusqu'à la hauteur, son activité et l'extrême liberté de ses allures, enfin je ne sais quel composé de grandeur naturelle avec une rudesse qui sentait son barbare. On ne se lassait point de le voir passer en carrosse de louage, quelquefois en simple fiacre, ou dans la voiture des gens qui le venaient voir et qu'il empruntait sans façon, courant à l'Observatoire, au Louvre, aux Gobelins, au Jardin du Roi, aux Invalides, où il buvait à la santé des vieux braves en leur frappant sur l'épaule et en les appelant « camarades ». On répétait ses saillies et ses boutades, on s'extasiait sur ce que sa suite et lui mangeaient à leurs repas, sur ce qu'ils buvaient de bière, de vin, de liqueurs et d'eau-de-vie, et l'on remarquait qu'ils avaient gardé en ce point les traditions de leurs prédécesseurs.

Le dix-huitième siècle, d'ailleurs, fut l'âge d'or de ces visites de souverains philosophes qui venaient apporter à la ville de Voltaire et de l'*Encyclopédie*, la veille même de la Révolution, le tribut de leurs hommages souverains. Le règne de Louis XVI en vit trois presque coup sur coup. Le premier fut Joseph II, le frère de Marie-Antoinette, qui se faisait appeler « le comte de Falkenstein. » Il refusa l'hospitalité royale que lui offrait sa sœur, et voulut loger à l'auberge (dans la maison qui fait l'angle des rues de Vaugirard et de Tournon), où l'on assure qu'il poussait la philosophie jusqu'à faire sa cuisine lui-même. Il aimait à sortir à pied, sans suite, et à se mêler aux groupes des personnes qui l'attendaient, en s'entretenant familièrement avec elles. Il allait s'asseoir au café de la Régence, se faisait servir comme un simple particulier, causait avec la dame de comptoir et partait en lui laissant un double louis. Il voulut tout voir : « Partout où l'empereur paraît, écrivait l'ambassadeur Mercy à Marie-Thérèse, il est accueilli par les démonstrations les plus vives ; son hôtel est toujours entouré d'une foule de peuple... Il y a toujours une grande affluence sur ses pas. Sa Majesté a souvent marqué d'être impatientée des démonstrations du public à son égard. » Les gazettes recueillaient avidement ses mots et les moindres particularités de son séjour ; le chevalier du Coudray en a composé tout un livre : *les Anecdotes de l'illustre voyageur*, où l'on peut voir à quel point le comte de Falkenstein avait été populaire pendant son séjour à Paris.

Le deuxième voyageur royal fut le comte du Nord, Paul de Russie, depuis Paul Ier, qui vint en 1782, et dont on parvint à dérider quelquefois, en lui prodiguant les plaisirs de la ville et de la cour, la *gravité sibérienne*. Le prince de Condé lui donna surtout à Chantilly une fête allégorique d'une grande richesse, à laquelle accoururent cinq cent mille spectateurs. Les poissardes s'y étaient rendues, dans l'espoir de lui adresser une harangue de leur façon, mais elles en furent pour leur peine : Paul Ier, qui n'était pas aimable tous les jours, refusa de les recevoir, et elles s'en allèrent irritées, en échangeant sur son compte les propos les plus libres : « Eh ! dis donc, Marie-Jeanne, il paraît que ce monsieur-là ne connaît pas le mérite d'une politesse. — Non, c'est pour ça que sa ch... de mère l'a envoyé ici pour qu'on l'y apprenne. — Ah ben ! il a encore besoin d'aller à l'école. » Ces remarques, rapportées à Son Altesse moscovite, sans doute avec tous les adoucissements voulus, la divertirent fort, comme elle avait déjà trouvé plaisant d'entendre le peuple s'écrier sur son passage : « Ah ! le b...! qu'il est laid ! Mais, sacredi, il a une jolie femme ! »

Néanmoins, le grand-duc laissa quelques souvenirs plus gracieux de son passage, et on raconte qu'un jour il vint *incognito*, comme avait fait Joseph II, au fameux café de la Régence, qui était alors une des curiosités de Paris et le quartier général des joueurs d'échecs. Il se mêla à la galerie, suivit quelque temps une partie engagée entre deux des plus forts champions, paria un louis pour l'un d'eux et gagna. A peine ouvrait-il la porte pour sortir, qu'une exclamation admirative du garçon, à qui il avait mis en passant le gain de son pari dans la main, le faisait reconnaître (1).

Le troisième de ces voyageurs royaux fut le comte de Haga, Gustave III, en 1784. Ce n'était pas son premier voyage à Paris, qu'il avait déjà vu avant de monter sur le trône. Le comte de Haga poussa la curiosité plus loin encore que Joseph II et recueillit d'aussi éclatants témoignages de la faveur publique. Il se montrait chaque soir à quelque théâtre, particulièrement à l'Opéra et à la Comédie Française, où le parterre et les loges faisaient recommencer la pièce pour lui et accueillaient avec des applaudissements

(1) Geffroy, *Gustave III et la cour de France*, ch. 8.

enthousiastes tout passage qui pouvait donner lieu à une application flatteuse. On le voyait au Parlement, au Palais, à l'Académie, à une ascension de Pilastre du Rosier, autour du baquet de Mesmer, partout où l'appelait le programme imposé par la mode. Il flânait, comme un bon bourgeois, sur les boulevards, au Palais-Royal, dans les promenades, et, après un séjour de six semaines, partait aussi enchanté de Paris, qu'il laissait les Parisiens enchantés de lui (1).

Mais, de tous ces étrangers de distinction qui ne firent que traverser Paris, celui peut-être qui l'emporta sur tous les autres par sa popularité éphémère, ce fut l'ambassadeur turc Effeid-Ali-Effendi, sous le Directoire. Dans la joyeuse mascarade de l'an V, au milieu d'une société qui, échappée des griffes de la Terreur, se reprenait au plaisir avec une ardeur affolée, la venue de ce personnage aux habitudes *sultanesques*, qui se prodiguait avec une sorte de bonhomie orientale dans tous les lieux de plaisirs, distribuant aux femmes des sourires et des pastilles du sérail, admirant Mlle Lange au bal de l'Odéon, causant à l'Élysée avec Mme Tallien, se montrant dans tous les jardins publics, produisit une véritable émeute de curiosité. Les entrepreneurs de divertissements se disputaient sa présence. A Feydeau, on organisait pour lui un concert où tous les *soli* étaient chantés par des femmes, et la foule assiégeait les bureaux de location. A Idalie, il fallait le protéger par un cercle de dix fusiliers contre l'empressement furieux du public. A Tivoli, on le suppliait de mettre lui-même le feu, dans une fête donnée en son honneur, à un pavillon qui devait s'éclairer de milliers de lumières en deux secondes. Il était au premier rang dans toutes les ascensions aérostatiques et les feux d'artifice. Les petits ballons en

---

(1) Prudhomme, *Miroir de Paris*, t. II. *Correspondance secrète inédite sur Louis XVI*, t. I, 485. *Mémoires secrets* de Bachaumont.

baudruche, la folie du temps, reproduisaient ses traits et son costume, et la foule ne pouvait se rassasier de voir un ambassadeur turc s'envoler dans les airs.

Nous avons trouvé aux Archives (1) une preuve singulière de la curiosité qu'il excitait et de l'émulation de dépenses et de fêtes excitée dans les jardins publics par sa présence. Le 15 thermidor (an V), les commissaires du jardin de l'Élysée écrivent au citoyen François de Neufchâteau au ministre de l'Intérieur, en lui exposant les grandes dépenses qu'ils se proposent de faire pour offrir dans leurs jardins à l'ambassadeur ottoman une fête digne de lui, et, pour se couvrir de leurs frais, lui proposent de souscrire pour mille billets à 6 livres, qui seraient distribués par moitié aux membres du gouvernement et par moitié « aux plus belles femmes de Paris, dont les grâces et la parure enchanteraient plus les regards du disciple de Mahomet que les brillantes décorations de l'Élisée ».

Les journaux entraient sur son compte dans les détails les plus indiscrets et les révélations les plus osées. Puis l'engouement public tomba comme un feu de paille, et le jour où il quitta Paris, qui s'était passionné pour lui, personne ne s'aperçut de son départ (2).

De nos jours, nous avons vu se renouveler des scènes analogues à celles que nous venons de décrire, avec les ambassadeurs siamois du second Empire et le défilé des souverains attirés par l'Exposition universelle de 1867, puis avec le schah de Perse et le sultan de Zanzibar sous la troisième République. Mais tout cela est encore trop près de nous pour qu'il soit opportun de s'y arrêter. Il est temps, d'ailleurs, de fermer cette longue parenthèse, qui nous a fait rompre l'ordre chronologique sans pourtant nous

---

(1) F. 17, 1295.
(2) E. et J. de Goncourt, *la Société sous le Directoire*, ch. 6, et les journaux de l'époque.

entraîner en dehors de notre sujet, et qui n'est certainement pas un hors-d'œuvre, quoiqu'elle soit peut-être une digression.

III

Que d'autres figures populaires dans ce Paris fourmillant du dix-huitième siècle, aux approches de la Révolution ! C'était le raccoleur Tricot qui passait sur le Pont-Neuf, la moustache en accroche-cœur et le chapeau sur l'oreille. C'était Fanchon la vielleuse, qui charmait de ses chansons les échos du boulevard du Temple. C'était l'aboyeur en vogue, Luxembourg, qui, à la sortie des théâtres et de tous les lieux publics, appelait de sa voix de stentor, à la grande admiration des badauds, les gens de M. le comte ou de Mme la duchesse ; Luxembourg, que tutoyaient, en le désignant par son nom, les personnes de qualité. C'était Restif de la Bretonne, noctambule acharné, coiffé de son chapeau à larges bords, enveloppé dans son ample et lourd manteau, courant les ruelles d'un pas infatigable et s'arrêtant au coin des bornes, les pieds dans le ruisseau, pour y prendre quelquefois une note à la lueur de la lanterne voisine. C'était Dorvigny, le créateur des *Janot*, l'auteur de plus de quatre cents pièces, qui, secondé par le bouffon Volange, avait fait courir tout Paris au théâtre des Variétés amusantes ; Dorvigny, qui reproduisait d'une façon frappante dans les traits de sa physionomie le type de Louis XV, dont on le croyait le fils, mais que, malgré de très-fructueux succès, l'insouciance et l'inconduite avaient fait tomber au dernier degré de la misère.

Comme avant lui Saint-Amant, d'Assoucy et tant d'autres, Dorvigny fut, à une époque où le mot n'était pas encore inventé, l'un des représentants les plus accomplis de la bohême littéraire. Il trafiquait de chacune de ses pièces pour une somme infime, qu'il allait boire au cabaret. Paul de Kock, qui tout jeune encore rencontra ce peu respectable vieillard dans l'automne de 1811, a décrit dans ses *Mémoires* (1), avec sa verve plus joviale que fine, l'air minable, la voix rauque, le nez rouge, les cheveux d'un blanc sale et la figure usée de ce pauvre diable dont l'œil seul avait conservé une expression vivante et spirituelle. Au sortir de la Révolution, on avait vu le vieux d'Arnaud-Baculard, qui avait eu ses grands jours, alors qu'il écrivait le *Comte de Comminges* et les *Épreuves du sentiment*, qu'il fondait un nouveau genre littéraire, — *le sombre*, — et que Frédéric saluait, dans ce génie à *son aurore*, le successeur de Voltaire à *son couchant,* courir les cafés pour emprunter un petit écu et mettre en fuite les gens de lettres, du plus loin qu'ils apercevaient son habit râpé et sa physionomie grimaçante. Avec la même impudeur naïve, Dorvigny allait de cabaret en cabaret et de tonnelle en tonnelle, pourchassé par les garçons, s'accrochant à toutes ses connaissances et, le verbe haut, l'accent emphatique, avec des gestes d'acteur, quêtant quelques sous ou un verre de vin. Deux ou trois mois après, on le trouvait mort dans son galetas. Il avait profité d'une souscription en sa faveur provoquée parmi les comédiens, par l'initiative de Brunet, pour s'enivrer une dernière fois tout son soûl : digne fin d'une telle vie !

Traversons en courant la fournaise de la Révolution. Non que les figures de la rue manquent alors : au contraire, elles se multiplient à l'infini. Pas une place publique, pas un carrefour, pas une borne qui n'ait son tribun, son Danton populacier, son Robespierre en plein vent. La Révolution, c'est le triomphe de la rue. Au-dessous des théoriciens de la Convention, sanglants idéologues qui mettent

(1) Chap. IV, p. 92-98.

l'échafaud en théorèmes et répandent des maximes humanitaires sur les massacres de septembre et sur les fournées de Fouquier-Tinville comme on jette du sable sur du sang,

Fig. 150. — Portrait de Restif de la Bretonne, en tête de ses *Nuits de Paris*, 1788.

elle incarne ses appétits et ses instincts dans des hommes inconnus de la veille, fleurs monstrueuses de l'égout parisien, écloses en un jour et poussées entre deux pavés. Depuis les violents motionnaires du jardin du Palais-Royal,

Camille Desmoulins et le marquis de Saint-Huruge; depuis le chansonnier Déduit et Gonchon, l'orateur du faubourg Saint-Antoine, jusqu'aux hommes d'action : les généraux Santerre et Henriot; le Polonais Lazowski; Fournier l'Américain, Jourdan coupe-tête, le patriote Palloy, sans oublier Théroigne de Méricourt, l'amazone de toutes les grandes journées révolutionnaires, la galerie serait longue à parcourir; mais le terrain brûle et nous avons hâte de passer à des personnages plus inoffensifs.

Les bouquetières du Palais-Royal, comme celles du Pont-Neuf, formaient une corporation importante et célèbre qui avait suivi le mouvement, ainsi qu'il convenait aux habitués d'un lieu qui devint dès la première heure le foyer brûlant de la Révolution; elles s'appliquaient à étaler leur patriotisme en envoyant des couronnes gigantesques pour les funérailles de Mirabeau et l'apothéose de Voltaire, et plus tard même on les soupçonna de se faire les espionnes de la Terreur. Les bouquetières avaient déjà fourni à l'histoire des rues de Paris quelques figures plus ou moins célèbres, parmi lesquelles il suffira de rappeler la belle Babet (fig. 151), grande personne très-bien faite, qui vendait des fleurs à la porte de la Comédie, et dont le règne, commencé à la fin du dix-septième siècle, se prolongea assez dans le dix-huitième, quoique l'âge eût bien flétri les charmes de la marchande de fleurs, pour que Voltaire fût universellement compris quand il appelait Bernis, à cause du bariolage de son style, *Babet la bouquetière*. On sait qu'une bouquetière du Palais-Royal, — elle se nommait Marie-Madeleine-Josèphe Grederert, femme Baptiste, et elle était âgée de trente-deux ans, — enfermée à l'Abbaye, où elle attendait l'exécution d'une sentence qui la condamnait à être pendue pour avoir mutilé un grenadier aux gardes françaises, y fut massacrée 2 septembre, avec des raffinements d'atroce cruauté qui eussent fait honte à des anthropophages. Une autre, connue simplement sous le nom de Marie, devint alors l'héroïne d'une histoire qui ressemble à une idylle de Florian et qui va nous consoler un peu de cette abominable rencontre.

Marie la bouquetière était en plein exercice au moment de la prise de la Bastille. Elle devait sa profession et sa

Fig. 151. — Babet, la bouquetière; d'après un éventail peint en 1727.

petite fortune à la bonne duchesse d'Orléans, la femme de celui qui allait devenir Philippe-Égalité.

Un jour, la princesse avait remarqué la petite fille, qui jouait dans le jardin du Palais-Royal. Charmée de sa gentillesse, elle l'interrogea : l'enfant lui apprit qu'elle était née d'un cordonnier, mais n'avait aucun goût pour l'état paternel, et que le rêve de son ambition était de vendre des fleurs. Le lendemain une dame d'honneur venait chercher la petite Marie, lui choisissait un éventaire parmi les plus coquets, le garnissait des plus belles roses, et y ajoutait une bourse bien ronde aux armes de la duchesse. Marie se mit à l'œuvre, et fit du Palais-Royal le centre de son petit commerce. Il allait à merveille quand la Révolution se jeta à la traverse. Mais, quelquefois encore, du jardin envahi par les clubs en permanence, Marie apercevait sa protectrice à la fenêtre, et lui envoyait un baiser.

Vint la Terreur, et les fleurs ne furent plus à l'ordre du jour. Philippe-Égalité monta sur l'échafaud. La duchesse avait été arrêtée un mois auparavant et enfermée dans la prison du Luxembourg. Marie l'apprend ; elle accourt aussitôt, parvient à forcer le guichet et à pénétrer auprès de sa bienfaitrice, à qui elle prodigue, au péril de sa vie, ses consolations et ses larmes. Bientôt après, la duchesse, malade, était transférée dans la maison de santé du docteur Belhomme. Les portes de cette prison n'étaient pas aussi rigoureusement fermées. Chaque matin, Marie prenait avec son plus beau bouquet le chemin de la rue de Charonne, et la prisonnière en s'éveillant voyait dans sa chambre ce naïf et touchant témoignage d'une reconnaissance qui n'eut jamais un moment d'oubli.

Lorsque la princesse, ruinée, sortit de prison, le 12 septembre 1797, avant de passer en Espagne, Marie ne l'oublia pas davantage. L'époque sensible du Directoire fit une popularité à la petite bouquetière, dont un journal avait raconté l'histoire, et bien des fois les incroyables et les merveilleuses s'attroupèrent autour d'elle dans le jardin du Palais-Royal et dévalisèrent son éventaire en le couvrant d'assignats (1).

De la petite Marie, les incroyables n'avaient qu'un pas à faire pour aller tourmenter le conventionnel Louvet, qui s'était fait libraire dans la galerie de Bois, et contempler au comptoir la virile Lodoïska, dont l'allure et la physionomie déconcertaient beaucoup les lecteurs de *Faublas*, et dont

(1) E. et J. de Goncourt, *la Société française sous le Directoire*, ch. 1. Ed. Fournier, *Chronique des rues de Paris*, 171.

les moustaches auraient dû suffire pour effrayer les agresseurs qui se succédaient presque chaque jour devant l'étalage de son mari. On allait voir aussi le cocher de Robespierre, jouant le rôle du sauvage dans le café de ce nom, à l'extrémité du Palais-Royal, en frappant de toutes ses forces sur trois ou quatre timbales, avec d'effroyables grimaces, des sauts et des contorsions, destinés à donner la chair de poule aux bons bourgeois attablés devant une bouteille de bière (1). Quelquefois on poussait jusqu'au faubourg Saint-Antoine, pour y contempler le général Santerre, rendu à la vie privée, et trônant dans sa brasserie.

L'ombrageuse police impériale n'eût point toléré sans doute, dans les rues de Paris, de personnage excentrique et sortant de l'alignement. Aussi *la Belle Limonadière*, Mme Romain, est-elle à peu près la seule figure que nous puissions alors faire, plus ou moins directement, rentrer dans notre cadre. Elle avait débuté sous l'empire au café du *Bosquet,* dont ses charmes firent la fortune; la foule y affluait tellement, que la circulation en était parfois interrompue dans la rue Saint-Honoré, et qu'il fallait des gardes pour régler les entrées et les sorties. La grande célébrité de Mme Romain ne date néanmoins que de la Restauration et de son établissement au café des *Mille Colonnes,* transformé par son mari en une salle féerique, d'un luxe de décoration alors sans égal, avec un comptoir magnifique, où Mme Romain siégeait dans un véritable trône. Une gravure coloriée de 1816, publiée dans la collection dite *le Bon Genre,* représente la Belle Limonadière debout entre son trône et le comptoir qui supporte, outre son encrier aux deux branches recourbées, une corbeille de fleurs et un arbuste dans un vase de forme antique. Sa coiffure est très-haute et singu-

---

(1) *Lettres sur Paris*, 1809. C'est en 1806 que le voyageur a vu le sauvage : « On prétend, dit-il, que c'est l'ancien cocher de Robespierre. » Mais Robespierre avait-il un cocher ?

lièrement disgracieuse, en forme de casque; sa robe, décolletée, laisse voir avec une certaine indiscrétion ses formes opulentes. On aurait peine à reconnaître dans cette personne replète et un peu lourde la Belle Limonadière. Un garçon en habit à lourd collet, à cravate blanche, en culotte de nankin, soutenant de la main gauche un plateau, avec sa serviette, lui parle respectueusement, et des consommateurs assis aux tables voisines contemplent la merveille pour leur argent (fig. 152). L'explication de la gravure nous apprend que le siège de la Belle Limonadière avait été bien réellement un trône dans un palais d'Italie. Toutes les chroniques du temps célèbrèrent à l'envi les charmes de cette Hébé. Sa beauté devint, dit-on, absolument irréprochable, lorsqu'on fut parvenu à effacer la seule tache qui la déparât, en remplaçant l'une de ses dents, qui était de forme irrégulière et dépassait la lèvre supérieure chaque fois qu'elle souriait, par une dent vivante arrachée à la bouche d'un garçon dévoué, et transplantée séance tenante dans sa propre mâchoire! Mais la vogue du café des *Mille Colonnes*, émoussée par l'habitude et le haut prix des consommations, ne tarda pas à se ralentir beaucoup. En 1824, Romain, — un manchot dont la laideur égalait presque la beauté de sa femme, — mourait des suites d'une chute de cheval, et, deux ans après, la Belle Limonadière entrait au couvent.

On vit paraître, sous la Restauration, le personnage demeuré le plus fameux de cette galerie populaire: Chodruc-Duclos, l'homme à la longue barbe, l'hôte infatigable et mystérieux du Palais-Royal, dont il semblait s'attacher à salir, par ses haillons sordides, les splendeurs naissantes, et sous les arcades duquel il se traînait sans cesse, comme une limace sur la façade d'un monument de marbre et d'or. A force de recherches, on est parvenu à percer à peu près les voiles qui enveloppèrent longtemps la vie de ce cynique moderne. Nous allons la résumer brièvement, parce que c'est la première partie de cette existence qui explique la dernière.

Né en 1780, aux environs de Bordeaux, Chodruc-Duclos s'était enrôlé dans le parti royaliste, sous la Révolution et l'Empire, avec toute la fougue de son tempérament méridional et tout l'entraînement d'un caractère indompté. A peine adolescent, il se mêle à la révolte de Lyon contre la République, parvient à s'esquiver après la prise de la

Fig. 152. — La Belle Limonadière ; d'après la gravure du journal *le Bon Genre*, année 1816.

ville, puis se signale dans la jeunesse dorée de Bordeaux par son élégance, sa crânerie, son luxe, l'éclat de ses aventures et l'audace de ses opinions réactionnaires. Il est au premier rang dans toutes les échauffourées politiques de cette ville ardente, ce qui ne l'empêche pas de mener la vie de plaisir à grandes guides. Un jour, il fait une scène au théâtre à des citoyens dont la grossièreté républicaine lui a déplu, et en enlève un de sa loge à la force du poignet, pour le suspendre au-dessus du parterre, en le menaçant de l'y jeter la tête la première. Un autre jour, il délivre de la prison deux jeunes gens condamnés à mort pour s'être compromis dans la cause royaliste. Un autre jour encore, il insulte le maréchal Lannes en plein théâtre et résiste à la force armée, à la tête d'une bande de jeunes fous comme lui. Cinq ou six fois arrêté, il est acquitté par les juges, délivré par ses concitoyens, ou il se sauve lui-même en luttant contre les gendarmes.

Sous le Consulat, Chodruc-Duclos se mêla au soulèvement de la Vendée. Son refus d'accepter les conditions d'amnistie réglées par le général Hédouville le conduisit à Sainte-Pélagie, où Charles Nodier le connut. De Sainte-Pélagie, il passa à Bicêtre, et y resta jusqu'à l'entrée des alliés. Pendant les Cent-Jours, il se rejette en Vendée et s'y distingue encore par sa bravoure et ses escapades.

Après avoir provoqué et tué en duel un La Rochejacquelein, il est contraint de quitter la France et de se réfugier en Italie, où il demeure pendant quelques années, dénué de toutes ressources. A peine rapatrié, il court à Paris, pour y réclamer le prix de ses services, par l'intermédiaire de son ancien ami de Bordeaux, M. de Peyronnet, devenu ministre.

Mais Chodruc-Duclos avait une haute opinion de sa personne et de ses droits. Ses demandes étaient impérieuses et excessives. M. de Peyronnet, qui avait appris à le connaître, ne répondit que par des promesses évasives à ce solliciteur, qui ne lui laissait pas de relâche et exigeait tout de suite un titre de maréchal de camp. C'était un allié dangereux, un ami brouillon, un collaborateur plus compromettant qu'utile. On finit par lui offrir une place de capitaine de gendarmerie, qu'il refusa avec indignation. Il revint à la charge avec tant d'importunité, multiplia tellement les lettres et les fit si insolentes, bref il devint si insupportable et si violent, qu'après avoir été consigné à la porte des bureaux par le ministre Peyronnet, il fut proscrit par le ministère Decazes (1).

---

(1) Voir Ch. Yriarte, *les Célébrités de la rue*.

Dès lors son caractère s'aigrit, et son orgueil démesuré lui inspira l'idée d'une vengeance qui confinait à la folie. Il fit une provision de loques immondes, laissa croître une

Fig. 153. — Chodruc-Duclos ; d'après une gravure du Cabinet des Estampes. Avant (1800). Pendant (1805). Après (1829).

barbe inculte et alla se promener en cet accoutrement, pendant quinze heures chaque jour, comme une vivante image de l'ingratitude des souverains, sous les arcades du Palais-Royal. Toujours seul, rêveur, sombre, taciturne, se parlant à lui-même, ne s'arrêtant pas une minute dans sa promenade perpétuelle, jusqu'au moment où l'on fermait les grilles, il faisait partie des curiosités de l'endroit. Les provinciaux venaient le voir ; les guides le signalaient aux étrangers ; il effrayait les enfants et les femmes. Si parfois il adressait la parole à un passant, c'était pour lui demander une somme qui variait de quarante sous à cinq francs, et qui suffisait à le nourrir pendant plusieurs jours. Il habitait, dans l'une des ruelles avoisinantes, un bouge, meublé comme la cellule d'un prisonnier d'autrefois, et mangeait à l'aventure dans quelque cabaret sordide. Quelquefois pourtant, on le voyait entrer au café de Foy avec la même aisance que s'il eût été vêtu en parfait gentleman, aller serrer la main à quelque client distingué, auquel il empruntait deux francs, à moins qu'il ne les empruntât au patron lui-même, et s'asseoir à une table, sans se préoccuper de l'*effarouchement* de ses voisins.

Chodruc-Duclos fut cité plusieurs fois en police correctionnelle pour vagabondage et mendicité, et acquitté toujours, parce qu'il donnait l'adresse de son domicile régulier et prouvait qu'il ne mendiait point, mais qu'il se bornait à *emprunter*. Quant à la question des échéances, était-ce au tribunal à se montrer plus difficile que ses créanciers, qui ne l'inquiétaient pas ? Mais il fut condamné une fois pour outrage public à la pudeur, vu l'insuffisance de son costume. On peut voir, paraît-il, le compte rendu de cette affaire, avec des détails authentiques et presque officiels sur ce bizarre personnage, dans la *Gazette des Tribunaux* des derniers jours de 1828 ou du commencement de 1829.

Il est peu de grands hommes dont on ait plus parlé que de cet orgueilleux va-nu-pieds, à qui l'on aurait pu dire, comme Platon à Diogène : « Je vois percer la vanité à travers les plis de ton manteau. » Alexandre Dumas nous a conservé de lui, dans ses *Mémoires*, plusieurs mots plus ou moins authentiques ; Barthélemy l'a chanté dans sa trente-troisième Némésis, *le Palais-Royal en hiver* :

> Mais autant qu'un ormeau s'élève sur l'arbuste,
> Sur cette obscure plèbe errante dans l'enclos
> Autant plane et surgit l'héroïque Duclos !
> Dans cet étroit royaume où le destin les parque,
> Les terrestres damnés l'ont élu pour monarque.
> C'est l'archange déchu, le Satan bordelais,
> Le Juif errant chrétien, le Melmoth du Palais.
> Jamais l'ermite Paul, le virginal Macaire,
> Marabout, talapoin, fakir, santon du Caire,
> Brame, guèbre, parsis adorateur du feu,
> N'accomplit sur la terre un plus terrible vœu :
> Depuis sept ans entiers, de colonne en colonne,
> Comme un soleil éteint ce spectre tourbillonne.
> Depuis le dernier soir que l'acier le rasa,
> Il a vu trois Véfour et quatre Corazza ;
> Sous ses orteils, chaussés d'éternelles sandales,
> Il a du long portique usé toutes les dalles ;
> Être mystérieux qui, d'un coup d'œil glaçant,
> Déconcerte le rire aux lèvres du passant.

La pièce est du 20 novembre 1831 : « Depuis la révolution de Juillet, lit-on dans les notes, Duclos a compris que son rôle était fini, et il est vêtu à peu près comme tout le le monde. De son ancien costume, il n'a conservé que sa longue barbe. » Il n'en persista pas moins dans le même genre de vie, ne quittant jamais le Palais-Royal, hantant les cafés, empruntant toujours, continuant à étonner les passants et à désoler les boutiquiers. Il vécut ainsi, dit-on, jusqu'à l'an 1842. Un matin, on le trouva mort dans sa mansarde de la rue du Pélican, selon les uns, de la rue Pierre Lescot, suivant les autres : je ne suis pas à même d'élucider ce point, et d'ailleurs les deux rues se valent, on plutôt se valaient. Les marchands du Palais-Royal, dont il était depuis si longtemps le fléau, se cotisèrent avec empressement pour payer ses obsèques. Et c'est ainsi que vécut et mourut un homme richement doué, remarquable, dit Charles Nodier, par la majesté de sa tournure, par la politesse de son esprit, par la libéralité magnifique de sa dépense, par la dignité affable de ses manières ; qui semblait né pour remplir les premiers rôles, et que l'orgueil blessé, l'ambition déçue, l'emportement de son caractère, le défaut d'équilibre de ses facultés firent descendre jusqu'à n'être qu'une caricature de Diogène.

On a souvent cité un trait bien caractéristique de Chodruc-Duclos, que nous trouvons dans les notes de *Némésis* (1). Pendant les journées de juillet, le jour où les Suisses défendirent le Palais-Royal, l'homme à la longue barbe, qui n'avait pas quitté les galeries, vit un jeune homme tirant avec plus de courage que de bonheur contre les habits rouges :

— Vous perdez votre poudre, lui dit-il ; tenez, voilà comme il faut faire.

Il lui prend le fusil des mains, ajuste un Suisse et le tue net ; puis il rend le fusil à l'insurgé. Et comme celui-ci, ravi de son adresse, l'exhorte à continuer :

— Oh! moi, c'est bien différent, répond Duclos avec flegme, ce n'est pas mon opinion.

M. Jules Sandeau a conté cette jolie anecdote en recevant, à l'Académie française, le sucesseur de Prosper Mérimée, M. de Loménie. Quoiqu'il n'ait pas dit le nom du héros, qu'il semblait ignorer, et malgré la couleur révolutionnaire de cette historiette, elle a obtenu un vif succès près du public aristocratique qui remplissait la salle du palais Mazarin. Il la tenait de Mérimée lui-même, et, en effet, un trait pareil devait plaire au sceptique écrivain.

La part prise aux *glorieuses* par Chodruc-Duclos nous rappelle qu'il y eut alors un héros de juillet qui jouit d'une véritable popularité et devint, pendant les années 1830 et 1831, un personnage légendaire des rues de Paris. C'était un gros caniche blanc, dont le maître, tué pendant l'insurrection, reposait dans le cimetière, enclos de barrières

---

(1) Voy. aussi *Paris révolutionnaire*, t. I, p. 24, (le *Palais-Royal*, par Eugène Briffault).

de bois, qu'on avait pratiqué devant la colonnade pour les victimes de l'assaut du Louvre. En voyant tomber son maî-

Fig. 154. — Le chien du Louvre; d'après un dessin du temps. Gravure extraite de *Paris à travers les âges* (Librairie Firmin-Didot et Cie).

tre, à côté duquel il venait d'être blessé lui-même, Médor, — c'est le nom qu'on lui donne, — essaya d'abord vainement de ranimer le cadavre. Puis il escorta le convoi tête basse et s'installa sur la tombe en hurlant d'une façon plaintive et en appelant celui qu'il ne devait plus revoir (fig. 154). La garde du palais lui fit bâtir, sur le tombeau même, une cabane décorée d'un quatrain; et de ce moment Médor fut populaire. La foule se pressait pour le caresser. Les journaux racontèrent son histoire en l'enjolivant; on criait sa biographie dans les rues; on vendait son portrait; les Orphées nomades le chantaient sur les places publiques (1) et, pour comble de gloire, le poète de la *Parisienne,* Casimir Delavigne, accordant en l'honneur de Médor la lyre citoyenne qui venait de célébrer « Lafayette en cheveux blancs », consacra au *Chien du Louvre* une ballade sentimentale qui eût certainement, avec lithographie d'après Mauzaisse et musique de Loïsa Puget, obtenu un succès d'enthousiasme sur tous les pianos bourgeois :

    Au bord de la fosse avec peine,
    Blessé de Juillet, il se traîne
        Tout en boitant ;
    Et la gloire y jette son maître,
    Sans le nommer, sans le connaître :
        Ils étaient tant !

    Gardien du tertre funéraire,
    Nul plaisir ne le peut distraire
        De son ennui ;
    Et fuyant la main qui l'attire,
    Avec tristesse il semble dire :
        « Ce n'est pas lui... »

    Au vent des nuits, quand la couronne
    Sur la croix du tombeau frissonne,
        Perdant l'espoir,
    Il veut que son maître l'entende,
    Il gronde, il flaire, et lui demande
        L'adieu du soir...

    Passant, que ton front se découvre :
    Là, plus d'un brave est endormi.
    Des fleurs pour le martyr du Louvre,
    Un peu de pain pour son ami !

---

(1) L. Bœrne, *Lettres de Paris,* p. 142-145.

Après 1830, le Palais-Royal eut, à côté de Chodruc-Duclos, un autre original dans la personne d'un petit vieillard nommé Rochon de Chabannes (il était sans doute de la famille de l'auteur dramatique, et peut-être son fils) qui, dans sa haine contre le nouveau régime, s'amusait à couper chaque jour tout ce que les feuilles républicaines et légitimistes — ou simplement satiriques, — depuis la *Mode* jusqu'au *Figaro*, publiaient de plus acéré contre Louis-Philippe ou ses ministres ; groupait ces menus articles et les faisait réimprimer, en les mêlant de réflexions de son cru, sur des feuilles volantes qu'il exposait ensuite lui-même dans les galeries sur une longue ficelle, avec un écriteau qui disait : *Prenez ; chaque feuille, deux sous.* Mais cet étalage n'obtenait pas grand succès et, après la curiosité des premiers jours, le Diogène du Palais-Royal était à peu près le seul qui s'y arrêtât parfois encore pour parcourir ces broutilles d'un regard distrait.

Un Chodruc au petit pied trônait, vers la même date, sur le pont Notre-Dame, selon les uns, sur le pont Saint-Michel ou le pont au Change selon les autres, ce qui est toujours à peu près la même chose, devant une sellette de décrotteur. C'était l'ex-professeur de belles-lettres Jean Commerson, — auteur d'une pièce en vers jouée à l'Odéon : *le Bouquet de Molière*, — qui, victime d'un passe-droit dans l'Université, du moins à ce qu'il prétendait, avait résolu de punir l'*alma parens* et d'humilier le gouvernement en se consacrant avec ostentation à cet humble métier. Il avait eu soin d'écrire, à côté de son nom, ses titres et qualités sur un écriteau, et sur son habit noir se détachaient les palmes universitaires. Il ne manquait pas, chaque fois que l'occasion s'en présentait, d'ajouter force commentaires à cette exhibition : « Monsieur, disait-il au client en saisissant les deux brosses et en frottant le soulier avec agilité, vous pouvez vous flatter d'avoir l'Université à vos pieds.

— Un coup de brosse, demandait un autre. — Tout de suite, monsieur; vous me voyez disposé à décrotter tout le monde, sauf le grand maître de l'Université. Oh! pour celui-là, ce serait une trop rude besogne : mieux vaudrait nettoyer les étables d'Augias. »

Une autre version, plus précise dans ses détails (1), raconte que Commerson, autrefois professeur du duc d'Orléans, recevait une pension de la liste civile, et que c'était pour se venger de M. Guizot, qui avait diminué cette pension, qu'il avait pris le parti héroï-comique de se faire décrotteur en plein air. C'était vers 1835. Après six mois d'un tel manège, il fut mandé par le ministre qui voulait mettre fin à cette mauvaise plaisanterie. Mais Commerson était irrité et irritable. Comme on le faisait attendre trop longtemps dans l'antichambre, il força la consigne, bouscula l'huissier, et on assure que le bruit d'une vive altercation, bientôt suivi d'un soufflet, se fit entendre dans l'antichambre. Le trop vif professeur fut condamné, pour cette démonstration, à deux ans de prison, dont il ne fit que la moitié : avouez qu'on pousserait difficilement plus loin l'oubli des injures. En 1848, Commerson, aussi tenace que violent, alla présenter sa réclamation à M. Vavin, liquidateur de la liste civile : il s'emporta si bien, dans la chaleur de la discussion, qu'il fut conduit à Bicêtre. Il y resta trois jours. au bout desquels il envoya à M. Émile de Girardin une chanson en six strophes, intitulée : *Je suis fou*. On le relaxa, et cette série d'aventures finit pour lui, assure-t-on, par une pension de quinze cents francs, ce qui tendrait à prouver qu'il n'est pas toujours inutile de faire des extravagances.

Une figure contemporaine de Chodruc-Duclos et de Commerson, mais plus intéressante, est celle du *Petit*

---

(1) Larousse, *Grand Dictionnaire du XIXe siècle*, art. *Commerson*.

Manteau bleu. Dans l'une des dernières années de la Restauration, on vit arriver sur le Pont au Change, par une froide matinée d'hiver, un homme couvert d'un manteau bleu qui descendait seulement jusqu'à la ceinture. Il était suivi de deux individus portant chacun une marmite énorme, dont le couvercle soulevé laissa échapper une fumée odorante. A ce spectacle appétissant, les mendiants qui ne manquaient jamais sur la place du Châtelet et ses

Fig. 155. — Portrait de l'homme au petit manteau bleu (Champion). Tiré de l'*Histoire des Hommes utiles*, 1833 à 1836.

alentours, se rapprochèrent vivement ; l'homme au petit manteau bleu leur distribua une excellente soupe, puis il leur annonça qu'il recommencerait le lendemain et les jours suivants, pendant toute la mauvaise saison, et qu'en outre il donnerait des vêtements et du bois à tous ceux qui en auraient besoin. Le lendemain, tous arrivèrent fidèlement au rendez-vous. Bientôt cette aubaine quotidienne fut connue de tous les pauvres ; les marmites devinrent insuffisantes, et les marchands de soupe des quais furent mis à contribution.

Le philanthrope venait toujours présider lui-même à la distribution ; il faisait ranger ses clients, les comptait, prenait le bouillon d'honneur avec une cuiller d'argent et ne s'en allait que lorsque la dernière bouchée était avalée par le dernier pauvre. Il opérait d'ailleurs sur des points divers. A l'exposition de l'Union centrale des beaux-arts appliqués à l'industrie, en 1876, nous avons vu un petit tableau, signé Lecœur, qui le représentait d'après nature, sous son costume légendaire et suivi de son domestique, distribuant ses soupes sur le marché Saint-Martin (fig. 156).

On juge du bruit que fit, dans une ville comme Paris, le spectacle de ce philanthrope théâtral qui affichait ainsi ses bienfaits chaque jour en pleine rue. Les journaux, les brochures, la poésie même l'exaltèrent à l'envi et lui créèrent une renommée retentissante. Le mystère qui s'alliait à la publicité de ses aumônes servit encore sa célébrité. Le vrai nom de ce rival populaire des Montyon et des Rumford était Edme Champion. Né le 13 décembre 1764, à Châtel-Censoir (Yonne), dans la condition la plus humble, il avait été amené à Paris après la mort de son père, flotteur de bois, tué par son rude métier avant d'avoir pu l'élever, — et recueilli par une brave portière, qui lui fit apprendre l'état de bijoutier. Il avait fait sa première communion à Saint-Sulpice en 1776, avec les vêtements qu'il devait à la charité. Quelques années après, un joaillier du Palais-Royal, dont il avait été l'apprenti, lui laissait son fonds. Sous le règne de Charles X il se retira, ayant acquis une fortune d'environ vingt mille livres de rentes. Mais tous ces détails étaient ignorés alors et ne furent révélés que plus tard. On ne le connaissait que sous le nom de *Petit Manteau bleu*. La couleur et la forme de ce manteau firent plus pour le populariser que ses charités mêmes ; il fut pour lui ce qu'avait été la redingote grise pour Napoléon. Les esprits romanesques se répandaient en suppositions. On alla jusqu'à voir en lui un agent du duc d'Orléans, qui voulait gagner la foule. Devenu roi, celui-ci décerna la croix d'honneur à Champion, ce qui, naturellement, sembla confirmer l'ancienne hypothèse. Puis le portrait du *Petit Manteau bleu* figura au Salon avec une

Fig. 156. — L'homme au petit manteau bleu distribuant de la soupe sur le marché Saint-Martin. D'après le tableau de Lecœur. Collection de M. Baur, à Paris.

note qu'on ne trouva point suffisamment modeste. Enfin, en 1837, le *Moniteur* annonça que M. Edme Champion demandait l'autorisation au gouvernement d'ajouter légalement à son nom véritable son surnom populaire, et cette vaniteuse démarche fut si mal accueillie par l'opinion qu'il crut devoir y répondre dans une affiche publique.

En 1848, Champion se présenta sans succès comme candidat à l'Assemblée nationale. Après le coup d'État, il revint dans son pays natal, où il avait déjà fondé des écoles et fait exécuter quelques travaux d'utilité publique. Il y mourut presque aussitôt d'une attaque d'apoplexie, le 25 juin 1852. On rapporta son corps à Paris pour l'enterrer au Père-Lachaise; mais déjà la ville oublieuse ne songeait plus au *Petit Manteau bleu*, et le cortège qui suivait son cercueil passa au milieu de l'indifférence publique.

Dans cet immense et fourmillant kaléidoscope des rues de Paris, toutes les conditions sociales se heurtent; tous les mystères, toutes les bizarreries se coudoient. Que de comédies, que de drames, que de romans invraisemblables, et parfois quels sauvages poèmes on ferait avec la vie de ces célébrités d'en bas! Quelles choses étranges apparaîtraient tout à coup, si l'on pouvait lire dans le passé! Leur simple succession chronologique déroule sous nos yeux les plus étonnants contrastes. Au temps où florissaient Chodruc-Duclos, l'ancien *aristocrate*, l'ancien raffiné, et le vénérable philanthrope Champion, vers 1830, un personnage infime, qu'on voyait en compagnie d'un joueur d'orgue, soulignant de ses grimaces les mélodies de son camarade, était fort connu des Parisiens sous le nom du *Marquis*, à cause de son costume. Nous en avons déjà dit un mot dans notre chapitre des chanteurs. « Le Marquis, écrit M. Maxime Du Camp, qui n'a pas dédaigné de s'arrêter à lui dans son ouvrage sur *Paris*, était un homme maigrelet, très-leste, et âgé de plus de cinquante ans. Il excellait à lancer dans la fenêtre ouverte d'un quatrième ou d'un cinquième étage une pièce de deux sous enveloppée d'un cahier de chansons; on lui renvoyait le double par le même chemin. On prétendait qu'il appartenait à la police secrète, à laquelle il rendait d'importants services. La vérité est plus mystérieuse encore. Cet homme qui courait Paris avec son habit pailleté, sa veste brochée, ses bas de coton d'un blanc irréprochable, sa coiffure poudrée à l'oiseau royal, était un ancien chauffeur qui avait commis jadis des forfaits effroyables. Il passait pour riche, et je crois qu'il a été assassiné. »

Après l'ex-chauffeur, les hasards de la chronologie amènent sous notre plume un baron très-authentique, un gentilhomme de haute et grande race, dont les excentricités, affichées publiquement, d'ailleurs assez inoffensives, firent longtemps le désespoir de sa famille et la joie des Parisiens. Plusieurs de nos lecteurs sans doute, parmi ceux qui ont dépassé le milieu de la vie, se souviennent d'avoir vu sur les boulevards, tenant quelquefois une charmante petite fille par la main, faisant des gestes singuliers, et suivi à distance par un valet de pied qui l'observait avec une inquiétude respectueuse, — ou assis, par un soir d'été, à une table devant un café et demandant deux glaces, qu'il versait gravement, pour se rafraîchir, l'une dans sa botte droite, l'autre dans sa botte gauche, — un homme grand, élancé, à longue barbe, gardant un air de race sous un costume fantaisiste, dans lequel la négligence se mêlait à une certaine recherche. C'était M. le baron de Saint-Cricq, dont l'originalité excessive finit par aboutir peu à peu à une folie douce, mais très-caractérisée.

Un jour, M. de Saint-Cricq parcourait toute la ligne des boulevards et les rues adjacentes, et dans chaque établissement de bains demandait qu'on lui envoyât à la même heure un bain à domicile ; puis, le moment venu, il s'enfermait dans sa chambre à coucher et assistait avec jubilation, derrière ses contrevents, au conflit de la douzaine de voitures, de baignoires et de garçons qui débarquaient en même temps dans sa cour et bataillaient contre son valet de chambre. Une autre fois, il louait d'un seul coup les trente voitures d'une station et, montant dans la première, prenait la tête d'un long cortège qui avançait au petit pas derrière lui et qui, sur tout le parcours du boulevard Montmartre à la

Madeleine, puis de la Madeleine à la Bastille, intriguait les passants et produisait une véritable émeute de curiosité. Ou bien encore, au *Café de Paris*, après s'être fait servir une demi-tasse, il demandait tout ce qu'il faut pour écrire ; ensuite, sous les yeux du garçon ahuri, il répandait dans sa tasse l'encrier, la poudre, les pains à cacheter, remuait et s'apprêtait à déguster ce breuvage plus extraordinaire que le thé de Mme Gibou ; ou il sucrait son thé avec la salière, assaisonnait sa salade avec du tabac et versait du chocolat par dessus ; ou encore, couché sur le haut d'une voiture, s'arrêtait devant Tortoni, appelait le garçon et se faisait servir ainsi au milieu d'une galerie de badauds.

On n'en finirait pas de conter les excentricités de ce maniaque. Nous nous contenterons d'avoir rappelé les plus fameuses ; il serait sans intérêt de prolonger ce récit. Ajoutons qu'elles ne l'empêchaient pas d'être un homme instruit, linguiste et égyptologue distingué, dit-on. Il aimait à bouquiner. Sa verve et ses saillies paradoxales touchaient quelquefois juste. Abonné du Théâtre-Français, fervent admirateur de Molière et des autres maîtres classiques, dont il ne manquait pas une représentation, il avait soin, les jours où l'on donnait du Scribe, de se faire ouvrir la première loge de face qu'il trouvait vide, « et là s'installait de façon à ce que ses deux pieds reposassent sur le pourtour de la loge. Quand on *chutait* à côté de lui et qu'on criait à l'inconvenance, il répondait que la littérature de M. Scribe était *bonne pour ses bottes* (1) ».

On assure qu'à une pièce de M. Empis, on vit un soir un être bizarre gesticuler avec feu dans une avant-scène qu'il occupait à lui seul. Le parterre finit par s'impatienter et crie : A la porte ! Alors, se penchant en dehors de sa loge,

---

(1) Yriarte, *les Célébrités de la rue*.

M. de Saint-Cricq, — on a deviné que c'était lui, —réplique en gesticulant de plus belle :

— Messieurs, je demande trente mille francs pour l'auteur.

On rit, on hue, on siffle. Il insiste et répète sa proposition avec force.

— Mais pourquoi ? lui crie la claque qui a fini par croire à quelque fantaisie d'un admirateur frénétique, qu'elle espère faire tourner au profit de l'ouvrage.

— Pourquoi ? C'est que, s'il avait une fois trente mille francs, il ne serait plus obligé de faire d'aussi mauvais ouvrages (1).

On voit que sa folie n'était pas toujours sans des éclairs de raison. Je suis loin de garantir l'authenticité de cette scène, mais il paraît certain que le baron avait des habitudes bruyantes au théâtre et ne se gênait pas pour interpeller les acteurs de sa place.

M. de Saint-Cricq disparut tout à coup, et les gamins de Paris qui l'avaient souvent taquiné, le regrettèrent longtemps : il était devenu le pensionnaire d'une maison de santé, où il mourut deux ans après.

Saint-Cricq, né vers la fin du dernier siècle, était le contemporain et fut parfois le compagnon de ces viveurs-dandys, à la renommée tapageuse, dont quelques-uns ont laissé une sorte de légende, fort peu digne de respect et d'envie : de Victor Bohain, le véritable fondateur du *Figaro*, nommé préfet de la Charente après la révolution de Juillet, mais bientôt destitué, parce que ses créanciers troublaient la tranquillité publique en venant faire des émeutes sous les fenêtres de sa préfecture ; du mystificateur Romieu, devenu homme d'État d'une façon aussi inattendue, mais plus heureuse, et représenté par Dantan sous la forme

---

(1) Roger de Beauvoir, *les Soupeurs de mon temps*.

d'un hanneton qui traverse un lampion, par allusion à sa fameuse circulaire préfectorale sur l'invasion de ce coléoptère et au lampion que son complice habituel, James Rousseau, avait planté, disait-on, sur l'abdomen de son ami, pour l'empêcher d'être écrasé par les voitures, un certain soir qu'il s'était levé de table plus *ému* que de coutume et que de raison, et que l'air de la rue lui avait porté au cerveau; de Lautour-Mézeray, l'homme au camélia, pour qui le *Café Anglais* avait été aussi l'antichambre d'une préfecture; de Loève-Veimars, — encore un homme d'État sorti de la loge infernale et de la *Maison dorée*, — le type accompli du lion, qui se mouchait dans un mouchoir de batiste orné de dentelles et parfumé de senteurs qu'on fabriquait exprès pour lui; qui, pour ses ablutions du matin, se servait d'un bassin en or ciselé et qui, en partant pour le consulat de Bagdad, emportait dix-huit malles énormes, dont l'une exclusivement remplie de paires de gants blancs commandés chez la bonne faiseuse; bref, d'une foule d'autres représentants de la jeunesse dorée, du dandysme à tous crins et de la vie à grandes guides, qui ne se rattachent que très-indirectement à notre galerie, car il ne faut pas confondre l'histoire des excentriques avec celle des physionomies populaires de la rue.

Parmi ces originaux dont les fantaisies alimentèrent la chronique sous le règne de Louis-Philippe, il en est un du moins dont le portrait en buste manquerait à ce musée : je veux parler de lord Seymour, que Saint-Cricq avait choisi pour l'une de ses principales victimes, lorsque, vers la fin, sa manie tourna aux emprunts. Lord Seymour, excentrique comme dix Anglais, s'était acquis, par ses extravagances à froid, une sorte de popularité dans les rues de la ville qu'il avait adoptée pour patrie. Au milieu des défilés carnavalesques, à toutes les descentes de la

Courtille, on cherchait la voiture découverte du haut de laquelle, essayant de transplanter à Paris les usages du carnaval romain, il jetait à la foule les projectiles les plus divers; on la reconnaissait de loin, on se groupait autour d'elle; les propos salés s'échangeaient, et lord Seymour semblait là dans son élément. Était-ce bien lui, d'ailleurs, qui présidait en personne à ces bouffonneries? La foule en était persuadée : on eût essayé vainement de lui dire qu'il s'y faisait représenter par un valet de chambre, et elle avait donné au noble lord un sobriquet d'une énergie triviale et d'une crudité pittoresque, dont la familiarité contenait une forte dose de mépris. Mais ce que nous en avons dit dans notre chapitre du *Carnaval* nous dispense d'insister.

Quelquefois, aux tables en plein air de Tortoni, Saint-Cricq se rencontrait avec un autre excentrique, M. Léonard, connu généralement sous le nom de Père Matelot, à cause du costume qu'il portait. Coiffé d'un chapeau de toile cirée, avec un grand col blanc largement rabattu, une veste de toile grise, un pantalon à raies bleues sur fond blanc, des bottes à la Souwarow, et d'amples anneaux d'or aux oreilles, taciturne, doux et majestueux, il savourait son moka en fumant une grande pipe de porcelaine. M. Charles Yriarte a reconstitué l'état civil de ce singulier personnage, qui s'appelait Auguste Léonard, qui a signé Léonard de Paris, Léonard Guindre, Léonard de la Tuilerie, les élucubrations musicales à l'aide desquelles il essayait de propager sa propre passion pour le trombone, qu'il appelait *l'archange de l'orchestre*. Il avait été élève à l'Ecole polytechnique de 1812 à 1814, puis apothicaire à Paris, rue Sainte-Anne, 5, enfin trombone dans la 10e légion de la garde nationale, et il publiait ses compositions en les escortant de nota et d'avis au public, dont la bouffonnerie inconsciente eût déridé le spleen en personne. Il avait inventé un nouveau mode perfectionné pour jouer de son instrument favori, en se mettant nu des pieds jusqu'au poitrail et en plongeant toute cette partie inférieure du corps dans une baignoire, de telle façon que les ondes sonores de l'eau, beaucoup plus sensibles que celles de l'air, doublassent le son et l'effet produit; il voulait absolument convoquer les Parisiens à une expérience de cette nature où il eût remplacé la baignoire par la Seine, et on eut grand' peine à le détourner de ce projet. Léonard de la Tuilerie fut un hôte assidu des boulevards jusqu'à sa mort, arrivée vers 1851.

A la même époque disparut également un être bizarre que, pendant presque tout le règne de Louis-Philippe, on rencontrait fréquemment par les rues, vêtu des costumes les plus variés, mais toujours empreints d'une haute fantaisie et étrangers à tous les usages modernes. C'était un Napolitain, nommé, suivant les uns, Carnevale; suivant les autres, Carnavali ou Carnavalo, et par le peuple, Carnaval. Il avait suffi de supprimer la désinence italienne de son nom pour le mettre tellement en harmonie, non pas avec ses manières, qui étaient toujours graves et convenables, mais avec son costume, qu'on eût pu croire à un sobriquet. Devéria a lithographié Carnevale en le représentant dans une ample robe à fourrure, comme celle d'un doge, avec une collerette qui fait le tour du cou et une espèce de chapeau du seizième siècle à plumes rabattues, d'où pend un grand cordon qui vient tomber jusqu'au ventre (fig. 157). Parmi ceux qui nous ont décrit sa façon de se vêtir, l'un nous le montre tout en blanc, un autre tout en vert ou tout en rouge, chamarré de rubans longs d'une aune qui flottaient au vent et couvert de verroteries; celui-ci en chapeau à côtes de melon et à larges bords, en veste et pantalon écarlates avec des souliers blancs; celui-là en frac d'azur à boutons d'or, par-dessus lequel se détachaient des bretelles richement brodées et un chapeau bleu qu'entourait une couronne de roses artificielles. Il n'y a point là de contradiction, il n'y a que les variations exécutées par Carnevale lui-même, qui consacrait ses économies à approvisionner sa garde-robe dans tous les genres et dans toutes les nuances. Une des chambres qu'il habitait, rue Royale, 10, et où il ne laissait jamais pénétrer personne, renfermait,

Fig. 157. — Carnevale; d'après la lithographie de Devéria.

d'après les révélations de son concierge, plus de soixante vêtements complets avec des quantités de fleurs artificielles et de bijoux faux. Ce n'était pas seulement amour de l'homme du Midi pour les belles teintes et pour les habits éclatants : Carnevale, qui était philosophe, avait toute une théorie qu'il développait à l'occasion, non sans esprit, sur la signification des couleurs. Il voulait qu'on changeât la nuance de son costume selon l'état du temps et la disposition d'esprit où l'on se trouvait. Les différents degrés de sa bonne humeur s'exprimaient par le vert tendre, le rose, le rouge, le blanc et les couronnes de fleurs. S'il était triste, il s'habillait de vêtements sombres, et, en donnant ses leçons d'italien, il lui arrivait quelquefois de se mettre tout en noir, pour punir ses élèves quand il en était très-mécontent. Mais, au milieu de ces variations, ce qui dominait toujours, était l'amour pour les couleurs voyantes et gaies, pour les rubans, les cordons et les médailles dont il se constellait la poitrine.

C'est là, du reste, un trait commun à beaucoup de ces excentriques, travaillés d'une vanité secrète, et ayant pour tout ce qui reluit, pour le clinquant et les oripeaux le penchant naïf des enfants, des sauvages et de tous les êtres primitifs. On a pu le remarquer particulièrement aussi dans un émule de Carnevale, son contemporain et son compatriote, un grand vieillard, sec, maigre, basané, un peu fou, qui, appuyé sur une longue canne et un énorme dossier à demeure sous le bras, parcourait sans cesse les boulevards extérieurs et les extrémités de Paris, allant proposer ses services comme professeur d'italien dans toutes les institutions et mêlant à l'exposé de sa nouvelle méthode des divagations politiques ; puis dans un autre vieillard encore, connu sous le nom du Major belge, que nous nous rappelons avoir vu souvent, sous les premières années de l'Empire, dans les rues ou à la bibliothèque, avec sa haute taille un peu voûtée, recouvert d'un uniforme fantastique et tout pavoisé de décorations apocryphes.

Comme le Major belge, Carnevale visitait assez fréquemment le grand établissement de la rue Richelieu, où son costume produisit d'abord de violentes distractions parmi les paisibles et studieux habitués ; mais on ne tarda pas à s'y faire, et conservateurs, employés, garçons, rivalisaient de tolérance pour cet inoffensif *toqué*. Il y passait de longues heures à copier des pièces érotiques sur de beau papier vélin et rose, ce qui a peut-être contribué à répandre l'opinion qu'il était fou d'amour, hypothèse qui plaisait aux dames. A part sa manie, Carnevale était un homme cultivé, instruit, ne manquant pas d'esprit, capable, au besoin, d'une repartie piquante, ayant beaucoup lu. Il avait même écrit, et la liasse qu'il portait sous le bras était un traité composé par lui. Ami de Donizetti, de Bellini, de Tamburini, de Lablache, de la plupart des artistes, ses compatriotes, il avait à certains jours son couvert mis chez eux. Fin gourmet, suivant M. Yriarte, il était souvent chargé par ses amphitryons d'aller choisir un saumon ou un turbot à la halle, dont les marchandes l'accueillaient toujours avec un empressement cordial ; selon M. Maxime Du Camp, au contraire(1), sa nourriture pythagoricienne se composait exclusivement de légumes, qu'il entassait dans sa mansarde, à côté de sa collection de vieux chapeaux. « Il ne variait pas le menu de ses repas : six mois de pommes de terre, six mois de haricots blancs. » N'ayant point connu personnellement Carnevale, nous ne savons trop comment concilier ces deux affirmations contradictoires, à moins d'admettre qu'il était pythagoricien chez lui et gourmet à la table des autres.

Carnevale fut une espèce de spirite anticipé. Une de ses manies était de croire qu'il conversait avec les âmes des morts. Dans la rue, on le voyait souvent s'arrêter et parler seul, faisant les demandes et les réponses, ou soulever respectueusement son chapeau, saluant un être invisible, et, si on l'interrogeait, il répondait doucement que la Malibran lui avait demandé des nouvelles de sa santé, ou qu'il venait de recevoir la visite de Napoléon et d'échanger un bon mot avec M. de Voltaire (2).

(1) *Paris*, IV, 437.
(2) Outre M. Yriarte et M. Du Camp, on peut voir sur Carnevale *les Excen-*

Aucune époque ne fut plus féconde en excentriques de tout genre que le règne de Louis-Philippe, et, si nous ne devions nous borner aux figures de la rue, quelle moisson ne pourrions-nous pas faire parmi les inventeurs de religions, de l'abbé Châtel au Mapah, et parmi les saints-simoniens ou les fouriéristes! N'oublions pas du moins l'apôtre du phalanstère, Jean Journet, tête méridionale, nature exaltée, ja discarbonaro, puis épris des idées de Fourier et s'en faisant le propagateur ardent, infatigable, afin de sauver le monde. Dès qu'il fut initié à la doctrine, elle s'empara de lui comme une obsession. Journet ceignit ses reins, prit le bâton de l'apôtre et courut prêcher en tous lieux la bonne nouvelle (fig. 158). A Paris, on le rencontre partout, sur les places publiques, dans les bals, les cafés, les théâtres, les promenades, pérorant une brochure à la main, des brochures plein ses poches. La brochure était le grand moyen de propagande de Jean Journet; il avait composé des douzaines de *Cris*, comme il les appelait généralement, et, ne pouvant parvenir à les vendre, les distribuait gratuitement. Plus d'une fois même il s'avisa de moyens héroïques pour arriver plus vite et plus complètement à la foule. Un soir, le 8 mars 1841, pendant les entr'actes de *Robert le Diable,* Jean Journet s'installa dans les couloirs de l'Opéra, où il fit aux spectateurs étonnés une ample distribution de brochures. Arrêté et conduit chez le commissaire de police, il s'empresse de donner sa brochure au magistrat et entreprend de le convertir. Il ne réussit qu'à se faire conduire à Bicêtre. Cette rude épreuve ne le guérit pas. Arraché aux médecins aliénistes par l'intervention d'amis bienveillants, il n'a rien de plus pressé que de recommencer. Il assiège les antichambres de tous les écrivains, des romanciers, des poètes, des députés, des minis-

---

triques, de Champfleury, *les Soupeurs de mon temps*, par Roger de Beauvoir, et une lettre écrite au *Paris-Journal* du 18 avril 1874.

tres, des princes; il leur adresse des épîtres foudroyantes et d'impérieuses objurgations quand il ne peut parvenir à se faire recevoir par eux; il va de Lamartine à Lamennais, de Lamennais à George Sand, de George Sand à Casimir Delavigne, de Casimir Delavigne à Victor Hugo, qui un jour l'admit au Cénacle de la place Royale, où il terrifia les disciples et le maître lui-même par la sauvage impétuosité

Fig. 158. — Jean Journet; d'après le tableau de G. Courbet.

de son éloquence; enfin de Victor Hugo à Alexandre Dumas dont il obtint une pension de 1200 francs, — hélas! toute platonique, ou bien peu s'en faut, — à toucher sur ses droits d'auteur.

Une autre fois, à la salle Pleyel, au milieu d'un concert, on voit se lever tout à coup un homme hâve et barbu. C'est Journet, que le démon de l'apostolat vient de saisir. Les gens de service veulent le faire sortir. Il les foudroie d'un mot et d'un geste. Ils appellent la garde. Journet se place solennellement sous la protection des dames; la salle rit, les municipaux étonnés se retirent, et Journet triomphant continue son discours.

En 1848, il crut son heure enfin venue. Poussé par une ardeur nouvelle, il se multiplie, il est partout, il pérore dans tous les clubs. Un soir de représentation extraordinaire au Théâtre-Français, il s'installe à la seconde galerie avec toute une cargaison de ses terribles brochures. On jouait une pièce de Molière. Tout à coup, sur le balcon, l'orchestre, le parterre, tombe une grêle d'opuscules. On lève la tête, on s'exclame, on crie; la grêle redouble : « Il fallait voir, au milieu du tumulte, les comédiens s'enfuir, le souffleur sortir de son trou, les mille têtes de la foule se lever en l'air, les spectateurs monter sur les banquettes, et au milieu de cet orage, aux secondes galeries, un homme debout, impassible, jetant cette pluie de brochures comme pour ensevelir les spectateurs. Il en tirait de ses poches de derrière, de ses poches de côté; il en tirait de son pantalon, il en tirait de ses goussets, il en tirait de son chapeau, il en tirait de ses bottes (1). »

Jean Journet fut arrêté une fois de plus, et relâché encore. Naturellement, il recommença. On l'entendit au club Blanqui. Au congrès de la paix, après le discours de Victor Hugo, il se lève et demande la parole pour une communication importante. Les étrangers accueillent d'abord avec faveur cet homme à la parole chaleureuse et au front inspiré : sur sa demande, ils l'encouragent même de plusieurs salves d'applaudissements. Mais bientôt les divagations de l'orateur en vinrent à un tel point qu'un membre invita le président à lui retirer la parole au nom de la dignité de l'assemblée, et que Jean Journet, au milieu des

---

(1) Champfleury, *les Excentriques.*

interruptions et des rires, descendit de la tribune et quitta la salle. Il s'en alla prêcher ailleurs. Jusqu'au coup d'État on le retrouve sans cesse s'introduisant dans les soirées, dans les banquets, pénétrant parfois au lit des mourants, formant des *sous-apôtres* pour l'aider dans la propagation de la bonne nouvelle, entreprenant de grandes tournées en province, soutenant des polémiques furibondes contre la *Démocratie pacifique*, organe officiel du fouriérisme, et son directeur Considerant, dont la tiédeur l'exaspérait.

« Depuis deux ans, écrivait M. Champfleury en 1852, Jean Journet a complètement disparu de Paris : le 2 décembre, qui a coupé court à toutes les utopies, l'aura rendu à sa famille en province. » Cependant nous l'avons revu en 1855, dans les bureaux d'un recueil périodique qui venait de se fonder. Traversant l'antichambre, qu'il avait trouvée vide, Journet avait pénétré droit jusqu'au rédacteur en chef. Il tenait deux ou trois brochures à la main :

— Monsieur, lui dit-il, je suis Jean Journet. Vous connaissez mon apostolat ; je viens vous demander une aide fraternelle en vous priant d'acheter ces brochures.

— Acheter ces brochures? fit le rédacteur en chef, inquiet.

— Oui, monsieur; il y en a pour deux francs cinquante; vous voyez que ce n'est pas ruineux.

— Non, certainement. Mais je ne puis pas me permettre... en l'absence de mon associé... Revenez lorsqu'il sera là.

— Comment, Monsieur, vous avez besoin de votre associé pour donner deux francs cinquante à une œuvre humanitaire? Mais si j'avais rencontré votre garçon de bureau dans l'antichambre, je lui aurais offert mes brochures, et je suis sûr qu'il aurait été honteux d'hésiter pour si peu de chose.

— Eh bien, monsieur, fit le rédacteur en chef, retrouvant sa décision, il hésitera moins encore à vous mettre à la porte.

Il sonna ; le garçon, qui rangeait la revue dans un cabinet du fond, apparut et reconduisit Jean Journet, qui criait de toutes ses forces, car l'apôtre, surtout quand il fut aigri par tant et de si longs mécomptes, avait le tort d'être impérieux, menaçant, et d'arriver même jusqu'à l'insolence.

En outre, trois ou quatre ans plus tard, nous avons acheté *les Sept Clameurs du désert, ou le Socialisme démasqué*, brochure de Jean Journet, publiée, comme le porte la couverture, en septembre 1858, et donnant l'adresse de l'auteur, rue Serpente, 21. Le *prix distributif* de cette brochure était, pour les *riches*, 2 francs et plus ; pour les *aisés*, 1 franc ; pour les *gênés*, 50 centimes : elle nous a coûté 10 centimes sur les quais. Elle renferme, entre autres pièces de vers, un *Cri d'indignation*, un *Cri d'alarme*, un *Cri de pitié*, un *Cri de dégoût*, et maltraite fort Pierre Leroux, *vieux blagueur*, avec sa *balançoire*; « seigneur Victor Considerant, fameux socialiste, — saint Cantagrel, ermite, bon ermite, — saint Blanc, bedeau sempiternel », auquel Journet a même consacré toute une chanson :

>Petit bonhomme,
>Dis-nous donc comme
>Dans les élans d'un engouement banal,
>La république
>Paralytique,
>Prit pour docteur un blanc-bec social.
>
>Ce siècle ignoble a son côté risible :
>Par-ci par-là se révèle un brouillon,
>Tribun pensif, sorte d'enfant terrible,
>Que les meneurs érigent en Solon.

Il l'appelle encore écrivain flasque, vendeur de vulnéraire, oracle de collège, demi-dieu de bricole, pauvre garçon, banquiste usé et « criquet rétif du char de l'avenir ».

Mais surtout il prodigue toutes les richesses de son vocabulaire injurieux à Proudhon, dans une chanson d'une verve intarissable, en cinquante-neuf couplets, où il a trouvé contre l'audace inféconde de ce capitan, qui fait la roue, paré des plumes du paon ; de cet « Achille de Lilliput, — boursouflé de gloriole, qui veut tenir école sans connaître l'alphabet, général Tom-Pouce qui tranche du Goliath, franc prestidigitateur qui fait la mouche du coche, allant de droite et de gauche, sans synthèse et sans moteur », et qui n'a réussi qu'à ouvrir une « caverne de bric à brac », plus d'un trait juste et qui semble s'être inspiré de la verve d'invectives de Proudhon lui-même.

Jean Journet mourut oublié le 1ᵉʳ novembre 1861, à Toulouse.

Une figure toute différente est celle de Liard, le chiffonnier philosophe et érudit, qui avait été jadis quelque chose, — on n'a jamais bien su quoi, — et était tombé dans le chiffon, mais sans rien perdre de sa gaieté. Liard n'appartenait même pas à la première catégorie des chiffonniers, car il ne portait qu'un bissac au lieu de hotte. C'est dans cet appareil que Traviès, l'auteur de *Monsieur Mayeux* et de tant d'autres types populaires, le crayonna un jour, alerte et guilleret sous ses haillons, avec son œil riant, sa physionomie ouverte et goguenarde (fig. 159). Liard avait fait ses humanités : il aimait à citer quelques bribes de latin ; il lisait les chiffons qu'il avait recueillis et les commentait à ses camarades ou aux curieux qui venaient le voir. Le bruit de ce phénomène, — un chiffonnier sachant le latin et citant même du grec à l'occasion, — s'était répandu en s'amplifiant. Le premier qui l'entendit écrivit la nouvelle au *Corsaire*. Paris, à qui il faut chaque jour un nouvel engouement, s'éprit de Liard. On répétait ses bons mots dans les petits journaux ; on lui en faisait chaque matin, comme à un personnage à la mode. Chroniqueurs, romanciers, artistes allaient le visiter et s'efforçaient vainement, par des questions insidieuses, de percer le mystère de son passé : Liard demeura une énigme.

Les chiffonniers ont toujours préoccupé l'imagination publique, qui se plaît, bien gratuitement d'ordinaire, à placer des mystères sous les haillons de ces pauvres diables. Le souvenir de Diogène et de sa lanterne, puis le drame fameux de Félix Pyat, ne sont pas sans doute étrangers à cette tendance, Mais Liard est antérieur à la pièce de Pyat, et Christophe aussi. Sans avoir atteint la popularité de Liard, le chiffonnier Christophe, surnommé comme lui le Philosophe, eut également, vers la même date, sa part de célébrité. Christophe n'avait pour tout bagage qu'un sac de grosse toile, sans crochet ni lanterne : « C'est un homme à part au milieu des siens, écrivait, vers 1840, M. Bertault dans les *Français peints par eux-mêmes*; il est fier, il ne s'enivre pas, il marche seul, il vit seul : Christophe tient à la fois du Diogène et du Chodruc-Duclos. Les personnes qui ont été à même de l'apprécier ont voué à ce pauvre chiffonnier une estime spéciale. L'un de nos bons physionomistes populaires et l'un des plus spirituels dessinateurs du *Charivari*, mon camarade Traviès, m'en a fait le plus grand éloge.... On rencontre souvent Christophe par les rues de Paris, au milieu d'un groupe serré autour de lui et prêtant l'oreille à ses étranges discours. De sa main gauche, fortement nouée, il soutient sur son épaule un large sac, et, tout en pérorant avec ceux qui l'entourent, il fait jouer à sa main droite le rôle du crochet qui lui manque. Christophe a dû bien souffrir avant de dépouiller sa dignité d'homme, avant de se retirer chez les chiffonniers. Aussi, voyez : il raille, il accuse, il insulte les passants et les curieux, et pourtant il fouille à pleins doigts le fumier sur lequel il s'est établi. Quand il s'éloigne, il vous jette avec dédain un ricanement magnétique dont les vibrations retentissent longtemps dans votre sein et vous font mal.

« L'imagination refaisant d'ordinaire toutes les choses créées par les hommes un peu mieux qu'elles ne sont, il en résulte que Christophe est le chiffonnier de l'imagina-

Fig. 159. — Liard, le chiffonnier; d'après la lithographie de Traviès.

tion, ou plutôt selon l'imagination... Cette élévation naturelle de Christophe lui a valu les honneurs de la peinture. On a fait son portrait, on l'a lithographié, et il s'est trouvé si ressemblant que tout le monde l'a reconnu, même ceux qui ne le connaissaient pas! »

Dans les premières années de l'Empire, on rencontrait

souvent par les rues des quartiers de la rive gauche une vieille femme qui marchait littéralement ployée ou plutôt cassée en deux, la tête à la hauteur des genoux, s'appuyant sur un bâton plus haut qu'elle, et portant invariablement, quelle que fût la saison, un bouquet au corsage. C'était, avec la folle qui cheminait sans cesse d'un pas alerte, tout le long des rues du quartier latin, tenant de la main droite une chaufferette et sur son bras gauche une perruche, avec qui elle s'entretenait sans relâche, une des figures les plus connues de tous les étudiants, rapins, grisettes, depuis la Seine jusqu'à la barrière d'Enfer. Malgré sa brusquerie, son caractère irascible et les rebuffades dont elle accueillait presque toujours les avances des passants, la *Vieille au Bouquet* était populaire dans le quartier (fig. 160). A la fin de juillet 1863, on la trouva étendue sans connaissance sur le quai des Orfèvres; elle fut conduite à l'Hôtel-Dieu, où elle mourut quelques semaines après, le 21 août.

Alors seulement le public, par une notice qui fit le tour de la presse, apprit son histoire, qui jusqu'alors n'était connue que d'un petit nombre de personnes. On sut que Françoise François avait été la fiancée de Bories, ou de Raoulx, l'un des quatre sergents de la Rochelle ; son bouquet était un souvenir que le condamné lui avait jeté du haut de la charrette qui le conduisait au supplice, et chaque jour, de sa chambre de la rue du Cherche-Midi, où jamais elle ne recevait personne, elle s'acheminait en pèlerinage à la tombe des sergents, au cimetière Montparnasse (1).

Sous l'Empire encore, deux étrangers ont compté parmi les figures populaires de Paris. L'un est le Persan, que les habitués de l'Opéra virent si longtemps assister, impassible et taciturne, dans sa stalle de balcon, à toutes les

---

(1) Alfred Delvau a publié en 1864, sur *Françoise*, un petit livre romanesque ; suivant lui, c'était l'amie de Raoulx et non de Bories, comme le disent tous les autres biographes de Françoise.

représentations de la rue Le Peletier. On avait fini par ne plus prêter la moindre attention à ce mélomane impassible, dont la longue et large barbe aux flots neigeux, le costume oriental et surtout le haut bonnet fourré avaient excité d'abord une curiosité si vive. Il en était venu à faire partie, pour ainsi dire, du mobilier même de la salle. Quelque chose eût manqué aux artistes et au public s'ils

Fig. 160. — Françoise François.

n'avaient vu à sa place accoutumée ce personnage énigmatique qui disparut aussi mystérieusement qu'il était venu, et dont on n'a jamais su au juste ni le nom, ni l'histoire. Les hypothèses les plus hardies s'égaraient jusqu'à en faire un frère du schah de Perse, réduit à se cacher dans l'exil à la suite d'une révolte malheureuse. — L'autre est l'Arménien Kasangian, qui fut pendant de si longues années l'un des piliers inamovibles de la Bibliothèque nationale, et qui, par son costume étrange, sa maigreur presque phénoménale, sa physionomie sans sexe et sans âge, ressemblait à un personnage fantastique d'Hoffmann.

Quelques minutes avant dix heures, les commerçants de la rue Richelieu voyaient arriver Kasangian, vêtu de sa grande robe sans collet, coiffé de sa calotte verte, les besicles au milieu du nez (fig. 161); ils réglaient leurs montres sur son passage, comme jadis les habitants de Kœnigsberg sur celui de Kant. A peine la porte ouverte, il se précipitait le premier dans la cour, allait, avec la régularité d'un automate, boire une gorgée d'eau au gobelet suspendu à la fontaine, entrait dans la grande salle encore vide, et se dirigeait, d'un pas à la fois pressé et traînant, vers les casiers en face du bureau central où, depuis l'an 1838 environ, il déposait, après chaque séance, les livres dont il avait besoin pour son travail et qui étaient devenus sa propriété exclusive. Il y avait là à demeure une vingtaine de volumes, dont quelques-uns d'une taille formidable, que Kasangian transportait à sa place, — la première à gauche en faisant face au bureau. Si quelque intrus s'était permis de l'usurper, il se fût certainement passé quelque chose de grave ; mais les curieux qui guettaient cet évènement mémorable n'eurent jamais la satisfaction d'y assister, attendu que, durant plus de vingt-cinq ans, Kasangian arriva invariablement le premier à la Bibliothèque.

Une minute après, Kasangian était enseveli derrière sa barricade d'in-folio, et reprenait la suite de ce grand dictionnaire arabe-français qu'il ne devait jamais terminer. Son travail était entrecoupé de rêveries et même de quelques sommes, que respectaient les garçons de salle. Dans le cours de sa longue carrière, il a eu plusieurs Bescherelle tués sous lui. Dès qu'une difficulté l'arrêtait, et le cas n'avait rien de rare, il allait, le livre en main, consulter un membre du bureau, à moins toutefois qu'il ne s'adressât simplement au voisin que sa mauvaise chance avait placé près de lui. Il consultait sur le sens des mots, sur leur prononciation. ne se rendait pas aux réponses, objectait, ergotait d'une voix rauque et avec brusquerie. Dix fois par séance, il se passait une scène comme celle-ci :

« Que signifie faire une niche à quelqu'un ?
— Cela signifie lui faire une malice, lui jouer un tour.
— Malice ? tour ? Cela n'est pas exact. »

Il consultait Bescherelle, et reprenait triomphant :

Fig. 161. — L'Arménien Kasangian se rendant à la Bibliothèque nationale.

« Non, non. Faire une niche à quelqu'un, c'est lui creuser un enfoncement dans un mur. »

Si la victime consultée était naïve, elle s'évertuait à donner des explications et bataillait pendant vingt minutes contre Kasangian ; si c'était un sceptique, elle lui répondait : « Vous avez raison. » Dieu sait ce que, de guerre lasse, sans parler des mystifications qui s'en mêlaient parfois, on a laissé mettre de bévues au pauvre savant dans son fameux Dictionnaire.

A trois heures sonnantes, — la Bibliothèque fermait alors à trois heures, — Kasangian reportait ses livres dans le casier, esquissait un salut mélancolique en passant devant le bureau, s'arrêtait parfois pour échanger un mot avec l'un des frotteurs et, les mains dans ses longues manches, demi-courbé, semblant ne rien voir et ne rien entendre, il rasait les maisons pour regagner sa chambre au cinquième dans le faubourg Poissonnière. Suivant l'un de ses derniers portraitistes, Kasangian était un Arabe d'Alep, desservant de la chapelle arménienne à Paris. Un matin, vers 1865, on ne le vit pas arriver à son heure ordinaire : ce fut presque une révolution à la Bibliothèque. Quelques jours après, on apprit qu'il était mort. Kasangian n'a pas vu la nouvelle salle de travail de la rue Richelieu : il n'aurait jamais pu s'y faire, et s'il ne fût pas mort de vieillesse et d'épuisement, il fût mort de ce changement dans ses habitudes (1).

Que d'autres figures du second plan ne pourrions-nous esquisser encore, parmi celles qui occupèrent plus ou moins vivement l'attention de la foule sous le second Empire et comptèrent, ne fût-ce qu'un moment, au nombre des célébrités de la rue, — depuis cet original qui, dans les dernières années du règne de Napoléon III, venait tous les dimanches patiner sur l'esplanade de la place de la Concorde avec des patins à roulettes, exécutant d'une façon très-adroite les exercices les plus élégants et les plus compliqués, se jouant au milieu des curieux, tournant autour d'eux, les enlaçant dans ses replis rapides et ne faisant jamais la culbute, jusqu'au charmeur d'oiseaux, derrière lequel une immense galerie s'amassait dans le jardin des Tuileries, pour voir tourbillonner autour de lui des nuées

---

(1) Ch. Yriarte, *les Célébrités de la rue.* Monselet, *les Tréteaux,* art. sur la *Bibliothèque. Lettre d'un Maniaque* à Paris-Journal, 18 avril 1874.

de pigeons et de moineaux, dociles à ses moindres signes, venant se percher sur ses épaules, sur sa tête, sur ses bras, et chercher tour à tour leur pâture dans sa main et entre ses lèvres !

Le charmeur d'oiseaux s'appelait Edouard du Peyron,

Fig. 162. — Le charmeur d'oiseaux.

et l'on assure que c'était un ancien sous-préfet révoqué par M. Guizot. Il a laissé un fils qui continue ses exercices dans l'allée de Diane.

Paris est toujours, comme au temps de Rabelais, la capitale du royaume de *Badaudois*. Il ne lui en faut quelquefois pas tant pour improviser des réputations populaires.

Il en a fait une à l'archi-poète Gagne, l'avocat des fous, ce maniaque monotone qui accablait les *journalistes soleils* de quatrains sur le *trium-vir-salvat* et sur la *républiquéide-empire-royauté*, qui, au mois d'octobre 1869, donnait rendez-vous au peuple devant l'obélisque pour représenter l'Assemblée absente (1) et courait les clubs pour y débiter du haut de la tribune, avec sa vénérable tête blanche, des insanités qui, après tout, ne dépassaient guère celles qu'on a l'habitude d'y entendre et d'y applaudir. Il en a fait une autre à la bouquetière du Jockey-Club, Isabelle, qu'on voyait partout où va le monde élégant : sur le perron de Tortoni, au café Anglais, dans les couloirs de Bignon ou de la Maison dorée, sous le vestibule de l'Opéra, les jours de grandes représentations, mais surtout aux courses, où elle portait, avec une solennité amusante, les couleurs du jockey qui montait le cheval vainqueur au précédent Derby. Après un long exercice, Isabelle avait amassé une fortune rondelette, un âge respectable et une corpulence qui lui donnait vaguement l'air d'un dragon habillé en amazone, quand, au mois de mars 1875, l'éclat d'un procès que lui faisait sa mère, pauvre vieille paysanne, pour en obtenir une pension de 600 francs, la précipita du haut de ses grandeurs et la rendit à la vie privée, en lui laissant tout le loisir de méditer amèrement sur ce que peut

(1) M. Raspail ayant déclaré qu'il se rendrait au Corps législatif, dût-il être seul, pour réclamer l'ouverture immédiate de la session, M. Gagne fit savoir par tous les journaux qu'il suivrait le député radical, dût-il être seul aussi, — et qu'il se tiendrait au pied de l'obélisque, armé d'un petit levier pour ouvrir les portes de la Chambre ; — de plus, il donnait rendez-vous à tout le monde, recommandant à ceux qui se présenteraient de ne pas oublier leur petit levier. Arrivé au pied de l'obélisque, où les personnes qui attendaient le reçurent par des acclamations unanimes, il fit un discours, expliqua le jeu des petits leviers, — il en tenait un caché dans son parapluie, — et termina en disant qu'il allait attendre M. Raspail. Le député radical ne parut pas ; mais une pluie violente s'étant mise à tomber, la foule se dispersa et M. Gagne resta bientôt seul, comme il l'avait dit, au pied de l'obélisque, abrité sous son parapluie. Ainsi finit une manifestation qui avait semblé un moment pouvoir devenir dangereuse, et qui était surveillée, de loin, par des sergents de ville gardant toutes les issues de la place.

coûter une économie mal entendue. Mais comment s'étonner qu'Isabelle fût devenue célèbre en vendant des fleurs, lorsque Mlle La Périne a été populaire sur les boulevards pour avoir failli en vendre? Mlle La Périne était une jeune et jolie marchande de journaux installée dans le kiosque qui fait face au Grand-Hôtel. Plusieurs membres

Fig. 163. — M. Gagne au pied de l'Obélisque.

du Jockey-Club avaient formé le projet de détrôner Isabelle, quadragénaire, pour la remplacer par la plus blonde et la plus séduisante des innombrables rivales qui briguaient son héritage. Cette grande conspiration, dont les péripéties occupèrent quelque temps ce que les chroniqueurs du *high-life* appellent tout Paris, ne réussit pas; mais Mlle La Périne n'en passa pas moins au rang des illustrations de la rue. Le *Figaro* et les autres feuilles à la suite avaient parlé d'elle ; je crois même qu'on avait dessiné son portrait ; on venait la voir dans son kiosque, dont la calotte imbriquée étincelait de dorures, et il était de tradition dans sa clientèle élégante de ne jamais l'humilier en lui donnant de la monnaie de cuivre et de payer ses journaux depuis un franc jusqu'à un louis.

Pour compléter cette esquisse, il faudrait peut-être joindre à cette galerie les personnages qui ont dû leur popularité aux inscriptions pariétaires, ceux dont un beau matin tous les murs de Paris, crayonnés par des mains invisibles, ont exhibé à des milliers d'exemplaires le profil caricatural, ou crié le nom en l'accolant à une épithète grotesque. Sous la Restauration, *Crédeville* et le nez de Bouginier se tenaient compagnie dans toutes les rues de Paris. Bouginier, ou Bougenier, était un peintre, élève de Gros, né à Valenciennes vers le commencement de ce siècle et plus fameux par les dimensions exorbitantes de son nez que par son talent. Ce nez phénoménal figure encore sur la frise de l'entablement de la maison égyptienne qui s'élève place du Caire (fig. 164). On assure que des voyageurs l'ont rencontré jusque sur les Pyramides. Quant à Crédeville, sa personnalité est demeurée obscure ; ce nom énigmatique, tracé sur chaque coin de mur avec une abondance extraordinaire, intriguait les gens d'imagination et passait, aux yeux des uns, pour le mot de ralliement des libéraux ou des ultra, aux yeux des autres pour la signature d'un forçat évadé qui prenait plaisir à narguer la police en lui certifiant sa présence. S'il faut en croire l'auteur des *Arabesques populaires* (1832), Crédeville était un jeune capitaine de l'armée impériale qui disparut en 1815, probablement tué dans un obscur combat d'avant-poste, et c'est sa fiancée, devenue folle, qui aurait commencé à couvrir tous les murs de Paris de ce nom, bientôt répété par le servile troupeau des imitateurs. Mais cette histoire, d'ailleurs parfaitement invraisemblable, n'explique pas comment l'épithète de *voleur* finit par se trouver accolée presque invariablement au nom de Crédeville.

Quelques-uns de nos lecteurs se souviennent sans doute encore d'avoir lu sur les murs, un peu avant 1840, *feu Duponchel,* — allusion à la mystification fameuse que de lugubres farceurs avaient jouée à ce directeur de l'Opéra en envoyant des invitations à son enterrement et en commandant son convoi aux pompes funèbres. Cette inscription tumulaire se pavanait en lettres énormes et multico-

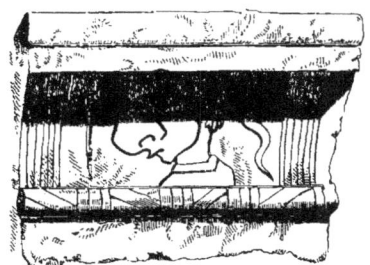

Fig. 164. — Le nez de Bouginier.

lores jusqu'au sommet des monuments les plus élevés, et *Crédeville voleur* en fut définitivement enterré du coup. Depuis lors, combien de noms se sont succédé encore sur les pages de cet album des murailles : Alexandre Dumas, Ch. Matharel, le critique dramatique du *Siècle;* Galimard, Barbey d'Aurevilly, Nadar, Courbet, tous flanqués d'adjectifs plus ou moins malsonnants ! Grâce à cette épigraphie effrontée, le nom de Galimard est resté tout aussi populaire dans les rues de Paris que le fut en 1848 le Battur légendaire des affiches électorales : NOMMONS BATTUR, et de 1863 à 1870, Bertron, le *candidat humain.*

Peut-être faudrait-il encore ajouter un nouvel appendice à notre galerie pour y comprendre les personnages purement légendaires des rues de Paris, depuis le Moine bourru, qui courait la nuit en effrayant les femmes et en battant les enfants, jusqu'au petit Homme rouge qui apparaissait dans le palais des Tuileries chaque fois qu'une catastrophe en menaçait les habitants, et qui a eu l'honneur d'être chanté par Béranger. Mais les frontières de ce chapitre s'étendraient indéfiniment et notre Musée populaire prendrait des proportions inquiétantes, comme s'il voulait rivaliser avec le Louvre. Il est temps de fermer les écluses : *sat prata biberunt.*

TABLE DES GRAVURES

Apollon (l') de la Grève. 397
Ascension d'une montgolfière. . . . 81
Aveugle des Quinze-Vingts. 536

Babet la bouquetière 611
Bal masqué 272
Ballet des Ardents. 223
Baraques sur la place du Panthéon. . 161
Baraques sur les boulevards. 207
Bobèche 485
Bohémiens faisant danser des cochons savants devant Louis XI. . . 354
Bouginier (le nez de) 655
Bruscambille. 457

Cabaret de Ramponeau (extérieur). 237
Cabaret de Ramponeau (intérieur). . 590
Carnevale. 635
Cavalcade sur la place Royale 79
Champien, l'homme au petit manteau bleu. 625
Chanteur de complaintes 131
Chanteurs-mendiants 351
Char de l'Olympe. 264
Charivari donné à une veuve remariée 225
Charmeur d'oiseaux 651
Chien (le) du Louvre. 621
Chodruc-Duclos. 617
Clocheteur des trépassés. 527
Contraténor. 391
Cortège accompagnant Louis XIV, lors de son entrée à Paris. . . . 14
Cortège des blanchisseuses. 269
Costume de la Mère sotte. 317
Cour du Mai 293
Crieur de cotrets 517
Crieur de maletache 519
Crieur d'oublies. 545

Décoration du Marché-Neuf pour l'entrée de Louis XIV 17
Descente de la Courtille. 247
Distribution de pain, de viande et de vin. 39
Distribution de soupe sur le marché Saint-Martin 627

Écrivain public. 543
Église de Saint-Julien des Ménétriers 369
Elleviou, Pradher et l'aveugle au clavecin 429
Entrée de Charles VII à Paris. . . . 7
Entrée de François Ier à Paris. . . . 11
Entrée de Louis XI à Paris . . . . .
Érection du Mai dans la cour des Gobelins 29

Fanchon la vielleuse. 407
Fêtes données sur la place de Grève, le 21 janvier 1782. 25
Festin d'apparat, avec les entremets. . 46
Festin d'apparat, avec service du paon. 43
Festin en plein air, au moyen âge. . 41
Feu d'artifice devant l'Hôtel de Ville (1682) 83
Feu d'artifice donné par la ville de Paris, le 21 janvier 1782. 99
Feu d'artifice sur le Pont-Neuf. . . . 95
Feu d'artifice tiré sur l'eau. 86
Feu de la Saint-Jean. 181
Fou en titre d'office. 575
Franc-à-Tripes. 476
Françoise François. 647

Gagne, l'archi-poète. 653
Galerie de bois. 205
Galerie du palais. 203

Gaultier-Garguille	437	Marchande de poirée et d'épinards	501
Gros-Guillaume	443	Marchande de pommes	563
Guillaume de Limoges	394	Marche du bœuf gras, d'après G. de Saint-Aubin	253
Guillot-Gorju	471	Marche du bœuf gras, vitrail du XVIe siècle	251
Harengères des halles	315	Ménestrels et jongleurs	361
Harengères faisant la mi-carême	267	Ménestrel avec son costume distinctif	371
Homme-orchestre (l')	431	Mercier colportant la nouvelle de l'assassinat du duc de Guise	533
Illumination des galeries du Louvre (1682)	75	Minart (Charles)	403
Inauguration de la statue de Louis XV (1763)	61	Miracle de la rue aux Oues	175
Intermède pendant le repas	51	Momon (un)	233
		Mondor et Tabarin sur la place Dauphine	455
Jongleur dansant	346	Mont-Valérien (le) au XVIIe siècle	153
Jongleurs exécutant une danse à l'épée	347	Montre des clercs du Châtelet	393
Jongleur faisant danser un chien savant	349	Mystification de carnaval	239
Jongleurs faisant des exercices d'équilibre	350	Neufgermain (Louis de)	585
Jongleur promenant un ours savant	353		
Jongleurs récitant un poème	333	Œufs offerts à Mme Victoire	103
Joueur d'orgue de Barbarie	433	Orlande de Lassus	392
Journet (Jean)	639		
Joutes en l'honneur de la reine Isabeau	5	Passage du viatique	135
Juré-crieur de vins	525	Passeur (le) de ruisseaux	539
		Patinage (le) sur l'eau	199
Kasangian, l'Arménien	649	Pilori des halles	313
		Pitou (Ange)	415
Labbé, marchand de coco	567	Place (la) Louis XV (1763)	69
Landouille (Jacques)	593	Pont-Neuf (le) au XVIIe siècle	522
Le Clerc (Michel)	401	Porteur d'eau	555
Liard, le chiffonnier	645	Pré-aux-Clercs (le)	287
Lopez (Matheo)	601	Procession de la châsse de sainte Geneviève	155
Marchand d'eau-de-vie	503	Procession de la châsse de saint Germain	159
Marchand de cartons	561	Procession de la Ligue	165
Marchand de café (XVIIIe siècle)	509	Procession de la sainte hostie	137
Marchand d'encre	559	Proclamation de la Constitution (1791)	71
Marchand de lanternes	549	Proclamation d'un traité de paix	67
Marchand de lardoires	515		
Marchand de paniers	562	Quintaine (la), jeu du XVe siècle	191
Marchand de petits pâtés	513		
Marchand de rubans	531	Rameau (le neveu de)	592
Marchand de soufflets	549	Ramoneur	521
Marchand de tisane	516	Réception du modèle de la statue pédestre de Louis XIV	57
Marchande de café (XIXe siècle)	557	Rentrée du vainqueur au tir du papegai	193
Marchande de cerneaux	515	Réparateur de chaussures	541
Marchande de harengs	511	Restif de la Bretonne	609
Marchande de lait	507	Robert (Jean)	587
Marchande de mouron	565		
Marchande de plaisirs	547		

TABLE DES GRAVURES.

Roi (le) de la basoche. 283	Trouvères 325
Romain (Mme), la belle limonadière. 615	Trouvère français. 327
	Truie (la) qui file. 265
Savoyard (le). 383	Turlupin. 445
Seigni Joan et le rôtisseur du Petit-Châtelet. . . . . en frontispice	Types et costumes du bal Chicard. . 277
Statue de M. Legris. 213	Vignes (Jean des). 475
Supérius. 391	Vente du buis le jour des Rameaux. 12
	Vinaigrier ambulant. 530
Thomas (le gros), sur le Pont-Neuf. . 29	
Tir de l'oie sur la Seine. 187	Zaga-Christ 597
Tripoli (le père). 571	

TABLE DES MATIÈRES

CHAPITRE PREMIER

LES SOLENNITÉS NATIONALES

I. Entrée des rois, des princes, des ambassadeurs. — Naissances et mariages. — Distribution de comestibles et banquets en plein air. 1
II. Cours plénières. — La Saint-Louis. — Inaugurations de monuments publics. — Proclamations de paix 46
III. Des divertissements les plus en usage dans les fêtes nationales, et particulièrement des feux d'artifice. 72

CHAPITRE II

LES FÊTES RELIGIEUSES

I. Noël et la Fête des rois. 103
II. Le dimanche des Rameaux, la Semaine sainte et les Œufs de Pâques. 126
III. La Fête-Dieu et les processions par les rues. — La Saint-Laurent. — La Saint-Martin. — Le vœu de Louis XIII. — La châsse de sainte Geneviève. 135

CHAPITRE III

LES FÊTES POPULAIRES

I. Fête de la rue aux Ouës. — Feux de joie et feux de la Saint-Jean 173
II. Tir de l'oie. — Jeux de l'homme armé, etc. — Les chevaliers de l'arc et de l'arquebuse. . . . .
III. Les étrennes. — Le poisson d'avril et les mystifications traditionnelles. 195

CHAPITRE IV

HISTOIRE DU CARNAVAL

I. Les mascarades des jours gras. 217
II. Le bœuf gras. 249
III. La mi-carême. 264
IV. Les bals masqués. 272

CHAPITRE V

LES CLERCS DE LA BASOCHE. — LES SOTS ET LES ENFANTS SANS SOUCI

I. La basoche du Palais. 283
II. La basoche du Châtelet et l'empire de Galilée. 301
III. Les Sots et les Enfants sans souci. — Les halles et leurs jeux 306

CHAPITRE VI

JONGLEURS, TROUVÈRES ET MÉNESTRELS POPULAIRES 323

CHAPITRE VII

LES CHANTEURS DES RUES 377

CHAPITRE VIII

LES FARCEURS EN PLEIN AIR ET LES PARADES

I. Le trio de la porte Saint-Jacques. Gaultier-Garguille, Gros-Guillaume et Turlupin. 435
II. Jean Farine et Bruscambille. 453
III. Guillot-Gorju, Gringalet et Goguelu. 469
IV. Les parades. Taconnet, le père Rousseau, Bobèche, Galimafré, Bobino et autres. 477

CHAPITRE IX

LES CRIS DU VIEUX PARIS ET LES PETITS MÉTIERS DE LA RUE. 499

CHAPITRE X

TYPES ET PERSONNAGES CÉLÈBRES DES RUES DE PARIS. 573

ERRATA

Erreurs de renvois aux gravures à rectifier dans le texte.

Page 395 *au lieu de* 90 *lire* 91.
     400   —   91 — 92.
     —   —   92 — 93.
     416   —   94 — 95.
     442   —   99 — 100.
     444   —   100 — 101.

De la page 356 à la page 415, augmenter d'un chiffre les fig. 80 à 94, qui deviennent 81 à 95.

De la page 433 à la page 445, augmenter d'un chiffre les fig. 97 à 100, qui deviennent 98 à 101.

www.ingramcontent.com/pod-product-compliance
Lightning Source LLC
Chambersburg PA
CBHW062000300426
44117CB00010B/1408